汉字的故事

【一本书读懂中华字文化】

曲君伟　刘怡帆 / 编著

中国华侨出版社
北京

图书在版编目（CIP）数据

汉字的故事：一本书读懂中华字文化 / 曲君伟，刘怡帆编著 .—北京：中国华侨出版社，2021.10
ISBN 978-7-5113-7991-7

Ⅰ.①汉… Ⅱ.①曲… ②刘… Ⅲ.①汉字—通俗读物 Ⅳ.① H12-49

中国版本图书馆 CIP 数据核字（2019）第 189269 号

汉字的故事：一本书读懂中华字文化

编　　著	曲君伟　刘怡帆
责任编辑	刘雪涛
经　　销	新华书店
开　　本	787 毫米 ×1092 毫米　1/16　印张 / 46　字数 /721 千字
印　　刷	三河市华润印刷有限公司
版　　次	2021 年 10 月第 1 版　2021 年 10 月第 1 次印刷
书　　号	ISBN 978-7-5113-7991-7
定　　价	120.00 元

中国华侨出版社　北京市朝阳区西坝河东里 77 号楼底商 5 号　邮编：100028
编辑部：（010）64443056　64443979
发行部：（010）64443051　传真：（010）64439708
网　　址：www.oveaschin.com　E-mail：oveaschin@sina.com

前 言

纵观人类文明史，大约在公元前4000年，在西亚两河流域，苏美尔人创造了楔形文字。不久，在北非尼罗河流域，古埃及人也创造了圣书字。这两种文字都持续使用了3000多年，最终，在公元初年相继消亡。楔形文字和圣书字都成了历史的遗物，在泥土里埋藏了1500多年，直到19世纪，经考古学家发掘，它们才重见天日。后来，古语文学家经过多年不懈的努力，最终破译了这些古老而神秘的文字，再现了那两个曾经辉煌璀璨的失落文明。

在黄河流域，中华民族的先民也创造了汉字，汉字出现的时间与楔形文字、圣书字相距不远。大约公元前21世纪，汉字的发展已日臻成熟。纵观世界上几种被人们公认的古典文字，只有汉字保持了鲜活的生命力，数千年来传承着博大精深的中华文化，并被沿用至今。无论是对中华文化的传承与发扬光大，还是对认识和探索世界语言乃至文明发展脉络的一般规律，汉字都有着不可言说的重大价值。

正如胡适所说，"历史是今人与古人之间沟通的渠道，因此，历史离不开史料"。古往今来，中国历史跌宕起伏、波澜壮阔，积淀了辉煌灿烂的文化内涵，并通过汉字雕琢着中华文明的脉络。几经历史的风霜与朝代的更迭，汉字依然传递着文化信息。

汉字确实是世界上最美丽、最富内涵的文字之一。汉字既是中华文明的象征，又是中华民族的交际工具，一个个方块字将人类语言中独具韵味的古典情怀展现得淋漓尽致。汉字的结构规则匀称，读音韵律和谐，形象婉转简约，字义深奥丰富，就美感而言，世界上任何其他文字都无法与汉字媲美。印度前总理尼赫鲁就曾予以汉字高度评价：在遥远的东方，有一个古老的国度，那里的每一个字都是一首风情款款的诗，一幅让人沉醉的画。

汉字如同历史长河中璀璨的一颗明珠，以其独特的艺术魅力和深厚的文化内涵倍受人们青睐。人们在使用汉字的同时，也深刻地挖掘它的艺术美感和文化功用，形成了一种独具中国智慧的语用表达方式。

汉字承载着中华五千年的悠久历史，承载着博大精深的中华文明。然而，虽然我们每天都接触并使用大量汉字，但大多数人对汉字的了解却知之甚少。正如《汉字王国》一书的作者瑞典知名汉学家林西莉所说："我发现了一个让人惊讶的现象，哪怕是那些受过高等教育的中国人，对自己的语言也所知甚少。"因此，为了让读者朋友更深入而全面地感受汉字的精妙，本书从生活、自然、民俗、文化等多个方面精选一些我们日常生活中常用的文字，并精心编排了趣话汉字、汉字故事、汉字知识传送门、诗歌、歇后语、谚语等内容，通过一个个小故事娓娓道来，生动地讲述了汉字的产生、演变以及有关汉字的许多趣事。一个个故事串联起一个个有关汉字的知识点，一个个逸闻趣事阐述了一个个有关汉字的由来，汉字背后的文化底蕴得到深入挖掘，让读者在不知不觉中步入汉字那精彩纷呈的美妙世界。

目录

第一章　汉字与天地：
仓颉造字，天雨粟，鬼夜哭

1. 日—日暮途穷 ……………………………… 003
2. 月—近水楼台先得月 ……………………… 005
3. 夕—危在旦夕 ……………………………… 007
4. 午—祁奚举午 ……………………………… 009
5. 东—东施效颦 ……………………………… 011
6. 西—东食西宿 ……………………………… 013
7. 北—城北徐公 ……………………………… 015
8. 南—南柯一梦 ……………………………… 017
9. 星—披星戴月 ……………………………… 019
10. 光—凿壁偷光 ……………………………… 021
11. 明—明珠暗投 ……………………………… 023
12. 气—一鼓作气 ……………………………… 025
13. 雷—大发雷霆 ……………………………… 027
14. 雨—挥汗如雨 ……………………………… 029
15. 火—抱薪救火 ……………………………… 031
16. 土—卷土重来 ……………………………… 033
17. 云—平步青云 ……………………………… 035
18. 虹—白虹贯日 ……………………………… 037
19. 冰—卧冰求鲤 ……………………………… 039

20. 川—虎落平川 …… 041
21. 水—如鱼得水 …… 043
22. 丘——丘之貉 …… 045
23. 山—愚公移山 …… 047
24. 石—水滴石穿 …… 049
25. 湖—叔度陂湖 …… 051
26. 海—八仙过海 …… 053
27. 霁—光风霁月 …… 055
28. 神—兵贵神速 …… 057
29. 鬼—画鬼容易 …… 059
30. 暮—朝三暮四 …… 061
31. 旦—枕戈待旦 …… 062
32. 宵—弃甲宵遁 …… 064
33. 朝—早朝晏罢 …… 066
34. 旭—旭日东升 …… 068
35. 昼—卜昼卜夜 …… 070
36. 晨—晨秦暮楚 …… 071
37. 郊—会田于郊 …… 073
38. 岛—岛瘦郊寒 …… 075
39. 晖—寸草春晖 …… 077
40. 池—非池中物 …… 078
41. 寒—不寒而栗 …… 080
42. 影—捕风捉影 …… 082
43. 渊—为渊驱鱼 …… 084

第二章　汉字与动物：
临鱼摹鸟，象字生

1. 蛇—打草惊蛇 …… 089
2. 鸡—闻鸡起舞 …… 091

3. 鼠—胆小如鼠 ········· 093
4. 马—老马识途 ········· 095
5. 牛—庖丁解牛 ········· 096
6. 羊—亡羊补牢 ········· 098
7. 鱼—缘木求鱼 ········· 100
8. 兔—兔死狗烹 ········· 102
9. 虎—调虎离山 ········· 104
10. 鸟—惊弓之鸟 ········· 106
11. 鹿—指鹿为马 ········· 108
12. 雀—门可罗雀 ········· 109
13. 犬——人得道，鸡犬升天 ········· 111
14. 龙—乘龙快婿 ········· 113
15. 毛—毛遂自荐 ········· 115
16. 象—盲人摸象 ········· 117
17. 燕—燕雀安知鸿鹄之志 ········· 119
18. 虫—雕虫小技 ········· 121
19. 龟—龟兔赛跑 ········· 123
20. 鹤—鹤立鸡群 ········· 124
21. 爪——鳞半爪 ········· 126
22. 卵—以卵击石 ········· 128
23. 雁—雁默先烹 ········· 130
24. 鹊—鸠占鹊巢 ········· 131
25. 鸿—鸿鹄与鸡 ········· 133
26. 鹏—鹏程万里 ········· 135
27. 狐—狐假虎威 ········· 136
28. 凤—攀龙附凤 ········· 138
29. 猿—心猿意马 ········· 140
30. 驴—黔驴技穷 ········· 141
31. 羚—羚羊挂角 ········· 143
32. 狼—狼心狗肺 ········· 145

33. 猪—牧猪奴戏 …………………… 147
34. 蝉—噤若寒蝉 …………………… 148
35. 猴—沐猴而冠 …………………… 150
36. 蛾—飞蛾扑火 …………………… 152
37. 貂—狗尾续貂 …………………… 154
38. 狮—河东狮吼 …………………… 155
39. 鲋—涸辙之鲋 …………………… 157
40. 骥—按图索骥 …………………… 159
41. 兽—困兽犹斗 …………………… 160
42. 乌—爱屋及乌 …………………… 162
43. 麟—凤毛麟角 …………………… 164
44. 鸩—饮鸩止渴 …………………… 165
45. 鲤—鲤鱼跳龙门 ………………… 167
46. 狈—狼狈不堪 …………………… 169
47. 鲍—管鲍之交 …………………… 170
48. 蜂—蜂拥而至 …………………… 172
49. 蝶—梁祝化蝶 …………………… 174
50. 熊—鱼与熊掌 …………………… 176
51. 猫—猫鼠同眠 …………………… 177
52. 蚁—溃堤蚁穴 …………………… 179
53. 莺—莺莺燕燕 …………………… 181
54. 蝇—蝇附骥尾而致千里 ………… 182
55. 蟾—蟾宫折桂 …………………… 184
56. 驹—吾家千里驹 ………………… 186
57. 蛛—棒打蜘蛛精 ………………… 187

第三章 汉字与植物：
万千形状，胸中藏

1. 草—草船借箭	193
2. 华—华而不实	195
3. 生—乐极生悲	197
4. 瓜—瓜代有期	199
5. 木—入木三分	201
6. 林—瑶林琼树	203
7. 竹—势如破竹	205
8. 果—自食其果	207
9. 荆—披荆斩棘	209
10. 桑—指桑骂槐	211
11. 叶——叶障目	213
12. 苗—揠苗助长	215
13. 荣—欣欣向荣	217
14. 栗—战战栗栗	218
15. 豆—煮豆燃萁	220
16. 米—偷鸡不成蚀把米	222
17. 季—季札挂剑	223
18. 本—舍本逐末	225
19. 朱—近朱者赤，近墨者黑	227
20. 垂—功败垂成	229
21. 来—嗟来之食	230
22. 丰—羽毛未丰	232
23. 梅—望梅止渴	234
24. 麦—不辨菽麦	236
25. 杨—百步穿杨	238
26. 李—李代桃僵	240
27. 柳—桓公叹柳	242

28. 药—不可救药 …… 243
29. 枣—囫囵吞枣 …… 245
30. 粱—黄粱美梦 …… 247
31. 芒—芒刺在背 …… 249
32. 篱—寄人篱下 …… 251
33. 萝—松萝共倚 …… 253
34. 芍—芍药无用 …… 254
35. 乔—误付洪乔 …… 256
36. 榆—失之东隅，收之桑榆 …… 257
37. 蓬—蓬荜生辉 …… 259
38. 根—斩草除根 …… 261
39. 杏—小贩卖杏 …… 263
40. 兰—义结金兰 …… 265
41. 昙—昙花一现 …… 266
42. 碧—三年化碧 …… 268
43. 芝—芝兰玉树 …… 270
44. 蒂—根深蒂固 …… 272
45. 枯—摧枯拉朽 …… 273
46. 莲—香莲告状 …… 275
47. 桂—薪贵于桂 …… 277
48. 艾—期期艾艾 …… 279
49. 蔓—蔓草难除 …… 281
50. 禾—风禾尽起 …… 283
51. 柯—倾柯卫足 …… 285
52. 藕—因荷得藕 …… 287
53. 粟—尺布斗粟 …… 289

第四章 汉字与生活：
字若珠玑，句句无瑕

1. 家—家喻户晓 ……………………… 293
2. 瓦—土崩瓦解 ……………………… 295
3. 刀—捉刀代笔 ……………………… 297
4. 工—巧夺天工 ……………………… 299
5. 疾—疾风劲草 ……………………… 301
6. 舞—项庄舞剑 ……………………… 303
7. 美—美轮美奂 ……………………… 305
8. 网—漏网之鱼 ……………………… 307
9. 门—门庭若市 ……………………… 309
10. 舟—破釜沉舟 ……………………… 311
11. 饮—饮马长江 ……………………… 313
12. 匕—图穷匕见 ……………………… 314
13. 戈—化干戈为玉帛 ………………… 316
14. 弓—杯弓蛇影 ……………………… 318
15. 车—螳臂当车 ……………………… 320
16. 斗—车载斗量 ……………………… 322
17. 衣—衣带水 ………………………… 324
18. 井—井底之蛙 ……………………… 326
19. 食—食不甘味 ……………………… 328
20. 帚—敝帚自珍 ……………………… 330
21. 窗—东窗事发 ……………………… 332
22. 田—蹊田夺牛 ……………………… 334
23. 乐—乐不思蜀 ……………………… 336
24. 金—一诺千金 ……………………… 338
25. 劳—劳苦功高 ……………………… 340
26. 旗—旗鼓相当 ……………………… 342
27. 笔—投笔从戎 ……………………… 344

28. 釜—釜底抽薪 ……………………… 346

29. 帽—谢郎着帽 ……………………… 348

30. 众—众叛亲离 ……………………… 350

31. 渔—竭泽而渔 ……………………… 352

32. 宾—宾至如归 ……………………… 353

33. 宝—无价之宝 ……………………… 355

34. 浴—补天浴日 ……………………… 357

35. 蓑—蓑笠殒命 ……………………… 359

36. 蛊—蛊心丧志 ……………………… 361

37. 鲜—屡见不鲜 ……………………… 362

38. 烹—藏弓烹狗 ……………………… 364

39. 羹—分我杯羹 ……………………… 366

40. 汤—赴汤蹈火 ……………………… 367

41. 裘—肥马轻裘 ……………………… 369

42. 饼—画饼充饥 ……………………… 371

43. 鞭—鞭长莫及 ……………………… 373

44. 婿—东床快婿 ……………………… 375

45. 袖—两袖清风 ……………………… 377

46. 犁—犁庭扫穴 ……………………… 379

47. 鼎—一言九鼎 ……………………… 381

48. 镜—破镜重圆 ……………………… 382

49. 臭—口尚乳臭 ……………………… 384

50. 言—流言蜚语 ……………………… 386

51. 襟—正襟危坐 ……………………… 388

第五章　汉字与自我：
魅环宇宙，力透万年

1. 人—杞人忧天 ……………………… 393

2. 老—老当益壮 ……………………… 395

3. 女—女娲补天 ……………………………… 397

4. 父—夸父逐日 ……………………………… 399

5. 母—孟母三迁 ……………………………… 401

6. 子—孺子可教 ……………………………… 403

7. 儿—贫儿学谄 ……………………………… 405

8. 夫—千夫所指 ……………………………… 407

9. 妇—妇人之仁 ……………………………… 409

10. 面—独当一面 ……………………………… 411

11. 目—目无全牛 ……………………………… 413

12. 口—口若悬河 ……………………………… 415

13. 舌—丰干饶舌 ……………………………… 417

14. 齿—齿亡舌存 ……………………………… 418

15. 身—身无长物 ……………………………… 420

16. 耳—掩耳盗铃 ……………………………… 423

17. 手—手不释卷 ……………………………… 425

18. 足—画蛇添足 ……………………………… 427

19. 心—力不从心 ……………………………… 429

20. 血—呕心沥血 ……………………………… 431

21. 见—司空见惯 ……………………………… 433

22. 立—程门立雪 ……………………………… 435

23. 望—望洋兴叹 ……………………………… 437

24. 膊—赤膊上阵 ……………………………… 439

25. 坐—坐怀不乱 ……………………………… 441

26. 泪—泪如泉涌 ……………………………… 443

27. 步—安步当车 ……………………………… 445

28. 唇—唇亡齿寒 ……………………………… 447

29. 腹—口蜜腹剑 ……………………………… 449

30. 脚—脚踏实地 ……………………………… 451

31. 髀—髀肉复生 ……………………………… 453

32. 肘—变生肘腋 ……………………………… 454

33. 颜——犯颜极谏 …………………………… 456
34. 窍——窍不通 ……………………………… 458
35. 形——自惭形秽 …………………………… 460
36. 闻——百闻不如一见 ……………………… 462
37. 病——病入膏肓 …………………………… 464
38. 骨——刮骨去毒 …………………………… 466
39. 额——焦头烂额 …………………………… 468
40. 睫——目不见睫 …………………………… 470
41. 眉——举案齐眉 …………………………… 472
42. 怀——虚怀若谷 …………………………… 474

第六章 汉字与文化：
字形藏理，字音通意

1. 孝——孝感动天 …………………………… 479
2. 亲——大义灭亲 …………………………… 481
3. 才——江郎才尽 …………………………… 483
4. 黄——黄袍加身 …………………………… 485
5. 皇——燕啄皇孙 …………………………… 487
6. 尊——妄自尊大 …………………………… 489
7. 泰——重于泰山 …………………………… 491
8. 棋——举棋不定 …………………………… 493
9. 歌——四面楚歌 …………………………… 495
10. 计——锦囊妙计 ………………………… 497
11. 礼——礼贤下士 ………………………… 499
12. 音——余音绕梁 ………………………… 501
13. 纸——洛阳纸贵 ………………………… 502
14. 椟——买椟还珠 ………………………… 505
15. 革——马革裹尸 ………………………… 506

16. 炎—趋炎附势 …… 508

17. 玉—金玉其外，败絮其中 …… 510

18. 庐—三顾茅庐 …… 512

19. 盗—盗亦有道 …… 514

20. 师—尊师重道 …… 516

21. 调—古调不弹 …… 518

22. 侯—侯门似海 …… 519

23. 术—不学无术 …… 521

24. 章—断章取义 …… 523

25. 民—民不聊生 …… 525

26. 丁—目不识丁 …… 527

27. 名—名正言顺 …… 529

28. 君—梁上君子 …… 531

29. 利—利令智昏 …… 533

30. 篇—连篇累牍 …… 535

31. 问—不耻下问 …… 537

32. 谋—不足与谋 …… 539

33. 萧—成也萧何，败也萧何 …… 541

34. 竽—滥竽充数 …… 543

35. 姬—霸王别姬 …… 544

36. 吉—黄道吉日 …… 546

37. 帝—望帝啼鹃 …… 548

38. 娥—嫦娥奔月 …… 550

39. 年—而立之年 …… 552

40. 韦—韦布匹夫 …… 554

41. 学—斗酒学士 …… 556

42. 贤—求贤若渴 …… 558

第七章 汉字与健康：
抑扬顿挫，暗藏玄机

1. 切—望闻问切 563
2. 薏—薏苡明珠 565
3. 僵—李代桃僵 566
4. 圭—白圭之玷 568
5. 沸—抽薪止沸 570
6. 独—得天独厚 572
7. 微—防微杜渐 574
8. 讳—讳疾忌医 576
9. 辨—鉴貌辨色 578
10. 吐—上吐下泻 580
11. 起—起死回生 582
12. 痴—嗜痴成癖 584
13. 医—头痛医头，脚痛医脚 585
14. 伤—触景伤情 587
15. 克—相生相克 589
16. 物—药笼中物 591
17. 脉—急脉缓灸 593
18. 惊——鸣惊人 595
19. 毒—以毒攻毒 597
20. 膏—焚膏继晷 599
21. 类—非我族类 601
22. 背—汗流浃背 602
23. 性—姜桂之性 605
24. 丹——片丹心 607
25. 炮—如法炮制 609
26. 衅—衅起萧墙 610
27. 肌—冰肌玉骨 612

28. 空—空中楼阁 ················· 614
29. 炙—炙肤皲足 ················· 616
30. 胆—卧薪尝胆 ················· 618
31. 眠—抵足而眠 ················· 620
32. 屑—竹头木屑 ················· 622
33. 济—悬壶济世 ················· 623
34. 聪—自作聪明 ················· 625
35. 息—休养生息 ················· 627
36. 味—食之无味，弃之可惜 ········· 629
37. 咽—食不下咽 ················· 631
38. 脏—麻雀虽小，五脏俱全 ········· 633
39. 肝—肝脑涂地 ················· 634
40. 察—明察秋毫 ················· 636
41. 感—感恩图报 ················· 638

第八章 汉字与民俗：
语润民风，文旋山海

1. 卑—尊卑有伦 ················· 643
2. 元—元宵佳节 ················· 645
3. 器—美食不如美器 ··············· 647
4. 稻—稻花香里说丰年 ············· 649
5. 俗—入乡随俗 ················· 651
6. 流—曲水流觞 ················· 653
7. 文—文身断发 ················· 654
8. 乡—告老还乡 ················· 656
9. 恶—重五恶日 ················· 658
10. 髻—广袖高髻 ················ 660
11. 三—三亲六故 ················ 661
12. 六—三姑六婆 ················ 663

13. 雅—雅俗共赏 …… 665
14. 武—文川武乡 …… 667
15. 禁—令行禁止 …… 669
16. 死—庄子妻死，鼓盆而歌 …… 671
17. 嫁—男大当婚，女大当嫁 …… 673
18. 媒—父母之命，媒妁之言 …… 674
19. 聘—男婚女聘 …… 676
20. 妾—三妻四妾 …… 678
21. 继—比肩继踵 …… 680
22. 氏—和氏之璧 …… 682
23. 庙—大水冲了龙王庙 …… 685
24. 淳—浇淳散朴 …… 687
25. 耕—精耕细作 …… 689
26. 矫—矫枉过正 …… 691
27. 情—鸟鸟私情 …… 693
28. 肥—环肥燕瘦 …… 695
29. 宗—传宗接代 …… 697
30. 嗣—克嗣良裘 …… 699
31. 春——年之计在于春 …… 701
32. 蛰——雷惊蛰始 …… 703
33. 腊—更暖须留御腊衣 …… 705
34. 清—清明时节雨纷纷 …… 707
35. 谷—雨生百谷 …… 709
36. 夏—春争日，夏争时 …… 711
37. 露—八月白露降 …… 713
38. 霜—白露为朝霜 …… 715

第一章

汉字与天地

仓颉造字,
天雨粟,
鬼夜哭

1. 日—日暮途穷

◎ 趣话"日"字

| 甲骨文 | 金文 | 篆文 | 隶书 | 楷书 | 行书 | 草书 | 标准宋体 |

《说文》里载,日,太阳之精也。从口一,象形。日,在汉语中通常指的是太阳,古代人根据天空中太阳的形状创造出这个字,在最早出土的甲骨文中,圆圈通常表示天体形状,圆圈内加一点,则表示这个天体能够发光。由于甲骨文是刻在龟甲等不规则的物体上,刻画时可能变形,有的圆圈被刻成棱形。在汉字发展过程中,经历金文和篆文的沿革,外面的圆圈变成了方形,字形终于确定下来。

◎ 汉字有故事:日暮途穷

释义:成语"日暮途穷",意思是天已晚了,路已走到了尽头。后来比喻人已经到了无路可走的境地或者事物、势力到了灭亡的末日。

成语故事:春秋时期,楚国的国王楚平王是个不合格的国君,他的大臣费无忌陷害了他的儿子太子建,还因此杀害了大臣伍奢及他的儿子伍尚。伍奢的二儿子伍子胥极有才华,他想尽办法和太子建的儿子一起逃到吴国,辅佐后来的吴王阖闾。

伍子胥充分展示自己的才华,在吴国如鱼得水,慢慢取得吴王信任,开始统领吴国的军队。后来他带领吴军讨伐楚国。这时候楚平王已经死了,楚国国君为楚昭王。伍子胥打败楚国的军队,楚昭王狼狈逃走了。伍子胥大怒之下,将已经死了的楚平王鞭尸。

他昔日的好朋友申包胥听说这件事,写了一封信给伍子胥。信中说:"你曾经是楚平王的臣下,可是为了报你父兄的仇,掘了国君的墓,鞭了国君的尸,岂不是天理不容吗!"

伍子胥回信说:"我现在已经是一个日暮途穷、无路可走的人,所以不在乎做一些错的事情。"

　　申包胥向秦国借兵，最终击败了吴国军队。

　　后来，伍子胥被越王勾践设计陷害，被吴王赐死。

◎ 知识传送门：尧天舜日

　　宋代释文珦《梅雨》中有两从句诗："尧天舜日远，怀抱若为舒。"句子里的尧天舜日，是一个成语，也可以写作"舜日尧年"。

　　尧和舜都是中国古代传说中非常贤明的君主，后代用他们二位来比喻贤明的君主。尧、舜在位的时期，人民安居乐业，天下太平。"尧天舜日"这个成语原来是称赞古代帝王贤明的品德，现在常用来比喻天下太平。

◎ "日"字的诗意

1. 千门万户曈曈日，总把新桃换旧符。——宋·王安石《元日》
2. 胜日寻芳泗水滨，无边光景一时新。——宋·朱熹《春日》
3. 须晴日，看红装素裹，分外妖娆。——毛泽东《沁园春·雪》
4. 春风桃李花开日，秋雨梧桐叶落时。——唐·白居易《长恨歌》
5. 缓歌谩舞凝丝竹，尽日君王看不足。——唐·白居易《长恨歌》

◎ "日"字与歇后语

1. 阴雨天过后出太阳——开云见日
2. 盲人走路——难见天日
3. 盲人住山洞——暗无天日
4. 大船载着太阳——勉强度日
5. 出土的陶俑——总算有了出头之日

◎ "日"字与谚语

1. 三日不见，当刮目相看。
2. 路遥知马力，日久见人心。
3. 一日不见，如隔三秋。
4. 水落现石头，日久见人心。
5. 天无二日，人无二理。

2. 月—近水楼台先得月

◎ 趣话"月"字

| 甲骨文 | 金文 | 篆文 | 隶书 | 楷书 | 行书 | 草书 | 标准宋体 |

《说文》里载，月，阙也。太阴之精。古代人在造字的时候，发现月亮有阴晴圆缺，月满的时候圆，月缺的时候弯，于是就以月半圆的月牙形象代表"月"字。甲骨文的字形，跟现在的"月"字形象类似，金文与篆文基本都是承续甲骨文字形。隶书发展时期失去半圆形象，基本跟今天的"月"字相同。

◎ 汉字有故事：近水楼台先得月

释义：成语"近水楼台先得月"，意思是靠近水的楼台能够先享受到月光，比喻与某些人或者事物关系比较近，要比别人更加受益。

成语故事：范仲淹是我国北宋时期一位非常著名的政治家和文学家。

在他年少的时候，家境非常贫寒。但他非常聪明，再加上学习刻苦，所以学富五车，博览群书。后来，他出来做官，仕途也是一帆风顺。

作为朝廷的高级官员，范仲淹为人正直，待人十分谦和，用"先天下之忧而忧，后天下之乐而乐"这样的句子自勉。

据说范仲淹最擅长的是选拔人才。他曾经在杭州做过知府，跟着他做事的一班文武官员，他都量才而用。不少官员因为他的推荐获得升迁。

他手下有一个叫苏麟的巡检官，由于长期在杭州的外县工作，所以范仲淹不太认识他，其没有获得升迁的机会。有一天，苏麟因公事去见范仲淹，对范仲淹说："大人，我有首诗请您指点一下。"范仲淹一看诗里有两句：近水楼台先得月，向阳花木易为春。意思是靠近水的楼台能先被月光照到，向着太阳的花草树木在春天更容易复苏。范仲淹读了之后明白其意，哈哈大笑起来。

不久，苏麟就接到了升迁的命令。

◎ 知识传送门：闭月羞花

"闭月羞花"，出自元代王实甫的《西厢记》第一本第四折："则为你闭月羞花相貌；少不得剪草除根大小。"闭月羞花其实指的是中国古代四大美女中的两位——貂蝉和杨贵妃，"闭月"是指貂蝉的外貌使月亮害羞地躲在云里，"羞花"指杨玉环的颜容使花儿羞涩地低下头，这个词语现在用来赞叹女子的美貌。

◎ "月"字的诗意

1. 明月几时有，把酒问青天。——宋·苏轼《水调歌头·丙辰中秋》
2. 人有悲欢离合，月有阴晴圆缺。——宋·苏轼《水调歌头·丙辰中秋》
3. 人生得意须尽欢，莫使金樽空对月。——唐·李白《将进酒·君不见》
4. 三十功名尘与土，八千里路云和月。——宋·岳飞《满江红·写怀》
5. 烽火连三月，家书抵万金。——唐·杜甫《春望》

◎ "月"字与歇后语

1. 十月干地牛——散放打
2. 月亮头里点灯——空好看
3. 做年遇到闰月——背时；倒霉透了；真倒霉
4. 小巴儿狗咬月亮——不知天有多高
5. 月亮里看书——寻字；寻事

◎ "月"字与谚语

1. 屋里无灯望月出，身上无衣望天热。
2. 留得五湖明月在，不怕没处下金钩。
3. 偷风不偷月，偷雨不偷雪。
4. 月有圆有缺，人有聚有别。
5. 天凭日月，人凭良心。
6. 人心不足蛇吞象，贪心不足吃月亮。

3. 夕—危在旦夕

◎ 趣话"夕"字

甲骨文	金文	篆文	隶书	楷书	行书	草书	标准宋体

《说文》里载，夕，莫也。从月半见。"夕"这个字的意思是太阳下山。字形就像"月"字的变形，半隐半现。由于都是跟夜晚有关，"夕"与"月"在文字发展方面可以说是同源，后来分化。甲骨文、金文将"月"的字形减去一短竖，表示月上黄昏，月光不明。篆文承续金文字形，隶书略有变形。

◎ 汉字有故事：危在旦夕

释义："旦夕"的意思是从早上到夜晚。成语"危在旦夕"本意是指危险在早晚之间就要到来；后来人们用这个成语来形容危险迫在眉睫，情况万分紧急。

成语故事：三国时期吴国有一位叫作太史慈的著名将军。山东黄县人，武艺高强，智勇双全。年轻时，他家乡的父母官孔融听说了太史慈这个名字，认定他是一位非常出色的人物，非常想结交他，却因为太史慈当时犯了罪外逃辽东而无缘见面，于是孔融便替他照顾在老家的母亲。

当时黄巾起义闹得正凶，孔融怕黄巾军扰乱地方，出兵屯驻都昌城，结果被黄巾军大将管亥率大军包围，情势十分危急。正好太史慈由辽东回家探望母亲，他母亲便命他快去救助孔融。她说："你和孔融大人并不认识，但是在你走后，我的生活都是靠大人照顾的。今天他有了危险，于情于理你都应该去救他啊！"

太史慈快马加鞭赶到都昌城下，夜色朦胧的时候潜入城里拜见孔融。孔融于是派太史慈去向当时驻扎在平原的将军刘备求救。黄巾军数量很多，兵少的刘备犹豫要不要出兵，太史慈大义凛然地对刘备说："我与孔融大人非亲非故，但都懂得道德仁义。现在管亥率领的黄巾军围困了都昌，孔融大人被围危在旦夕。听说您是仁义的好人，能救人之急。因此孔融大人派我冒着生命危险突出重围向您求救，您想见死不救吗？"刘备听到这番话，不再犹豫，立即调遣精兵三千向都昌进军，打败了黄巾军，解了孔融的围。

◎ **知识传送门：朝乾夕惕**

"朝乾夕惕"，出自《周易·乾》："君子终日乾乾，夕惕若厉，无咎。"乾：自强不息；惕：小心谨慎。形容一天到晚勤奋谨慎，没有一点疏忽懈怠。清代雍正皇帝即位后，日夜勤慎，用"朝乾夕惕"来自诩。

大将军年羹尧刚愎自用，雍正帝想要杀他，就说年羹尧在贺表中将语序颠倒，将"朝乾夕惕"写作"夕惕朝乾"，以此为借口杀了年羹尧，这个成语流传于后世。

◎ **"夕"字的诗意**

1. 夕阳无限好，只是近黄昏。——唐·李商隐《乐游原》
2. 山气日夕佳，飞鸟相与还。——东晋·陶渊明《饮酒》
3. 散发乘夕凉，开轩卧闲敞。——唐·孟浩然《夏日南亭怀辛大》
4. 道狭草木长，夕露沾我衣。——东晋·陶渊明《归园田居》
5. 夕阳西下，断肠人在天涯。——元·马致远《秋思》

◎ **"夕"字与歇后语**

1. 王莽使令——朝令夕改
2. 刀尖上过日子——危在旦夕
3. 除夕晚上看皇历——没时间了
4. 除夕夜家家户户包饺子——无所不包
5. 除夕晚上看月亮——没有指望

◎ **"夕"字与谚语**

1. 天有不测风云，人有旦夕祸福。
2. 朝虹雨，夕虹晴。

4. 午—祁奚举午

◎ 趣话"午"字

| 甲骨文 | 金文 | 篆文 | 隶书 | 楷书 | 行书 | 草书 | 标准宋体 |

《说文》里载,午,牾也。五月,阴气牾逆阳,冒地而出。"午"这个字,造字最初为了表示"逆反",就是五月地里的阴气逆反阳气冒出。甲骨文的字形就好像为了增加磨米的逆反摩擦力,杵棒上面增加的两个横结。金文有所变形,夸大了杵棒的第一个横结。篆文将金文的第二个横结写成横画。有的隶书严重变形,与现代文字相似。

◎ 汉字有故事:祁奚举午

释义:成语"祁奚举午",出自《左传·襄公三年》,比喻推举贤能的时候客观公正,不管举荐的那个人是不是自己的亲人。

成语故事:在我国的春秋时期,北方大国晋 国有一个执政大臣叫范宣子,他发动了一场争夺权力的斗争,赶跑了他的亲外孙栾盈,并杀了他的同党。

有一位大夫叫作祁奚,他急公好义,誉满朝野,深受人们爱戴。在这场斗争中他心灰意懒,于是向国君晋悼公请求告老还乡,晋悼公舍不得放他走,但是祁奚去意已决。晋悼公没有办法,只好退而求其次,向他询问接替他的人。

祁奚推举了一个大家想不到的人——解狐,这个解狐是他的杀父仇人。晋悼公很奇怪,问:"解狐不是你的仇人吗?"祁奚回答说:"您问的是谁能够胜任,并没有问谁跟我有仇!"

于是晋悼公准备让解狐任中军尉,但解狐却突然死了。晋悼公又去问他,祁奚回答说:"我儿子祁午可以任中军尉。"

非常巧的是,这个时候,担任中军尉副将的羊舌职也死了,晋悼公问祁奚:"谁可以接替羊舌职的职位?"祁奚回答说:"他的儿子羊舌赤可以。"晋悼公笑着说:"您不怕别人说您用人唯亲？"祁奚答道："主公问的是何人能胜任，并非问与我的关系呀！"

于是，晋悼公让祁午做了中军尉，让羊舌赤辅佐他。而祁奚这种以国家大事为重、外举不避仇、内举不避亲的"大公无私"精神，受到后世的称颂。

◎ 知识传送门：午门斩首

午门是北京紫禁城的正门，居中向阳，位当子午，故名午门。我们在影视作品或者小说里，经常听到或看到"推出午门斩首"这句话，似乎午门成了古代执行死刑场所的代名词。

其实这是错误的说法，午门从来都不是正式处决囚犯的地方。午门最初由明代永乐皇帝朱棣建造，整个大明朝，只是"廷杖"（也就是打屁股）这个惩罚在午门行刑，但有时也可能打死人，于是变得以讹传讹。清代午门戒备森严，是战争胜利后的庆典场所。

◎ "午"字的诗意

1. 午醉醒来晚，无人梦自惊。——唐·方棫《失题》
2. 锄禾日当午，汗滴禾下土。——唐·李绅《悯农》
3. 午窗千嶂雨，幽梦一帘香。——宋·钱时《安素午睡》

◎ "午"字与歇后语

1. 癞蛤蟆躲端午——躲得过初一，躲不过十五
2. 吃过晌午饭搭早车——不赶趟
3. 端午吃饺子——与众不同

◎ "午"字与谚语

1. 人怕老来穷，禾怕午时风。
2. 晌午不止风，刮到点上灯。
3. 神仙难钓午后鱼。

5. 东—东施效颦

◎ 趣话"东"字

| 甲骨文 | 金文 | 篆文 | 隶书 | 楷书 | 行书 | 草书 | 繁体标宋 | 简体标宋 |

《说文》里载,"东"字,最初造字取的是移动的意思。字形采用"木"作偏旁。官溥认为,字形采用"日、木"相加,表示太阳在东方树丛中升起。古人将行李用一块布包着,扎在一根便于肩扛的木棍上,成为"橐"(指口袋)。甲骨文的"东"字像在包裹上纵横交叉地捆绑,有的甲骨文像大的包裹里装着小包裹,表示移动。金文承续甲骨文字形,隶书将篆文的字形转化为"東"。简体中文楷书简化为"东"。

◎ 汉字有故事：东施效颦

释义："颦",皱眉头的意思。成语"东施效颦",出自《庄子》,比喻对别人进行拙劣的模仿,不仅没有效果反而出丑。有时候也可以作为自己学不到别人长处的自谦词。

成语故事：中国古代四大美女之一——西施是春秋战国时期越国人。她丽质兰心,楚楚动人。那时越国被吴国打败,被迫称臣于吴国,连越王勾践都被迫给吴王当了仆人。

越王把西施与郑旦两个美人一起献给吴王夫差,以迷惑吴王,而勾践则卧薪尝胆,图谋复图。最终吴国被越国击败。

东施效颦是古代名著《庄子》里面记载的一个故事。传说西施年轻的时候心脏有点问题,她经常会因为心痛而捂着心口,皱着眉头走路。村子里的人看到其楚楚可怜的样子,都觉得西施美艳不可方物,对她赞不绝口。

村子东头有一个样子非常丑陋的女子名叫东施,她苦于人们都说她丑,于是认真观察西施。分析后她认为西施好看的原因是因为她的动作,于是就一板一眼模仿西施,经常捂着心口,皱着眉头在村里溜达。

可是，事与愿违，人们见了她那种怪模样不但没有称赞她美，反而纷纷躲避她。东施只知道皱着眉头好看，却不知道皱着眉头好看的原因是西施的美貌。

◎ **知识传送门：东道主**

举办某项赛事的国家或者请客的人被称为"东道主"，这是为什么呢？

其实这个词源于春秋时期，晋国想联合秦国一起进攻郑国。郑国形势危急，于是郑国国君派烛之武前去游说秦国，烛之武对秦国国君说郑国甘愿成为秦国的好仆人，当东道上（郑国在秦国之东）的主人，接待秦国来来往往的使节，故称"东道""东道主"。所以，后来多以这词来指称接待或宴客的主人，或指请客的人。

◎ **"东"字的诗意**

1. 等闲识得东风面，万紫千红总是春。——宋·朱熹《春日》
2. 问君能有几多愁，恰似一江春水向东流。——南唐·李煜《虞美人·春花秋月何时了》
3. 大江东去，浪淘尽，千古风流人物。——宋·苏轼《念奴娇·赤壁怀古》

◎ **"东"字与歇后语**

1. 背靠背走路——各奔东西
2. 不倒翁坐车——东倒西歪
3. 拆东墙补西墙——顾此失彼

◎ **"东"字与谚语**

1. 东西越用越少，学问越学越多。
2. 光阴如同东流水，只能流去不能回。
3. 十年河东转河西。

6. 西—东食西宿

◎ 趣话"西"字

《说文》里载,西,鸟在巢上。象形。日在西方而鸟栖,故因以为东西之西。"西"字创造本义是日落西山时鸟归林栖巢。甲骨文的字形像妇女回家带的一种用绳子做的袋子。金文延续了甲骨文字形。隶书承续金文字形。隶书写法严重变形,将字形写成"西"。

造字本义:古代女性装行李的袋子。

◎ 汉字有故事:东食西宿

释义:成语"东食西宿",本意是指在东家吃饭在西家睡觉;比喻贪婪的人各方面的好处都要,唯利是图,贪得无厌。

成语故事:在春秋战国时期的齐国,有户人家有个非常漂亮的女儿。这个女儿有沉鱼落雁之貌,闭月羞花之色,其美丽的名声传遍了村里。到了该婚配的时候,有两家人带着媒人前来求婚。

这两家各有优点和短处,村东这家求婚的男子长得非常丑陋但是家境十分富裕,村子西头这家的男子容貌俊美但是家里却很贫穷。这下子愁坏了女儿的父母,觉得没有一个人能让他们十分满意地把女儿嫁过去。他们犹豫不能决定,于是就想询问女儿的意见,要她自己决定想要嫁的人家。

那时候女孩子不好意思直接表达自己的意见,于是她的父母对她说:"你要是不好意思亲口指明想嫁给谁,不用直接表白,喜欢东家,就把左手的袖子提上去;喜欢西家,就提右手的袖子,我们就会明白你的意思。"

女儿想了想,把两只胳膊的袖子都提上去。父母感到非常奇怪,就问她到底选择了哪个男子。女儿的回答让人啼笑皆非,她说:"我想在东边有钱的男子家吃饭，晚上睡在西边俊俏的男子家。"

◎ **知识传送门：西方极乐世界**

"西"，很多时候被视为人死后或者佛法大成的终点，我们经常听到"一命归西""西方极乐世界"的说法，是因为太阳从西方落下，于是西被视为终点。《佛说阿弥陀经》里说："从是西方，过十万亿佛土，有世界名曰极乐。"佛教创始人释迦牟尼当年在印度时，从地球向西方太阳落山的方向，观察到了极乐世界所在的位置，西方极乐世界由此而生。

◎ **"西"字的诗意**

1. 东市买骏马，西市买鞍鞯。——南北朝·佚名《木兰辞》
2. 九重城阙烟尘生，千乘万骑西南行。——唐·白居易《长恨歌》
3. 故人西辞黄鹤楼，烟花三月下扬州。——唐·李白《黄鹤楼送孟浩然之广陵》

◎ **"西"字与歇后语**

1. 抱在怀里的西瓜——十拿九稳
2. 丢了西瓜捡芝麻——因小失大
3. 东家起火，西家冒烟——一波未平，一波又起

◎ **"西"字与谚语**

1. 情人眼里出西施。
2. 拆东墙，补西墙，结果还是住破房。
3. 常刮西北风，近日天气晴。

7. 北—城北徐公

◎ 趣话"北"字

甲骨文	金文	篆文	隶书	楷书	行书	草书	标准宋体

《说文》里载，北，从二人相背。北，它最初被创造出来的字形，采用两个相背的"人"靠在一起会意。在古代，"北"和"背"原本是一个字。北，甲骨文里就像一个朝左的人和一个朝右的人，两个人背靠背站立。金文、篆文承续甲骨文字形。隶化后楷书字形变为"北"。由于古代天子上朝时面朝南方，因此称背所朝的方向为"北"。

◎ 汉字有故事：城北徐公

释义：成语"城北徐公"，出自西汉·刘向《战国策·齐策一》："城北徐公，齐国之美丽者也。"意思是指美男子，俊俏的男子。

成语故事：战国时期，齐国大臣邹忌容貌俊俏，器宇轩昂。但是当时人们传说城北一位姓徐的男人是齐国最英俊的男人，邹忌常常感到不甘心。

一天，邹忌问妻子说："我与城北的徐公比起来，谁更英俊？"妻子不假思索地说："当然是夫君您更英俊，城北徐公怎么能跟您相比呢？"

邹忌有点不相信，又去问自己的小妾："我与城北的徐公谁更英俊？"小妾看看他说："当然是老爷您更英俊，城北徐公怎么能跟您相提并论呢？"

第二天，有客人来到他家。谈话间，邹忌偶尔说到城北徐公，就问客人自己与徐公谁更英俊，客人大笑说："说实话，城北徐公真的不如大人您啊！"

后来，城北的徐公因故来拜访邹忌。一见面，邹忌大为震惊，他发现，城北徐公的容貌要比自己英俊多了！而且越照镜子，越觉得差距大。

邹忌把这件事报告了齐威王，他说："我的容貌不如城北徐公，但是我的妻子说我美，因为她爱我；我的小妾说我美，因为她怕我；我的客人说我美，因为他有求于我。在我的家中尚且如此，大王您统领齐国，方圆百里，城池过百，您宫中的妃子，没有不爱您的；您的臣子，没有不敬畏您的；世上的诸侯，没有不有求于您的，照此情况，您受的蒙蔽肯定很多。"齐威王点头称是。

后来，齐威王广开言路，专门让国人提意见。过了几年，臣民想提意见也没得提了，齐国变得非常强大。

◎ 知识传送门：泰山北斗

泰山北斗出自《新唐书·韩愈传赞》："学者仰之如泰山北斗云。"泰山：东岳，在山东省泰安市，自古就有五岳之首的称号。北斗：北斗星。

对古人而言，北斗的地位非常崇高，因为靠着北斗分四季和节气，只要百姓能够找到天上的北斗，就可以分辨时节以便播种作物。且北斗星暗示着世间的兴衰运数，甚至跟帝王还能沾上边。"泰山北斗"这个词语比喻人世间的大师或者在某个领域内成就斐然、受人尊重的人。

◎ "北"字的诗意

1. 北方有佳人，绝世而独立。——汉·李延年《李延年歌》
2. 孤山寺北贾亭西，水面初平云脚低。——唐·白居易《钱塘湖春行》
3. 北国风光，千里冰封，万里雪飘。——毛泽东《沁园春·雪》

◎ "北"字与歇后语

1. 北极熊打呵欠——尽吹冷风
2. 广东人说北京话——南腔北调
3. 井水不犯河水，南山不靠北山——各过各的

◎ "北"字与谚语

1. 西北起黑云，雷雨必来临。
2. 早禾怕北风，晚禾怕雷公。
3. 阳春三月不做工，十冬腊月喝北风。

8. 南—南柯一梦

◎ 趣话"南"字

| 甲骨文 | 金文 | 篆文 | 隶书 | 楷书 | 行书 | 草书 | 标准宋体 |

《说文》里载，南，艸木至南方，有枝任也。意思是"南"字本意是草木到了南方，则花繁叶茂。但是在造字的时候，"南"的意思并不是表示方位，而是一种乐器。甲骨文把南写成像绳子系着钟鼓的样子。金文在下半部分鼓加上类似棍棒、鼓槌的东西，表示用棍棒敲鼓一样形状的乐器。篆文沿袭金文字形。隶书把篆文上面的绳结写成"十"，现代的"南"字从此定形。

◎ 汉字有故事：南柯一梦

释义：成语"南柯一梦"，出自唐代李公佐《南柯太守传》的一个故事，比喻人生如梦，富贵得失无常。

成语故事：相传唐代有个姓淳于名棼的人，一天他过生日，在自家门前的大槐树下和朋友饮酒欢庆，他喝得烂醉，被朋友们扶到廊下去小睡。

迷迷糊糊之间仿佛看到有两个紫衣使者请他上车，朝大槐树下一个树洞驰去。但见洞中别有洞天。车行不过数十里，行人熙熙攘攘。到了一个城池，城门上悬着金匾，上面写着"大槐安国"，有一位丞相出门相迎，告称国君愿将金枝公主许配给他。

淳于棼虽然觉得不妥，但是醒过神来时已经完成了婚礼，自己成了驸马，并被委任"南柯郡太守"。他到任后兢兢业业，勤政爱民，前后二十年，把南柯郡治理得路不拾遗、夜不闭户，不管是君王还是百姓都喜爱他。而这时他已有五子二女，事业与家庭都万分得意。

不料邻国檀萝国突然兴兵入侵，淳于棼连战连败；妻子金枝公主又不幸病故。淳于棼万分悲痛，辞去太守职务，带着妻子的灵柩回京，从此失去国君的宠信。君王批准他告老还乡，跟着那两名紫衣使者回家。

一出洞穴，就看到熟悉的景色。淳于棼见自己身子依然睡在廊下，惊醒过来，发现仆人们正在打扫院子，两位友人正在一旁洗脚，他经历过的一辈子，在现实世界竟然不过一瞬间。

淳于棼把自己做的梦告诉众人，大家一齐跑到大槐树下，果然挖出个很大的蚂蚁洞，很可能就是他梦中的"槐安国"，而槐树的最高的树枝，可能就是他当太守的南柯郡。

淳于棼回想起梦里在南柯的一切，觉得人生无常，于是他就出家了。

◎ 知识传送门：终南捷径

唐朝时期，有位叫司马承祯的人在终南山隐居。他淡泊名利，品德高尚。唐玄宗多次请他出来做官，都被他拒绝了。后来，司马承祯在长安遇到一位叫卢藏用的官员。卢藏用这个人是个假隐士，为了当官故意在离京城很近的终南山隐居，后来果然得偿所愿。

卢藏见了司马承祯，说"终南山上的确有很多乐趣啊"。司马承祯讽刺他说："还是做官的捷径。"后来人们就用"终南捷径"比喻达到目的快捷的门路。

◎ "南"字的诗意

1. 春风又绿江南岸，明月何时照我还。——宋·王安石《泊船瓜洲》
2. 南朝四百八十寺，多少楼台烟雨中。——唐·杜牧《江南春·千里莺啼绿映红》
3. 千磨万击还坚劲，任尔东西南北风。——清·郑板桥《竹石》

◎ "南"字与歇后语

1. 百万雄师下江南——兴师动众
2. 江南的蛤蟆——难缠（南蟾）
3. 马放南山，刀枪入库——天下太平

◎ "南"字与谚语

1. 买卖不懂行，瞎子撞南墙。
2. 南闪火开门，北闪有雨临。
3. 南风若过三，不下就阴天。

9. 星—披星戴月

◎ 趣话"星"字

《说文》里载,"星"字,在甲骨文字形是星星成群的样子。在甲骨文中,原本并没有"星"这个字,而只有"晶"字。晶,甲骨文用三个"日"字叠起,表示众多闪烁发光的星体。后来甲骨文在"晶"的字形基础上再加"生"另造一个"曐"字表示"星",表示星群在夜幕中"无中生有"的现象。金文将甲骨文字形上下颠倒,篆文将甲骨文上面的"晶"省略为"日"。隶书将篆文的下部写成生。于是现代的"星"字诞生了。注意,古文中有时候"晶"与"星"互相通用。

造字本义:从空寂的夜幕中出现的众多发光天体。

◎ 汉字有故事:披星戴月

释义:成语"披星戴月",指的是身披星星,头顶月亮。形容做事十分辛苦,早起晚回,出自元代郑廷玉的《冤家债主》。

成语故事:春秋末期的鲁国有一位贤能的官员叫宓子贱,他奉鲁国国君的命令去治理单父这个城市,刚上任就叫两个副官提笔写字。副官写字的时候,宓子贱却在一旁不断地用手去拉扯他们的胳膊肘儿,两人写的字一塌糊涂,不成样子,他借口这个事情免了二人的官。

二人去找国君哭诉,国君却说:宓子贱以前在朝廷当官的时候,有过不少好的建议,却因朝廷一些大臣反对而不能实施,就像被人拉住了袖子一般,他这是借你们的口来告诉我这个道理呢。

于是鲁国国君允许宓子贱按照自己的想法治理单父,五年向国君报告一次就好了。宓子贱每天在堂上静坐弹琴,就把单父治理得很好。

后来,接替他的是巫马期,巫马期为人十分勤劳,每天早上星星还在天上时就出门工作，直到月亮高挂天上时才回家，日夜不得安宁，寒暑坚持不懈，事事都亲自办理，这样才把单父治理好。巫马期很困惑，向宓子贱询问其中的缘故。

宓子贱说："我的做法叫作使用恰当的人才，你的做法叫使用自己的力气。使用力气的人当然劳苦，使用人才的人当然安逸。"

◎ 知识传送门：文曲星

我们常听说考中状元的人士"文曲星下凡"，那么文曲星是什么呢？文曲星是北斗七星宿之一，在中国古代神话传说中，文曲星是主管文运的星宿，古人认为文章写得好而被朝廷录用的人是文曲星下凡。

◎ "星"字的诗意

1. 七八个星天外，两三点雨山前。——宋·辛弃疾《西江月·夜行黄沙道中》
2. 月明星稀，乌鹊南飞。——魏晋·曹操《短歌行》
3. 星垂平野阔，月涌大江流。——唐·杜甫《旅夜书怀》

◎ "星"字与歇后语

1. 海底捞月，天上摘星——想得到，办不到
2. 老寿星上吊——活腻了
3. 大白天出星星——离奇

◎ "星"字与谚语

1. 星星之火，可以燎原。
2. 星星眨眨眼，出门要带伞。
3. 风吹云动星不动，水涨船高岸不易。

10. 光—凿壁偷光

◎ 趣话"光"字

甲骨文	金文	篆文	隶书	楷书	行书	草书	标准宋体

《说文》里载，光，明也。从火在人上，光明意也。光，明亮的意思。字形采用"火"作偏旁，像火把放在人的上方。光，最初的字形，甲骨文中就是火炬加上人，字形像蹲跪着的人擎着火炬，高过头顶。金文将甲骨文的火炬简化成"两点"，篆文虽然沿袭金文但是上半部变成"火"。隶书将篆文上半部分的"火"变为"小"，将篆文的"人"变形为"儿"，一直流传下来。

◎ 汉字有故事：凿壁偷光

释义：成语"凿壁偷光"，出自《西京杂记》，原来说的是西汉匡衡借邻家的烛光读书的故事。后来指那些虽然家里穷但苦读不辍的人。

成语故事：西汉有位少年叫作匡衡，他十分勤奋好学，但因为家中贫穷，不能像有钱人那样安心地求学。

他们县里有户大户人家，这家人有很多藏书。那个时候，书是非常贵重的，有书的人不肯轻易借给别人。匡衡听说后，就自告奋勇到他家去做雇工，到了结算工钱的时候，他对这家人说他不要报酬。主人感到很奇怪，问他为什么这么做，匡衡回答说："我不要钱，我只有一个要求，就是希望读遍您家的藏书。"

主人听了，深为感动，就慷慨地把所有藏书借给匡衡读。

匡衡白天要工作补贴家里，晚上想要读书，却苦于家中没有蜡烛。他的邻居家比较富有，晚上整夜点着蜡烛，但光亮照不到匡衡的家。于是匡衡想了一个好办法，他在两家的墙壁上凿了一个小洞，把邻家蜡烛的光亮引到自己的家里，借着邻居家的烛光在夜里读书。

于是匡衡得偿所愿，日夜钻研，最终官至宰相，成了一代大学问家。

◎ 知识传送门：韬光养晦

　　韬光养晦的意思是隐藏才能，不外露。"韬光"的字面意思是收敛光芒，引申意为避免抛头露面。"养晦"的字面意思是隐形遁迹，修身养性。

　　蜀汉先主刘备最初创业的时候十分不顺，有段时间曾被迫投靠魏武帝曹操。曹操这个人猜疑心很重，刘备为了不让曹操起疑，就在自己的后园种菜，每天亲自浇水除草施肥，表示自己没有大志向。这就是"韬光养晦"的例子。

◎ "光"字的诗意

　　1. 朔气传金柝，寒光照铁衣。——南北朝·佚名《木兰诗》

　　2. 胜日寻芳泗水滨，无边光景一时新。——宋·朱熹《春日》

　　3. 床前明月光，疑是地上霜。——唐·李白《静夜思》

◎ "光"字与歇后语

　　1. 案板上的擀面杖——光棍一条

　　2. 光着脑壳打伞——无法（发）无天

　　3. 一轮红日出东方——光明正大

◎ "光"字与谚语

　　1. 是金子总会发光的。

　　2. 一寸光阴一寸金，寸金难买寸光阴。

　　3. 光阴似箭，日月如梭。

11. 明—明珠暗投

◎ 趣话"明"字

甲骨文	金文	篆文	隶书	楷书	行书	草书	标准宋体

《说文》里载，照也。从月从囧。"明"字，意思是日月照耀。最早的字形由月加上囧表示。明，应该是从古到今变化不多的字形之一，甲骨文里是"日"（太阳）再加上"月"（月亮），表示白天与黑夜发光的两个天体。有的甲骨文用"月"（月亮）加上"囧"（窗牖），表示月光透过窗户照亮夜里的房间。金文、篆文承续甲骨文字形。楷书将隶书左边简化为"目"，行书最终定形为现在的"明"字。

◎ 汉字有故事：明珠暗投

释义：成语"明珠暗投"，是指把光彩夺目的珍珠投到黑暗的地方。比喻有价值的东西落到不识货的人手中，也比喻人才没有遇到知人善用的上司。

成语故事：西汉时期，有一个名叫邹阳的文学家很有声望，投在了梁孝王刘武的门下。

最初邹阳到梁孝王刘武府上的时候，刘武因他才华出众颇为重用，但邹阳这个人是个直性子，不会阿谀奉承，因此被小人记恨。刘武是当时皇帝汉景帝的同母弟弟，一直有篡夺皇位之心。邹阳得知后极力劝阻，与刘武不欢而散。而受刘武重用的羊胜、公孙诡等大臣嫉妒邹阳，乘机轮番进谗言。刘武一气之下将邹阳关入监牢。

邹阳在狱中给刘武写了一封信，他说："明珠本是珍宝，可若在夜里将它投掷在路人的身上，人们看不到砸自己的是什么，不会珍爱它们，而会对它怒目而视；相反，一些破木头做成车子后却能被达官贵人看重，这是为什么呢？因为明珠如果来得容易，就显现不出它的高贵；而朽木加上点缀花纹，就会显得华丽。人也是一样，没人引荐，哪怕是明珠也不会受到别人的重视；若有人大力推荐，即使是庸才也会显得高人一等。百姓即使有尧、舜的治国之道，有伊尹、管仲的才华，如龙逄、比干那样的忠心，没有人替他们美言，他们也无法施展才能报效国家啊！"

刘武读完信后，很受震动，下令释放邹阳。从那以后，把邹阳敬为上宾。

◎ 知识传送门：正大光明

北京乾清宫正殿高悬着由清代顺治皇帝亲书的"正大光明"匾，这个匾的背后藏有决定清代太子命运的"建储匣"。

为了缓和皇子争夺帝位的矛盾，自雍正朝开始，皇帝生前不公开立太子，而秘密写出所选继承人的文书，一份放在皇帝身边；一份放到"正大光明"匾的背后。皇帝死后，由顾命大臣共同从匾后取下"建储匣"，和皇帝身边的一份对照验看，然后宣布皇位的继承人。乾隆、嘉庆、道光、咸丰四帝，都是这样当上皇帝的。咸丰皇帝之后，此法逐渐废除。

◎ "明"字的诗意

1. 君不见，高堂明镜悲白发，朝如青丝暮成雪。——唐·李白《将进酒·君不见》
2. 清明时节雨纷纷，路上行人欲断魂。——唐·杜牧《清明》
3. 寒雨连江夜入吴，平明送客楚山孤。——唐·王昌龄《芙蓉楼送辛渐》

◎ "明"字与歇后语

1. 白纸黑字——黑白分明
2. 包老爷（包公）办案——明察秋毫
3. 大白天打劫——明目张胆

◎ "明"字与谚语

1. 聪明在于学习，天才在于积累。
2. 兼听则明，偏听则暗。
3. 明枪易躲，暗箭难防。

12. 气——一鼓作气

◎ 趣话"气"字

| 甲骨文 | 金文 | 篆文 | 隶书 | 楷书 | 行书 | 草书 | 标准宋体 |

《说文》里载,气,雲气也。象形。意思是"气"字,像流动的云气,是象形字。气,最初的甲骨文字形与"三"相似。"二"字在古代代表天和地。造字时在"二"字之间加上一横,用来指天和地之间的气流。为了跟"三"字区别,金文将甲骨文的上下两横都变为折笔。篆文延续了金文字形,确定了今天"气"字的字形。

◎ 汉字有故事：一鼓作气

释义：成语"一鼓作气"比喻做事要趁情绪高涨时,一下子做完。含有鼓励的意思。鼓,敲战鼓。作,振作。

成语故事：春秋时期,有一次大国齐国攻打邻国鲁国。兵临城下,鲁国的国君鲁庄公发动全国的适龄男子参加军队准备抵抗。这时候有一个人叫曹刿的自告奋勇,请求跟鲁庄公一同去打仗。

鲁庄公跟曹刿谈过后,大为折服,邀请他同坐一辆战车。鲁军刚摆好了阵势,鲁庄公就命令击鼓进攻。曹刿却阻止他说："主公,时机未到,不能进攻。"鲁庄公只好忍住。

对面齐国击了三次鼓,发布了三次进攻的命令,曹刿观察了一下,才对鲁庄公说："现在可以进攻了。"于是,鲁军击鼓进军,士兵们如下山的猛虎般冲向齐军,终于大破齐军。

鲁庄公正想命令全军追击,曹刿又阻止他,并下车细看地面齐军兵车的痕迹,又攀上车,仔细观察齐军逃跑的情形,然后说："现在可以追击了！"于是鲁军势如破竹,把齐军全部赶出鲁国国境。

战后,鲁庄公问曹刿说："您为什么这么做呢？"曹刿答道："打仗时主要是靠气势。第一次击鼓时，士兵们的斗志最旺盛；第二次士气就有些低落了；到了第三次，士兵的气势就完全衰竭了。等齐军的三通鼓击完，我们才击鼓冲锋，用全盛的气势对付士气衰落的齐军，所以我们赢了。齐国是大国，人才众多，很难预测会不会假装战败布下埋伏，我看他们的车辙是乱的，旗帜是倒的，于是确定不是埋伏，才放心追赶。"

听完曹刿之言，鲁庄公对曹刿大为敬佩。

◎ **知识传送门：沆瀣一气**

"沆瀣一气"，比喻臭味相投的人勾结在一起。唐朝时，一次科举考试，有个叫崔瀣的人很有才学，主持考试的官员名叫崔沆。他批阅到崔瀣的卷子，拍案叫绝，就录取他做了门生。

发榜后，门生崔瀣去拜会座主崔沆，二人十分投缘。也是巧合，"沆""瀣"二字合起来是一个词，表示夜间的水气、雾露。于是，大家开玩笑说："座主门生，沆瀣一气。"意思是，他们师生两人像是夜间的水气、雾露连在一起。这本是玩笑话，但流传到后世变成了贬义词。

◎ **"气"字的诗意**

1. 空山新雨后，天气晚来秋。——唐·王维《山居秋暝》
2. 山气日夕佳，飞鸟相与还。——魏晋·陶渊明《饮酒·其五》
3. 恰同学少年，风华正茂；书生意气，挥斥方遒。——毛泽东《沁园春·长沙》

◎ **"气"字与歇后语**

1. 八十老翁吹喇叭——有气无力
2. 八月的天气——一会儿晴，一会儿阴
3. 打胀的皮球——一肚子气

◎ **"气"字与谚语**

1. 不怕百事不利，就怕灰心丧气。
2. 不怕学问浅，就怕志气短。

13. 雷—大发雷霆

◎ 趣话"雷"字

甲骨文	金文	篆文	隶书	楷书	行书	草书	标准宋体

《说文》里载，靁，是天空中的阴阳能量相搏动，响雷、下雨、生物的气象。字形采用雨字头作偏旁，畾象回转的形状。雷，最初写作甲骨文的畾，即"㗊"，叠加、积聚，表示积聚闪电。金文上面加"雨"，表示暴雨前积聚了系列闪电霹雳的震天巨响。篆文省去金文字形中的闪电霹雳形象，将金文字形写成上"雨"下"畾"。俗体隶书将篆文字形中的"畾"简化成"田"。古籍多以简体的"雷"代替繁体的"靁"。

◎ 汉字有故事：大发雷霆

释义：成语"大发雷霆"，出自《三国志·吴书·陆逊传》："今不忍小忿而发雷霆之怒。""霆"的意思是非常响的雷，多用来比喻非常愤怒。"大发雷霆"比喻非常生气，暴跳如雷。

成语故事：229年，东吴孙权称帝，国号吴，定都建业。

魏国辽东太守公孙渊派使者来祝贺，并想与东吴结成同盟。公孙渊生性彪悍奸诈，他发动叛乱，杀死了病弱的叔叔公孙恭，夺取太守之职。公孙渊此举明显是在挑战魏王曹叡的威信，但魏国此时忙于对抗蜀、吴，无奈选择了妥协，封公孙渊为辽东太守。

但是公孙渊日夜惶惶不安，想找外援，就有了结盟孙权的事情。

孙权刚做皇帝，得信大喜，当即同意并封公孙渊为燕王。孙权手下的大臣张昭、陆逊都知道公孙渊是个小人，强烈反对与其结盟。孙权甚至拔剑砍下桌角吓唬张昭，张昭不为所动，称病不上朝了。

孙权为了表示诚意，派将军张弥、许晏等人率领军队，带着大量的金银财宝当作礼物献给公孙渊。

这时候，魏王也收到消息，大军开到辽东边境。公孙渊马上改变主意，吞并了孙权送来的金银珠宝，却将张弥、许晏的脑袋送给了曹魏朝廷。

孙权听后大发雷霆，准备出兵渡海讨伐公孙渊，这时大臣们纷纷阻止，大将陆逊上书劝诫说："公孙渊杀我使臣，辜负圣恩，实在可恶。可是臣听说陛下要为此而兴师远征，以万乘之尊亲自乘坐小船横渡沧海，臣以为万万不可。当今天下纷纷扰扰，陛下大败曹操于赤壁，大胜刘备于西陵，生擒关羽于荆州，此三人都是当世雄杰，都被陛下挫败锋芒。现在正是陛下平定天下的大好时机，如今陛下却要发雷霆之怒，孤身涉险吗？"

孙权听了，请回张昭，不再提攻打辽东的事情了。

◎ 知识传送门：不越雷池一步

雷池，古地名，位于今安徽龙感湖水域。东晋时，中书令庾亮执掌朝政。历阳太守苏峻谋反，江州刺史温峤想要领兵东下帮助庾亮。庾亮对苏峻力量估计不足，自作聪明地要求温峤注意防备西面的荆州刺史陶侃，不许温峤过雷池这个地方一步，结果京都建康反而被苏峻攻破。

"不越雷池一步"其实是战略失误，后来，比喻不敢越过某一界限。多指保守、拘泥；或让敌人胆寒，不敢进犯。

◎ "雷"字的诗意

1. 千红万紫安排著，只待新雷第一声。——清·张维屏《新雷》
2. 飒飒东风细雨来，芙蓉塘外有轻雷。——唐·李商隐《无题·飒飒东风细雨来》
3. 残雪压枝犹有桔，冻雷惊笋欲抽芽。——宋·欧阳修《戏答元珍》

◎ "雷"字与歇后语

1. 半天云里响炸雷——惊天动地
2. 打响雷不下雨——一场虚惊
3. 二月的闷雷——想（响）得早

◎ "雷"字与谚语

1. 春雷响,万物长。
2. 一发如雷,一败如灰。
3. 朝有破紫云,午后雷雨临。

14. 雨—挥汗如雨

◎ 趣话"雨"字

《说文》里载,雨,水从云下也。一象天,冂象云,水霝其间也。雨,水从云层降到地面。字形顶部的"一",像天穹,"冂"像低垂的云团,水在其间落下。雨,甲骨文在三点"水帘"之上加一横代表"上天",表示天空降水。金文、篆文承续甲骨文字形。到金文的时候,现代的"雨"字已经成形。

◎ 汉字有故事:挥汗如雨

释义:成语"挥汗如雨",出自《晏子春秋》,人们用"挥汗如雨"形容人多物广之意,现在也形容出汗很多,可用于描写天气热或劳动场面火热。

成语故事:春秋时期,齐国的相国晏婴身材矮小,但是却机智无双,能言善辩。有一次,齐王派晏婴出使楚国。楚国人因为他个儿矮想要嘲笑他,于是就在城池大门旁边开了一个小门,让晏婴从小门进去。晏婴看到这种情况,停住脚步说:"出使狗国的时候,才从狗洞进去。今天,我出使楚国,难道要走狗洞吗?"楚国的门卫连忙请他从大门进去。

晏婴见到了楚王,楚王就问他:"难道你们齐国没有人了吗?"晏婴回答说:"齐国的临淄有三百多条街道,人们张开衣袖就变成一片凉阴,挥一下汗水就像天上下大雨一样,街上的人拥挤不堪,肩靠着肩,脚跟着脚,怎么能说没有人呢?"

楚王说:"既然如此,为什么要派先生当使者呢?"晏婴回答说:"我们齐国派使者是各有所用。贤能的使者就派往好的国家,不贤能的使者就派往不好的国家。我是最差的使者,就只能派到楚国来了。"

楚王听了哭笑不得,再也不敢戏弄晏婴了。

◎ 知识传送门:未雨绸缪

"未雨绸缪",出自《诗经·豳风·鸱鸮》:"迨天之未阴雨,彻彼桑土,绸缪牖户。"意思是趁着天没下雨,先修缮房屋门窗。比喻事先做好准备工作,预防意外的事发生。绸缪:紧密缠缚,引申为修缮。周朝的时候,周公辅佐周成王,因成王猜忌而被放逐。周公知道有人要发动叛乱,作了上面那一首诗,提醒成王早做准备,并最终平息叛乱。

◎ "雨"字的诗意

1. 怒发冲冠,凭栏处、潇潇雨歇。——宋·岳飞《满江红·写怀》
2. 风雨送春归,飞雪迎春到。——毛泽东《卜算子·咏梅》
3. 春风桃李花开日,秋雨梧桐叶落时。——唐·白居易《长恨歌》

◎ "雨"字与歇后语

1. 光打雷不下雨——虚张声势
2. 出土笋子逢春雨——节节高
3. 东边日出西边雨——各有天地

◎ "雨"字与谚语

1. 真金不怕火炼,石山不怕雨淋。
2. 天无一月雨,人无一世穷。
3. 风吹不动泰山,雨打不弯青松。

15. 火—抱薪救火

◎ 趣话"火"字

甲骨文	金文	篆文	隶书	楷书	行书	草书	标准宋体

《说文》里载，火，燬也。南方之行，炎而上。象形。意思是，火可以烧毁一切东西。五行之中，火代表南方，字形像火光熊熊向上的样子。火，甲骨文字形与"山"相似，像地面上的三股火焰朝向天空。有的甲骨文简化了两侧的焰苗，并将火的主焰写成"人"形。后来金文将两点写成撇和捺，至此，"火"的字形基本确定。篆文承续金文字形。在上下结构的汉字中作偏旁时，"火"被写成"四点底"，比如"烈"。

◎ 汉字有故事：抱薪救火

释义：成语"抱薪救火"原指拿着木柴去救火。"薪"，木柴、干草的意思。后来比喻没有找准问题的根本原因，所采取的解决办法反而增添了更多困难。

成语故事：战国后期，经过多年的兼并战争，最后只剩下秦、楚、齐、赵、韩、魏、燕七个比较强大的国家。在这七国之中，秦国经历了商鞅变法，实力最强，它奉行远交近攻的政策，与远方的国家结交，不断地派兵向邻国进攻获取土地。

这其中，魏国就遭到了秦国的进攻，屡战屡败，连续割让了很多城池。公元前274年，秦军击溃了魏、赵、韩三国联军，斩杀十五万人，俘获魏国大将芒卯，魏王慌乱不已。魏国将军段干子向魏王献计，建议把南阳城割让给秦国以换取秦军撤兵。

谋臣苏代很有远见，他对魏王说："从前有一个人的房子起火了，别人劝他快用水去浇灭大火，但他不听，抱起一捆柴草去救火，因为他不懂得柴草不但不能灭火，反而会助长火势。大王若同意用割地的办法去讨好秦国，就好像是抱着柴草去救火一样，火不但不会熄灭，反而更旺。"

魏王没有主见，听了段干子和苏代的话，始终拿不定主意。秦军继续大举进攻，魏国领土不断被蚕食，最终被秦国灭掉了。

◎ **知识传送门：火中取栗**

"火中取栗"来自17世纪法国作家拉·封丹的寓言诗《猴子和猫》，讲的是一只猴子想吃火烤好的栗子，却不想自己冒着烫手的危险去取，于是去骗一只猫帮它取出来，猫为了从火中把栗子取出来，脚上的毛都被烧掉，但是取出来的栗子却被猴子吃光了。比喻付出巨大的代价做成某事，结果却被别人利用，得不偿失。

◎ **"火"字的诗意**

1. 烽火连三月，家书抵万金。——唐·杜甫《春望》
2. 蓦然回首，那人却在，灯火阑珊处。——宋·辛弃疾《青玉案·元夕》
3. 昨日邻家乞新火，晓窗分与读书灯。——宋·王禹偁《清明》

◎ **"火"字与歇后语**

1. 抱干柴救烈火——越帮越忙
2. 背油桶救火——惹火烧身
3. 稻草人救火——自顾不暇；自身难保

◎ **"火"字与谚语**

1. 人多智谋广，柴多火焰高。
2. 真金不怕火烧。
3. 邻家失火，不救自危。

16. 土—卷土重来

◎ 趣话"土"字

| 甲骨文 | 金文 | 篆文 | 隶书 | 楷书 | 行书 | 草书 | 标准宋体 |

《说文》里载，土是大地用以生长万物的介质。其中的"二"，就是指地之下、地之中，中间的"丨"，像植物从地面长出的样子。土，甲骨文像是地平线上高耸的立墩。有的甲骨文将立墩形象简化成一竖。金文将甲骨文字形中的立墩形象写成实心的棱形。篆文将金文上面的短横拉长，就成了现在的"土"字。

◎ 汉字有故事：卷土重来

释义："卷土"，意思是卷起尘土。"卷土重来"的意思是，遭遇失败和打击之后，集结力量重新来过。

成语故事：秦朝灭亡后，中原的局势变成了楚汉相争，汉王刘邦和西楚霸王项羽为了争夺天下，进行了激烈的战争。

西楚霸王项羽虽然英勇善战，但是刚愎自用，不听别人的意见，将自己手下最重要的谋士范增气走，于是善于使用人才的刘邦逐渐取得了战争的主动权。

公元前 202 年，轻敌的项羽在垓下中了韩信的埋伏吃了大败仗，军队被打散，他只好带领几百骑兵且战且走。逃到乌江时项羽的部下只剩下二十八个人，而刘邦的追兵则有几千人。

这时，一位老人撑着一只船过来，对项羽说："大王，您的家乡江东虽然小，但是也有一千里地，几十万人，您可以依靠他们卷土重来，赶快渡江去江东吧！"

项羽泪如雨下，说："这是天要让我灭亡，我渡过江去还有什么意义？况且当初和我一起举事的八千多江东子弟，如今没有一个活着。即使江东的父老兄弟同情我，继续拥戴我为王，可是到了今天这个地步，我还有什么脸面去见他们呢？"说完，项羽就拔剑自杀了。

唐朝诗人杜牧《题乌江亭》诗里写道：胜败兵家不可期，包羞忍耻是男儿。江东子弟多才俊，卷土重来未可知。

◎ **知识传送门：太岁头上动土**

"在太岁头上动土"是中国古代的一种忌讳。过去人们认为，不信这种忌讳将会招致灾祸。唐代《酉阳杂俎》一书记载：有个叫王丰的人，在太岁头上掘坑，看见一个肉块，像牛那么大，王丰的家人们数日内都死了，只剩一个女儿。"太岁"实际上是古代人假设的一种天体，其实它是一种具体的生物。李时珍在《本草纲目》中称之为"肉芝"，并称其为"本经上品"。

太岁本身并不能带来灾祸，这句话的意思是用鸡蛋碰石头，比喻触犯那些超出自己能力之外的人和事。

◎ **"土"字的诗意**

1. 腾蛇乘雾，终为土灰。——汉·曹操《龟虽寿》
2. 江东子弟多才俊，卷土重来未可知。——唐·杜牧《题乌江亭》
3. 黄河捧土尚可塞，北风雨雪恨难裁。——唐·李白《北风行》

◎ **"土"字与歇后语**

1. 兵来将挡，水来土掩——一物降一物；各有办法
2. 大水冲崩土地庙——慌了神
3. 太岁头上动土——胆子大；自取其祸

◎ **"土"字与谚语**

1. 九层之台起于垒土，千里之行始于足下。
2. 一方水土养一方人。
3. 钱财如粪土，仁义值千金。

17. 云——平步青云

◎ 趣话"云"字

甲骨文	金文	篆文	隶书	楷书	行书	草书	标准宋体
ᔭ	云	ㄜ	云	云	云	云	云
	雲	雲	雲	雲	雲	雲	雲

《说文》里载，云，山川气也。从雨，云象雲回转形。云，古文省雨。古代的云写作"雲"，最初指的是山川升腾的雾气回转的样子。云，是"雲"的省略写法，省去了"雨"。云，甲骨文字形就是表示天的"二"加上气流，表示气流在天上流动。金文、篆文承续甲骨文字形。篆文突出流动形象。隶书开始，字形确定。简化字推广后，"雲"不再使用，统一成"云"。

◎ 汉字有故事：平步青云

释义：成语"平步青云"，出自《史记·范雎蔡泽列传》，形容人轻易地坐上很高的位子。

成语故事：战国的时候，魏国有一个叫范雎的人，他非常有才华，想说服魏王重用他，可惜却没有机会，只好先投靠到中大夫须贾门下。

有一次，范雎跟着须贾到齐国去，朝堂上见须贾被齐襄王数落得无法应对，范雎挺身而出，舌灿莲花，替须贾解了围。齐王敬重范雎，想要留他做客卿，并赠黄金十斤、牛、酒等物，范雎全部谢绝了。但这让须贾十分嫉妒，回国后就禀报相国魏齐，说范雎私通齐国，魏齐听了就叫人把范雎关进监狱，最后他装死才被门人救出来。

后来，他的好友郑安平把他辗转荐给秦王，秦王见他才能出众，于是让他做了秦国的相国，范雎想到自己所受的屈辱，便主张攻打魏国。

魏王知道后很害怕，就派须贾去求和。须贾来到秦国相国府，对范雎叩头说：

"我没料到您靠自己的能力,平步青云,如今坐到国相的位子。我死有余辜,罪无可恕,但请饶了我,我再也不问世事,如今我的生死全在您的手上了。"

范雎折辱了一番须贾,然后放他回魏国,并设计令魏齐自刎,最终大仇得报。

◎ 知识传送门:白云苍狗

唐代诗人杜甫,曾经写过一首题为《可叹》的诗:

天上浮云似白衣,斯须变幻为苍狗;古往今来共一时,人生万事无不有!

这首诗其实是为了纪念他的好朋友王季友而作。王季友也是一位诗人,他勤奋好学,努力上进,但是际遇一直不好,家境很贫寒。他妻子因为他贫困所以嫌弃他,最终二人各奔东西。当时有些人不了解实情,都责怪王季友,杜甫就写了这首诗,喟叹世事无常,这样一个好人竟然被丑化。后人就用"白云苍狗",来比喻世态的变迁,出人意料。

◎ "云"字的诗意

1. 当窗理云鬓,对镜贴花黄。——南北朝·佚名《木兰诗》
2. 大风起兮云飞扬,威加海内兮归故乡。——汉·刘邦《大风歌》
3. 荡胸生层云,决眦入归鸟。——唐·杜甫《望岳》

◎ "云"字与歇后语

1. 半天云里踩钢丝——提心吊胆
2. 对着赵云摔阿斗——收买人心
3. 六月的云,少女的心——变化多端

◎ "云"字与谚语

1. 天上无云不下雨,世间无人不成事。
2. 云自东北起,必有风和雨。
3. 乌云遮不住太阳的微笑。

18. 虹—白虹贯日

◎ 趣话"虹"字

甲骨文	金文	篆文	隶书	楷书	行书	草书	标准宋体
𩁹	𧉟	虹	虹	虹	虹	虹	虹

《说文》里载,虹,螮蝀也。状似虫。从虫工声。意思是,虹就是像带子一样的彩虹。形状弯曲像虫子一样。古人以为虹是雨后出来饮水的神龙。虹,甲骨文为象形字,像腰腹呈拱形的神龙,头尾两端各有一个张着大口的龙头。金文另造会义字,虫加上工(巨大的意思),表示虹为"大虫",飞天神龙。篆文承续金文字形,将左边的"虫"变得更接近现代字。

◎ 汉字有故事:白虹贯日

释义:成语"白虹贯日",出自《战国策·魏策四》。"虹"实际上是"光晕",就是自然界的一种大气光学现象。"白虹贯日"原本指的是一种白色的长虹穿日而过的自然现象,后来引申为大事发生之前的一些能够表现吉凶的征兆。

成语故事:战国时期,韩国有个名叫严遂的大臣,他跟相国韩傀结下怨仇,想要刺杀韩傀,但是找不到合适的刺客。

后来他突然想到了齐国一个专门杀狗的聂政,于是就去齐国找他。聂政当时没有行动,因为他还有母亲要侍奉。等到母亲去世后,聂政为报答严遂的知遇之恩,就单人独剑闯入戒备森严的相国府,刺杀了韩傀,他害怕牵连严遂,先是毁了自己的容貌,然后自杀,传说当时有白色的长虹穿过太阳。

白虹还出现在公元前227年,燕国太子丹请壮士荆轲带着燕督亢的地图和将军樊於期的头颅,前往秦国刺杀秦王嬴政。临行前,人们在易水边为荆轲送行,于是有了著名诗句"风萧萧兮易水寒,壮士一去兮不复还"。荆轲来到秦国后,秦王在咸阳宫召见他。荆轲把匕首藏在地图中,地图展示完毕拿着匕首刺向嬴政,但被其躲过,荆轲反而被杀死。《史记》记载:"昔者荆轲慕燕丹之义,白虹贯日。"

◎ 知识传送门：彩虹不祥

彩虹，其实是一种光学反射现象。当下雨或者空气中有很多水滴的时候，阳光照到空气中的水滴上，光线反射或者折射形成桥状的七彩光谱。

在中国的古代，人们并不喜欢彩虹。传说彩虹是一种双头的蛇或者双头龙，因为它们总在雨后或者水边出现，所以大家认为它们会吸光水分。有些人看到彩虹就会敲锣打鼓，试图赶走它们。

◎ "虹"字的诗意

1. 探虎穴兮入蛟宫，仰天呼气兮成白虹。——先秦·佚名《荆轲歌》
2. 万树鸣蝉隔岸虹，乐游原上有西风。——唐·李商隐《乐游原》
3. 欻如飞电来，隐若白虹起。——唐·李白《望庐山瀑布水二首》

◎ "虹"字与歇后语

1. 雨后的彩虹——五光十色
2. 天上的彩虹，海上的幻影——看得见，摸不着
3. 大街上的霓虹灯——光彩夺目；引人注目

◎ "虹"字与谚语

1. 虹搭的桥不能走，蛇扮的绳不能抓。
2. 经历风雨，方见彩虹。
3. 西虹跨过天，有雨在眼前。

19. 冰—卧冰求鲤

◎ 趣话"冰"字

| 甲骨文 | 金文 | 隶书 | 楷书 | 行书 | 草书 | 标准宋体 |

《说文》里载，冰，水坚也。从仌从水。意思是冰是水凝固变硬而成。金文字形中的"冰"是竖写的"水"，就像从上面流出的水，金文字形"仌"是汹涌的一半，就是"水不流动"。有的金文将波涛状简写成两点，同时加"水"，强调"冰"由液态的"水"凝固而成。篆文"仌"误将金文字形中的两道折笔写成两个"人"形，冰棱形象消失。隶书的"冰"已经和现代文字相似。

◎ 汉字有故事：卧冰求鲤

释义：卧冰求鲤是中国古代的民间传说故事，最早出自干宝的《搜神记》。"卧冰求鲤"比喻对父母非常孝顺。

成语故事：晋朝的王祥，是山东北海人，他很小的时候母亲就去世了，父亲又娶了一个姓朱的女人。

继母朱氏不喜欢王祥，常在他父亲面前说王祥的坏话。长此以往，父亲对他的印象越来越坏，他因而失去父亲的疼爱，经常被吩咐去做打扫牛棚等重活，但是他仍然对父母十分孝顺。

有一年冬天，继母朱氏生病了，突然想吃鲤鱼，但天太冷了，河水结了冰，王祥便脱了衣服躺于冰上，希望自己的体温可以融化冰而抓鱼。忽然，冰化开，从裂缝处跃出两条鲤鱼。王祥开心极了，抱着鱼回去做给继母吃。

继母又想吃烤黄雀，但是黄雀很难抓，但就在王祥担心之时，忽然有几十只黄雀飞进他捕鸟的网中，他大喜，马上带回家给继母。

王祥的孝行后来成为世人的典范，元代郭居敬则将其收入《二十四孝》。

◎ **知识传送门：夏虫不可以语冰**

"夏虫不可以语冰"出自《庄子集释》卷六下《外篇·秋水》。意思是不能和生长在夏天的虫谈论冰。比喻人因为没见过世面，知识短浅。西晋的晋惠帝是个低能儿，一次国内受灾，老百姓都没有饭吃，饿死很多人，他不解地问手下说："没有饭，为什么不吃肉呢？"司马光对此评论说："夏虫不可言冰，蟪蛄不知春秋！"

◎ **"冰"字的诗意**

1. 已是悬崖百丈冰，犹有花枝俏。——毛泽东《卜算子·咏梅》
2. 夜阑卧听风吹雨，铁马冰河入梦来。——宋·陆游《十一月四日风雨大作》
3. 洛阳亲友如相问，一片冰心在玉壶。——唐·王昌龄《芙蓉楼送辛渐二首》

◎ **"冰"字与歇后语**

1. 冰雹砸荷叶——不堪一击；落花流水
2. 北冰洋的梅子——寒酸
3. 冰库里点蜡——洞（冻）房花烛

◎ **"冰"字与谚语**

1. 冰冻三尺，非一日之寒。
2. 宁走封冻冰薄一寸，不走开江冰厚一尺。
3. 南天春意浓，北国正冰封。

20. 川—虎落平川

◎ 趣话"川"字

| 甲骨文 | 金文 | 篆文 | 隶书 | 楷书 | 行书 | 草书 | 标准宋体 |

《说文》里载，川，就是在千山万壑间贯穿流通的河。《虞书》上说："濬川，距川。"意思说深川的水汇成川。川，甲骨文形状是两道折线表示两岸，中间的虚线表示水流。有的甲骨文将中间的虚线写成实线，跟现代的字形相近。金文、篆文承续甲骨文字形。

◎ 汉字有故事：虎落平川

释义：成语"虎落平川"，平川是指地势平坦的地方，意思是说老虎离开自己称王的森林，将会受欺负，比喻有权有势或有实力者失去了自己的权势或优势。出自《说岳全传》："龙游浅水遭虾戏，虎落平川被犬欺。"

成语故事：三国时，东吴大都督周瑜嫉妒蜀国军师诸葛亮的才能，总想加害诸葛亮。有一天他设宴请诸葛亮，想借作诗来对付他。诸葛亮早已了然于心，便故意说："谁输了就砍谁的头。"周瑜喜上眉梢，忙与诸葛亮击掌为誓。

东吴的鲁肃，向来敬爱诸葛亮，见他俩击掌为定，急出了一身冷汗，怕诸葛亮受害。而诸葛亮假装不知，反拉着鲁肃的手说："你也算一个。"

周瑜首先出诗一首："有水也是溪，无水也是奚。去掉溪边水，加鸟便是鸂（同"鸡"），得志猫儿雄过虎，落毛凤凰不如鸡。"

诸葛亮听周瑜奚落自己是落毛的凤凰，立即吟诗以对："有木也是棋，无木也是其。去掉棋边木，加欠便是欺。龙游浅水遭虾戏，虎落平阳被犬欺。"

周瑜听诸葛亮骂自己是狗，不由大怒，鲁肃急忙劝解道："有水也是湘，无水也是相。去掉湘边水，加雨便是霜，各人自扫门前雪，莫管他人瓦上霜。"

在鲁肃的调和下，周瑜最后还是没害成诸葛亮。当然，这个故事只是民间流传的，并不是史实。

◎ **知识传送门：海纳百川**

"海纳百川"，出自晋代袁宏《三国名臣序赞》："形器不存，方寸海纳。"意为大海可以容得下成百上千条江河之水。比喻包容的东西非常广泛，而且数量很大。"海纳百川，有容乃大；壁立千仞，无欲则刚。"此联为清末政治家林则徐任两广总督时，在总督府衙题书的堂联。林则徐是清朝时期的政治家、思想家和诗人，痛恨鸦片，主持了虎门销烟，是民族英雄。

◎ **"川"字的诗意**

1. 日照香炉生紫烟，遥看瀑布挂前川。——唐·李白《望庐山瀑布》
2. 百川东到海，何时复西归。——汉·汉乐府《长歌行》
3. 赧郎明月夜，歌曲动寒川。——唐·李白《秋浦歌十七首·其十四》

◎ **"川"字与歇后语**

1. 北极的冰川——顽固不化
2. 百川归海——大势所趋
3. 长江的水——川流不息

◎ **"川"字与谚语**

1. 四川太阳云南风，贵州下雨如过冬。
2. 白露种高山，秋分种平川。
3. 百川归海海不盈。

21. 水—如鱼得水

◎ 趣话"水"字

《说文》里载,水,準也。北方之行。像众水并流,中有微阳之气也。水,是水平的标准。在五行中,水代表北方的属性。字形像很多河一起流。水,甲骨文中像高处落下的液滴。有的甲骨文像山涧。金文承续甲骨文字形,篆文承续金文字形。隶书变形较大,将篆文表示中间的折线简化成一竖,将篆文的四点液滴形状连写成两笔顺,泉流的象形特征由此消失,字形由此确认。

◎ 汉字有故事:如鱼得水

释义:成语"如鱼得水",意思是好像鱼得到了赖以生存的水,比喻找到了跟自己十分投缘的人或者是自己十分适应的环境。出自《三国志·蜀书·诸葛亮传》:"孤之有诸葛亮,犹鱼之有水也。"

成语故事:东汉末年,曹操击败了袁术、吕布、袁绍,成为最强的势力。刘备则是屡战屡败,四处逃窜,先后依附公孙瓒、曹操、袁绍。袁绍被击败后,他被迫依附于亲戚荆州牧刘表,被派驻守新野这个小地方。这个时候谋士徐庶向他推荐说,有个叫诸葛亮的人隐居在这个地方,他上知天文下晓地理,是个不世出的人才。

刘备志在天下,求贤若渴。为了请诸葛亮出山,刘备曾经三次亲自到他住的茅庐拜访他,前两次都没有遇到,却感动了诸葛亮,第三次终于与刘备见面。诸葛亮仔细分析了当时的形势,建议刘备先占据荆州,再取益州,东和孙权北抗曹操成鼎足之势,继而图取中原的战略构想,这就是有名的"隆中对"。

刘备听完后大为心折,对诸葛亮的喜爱与日俱增,他的心腹大将关羽及张飞两人不大服气,刘备对他们说:"我得到诸葛亮的辅助,就好像鱼得了水一样。"

◎ 知识传送门：何不使水

上面讲了如鱼得水的故事，《三国演义》中记载，刘备对关羽张飞说："我得到诸葛亮，就像鱼得了水一样。"关张二人听了之后很不服气。

恰好这时，曹操派大将夏侯惇率领十万人马杀奔新野而来。刘备命令关羽、张飞整兵备战，张飞瞪着眼睛问刘备："哥哥你为什么不用你的'水'？"诸葛亮微微一笑，调兵遣将，在博望坡一把火烧了夏侯惇十万大军，从此关张二人对军师诸葛亮心悦诚服。

◎ "水"字的诗意

1. 君不见，黄河之水天上来，奔流到海不复回。——唐·李白《将进酒·君不见》
2. 春寒赐浴华清池，温泉水滑洗凝脂。——唐·白居易《长恨歌》
3. 春江潮水连海平，海上明月共潮生。——唐·张若虚《春江花月夜》

◎ "水"字与歇后语

1. 按着牛头喝水——勉强不得
2. 白水煮冬瓜——没啥滋味
3. 杯水救燎原——无济于事；微不足道

◎ "水"字与谚语

1. 今日有酒今朝醉，明天倒灶喝凉水。
2. 靠山吃山，靠水吃水。
3. 逆水行舟，不进则退。

22. 丘—一丘之貉

◎ 趣话"丘"字

| 甲骨文 | 金文 | 篆文 | 隶书 | 楷书 | 行书 | 草书 | 标准宋体 |

《说文》里载，丘，天然形成的高耸土堆。因为人通常居住在山丘南面，所以字形采用"北"字作偏旁。一种说法认为，四周隆起，中央下凹的地形叫作"丘"。丘，甲骨文的"丘"与"山"相似，不同之处在于，"山"有三个峰头，"丘"只有两个峰头。篆文承续金文字形。隶书将篆文的两个"人"变形。楷书则将两个"人"分别写成"亻"和"丁"，至此"山"形彻底消失。

◎ 汉字有故事：一丘之貉

释义：貉是一种像狐狸的野兽。一丘之貉指的是一个土山里的貉，比喻彼此都是坏家伙，没有什么差别，通常是个贬义词。

成语故事：汉朝时，杨恽的父亲是汉昭帝时的丞相杨敞，母亲是文史学家司马迁的女儿。他自幼博学，弱冠就已经成名。因为向汉宣帝检举前大将军霍光的子孙谋反，他被封为平通侯。

杨恽进入朝廷当官后，开始大力反腐倡廉，革除了很多弊病，这下子他的名声更盛了。他少年得志，名动天下，于是便开始飘飘然起来，经常口不择言。

有一次，杨恽听见匈奴投降过来的人说匈奴的单于（国王）被人杀了，便发表评论说："如果遇到一个像匈奴单于这样不好的君王，手下的大臣为他拟好治国的良策却不采用，最后自己身败名裂，就像秦朝时的君王一样，专门信任小人，杀害忠贞的大臣，结果亡国。如果当年秦国的皇帝贤能一些，可能到现在还是秦朝执政。话说回来，从古到今的君王都喜欢信任小人，真像同一山丘出产的貉一样，毫无差别呀！"

这话传到皇帝的耳中，心想自己也是君王，岂不也变成了一丘之貉，就这样，杨恽被免职了。

◎ **知识传送门：狐死首丘**

战国时期，大诗人屈原因遭到小人的中伤与陷害，失去了楚王的信任，被放逐到外地。他在被放逐的过程中，写下一首叫作《哀郢》的诗："鸟飞反故乡兮，狐死必首丘。"这句话的意思是古代传说不管鸟离开家飞到多远，死之前一定会回到故乡；狐狸若是死在外边，临终前头一定向着它洞穴的方向。

"狐死首丘"比喻不忘本，也可以用来比喻思念祖国或者故乡。

◎ **"丘"字的诗意**

1. 徘徊丘垄间，依依昔人居。——魏晋·陶渊明《归园田居·其四》
2. 白玉仙台古，丹丘别望遥。——唐·陈子昂《春日登金华观》
3. 市朝互迁易，城阙或丘荒。——魏晋·陆机《门有车马客行》

◎ **"丘"字与歇后语**

1. 家臭虫莫说山臭虫——一丘之貉
2. 坟丘山长起灵芝草——出奇

◎ **"丘"字与谚语**

1. 花草田种白稻，丘丘有谷挑。
2. 多养鸡鸭多养猪，当得良田一大丘。
3. 三伏要把透雨下，丘丘谷子压弯桠。

23. 山—愚公移山

◎ 趣话"山"字

甲骨文	金文	篆文	隶书	楷书	行书	草书	标准宋体

《说文》里载,山,宣也。宣气散,生万物,有石而高。象形。山,是宣发地气的地方。高山促生万物,有高耸的石崖。山的甲骨文像地平线上起伏连绵的群峰的素描,有三座峰头。金文写成剪影形,有的金文将三个峰头简化成三个短竖。篆文保留中间一座峰岭的象形特征。隶书完全失去峰岭形象,字形就此确定。

◎ 汉字有故事:愚公移山

释义:成语"愚公移山",是中国古代寓言故事,出自《列子·汤问》,比喻要克服困难就必须下定决心,持之以恒,坚持不懈。

成语故事:古代有太行、王屋两座山,周围七百里,高七八千丈,本来在冀州南边,黄河北岸以北。

北山住着名叫愚公的人,快九十岁了,这两座山挡着家门的路,就召集全家人商量说:"咱们把这山挖了,出门一马平川,可以吗?"家人意见一致,都很赞成。于是愚公就率领儿孙中年纪比较大、可以劳动的三个人开始挖山,用簸箕把土运到渤海边上,整个过程时间很长,半年才能往返一次。他的邻居是一位寡妇,有个七八岁的孤儿,也蹦蹦跳跳地去帮忙。

河湾上有位智叟听说了,来阻止愚公说:"别做蠢事了!你已经九十了,还想搬动两座大山?"愚公长叹说:"你这人顽固到了这种地步,还不如孤儿寡妇呢。即使我死了,还有儿子活着呢;儿子又生孙子,孙子又生儿子;儿子又有儿子,儿子又有孙子;子子孙孙无穷无尽,可是山却不会再长高,还怕挖不平吗?"智叟被说得无话可答。

山神听说了这件事,就去向天帝报告。天帝被愚公的诚心感动,命令大力神夸娥氏的两个儿子背走了那两座山，从此以后，愚公的门口再也没有高山阻挡。

◎ 知识传送门：山东六国

"独在异乡为异客，每逢佳节倍思亲。遥知兄弟登高处，遍插茱萸少一人。"这是唐代诗人王维的《九月九日忆山东兄弟》，是王维在十七岁时写的一首佳作，其中的"山东"指的并不是今天的山东省，而是指王维的老家，崤山以东的地区。"山东"作为地理区域的名称，最早是指崤山、函谷关以东的地区。因为韩、赵、魏、齐、楚、燕六国相对秦国来说，都在崤函以东，所以上面六个国家也被称为"山东六国"。而现在我们说的山东省，元代以后才有这个说法。

◎ "山"字的诗意

1. 待从头、收拾旧山河，朝天阙。——宋·岳飞《满江红·写怀》
2. 万里赴戎机，关山度若飞。——南北朝·佚名《木兰诗》
3. 国破山河在，城春草木深。——唐·杜甫《春望》

◎ "山"字与歇后语

1. 朝中无人莫做官——没靠山
2. 长白山的野人参——得之不易
3. 放虎归山——必有后患

◎ "山"字与谚语

1. 病来如山倒，病去如抽丝。
2. 车到山前必有路，船到桥头自然直。
3. 留得青山在，不怕没柴烧。

24. 石—水滴石穿

◎ 趣话"石"字

| 甲骨文 | 金文 | 篆文 | 隶书 | 楷书 | 行书 | 草书 | 标准宋体 |

《说文》里载，石，山石也。在厂之下；口，象形。即石本意是山上的石头。字形好像石头在山崖之下；口，是石块的象形。石，甲骨文的字形像悬崖的"厂"下面放上像岩块的"口"，表示山岩。金文、篆文承续甲骨文字形。篆文、隶书都采用"厂"加上"口"的造型，直到楷书才形成现在的字形。

◎ 汉字有故事：水滴石穿

释义：成语"水滴石穿"，意思是小小的水滴可以把坚硬的石头滴穿。比喻弱小的事物如果能够持之以恒，永不放弃，也能够做成一番大事业。

成语故事：宋朝时，两朝名臣张乖崖在崇阳县担任县令时，崇阳县县衙的钱库经常发生钱物失窃的事件。

这天，张乖崖在衙门周围巡行，看到一个库吏从钱库中走出来。他发髻的头巾上别着一文钱，张乖崖就问他这一文钱是哪里来的。

"是县衙库里的钱。"那库吏回答说。

张乖崖把库吏押回大堂进行拷打。库吏怒冲冲地道："拿了一枚铜钱有什么了不起，你竟这样杖责我？你也只能打我板子罢了，难道你还能杀我？"

张乖崖冷笑了一下，他拿起朱笔，宣判说："一日偷一钱，一千日就偷一千钱，就像用绳子不停地锯木头，木头就会被锯断；水滴不停地滴，能把石头滴穿。"判决完毕，张乖崖亲自拔出剑把库吏斩首示众，然后自己向朝廷的御史台请罪。

此后，崇阳县府衙再也没有丢过钱，张乖崖后来官至礼部尚书，是北宋太宗、真宗两朝的名臣。

◎ 知识传送门：官职两千石

汉代官职"两千石"的"石"，并不是石头，而是中国古代一种容量单位。古代用"斗""斛""石"作为容积单位，相当于今天的"毫升""升"。换算关系是：十升为一斗，五斗为一斛；一石小米等于两斛。如果换算成今天的重量单位，一石小米相当于现在的十斤小米。

汉代支付官员俸禄时，直接用米来计算，所谓的"两千石"，其实就是用俸禄的多少来称呼官职。比如刺史和太守的俸禄是两千石小米，那么"两千石"指的就是刺史或者太守这个级别的官员。

◎ "石"字的诗意

1. 乱石穿空，惊涛拍岸，卷起千堆雪。——宋·苏轼《念奴娇·赤壁怀古》
2. 明月松间照，清泉石上流。——唐·王维《山居秋暝》
3. 远上寒山石径斜，白云生处有人家。——唐·杜牧《山行》

◎ "石"字与歇后语

1. 搬起石头砸自己的脚——自作自受
2. 大门口的石狮子——成双成对
3. 滴水穿石——非一日之功

◎ "石"字与谚语

1. 它山之石，可以攻玉。
2. 绳锯木断，水滴石穿。
3. 精诚所至，金石为开。

25. 湖—叔度陂湖

◎ 趣话"湖"字

| 篆文 | 隶书 | 楷书 | 行书 | 草书 | 标准宋体 |

《说文》里载，湖，就是大池子。字形采用"水"作偏旁，"胡"是声旁。湖，篆文用"水"加上表示西域的"胡"，表示西域的神奇水库，如天山天池。隶书将篆文字形中的"水"写成"三点水"，已经是现代文字的字形。古人称大池为"湖"；称大湖为"海"；称大海为"洋"。

◎ 汉字有故事：叔度陂湖

释义：成语"叔度陂湖"，出自《后汉书·黄宪传》："叔度汪汪若千顷陂，澄之不清，淆之不浊，不可量也。"叔度，东汉文士黄宪的字。"陂"，水的意思。这个成语比喻人的度量很大。

成语故事：黄宪，字叔度，东汉著名贤士。黄宪家贫困，他的父亲是一名兽医，但是他却以学问和德行让世人瞩目。颍川文士荀淑在客店里遇到十四岁的黄宪，同他交谈了一整天还不愿分离，他对黄宪说："你可以做我的老师了。"荀淑到当地另一位名士袁阆那里去，袁还未打招呼，他便对袁说："你们这里有个像颜回一样的贤人，你认识他吗？"袁阆马上知道他说的是谁，问道："你什么时候见到黄叔度的？"

黄宪同县有个人叫戴良，恃才傲物。每次见到黄宪，回家后他总是怅然若失地说："我不见黄叔度，不会认为自己不如他；但是见了面，却感觉不管在哪方面，都远赶不上他。"

郭泰是东汉著名的学者。有一次，他来到汝南拜访袁阆袁奉高。车没停好就要走，一副着急的样子；然而去黄叔度家拜访时，却在那里一连住了好几天。朋友就很奇怪地问："袁奉高与黄叔度都是这里的名士，为何您与叔度如此亲近？"

郭林宗感慨地回答：叔度的气量如同万顷的湖水，想澄也澄不清，想污也染不浑，其胸怀之深广是一般人都无法测量的啊！

后来，"叔度陂湖"或"陂湖禀量"被人们用来称赞一个人度量大。

◎ 知识传送门：五湖四海

五湖四海，这个成语指的是全国各地，有时也指世界各地。现有时也比喻广泛的团结。那么五湖和四海，各自指的是哪五个湖和哪四个海？

其实五湖指的是洞庭湖、鄱阳湖、太湖、巢湖、洪泽湖，四海指的是东海、黄海、南海、渤海。

◎ "湖"字的诗意

1. 最爱湖东行不足，绿杨阴里白沙堤。——唐·白居易《钱塘湖春行》
2. 毕竟西湖六月中，风光不与四时同。——宋·杨万里《晓出净慈寺送林子方》
3. 欲把西湖比西子，淡妆浓抹总相宜。——宋·苏轼《饮湖上初晴后雨二首·其二》

◎ "湖"字与歇后语

1. 从河南到湖南——难（南）上加难（南）
2. 洞庭湖的麻雀——经过风波来的；见过风浪的
3. 泥菩萨过太湖——自身难保

◎ "湖"字与谚语

1. 江湖走得老，六月带棉袄。
2. 留得五湖明月在，不怕没处下金钩。
3. 林中不卖薪，湖上不卖鱼。

26. 海—八仙过海

◎ 趣话"海"字

| 金文 | 篆文 | 隶书 | 楷书 | 行书 | 草书 | 标准宋体 |

《说文》里载，海，天池也。以纳百川者。从水，每声。海，就是天然大池，可以纳百川的大池。海，金文用"水"加上代表母亲的"每"，表示海是万水之母。篆文承续金文字形。隶书将篆文的"水"写成"三点水"，现代的字形由此确定。古人称大池为"湖"；称大湖为"海"；称大海为"洋"。

◎ 汉字有故事：八仙过海

释义：八仙过海，原来指的是八位神仙各展所能，渡过大海的故事，后来民间用"八仙过海，各显神通"的谚语，比喻每个人都展现自己不同的本领，或者发挥自己的长处相互竞争。

成语故事：有一天，八仙向西王母拜寿回来，大家腾云驾雾经过东海上空，只见海上风浪汹涌，波涛滔天，甚为壮观。八仙突然起了争强好胜的念头，最喜欢热闹的吕洞宾说："现在大海这样雄威，我们八仙岂可被吓倒？咱们把自己的法宝展示一下，借着它渡过大海，比一比谁更有神通，如何啊？"

这一提议得到大家赞成。铁拐李首先对这一想法表示响应，他饶有兴趣地说："说得对！大家先看我的！"他把拐杖投向海中，拐杖像一条小船漂浮在海面，铁拐李立在拐杖上，得意扬扬地前进。

汉钟离紧随其后，把他的芭蕉扇丢到海上，扇子变大，他跳下去站在上面。

接着，其他几位仙人也纷纷显露身手，张果老倒骑着毛驴入水，吕洞宾御剑在水面飞行，韩湘子坐着箫，何仙姑乘着花篮，蓝采和站在拍板上，曹国舅踩着玉简，都在海面上一较长短。

后世就以八仙过海，来形容大家在做一件事的时候各显神通。

◎ 知识传送门：海市蜃楼

"海市蜃楼"，简称蜃景，指在沙漠或者海上经常可以见到其实并不存在的楼台城市或者树木等，其实是一种因为光的折射和全反射而形成的自然现象，是地球上物体反射的光，经大气折射而形成的虚像。

古代的中国与西方对"海市蜃楼"的看法截然不同。中国人认为那是蓬莱仙境，秦始皇和汉武帝都曾派人去寻访不死之药；西方则认为那是魔鬼的陷阱，只能带来危险和不幸。

◎ "海"字的诗意

1. 海上生明月，天涯共此时。——唐·张九龄《望月怀远》
2. 试问卷帘人，却道海棠依旧。——宋·李清照《如梦令·昨夜雨疏风骤》

◎ "海"字与歇后语

1. 八仙过海——各显神通
2. 大海里的一滴水——渺小得很
3. 海底捞针——往哪儿找去

◎ "海"字与谚语

1. 人不可貌相，海水不可斗量。
2. 书山有路勤为径，学海无涯苦作舟。
3. 苦海无边，回头是岸。

27. 霁—光风霁月

◎ 趣话"霁"字

| 甲骨文 | 篆文 | 楷书 | 行书 | 草书 | 繁体标宋 | 简体标宋 |

《说文》里载，霁，雨止也。从雨齐声。霁，雨雪骤停的意思。字形采用"雨字头"，采用"齐"作声旁。霁，古文写作"霽"，甲骨文用代天象的"雨"与表示匀整一致的"齊"组合成"霽"，来表示天空中的大雪或大雨一齐骤然停止的景象。篆文将甲骨文字形中的写成上"雨"下"齐"，强调万里天色相同。

◎ 汉字有故事：光风霁月

释义：光风霁月，其中"光风"指的是雨停后的和风；"霁"的意思是雨或者雪停了。"光风霁月"这个成语形容雨过天晴、风和日丽、天地一片清明的景象，也可以用来比喻人的心胸开阔。

成语故事：北宋的"宣和"这个年号，是宋徽宗赵炎被俘之前的最后一个年号，一共使用了七年，宣和七年（1125年）秋天改年号为靖康，然后发生了著名的"靖康之难"。其实，宣和年间发生的很多事，都预示着北宋的衰亡。

宣和元年（1119年）秋天，徽宗在太师蔡京家里喝酒，徽宗作诗，中间有两句："定知金帝来为主，不待春风便发生"，竟直接猜中七年后的事情——金兵在宣和七年的冬天攻破京师，金国的皇帝入主京师，果然不用等到春天。

宣和五年（1123年），徽宗为一块石头题字："拔翠琪树林，双桧植灵囿。为栋复为梁，夹辅我皇构。"句子中扣着"桧"与"构"字，很多人认为影射了大臣"秦桧"和宋高宗"赵构"。此后赵构在南方称帝，秦桧也官居一品。

这一年，辽将领张觉叛离金投降大宋，逃到北宋燕山府，金人问罪，北宋燕山府不得已斩了张觉。后来，金用这个借口攻宋，最终导致"靖康之难"。

宣和七年宫内荷花盛开，徽宗带人去看，发现一个女子在池边睡着了。本以为是宫内的宫女，没想到其忽然变成一个面目狰狞的异族男人，随后一眨眼就不见了。这事发生后不久，京师被金兵攻破，宋徽宗被俘，最终客死他乡。

所以，专门记载这段时期历史事件的《宣和遗事》说："中国古代三千多年，风平浪静光风霁月的时候少，战事纷争的时候多。"

◎ 知识传送门：霁月难逢

"霁月难逢，彩云易散。心比天高，身为下贱。"这是曹雪芹所著《红楼梦》里面，对于贾宝玉身边贴身丫鬟晴雯的判词。

晴雯是宝玉身边最漂亮的丫鬟，她烂漫天真，但是得理不饶人，所以耍小性子撕扇子的是她，忙了一夜补裘衣的也是她。最后还因为自己的小性子，十六岁就郁郁而终。去世前宝玉偷偷去看她，为她倒了一杯茶，而晴雯将自己的指甲剪断交给宝玉做纪念，不少读者读到这里都潸然泪下。

《红楼梦》一直站在中国小说史的最顶峰，与其塑造了诸多经典角色不无关系。

◎ "霁"字的诗意

1. 岁暮阴阳催短景，天涯霜雪霁寒宵。——唐·杜甫《阁夜》
2. 一夕轻雷落万丝，霁光浮瓦碧参差。——宋·秦观《春日》
3. 素影纱窗霁，浮凉羽扇轻。——唐·郑锡《望月》
4. 外湖莲子长参差，霁山青处鸥飞。——宋·张先《画堂春·外湖莲子长参差》
5. 断虹霁雨，净秋空，山染修眉新绿。——宋·黄庭坚《念奴娇·断虹霁雨》

◎ "霁"字与谚语

1. 彩云易散，霁月难逢。
2. 夜雪初霁，荠麦弥望。
3. 雨霁风光，春分天气。

28. 神—兵贵神速

◎ 趣话"神"字

| 甲骨文 | 金文 | 篆文 | 隶书 | 楷书 | 行书 | 草书 | 标准宋体 |

《说文》里载，神，就是天神，它引出万物。在中国古代，"申""电""神"本是同一个字，后分化。甲骨文的字形就像不同方向的闪电组合在一起。古人都把闪电看成是天神在发怒。金文专门创造了用"示"（祭祀的意思）再加上"申"（闪电的意思）组合成的"神"字，表示能够发出闪电的神。篆文将字形变成左右对称。隶书基本确定"神"的现代字形。

◎ 汉字有故事：兵贵神速

释义：成语"**兵贵神速**"，语出《三国志·魏书·郭嘉传》："嘉言曰：'兵贵神速。'"意思是用兵贵在行动特别迅速。神速：特别迅速。

成语故事：三国时期，曹操打败了此前雄踞冀、青、幽、并四州的袁绍，击杀了袁绍的长子袁谭，袁绍的另外两个儿子袁尚、袁熙逃走，投奔辽河流域的乌丸族首领蹋顿单于。曹操计划去征讨袁尚及蹋顿，但荆州的刘表兵强马壮，谋士们担心他会趁机袭击曹操的后方。

曹操的谋士郭嘉足智多谋。他仔细分析了当时的形势，对曹操说："主公您现在威震天下，军队士气正盛。乌丸仗着地势偏远的优势，对我们毫无防备之心。如果突然袭击，胜算极大。但如果延误时机，等袁尚、袁熙收集了袁绍旧部，加上乌丸的帮助，只怕冀州、青州会得而复失。刘表这个人毫无野心，主公只管放心远征乌丸，绝不会有后顾之忧。"

于是曹操下定决心率领军队出征。到达易县后，郭嘉又对曹操说："用兵贵在速度快。现在我们远征千里，所携带的军用物资太多，行军速度有点慢。如果走漏了消息，让乌丸人知道我们前来征讨，有所准备，就失去兵贵神速的意义。

不如让部队丢掉重装备，加快速度前进，乘敌人没有防备发起进攻，那就能大获全胜。"

曹操采纳了郭嘉的计策，派出轻骑直达蹋顿的驻地。乌丸人惊慌失措地应战，一败涂地。最后蹋顿被杀，袁尚、袁熙逃往辽东，被太守公孙康所杀。

◎ 知识传送门：出神入化

出神入化，形容技艺高超达到了绝妙的境界。语出明代黄佐《翰林记》："真所谓精能之至、出神入化者。"

明宣宗朱瞻基是明代一位比较有作为的皇帝，他在位期间采取了一系列强国强军的措施。他最出名的一点是字写得好，黄佐称赞他的字精致到了极限，达到了神妙登峰造极的地步。

◎ "神"字的诗意

1. 登高远眺望，魂神忽飞逝。——汉·蔡文姬《悲愤诗》
2. 故国神游，多情应笑我，早生华发。——宋·苏轼《念奴娇·赤壁怀古》
3. 今日听君歌一曲，暂凭杯酒长精神。——唐·刘禹锡《酬乐天扬州初逢席上见赠》

◎ "神"字与歇后语

1. 财神爷叫门——好事临头
2. 财神爷要饭——装穷
3. 大腿上贴门神——走了神

◎ "神"字与谚语

1. 读书破万卷，下笔如有神。
2. 一问三不知，神仙没法治。
3. 人逢喜事精神爽，闷上心来瞌睡多。

29. 鬼—画鬼容易

◎ 趣话"鬼"字

甲骨文	金文	篆文	隶书	楷书	行书	草书	标准宋体

《说文》里载，鬼，人所归为鬼。从人，像鬼头。鬼阴气贼害。意思是人最后的归宿就是鬼。鬼，甲骨文字形用表示面具的"田"加上表示巫师的"大"组合而成，指祭祀仪式中头上戴着可怕面具的巫师。金文承续甲骨文字形。篆文基本承续甲骨文字形，同时误将金文倒写的"止"写成"厶"，并省去"示"。

◎ 汉字有故事：画鬼容易

释义：成语"画鬼容易"，出自战国的韩非子《韩非子·外储说左上》。这成语也可以说成是"画鬼容易画人难"，意思是凭空瞎想很容易，但是要拿真本领去做事则不容易。

成语故事：战国时期，齐王总想让人为自己画一幅像，但几乎所有画师的作品他都不满意。只好在国内不停寻找画师。

一天，有一位画家被请进王宫为齐王画像。画像过程中，齐王就问画家："你认为什么东西最难画呢？"

画家回答说："活动的狗和马是最难画的。"齐王又问道："那你认为什么东西最容易画呢？"画家说："画鬼最容易。"齐王来了兴趣，就问他："为什么呢？"

"因为狗和马这些东西，经常出现在人们眼前，人们都知道长什么样。只要画错一点点，就会被人发现，所以难画。而活动的狗和马，形象已经被人们所知道，而且一直在动，那就更加难画。至于鬼呢，谁也没见过，没有确定的外形，也没有明确的相貌，那我随便画都可以。就算我随心所欲地画出来后，谁也不能证明它不像鬼，所以画鬼是最容易的。"

齐王明白了，自己不满意那些画师的画，是因为画师并不了解自己心目中的形象，所以看起来只得其形不得其神。

◎ 知识传送门：牛鬼蛇神

"牛鬼蛇神"，出自《李贺集序》："鲸吸鳌掷，牛鬼蛇神，不足为其虚荒诞幻也。"意思是牛头的鬼，蛇身的神。原是形容虚幻怪诞的作品。后来比喻形形色色的坏人。

其实牛鬼蛇神原是佛教用语，说的是阴间鬼卒、神人等，后成为固定成语，比喻邪恶丑陋之物。

◎ "鬼"字的诗意

1. 生当作人杰，死亦为鬼雄。——宋·李清照《夏日绝句》
2. 或为出师表，鬼神泣壮烈。——宋·文天祥《正气歌》
3. 可怜夜半虚前席，不问苍生问鬼神。——唐·李商隐《贾生》

◎ "鬼"字与歇后语

1. 大白天遇见阎王爷——活见鬼
2. 胆小鬼走夜路——提心吊胆
3. 道士跳法场——装神弄鬼

◎ "鬼"字与谚语

1. 不做亏心事，不怕鬼敲门。
2. 阎王好见，小鬼难缠。
3. 有钱能使鬼推磨，有钱能买高官做。

30. 暮—朝三暮四

◎ 趣话"暮"字

甲骨文	金文	篆文	隶书	楷书	行书	草书	标准宋体

《说文》里载,暮,表示太阳快下山的时候。字形采用"日"作偏旁,像太阳落在草丛中。"莫"是"暮"的本字。莫,甲骨文用一个"日"字,四周加上草的象形字,就像太阳隐没在丛林之中。有的甲骨文将丛林改成草丛。金文、篆文承续甲骨文字形。当"莫"的"太阳下山"本义消失后,晚期篆文再加"日"。另造"暮"代替。

◎ 汉字有故事:朝三暮四

释义:成语"朝三暮四",源于庄周《庄子·齐物论》。原来的意思是,事物的本质不变,用改头换面的方法使人上当。现在多比喻反复无常,经常变卦。

成语故事:战国时期,宋国有一个老人,非常喜欢猴子,在家中的院子里养了许多猴子。他能理解猴子所说的话,猴子也很让老人开心,老人经常用自己的钱买东西给猴子们吃。

后来这个老人家里的经济条件变差了,不能再维持每天早晚都分别给每只猴子四颗栗子的待遇。他想削减给猴子们的栗子的数量,又害怕猴子们不开心而发生一哄而散的局面,所以他就先假装和猴子们商量说:"从今天开始,每天早上给你们三颗栗子,晚上还是照常给你们四颗栗子,你们同不同意?"

猴子们听了,当然不同意了,纷纷气得跳起来乱叫乱喊。老人一看到这个情形,连忙改口说:"那么我早上给你们四颗,晚上再给你们三颗,这样该可以了吧?"

猴子们听了,早上的栗子已经由三个变成四个,就心满意足地拜倒在地上表示满意。

◎ 知识传送门：旦种暮成

"旦种暮成"，早上种的东西晚上就能收获，比喻收效极快。旦，早上的意思，跟暮相对应。出自汉朝焦延寿《易林》卷九："旦树椒豆，暮成藿羹。心之所愿，志快意慊。"意思是早上种的豆子，晚上就能煮来吃。

◎ "暮"字的诗意

1. 旦辞爷娘去，暮宿黄河边。——南北朝·佚名《木兰诗》
2. 纷纷暮雪下辕门，风掣红旗冻不翻。——唐·岑参《白雪歌送武判官归京》
3. 两情若是久长时，又岂在朝朝暮暮。——宋·秦观《鹊桥仙·纤云弄巧》

◎ "暮"字与歇后语

1. 朝睡暮起——不见天日
2. 寒蝉抱枯枝——日暮途穷
3. 母盼儿归——朝思暮想

◎ "暮"字与谚语

1. 朝霞不出门，暮霞行千里。
2. 朝碧海而暮苍梧。
3. 两情若是久长时，又岂在朝朝暮暮。

31. 旦—枕戈待旦

◎ 趣话"旦"字

甲骨文			金文	篆文	隶书	楷书	行书	草书	标准宋体
吕	吕	吕	旦	旦	旦	旦	旦	旦	旦

《说文》里载，旦，明也。从日见一上。一，地也。旦，天亮的意思。旦的甲骨文，由两个方形构成。上边的部分表示太阳，下边的部分代表大地。金文将

下面表示大地的方形改为黑点；篆文将黑点改为"一"，用来代表地平线或者海平面。从此"旦"字就流传下来。

◎ 汉字有故事：枕戈待旦

释义：成语"枕戈待旦"，出自《晋书·刘琨传》，意思是把武器兵戈当成枕头，等待天亮。比喻时刻准备着为国家效力或者是时刻警惕将要出现的敌人。

成语故事：西晋人祖逖和刘琨是好朋友，二人都是爱国奋进、仗义好侠的志士。刘琨年轻时就胸怀大志，有纵横天下的才华，他非常喜欢交朋友，很多侠士都愿意同他结交。

太康十年（289年），祖逖被举为孝廉，又被司隶举为秀才，但都没有应命。刘琨在给家人的信中写道："我经常枕着兵器睡觉等待天明，习武健身，立志报国，就是担心落在祖逖后边，不想让他在我前面建功立业！"

后来，祖逖与刘琨一同出任司州主簿。两人的关系十分融洽，常纵论世事。

后来二人都成就大事，祖逖官至镇西将军，率军北伐，收复黄河流域大片领土。刘琨更是官至司空，镇守北方。

◎ 知识传送门：刀马旦

"刀马旦"是京剧里"旦"的角色之一，所谓"旦"指的是在京剧中不同年龄或身份的女性角色。我们常听到"当家花旦"，说的是在某一行业或团体中挑大梁的女性。

刀马旦在京剧中通常演的是武艺高强的巾帼英雄，需要提刀骑马，身份一般是元帅或大将，比如樊梨花、穆桂英等。

◎ "旦"字的诗意

1. 今日斗酒会，明旦沟水头。——汉·卓文君《白头吟》
2. 东家有贤女，窈窕艳城郭，阿母为汝求，便复在旦夕。——汉·佚名《孔雀东南飞》
3. 山鸟旦夕鸣，有类涧谷居。——唐·韩愈《示儿》

◎ "旦"字与歇后语

1. 刀马旦不会刀枪——笨蛋（旦）

2. 风前烛，瓦上霜——危在旦夕

3. 元旦翻日历——头一回

◎ "旦"字与谚语

1. 天有不测风云，人有旦夕祸福。

2. 冷死花旦，热死武生。

3. 磐石方且厚，可以卒千年，莆苇一时嫩，便作旦夕间。

32. 宵—弃甲宵遁

◎ 趣话"宵"字

| 金文 | 篆文 | 隶书 | 楷书 | 行书 | 草书 | 标准宋体 |

《说文》里载，宵，深夜的意思。宵，金文用表示房屋或者阁楼的"宀"跟表示小的"肖"组合在一起，其中"肖"又可以分为"小"和"月"，表示晚上在屋子里睡觉。篆文，承续金文字形，已经有了现代汉字的雏形。

◎ 汉字有故事：弃甲宵遁

释义：成语"弃甲宵遁"，形容打了败仗，丢盔弃甲，连夜狼狈逃窜的情形。

成语故事：东晋时，北方的前秦王苻坚在统一北方后，强征各族人民，组成百万大军，挥师南下，企图一举灭晋。

面对前秦的强大攻势，矛盾重重的东晋王朝终于团结起来，一致对敌。宰相谢安令谢石、谢玄等率八万北府兵开赴淮水一线抗击。十一月，东晋先锋谢玄派手下部将刘牢之率领五千精兵在夜里偷渡过河，击败了前秦的先头部队。受此鼓舞，东晋军队士气大振，在谢玄的带领下水陆兼程，来到淝水东岸。

前秦皇帝苻坚在寿阳城的城头观战，只见东晋军队严阵以待，同时还看到对面八公山上的草木，以为都是晋兵，开始有点害怕。谢玄针对苻坚恃众轻敌又急于决战的心理，派使者求秦军向后撤一点距离，以便晋军渡河决战。苻坚则想趁晋军渡河到一半时用骑兵冲杀，于是下令稍微退却。然而秦军退却的时候士兵收不住脚，阵型大乱。以前在襄阳被俘的原东晋将领朱序趁此机会在前秦的内部大喊"秦兵败了！"前秦军陷入自相践踏的大乱境地。晋军乘机抢渡淝水猛烈进攻，大败秦军。

前秦军队的溃兵在逃跑时，听到风声或者鹤叫的声音，误以为是追兵赶到，连忙丢弃了盔甲，昼夜奔跑。一路上饥寒交迫，士兵损失了大概十之七八。谢玄乘胜收复洛阳、彭城等地。

苻坚身中一箭，单骑逃回北方。

◎ 知识传送门：通宵达旦

"通宵达旦"意指整整一夜，从天黑到天亮。语出《北齐书·文宣纪》卷四："或躬自鼓舞，歌讴不息，从旦通宵，以夜继昼。"

这说的是北齐文宣帝高洋执政后期骄傲自满，纵欲酗酒，残暴滥杀，大兴土木，浪费无度的故事。他经常在宫廷里面大摆酒席欣赏歌舞，从早到晚没日没夜，最终饮酒过度而暴毙，终年三十一岁。

◎ "宵"字的诗意

1. 春宵苦短日高起，从此君王不早朝。——唐·白居易《长恨歌》
2. 今宵酒醒何处？杨柳岸，晓风残月。——宋·柳永《雨霖铃·寒蝉凄切》
3. 骊山语罢清宵半，泪雨零铃终不怨。——清·纳兰性德《木兰词·拟古决绝词柬友》

◎ "宵"字与歇后语

1. 茶壶里煮元宵——满腹心事（食）
2. 茶壶装元宵——有货倒不出
3. 刀切元宵——不圆满

◎ "宵"字与谚语

1. 春宵一刻值千金。
2. 朝朝寒食，夜夜元宵。
3. 良宵美景不可负。

33. 朝—早朝晏罢

◎ 趣话"朝"字

甲骨文	金文	篆文	隶书	楷书	行书	草书	标准宋体

《说文》里载，朝，表示太阳初出的清晨。朝，甲骨文字形用"早"的异体字加上残月，表示太阳刚刚升起，月亮尚未落尽。金文误将甲骨文字形中的"月"当作"水"而写成类似"川"的字。篆文误将金文字形中的"早"写成"倝"；同时误将金文字形中的"川"写成"舟"。隶书恢复甲骨文字形的结构，然后进化成现在的"朝"。

◎ 汉字有故事：早朝晏罢

释义：成语"早朝晏罢"，意为很早上朝，很迟退朝。比喻勤于政事。出自秦朝《吕氏春秋·禁塞》。

成语故事：春秋末期，越王勾践因为被吴国灭国而当过吴王夫差的仆人。他忍辱负重，吴王对他放松了警惕，放他回到越国。勾践回国后卧薪尝胆，日夜不忘报灭国之耻，进献美女西施去迷惑吴王。

后来勾践听说吴王夫差宠幸西施，渐渐荒废朝政，就与谋士文种谋划报仇这件事。文种说："今年我国粮食歉收，老百姓怕是吃不上饭。国君可向吴国借粮，如果上天要吴国衰亡，那么他们一定会借给我们。"

勾践就命文种以重金贿赂吴国大臣伯嚭，引他去见吴王。文种说："越国人民没有粮食吃，请大王借一万石粮食，以救眼前之急。明年收割粮食后，即偿还。"夫差说："没问题。越王臣服于我，他的人民就是我的人民，我有什么理由不借？"

这时吴国大臣伍子胥来见吴王，听说这件事，大为反对："不可，不可！现在的情形，不是吴国灭越国，就是越国灭吴国。借了他们不会感激，不借也增添不了什么仇恨，大王不如不借。"吴王说："勾践以前被灭国，我没杀他，又放他回国。

这么大的恩情，他还会背叛我吗？"

伍子胥回答说："我听说越王现在上朝早出晚归，奋发图强，就是为了对付吴国。大王如果再给他们粮食，我怕越国将要崛起了。"

这时候，得了贿赂的伯嚭站出来大灌迷魂汤，吴王还是决定把粮食借给越国。越国以此为契机，实力越来越强，终于灭了吴国。

◎ 知识传送门：一朝一夕

"一朝一夕"，指的是只有一个早晨或一个晚上，后来比喻很短的时间内。

战国时期有个人叫季梁，他得了重病。他的儿子请来三位医生为他看病。第一位医生说他的病因在冷暖失调；第二位医生说他的病不是一朝一夕形成的，而是长期累积而成；第三位医生说他的病是由于心理原因造成的。季梁听后，认为第二位医生的诊断很准。

◎ "朝"字的诗意

1. 俱往矣，数风流人物，还看今朝。——毛泽东《沁园春·雪》
2. 天生丽质难自弃，一朝选在君王侧。——唐·白居易《长恨歌》
3. 渭城朝雨浥轻尘，客舍青青柳色新。——唐·王维《渭城曲》

◎ "朝"字与歇后语

1. 灿烂的朝霞——红红火火
2. 朝种树，夜乘凉——不可能的事
3. 千日拜佛，一朝添丁——善有善报

◎ "朝"字与谚语

1. 百日连阴雨，总有一朝晴。
2. 云彩经不起风吹，朝露经不起日晒。
3. 夜里想得千条路，明朝依旧卖豆腐。

34. 旭—旭日东升

◎ 趣话"旭"字

篆文	隶书	楷书	行书	草书	标准宋体
旭	旭	旭	旭	旭	旭

《说文》里载，旭，太阳跃出地平线的样子。字形采用"日"作偏旁，"九"是声旁。有一种说法是，"旭"是朝阳绚烂。九，既是声旁也是形旁，是"究"的本字，表示探入、探索。旭，篆文才开始出现字形，是"九"（即"究"，探入、探索的意思）加上"日"（太阳）组成，一直沿用到今天。

◎ 汉字有故事：旭日东升

释义：成语"旭日东升"，出自《诗经》："缁缁鸣雁，旭日始旦。"形容太阳刚刚升起，朝气蓬勃的样子，也象征和平盛世等。

成语故事：三国时候，蜀国有位大臣名叫秦宓，这个人非常有才华，善于辩论。有一次，为了重组吴蜀联盟，东吴派大名士张温前来蜀国示好。

张温即将返回时，文武百官都前往为他饯行，唯独秦宓未到。诸葛亮几次派人催他，张温问："他是什么人，丞相必须等他吗？"诸葛亮说："这是我们益州有名的文人学者。"

秦宓到后，等得不耐烦的张温故意为难他说："您平时学习吗？"秦宓听他说的话知道来者不善，反击道："蜀汉五尺高的孩子都学习，您又何必小看人！"张温问了很多问题，都难不住秦宓，于是问："天有姓吗？"秦宓说："有姓。"张温问："姓什么？"秦宓说："姓刘。"张温问："您怎么知道？"秦宓回答说："当今天子姓刘，天子就是天之子，天的儿子姓刘，因而知道天姓刘。"天子，就是皇帝。因为当时吴的皇帝是孙权，蜀汉的皇帝是刘备，秦宓说天子姓刘，暗讽孙权是假天子，借此将了张温一军。

张温想要为东吴挽回颜面，若有所指地说道："旭日最初在东方升起吧？"秦宓马上回答说:"虽然它诞生在东方,而最终归宿在西方。"旭日东升,即指生机勃勃,张温说东吴目前是盛世,而秦宓的潜台词是不管现在怎样,但最后一定会被蜀汉征服。

因为秦宓每次回答都是不假思索,所以张温对秦宓十分敬服。

◎ 知识传送门:张旭断案

张旭是唐代著名书法家,号称"草圣",与李白诗歌、裴旻剑舞,称为"三绝"。他任苏州常熟尉的时候,一位老人递上状纸告状,张旭在状纸上写了判词,然后就宣布结案。没过几天,这位老人又来告状了。张旭大怒责备老人说:"你竟敢用闲事来屡次骚扰公堂?"老人说:"大人,其实我不是到你这儿告状来的。你的字太棒了,我只是想再得到你批示在状纸上的字呀!"张旭听完哭笑不得。

◎ "旭"字的诗意

1. 初旭泛帘幕,微风拂衣裳。——唐·白居易《二年三月五日斋毕开素当食偶吟赠妻弘农郡君》

2. 旭日照原野,万物皆欣荣。——元·赵孟頫《题耕织图二十四首奉懿旨撰》

3. 旭日九门凝瑞露,东厢朝拜奉宸慈。——宋·晏殊《辛春日词·东宫阁》

4. 旭日金波乱,微风碧雾收。——宋·张田《送郑同夫归豫章分题诗分题沧浪池》

5. 须臾旭景开曈昽,千山万山图画中。——明·林环《题王晋卿春晓图》

◎ "旭"字与谚语

1. 明朝待晴旭,池上看春冰。
2. 欢来苦夕短,已复至天旭。
3. 旭日照原野,万物皆欣荣。

35. 昼——卜昼卜夜

◎ 趣话"昼"字

| 甲骨文 | 金文 | 篆文 | 隶书 | 楷书 | 行书 | 草书 | 繁体标宋 | 简体标宋 |

《说文》里载，昼，就是太阳上山与太阳下山之间的时候，与夜交界。字形由有所省略的"畫"和"日"构成。昼，甲骨文用"聿"（手执毛笔，表示记录）和"日"（代表日起日落的一天）组成，表示记录天数。金文承续甲骨文字形。大篆加"八"（即"分"），表示昼夜的时间分割；篆文将金文的"日"写成"旦"，强调白昼始于日出。俗体楷书依据草书字形局部简化。

◎ 汉字有故事：卜昼卜夜

释义：成语"卜昼卜夜"，意思是形容不分昼夜地饮酒作乐，没有节制。

成语故事：历史上有位叫敬仲的人，就是春秋时陈国国君陈宣公的兄弟公子完。陈宣公为了立宠姬所生的儿子款为太子，便把原来的太子御寇杀了。敬仲一向支持御寇当太子，这件事情发生之后，他十分惶恐，急匆匆投奔了齐国。

齐桓公听说过他的大名，对敬仲以礼相待，想要拜他为客卿。敬仲惶恐地说："我是投奔贵国的客人，就像丧了家的狗，蒙您收留，我已经非常感激了，怎敢高居卿位，玷污这高官的名声呢！"

齐桓公觉得他很懂事，便改聘他任管理各种工匠的职务，只是给他的待遇，仍是十分丰厚。

有一次，齐桓公与敬仲两人在一起饮酒，桓公喝得很尽兴，直到天快黑了，还叫点灯，要继续喝。敬仲婉言劝止，说道："臣卜其昼，未卜其夜，不敢！"他的意思是：要玩的话我只在白天奉陪，你要是想连晚上一起拉着我玩，我可是不敢答应。

后来人们要是形容玩起来通宵达旦，毫无节制，就说是"卜昼卜夜"。

◎ 知识传送门：宰予昼寝

"宰予昼寝"，出自《论语》："宰予昼寝，子曰：朽木不可雕也，粪土之墙不可圬也！于予与何诛？"

宰予是孔子的学生，因为他白天学习时睡觉，孔子发现后就说："腐烂的木头不能用于雕刻，用脏土垒砌的墙面不堪涂抹。"后人解读为孔夫子对宰予大失所望，认为宰予不值得培养。

◎ "昼"字的诗意

1. 去年元夜时，花市灯如昼。——宋·欧阳修《生查子·元夕》
2. 昼出耘田夜绩麻，村庄儿女各当家。——宋·范成大《夏日田园杂兴·其七》
3. 山寺钟鸣昼已昏，渔梁渡头争渡喧。——唐·孟浩然《夜归鹿门山歌》
4. 长峦谷口倚嵇家，白昼千峰老翠华。——唐·李贺《南园十三首》
5. 出为白昼入为夜，圆转如珠住不得。——唐·白居易《短歌行》

◎ "昼"字与歇后语

盲人睡觉——不分昼夜

36. 晨—晨秦暮楚

◎ 趣话"晨"字

甲骨文	金文	篆文	隶书	楷书	行书	草书	标准宋体
𣇵	𣇵	晨	晨	晨	晨	晨	晨

《说文》里载，晨，最初指的是房宿星，是农民早起耕作的时间参考星。晨，甲骨文用"林"（田野的意思）加上"辰"的反写（像人手持石锄的形象）组合而成，表示手持石锄在田野劳作。金文将甲骨文的"林"改成（双手的形象），并加"止"（表示脚的意思），强调早起忙活，手脚并用。篆文调整结构，奠定了现代文字"晨"的基础。

◎ 汉字有故事：晨秦暮楚

释义：成语"晨秦暮楚"，也称为"朝秦暮楚"，原指战国时期，一些小国出于自己的利益，在秦国和楚国两个超级大国中摇摆不定。后来比喻反复无常，出尔反尔的人。

成语故事：战国时期，淮南有一个上窑镇，这个镇子的地理位置很特殊，与秦国和楚国都接壤，是秦国和楚国这两个大国你争我抢的拉锯之地。

这个地区的老百姓因为生存在两国的夹缝地带，生活苦不堪言，在秦兵楚将的滋扰之中，便想出了一个办法。

早晨，当西边的秦兵越界耀武扬威的时候，镇子上的百姓们便夹道欢迎，向士兵们诉说自己是秦国的良民，把代表秦国的门牌翻过来放好；晚上东边的楚军反击路过此地，百姓们便又欢声雷动，连连发誓自己是楚国的顺民，把代表楚国的门牌给翻过来。

他们就是用这种方法生活在秦楚两国的夹缝之间。

这就是至今民间还流传着的"晨秦暮楚"的故事。

◎ 知识传送门：牝鸡司晨

牝鸡司晨，是一个成语。牝鸡：雌鸡。司：掌管。司晨：报晓。成语的意思是雌鸡像雄鸡那样鸣啼，即母鸡报晓。

牝鸡司晨在古代用来比喻女人篡权乱世，人们认为此是凶祸之兆。商纣王崇信美女"妲己"，将国事抛诸脑后，残暴不仁。周武王姬发灭掉了商朝后感慨地说："雌鸡没有早上打鸣的道理，雌鸡代替雄鸡打鸣则家道要衰落，妇人夺取丈夫的政权则国家要亡，纣王一味听信妲己的谗言胡乱施政，是纣王亡国的根本。"

◎ "晨"字的诗意

1. 晨起开门雪满山，雪晴云淡日光寒。——清·郑板桥《山中雪后》
2. 晨鸡两遍报更阑，刁斗无声晓漏干。——唐·方干《元日·晨鸡两遍报》
3. 云散还城邑，清晨复来还。——三国·曹植《名都篇》

◎ "晨"字与歇后语

1. 清晨的云雀——展翅飞翔

2. 早晨的露水——见不得阳光

3. 犬守夜，鸡鸣晨——各尽其能

◎ "晨"字与谚语

1. 早晨起来七件事，柴米油盐酱醋茶。

2. 早晨浮云走，午后晒死狗。

3. 早晨动一动，少闹一场病。

37. 郊—会田于郊

◎ 趣话"郊"字

篆文	隶书	楷书	行书	草书	标准宋体
郊	郊	郊	郊	郊	郊

《说文》里载，郊，距国百里为郊。从邑，交声。也就是说，距离国都百里的幅地为郊区。郊，最早出现在篆文里，用"交"（表示相接）加上"邑"（表示城邑）组合而成，隶书将篆文的"邑"写成"双耳旁"，字形终于确定下来。

◎ 汉字有故事：会田于郊

释义："会田于郊"出自《资治通鉴·周纪》。

成语故事：一次，齐威王和魏惠王在郊外会猎。魏惠王觉得无聊，就问齐威王说："齐国有没有宝贝给我见识一下？"齐威王想了想说："没有什么特别的宝贝。"

魏惠王听了这话，扬扬得意地说："我们魏国虽然小，但是尚且有直径一寸左右的珍珠，能照亮车前车后各十二辆的珠子有十枚。像齐国这样大的国家怎么会没有宝贝呢？"

齐威王说："那是因为我所认为的宝贝和大王你的不同啊。我有位叫檀子的大臣，如果派他守南城，楚人就不敢胡乱侵犯，十二个泗河上游的诸侯国都排队前来朝见我；我有位叫盼子的大臣，曾经派他驻守高唐，赵国人连往东在黄河上打鱼都不敢；我有位叫黔夫的官员，派他驻守徐州，燕国人就会对着徐州的北门祈祷求平安，赵国人就会面对徐州的西门祭祀求赐福，前前后后要求迁移到齐国居住的家庭有七千多家；我有位叫钟首的大臣，派他去防备盗贼，后来就算把财物丢在路上，都没有人去捡。我的这四位名臣，光芒照耀千里，岂是十二辆马车所能比拟的呢！"

魏惠王听后十分尴尬，脸上露出惭愧的神色。

◎ 知识传送门：郊祭牺牛

郊祭牺牛，语出《庄子》，郊祭：古代在外面祭祀天地日月的活动。牺牛：古代祭祀用的纯色牛。

楚威王听说庄周这个人很贤能，派使者带厚礼请他出山担任相国。庄周笑着对楚国的使者说："你许下我高官厚禄，却没看到郊祭的牺牛吗？用好吃的东西养了几年，最终就是为了祭天时拉出去杀掉，那时候即便想变成野牛也晚了。你快走吧，我只想做个自由自在的人。"

庄子就是这样一位贤者，虽然自己的生活贫穷困顿，却从心底里鄙弃荣华富贵、权势利禄，在乱世中保持独立自由的品格。

◎ "郊"字的诗意

1. 雷惊天地龙蛇蛰，雨足郊原草木柔。——宋·黄庭坚《清明》
2. 水国楼台晚，春郊烟雨收。——唐·李中《江南春·千家事胜游》
3. 羽翼摧残日，郊园寂寞时。——唐·李商隐《幽居冬暮》
4. 寒郊复叠铺柳絮，古碛烂熳吹芦花。——唐·无名氏《白雪歌》
5. 芳径满香泥，南陌东郊，惆怅妨行乐。——宋·张元干《醉花阴》

38. 岛—岛瘦郊寒

◎ 趣话"岛"字

| 篆文 | 隶书 | 楷书 | 行书 | 草书 | 繁体标宋 | 简体标宋 |

《说文》里载，岛，海中往往有山可依止，曰岛。从山鸟声。海中可以让鸟儿驻足休息的孤山，叫作"岛"。字形采用"山"这个字作偏旁，"鸟"这个字既是声旁也是形旁，表示飞禽的意思。岛，篆文的造型就是"山"字的上面有一个"鸟"字，表示鸟类聚集栖息的山头。隶书后字形确定下来。

◎ 汉字有故事：岛瘦郊寒

释义：成语"岛瘦郊寒"，出自宋代朱熹《次韵谢刘仲行惠笋》："君诗高处古无师，岛瘦郊寒讵足差。"

"岛"和"郊"指的是唐代诗人贾岛和孟郊。"瘦"指孤僻瘦准，"寒"指寒冷枯槁，两者含义很近。贾岛、孟郊两个人的诗中凄苦哀婉的句子很多，所以就用这个词借指他们的诗歌和风格，也形容与贾孟相类似诗文的风格语意。其实，宋代初年的欧阳修就说过："孟郊、贾岛之徒，又得其悲愁郁堙之气。"于是二人被后世并称为"郊寒岛瘦"，又作"岛瘦郊寒"。

成语故事：孟郊，字东野，少年的时候隐居嵩山，称自己为处士。近五十岁才中进士，任溧阳县尉，后因为母亲去世辞官回家，与大诗人韩愈交谊颇深。他一生抑郁不得志，终生贫困潦倒，死后竟没有钱下葬，韩愈为他作墓志铭。孟郊前期的诗都是奋发向上的；后期仕途坎坷，就转向抒情，形成险怪的诗风。

贾岛，字浪仙，最开始的时候，因为生活困窘，出家当了和尚，后来还俗，考了很多次都不中。后来去了洛阳，想以才华打动韩愈谋个前程，因为醉心吟诗冲撞了韩愈大人的车队，引出了一段"推敲"佳话流传。

贾岛以下苦功作诗著名，所以有"两句三年得，一吟双泪流"之叹，意思是三年才作两句诗，但是这两句诗好得让人流泪。贾岛的诗风清奇，字斟句酌，以诗句既偏又准而著称。

◎ **知识传送门：贾岛推敲**

　　一天，贾岛在驴背上想到了两句诗："鸟宿池边树，僧敲月下门"，又想用"推"字来替换"敲"字，反复思考没有定下来。贾岛因为思考认真，不小心冲撞了京兆尹韩愈的仪仗队而被抓起来。韩愈很奇怪，问他原因，贾岛详细地回答了他在酝酿的诗句。韩愈听后来了兴趣，停下车马跟他一起思考，最后对贾岛说："还是用'敲'字好，宁静的月夜中敲门声响起，能反衬出月夜的宁静，而且'敲'字读起来也响亮些。"

　　后世就用"推敲"比喻写作时字斟句酌，或者做事情时，反复琢磨斟酌。

◎ **"岛"字的诗意**

　　1. 水何澹澹，山岛竦峙。——汉·曹操《观沧海》
　　2. 夕阳岛外，秋风原上，目断四天垂。——宋·柳永《少年游·长安古道马迟迟》
　　3. 柳湖松岛莲花寺，晚动归桡出道场。——唐·白居易《西湖晚归回望孤山寺赠诸客》

◎ **"岛"字与歇后语**

　　1. 崇明岛上修寺庙——没靠山
　　2. 蛇岛上寻宝——凶多吉少

39. 晖—寸草春晖

◎ 趣话"晖"字

篆文	隶书	楷书	行书	草书	繁体标宋	简体标宋
暉	暉	暉	暉	晖	暉	晖

《说文》里载，晖，光也。从日，军声。晖，原指太阳的光辉。字形采用"日"作偏旁，"军"是声旁。军，既是声旁也是形旁，表示环绕战车的兵团。晖，篆文由表示太阳的"日"与表示士兵环绕战车形成的集团的"军"组成。隶书之后，"晖"的字形基本确定下来。

造字本义：名词，太阳散射的光辉。

◎ 汉字有故事：寸草春晖

释义：成语"寸草春晖"，原来的意思是小草微薄的心意无法报答春天阳光的恩情。比喻父母的恩情比天地还大，子女一生都难以报答。语出孟郊《游子吟》："谁言寸草心，报得三春晖。"

成语故事：唐代诗人孟郊一生贫困潦倒，直到五十岁时才当上了溧阳县尉这样一个卑微之职。孟郊在做官的时候不大上心，仍然像以往一样醉心作诗，公务则有所废弛，所以县令就只给他一半的俸禄。

孟郊一生颠沛流离、居无定所，是一位真正意义上的游子。在他六十岁那年，母亲去世了，为此他辞去了官职回家守灵。

他体会最多的就是很多次母子分离的痛苦时刻。那首题为《游子吟》的诗："慈母手中线，游子身上衣。临行密密缝，意恐迟迟归。谁言寸草心，报得三春晖。"描写的就是离别的时候，慈母缝衣盼儿归的普通场景，而表现的却是诗人真挚的情感。

这首诗是孟郊的代表作，被后世广为传颂。作品表达了一位慈母对即将离开自己的儿子的深深的爱。全诗只有短短六句，大意是这样的：慈祥的母亲手里面的一针一线，造就了在外面四处漂泊的游子们身上的衣服。即将告别远行的时候，母亲害怕孩子的衣服会破损，没人帮忙缝补，就将线缝得密密的，担心孩子迟迟不归。谁说儿子这颗像小草一样的心，能够报答母亲如同春天阳光般的慈爱呢？

成语"寸草春晖"就是从这首诗中简缩而来的。

◎ "晖"字的诗意

1. 谁言寸草心，报得三春晖。——唐·孟郊《游子吟》
2. 树树皆秋色，山山唯落晖。——唐·王绩《野望》
3. 过尽千帆皆不是，斜晖脉脉水悠悠，肠断白苹洲。——唐·温庭筠《梦江南·千万恨》
4. 谁知闲凭阑干处，芳草斜晖。——宋·欧阳修《采桑子·何人解赏西湖好》
5. 问钱塘江上，西兴浦口，几度斜晖。——宋·苏轼《八声甘州·寄参寥子》

40. 池—非池中物

◎ 趣话"池"字

金文	篆文	隶书	现代楷书
池	池	池	池

《说文》里载，池者，陂也。从水，也声。池，本来的意思是水塘。字形采用"水"作偏旁，"也"是声旁。"也"原来指的是"匜"字，它指的是"古时候盛水的一种容器"。金文在造字的时候，字形就像一道水流和一个"也"字组合起来，表示"盛满水的大坑"。篆文沿袭了金文的字形，隶书的字形做了很大改动，变成今天的"池"。

◎ 汉字有故事：非池中物

释义：成语"非池中物"，意思为并非一直待在池子里的小动物。比喻有雄心壮志的人终究不会平庸地生活着，一定会出人头地。语出《三国志·吴书·周瑜传》："恐蛟龙得云雨，终非池中物也。"

成语故事：东汉末，蜀汉先主刘备与吴主孙权手下的大都督周瑜联手，在赤壁一战中击溃了曹操的八十万大军，这之后，三国鼎立的局面逐步形成。

赤壁之战后，原本被刘表的儿子刘琮献给曹操的荆州，成了三家争夺之地。曹操占据荆州北部最大的南阳郡，孙权得到江夏郡和南郡，刘备占领了荆州南部四个郡（长沙、零陵、桂阳、武陵）。

周瑜攻下南郡后，将公安这个地方借给刘备屯兵。刘备认为公安不利于自己发展，先后两次向孙权提出借荆州的南郡为基地发展，为此刘备专门到京县拜见孙权。

孙权手下的鲁肃希望孙权能够答应刘备的要求，两家联合共同对付北方的曹操。但是周瑜不同意这样做，他觉得刘备对东吴来说是个威胁。

听说刘备到了东吴，周瑜上奏疏说："刘备此人非常有才干，又有关羽、张飞这些英勇无敌的将领辅佐，一定不会长久听命于我们。我认为最好的计策是把刘备骗来东吴，给他荣华富贵、美女珠宝，让他贪图享受，再把他和关羽、张飞二人分开，让我去收服他们。现在把荆州借给刘备，恐怕他就像蛟龙飞上天空，终究不会是池塘中的小鱼了。"

因为当时曹操势力太强大，孙权必须跟刘备结盟，又害怕一时间难以制服刘备，所以没有采纳周瑜的建议，将南郡暂借给刘备。于是刘备拥有了南郡、长沙、零陵、桂阳、武陵这五个郡，以此为基地，向东攻占了益州，最终建立了蜀汉基业。之后刘备不想归还南郡，孙权大怒，派兵偷袭了荆州，双方一度展开大战。

◎ 知识传送门：殃及池鱼

《吕氏春秋·必己》有这样一个故事：宋国有个人收藏了一颗宝珠，后来他因罪逃亡。宋王派人去问他宝珠藏在哪里，他说："扔到池子里了。"于是，宋王命令把池里的水全部淘干寻找宝珠。宝珠没有找到，池里的鱼倒是全干死了。比喻因为有关联的事物出了问题，结果无缘无故地遭受祸害。

◎ "池"字的诗意

1. 君问归期未有期，巴山夜雨涨秋池。——唐·李商隐《夜雨寄北》
2. 吾家洗砚池头树，朵朵花开淡墨迹。——元·王冕《墨梅》

3.鸟宿池边树,僧敲月下门。——唐·贾岛《题李凝幽居》

◎ "池"字与歇后语

1.池里的王八,塘里的鳖——一路货

2.池塘里的荷叶——随风摆

3.池中捞藕——拖泥带水

◎ "池"字与谚语

1.盲人骑瞎马,夜半临深池。

2.壶中无酒难留客,池中无水难养鱼。

3.淤泥池塘开莲花,贫寒家境出人才。

41. 寒—不寒而栗

◎ 趣话"寒"字

| 甲骨文 | 金文 | 篆文 | 隶书 | 楷书 | 行书 | 草书 | 标准宋体 |

《说文》里载,寒,原意是冷气冻人。字形就像冷水结冰的晚上用草褥垫盖着睡觉。寒,甲骨文由"身""茻""仌"三部分组成,像天气非常冷的晚上一个人睡在铺满草褥的床上。金文综合甲骨文字形,用表示卧室的宀、表示草褥的茻和人以及表示夜晚的夕再加上"二"(代表"仌"字,即"冰"的变形),表示结冰天气的夜晚,睡觉时用草褥取暖。篆文发展了金文,隶书将文字定形为"寒"。

◎ 汉字有故事:不寒而栗

释义:成语"不寒而栗",原意是天不寒冷人却在发抖,形容感到十分害怕和恐惧。成语源于《史记·酷吏列传》。

成语故事:汉武帝在位的时候,有个名叫义纵的官员。他任长安县令期间,能够依法办事，不讲情面，也不畏权贵，当地的治安有了很大的改变。汉武帝很欣赏他，就调任他为南阳太守。

当时，南阳城里有位都尉名叫宁成，他这个人向来贪赃枉法，利用手中的权力在当地横行霸道，百姓们都十分害怕他。

宁成听到义纵要来南阳任太守的消息后，感到十分不安。而义纵上任的当天，宁成带领着自己全家老小，毕恭毕敬地站在路边迎接义纵的车队，而义纵对他不理不睬，连一眼都没看他。

到任后，义纵马上派人调查宁成和他的亲戚们，只要查到有劣迹，就马上处死。很快就查到宁成的身上，将他定罪。看到这情景，当地一直欺压民众的豪门大族孔氏和暴氏马上逃离了南阳。

后来，汉武帝又调义纵到治安混乱的定襄当太守。义纵一到定襄，就将监狱中二百多个犯人判处死刑，同时将私自来探望这些犯人的家属抓了起来，因他们想要为犯人开脱罪行，也一起判处死刑。

那天，一下子就杀了四百多人。尽管天气不冷，然而，住在这个地区的人们听到这个消息后都吓得浑身发抖。

◎ 知识传送门：唇亡齿寒

春秋时期，晋国向虞国借道攻打虢国。大臣宫之奇劝阻虞公说："虢国是虞国的屏障，虢国灭亡，虞国一定跟着亡国。俗话所说'面颊和牙床骨是相互依存，嘴唇丢了牙齿就受凉'，就是虞、虢两国关系的真实写照。"

虞公不听，答应了晋国使者的要求。宫之奇马上带领他的族人逃跑，走之前说："虞国完蛋了。"这年冬天，晋国灭掉了虢国。军队回来的路上，乘其不备灭掉了虞国，捉住了虞公。后来用唇亡齿寒来比喻关系密切，利害相关。

◎ "寒"字的诗意

1. 我欲乘风归去，又恐琼楼玉宇，高处不胜寒。——宋·苏轼《水调歌头·丙辰中秋》

2. 寒雨连江夜入吴，平明送客楚山孤。——唐·王昌龄《芙蓉楼送辛渐》

◎ "寒"字与歇后语

1. 穿寒衣摇夏扇——不知冷热

2. 寒流来了吹暖气——冷嘲（潮）热讽（风）

3. 十年寒窗中状元——先苦后甜

◎ "寒"字与谚语

1. 粗茶淡饭能养人，破衣破裤能遮寒。

2. 寒天不冻勤织女，饥荒不饿苦耕人。

3. 良言一句三冬暖，恶语伤人六月寒。

42. 影—捕风捉影

◎ 趣话"影"字

金文	篆文	隶书	楷书	行书	草书	标准宋体
景	景	影	影	影	影	影

《说文》里载，影，形影。影，指的是物体的阴影。"景"是"影"的本字。影，造字的时候是把表示太阳的"日"与表示楼台建筑的"亭"组合在一起，篆文将金文的下面简写成"京"。"景"的"影子"本义消失后，隶书加上表示光彩的"彡"另造"影"代替。

◎ 汉字有故事：捕风捉影

释义：成语"捕风捉影"，出自东汉班固《汉书·郊祀志》，意思是想要抓住风，捕捉影子。后来比喻丝毫没有事实根据的事情或者没有找到证据的情况下无中生有。

成语故事：谷永是一位很有学问的人，他曾经在汉成帝时担任过光禄大夫、大司农等职。

汉成帝二十岁继位做了皇帝，但是直到四十多岁还没有孩子。他心里很着急，于是听信道士的话，热衷于祭祀鬼神。许多小人借此机会向汉成帝上书谈论鬼神仙道，不是升官就是发财。而听信他们谗言的成帝，大搞祭祀活动，祈求上天赐福，耗资巨大，但并没有什么效果。

谷永很担心，就向汉成帝上书说："我听说对于真正的明白人，不可能用神怪去迷惑他。现在有些人说什么世上有仙人，吃了长生不老的药，寿命像南山一样长久。听他们说，好像马上就能遇见神仙一样。可是，你要寻找它，却虚无缥缈，就像要缚住风、捉住影子一样不切实际。所以古代贤明的君王根本不信这些鬼话。"

谷永又举例说：周朝苌弘用祭祀鬼神的办法让天下诸侯来朝会，可诸侯反叛的更多；楚怀王求神灵保佑打退秦军，结果自己做了俘虏；秦始皇派徐福去海上求仙药，结果其一去不回，遭到天下人的怨恨。

汉成帝认为谷永说得很有道理，便听从了他的意见。

◎ 知识传送门：烛影斧声

"烛影斧声"，是中国宋代的一段悬案。开宝九年（976年）十月壬午夜，宋太祖赵匡胤病重，召弟弟晋王赵光义议事，闲人都被赶出房外。期间有人远远看见烛光下赵光义不时离开席位，又听见有斧头戳地的声音，还听见宋太祖大声地说："你做的好事。"当晚太祖去世，晋王赵光义继位，史称宋太宗。

对此事件后世议论不一，有人说赵光义杀害太祖篡位；又有人说太祖早就指定去世后由弟弟赵光义继位，所以当时只是太祖向晋王嘱咐后事，并不是赵光义行篡逆之事。

◎ "影"字的诗意

1. 起舞弄清影，何似在人间。——宋·苏轼《水调歌头·丙辰中秋》
2. 孤帆远影碧空尽，唯见长江天际流。——唐·李白《黄鹤楼送孟浩然之广陵》
3. 半亩方塘一鉴开，天光云影共徘徊。——宋·朱熹《观书有感二首·其一》

◎ "影"字与歇后语

1. 大黑天照镜子——没影的事
2. 大家看电影——有目共睹
3. 水里的鸳鸯——难舍难分；形影相随

◎ "影"字与谚语

1. 人正不怕影斜，脚正不怕鞋歪。
2. 有车就有辙，有树就有影。
3. 根深不怕风摇动，树正何愁月影斜。

43. 渊—为渊驱鱼

◎ 趣话"渊"字

甲骨文	金文	篆文	隶书	楷书	行书	草书	标准宋体

《说文》里载，渊，其实是洄流的水潭。字形采用"水"作偏旁，象形。字形的左右两边，像岸沿，而中间像流水的样子。渊，甲骨文的字形像两岸间有川流的积水，表示深潭。金文的左边加上"水"，并画出川流和岸，表示古人在河水最深的地方施行死刑。篆文严重变形，川流、岸、方枷的形象都被淡化。楷书根据草书字形将川流和方枷合写成"米"，隶书进一步将字形拉近现代汉字。

◎ 汉字有故事：为渊驱鱼

释义：成语"为渊驱鱼"，出自《孟子·离娄上》，原比喻残暴不仁的君主迫使自己统治下的百姓投靠到敌人那边。现在比喻不懂得团结人，把一些可以团结的人推到敌对的那边去。

成语故事：一日，孟子的几个学生讨论夏商两朝灭亡原因，展开了激烈的辩论。有人认为夏朝最后的君主"桀"和商朝最后的君主"纣"的灭亡是天意，人的力量没法与天意抗衡。有人马上反驳说：即使他们的灭亡是天意，最终也要靠人力来推翻。如果把所有的因果都说成天意所为，那么人的努力还有何意义？争论的双方谁也无法说服对方，便一起去请教老师孟子。

孟子仔细地听了双方陈述的理由，最后说道：桀和纣之所以身死国灭，原因不是什么天意,而是因为他们失去了民心,没有了百姓支持的国君自然是要失败的。如果国君施行仁政,爱惜百姓,那么百姓就像小河最终流向大海一样向国君靠拢臣服。举例来说,水獭是一种以吃鱼为生的动物,它一旦出现,鱼儿们肯定要往深水里面游;老鹰喜欢吃小鸟,小鸟如果看到老鹰,一定会逃向丛林的深处。

所以有这种说法,代替深水将鱼儿们赶来的其实是水獭,为森林送去鸟类的其实是老鹰。由此可见,根本是亡国的桀纣自己把百姓送给了商汤王和周武王。所以,桀、纣这两个人的失败是因为自己的作为失掉了民心,而不是天意。

弟子们听了,都表示满意。

◎ 知识传送门:临渊羡鱼

"临渊羡鱼"出自汉代刘安的《淮南子·说林训》:"临河而羡鱼,不如归家结网。"这句话本来的意思是,如果在深水边羡慕别人抓到了鱼,还不如自己马上回家去做一张渔网。比喻有功夫羡慕别人的成就,还不如早点努力提升自己的能力。也写作"临河羡鱼"。

◎ "渊"字的诗意

1. 羁鸟恋旧林,池鱼思故渊。——魏晋·陶渊明《归园田居·其一》
2. 海榴花发应相笑,无酒渊明亦独醒。——元·贝琼《己酉端午》
3. 金渊万家籍百儒,学书用笔人岂无。——宋·仇远《赠笔工沈秀荣》

◎ "渊"字与歇后语

抱着石头跳深渊——死不回头

◎ "渊"字与谚语

1. 鸢飞戾天,鱼跃于渊。
2. 临渊羡鱼,不如退而结网。
3. 怒是猛虎,欲是深渊。

第二章 / 汉字与动物

临鱼摹鸟,
象字生

1. 蛇—打草惊蛇

◎ 趣话"蛇"字

| 甲骨文 | 金文 | 篆文 | 隶书 | 楷书 | 行书 | 草书 | 标准宋体 |

"蛇",甲骨文字形仿照蛇的样子,画了一只头尖尖、身子长长的爬行动物。金文承续甲骨文字形,但是在身体上加了一竖,表示蛇吞了东西。篆文大大变异,将"虫"和"它"加在一起组成"蛇"字。隶化后楷书分别将篆文字形中的"虫"和"它"变成现代汉字的字形。

◎ 汉字有故事:打草惊蛇

释义:打草惊蛇,出自宋代郑文宝的《南唐近事》,是中国古代三十六计之一。"打草惊蛇"是指如果猜不到敌方的意图时,千万不可轻敌冒进,应当查清敌方的状况再说。

成语故事:南唐时,安徽当涂县有一任县令名叫王鲁。这位县令人品十分低下,见钱眼开,贪赃枉法,是非不分。

上梁不正下梁歪,涂县县衙里面那些衙役和官员,见上司王鲁如此见钱眼开,便也一个个有样学样,变着法子贪污受贿。慢慢地,整个涂县的吏治腐败,好的官员不断被排挤,坏的官员结党营私。

老百姓们苦不堪言,趁着朝廷派人来视察民情的时候,就请人把涂县贪官污吏的各种劣迹一五一十地写进了状纸里,呈给有关部门的官员调查。

按照惯例,状纸首先呈给了这些官员的顶头上司王鲁阅读。王鲁一边看一边流汗,他发现,手下的做法简直跟自己一模一样,很多坏事他自己也有参与,有些坏事虽没参与,但拔出萝卜带出泥,最终也能调查到自己身上。

王鲁越看越心惊,他两手哆嗦地在状纸上写下这几个字:"汝虽打草,吾已惊蛇。"意思是这状纸上写的案例虽然没有涉及自己,但是自己很害怕。就好比说,虽然只是击打草丛，但是里面的蛇已经胆战心惊。

今天，这个成语用来比喻采取行动，让敌人感觉到威胁。

◎ 知识传送门：虚与委蛇

虚与委蛇，指对人或者事情敷衍塞责，虚假应付。委蛇：随便应付。这里"蛇"的读音，与"姨"字的音相同。

有这样一个小笑话：有个老夫子教孩子们读书，《毛诗》里面有"委蛇委蛇"这句，他告诉学生们这个"蛇"字应该读作"yí"。第二天，有学生在路上看乞丐打蛇，到学校已经迟到了。老夫子问他为什么迟到，学生说："刚才在路上碰到有人打姨（蛇），我就在那里看，只见他先打死了大姨（蛇），又打死了小姨（蛇），所以来晚了。"

◎ "蛇"字的诗意

1. 山舞银蛇，原驰蜡象，欲与天公试比高。——毛泽东《沁园春·雪》
2. 雷惊天地龙蛇蛰，雨足郊原草木柔。——宋·黄庭坚《清明》

◎ "蛇"字与歇后语

1. 打蛇打七寸——击中要害
2. 打蛇随棍上——因势利导
3. 杯弓蛇影——自相惊扰

◎ "蛇"字与谚语

1. 一朝被蛇咬，三年怕井绳。
2. 打蛇打七寸，挖树先挖根。
3. 蛇死三天尾还动，虎死一七不倒威。

2. 鸡——闻鸡起舞

◎ 趣话"鸡"字

| 甲骨文 | 金文 | 篆文 | 隶书 | 楷书 |

《说文》里载,"雞,知时畜也,从隹,奚声。"其中的"奚"意思是戏弄被捆绑的奴隶。"鸡"字的第一种甲骨文是象形字,指的是头顶有冠的一种大型飞禽。还有一种,左边是"奚",表示捆绑并戏弄,右边则是有冠的飞禽。可见,"鸡"的本义是,古人在山野里抓捕大鸟,用绳子系住它的爪子养在家里。金文和篆文在字形上都继承了甲骨文。"鸡"用表示"抓"的"又",代替了表示"玩弄"意思的"奚",笔画化繁为简,由此传承下来。

◎ 汉字有故事:闻鸡起舞

释义:成语"闻鸡起舞",形容有志气的人振作起来,为了自己的理想努力奋斗。

成语故事:有一位叫祖逖的人生于晋朝年间,他年轻的时候聪颖好学,奋发上进。由于他心怀大志,有纵横天下的才华,很多侠士都愿意同他结交。

二十四岁那年,祖逖被举为孝廉,又被司隶举为秀才,但他觉得自己还不够优秀,于是没有接受任命,仍埋头苦读。

后来,祖逖和好友刘琨一同被征召,在司州担任主簿。两人的关系情同手足,常纵论世事,有时夜深还不能入睡,抱着被子坐起来,相互勉励道:"如果天下大乱,豪杰并起,你我二人应干出一番事业!"

有一天凌晨,睡梦中的祖逖隐约听到一声雄鸡的鸣叫,那时候,雄鸡的叫声被认为是不祥的预兆,他叫醒刘琨,说:"听别人说半夜听见鸡的叫声非常不吉利,但我不这样认为,我觉得这不是鸡的叫声,是上天让我们起来奋发练剑的号角。不如咱们以后听到鸡叫声就起床去练剑如何?"刘琨点头同意。

于是，只要早上听见鸡叫声两人就起床练剑。后来两人成就非凡，其中祖逖官至镇西将军，率军北伐，收复黄河流域大片领土。

◎ 知识传送门：雄鸡司晨

"雄鸡司晨"的意思是公鸡的任务是早上报晓。司，掌管。公鸡是古代非常重要的报时工具，那时候没有钟表，很多老百姓就根据鸡叫声起床干活，公鸡的功劳不可小觑。清朝的彭施瑞还写过一副对联："何物动人，二月杏花八月桂；有谁催我，三更灯火五更鸡。"

◎ "鸡"字的诗意

1. 莫笑农家腊酒浑，丰年留客足鸡豚。——宋·陆游《游山西村》
2. 大儿锄豆溪东，中儿正织鸡笼。——宋·辛弃疾《清平乐·村居》
3. 飞来山上千寻塔，闻说鸡鸣见日升。——宋·王安石《登飞来峰》
4. 三更灯火五更鸡，正是男儿读书时。——唐·颜真卿《劝学诗》
5. 狗吠深巷中，鸡鸣桑树颠。——魏晋·陶渊明《归园田居·其一》

◎ "鸡"字与歇后语

1. 小鸡儿吃米——老点头
2. 板凳上放鸡蛋——危险
3. 半夜捅鸡窝——暗中捣蛋
4. 报晓的公鸡——叫得早
5. 曹操吃鸡肋——食之无味，弃之可惜

◎ "鸡"字与谚语

1. 未晚先投宿，鸡鸣早看天。
2. 女大一，抱金鸡。
3. 一人得道，鸡犬升天。
4. 偷鸡不成反蚀把米。
5. 手无缚鸡之力。
6. 杀鸡焉用牛刀。

3. 鼠—胆小如鼠

◎ 趣话"鼠"字

甲骨文	金文	篆文	隶书	楷书	行书	草书	标准宋体

《说文》里载，鼠，是穴居虫蛇的总称。甲骨文的"鼠"，画出了老鼠的外形，就像一只尖嘴巴、大耳朵、长尾巴的动物在啃东西，四点代表啃碎的物屑。金文突出它的牙齿、爪子、尾巴。篆文承续金文字形。隶化后楷书淡化长尾形状，变成现在的字形。

◎ 汉字有故事：胆小如鼠

释义：成语"胆小如鼠"，原本指像老鼠那样胆小，后来形容胆小怕事、非常不自信的人。

成语故事：南北朝时，有一位官员名叫元庆和，这个人十分胆小，因为是北魏汝阴王拓跋天赐的孙子，所以朝廷让他担任东豫州刺史一职。

后来，梁武帝发兵攻打豫州，元庆和吓得瑟瑟发抖。手下向他报告形势，说梁军已经兵临城下，问是否要跟梁武帝决一死战。

而元庆和双手发抖地传令所有的将士放下兵器投降，于是梁武帝兵不血刃得到了豫州。从此，豫州变成了梁朝的领土。

元庆和这个人军事能力很差，但是很会溜须拍马。梁武帝因为元庆和投降获得了一片领土很高兴，就封元庆和为北道总督、魏王。

后来北魏分裂成了东魏和西魏，梁武帝决定进攻东魏，于是命令元庆和带领梁军去攻打东魏的项城。大军刚到项城，就接到消息说东魏三万大军已经向项城开拨而来，元庆和听到这个消息魂飞天外，马上率领军队逃回梁国。

梁武帝非常生气地说："你这家伙，国家没事的时候你就夸夸其谈，就像有一百根舌头，国家需要你的时候就像老鼠般胆小。"于是免去元庆和的官职，将他发配到合浦。

◎ **知识传送门：子鼠**

"子鼠"，是我国古代民俗文化十二生肖当中排名第一的属相。老鼠这种动物不如龙虎凶猛，也不如狗兔可爱，为什么会排在第一位呢？

传说，十二生肖征集的时候，猫让老鼠帮忙报名，但是老鼠忘记了，所以十二生肖中没有猫，且猫跟老鼠成了死敌。当然这只是一个故事，清代刘献延《广阳杂记》中说，因为象征一天开始的子时（凌晨时分）是老鼠活动的时候，所以"子鼠"就排在十二生肖的第一位。

◎ **"鼠"字的诗意**

1. 官仓老鼠大如斗，见人开仓亦不走。——唐·曹邺《官仓鼠》
2. 将军玉帐貂鼠衣，手持酒杯看雪飞。——明·刘基《北风行》
3. 柏台多半是狐精，兰省诸郎皆鼠魅。——唐·韦庄《秦妇吟》

◎ **"鼠"字与歇后语**

1. 老鼠过街——人人喊打
2. 黄鼠狼给鸡拜年——没安好心
3. 耗子盯小偷——贼眉鼠眼

◎ **"鼠"字与谚语**

1. 一粒老鼠屎，搞坏一锅粥。
2. 老鼠爱打洞，坏人爱钻孔。
3. 小鬼跌金刚，小鼠断大绳。

4. 马—老马识途

◎ 趣话"马"字

甲骨文	金文	篆文	隶书	楷书	行书	草书	繁体标宋	简体标宋

《说文》里载，马，是一种会昂首嘶叫的动物。马，甲骨文是由马头、马鬃、马尾、四足组成的形象。金文将甲骨文字形中的大眼与鬃毛的形象简化，篆文承续金文字形，将甲骨文的字形由斜变正。隶书将篆文的两只马蹄与马尾写成"四点底"加折笔的钩。简体字将正体楷书的"四点"简化成一横。

◎ 汉字有故事：老马识途

释义：成语"老马识途"，途：路，道路。成语的意思是老马能够认出自己走过的道路。出自《韩非子·说林上》。

成语故事：春秋时期，齐国的相国管仲和大夫隰朋跟着国君齐桓公一同出征，目的是攻打孤竹国。战争进行了将近一年，最终齐国取得了胜利。

齐军在回程中遇到了一些麻烦。因为出征的时候是春天，到凯旋时已是冬天，路边的景物变得非常不一样，所以齐国大军迷路了。

齐桓公非常着急，问臣子们谁有办法找到路。管仲说："我们可以利用老马的智慧。"于是齐军放开年纪较大的马，让它们自由奔跑，军队跟着它们，很快找到了回齐国的路。

◎ 知识传送门：马虎

马虎，指一个人粗心大意，做事敷衍。

从前有一位画家，做事马马虎虎。有次，他正在画老虎，刚画了个头，就有人进来请他画马。他嫌麻烦，就在虎头下面画了个马身子。求画的人很生气地走了。

画家的小儿子进来了，问父亲画的是什么，画家随口说是马。后来他的小儿子在野外看到一只老虎，以为是马，上前去摸，结果被吃掉了。

◎ "马"字的诗意

1. 五花马，千金裘，呼儿将出换美酒，与尔同销万古愁。——唐·李白《将进酒·君不见》
2. 山回路转不见君，雪上空留马行处。——唐·岑参《白雪歌送武判官归京》
3. 君臣相顾尽沾衣，东望都门信马归。——唐·白居易《长恨歌》

◎ "马"字与歇后语

1. 矮子骑大马——上下两难
2. 风马牛——互不相干
3. 老将出马——一个顶俩

◎ "马"字与谚语

1. 路遥知马力，日久见人心。
2. 射人先射马，擒贼先擒王。
3. 人靠衣装马靠鞍。

5. 牛—庖丁解牛

◎ 趣话"牛"字

| 甲骨文 | 金文 | 篆文 | 隶书 | 楷书 | 行书 | 草书 | 标准宋体 |

《说文》里载，"牛"，是大型牲口的意思。古代的牛，也有表示事理分析的"件"的意思。牛，甲骨文中像牛头部的简画，突出了向外伸出的一对牛角。有的甲骨文淡化了牛鼻子的形象。金文继承了甲骨文字形，篆文彻底抹去原来牛鼻的形象，

同时也淡化了牛角的形象。隶书将篆文的一对尖角写成一撇一横，使整体字形不再是动物形象。

◎ 汉字有故事：庖丁解牛

释义：庖丁解牛，意思是只要能够掌握事物的规律，善加利用，做事便会得心应手。庖丁：叫"丁"的厨师。解：分解，肢解。

成语故事：梁惠王追求养生之道，有一次，一位名叫丁的厨师宰牛。早就听说这位厨师的技术很好，梁惠王就注意观察他杀牛的动作。

只见这位厨师手接触牛的地方，肩靠的地方，脚踩着的地方，膝盖顶着的地方，无一不是感觉很适当，牛发出皮骨相离的声音，刀子刺进去时发出巨大的响声，竟然合乎音律，同《桑林》《经首》两首乐曲的节拍相合。

梁惠王大开眼界，赞叹地说："太棒了！你的技术怎么会如此高明？"

庖丁回答说："我做事情抓住了事物的规律，而不是单单依靠技术。最初我刚开始宰牛的时候，看见的是整头的牛。三年之后，就能知道牛的身体构造。现在宰牛的时候，臣下根本不必用眼睛去看，就知道牛的肌理结构，只要依顺着牛身体的结构出刀，牛肉就应声而开。只要刀子轻轻地动一下，骨肉就哗啦一声分离，散落在地上。这时的我收刀而立，心满意足，把刀擦干净收起来。"

梁惠王佩服得五体投地，说："听了庖丁的话，我从中学到了养生之道啊。"

◎ 知识传送门：孔子与牛

成语汗牛充栋，本来的意思是用牛去运输书籍，牛会累得浑身是汗，如果把书放在屋子里，那么整个房间都会堆满。现在用来形容某人的藏书很多。

孔子被称为"大成至圣先师"，他的思想博大精深，光是学生就有三千人。唐代柳宗元说："自从孔子将《春秋》修改过以后，很多人都写书发表意见，比如《左传》《公羊传》《谷梁传》《邹氏传》《夹氏传》。后来，写书作注分析的书籍层出不穷。这些书如果堆起来能塞满整间屋子，如果运出去会使牛马都累得出汗。"

◎ "牛"字的诗意

1. 天阶夜色凉如水，坐看牵牛织女家。——唐·杜牧《秋夕》
2. 牧童骑黄牛，歌声振林樾。——清·袁枚《所见》
3. 横眉冷对千夫指，俯首甘为孺子牛。——鲁迅《自嘲》

◎ "牛"字与歇后语

1. 按着牛头喝水——勉强不得
2. 背着牛头不认账——死赖
3. 初生的牛犊——不怕虎

◎ "牛"字与谚语

1. 点灯爱油，耕田爱牛。
2. 要学老牛勤耕田，莫学鹦哥净练嘴。
3. 出的牛马力，吃的猪狗食。

6. 羊—亡羊补牢

◎ 趣话"羊"字

| 甲骨文 | 金文 | 篆文 | 隶书 | 楷书 | 行书 | 草书 | 标准宋体 |

《说文》里载，"羊"是"祥"的本字。羊，古代表示吉祥的意思。字形像羊的头、角、足、尾的形状。孔子说："牛羊等当初造字的时候，都是根据动物外形概括。"羊，甲骨文字形像两角弯曲的动物。有的甲骨文在弯角与鼻尖之间加一短横。金文承续甲骨文字形。有的金文则突出弯曲的尖角。篆文将金文的弯角写成一点一撇。隶书则将篆文字形中类似"点撇"的羊角形状写成了标准的"点撇"。

◎ 汉字有故事：亡羊补牢

释义：亡羊补牢出自《战国策·楚策》，意思是发现羊丢了就去修补羊圈，其实还不算晚。比喻发现问题以后，如果想办法补救，可防止继续受损失。

成语故事：战国时期，楚国的楚襄王任用小人，使得楚国一天天衰败下去。他身边有一个大臣，名叫庄辛，不断地劝他，但是楚襄王不但不听，反而把他赶到了赵国。

庄辛到赵国的五个月后，秦国攻陷了楚国的都城郢城，楚襄王仓皇出逃到城阳。这时候，他突然想起庄辛，非常后悔，便派人把庄辛从赵国接回来，向庄辛承认错误，并问庄辛自己从现在开始努力振兴楚国，是否为时已晚。

庄辛就给楚襄王讲了一个故事。

从前，有人养了很多羊。一天早晨，他点数的时候发现少了一只羊。他围着羊圈走了一圈，发现羊圈破了个窟窿，狼一定是在晚上从这里钻进来，叼走了那只羊。

邻居劝他说："快点把羊圈窟窿堵上吧！"那个人不听，说："羊已经丢了，还修羊圈有什么用？"结果第二天他发现羊又少了一只。他后悔没有听从邻居的劝告，于是当即堵上窟窿。从此，他的羊再也没有丢失。

楚襄王听了这个故事，便请教庄辛治国之道，最终振兴了楚国。

◎ **知识传送门：顺手牵羊**

三国时，东吴有位大臣叫诸葛瑾，字子瑜。他的脸很长，常被人取笑。一次，皇帝孙权在宴会上，让人牵来一头驴，驴的脸上写着"诸葛子瑜"四个字，以"驴脸"来取笑他脸长。恰巧诸葛瑾的儿子诸葛恪也在座，他立即向孙权跪拜说："请大王借笔一用。"孙权同意了。诸葛恪就用笔在"诸葛子瑜"后面添上"之驴"两个字。

孙权笑了，夸赞诸葛恪聪明，并把这驴赐给诸葛瑾。诸葛恪不仅为父亲找回面子，并顺手得到了一头驴。

◎ **"羊"字的诗意**

1. 云边雁断胡天月，陇上羊归塞草烟。——唐·温庭筠《苏武庙》
2. 不如牛与羊，犹得日暮归。——唐·贾岛《句》
3. 又是羊车过也，月明花落黄昏。——宋·黄升《清平乐·宫怨》

◎ **"羊"字与歇后语**

1. 豺狼披羊皮——充好人
2. 羊入虎口——自寻死路

◎ **"羊"字与谚语**

1. 羊群走路靠头羊。

2. 遇着绵羊是好汉，遇着好汉是绵羊。

3. 羊靠人放，膘靠草长。

7. 鱼—缘木求鱼

◎ 趣话"鱼"字

| 甲骨文 | 金文 | 篆文 | 隶书 | 楷书 | 行书 | 草书 | 繁体标宋 | 简体标宋 |

《说文》里载，鱼，是水中一种生物。鱼尾与燕尾相似。"鱼"，甲骨文、金文字形都是像有头、鳍和尾的水中动物。甲骨文造此字的时候，像张着大口的大鱼；有的甲骨文字形表示将鱼吊起来风干成鱼干。金文中鱼头和鱼尾都简化成"人"字的形状，篆文则将鱼尾简化成"火"形。隶书将篆文的"火"写成"四点底"。楷书将"四点底"简化成一横。

◎ 汉字有故事：缘木求鱼

释义：成语"缘木求鱼"，出自《孟子·梁惠王上》。缘木：爬树。原指寻找鱼的时候爬到树上去。比喻做事的时候弄错了方向，绝对不可能成功。

成语故事：春秋战国时期，齐国的齐宣王胸怀大志，经常想要发动对外战争。孟子想去劝他，担心直言劝说不仅不能达到目的，反而会惹恼齐宣王。于是他不动声色地说："请问大王您最大的愿望是什么呢？"

齐宣王知道他的来意，笑而不语。孟子便接着说："是吃鲜美的食物吗？是穿华丽的衣服吗？是听美妙的音乐吗？还是指挥众多的奴仆呢？您真的在追求这些吗？"

齐宣王看了他一眼说："这不是我最大的心愿。"

孟子说："那么，我就知道您的最大愿望了。您想要扩张国土，征服秦、楚这些大国，称霸中原。愿望是好的，不过，您现在的种种做法，就好像爬到树上去找鱼一样。"

齐宣王大惊："竟然这样严重？"

孟子接着说："情况恐怕更坏。上树去捉鱼，就算捉不到鱼，也没有什么坏处。以您现在所做的种种事情，一定导致大祸。假定现在邹国和楚国打仗，大王认为谁会赢呢？"

齐宣王说："当然是楚国赢。"

孟子说："当然，人口少的国家的确打不过人口多的国家，现在的齐国，不过是整个大陆的九分之一罢了。想用九分之一的齐国征服其他九分之八的地区，跟邹国和楚国开战有什么区别呢？大王如果能施行仁政，大家一定都想到齐国做官，种地，做生意。齐国如果真的达到如此地步，您的梦想不是马上就实现了吗？"

◎ 知识传送门：沉鱼落雁

沉鱼落雁，意思是鱼看到就沉入水底，大雁看到就降落沙洲，形容女子非常美丽。"沉鱼、落雁、闭月、羞花"是中国古代四大美女的代称，"沉鱼"指的是西施，"落雁"指的是王昭君。春秋时期，美女西施在故乡溪边洗衣服时，鱼儿见了她全部羞愧得沉入水底。汉时美女王昭君出塞嫁给匈奴王时，天空的大雁看见她的美丽，忘了飞行，掉落到树林里。

◎ "鱼"字的诗意

1. 西塞山前白鹭飞，桃花流水鳜鱼肥。——唐·张志和《渔歌子·西塞山前白鹭飞》
2. 鸿雁长飞光不度，鱼龙潜跃水成文。——唐·张若虚《春江花月夜》
3. 羁鸟恋旧林，池鱼思故渊。——魏晋·陶渊明《归园田居·其一》

◎ "鱼"字与歇后语

1. 玻璃缸里的金鱼——翻不了大浪
2. 不是鱼死，就是网破——有你无我
3. 大鱼吃小鱼，小鱼吃虾米——弱肉强食

◎ "鱼"字与谚语

1. 鸟无翅不飞，鱼无水不游。
2. 鱼生火，肉生痰，青菜豆腐保平安。
3. 没有不上钩的鱼，没有不上竿的猴。

8. 兔—兔死狗烹

◎ 趣话"兔"字

| 甲骨文 | 金文 | 篆文 | 隶书 | 楷书 | 行书 | 草书 | 标准宋体 |

《说文》里载，兔，一种动物的名字。甲骨文像一只张着嘴巴、长耳朵、短尾巴的小动物。金文基本承续甲骨文字形，篆文时误将甲骨文张口的"口"写成了"刀"，又将金文的"目"改写了，兔的形状消失。有的篆文将甲骨文的兔尾形状写成兔足"匕"。隶书将篆文的兔足形状写成一折加一点。

◎ 汉字有故事：兔死狗烹

释义：成语"兔死狗烹"，出自《史记·越王勾践世家》，原来的意思是，猎物兔子死了，没有用武之地的猎狗就被人煮来吃了，后来比喻事情成功后，把曾经出过大力的人杀掉。

成语故事：春秋末期，吴、越两国争霸，越国被吴国灭国。

越王勾践在灭国之后，被迫给吴王夫差当了仆人。回越国后，他知耻后勇，卧薪尝胆，任用两大贤臣文种、范蠡，经过十年的励精图治，越国国力恢复而且更胜往昔，终于击败吴国，报仇雪恨。

越王勾践灭了吴国后十分得意，在吴国的宫殿大宴群臣时，发觉范蠡不见了。第二天有人在太湖边上找到了范蠡的外衣，于是众人都以为范蠡已经投湖自杀。

过了不久，文种接到了一封信，信上面写着："飞鸟如果被打光了，弹弓就被收藏起来；野兔如果被捉光了，猎狗就被杀了煮肉吃；敌人如果全部灭掉，大臣谋士就会被放逐或遭杀害。越王勾践这个人，只能和他共患难，不能与他同享乐。您如果还不赶快抽身，今后难免会有杀身之祸。"

文种这时候知道范蠡并非投河自尽，而是隐居了起来。他不相信越王会如此对自己，但从此经常告病，最终文种还是被勾践赐死了。

◎ 知识传送门：守株待兔

宋国有一个农民，有一天，他正在田里种地，突然，有一只兔子跑过来，不偏不倚，一头撞死在他田边的树上。他非常开心，把兔子带回家美美地饱餐了一顿。

他觉得找到了一条生财之路，从此便不再种地。一天到晚，蹲在那棵树下，等着其他的兔子撞死，结果再也没有兔子来，他的地长满了荒草，挨饿在所难免。

这个故事比喻那些不知变通的人，把一时的侥幸当作规律，结果一定会失败。

◎ "兔"字的诗意

1. 雄兔脚扑朔，雌兔眼迷离。——南北朝·佚名《木兰诗》
2. 吴质不眠倚桂树，露脚斜飞湿寒兔。——唐·李贺《李凭箜篌引》
3. 驰骋未能半，双兔过我前。——三国·曹植《名都篇》

◎ "兔"字与歇后语

1. 怀里揣着十五只兔子——七上八下
2. 见了兔子才放鹰——有利才出征
3. 搂草打兔子——捎带活

◎ "兔"字与谚语

1. 人中有吕布，马中有赤兔。
2. 不见兔子不撒鹰。
3. 兔子回头凶似虎。

9. 虎—调虎离山

◎ 趣话"虎"字

甲骨文	金文	篆文	隶书	楷书	行书	草书	标准宋体

《说文》里载,虎,是山林的百兽之王。字形采用"虍"作偏旁,虎足像人足。其甲骨文像大口、长足、纹身的猛兽。有的甲骨文夸大兽口形象,略去兽身的斑纹。金文承续甲骨文字形,有的金文突出两只利爪。籀文将金文的下部写成两个"匕",同时加"勿",强调虎有"杀戮"的本性。篆文将金文字形底部写成"人",表示虎是会袭击人类的猛兽。隶书承续金文字形,写成空出利爪的倒"止"形。楷书则将篆文的"人"形写成"几",沿用至今。

◎ 汉字有故事:调虎离山

释义:成语"调虎离山",指的是设法让老虎离开原来的山林;比喻使用计谋让敌人离开自己的有利地位,是我国古代"三十六计"中的一计。

成语故事:东汉末期,北方少数民族羌人发动叛乱,朝廷派将军虞诩平定叛乱。虞诩的部队进军到陈仓崤谷一带时,羌人得到消息前来阻击。

这个时候,羌人的士气正旺,同时占据有利的地势,虞诩既不能发动强攻,绕道又太远,顿时进退两难。后来,虞诩想到一个好主意,他先是命令停止前进,在原地扎营。然后对外散布行军受阻,向朝廷请派增援部队的消息。羌人见虞诩不再前进,固守待援,于是放松了戒备。因为军粮跟不上,他们纷纷离开据点,到四周去抢财物粮食。

虞诩见机,马上下令部队急行军,日行百里,迅速通过山谷。大军通过陈仓崤谷后,羌人被甩到后面,毫无还手之力,叛乱很快被平定。

◎ 知识传送门：三人成虎

三人成虎，比喻说的人多了，谣言就容易被信以为真。

魏国大臣庞葱有要事去赵国，出发前他对魏王说："如果有个人说大街上有老虎，您会相信吗？"魏王摇头说："不相信。"庞葱又说："如果是两个人说呢？"魏王想了想说："那我就半信半疑了。"庞葱又说："如果是三个人说呢？"魏王说："那我就相信了。"庞葱说："大街上怎么会有老虎？但超过三个人说有老虎，大王您就信了。现在赵国到我国的路程比大街远得多，而说我坏话的人肯定超过三个，请您一定要相信我。"

◎ "虎"字的诗意

1. 为报倾城随太守，亲射虎，看孙郎。——宋·苏轼《江城子·密州出猎》
2. 想当年，金戈铁马，气吞万里如虎。——宋·辛弃疾《永遇乐·京口北固亭怀古》
3. 射杀山中白额虎，肯数邺下黄须儿。——唐·王维《老将行》

◎ "虎"字与歇后语

1. 二虎相争——必有一伤
2. 带念珠的老虎——假念弥陀
3. 老虎吃天——无从下口

◎ "虎"字与谚语

1. 不入虎穴，焉得虎子。
2. 放虎归山，必有后患。
3. 虎吃人易躲，人吃人难防。

10. 鸟—惊弓之鸟

◎ 趣话"鸟"字

甲骨文	金文	篆文	隶书	楷书	行书	草书	繁体标宋	简体标宋

《说文》里载，鸟，是长尾禽的总称。鸟的足形似匕，所以字形采用"匕"作偏旁。鳥，最初的甲骨文，描画了飞禽的嘴巴、羽毛、爪子。有的甲骨文画出了鸟全身的羽毛和羽冠。金文、篆文淡化鸟嘴形象，并将飞禽的爪形简化成"匕"。隶书变形较大，误将篆文的尾羽与鸟爪合写成"四点底"，至此，羽、爪形象尽失。简体将"四点底"简化成一横。

◎ 汉字有故事：惊弓之鸟

释义：成语"惊弓之鸟"，意为被弓箭伤害过的鸟听到箭声就会害怕。原指用巧妙的方法取得胜利，现在用来形容受过伤害或者惊吓的人遇到类似的情况就非常害怕。

成语故事：战国的时候，魏国有一个射箭能手叫更羸，他的射箭技术神乎其神。

有一次，魏王带着更羸到郊外去打猎。从远方慢慢飞来一只大雁，一边飞一边叫。更羸仔细观察了一下，指着大雁对魏王说："启禀大王，我只要拉一下弓，不用射箭，就能把这只大雁给射下来。"

"真的吗？"魏王几乎不敢相信自己的耳朵，半信半疑地问，"你真的有如此本领？"

更羸行礼道："请允许我试一下。"

更羸并没有将箭上弦。他摆好姿势弯弓拉弦，只听得一声弓弦响，那只大雁突然直直上飞，但是拍了两下翅膀，就从空中掉了下来。

"啊！"魏王大吃一惊，说道，"真有这本事！你是怎么做到的？"更羸笑笑说：

"我没这么大本事,我只是知道,这只大雁受过伤。"魏王兴趣盎然地问:"你怎么会知道?"

更羸回答说:"我观察到,它飞得很慢,叫的声音很凄惨。因为它曾经受过箭伤,伤口没有好,还是很疼,所以飞得慢,叫得凄惨,因为与同伴失散,没办法得到帮助。这个时候它只要听到弓箭声,一定很害怕,于是拼命往高处飞。力量用得过猛,伤口就会裂开,掉下来就不足为奇。"

魏王对更羸大加赞赏。

◎ 知识传送门:最大与最小的鸟

世界上最大的鸟是鸵鸟,它们的平均高度能够达到两米半,比姚明还要高;体重约一百五十千克。

世界上最小的鸟叫吸蜜蜂鸟。这种鸟连嘴带尾巴都算起来总长度才5~6厘米,平均体重只有两克,比一枚硬币还要轻。

◎ "鸟"字的诗意

1. 感时花溅泪,恨别鸟惊心。——唐·杜甫《春望》
2. 春眠不觉晓,处处闻啼鸟。——唐·孟浩然《春晓》
3. 千山鸟飞绝,万径人踪灭。——唐·柳宗元《江雪》

◎ "鸟"字与歇后语

1. 草原上的百灵鸟——嘴巧
2. 翅膀长硬的鸟——要飞了
3. 笼子里的鸟——有翅难飞

◎ "鸟"字与谚语

1. 早起的鸟儿有虫吃。
2. 鸟是三顾而后飞,人是三思而后行。
3. 人为财死,鸟为食亡。

11. 鹿—指鹿为马

◎ 趣话"鹿"字

| 甲骨文 | 金文 | 篆文 | 隶书 | 楷书 | 行书 | 草书 | 标准宋体 |

《说文》里载，鹿，一种野兽的名字。字形像鹿的形状。鸟和鹿的脚相似，字形采用"匕"作偏旁。鹿，甲骨文造字时，像长着大眼睛和一对角的短尾巴动物。金文基本承续甲骨文字形，只是突出了灵巧的四蹄。篆文在金文的基础上有所变形，淡化了角的形象，突出了四蹄。隶书则基本确定了现代字形。

◎ 汉字有故事：指鹿为马

释义：成语"指鹿为马"，出自《史记·秦始皇本纪》。原意是指着一只鹿，硬说是马。比喻故意混淆是非，颠倒黑白。

成语故事：秦王嬴政统一六国后，自称"始皇帝"，自己的继位人称为"二世""三世"，希望一直传承到"万世"，他自己被称为"秦始皇"。

虽然他雄心万丈，但是当上皇帝后不久就去世了。秦二世在太监赵高的拥戴下继承了皇位。赵高掌握了朝廷大权，想自己当皇帝，但是又怕大臣们不支持他，于是先设下一个圈套。

一天，他牵着一只鹿献给秦二世，他笑着说："我为您进献一匹马。"秦二世哈哈大笑说："您搞错了吧？这明明是一只鹿。"赵高故作惊讶说："陛下，这真的是一匹马啊！不信请您问问百官。"

秦二世问身边的大臣，大臣们有的沉默，有的迎合赵高说是马，有的坚持原则说是鹿，赵高就暗中记下那些坚持真理说鹿的大臣，然后慢慢找机会除掉这些人，于是秦国的大权慢慢落到赵高的手里，不久之后，秦朝灭亡了。

◎ 知识传送门：逐鹿

我们常听说"逐鹿中原"，逐鹿是什么意思呢？原来"鹿"，代表政权。这个成语形容各方势力相互争斗。

秦二世统治期间，赵高擅权，民不聊生，陈胜吴广在大泽乡起义，然后项羽、刘邦等义军揭竿而起。灭掉秦朝之后，各方势力相互攻击，天下进入了楚汉相争的阶段。《史记》中说：秦失其鹿，天下共逐之。也就是说秦朝失去了天下，大家开始相互争夺。

◎ "鹿"字的诗意

1. 鹿鸣猿啸虽寂寞，水蛟山魅多精神。——唐·李涉《岳阳别张祜》
2. 果落见猿过，叶干闻鹿行。——唐·温庭筠《早秋山居》
3. 荒台麋鹿争新草，空苑凫鹥占浅莎。——唐·许浑《姑苏怀古》

◎ "鹿"字与歇后语

1. 长颈鹿脖子仙鹤腿——各有所长
2. 杀鸡取卵，打鹿取茸——得不偿失；因小失大
3. 和长颈鹿亲嘴——高攀不上

◎ "鹿"字与谚语

1. 爱上的猴子也美丽，看中的角鹿也是天仙。
2. 齐心的蚂蚁吃角鹿，合心的喜鹊捉老虎。

12. 雀—门可罗雀

◎ 趣话"雀"字

甲骨文	金文	篆文	隶书	楷书	行书	草书	标准宋体
雀	雀	雀	雀	雀	雀	雀	雀

《说文》里载，雀，就是依人的小鸟。其字形采用"小、隹"来会义。雀，甲骨文的字形就是一只小鸟，用（小）和（隹、鸟）组合，表示体型小的飞鸟。

金文、篆文承续甲骨文字形。隶书将篆文的"小"写成"少",变成了现代的字形。

造字本义:一种出现在人们生活地区的体型小巧的鸟,喜欢在地面又飞又跳。

◎ 汉字有故事:门可罗雀

释义:成语"门可罗雀"原指门外空荡荡地可以张开网捕捉麻雀。后用来形容人失势后家里再也没有以往宾客满门的盛况。

成语故事:在汉朝初年,有两个大官汲黯、郑当时。

汲黯在汉景帝时曾经担任太子洗马的职务,在汉武帝时出任东海太守,后来又被召回朝廷担任主爵都尉;而郑当时则先担任太子舍人,后升为大农令。二人刚开始时都身居高位,受人敬仰,每天他们的府上车如流水马如龙,到他们家去拜见的人,川流不息。这两二位高官都是刚正不阿、生性正直的人,后来都因为这种性格而被免官,生活陷入困顿。

原来那些上门的人都不来了,门前冷落车马稀。

还有一位开封的翟公曾经当过廷尉的高官。他在任的时候,到他家拜访的人挤破了门楣,门庭若市。后来他因故被罢官,宾客再也没有登门。他自嘲说门口空荡荡的,几乎可以张起网来捕捉鸟雀。过了不久,翟公官复原职。那班人收到消息又来了,翟公却不想见他们,在门口写了这些话:"一生一死,乃知交情;一贫一富,乃知交态;一贵一贱,交情乃见。"那些人看完都很惭愧,不敢再上门了。

◎ 知识传送门:铜雀台

东汉末年,曹操击败袁绍占领邺城后,半夜看见某处金光闪闪,于是派人深挖。挖出一只铜雀,手下认为这是吉兆,就在当地建了一座"铜雀台"。

铜雀台建成以后,曹操手下最有文采的儿子曹植作了一篇《铜雀台赋》。

《三国演义》中说,诸葛亮用这篇文章中的"揽二桥于东南兮,乐朝夕之与共"激怒了周瑜,使他与曹操决一死战。因为周瑜的妻子小乔与孙策的妻子大乔是姐妹,合称二乔。诸葛亮说这是曹操想要抢走"二乔"姐妹的证据。其实,《铜雀台赋》里面没有这两句,原文是:"连二桥于东西兮,若长空之螮蝀。"《三国演义》中的说法完全是一种演绎。

◎ "雀"字的诗意

1. 东风不与周郎便,铜雀春深锁二乔。——唐·杜牧《赤壁》

2. 孔雀东南飞，五里一徘徊。——汉·佚名《孔雀东南飞》
3. 但看古来歌舞地，唯有黄昏鸟雀悲。——唐·刘希夷《代悲白头翁》

◎ "雀"字与歇后语

1. 八个麻雀抬轿——担当不起
2. 大炮打麻雀——小题大做
3. 孔雀开屏——翘尾巴

◎ "雀"字与谚语

1. 麻雀虽小，五脏俱全。
2. 麻雀落田要吃谷，狐狸进屋要偷鸡。
3. 清明忙种粟，谷雨种大田；立夏鹅毛住，小满雀来全。

13. 犬—— 一人得道，鸡犬升天

◎ 趣话"犬"字

《说文》里载，犬，古代指抬脚扑来的狗。孔子曾经说："看'犬'这个字，原来的字形就像是在画狗。"犬，甲骨文像腹瘦尾巴长的动物，是狗外形的线描。有的甲骨文字形与"豕"相近，但突出弯圈的长尾。金文承续甲骨文，有的画成狗的剪影。篆义变形较大，狗的形象消失。隶化后字形变成"大"字加一点。

◎ 汉字有故事：一人得道，鸡犬升天

释义："一人得道，鸡犬升天"意思是如果一个人得道成了仙，他的全家连鸡、狗也都跟着升天。比喻一个人有了权势，和他有关系的人也都跟着发达起来。

成语故事：宋朝时，永安县有一口水井，井中的水清醇甘洌，美味异常，有位卖酒的掌柜名叫王温，他用这井水酿成的酒深受大家的欢迎，生意很好。

一天，王温正在卖酒的时候，店里来了两个像乞丐的人，全身生了疥疮，痛苦地呻吟着。两人一进门就向王温恳求道："我们全身生满了疮，又痛又痒，却没钱医治，昨夜一位仙人托梦给我们说，永安县的一口井里的水，喝了可以缓解我们的病情。"

王温听后很同情他们，盛了两碗酒递给他们说："这是用井水酿成的，请喝。"二人接过一饮而尽，接着说："仙人还说要是能在酒缸里洗洗澡，我们就能痊愈。"

王温感到很为难，一大缸的酒价值不菲，但如果真的有效，能治愈这二人的病，救人一命胜造七级浮屠。他想来想去，咬一咬牙便答应了。

那二人在酒缸里泡起澡来，出来的时候皮肤雪白光滑，完全认不出来了。他们向王温行礼道："掌柜您真是一位心地善良的大好人，我们一定会报答你，后会有期。"说完两人化作一阵清风消失不见了。

王温心里明白，自己遇到了神仙，于是他赶快到后屋，把此事告诉他老婆。他老婆说："仙人洗过的酒必有好处。"他们便喝了那酒，一家四口都升天做了神仙，就连他们家的鸡和狗，因为舔了几滴仙酒，也得道成仙。

◎ 知识传送门：画虎不成反类犬

画虎不成反类犬，比喻好高骛远，追求过高的目标，反而成为笑柄。有时也比喻做事不伦不类。

东汉伏波将军马援不喜欢侄子马严和马敦在别人后面搬弄是非，就写了《诫兄子严敦书》告诫他们，让他们向龙伯高学习，而不要向杜季良学习，因为如果学不成杜季良的话，就好像画不成老虎却画得像一只狗一样。

◎ "犬"字的诗意

1. 柴门闻犬吠，风雪夜归人。——唐·刘长卿《逢雪宿芙蓉山主人》
2. 况复秦兵耐苦战，被驱不异犬与鸡。——唐·杜甫《兵车行》
3. 闲呼鹰嗾犬，白羽摘雕弓。——宋·贺铸《六州歌头·少年侠气》

◎ "犬"字与歇后语

1. 画虎不成反类犬——弄巧成拙
2. 狂犬吠日——空汪汪

3. 虎落平阳——被犬欺

◎ "犬"字与谚语

1. 一人得道，鸡犬升天。
2. 亡国奴不如丧家犬。
3. 龙游浅水遭虾戏，虎落平阳被犬欺。

14. 龙—乘龙快婿

◎ 趣话"龙"字

金文	篆文	隶书	楷书	行书	草书	繁体标宋	简体标宋
尨	龖	龍	龍	龙	龍	龍	龙

《说文》里载，龙，是鳞甲动物之王。能变暗，能变亮，能变细，能变大，能变短，能变长；春分时登天，秋分时潜渊，字形采用飞腾造型。龙，甲骨文在张着大嘴的动物头上加"辛"，表示"龙"头上长着锋利的角，整个字形像长角的爬行巨兽。金文承续甲骨文字形。篆文将其写成左右结构，左边上部写成"辛"，并在兽身上加"匕"加"彡"，表示"龙"有利爪、背上长鳍。隶书误将篆文的"辛"写成"立"。简体字省去左边的"立"和"月"，回复成甲骨文、金文的单结构"龙"。

◎ 汉字有故事：乘龙快婿

释义：成语"乘龙快婿"，旧时指的是才貌双全的女婿，现在一般用来称赞别人的女婿。

成语故事：相传春秋时期，秦穆公的小女儿因为小时候非常喜欢一块碧玉，于是赐名"弄玉"。弄玉公主从小姿容秀丽，聪颖无双，但她很厌恶宫里烦琐的规矩，经常独自待在深宫里吹笙。秦穆公见她非常喜欢笙，让工匠把那块碧玉雕成笙送给她做礼物。

秦穆公本来想让弄玉嫁给邻国王公贵族。但弄玉不喜欢，她想嫁给懂音律的人。秦穆公视她为掌上明珠，只好听从她的意见。

一天夜里，公主吹笙的时候，有一阵袅袅的箫声，跟公主的玉笙相合。公主连忙告诉秦穆公这件事。

秦穆公派大将孟明循着箫声去寻访。一直寻到华山，终于找到一位名叫萧史的青年隐士，这位青年喜欢吹箫，箫声可以传几百里，孟明就把他请回王宫。

萧史来到秦宫，秦穆公见他风度翩翩，请他在宫里演奏。萧史一曲未完，殿上的金龙、彩凤都仿佛翩翩起舞。秦穆公大喜，将弄玉许配给萧史。从此萧史与弄玉二人夫唱妇随，如胶似漆，秦穆公还专门为他们建造了一座凤凰台。

后来，萧史带着弄玉公主回华山隐居。有一天，人们看见弄玉拿着玉笙乘上彩凤，萧史拿着玉箫跨上金龙，双双升天而去，后来人们便把萧史称为乘龙快婿。

◎ 知识传送门：龙的传人

我们中华民族被称为"龙的传人"。

在中国的传说中，女娲和伏羲是我们的祖先，他们的形象就是人头蛇身。后来发展到原始社会，炎、黄二帝联合起来以后，开始对外扩张。很多部落先后加入。每当一个部落加入时，作为部落象征的动物图腾就会吸收原来部落图腾的一部分，最终成了龙的样子。

◎ "龙"字的诗意

1. 表请回军掩尘骨，莫教兵士哭龙荒。——唐·王昌龄《从军行七首》
2. 凤阁龙楼连霄汉，玉树琼枝作烟萝，几曾识干戈。——五代·李煜《破阵子·四十年来家国》
3. 欲舒老眼无高处，安得元龙百尺楼。——宋·陆游《秋思》

◎ "龙"字与歇后语

1. 出得龙潭，又入虎穴——祸不单行
2. 大水冲了龙王庙——自家人不识自家人
3. 独眼龙看告示——睁只眼，闭只眼

◎ "龙"字与谚语

1. 擒龙要下海，打虎要上山。

2. 强龙难斗地头蛇。
3. 困龙也有上天时。

15. 毛—毛遂自荐

◎ 趣话"毛"字

| 金文 | 篆文 | 隶书 | 楷书 | 行书 | 草书 | 标准宋体 |

《说文》里载，毛，眉髪之属及兽毛也。意思是说，"毛"这个字，像眉发之类及兽毛。最初的字形像火的形象。金文字形像是在土地上长出枝叶茂盛的草（两个"屮"，即"丰"）。有的金文和篆文省去了"土"。隶书变形较大，不见"屮"（草的意思）的字形，变成现代的"毛"字。

◎ 汉字有故事：毛遂自荐

释义：成语"毛遂自荐"意思是，不经过别人介绍，自己推荐自己做某项工作。

成语故事：战国时期，强大的秦军在长平大胜赵国，坑杀了四十万赵军。秦军主将白起乘胜追击，将赵国都城邯郸团团围住。

赵王命令赵国贵族平原君赵胜到楚国去求援。平原君就把自己养的门客召集起来，要挑选二十人随自己一同前往楚国。但是挑了十九位后，再也找不到合适的人选了。

这时候，有一位叫毛遂的门客自我推荐说："听说先生您这次去楚国的门客名额还少一位，不如带着我一同出发吧！"平原君不大认识毛遂，就问："先生在我门下几年了？"毛遂回答说："三年。"

平原君说："有本事的人，就好比锥子放在布袋中，尖梢很容易被看出来。您在我的门下已经三年，我却没听说您有什么本事，所以您还是留下吧！"毛遂说："我这个锥子不过今天才请求进到口袋中罢了。要是我早就在布袋里的话，露出的就不仅是尖端，而是整个锋芒。"平原君听了这话，就带毛遂一起前去楚国。

到楚国后，楚王与平原君两人谈话。两人从早晨谈到中午，还没有结果。毛遂走上前说道："秦军主将白起当年攻破了您的城市，侮辱大王的祖先，现在还在考虑什么！"然后为楚王分析了局势。楚王被说服，答应与赵国联合。平原君回赵后，将毛遂奉为上宾。他感叹地说："毛先生三寸长的舌头，胜过百万雄兵。"

◎ 知识传送门：一毛不拔

墨子，名翟，墨家学派的创始人，是战国时期的大思想家。他主张兼爱非攻，反对战争。有一位哲学家叫杨朱，他的观点与墨子不同，主张重视个人的生命。有人问杨朱：如果从你身上拔一根汗毛，天下人都因此得到好处，你愿意吗？杨朱回答：我的一根汗毛，绝对解决不了天下人的问题！那人又问：如果能的话，你愿意吗？杨朱一句话都不说。后来人们就用一毛不拔来比喻人吝啬到连一根汗毛都不拔的地步。

◎ "毛"字的诗意

1. 少小离家老大回，乡音无改鬓毛衰。——唐·贺知章《回乡偶书二首·其一》
2. 才酌屠苏定年齿，坐中惟笑鬓毛斑。——唐·方干《元日·晨鸡两遍报》
3. 何当击凡鸟，毛血洒平芜。——唐·杜甫《画鹰》

◎ "毛"字与歇后语

1. 拔了毛的凤凰——不如鸡
2. 长毛驴驮不起金鞍子——不识抬举
3. 大雁飞过拔根毛——捞一把

◎ "毛"字与谚语

1. 皮之不存，毛将焉附。
2. 嘴上无毛，办事不牢。
3. 鸟美在羽毛，人美在勤劳。

16. 象—盲人摸象

◎ 趣话"象"字

| 甲骨文 | 金文 | 篆文 | 隶书 | 楷书 | 行书 | 草书 | 标准宋体 |

《说文》里载，象，是南越国一种长鼻长牙的大动物，三年一胎。象，甲骨文是象形字，是鼻子超长、形体超大的动物的竖写。金文有所变形，描画出长鼻子、长象牙、大耳朵的画像。因大象形体庞大优美，鼻子曲长动感，富于视觉震撼力，古人就以"象"借指万物之形，比如"象形"字。篆文将甲骨文字形中大象的长鼻形象写成"人"形。

◎ 汉字有故事：盲人摸象

释义：盲人摸象出自《长阿含经》卷十九。故事讽刺的是目光短浅的人，后来比喻看问题只看片面，看不到整体。

成语故事：从前，一个国家没有大象，邻国运来了一头大象，国王将大象放在街头供全体国民观赏。

有四个盲人听到这个消息，都很想知道大象到底是什么样子，可他们眼睛看不见，只好用手去摸大象。

胖盲人首先摸大象，他摸到了大象的牙齿，高兴地说："我知道了，大象就像一个又粗、又大、又光滑的大萝卜。"

高个子盲人第二个去摸，他摸到的是大象的耳朵，反对说："不对，你说得不对。大象明明像一把又大又圆的大蒲扇嘛！"

矮个子盲人听他俩吵起来，也伸手去摸。他摸的是大象的腿，摸完也叫起来："你们都在瞎说，大象其实像一根又大又圆的柱子。"

而最后那位年老的盲人呢，却愤怒地嚷着："你们都在胡说八道！大象哪是你们说的那样，它只不过像一根草绳一样。"原来他摸的是大象的尾巴。

四个盲人争吵不休，大打出手。他们都以为大象的样子就和自己摸到的一样。而实际上呢？他们都没有掌握大象的全貌，这个成语后来用来比喻以偏概全。

◎ **知识传送门：人心不足蛇吞象**

"人心不足蛇吞象"是指人若贪心会受到惩罚。蛇本身很细很小，如果它想吞掉大象，一定会被撑死。也有一种说法是象原本应该写作"相"，说是一个叫"相"的人救了一条蛇，蛇为了报恩，将一只眼睛送给他当作夜明珠。后来相贪心想要挖走蛇的第二只眼睛，结果被蛇吞了，这就是"人心不足蛇吞相"的故事。

◎ **"象"字的诗意**

1. 为余驾飞龙兮，杂瑶象以为车。——战国·屈原《离骚》
2. 向鸡窗，只与蛮笺象管，拘束教吟课。——宋·柳永《定风波·自春来》

◎ **"象"字与歇后语**

1. 猪鼻子里插葱——装象
2. 大象逮跳蚤——有劲使不上
3. 毒蛇做梦吞大象——野心勃勃

◎ **"象"字与谚语**

1. 蚊子如果一齐冲锋，大象也会被征服。
2. 人心不足蛇吞象，贪心不足吃月亮。
3. 象牙再好，总不能镶在嘴里。

17. 燕——燕雀安知鸿鹄之志

◎ 趣话"燕"字

甲骨文	篆文	隶书	楷书	行书	草书	标准宋体

《说文》里载，燕，甲骨文就像一种翅膀尖长、尾巴剪刀形的候鸟，秋天去南方，春天回北方。篆文将鸟头和鸟嘴写成草字头，将鸟的两翼写成北。隶书误将篆文的鸟尾形象当作"火"写成"四点底"，候鸟的形象完全消失。

◎ 汉字有故事：燕雀安知鸿鹄之志

释义："燕雀安知鸿鹄之志"出自《史记·陈涉世家》，又见《庄子·内篇·逍遥游》，意思是小小的燕雀怎么能知道巨大鸿鹄的高远志向，比喻平凡的人不能理解英雄人物的追求。

成语故事：陈胜，是秦朝末年阳城人，他领导的秦末农民起义直接推翻了秦朝的统治。在他年轻的时候，因为家里穷，与一帮农民一起被地主雇佣去耕地。

有一天，陈胜停止了耕作，走到田边高地上休息，看着地里劳动的农民，他觉得很失意，愤慨地叹息了很久，对大家说："如果有朝一日我富贵了，是不会忘记你们这些老朋友的！"

那些雇工们都笑话他说："你只不过是个被雇佣耕地的佃户，将来能娶个媳妇买块地就很不错了，哪里会有什么富贵可言呢？"陈胜看大家都嘲笑他，长叹一声说："唉，小小的燕雀怎么知道鸿鹄的志向呢！"

后来陈胜吴广在大泽乡揭竿而起，反对秦朝的暴政。起义军很快得到大家的响应而不断壮大，陈胜终于称王，但他却把曾经说过的"如果富贵不会忘记老朋友"的承诺抛到脑后。

有一位当年的老朋友去投奔他，因为那人说话不好听就被他处死了。此后陈胜的朋友都离开了他，而陈胜最后死在自己车夫的手里。

◎ 知识传送门：劳燕分飞

《乐府诗集·东飞伯劳歌》有两句诗："东飞伯劳西飞燕，黄姑织女时相见。""劳"指一种叫作伯劳的鸟，"燕"指的是燕子，两种都是鸟类；"分飞"指两只鸟向不同的方向飞，注意千万不要写作"纷飞"。比喻两人不能在一起，各奔东西。

◎ "燕"字的诗意

1. 落花人独立，微雨燕双飞。——宋·晏几道《临江仙·梦后楼台高锁》
2. 大漠沙如雪，燕山月似钩。——唐·李贺《马诗二十三首·其五》
3. 旧时王谢堂前燕，飞入寻常百姓家。——唐·刘禹锡《乌衣巷》

◎ "燕"字与歇后语

1. 骏马跑千里，银燕入云霄——远走高飞
2. 燕子搭窝——全凭嘴
3. 黄昏后的燕子——不想高飞

◎ "燕"字与谚语

1. 节约好比燕衔泥，浪费好比河决堤。
2. 燕子低飞要落雨。
3. 一方燕子衔一方泥。

18. 虫—雕虫小技

◎ 趣话"虫"字

| 甲骨文 | 金文 | 篆文 | 隶书 | 楷书 | 行书 | 草书 | 标准宋体 |

《说文》里载，虫，一个名字叫蝮，宽三寸，头大如拇指。字形像蝮蛇趴卧的样子。它们有的能走动，有的长毛，有的寄生，有的披甲，有的披鳞，都以虫的特征为形象基础。"虫"最早就是"蛇"字，后分化。虫，甲骨文像头尖身长的爬行动物——蛇。金文承续甲骨文字形。有的金文在蛇的头部加两点，表示有两只大眼睛的眼镜蛇。篆文夸大蛇的头部，同时"蛇"与"虫"正式分开。隶化后楷书严重变形，蛇形尽失。

◎ 汉字有故事：雕虫小技

释义：成语"雕虫小技"，比喻不值一提的技能，也可以作为对自己技艺的谦称。出自《隋书·李德林传》。

成语故事：话说在唐朝的时候，有一个叫韩朝宗的官员，担任左拾遗这个官职。因为皇帝唐睿宗想要下令推广胡戏，韩朝宗写了篇文章劝阻皇帝。皇帝读后觉得很好，就封他为中上考。

韩朝宗知人善用，经常提携一些年轻人。他曾经推荐过的崔宗之、严武与蒋沇等人，他们成为朝廷的栋梁。因此韩朝宗受到人们的尊敬，很多年轻人都喜欢把自己的作品送给他品鉴，希望能得到他的青睐。

当时社会上流传一句话："生不用万户侯，但愿一识韩荆州。"韩荆州，就是韩朝宗，他曾经想要将大诗人孟浩然推荐给朝廷，所以就约他见面，但是孟浩然因为与朋友喝酒没有赴约。韩朝宗非常气愤地离开了，孟浩然后来作了一首诗《送韩使君除洪州都曹》送给韩朝宗。

有次，一个年轻人写了一篇叫《与韩荆州书》的文章给韩朝宗，信中大大称赞韩朝宗，信中写道："恐雕虫小技，不合大人。"就是说：恐怕我写的文章，微不足道，入不了大人的法眼。这个年轻人的名字叫李白，也就是后来的诗仙。

◎ 知识传送门：百足之虫，死而不僵

　　百足：一种虫子的名字，又名马陆或马蚿，身体有十二环节，切断后仍能蠕动。僵：仆倒。百足之虫，死而不僵，原是指马陆这种虫子就算死了身体也不会倒下。后常用来比喻比较某人或某集团失势了，但气势还在。

◎ "虫"字的诗意

　　1. 竹深树密虫鸣处，时有微凉不是风。——宋·杨万里《夏夜追凉》
　　2. 草虫鸣何悲，孤雁独南翔。——魏晋·曹丕《杂诗二首》
　　3. 雨中山果落，灯下草虫鸣。——唐·王维《秋夜独坐》

◎ "虫"字与歇后语

　　1. 虫蛀的老槐树——腹内空空
　　2. 蚂蚱配蝗虫——门当户对
　　3. 啄木鸟吃害虫——与人为善

◎ "虫"字与谚语

　　1. 水停百日生虫，人闲百日生病。
　　2. 螟虫灭光，谷米满仓。
　　3. 人怕老来病，稻怕钻心虫。

19. 龟——龟兔赛跑

◎ 趣话"龟"字

| 甲骨文 | 金文 | 篆文 | 隶书 | 楷书 | 行书 | 草书 | 繁体标宋 | 简体标宋 |

《说文》里载，龟，一种古老的动物。背后是骨质的护甲，甲壳内是肉身。字形像龟的形状。龟，甲骨文像侧视的鳖类，金文像俯视的鳖类：蛇形的头部、圆形的背盖、肥短的四肢、短小的尾巴。篆文用"它"（蛇的意思）代替金文字形的头部和尾部，并突出背部的甲盖。籀文是对金文字形的简化，同时空出了龟的背甲和蛇形的头、尾。简体字将甲背简化成了"田"。

◎ 汉字有故事：龟兔赛跑

释义：龟兔赛跑是一则寓言故事，说的是有一只骄傲的兔子和一只永不放弃的小乌龟。这个故事告诉人们虚心使人进步，骄傲使人落后的道理。

成语故事：有一天，兔子和乌龟决定举行一场跑步比赛。比赛之前，大家都觉得乌龟有点不自量力，因为兔子是森林里面有名的跑步专家，比赛之前，兔子也在大声嘲笑乌龟爬得慢。

但是乌龟说，比赛没有开始，谁也不知道结果。兔子露出了一脸不屑的表情。

比赛开始后，兔子与乌龟都尽自己最大努力向前跑去，兔子果然是跑步专家，比赛开始后不到五分钟，兔子已经把乌龟甩得看不到踪影。

兔子跑了一会儿觉得没意思，它爬到一块大石头上向后看，可是连乌龟的影子都看不到，它心中暗笑乌龟不知道天高地厚，骄傲地想："我在这里睡一觉好了，恐怕等我醒来乌龟还没有到这里。"

于是，兔子打起了盹，不知道睡了多久，当兔子醒来的时候，发现太阳已经快落山了，它急忙爬起来飞快地向终点跑去，可是为时已晚，当它抵达终点的时候，乌龟已经获得了胜利。

◎ 知识传送门：龟与长寿

"玄武"是中国古代神话传说中的灵兽，在传统文化中，青龙、白虎、朱雀、玄武合称四大圣兽。玄武也被称为玄冥，外形是龟蛇合体，是居住在北海的神兽，也是长生不老的象征。

龟在古代是长寿和不死的象征，《史记·龟策列传》上说：南方一位老人用龟当作床的脚垫，垫了二十余年。老人去世后，家人把床移开的时候，发现那只乌龟竟然还是活的。

◎ "龟"字的诗意

1. 无端嫁得金龟婿，辜负香衾事早朝。——唐·李商隐《为有》
2. 龙虎顺行阴鬼去，龟蛇逆往火龙来。——唐·吕岩《七言》

◎ "龟"字与歇后语

1. 乌龟下楼梯——连滚带爬
2. 乌龟咬西瓜——无处下口
3. 乌龟吞秤砣——铁了心

20. 鹤—鹤立鸡群

◎ 趣话"鹤"字

篆文	隶书	楷书	行书	草书	繁体标宋	简体标宋
鶴	鶴	鶴	鶴	鹤	鶴	鹤

《说文》里载，鹤，鸣叫的时候声扬九泽，响彻云霄。字形采用"鸟"作偏旁，"雀"是声旁。"雀"，篆文字形像一只鹤，高脚长嘴。当"雀"作为单纯的字后，篆文再加"鸟"另造"鹤"代替，隶书误将篆文的鸟羽与鸟爪写成"四点底"，后来四点简化为一横，沿用至今。

◎ 汉字有故事：鹤立鸡群

释义：成语"鹤立鸡群"，出自晋代戴逵的《竹林七贤论》，意思是鹤站在鸡中，形象十分高大。后来比喻才华或者外形在普通的人群里非常突出。

成语故事：西晋晋惠帝时，侍中嵇绍是魏晋"竹林七贤"之一嵇康的儿子，他强健英挺，聪明不凡。他的父亲嵇康因为忠于曹魏政权，被取代曹魏的晋文帝司马昭杀害。

后来他父亲的好友，吏部尚书山涛找到了当时穷困潦倒的嵇绍，并将他推荐给晋武帝司马炎，任秘书丞。

嵇绍刚到洛阳，见过他的人无不赞美他的仪容，走在大街上许多人竟然情不自禁地跟着他走。有人得知他是嵇康的儿子，就跑去对嵇康的好友王戎道："今天在集市上我看见嵇康的儿子嵇绍了。他高俊不凡，站在人群当中，就像一只鹤站立在鸡群当中一样光芒四射。"王戎听罢忍不住笑着回答说："您要是见过他父亲嵇康，不知道要怎样赞叹呢！"

司马炎死后，晋惠帝司马衷继位，嵇绍被任命为侍中，深得惠帝的信任。由于惠帝是个低能儿，西晋各王都想造反，于是爆发了"八王之乱"。

后来，河间王司马颙和成都王司马颖攻打京都洛阳，嵇绍随惠帝出战但不幸兵败。惠帝身边的将领和侍卫跑了大半，嵇绍始终对惠帝不离不弃，后来他被乱箭射死，鲜血溅到了惠帝的皇袍上。惠帝虽然是低能儿，却不允许手下洗袍服上的血迹，他哭着说："这上面有嵇绍的血，不能洗。"

◎ 知识传送门：鹤顶红

我们经常在电视上或者小说里看到"鹤顶红"这个词语，不少人对头顶是红色的鹤产生了些许恐惧的情绪。那么鹤顶红真的是鹤身上提炼的吗？

答案是否定的，根据科学家们的说法，鹤本身没有任何毒性。而所谓"鹤顶红"，很有可能是"砒霜"，因为砒霜在自然界里的形态，多是跟鹤头顶的红色类似，所以就有了这个别称。

◎ "鹤"字的诗意

1. 故人西辞黄鹤楼，烟花三月下扬州。——唐·李白《黄鹤楼送孟浩然之广陵》
2. 黄鹤一去不复返，白云千载空悠悠。——唐·崔颢《黄鹤楼》

3. 朱帘绣柱围黄鹤，锦缆牙樯起白鸥。——唐·杜甫《秋兴八首》

◎ "鹤"字与歇后语

   1. 白鹤啄蚌壳——想脱不得脱

   2. 卫懿公养鹤——忘了国家大事

◎ "鹤"字与谚语

   1. 塘中鱼尽，白鹤起身。

   2. 荒年无六亲，旱年无鹤神。

21. 爪——一鳞半爪

◎ 趣话"爪"字

甲骨文	金文	篆文	隶书	楷书	行书	草书	标准宋体
𠂇	𠂇	爪	爪	爪	爪	厶	爪

《说文》里载，爪，用手抓持的意思。手掌下覆时叫"爪"，甲骨文字形像手向下抓东西的样子。"爪"是"抓"的本字，像一只手要抓东西而下垂的样子。金文、篆文承续甲骨文字形。隶书变形，写成一撇加三点。当"爪"的"抓持"动词本义消失后，楷书再加"手"另造"抓"代替。

◎ 汉字有故事：一鳞半爪

释义：成语"一鳞半爪"，原指在云中的龙，东边露一点鳞片，西边露半只爪子，看不到龙的全身。现在用来比喻只能看到事物的一部分或者零星片段。

成语故事：白居易是唐代有名的大诗人，有一次，白居易请诗人元稹、刘禹锡、韦楚到家里做客，因为这几个人都是当时有名的诗人文豪，所以聚在一起就少不了赋诗饮酒。按惯例每次饮酒作诗都会有个主题，而这次白居易提议以《金陵怀古》为题作诗。

刘禹锡一听到主题，就立即把杯中的美酒一饮而尽。在座的宾客都很奇怪，刘禹锡笑笑，拿出纸来就写出一首诗：人事几回伤往事，山形依旧枕江流。而今四海为家日，故垒萧萧芦荻荻。众人一看，拍案叫绝。

原来这是刘禹锡因官场不得志而作的《西寒山怀古》，全诗怀古咏今，悲伤不已。白居易笑着道："我们四人今日本来准备下海探宝，你却早早把龙珠攥在手里，我们剩下一鳞半爪没什么意思了，喝酒喝酒。"

于是这天四个人只喝酒没作诗。

◎ 知识传送门：心腹爪牙

爪牙：古义为得力的助手。现比喻为坏人效力的人。《三国志》记载，刘备占领了四川后，自己封自己做益州牧，把诸葛亮视为心腹大臣，法正为高级参谋，关羽、张飞、马超为爪牙，许靖、麋竺、简雍是宾客朋友。爪、牙原来指动物的锋利武器，把武将称为爪牙，用来表现关羽、张飞、马超的勇武。心腹爪牙，指的就是手下最值得信任的文臣武将。

◎ "爪"字的诗意

1. 犯刑若履虎，不畏落爪牙。——唐·李白《秦女休行》
2. 次逢江东许子春，又出鹰爪与露芽。——宋·梅尧臣《晏成绩太祝遗双井茶五品茶具四枚近诗六十篇》

◎ "爪"字与歇后语

1. 掉进陷阱里的野猪——张牙舞爪
2. 肚里钻进二十五只小耗子——百爪挠心
3. 老虎爪子蝎子心——又狠又毒

◎ "爪"字与谚语

1. 买鸡看爪，买鸭看嘴。
2. 人老眼昏，鹰老爪钝。

22. 卵—以卵击石

◎ 趣话"卵"字

金文		篆文	隶书	楷书	行书	草书	标准宋体
卵	卵	卵	卵	卵	卵	卵	卵

《说文》里载，卵，凡物无乳者卵生。象形。卵，金文的字形像两颗产在枝条上的圆蛋，有的金文字形像很多圆蛋依附在树枝上。篆文承续了金文字形。隶书变形较大，将字形写为"卵"，基本奠定了现代的字形。

◎ 汉字有故事：以卵击石

释义：成语"以卵击石"，出自战国荀况《荀子·议兵》。原来指拿着鸡蛋去碰石头。比喻自不量力，拿极弱的东西去打极强的东西，自取灭亡。

成语故事：荀子是战国末期赵国人，是中国古代著名的思想家和政治家。他最著名的理念体现在对人性的看法上，他提倡性恶论，认为人生下来就有恶的想法，否认"人之初性本善"的道德观念，强调人如果要学好的话，后天的环境和教育对人的影响非常重要。

他曾经招收弟子传授知识，韩非、李斯、张苍都是他的得意弟子。

有一次，荀子同楚国的武将临武君谈论军事，临武君陈述战场上的经验说："带兵的将领如果学会既能进攻又懂计谋，就能够无敌于天下。"荀子不同意他的观点，他反对侵略、欺骗，主张"仁义之师"。他说："如果你统率的是夏朝末代皇帝暴君桀的不义之师，去攻打圣王尧的仁义之师，就算你再怎么会打仗，再怎么有谋略，我也可以预言你一定会输得很惨。这就好像用鸡蛋去碰石头，用手指去搅开水，或者跳进深水烈火里，失败的结局早就注定了。"

◎ 知识传送门：覆巢之下，安有完卵

东汉末年，孔子的二十世孙孔融触怒了丞相曹操，朝廷派人来逮捕孔融及其

家人。当时孔融的儿子大的九岁,小的八岁。消息传来的时候,两个小孩子还和平日一样在玩游戏,看不出一点害怕的样子。孔融对前来抓他的使者说:"我一人做事一人当,能不能放过我这两个孩子?"他的大儿子从容地对父亲说:"父亲不必多说了,鸟巢如果倾覆了,下面的鸟蛋还能完整不碎吗?"果然,他的两个儿子也没能幸免。

◎ "卵"字的诗意

1. 松溪黑水新龙卵,桂洞生硝旧马牙。——唐·李贺《南园十三首》
2. 杀贤恐遗种,巢卵同时倾。——宋·周邦彦《楚平王庙》
3. 身居万石贵,气压累卵危。——宋·韩元吉《望灵山》

◎ "卵"字与歇后语

1. 鹅卵石垒墙脚——根基不稳
2. 菜锅里炒鹅卵石——油盐不进
3. 鹅卵石丢进厕所——又臭又硬

◎ "卵"字与谚语

1. 覆巢之下,安有完卵。
2. 抗拒真理是以卵击石。
3. 以毛投炉无不焚,以卵投石无不碎。

23. 雁—雁默先烹

◎ 趣话"雁"字

| 金文 | 篆文 | 隶书 | 楷书 | 行书 | 草书 | 标准宋体 |

《说文》里载，雁，一种徙鸟。字形采用"隹、人"作偏旁，"厂"是声旁。雁的金文表示以"人"字队形飞行的鸟群。篆文误将"人"字形写作"厂"，于是另加"人"，强调雁阵的"人形"特征。

◎ 汉字有故事：雁默先烹

释义：成语"雁默先烹"，是中国古代寓言故事，比喻没有才华的人会最先被淘汰。典出《庄子集释》。

庄子，姓庄，名周，是战国中期我国著名的思想家、哲学家和文学家。

成语故事：有一次，庄子带着弟子在山里面闲逛，看见前面有一棵枝叶十分茂盛的大树，砍树的人站在树边却不动手，于是就问他们为什么不砍。砍树的人说："这棵树枝叶太盛，不够直，砍了也没有什么用处。"庄子回头对学生们说："这棵树能够终享天年，完全是因为不成材啊！"

庄子从山里归来，到一位朋友家中做客。朋友十分高兴，吩咐仆人杀鹅款待他们。仆人问主人："我们有两只鹅，一只能叫，一只不能叫，请问咱们杀哪一只呢？"主人说："杀那只不能叫的吧。"

第二天，弟子们问庄子："先生，咱们昨日遇见山中的大树，因为不成材而能活下去，如今您朋友的鹅，却因为不能叫而被杀掉；先生您觉得哪一种状况更好呢？"庄子笑着说："我觉得应该处于成材与不成材之间。似是而非的话，活得就不会很累。"

◎ 知识传送门：鱼雁往返

古代有用大雁送信的传统。据《汉书·苏武传》记载，汉代将军苏武被匈奴俘虏，汉朝想要赎回他。匈奴单于害怕他回到汉朝再领兵打匈奴，于是欺骗汉朝使者，说苏武已经死了。而汉朝使者故意说汉朝皇帝打猎时曾射下一只北方飞来的鸿雁，它的脚上拴着一封帛书，落款是苏武。单于没办法只能让使者带走苏武。后来"鸿雁""雁书""雁足""鱼雁"等就用来代指书信。

◎ "雁"字的诗意

1. 雁过也，正伤心，却是旧时相识。——宋·李清照《声声慢·寻寻觅觅》
2. 征蓬出汉塞，归雁入胡天。——唐·王维《使至塞上》
3. 云中谁寄锦书来，雁字回时，月满西楼。——宋·李清照《一剪梅·红藕香残玉簟秋》

◎ "雁"字与歇后语

大雁东南飞——趾高气扬

◎ "雁"字与谚语

1. 人过留名，雁过留声。
2. 孤树不成林，孤雁不成群。

24. 鹊—鸠占鹊巢

◎ 趣话"鹊"字

篆文	隶书	楷书	行书	草书	繁体标宋	简体标宋
䧿	䧿	鵲	鹊	鹊	鵲	鹊

《墨子·鲁问》中载，鲁班削竹木做了一只鹊，削成后将其抛到天上，木鹊轻盈飞翔，三天没有掉下来。"隹"，既是声旁也是形旁，是"雀"的省略，表示

小鸟。鹊，篆文"昔"跟"隹"（即"雀"）组合起来，表示人们在意爱惜的小鸟。隶书将篆文字形中两边简化，楷书用"鸟"代替"隹"，简体字将"鳥"简写成"鸟"。

◎ **汉字有故事：鸠占鹊巢**

释义：成语"鸠占鹊巢"，比喻强占别人的家园或者别人的位置。鸠，一种鸟类，自己不会建造鸟巢，通过武力霸占其他鸟的鸟巢居住。

成语故事：明朝末年，李自成起义军进逼北京，崇祯皇帝加封山海关总兵吴三桂为平西伯，命其火速领兵保卫北京。但是吴三桂率军到达山海关内的时候，京师已经陷落，崇祯皇帝自缢。

此后一个多月，吴三桂摇摆于李自成、清之间。李自成曾多次招降吴三桂，吴三桂差一点投降了李自成。很多野史记载他后来听说其爱妾陈圆圆被李自成的部下掳去而大怒，断绝了投降李自成的想法。

但是腹背受敌的吴三桂，以他的实力没办法同时对抗清与起义军。于是他向多尔衮借兵，然后假装向李自成投降。多尔衮接到吴三桂求援信之后大喜，马上打出为大明皇帝崇祯报仇讨伐李自成的旗号，出兵南下。

后来吴三桂与李自成交战不敌，向多尔衮求救，多尔衮趁火打劫，逼迫吴三桂放弃联盟的身份而彻底投降清朝。然后趁吴三桂与李自成举行谈判之机，偷袭李自成的军队，彻底击溃了李自成。

击败李自成后，清军进入关内，定都北京。

◎ **知识传送门：祥鸟喜鹊**

喜鹊在中国自古以来就被认为是一种吉祥的鸟。传说唐代贞观年间，有个叫黎景逸的人，经常照顾自己门口树上的一只喜鹊。后来他因事入狱。有一天这只喜鹊忽然出现在他监狱的窗前并欢叫，后来他就被无罪释放了。

在中国，喜鹊一直深受人们喜爱，而且还跟姻缘有关。在民间传说"牛郎织女"中，他们相见的桥梁，就是由喜鹊连成的，也就是"鹊桥"。

◎ **"鹊"字的诗意**

1. 明月别枝惊鹊，清风半夜鸣蝉。——宋·辛弃疾《西江月·夜行黄沙道中》
2. 月明星稀，乌鹊南飞。——汉·曹操《短歌行》
3. 柔情似水，佳期如梦，忍顾鹊桥归路。——宋·秦观《鹊桥仙·纤云弄巧》

◎ "鹊"字与歇后语

1. 扁鹊开处方——药到病除
2. 麻雀窝里落喜鹊——早晚要飞
3. 鸠占鹊巢——反客为主

◎ "鹊"字与谚语

1. 久晴鹊噪雨，久雨鹊噪晴。
2. 喜鹊枝头叫，出门晴天报。

25. 鸿—鸿鹄与鸡

◎ 趣话"鸿"字

甲骨文	金文	篆文	隶书	楷书	行书	草书	繁体标宋	简体标宋

《说文》里载，鸿，鸿鹄，天鹅。字形采用"鸟"作偏旁，"江"是声旁。鸿，甲骨文由"工"（即"巨"，表示大的意思）和"鸟"（表示大型鸟类的意思）组合而成。金文以"隹"代"鸟"。篆文传习甲骨文、金文字形。隶书误将篆文的鸟羽与鸟爪写成"四点底"。楷书加上"三点水"，表示可以越过大江大川的大飞禽。

◎ 汉字有故事：鸿鹄与鸡

释义：成语"鸿鹄与鸡"，出自《新序·杂事第五》："君尤贵之，以其所从来远也。臣请鸿鹄举矣。"这个成语比喻人与人之间都有差异，不可一概而论。

成语故事：从前鲁国有个人叫田饶，他为鲁国的国君哀公效力，但总是不被重用。

有一天，田饶对哀公说："我将要离开您而像大雁那样远走高飞啦。"哀公说："你这是什么意思啊？"田饶回答说："您难道没看见那鸡的遭遇吗？头上戴冠的鸡文质彬彬；脚后面有距的鸡孔武有力；敢于同面前的敌人打斗的鸡勇敢；看见食物不先吃而招呼伙伴的鸡仁慈；辛苦守夜绝不忘记报时的鸡有信用。尽管鸡有以上五种优点，您却每天只用它来煮汤喝。这是为什么呢？因为它们离您很近啊。而大雁一飞就是千里远，在您的园林水池中停留，吃您池子里的鱼鳖，偷啄您的粮食，也没有鸡的那五种优点，您还是非常看重它，就因为它来自远方。所以我请求像大雁那样远走高飞。"

哀公说："请您停一下！让我记下你说的话。"田饶说："我听说吃完饭的人，不会毁坏碗盘；在树下乘凉的人，不会毁坏树的枝条。有现成的学士不用，记他的话有什么意义呢？"

于是田饶离开鲁国前往燕国，燕国委任他当相国。三年后，燕国天下太平，连盗贼都没有。

哀公听说后，顿足捶胸，悔恨不已。

◎ 知识传送门：轻于鸿毛

司马迁的名言："人固有一死，或重于泰山，或轻于鸿毛。"

西汉时期著名史学家司马迁编著的《史记》，是中国古代史学界的一颗明珠，司马迁因李陵事件被汉武帝施以酷刑。他强忍痛苦，终于在公元前91年完成历史巨著《史记》。作品完成后他在给朋友的信中谈到对死亡的认识时说过这句话，意思是人的死亡，可以比泰山更重，也可以比大雁的毛更轻。

◎ "鸿"字的诗意

1. 谁见幽人独往来，缥缈孤鸿影。——宋·苏轼《卜算子·黄州定慧院寓居作》
2. 燕雀岂知鸿鹄，貂蝉元出兜鍪。——宋·辛弃疾《破阵子·掷地刘郎玉斗》
3. 鸿雁几时到，江湖秋水多。——唐·杜甫《天末怀李白》

◎ "鸿"字与歇后语

1. 蓝天里的鸿雁——展翅飞翔
2. 千里送鸿毛——礼轻情意重
3. 鸿门宴上——杀机四伏

26. 鹏—鹏程万里

◎ 趣话"鹏"字

甲骨文	篆文	楷书
𪚣	鵬	鹏

《说文》里载，凤飞，群鸟从以万数，故以朋为朋党字。可见"鹏"字左边的"朋"，来自其百鸟之王的地位。根据《说文》《字林》等典籍，"鹏"即"凤"的古字。甲骨文、金文都是以左边并列两个羽毛，右边一只鸟的组合表示"鹏"，隶书在篆文字形基础上有所变形，将篆文简化成两个"月"。就字源而论，可以推测大鹏和凤凰原来是同一种鸟的图腾，后来逐渐分化，具有不同的特征。

◎ 汉字有故事：鹏程万里

释义：成语"鹏程万里"出自《庄子集释》卷一上《内篇·逍遥游》，原意是大鹏每次飞行都有好几万里，现代用来比喻前程远大。

成语故事：传说远古时候，在遥远的北海里，有一条特别大的鱼，名字叫作鲲。鲲的体积巨大，有人说大到方圆几千里。后来，鲲吸日月之精华，成为一只大鸟，它的名字就叫鹏。

鹏的脊背，像泰山那样高，有几千里；当它展翅高飞的时候，那翅膀遮天蔽日。鹏非常喜欢外边的世界，飞越波涛壮阔的大海到南海。《齐谐》记载：大鹏鸟经常南飞到南海，有九万里。它要半年时间才能飞到南海。

生活在低处的寒蝉和小燕雀，看见大鹏鸟这么拼命很不理解，就说："我们飞的时候，高度不过几丈，从地上起飞，很容易擦到榆树和檀树的树枝。如果要去几万里外的地方，我们飞一阵子就累了。大鹏鸟已经这么厉害，为什么还要费力去九万里之外的地方呢？"

◎ 知识传送门：武穆鹏举

岳飞，字鹏举，是宋代的抗金英雄，也是中国历史上的名将之一。他率领岳家军同金军浴血奋战，所向披靡。

1140年，岳飞挥师北伐，击败了金国将领兀术，收复了郑州、洛阳等地。宋高宗和奸相秦桧却以十二道"金牌"下令岳飞收兵，岳飞不敢抗命被迫班师。

秦桧、张俊等人诬陷岳飞谋反。1142年1月，宋高宗决定处死岳飞。在风波亭，以"莫须有"的罪名将岳飞杀害。莫须有的意思是"可能有"，一同罹难的还有他的长子岳云和部将张宪。宋孝宗时岳飞被平反，追谥武穆，后来又追谥忠武，封鄂王。

◎ "鹏"字的诗意

1. 大鹏一日同风起，扶摇直上九万里。——唐·李白《上李邕》
2. 鹏程塌翼飞花谢，萍叶开心碎骨施。——明·唐寅《无题》
3. 鳌可三山冠，鹏须八极游。——宋·姚勉《次陈肩夔韵》

◎ "鹏"字与歇后语

1. 大鹏展翅——前程万里
2. 大鹏飞入网——只怕张不住

27. 狐—狐假虎威

◎ 趣话"狐"字

甲骨文	金文	篆文	隶书	楷书	行书	草书	标准宋体
㹱	狱	弧	䝟	狐	狐	狐	狐

《说文》里载，狐，一种妖兽，是鬼骑的怪兽。狐，甲骨文用"犬"（代表狩猎的意思），加上"亡"（代表丢失的意思），表示猎狗都容易追丢的一种善于躲藏的猎物。金文将甲骨文字形进行改写。篆文将金文字形中的"亡"写成"瓜"（"狐"的省略字），表示狐狸"独来独往"的属性。

◎ 汉字有故事：狐假虎威

释义：成语狐假虎威出自《战国策·楚策一》。假：借。这个成语原是说狐狸借老虎的声势吓唬其他动物。现在以"狐假虎威"比喻倚仗他人的势力或者权力去欺压、恐吓别人。

成语故事：战国时期，楚国国力达到鼎盛时的国君是楚宣王。有一次，他问群臣说："我刚听别国的使者说，中原地区的诸侯都惧怕咱们的大将昭奚恤，真的是这样吗？"

他手下有位叫江乙的大臣回答说："我为大王讲一个故事吧。从前森林中有一只大老虎，他在捕食的时候抓到了一只狐狸。当它正准备把那只狐狸吃掉的时候，狐狸突然说话了：'你不能吃我，上天任命我做百兽的王，如果你吃了我，就是违背了上天的命令，会受到惩罚。如果你不相信，就跟我到森林里走一遭，看看动物见了我，是不是都会逃跑。'老虎半信半疑，于是就跟在狐狸后面进了森林，动物们看见了狐狸身后的老虎，都四散逃窜。老虎不知道自己被骗，真以为这是动物们害怕狐狸的缘故。大王您说诸侯害怕昭奚恤，道理是一样的啊。现在大王您治下的土地方圆五千里，大军不下百万，这些都是由昭奚恤统领的。所以，北方诸侯都害怕昭奚恤将军，其实害怕的是大王您的权势，这就像故事里的动物害怕老虎一样啊。"

◎ 知识传送门：狐狸精

狐狸这种动物，古往今来一直都是"狡猾"的代名词。在神话传说当中狐狸修炼成仙之后，就被称为狐狸精。

狐狸精被视为善于引诱男性的女性代名词，其历史悠久。我国最早的诗歌总集——《诗经》当中，就有"有狐绥绥，在彼淇梁。心之忧矣，之子无裳"的诗句，其主人公就是一只在水边期盼对象的母狐狸。

◎ "狐"字的诗意

1. 散入珠帘湿罗幕，狐裘不暖锦衾薄。——唐·岑参《白雪歌送武判官归京》
2. 日落狐狸眠冢上，夜归儿女笑灯前。——宋·高翥《清明日对酒》
3. 奔狐将迸雉，扫尽古丘陵。——唐·卢纶《和张仆射塞下曲六首》

◎ "狐"字与歇后语

　　1. 黄鼠狼拜狐狸——一个更比一个坏

　　2. 狐狸吵架——一派胡（狐）言

◎ "狐"字与谚语

　　1. 跟着好人学好人，跟着狐狸学妖精。

　　2. 再狡猾的狐狸，也斗不过好猎手。

　　3. 篱笆扎得紧，狐狸钻不进。

28. 凤—攀龙附凤

◎ 趣话"凤"字

甲骨文	金文	篆文	隶书	楷书	行书	草书	繁体标宋	简体标宋
𠃢	𠃢	鳳	鳳	鳳	鳳	凤	鳳	凤

　　《说文》里载，凤，以前的神鸟。凤的繁体字是"鳳"，早期甲骨文字形是象形字，像优美富贵的孔雀，头顶华冠，身披带孔的长羽毛。晚期甲骨文再上"廾"（"执"的本字，抓住的意思），表示祭师们抓住了传说中华丽的神鸟。金文承续甲骨文字形，篆文误将甲骨文字形中的"廾"写成"凡"，将"隹"写成"鳥"。隶书进一步简化字体，简体楷书将正体楷书字形中的"鳥"简化成"又"。

◎ 汉字有故事：攀龙附凤

　　释义："攀龙附凤"出自汉代扬雄《法言·渊骞》，指跟着皇帝建功立业或者出人头地。现比喻依附强者。

　　成语故事：在我国的古代，龙和凤，都是传说中的神兽，象征的是大富大贵之人。龙，象征古代的帝王；凤，象征古代的皇后。龙凤加在一起就象征皇家的威严势力。

　　汉高祖刘邦，原本是其家乡的一个亭长，后来风云际会，夺得天下，建立了汉朝。而他身边的很多功臣，并不是真正的贵族出身，包括他的两个丞相萧何和曹参，都是他的同乡。

《史记》中记载了四位跟着刘邦南征北战，一统天下的平民出身的功臣。一是大将樊哙，他是刘邦的老乡，最初的职业是杀狗，后来跟着刘邦冲锋陷阵，被封为舞阳侯。第二位是夏侯婴，也是刘邦的老乡。此人原是刘邦的马夫，后来屡立战功，被封为滕公。第三位是灌婴，睢阳人，此人原来是贩卖丝绸的商人，后来跟随刘邦起兵，因战功被封为颍阴侯。第四位是郦商，高阳人。这个人早在陈胜起义的时候就加入起义军。后来跟着刘邦，作战勇敢，被封为曲周侯。以上四位，原本出身都不是很好，但最终都功成名就，所以司马迁的《史记》有专门记载四个人事迹的《樊郦滕灌列传》。这四人当初在杀狗、牵马、卖丝绸的时候，并没有想到将来会封侯，因为跟对了君主，攀龙附凤，所以有了后来的成就。

◎ 知识传送门：凤冠霞帔

古代结婚，新娘子要佩戴"凤冠霞帔"，凤冠霞帔原本指古代富家女子出嫁时要穿着标准的一整套正装，用来表示自己的身份地位。后来也指古代有身份的女子和受朝廷封赏的妇女的装束。凤冠霞帔曾经一度是宫里女人的着装，平民女子只有出嫁时才可以穿，平时穿的话就算僭越。

凤冠霞帔在色彩和图案上都有明确的规定，差别主要表现在花纹和图案上。

◎ "凤"字的诗意

1. 凤皇翼其承旗兮，高翱翔之翼翼。——战国·屈原《离骚》
2. 凤凰台上凤凰游，凤去台空江自流。——唐·李白《登金陵凤凰台》
3. 凤阁龙楼连霄汉，玉树琼枝作烟萝，几曾识干戈。——五代·李煜《破阵子·四十年来家国》

◎ "凤"字与歇后语

1. 拔了毛的凤凰——不如鸡
2. 凤凰树开花——红极一时
3. 鸡窝里的凤凰——至高无上

◎ "凤"字与谚语

1. 高山出猛虎，梧桐落凤凰。
2. 舍不得金弹子，打不住银凤凰。
3. 栽下梧桐树，凤凰自然来。

29. 猿—心猿意马

◎ 趣话"猿"字

金文大篆体	汉仪小篆体	方正小篆体	小篆	楷体
猿	猿	猿	猿	猿

《说文》里载，"猿"字，犬是形旁，袁是声旁。因为猿像狗，所以用"犭"作偏旁。猿是灵长类动物，形态与猴相似，种类很多，有的特征跟人类相似。最初的"猿"用的是"犬"旁，到了篆文时期，"犬"旁一度近似很像"虫"旁，到了隶书体改回现在的"猿"。

◎ 汉字有故事：心猿意马

释义：成语"心猿意马"，指人的心像猴子那样上蹿下跳，意识像骏马一样狂奔不止，根本没有办法控制。形容三心二意或者心里浮躁安静不下来。

心猿，有两个意思，第一个是指心里好像有只猿猴在跳。比如《维摩经·香积佛品》里说："以难化之人，心如猿猴，故以若干种法，制御其心，乃可调伏。"第二个意思是指《西游记》里的孙悟空。

意马也同样有两个意思，一是比喻难以控制的心神。而《西游记》里的意马指的是白龙马。

成语故事：话说从前有一个人，他在外面游历，有一天来到了一座非常荒凉的大山里。

这座荒山怪树丛生，荒草密布，给人一种古里古怪的感觉。他走到丛林深处的时候，突然发现树上有一只长着金毛的猿猴。那猿似乎并不害怕人类，看到他走近也不在意，拿着一个桃子津津有味地吃着。

这人就爬到树上跟金毛猿坐在一起。

那金毛猿把桃子分给这个人，示意他吃。他尝了一口感觉甜美多汁，于是这人就与金毛猿亲近起来。

那金毛猿很通人性，用手语跟这人交流起来。它示意说自己接下来三天内都会待在这林子里，绝不出去。桃子还未吃完，天上忽然飞来一匹长着翅膀的白色天马，那马长嘶一声划过天际。正在吃桃子的金毛猿看现了，跳下树，撒腿就追。于是就有了心猿意马这个成语。

◎ **知识传送门：猿与猴**

人们经常把"猿猴"连起来说，其实，"猿"跟"猴"是两种不同的生物。怎样区分这两种动物呢？很简单，有尾巴的是猴，没有尾巴的就是猿。

二者内在的区别是，猿的大脑结构比较复杂，跟人类的智商更为接近。顺便说一句，在动物分类学里，我们人类也是猿的一种。

◎ **"猿"字的诗意**

1. 忆君遥在潇湘月，愁听清猿梦里长。——唐·王昌龄《送魏二》
2. 渡江随鸟影，拥树隔猿吟。——唐·杜牧《云》

30. 驴—黔驴技穷

◎ **趣话"驴"字**

篆文	隶书	楷书	行书	草书	繁体标宋	简体标宋
驢	馿	驢	驴	驴	驴	驢	驴

《说文》里载，驴，外形就像马，特点是长耳朵。字形采用"马"作偏旁，"盧"作声旁。盧，在这个字里既是声旁也是形旁，原本代表房屋，就是"庐"的繁体

字。驴，篆文由"马"加上"盧"组成，隶书将篆文"马"的四足写成"四点底"。楷书用"庐"代替正体楷书的"盧"。后来演变为"驴"。

◎ **汉字有故事：黔驴技穷**

释义："黔驴技穷"出自唐代柳宗元《柳河东集·黔之驴》。黔：是贵州省的简称；技：技能；穷：尽。这个成语的意思是把自己有限的本领用完了。

成语故事：古代，贵州这个地方是没有驴子这种动物的，那里的人都不知道驴子到底长什么样子。

有一天，有一个喜欢新事物的人用船运了一头驴子到贵州，到了家没地方放，就把驴子拴在山里的树上，山里有只老虎看到驴子在这里，感到有点害怕："这是哪来的庞然大物！看它外形好像很可怕，该不会是天神下凡吧？"

过了一段时间，老虎慢慢习惯驴子的外形，就躲在森林里偷看驴子。后来渐渐小心谨慎地接近它，但还没弄清楚它是什么东西。驴大叫了一声，老虎十分害怕，认为驴要吃自己，远远地避开。过了一会儿老虎又回来仔细地观察它，觉得它好像并没有什么特殊的本领。

又过了几天，老虎渐渐地熟悉了驴的叫声，这次又慢慢靠近它，神态变得不庄重，碰撞驴的身体，冒犯它。驴子非常生气，扬起蹄子去踢老虎。老虎心里很高兴，盘算这件事说："看起来，驴的本领仅仅只是这样罢了！"于是跳起来大叫一声，把驴给吃了，然后心满意足地离开了。

◎ **知识传送门：非驴非马**

非驴非马，原来的意思指不是驴也不是马。后来比喻四不像，不伦不类。汉朝的时候，西域有一个国家叫龟兹国，这个国家的国王叫绛宾，汉宣帝时其多次亲自访问汉朝，他特别喜欢汉朝的文化，回到自己的国家后大力推广。他的出发点本是好的，但是推行的这些文化，与西域的传统习俗大相径庭。人们说，这个国王推广的东西既不是汉朝文化也不是西域文化，就好像马和驴杂交的骡子一样四不像。

◎ **"驴"字的诗意**

1. 解䯀弃骐骥，蹇驴鞭使前。——唐·韩愈《杂诗四首》
2. 郊外凌兢西复东，雪晴驴背兴无穷。——唐·唐彦谦《忆孟浩然》

3. 夜来纵笔写恕斋，自笑黔驴技止此。——宋·楼钥《王原庆新迁居南堂以古风求写恕斋二大字并石》

◎ "驴"字与歇后语

1. 把牛角安在驴头上——四不像
2. 拉完磨子杀驴——恩将仇报
3. 骑驴看唱本——走着瞧

◎ "驴"字与谚语

1. 驴骑后，马骑前，骡子骑在正中间。
2. 打了驴子马也惊。
3. 懒汉下地事多，懒驴上套屎多。

31. 羚—羚羊挂角

◎ 趣话"羚"字

甲骨文	篆文	楷书
𪊨	羚	羚

《说文》里载，山羊也，大而细角。《释兽》曰，麢，大羊。《山海经》作麢。本艸作羚羊。从鹿。霝声。郎丁切。前期造字时，字形是上"鹿"下"霝"，后发展为像羊的头部，篆书为"羚"以"羊"加上"令"组成，"令"在古文中有美好的意思，所以加在一起意为好吃的羊。羚羊，形状和山羊相似，雌雄都有角，毛灰黄色。

◎ 汉字有故事：羚羊挂角

释义：成语"羚羊挂角"，指羚羊如果在夜里睡觉，通常用羊角倒挂在大树上，脚不着地，来躲避敌人的攻击。旧时多用来比喻诗或者文章的意境超脱，灵光一现。出自宋代严羽的《沧浪诗话·诗辨》。

成语故事：一群猎人在追踪羚羊的时候，发现羚羊跟别的动物不同，它们有很强的警惕性。传说羚羊在夜里睡觉的时候，四脚都不着地，用角挂在大树上，防止地面上的敌人来袭。这也就是通常所说的"羚羊挂角"。

有一次，猎人们好不容易将羚羊群全部都赶到悬崖边上，那悬崖跟对面的悬崖原本是一座山，但是从中间断开，好像被利刃劈开一样。

羚羊们虽然很善于跳跃，但是按照两座山之间的距离算起来，羚羊根本跳不到距离六米宽的对面山上。换句话说，羚羊们被逼上了死路。

猎人们原本以为胜券在握，但是令人惊讶的事情发生了：羚羊们开始后退，一些羚羊开始向悬崖冲刺。前面的羚羊奋力一跳，到了半空中力道已经用尽，掉进了万丈深渊。

猎人们惊呆了，以为羚羊们选择全体自杀，但是后面发生的事情让他们惊讶不已。后面的羚羊在力道用尽的时候，脚下刚好踩到了前面那只下坠的羚羊，借助这个力量，跳到了对岸的山上。

就这样，虽然一大半羚羊葬身悬崖，但是有一部分羚羊跳到了对岸。

猎人们发现，前面当垫脚石的羚羊，都是一些比较老的羚羊，而逃生的羚羊，则是比较年轻的羚羊。大家都唏嘘不已。

◎ 知识传送门：羚羊角

羚羊是一种非常特殊的动物，它不像其他动物那样有特定的分类，不属于任何科或属。如同众多牛科动物一样，羚羊长有空心而结实的角，而且多数羚羊从小就开始长角且终生不换。羚羊角是羚羊拥有的专属武器，绝大多数种类的雄羚羊争夺领地或配偶进行搏斗的武器都是它们的羚羊角。

另外，羚羊角还是珍贵的药材，因为其很珍贵，人类的猎杀一度导致了羚羊数量急剧减少。现在羚羊是珍稀保护动物，严禁捕杀。

◎ "羚"字的诗意

1. 珊珊玉骨本玲珑，挂角羚羊不见踪。——宋·释行机《送僧造普同塔》
2. 翻身激羽箭，叠中两羚羊。——明·钱宰《题雪猎图》
3. 但知鬼目为芝草，谁信羚羊破佛牙。——宋·葛立方《有感》

32. 狼—狼心狗肺

◎ 趣话"狼"字

甲骨文	篆文	隶书	楷书	行书	草书	标准宋体

《说文》里载，狼，外形像狗，有尖锐的头、白色的脸颊、高耸的前半身、开阔的后半身。狼，甲骨文用"良"（表示"好的，如意的"），加上"犬"（表示"猎犬"）组成，意思是好的猎犬。篆文将甲骨文的字形确定为左右结构，隶书将篆文的字体写成接近现代汉字的"狼"。

◎ 汉字有故事：狼心狗肺

释义："狼心狗肺"，形容坏人像狼和狗一般凶恶、狠毒，负义忘恩。

成语故事：传说战国时，有一名神医，他姓秦名越人，也就是后世熟知的扁鹊。扁鹊年轻时，住在伏牛山为老百姓治病。

有一天，他走到伏牛山北面的山坡上，发现在草丛中躺着一具尸体，扁鹊用手摸了摸，还有温度，仿佛刚死不久。

扁鹊想要救人，可是发现这人的心肺已坏。正在犹豫不决，看见一只狼和一只野狗在附近徘徊，要吃这尸体。于是扁鹊抓住了它们，取了狼的心脏和狗的肺，为这具尸体做了器官移植手术。扁鹊的医术的确是神乎其神，不久，那人就复活了。他猛地站起来，诬赖扁鹊说："盗贼，你快还我的钱财！"扁鹊生气地说："我不是盗贼，我是医生，刚刚救了你的命！"

那人死死拉住扁鹊，把他送去县城报官。县太爷升堂为二人断案，听了原委后对扁鹊道："应该是你趁他昏迷，取了财物，还没来得及离开，他就醒了，你有何话说？"扁鹊回答说："并不是这样，这人心肺已坏所以倒在地上气绝，我并没有看到什么财物。我是一名医生，救了他的命。他现在是狼心狗肺，您不信可以查验。"

那人胆怯，不敢开膛。扁鹊就说："他的肚子上有我的缝痕。"县太爷命人扒了那人的衣服，肚子上果然有缝痕。又派人去那人死亡的地点，果然有一只死狼和一只死狗。只是狼没有了心，狗没有了肺。县太爷由此判了那人诬告，说："你真是狼心狗肺、忘恩负义的人！"

◎ **知识传送门：狼与狗**

尽管在卡通片里，狼和狗的形象差别很大，但在现实生活中，狼和某些狗很难从外表区分开。这是因为，现代的狗其实就是从远古时代的狼驯化而来的。也就是说，狼和狗拥有同样的祖先。

还有一种动物叫"豺狼"，这种动物跟狗长得也很像，身材比狼小，但是战斗力却远远超过普通的狼。

◎ **"狼"字的诗意**

1. 会挽雕弓如满月，西北望，射天狼。——宋·苏轼《江城子·密州出猎》
2. 元嘉草草，封狼居胥，赢得仓皇北顾。——宋·辛弃疾《永遇乐·京口北固亭怀古》
3. 校尉羽书飞瀚海，单于猎火照狼山。——唐·高适《燕歌行》

◎ **"狼"字与歇后语**

1. 豺狼披羊皮——充好人
2. 东郭先生救狼——自找苦吃
3. 狼窝里的羊——九死一生

◎ **"狼"字与谚语**

1. 忠诚老实传家远，狼心狗肺不久长。
2. 引狼入室，解衣抱火。
3. 前门拒虎，后门进狼。

33. 猪—牧猪奴戏

◎ 趣话"猪"字

| 篆文 | 隶书 | 楷书 | 行书 | 标准宋体 |

《说文》里载,猪,是体毛稀疏、群居的动物。"猪"是"豬"的异体字。者,既是声旁也是形旁,是"煮"的本字,表示烹煮。豬,篆文用"豕"(表示"短尾肥豚")和"者"(表示"煮,烹饪")组成,因为古人发现猪肉较其他兽肉肥嫩,不仅容易提取油脂,而且用猪油煮菜,菜肴浓香可口。隶书用"犭"(捕猎的意思)代替篆文的"豕"(代表豚),表示猎获后加以驯养的动物。

◎ 汉字有故事:牧猪奴戏

释义:"牧猪奴戏"是古代奉劝赌徒们金盆洗手,走上正途的故事。

成语故事:陶侃是东晋时的名将,字士行,原来是鄱城人,后来全家搬到庐江的寻阳。他家境不好,很早成了孤儿。庐江太守张夔发现他的才能,任命他做督邮。有一次天降大雪,张夔的妻子生病了,必须到几百里外去请医生。张夔的手下没人愿意去,只有陶侃奋不顾身地赶去,道义之名从此传播开来。

后来他升为武昌太守和广州刺史。没事的时候,陶侃早上将一百块砖搬到房间外面,晚上再搬回房间内。大家很奇怪,他解释说:"我正在致力北伐收复中原,现在没有公事,害怕安于现状不思进取。"

后来,陶侃又主管荆、雍、益、梁州的军务。他很有才华,所有的书信奏章他都亲自答复或批阅。他经常对身边的人说:"古时候的圣人大禹,说一寸时间就像一寸黄金,我们都是平凡人,有什么理由浪费时间呢?"他发现自己的手下有官员因为吃喝玩乐荒废了政事,就派人收缴他们的酒杯酒壶和赌博的赌具,将其全都丢到江里,而且鞭打这些不务正业的官吏将领,他说:"这些赌具是放猪的奴隶玩的,你们这些官员怎么可以不遵守圣贤之道!"

有人给他送礼，他会详细地询问礼是怎么来的。如果是自己努力工作得到的，就算礼很轻也很高兴，并且加倍回礼；如果是贿赂他的，就严厉地批评送礼的人，将他们的礼品丢出门外。

后世评价陶侃，说他是一个大将之才。

◎ "猪"字的诗意

1. 林际已看春雉起，屋头还听岁猪鸣。——宋·陆游《北园杂咏》
2. 所饷惟猪鸡，况此乏箘蕈。——宋·梅尧臣《四月二十八日记与王正仲及舍弟饮》

◎ "猪"字与歇后语

1. 稻田里盖猪圈——肥水不流外人田
2. 猪八戒照镜子——里外不是人
3. 老母猪钻篱笆——进退两难

◎ "猪"字与谚语

1. 六畜兴旺猪为首，五谷丰登粮领先。
2. 人睡卖屋，猪睡长肉。

34. 蝉—噤若寒蝉

◎ 趣话"蝉"字

金文	篆文	隶书	楷书	行书	草书	繁体标宋	简体标宋
𢆉	禅	蝉	蟬	蝉	㓡	蟬	蝉

《说文》里载，蝉，是以身体侧边的发音器鸣叫、歌唱的昆虫。蝉，金文字形用"虫"和表示清静无为的"单"组合而成，表示清静无为的昆虫。蝉的成虫经常长时间静伏在树上，靠口中的刺吸食树汁，而古人不解其意，误以为蝉不需

要吃喝,是风餐露宿的"禅虫"。篆文将金文字形进化,隶书则基本奠定现代蝉的字形,简体字将右半部分变化为"单"。

◎ 汉字有故事:噤若寒蝉

释义:成语"噤若寒蝉",原指像冬天的蝉一样不发出声音。后形容因为惧怕某种事物或者某人不敢吭声。

成语故事:杜密是东汉时期著名的官吏。他道德高尚,知人善用,担任北海相的时候,发现了后世的经学大师郑玄,提拔了这位文士。

后来杜密辞掉朝廷的职位,回到家乡,因为他的名声很大,很多人托当地的太守县令,请他做一些说情或者走后门的事情。

他的同乡刘胜因为某些原因,从蜀郡的任上辞官回到家乡,表面上闭门谢客,好像一个隐士。太守王昱面见杜密时说:"刘胜闭门谢客,隐居乡里,真是一位不求名利、高尚的人,很多大臣或者有名望的人都想举荐他。"杜密听到这话,马上明白了王昱是在激自己,就回答说:"刘胜当年位居大夫的职位,接受国君上等宾客的礼遇,却不能胜任职位。他虽然知道有贤能的人却不能举荐,听说了有恶人办坏事也不愿意仗义执言,害怕恶势力报复自己。真像寒蝉一般不吭一声,要我说,这样的人就算在朝廷为官也是有罪过的啊!如今我虽然不在朝堂,但是遇到那些有才干有道义懂礼仪的人才,我就向朝廷举荐;如果发现有失节的行为,我就当面纠正他。这样会让太守您的赏罚正确,从而美名远扬,我这不是也在贡献自己微小的力量吗?"太守王昱心里大叫惭愧,对杜密的话深以为然,从此更加敬重杜密。

杜密后来一直做到朝堂最高的三公官职,他和当时的天下楷模李膺一起被人合称为"李杜"。

◎ 知识传送门:貂蝉

貂蝉是历史小说《三国演义》中的人物,是中国古代四大美女之一。东汉末年,董卓祸乱朝纲,滥杀无辜,百姓深受其害。司徒王允把自己的养女貂蝉许配给董卓的义子吕布,第二天却故意献给董卓,造成董卓与吕布反目,最终董卓死在吕布的叛乱中。这就是三十六计中的连环计。

◎ "蝉"字的诗意

1. 寒蝉凄切，对长亭晚，骤雨初歇。——宋·柳永《雨霖铃·寒蝉凄切》
2. 意欲捕鸣蝉，忽然闭口立。——清·袁枚《所见》
3. 蝉噪林逾静，鸟鸣山更幽。——南北朝·王籍《入若耶溪》

◎ "蝉"字与歇后语

1. 吕布戏貂蝉——英雄难过美人关
2. 螳螂捕蝉——黄雀在后

◎ "蝉"字与谚语

雨中听蝉叫，预告晴天到。

35. 猴—沐猴而冠

◎ 趣话"猴"字

甲骨文	篆文	隶书	楷书
	猴	猴	猴

《说文》里载，猴，原来写为猴，夒也。犬是偏旁，矦是声旁。猴，以前指的是猕猴，就是猱。这个字跟"侯"字有渊源。此字最早的甲骨文完全就是一只回头看的猴子。篆书将其左边加上"犬"，表示一种动物；隶书的"犬"写成"犭"，另一边也正式简化为今天的字形。

◎ 汉字有故事：沐猴而冠

释义：成语"沐猴而冠"，出自《史记·项羽本纪》。原来指秦末韩生讽刺项羽就像猴子带上帽子装成人类炫耀，比喻虚有其表，得意忘形。

成语故事：秦朝后期，陈胜、吴广揭竿而起，天下穷人纷纷响应，秦朝的统治就此被推翻。后来陈胜、吴广死了，起义军中最强的两个人是楚霸王项羽与汉王刘邦。

早期楚霸王项羽的势力最强,远远超过刘邦。但是项羽这个人刚愎自用,听不进意见。攻占关中后,项羽开始烧杀抢掠。先是杀了投降的秦王子婴,然后放火焚烧秦朝的宫殿,这场大火一连烧了几个月。他与手下抢掠了大量的财物与美女,然后准备返回家乡。

项羽手下有一位叫韩生的谋士,他看到这种情景很担心,劝项羽说:"关中地区自古就是很重要的地方,秦国靠它统一了六国,这里有险峻的山河守卫,而且有肥沃的土地,不如把都城定在咸阳这里,可以像秦国一样奠定霸业。"

项羽想到被自己烧毁的秦国皇宫,拒绝说:"我听说人要是富贵了,就该返回故乡,如果富贵了却不归乡,就好像穿着锦衣在漆黑的夜里行走,谁能看得见这衣服的华丽?"

韩生退下后对别人说:"都说项羽这帮楚国旧人都是戴着帽子的猴子,又蠢又笨,现在看来果然如此。"项羽听说后,大怒,用酷刑处死了韩生。

◎ **知识传送门:猴年马月**

"猴年马月",意思是指目前还看不到某件事情成功的希望,或者说事情未来的走向无法预料,一般用来泛指未来的岁月。

猴年马月到底指的是什么哪一年哪一月?一种说法是,这个词语中的"猴",本应为"驴","驴年马月"一般用来指不可能出现的时间点。因为十二生肖中没有驴,遂也称"猴年马月";第二种说法是,这个词可能源于一些方言的以讹传讹,是"何年嘛月"谐音的变体。

◎ **"猴"字的诗意**

1. 开门迎客着山袍,井畔猕猴一树桃。——宋·叶绍翁《访隐者》
2. 坐中幸免沐猴舞,且复周旋非贵人。——宋·韩元吉《少稷劝饮每作色明远忽拂袖去戏呈》
3. 丈夫志气笑沐猴,安知狐死还首丘。——宋·何梦桂《鹃啼曲》

◎ **"猴"字与歇后语**

1. 八十岁公公耍猴子——老把戏
2. 猴王闹王宫——大打出手

◎ "猴"字与谚语

　　1. 山中无老虎，猴子称大王。

　　2. 打虎要力，捉猴要智。

　　3. 穷猴光腚，欺软怕硬。

36. 蛾——飞蛾扑火

◎ 趣话"蛾"字

篆文	隶书	楷书	行书	草书	标准宋体
蛾	蛾	蛾	蛾	蛾	蛾

　　《说文》里载，蛾，指的是蛾罗。字形采用"虫"作偏旁，"我"作声旁。我，既是声旁也是形旁，模拟"哦"的惊喜叫声。蛾，篆文用"虫"加上"我"（即"哦"，惊叹的意思）组成，表示令人惊叹的美丽飞虫。篆文进一步进化了字形，隶书后的字形与现代的几乎一样。

　　造字本义：一种令人惊叹的形状似蝶的美丽飞虫。

◎ 汉字有故事：飞蛾扑火

　　释义：成语"飞蛾扑火"，原来指飞蛾这种动物每次都会扑到火里，比喻奋不顾身，自取灭亡。后来用来赞扬为了理想和追求义无反顾、不畏牺牲的精神，出自《梁书·到溉传》。

　　成语故事：南北朝时期，梁朝有一位名叫到溉的官员，他虽然是孤儿，但是他潜心求学，刻苦钻研，终于成了远近闻名的大文士。梁武帝听人说到溉为人正直，学问也很好，就任命他做官，到溉仕途通顺，一直做到散骑常侍、侍中、国子祭酒。

　　梁武帝非常欣赏到溉，更欣赏他的孙子到荩。到荩自小聪慧机敏，到溉对孙子的期望也非常高，尽心竭力教导。到荩成年后，世人都说他在诗文方面的成就已超过了到溉。

到溉与梁武帝可谓无话不说。有一次，梁武帝开玩笑与他打赌，如果到溉输了要把家里的一块奇石和一部《礼记》送给梁武帝，结果到溉输了，却没有立刻把《礼记》和奇石送来，梁武帝就问到溉的朋友朱异："你说他会送东西来吗？"

到溉听到说："我既然侍奉君王您，怎敢失礼？"这里的"怎敢失礼"是双关语，一是说不会不送《礼记》这部书，二是说不会对君主失了礼数。

梁武帝还有次开玩笑说："你孙子写文章很厉害，该不会你的文章都是他代写的吧？"然后梁武帝哈哈大笑，作了一首诗：研磨墨以腾文，笔飞毫以书信。如飞蛾之赴火，岂焚身之可吝。必耄年其已及，可假之于少寒。

不久，年轻的到荩就被任命为官。

◎ 知识传送门：蛾眉皓齿

蛾眉皓齿，在很多文学作品中出现，是形容女子的秀丽容貌。它最早出自汉代司马相如的《美人赋》："臣之东邻，有一女子，云发丰艳，蛾眉皓齿，颜盛色茂，景曜光起。""蛾"，就是蚕的成虫飞蛾。"蛾眉"，就是像蚕蛾触须一样又弯又长的眉毛。"皓"，洁白，明亮。"蛾眉皓齿"四个字合起来就是指女子有修长的眉毛，洁白的牙齿。

◎ "蛾"字的诗意

1. 懒起画蛾眉，弄妆梳洗迟。——唐·温庭筠《菩萨蛮·小山重叠金明灭》
2. 美人卷珠帘，深坐颦蛾眉。——唐·李白《怨情》
3. 谁料花前后，蛾眉却不全。——唐·李煜《梅花》

◎ "蛾"字与歇后语

1. 灯蛾扑火——惹火烧身
2. 飞蛾逮蜘蛛——自投网罗

◎ "蛾"字与谚语

春来多捉一个蛾，秋后多收谷一箩。

37. 貂—狗尾续貂

◎ 趣话"貂"字

金文	篆文	隶书	行书
貂	貂	貂	貂

《说文》里载，貂，是鼠这个系统的动物。体型大，毛是黄黑色的。"貂"字的字形一直很稳定，最初造字的时候，将"豸"与"召"合起来。"召"意为"引导""呼唤"。"豸"指"长脊兽"。"豸"与"召"合起来表示"一种可以借助其留下的特殊气味追踪到它并获取其皮毛的动物"。

◎ 汉字有故事：狗尾续貂

释义："狗尾续貂"，貂尾在古代属于官员的装饰品，册封官员太多的时候貂尾不够，拿狗尾来顶替，本为讽刺加官进爵太滥。现在也用来比喻写文章或者做事情不善始善终，将坏的东西接在好的东西后面。

成语故事：西晋司马炎一统天下后，立自己的白痴儿子司马衷为太子，并最终继位。晋惠帝司马衷智力低下，朝政大权落到了他的皇后贾后手里。贾后干政后，朝局混乱，继而爆发了历史上著名的"八王之乱"。

其中司马懿的第九子赵王司马伦不服贾后干政，与朝廷内部的大臣密谋造反，率军冲入宫廷，杀死了贾后，掌握了朝廷大权，自封为丞相。后来他干脆废掉晋惠帝，自立为皇帝。因为他属于篡位，各地诸侯不服，朝堂内的力量也很薄弱，他并没有实力控制局面，于是想了一些笼络人心的办法。

他的做法就是加官进爵，将朝廷内部的文武大臣统统加封，甚至一些奴仆也位居高位。晋代前期，侍中、散骑、常侍这样的官员凤毛麟角，最多四人，司马伦却加封了几百人担任这些官职。

这种胡乱封官的后遗症就是朝廷的官员严重超编，供给不足。按照当时规定，官员帽子必须有貂尾做装饰品。由于司马伦大肆封官进爵，国库里根本没有这么多貂尾，他想出了一个办法，就是用狗尾来代替貂尾，当时的社会上流传这样的话："貂不足，狗尾续。"对司马伦进行了辛辣的讽刺。

◎ 知识传送门：金貂

　　金貂是古代一种带黄毛的貂。在汉代，它的皮只有皇帝身边的近侍才能佩戴。根据《晋书》的记载，晋代阮籍的弟弟阮孚沉迷饮酒，有一次他用自己的金貂去向别人换酒喝，有关部门的官员因为这件事弹劾他，皇帝最终宽恕了他。后来大家就用"金貂取酒"等来比喻文人做事狂放不羁，或者是比喻酒鬼对酒的喜爱之情。

◎ "貂"字的诗意

　　1. 右擎苍，锦帽貂裘，千骑卷平冈。——宋·苏轼《江城子·密州出猎》
　　2. 将军玉帐貂鼠衣，手持酒杯看雪飞。——明·刘基《北风行》
　　3. 誓扫匈奴不顾身，五千貂锦丧胡尘。——唐·陈陶《陇西行四首》

◎ "貂"字与歇后语

　　1. 貂蝉唱歌——有声有色
　　2. 貂鼠帽子六月戴——不应时

38. 狮—河东狮吼

◎ 趣话"狮"字

金文	篆文	隶书	草书
師	師	獅	狮

　　"狮"这个字出现得比较晚，早期并没有这个字，一直到汉出现。根据史料记载，汉顺帝时，疏勒王来大汉进贡犛牛及狮子。当时就以"师"这个字来称呼狮子"，隶书用"犭"旁来表示一种动物，才与以前的字形分开。

◎ 汉字有故事：河东狮吼

释义：成语"河东狮吼"，古代比喻妇女强悍，使得丈夫在家庭中的地位变弱，也用来嘲笑那些害怕老婆的男子。河东：古郡名。典故出自宋洪迈的《容斋随笔·卷三·陈季常》。

成语故事：北宋时，著名诗人苏东坡因为"乌台诗案"被贬到黄州担任团练副使，在这里他遇到了一位朋友，这位朋友叫陈季常。陈季常家资豪富，十分喜欢交朋友，自称龙丘先生。

苏东坡与陈季常一见如故，经常一起饮酒作乐。陈季常万般皆好，但有一点让苏东坡看不起，就是他十分怕老婆。

陈季常的妻子柳氏是河东人，凶悍异常，陈季常十分畏惧她。

陈季常在自己华丽的家里招待宾客，因为他喜欢"蓄纳声妓"，经常让歌女们各展技艺为宾客们助兴。每当这时候，他的妻子柳氏对此非常生气，醋意大发，在另一间屋子里用很粗的木棍敲打墙壁。客人们正在欣赏歌舞，墙壁上传来的咚咚的声音让他们尴尬不已。久而久之，知晓内情的他们便知道那是柳氏的驱客声，只好一齐起身散去。

苏东坡经历过几次后，对陈季常有点恼火。他知道陈季常喜欢佛法，于是就半真半假地借用佛教里面的狮子吼来借指柳氏的怒骂声，作了一首诗，题为《寄吴德仁兼简陈季常》，其中有这么几句较为出名："龙丘居士亦可怜，谈空说有夜不眠。忽闻河东狮子吼，拄杖落手心茫然。"

苏东坡这几句诗将柳氏凶悍、陈季常无奈的景象生动形象地表现出来。后来，"河东狮吼"的故事就流传下来了。

根据历史记载，陈季常为人性情淡泊，晚年抛弃了自己的家产出家避世，自耕自种，自给自足。

◎ 知识传送门：狮子大开口

我们经常听人说"狮子大开口"，是什么意思呢？

狮子的口通常被世人认为非常巨大。狮子大开口比喻漫天要价或所提的条件非常严苛，也用来比喻有些人在出价的时候非常贪心。这个俗语出自陆俊超的《劳动号油轮》："且慢！我们先别狮子大开口，做事要十拿九稳。"

◎ "狮"字的诗意

1. 黄金狮子乘高座，白玉麈尾谈重玄。——唐·李白《峨眉山月歌送蜀僧晏入中京》

2. 青玉案前呵冻手，推窗自塑雪狮儿。——宋·胡仲弓《宫词》

◎ "狮"字与歇后语

1. 狮子滚绣球——大头在后面

2. 石狮子得病——不可救药

3. 大门口的石狮子——成双成对

◎ "狮"字与谚语

1. 狮舞三堂没人看，话讲三遍没人听。

2. 吃人的狮子不露齿。

39. 鲋—涸辙之鲋

◎ 趣话"鲋"字

金文	篆文	隶书	楷书
鲋	鲋	鲋	鲋

《说文》里载，鲋，一种鱼的名字。鲋，古代指的是叫鲋鱼的一种小鱼。字形采用"鱼"作偏旁，"付"是声旁。造字时选用"鱼"和"付"组合而成，从金文时就比较稳定，篆文又进化了"鱼"与"忖"的形象。隶书之后，"鲋"的字形基本确定下来。简体字将"鱼"下面的四点水变成一条斜线。

◎ 汉字有故事：涸辙之鲋

释义：成语"涸辙之鲋"出自《庄子·外物》。涸：干枯；辙：古代车轮碾过的痕迹；鲋：鲫鱼。成语原来指在干枯的车沟里的小鱼。现在比喻在困境中等待救援的人。

成语故事：庄子是战国时期著名的思想家，也是道家学说的主要代表人物。他家里很穷，有一年光景不好，家里已经断粮几天，万般无奈，他到朋友监河侯那里去借米度日。监河侯听了他的来意，不动声色地说："完全没有问题！你跟我是好朋友，我也很想救济你。不过，等我今年收了佃户们的佃租，就借给你三百斤粮食。"

庄周听了就给他讲了一个故事：

昨天我有事走在路上，突然听到有求救的声音，我走近一看，原来在快要干涸的一道车辙里有一条鲋鱼。鲋鱼看到我，连连向我求救。我问它发生了什么事，它说："我从遥远的东海被冲到这里。现在车辙里的水快干了，我危在旦夕。您能给我点水，救救我的性命吗？"我非常慷慨地答应它说："没问题，南方的吴国和越国是湖水之乡，那里的水质甜美，这样吧，你等着我，我去吴越帮你找西江的水回来。"

鲋鱼听了大怒，它气愤填膺地说："您说哪里的话！我现在马上就要死了，向您要求的不过是一桶水。而您却要兴师动众地到南方去找西江的水来救我。要是这么干，那么您回来的时候，我早就变成鱼干了！"

庄周讲完这个故事，就头也不回地离开了。

◎ 知识传送门：鲋鱼与帝王陵

鲋鱼，其实就是我们所说的"鲫鱼"。鲋鱼跟上古时代的一位帝王还有一丝联系。颛顼，是黄帝的孙子，也是上古时代"三皇五帝"中的一位，他继承了炎黄的事业。

他死后就葬在一座叫"鲋鱼"的山下，据《山海经》记载：汉水出鲋鱼之山，帝颛顼葬于阳，九嫔葬于阴，四蛇卫之。也就是说他葬在鲋鱼山的南边，有四条大蛇护卫着他的陵墓。

◎ "鲋"字的诗意

1. 暗中射鲋谁知见，绕市青衣说与人。——宋·陈普《乙巳邵武建宁夜坐书呈诸公》

2. 井泉傍射鲋，涧水通一遂。——宋·李吕《乙巳四月比屋多疹痘虐痢间作

五月尽犹未已病》

3. 却笑井蛙并辙鲋，只知缺甃与蹄涔。——宋·姜特立《又赋如山》

40. 骥—按图索骥

◎ 趣话"骥"字

| 金文 | 篆文 | 隶书 | 楷书 | 行书 | 草书 | 繁体标宋 | 简体标宋 |

《说文》里载，骥，千里马，指孙阳所相中的好马。字形采用"马"作偏旁，"冀"作声旁。另外天水地区有一个叫"冀"的县。"冀"既是声旁也是形旁，原本是"翼"的误写，表示插翅的意思。骥，金文用"马"和"冀"（"翼"的近似字，插翅欲飞的意思）组合而成，篆文基本承续金文字形。隶书将篆文"马"的四足写成"四点底"。

◎ 汉字有故事：按图索骥

释义："骥"，千里马的意思。"按图索骥"这个成语的意思是按照画好的图去找千里马，比喻按照线索找东西，也用来比喻做事死板，生搬硬套。成语出自《后南柯·访旧》。

成语故事：秦国，有个人名字叫孙阳，他善于相马，一眼就能分辨出好马和坏马，他就是历史上非常著名的"伯乐"。

伯乐的儿子非常笨，伯乐害怕自己的本领失传，就把自己相马的经验都写到一本叫《相马经》的书里，为了容易识别，他画上了各种马的图。

伯乐的笨儿子，希望自己也能学会父亲相马的本事，就把父亲所著的《相马经》背得滚瓜烂熟，于是觉得自己也有了跟父亲一样认马的本领。

一天，伯乐的儿子跟伯乐告别，到外面去寻找千里马。他记得父亲在书里说，千里马的判断标准是：高额头，眼睛亮，蹄子大。于是按照这个标准去寻找。

不久后，伯乐的儿子回来了，对父亲说："父亲大人快看，我找到了一匹好马！

完全符合您说的千里马标准，高额头，鼓眼睛，就是马蹄不太像。"

伯乐出门一看，原来儿子按照标准找回来的，竟是一只癞蛤蟆。他哭笑不得，说："你抓的马倒是挺符合千里马标准，但总是跳来跳去，不好骑啊！"

◎ 知识传送门：老骥伏枥

"老骥伏枥"，出自曹操的《步出夏门行》。诗云："老骥伏枥，志在千里；烈士暮年，壮心不已。"意思是说，年老力衰的千里马虽躺在槽边，却仍有驰骋千里的雄心。英雄到了晚年，他们依然豪情万丈。我们常以"老骥伏枥"比喻人年纪大了，还是心怀大志不服老。

◎ "骥"字的诗意

1. 战场收骥尾，清瀚怯龙鳞。——唐·厉玄《从军行》
2. 病骝观逸骥，举首嘶鸣频。——唐·朱长文《次韵送毛正仲太博赴召》

41. 兽—困兽犹斗

◎ 趣话"兽"字

甲骨文	金文	篆文	隶书	楷书	行书	草书	繁体标宋	简体标宋
𤉢	𤉢	獸	獸	獸	兽	獸	獸	兽

《说文》里载，兽，守候时机、备战行猎的意思。"兽"与"狩"本是同源，后来分化。"兽"的繁体字"獸"，甲骨文字形用"弹"（表示石弹的意思）和"犬"（表示猎狗的意思）组成，意思是用石弹、猎犬捕猎。金文承续甲骨文字形。篆文误将金文的"單"写成不知所云的"嘼"。隶书将篆文的"嘼"简写成"兽"，至此表示狩猎武器的"單"的字形完全消失。简体字省去"犬"，并将正体楷书中的两个"口"简化成两点。

◎ 汉字有故事：困兽犹斗

释义：成语"困兽犹斗"，意思是被团团围住的野兽，依然会挣扎反击。后来比喻身处险境依然拼命反抗，出自左丘明《左传》。

成语故事：春秋时期，北方的晋国内乱，国君的儿子重耳出逃。逃到楚国的时候，国君楚成王厚待他。有一次，成王问重耳："如果你将来能当上晋国的国君，会跟我兵戎相见吗？"重耳说："要是将来我真能回国为君，且我们在中原争霸，那我就退让您九十里。"

后来重耳果然当上了晋国国君，也就是春秋五霸之一的晋文公。公元前634年左右，欲图称霸中原的楚国挥师北上，攻打宋国。宋国与晋国向来交好，于是向晋国告急求救，晋国派兵救援宋国，为了兑现承诺，重耳真的率领晋军后退了九十里。

楚成王看到重耳出兵，马上决定罢兵回朝。他手下的将军子玉看见晋军后退，认为有机可乘，力求与晋国交战，楚成王说："晋君重耳这个人我了解，雄才大略，而且目前他运势正旺，上天都站在他那边。"子玉不服气坚持请战，结果在城濮被晋文公打得大败。

晋文公看着烈火熊熊的战场叹息，左右大臣们不解其意，问："战胜了楚国，您为什么还发愁呢？"晋文公说："楚国这样一个大国人才辈出，子玉还没死，怎么可以高兴呢？陷入困境的野兽还会殊死搏斗反抗，更何况一个国家的相国。"子玉逃回国后，楚成王严厉地惩罚他，子玉害怕，自杀身亡。晋文公这才面露喜色。说："现在再也没有人能威胁到我了。"

◎ **知识传送门：衣冠禽兽是褒义吗**

成语"衣冠禽兽"常用来指那些外表光鲜、内心丑陋的坏人，人面兽心。但你可能不知道，这个成语的本意并不是这样。明清时，"衣冠"是官员权力的象征，文官的服饰上绣飞禽，武官绣走兽。品级不同的官员，身上绣的飞"禽"走"兽"不一样，如果穿错了衣服，轻者被降罪，重则被杀头，这种等级制度在明清两朝最为兴盛。本来，衣冠禽兽指的是官员，属于褒义词，但是从明朝中晚期开始，老百姓对于腐败的官场民怨鼎沸，"衣冠禽兽"就变成了贬义词。

◎ **"兽"字的诗意**

1. 锦幄初温，兽烟不断，相对坐调笙。——宋·周邦彦《少年游·并刀如水》
2. 鳞介尊神龙，走兽宗麒麟。——三国·曹植《薤露》

◎ "兽"字与歇后语

1. 猴儿戴帽子——衣冠禽兽
2. 老虎戴上假面具——人面兽心
3. 堂屋里挂兽皮——不像话（画）

◎ "兽"字与谚语

1. 宁吃飞禽四两，不吃走兽半斤。
2. 人有人言，兽有兽语。

42. 乌—爱屋及乌

◎ 趣话"乌"字

金文	篆文	隶书	楷书	行书	草书	繁体标宋	简体标宋

《说文》里载，乌，指的是孝乌。孔子说："乌，就是指闭目哀叫的意思。"因为"乌"这种鸟常在快死的时候哀叫，所以人们称丧命为"乌呼"。乌，金文与"鸟"的字形相似，突出了张大的嘴巴，表示"乌"为一种嘴很大的食肉鸟。篆文将"乌"字字形中表示眼睛的符号省去，表示乌因为是黑色所以看不出眼睛。隶书误将篆文字形的鸟羽与鸟爪写成"四点底"。后来，楷书的"四点底"简化成一横。

◎ 汉字有故事：爱屋及乌

释义："爱屋及乌"指的是因为喜欢一个屋子连带喜欢上的乌鸦。后来比喻喜爱一个人，就偏爱跟他有关的一切，成语出自《尚书大传·大战》："爱人者，兼其屋上之乌。"

成语故事：商朝末年，商纣王宠信美女妲己，荒废朝政，滥杀忠良。周文王与周武王励精图治，将西岐治理得井井有条。后来，周武王感觉推翻商朝统治的时机已到，于是联合各部落，亲率战车三百辆，虎贲三千人，甲士四万五千人，大举进攻商朝的都城朝歌。

商军在牧野阻击周军。商朝的军队虽然人数多，但其中大部分是对商朝不满的奴隶，他们临阵倒戈，周军大获全胜，攻入商朝首都朝歌。商纣王在鹿台上自焚而死，为商朝的统治画上了句号。

周武王定都镐京，开创了周朝的八百年基业。创业之初，最大的问题就是怎样处置商朝遗留下来的权臣贵族。武王找丞相姜尚来商议。武王问道："该怎样处理殷商留下来的这些王公贵族和军人将士呢？"

姜尚回答道："乌鸦是不祥的象征，但我听说，如果喜爱某个人，那么连他屋子上的乌鸦都觉得可爱；如果不喜欢那个人，就会对他的仆从家吏都觉得厌恶。大王您要是不喜欢商朝，就把他们杀光，一个也不留。"

◎ 知识传送门：乌衣巷

"乌衣巷"，位于南京市，魏晋时期是著名望族琅琊王家和谢家的住处。王家出现了诸如王导、王羲之、王献之这样的人才，谢家出了谢安、谢玄、谢灵运这样的名士，所以乌衣巷是当时朝野中最显赫的府邸。

其实，乌衣指的就是黑色的衣服，在三国时往往是贫贱的人穿的衣服。但是南京人传说当时王谢两家子弟却以穿"乌衣"为标志，这也是"乌衣巷"的由来。

◎ "乌"字的诗意

1. 凿开混沌得乌金，蓄藏阳和意最深。——明·于谦《咏煤炭》
2. 偶然间、淄尘京国，乌衣门第。——清·纳兰性德《金缕曲·赠梁汾》

◎ "乌"字与歇后语

1. 楚霸王自刎乌江——没脸回江东
2. 财神爷戴乌纱帽——钱也有，权也有

◎ "乌"字与谚语

1. 天怕乌云地怕荒，人怕疾病草怕霜。
2. 日落乌云涨，半夜听雨响。
3. 乌云拦东，不下雨也有风。乱云天顶绞，风雨来不小。

43. 麟—凤毛麟角

◎ 趣话"麟"字

篆文	隶书	楷书	行书	草书	标准宋体
麟	麟	麟	麟	麟	麟

《说文》里载，麟，指大母鹿。字形采用"鹿"作偏旁，"粦"作声旁。"粦"，既是声旁也是形旁，表示闪烁的鳞片。麟，篆文用"鹿"和"粦"（表示闪烁的鳞片）组成，意思是有斑点的大母鹿。隶书将篆文字形左边的写成"鹿"，将篆文字形右边写成"粦"，字形由此确定。

◎ 汉字有故事：凤毛麟角

释义：成语"凤毛麟角"，指的是凤凰身上的羽毛，麒麟身上的角。现在用来比喻非常珍贵或者稀有的人或物。

成语故事：在中国的南北朝时期，宋孝武帝刘骏非常欣赏一位叫谢超宗的人，谢超宗是著名文学家谢灵运的孙子。他聪慧勤敏，文章也写得很漂亮。

《南史·谢超宗传》里面记载，谢超宗曾经为当时非常有名的新安王的母亲殷淑仪作过一篇悼词。孝武帝读过之后赞叹有加，他说："超宗殊有凤毛，灵运复出！"意思是谢超宗真是凤毛麟角，就好像他爷爷谢灵运又活过来了一样。

说这句话的时候，右卫将军刘道隆也在，他平时不读书，误会了孝武帝的意思，不知道"有凤毛"的意思是才华非常稀有，以为谢超宗家里有"凤毛"这种宝贝。

于是他便专程拜访谢超宗，要见识一下"凤毛"这种宝贝，开开眼。谢超宗的父亲名字叫谢凤，刘道隆要看凤毛，身为谢凤儿子的谢超宗十分尴尬。当时的社会，对父亲必须尊敬，甚至不能直接提起父亲的名字。为了不犯这个忌讳，谢超宗连鞋子都没穿就跑进内屋躲避。刘道隆不知道事情的原委，还以为谢超宗如此迅速跑回屋里是要进去找"凤毛"给自己看，在那里等了半天也不见人影，最后无奈地走了。

这个故事成为千古笑谈。

◎ **知识传送门：麒麟**

麒麟是中国古代的瑞兽，它的性情温和，传说能活两千年。古人把这种动物雄性的叫作麒，雌性的叫作麟。麒麟是吉祥神宠，主太平、长寿。作为一种吉祥的动物，古人相信，麒麟出没的地方，一定有祥瑞。这个词语后来也用来比喻才能突出，智谋无双的人。

至于麒麟与龙地位的比较，根据《礼记·礼运第九》记载："麟、凤、龟、龙，谓之四灵。"可见麒麟地位起码与龙同等，并不低于龙。

◎ **"麟"字的诗意**

1. 江上小堂巢翡翠，花边高冢卧麒麟。——唐·杜甫《曲江二首》
2. 功成画麟阁，独有霍嫖姚。——唐·李白《塞下曲六首》
3. 麟凤隔云攀不及，空山惆怅夕阳时。——唐·李洞《寓言》

◎ **"麟"字与歇后语**

1. 劣马装麒麟——露马脚
2. 麒麟角，蛤蟆毛——天下难找

44. 鸩—饮鸩止渴

◎ **趣话"鸩"字**

篆文	楷书	行书	草书	繁体标宋	简体标宋
鸩	鸩	鸩	鸩	鴆	鸩

《说文》里载，鸩，一种毒鸟。字形采用"鸟"作偏旁，"冘"是声旁。鸩还有一名叫"运日"。冘，既是声旁也是形旁，表示受刑。鸩，篆文字形由"冘"（表示受刑）和"鸟"组成，意思就是用作刑具的一种鸟。楷书后字形基本确认，简

体字将鸟的下面四点底变成一横。

造字本义：传说中的一种毒鸟，用它的羽毛可以泡出能毒死人的酒。

◎ 汉字有故事：饮鸩止渴

释义："饮鸩止渴"，饮下毒酒来解渴。比喻不顾严重后果，只求解决眼前的困难，出自《后汉书·霍谞传》。

成语故事：东汉时，有一位少年非常有才华，他的名字叫霍谞。霍谞年少有为，很小就通晓四书五经。

他的舅舅宋光，得罪了一些人，那些人就在大将军梁商面前进谗言，诬告宋光私自删改朝廷诏书，朝廷大怒，将宋光押入大狱受审。

霍谞当时年仅十五岁，他前思后想，觉得还是应该找大将军梁商辩解，于是写了一封信给大将军。信中是这样说的："我的舅舅宋光出身很好，素来奉公守法，并没有犯一丝一毫的罪，就算对于诏书有所存疑，也绝不敢冒死擅改。他没有犯罪，改诏书对他有什么好处？好比人在非常饥饿的时候，吃一些毒草来充饥；或者人在非常渴的情况下，喝了由鸩鸟羽毛泡成的毒酒解渴，还没有解饿解渴，就已经一命呜呼了，我舅舅会做这样的傻事吗？"

大将军梁商读了这封信，觉得霍谞说得很有道理，又听说他只有十五岁，对他颇为赞赏。后来，梁商上书皇帝要求彻底调查此案，宋光沉冤得雪，无罪释放。从此以后，霍谞这个名字整个洛阳城都知道了。

◎ 知识传送门：鸩鸟到底是什么

"鸩鸟"是古代传说中的一种有剧毒的鸟儿。据说，这种鸟全身发黑，眼睛是红色的，平时以蛇为食物。传说如果将它的羽毛泡在酒里，就会变成剧毒。

但是史学家到现在也没有发现这种鸟的存在。一般说来，大家都认为鸩鸟实际上指的是"大冠鹫"，古人看见它食毒蛇，所以误以为其羽毛中含有剧毒。

◎ "鸩"字的诗意

1. 宴安比鸩毒，先民不吾欺。——宋·陆游《寓规》
2. 穴掉巴蛇尾，林飘鸩鸟翎。——唐·白居易《送客南迁》
3. 曲薄斜扉带远林，鹁鸩啼彻昼阴阴。——明·居节《晚晴简姚伯容》

45. 鲤——鲤鱼跳龙门

◎ 趣话"鲤"字

| 篆文 | 隶书 | 楷书 | 行书 | 草书 | 繁体标宋 | 简体标宋 |

《说文》里写，鲤，就是鳢鱼。字形采用"鱼"作偏旁，"里"作声旁。"里"，既是声旁也是形旁，表示民居、田园。鲤，篆文用"鱼"和"里"（表示民居、田园的意思）组成，表示在家里养殖的鱼。隶书将篆文左边写成"鱼"，简体字按照统一标准将"魚"下面的四点水写成一画。

◎ 汉字有故事：鲤鱼跳龙门

释义：鲤鱼跳龙门，是我国古代一个美丽的传说——鲤鱼只要越过了龙门就会化身为龙。现在比喻飞黄腾达，也用来比喻在逆流中前进，奋发向上的精神。

成语故事：很早以前，黄河大峡谷有处最窄的地方，被称为龙门。伊水河流到这里就被龙门山挡住，在山的下面积聚了一个大湖。

黄河里有很多鲤鱼，它们听说龙门风光好，于是从孟津出发，通过洛河，又顺着伊水河来到龙门山。看到龙门山上没有河流，鱼类们上不去，只好聚在龙门山脚下讨论。

鲤鱼们叽叽喳喳地想办法，但最后还是不得要领。其中一条很大的红鲤鱼见商量不出结果，便自告奋勇地说："不如从这里奋力一跃，跳到山那头的水里。"其他的鲤鱼都反对，要么说山太高，要么说山那边不一定有水。

那条大鲤鱼不再理会同伴们，使出全身力气向上跃，一下子跳到半空中。天上刮着大风，下起大雨，它奋力向前跳去，后来天上又出现天火，烧掉了它的尾巴。它强忍疼痛，终于越过龙门山，山南果然也有湖泊。它从湖水的倒影中看到，自己居然变成了一条龙！他飞回山北，对湖里其他鲤鱼说了这件事。

其他鲤鱼听了它的故事，纷纷尝试跃过龙门，但是全都没有跳过去。跳不过去的鲤鱼从空中摔下来，额头上都有一个黑疤。

　　唐朝大诗人李白曾经写过这样的诗句："黄河三尺鲤，本在孟津居，点额不成龙，归来伴凡鱼。"

◎ **知识传送门：锦鲤**

　　锦鲤是风靡当今世界的一种高档观赏鱼，有"水中活宝石""会游泳的艺术品"的美称。锦鲤的发展同金鱼有着相似之处，中国自古也有"鲤鱼跳龙门"之说，比喻人飞黄腾达。早期锦鲤只是皇家王宫贵族和达官显赫等的观赏鱼，后来，锦鲤在民间流传开来，人们则普遍把它看成吉祥、幸福的象征。

◎ **"鲤"字的诗意**

　　1. 兰溪三日桃花雨，半夜鲤鱼来上滩。——唐·戴叔伦《兰溪棹歌》
　　2. 嵩云秦树久离居，双鲤迢迢一纸书。——唐·李商隐《寄令狐郎中》
　　3. 良人玉勒乘骢马，侍女金盘脍鲤鱼。——唐·王维《洛阳女儿行》

◎ **"鲤"字与歇后语**

　　1. 鲤鱼跳龙门——身价百倍
　　2. 鲤鱼找鲤鱼，鲫鱼找鲫鱼——物以类聚
　　3. 蚯蚓钓鲤鱼——以小引大

◎ **"鲤"字与谚语**

　　鲤鱼不满斤，好像白菜根。

46. 狈—狼狈不堪

◎ 趣话"狈"字

甲骨文	金文	楷书	行书	草书	标准宋体
𤠣	𤠣	狈	狈	狈	狈

狈，通常叫作狼狈。狼的前两条腿较长，后两条腿较短；狈刚好反过来，前两条腿较短，后两条腿较长。古书上说狼离开了狈难以站立，狈离开了狼难以前行，狼与狈若相离，则都进退不得。狈字，贝，既是声旁也是形旁，表示小巧而宝贵、漂亮。狈，甲骨文用"犬"和"贝"（代表宝贵、漂亮的意思）组成，表示一种很漂亮的动物，金文写成左右结构，略有变形。楷书基本奠定了现代文字"狈"的字形。

◎ 汉字有故事：狼狈不堪

释义：古代传说，狼和狈是同一类动物。狈每次出去捕食都必须把前腿搭在狼的后腿上才能行动，否则就根本不能动弹。"狼狈不堪"的意思是困难窘困到不能忍受的地步。成语来自李密的《陈情表》。

成语故事：晋朝时，武陵有位名人叫李密，他文采出众，品德高尚，声名远扬。晋武帝司马炎听说他的品德与才能在当时凤毛麟角，便想召他做官，但是李密拒绝了。

李密非常孝顺自己的祖母。他小的时候父亲就去世了，在他四岁那年，母亲改嫁他人，从此他就跟自己的祖母刘氏相依为命。接到皇帝的征召令时，祖母已经九十六岁，他实在不忍心丢下她去做官。

思来想去，李密给皇帝司马炎写了一封信，请皇帝谅解他的难处。信中说："我命运不是很好，出生半年便失去了父亲，四岁时舅舅逼迫我的母亲改嫁他人，如果不是祖母可怜我，我早就不在人世了。陛下您要我出去做官，可是祖母年纪已经很大，而我也没有兄弟可以为祖母尽孝道。当年我孤苦伶仃，祖母她一个人尝尽苦楚才把我养大，如今她年老需要人照顾，这个责任只有我一人可以担当。可是我如果不奉诏，又违背了您的旨意，我现在的处境真是狼狈不堪，进退两难呀！"

司马炎看到这封信，十分感动，不但不强求他出去做官，还赏了奴婢钱粮，让李密为祖母尽孝，等祖母去世后提拔他做温县令。

◎ 知识传送门：狈的谜团

历史上有很多"狈"的传说，但直到今天，还没有人真正见过"狈"这种动物。生物学家们认为，狈就是前腿受伤的狼。也有人说，狈就是"灌狈"。中华人民共和国成立初期，东北发现一只"狈"，后来发现其实是一只受伤的母狼。

但历史上有很多关于"狈"的记载，其中包括《本草纲目》《康熙字典》这样的著作，这说明"狈"应该不是人类神话里的动物，现在专家们的主流意见是"狈"其实就是前腿发育畸形的狼。

◎ "狈"字的诗意

1. 忆昨狼狈初，事与古先别。——唐·杜甫《北征》
2. 频年别离情更恶，两地狼狈心何安。——宋·高登《临别示子》
3. 临难始求济，狼狈徒劳尔。——宋·石介《感兴》

47. 鲍—管鲍之交

◎ 趣话"鲍"字

金文	篆文	隶书	楷书
鮑	鮑	鮑	鲍

《说文》里载，鲍，就是饐鱼。古文中经常出现"鲍鱼"这个词，鲍的意思就是腐烂发臭、盐腌的鱼。鲍的字形，就是一个"鱼"字再加上一个声旁的"包"。金文和篆文字形相差不大，隶书做了较大的改动，就此确定了现代字形。

◎ 汉字有故事：管鲍之交

释义：成语"管鲍之交中"，管和鲍，指的是齐人管仲和鲍叔牙，他们两个情深义重，是好朋友的楷模。后人用"管鲍之交"来代指推心置腹、肝胆相照的友情。

成语故事：春秋时期的齐国，有一个人叫管仲，年轻的时候家里很穷，又要照顾自己的母亲。他的好朋友鲍叔牙知道他有才华，不忍心看他困窘，就拉着他一起做生意。做生意的时候，管仲经常多分钱。鲍叔牙看在眼里却毫不生气，也不言语。

后来这对好朋友都卷进了齐国的权力之争，管仲为公子纠效力，鲍叔牙为公子小白服务，后来，公子小白成为齐桓公，而公子纠却死了。管仲因为曾经追杀齐桓公，被关进狱里。鲍叔牙请齐桓公释放并重用他，齐桓公采纳了他的建议，任命管仲为相国。

管仲在齐桓公手下大展宏图，九合诸侯，一匡天下，使得齐国成为春秋五霸之首。

后来管仲对别人说："我少年的时候跟鲍叔牙做生意，每次都给自己多分钱，鲍叔牙知道不是我贪婪，而是因为我穷且要赡养我的母亲；我曾经为鲍叔牙谋划事情结果失败了，他知道我不是不尽力，只是运气不好；我曾经三次当官但是三次被免职，鲍叔牙不认为我没才能，而认为我没有遇到伯乐；我打仗的时候曾经逃跑过三次，鲍叔牙不认为我胆小，而是知道我有母亲要赡养不能轻易去死；后来我因为辅佐公子纠而被下了大狱，鲍叔牙不认为我无耻，知道我以名声不能显于天下为耻。所以说，生我的人是父母，但是最了解我的人却是鲍叔牙。"

后来，"管鲍之交"就成为好朋友的代名词。

◎ 知识传送门：鲍鱼之肆

孔子曾经说过："我死之后，子夏会比以前更有进步，而子贡会比以前有所退步。"曾子就问其中的原因。

孔子说："子夏总是喜爱同比自己贤明的人在一起，子贡喜欢同不如自己的人相处。如果不了解孩子怎么样，看看孩子的父亲就知道了；不了解一个人怎么样，看他周围的朋友就可以了；不了解主子，看他派遣的使者就可以了。所以常和品行高尚的人在一起，就像沐浴在芝兰香气的屋子里一样，时间久了就自带香气；和品行低劣的人在一起，就像到了卖咸鱼的屋子（鲍鱼之肆），时间长了也闻不到臭了，自身也开始发臭。"

◎ "鲍"字的诗意

1. 君不见管鲍贫时交，此道今人弃如土。——唐·杜甫《贫交行》
2. 毋令管与鲍，千载独知名。——唐·李白《读诸葛武侯传书怀赠长安崔少

府叔封昆季》

3. 刘彻茂陵多滞骨，嬴政梓棺费鲍鱼。——唐·李贺《苦昼短》

◎ "鲍"字与歇后语

1. 甲板上画鲍鱼——好看不好吃。
2. 鲍叔识管仲——知心。

48. 蜂—蜂拥而至

◎ 趣话"蜂"字

金文	篆文	隶书	楷书
(金文字形)	(篆文字形)	蜂	蜂

《说文》里载，蜂，蠚属。从虫夆声。蜂，古代指螫人的飞虫。最初造字时，字形采用上面是"夆"作偏旁，下面并列的"虫"作为注释。篆文沿袭金文的字形。隶书在进化的时候，字形有了很大改变，首先是结构由上下变成了左右。而双虫变成一个"虫"，字形也与现在的基本一致。

◎ 汉字有故事：蜂拥而至

释义：成语"蜂拥而至"，意思是很多人像一窝蜂一样，向一个地方或者一个目标一拥而来。

成语故事：秦朝末年，苛捐杂税多如牛毛，法律严苛，人民苦不堪言。后来陈胜、吴广在大泽乡起义，人们纷纷响应。

这时候，居巢有位智谋无双的人叫范增，他那年已经七十岁了，平常在家里很少出去走动，听到陈胜、吴广起义的消息，就去找当地的楚国贵族后裔项梁说："陈胜肯定成不了气候。当年秦朝灭了六国，楚国最是无辜。而自从楚怀王一去不回，楚国人至今还愤愤不平，所以有人说'楚国就算剩了三户人，也一定会灭掉秦国'。现在陈胜率先起义，他不立楚国的后人做皇帝，而是自己做皇帝，从这一点就可以知道,他的灭亡很快就会到来。现在如果您在江东举起起义的大旗,曾经心怀楚国如今想要起义的人必定蜂拥而至听从您的调遣。您的家里人世世代代都是楚国的大将,拥立楚王后裔一定能够成就大事。"

项梁听到他这番话,觉得十分正确,就在会稽发动起义,果然追随者很多。于是他就四处寻找楚怀王的后代,终于找到了在民间为他人牧羊的楚怀王之孙芈心。项梁即拥立他为楚怀王,顺从楚国百姓的愿望。

项梁因此成就大事,逐渐成为起义军中力量最强的一支。后来他在一次战斗中战死,他的侄子项羽继续统领他的军队,就是后来的西楚霸王。

◎ **知识传送门:蜂虿有毒**

《左传·僖公二十二年》记载这样一个故事:春秋时期,鲁僖公自以为鲁国是大国,看不起当时一个叫邾的小国。邾国出兵攻打鲁国,鲁僖公听了嘲笑不已,丝毫没有整兵备战的意思。大臣臧文种劝诫道:"您不要觉得邾国小就掉以轻心,小小的蜂虿都能毒害人,何况一个国家呢?"蜂虿,指的是蜂与蝎,因为它们都能够蜇人,于是泛指毒虫。《国语·晋》中记载:"蚋蚁蜂虿,皆能害人。"意思是毒虫虽小,但是能够害人,后来比喻就算是小人物害起人来也不容小视。

◎ **"蜂"字的诗意**

1. 断无蜂蝶慕幽香,红衣脱尽芳心苦。——宋·贺铸《芳心苦·杨柳回塘》
2. 蜂争粉蕊蝶分香,不似垂杨惜金缕。——唐·温庭筠《惜春词》
3. 江北江南春灿烂,寄言蜂蝶漫疑猜。——清·曹雪芹《咏红梅花得"梅"字》

◎ **"蜂"字与歇后语**

1. 吃蜂蜜说好话——甜言蜜语
2. 炸了窝的马蜂——乱哄哄
3. 黄蜂尾后针——暗里害人

◎ **"蜂"字与谚语**

1. 蜂多出王,人多出将。
2. 蜜蜂酿蜜,不为己食。
3. 蜜蜂归窠迟,来日好天气。

49. 蝶—梁祝化蝶

◎ 趣话"蝶"字

金文	篆文	隶书	楷书
蜨	蝶	蝶	蝶

《说文》里载，蜨，就是蛱蜨。以虫为偏旁，疌为声旁。俗称蝶。也就是说，"蝶"字，原本表示蝴蝶这种动物。其古文字形采用"虫+枼"组合而成，"虫"表示蝴蝶是一种昆虫，字形"枼"跟古代的"叶"是同一个字，表示蝴蝶的翅膀就像叶子一样。金文与篆文形状相似，隶书将文字左右两边定型，就变成了今天的"蝶"字。

◎ 汉字有故事：梁祝化蝶

释义："梁祝化蝶"是中国古代流传的一个凄美的爱情故事。

成语故事：东晋时期，南方会稽郡上虞县有条玉水河。河边有个祝家庄，祝家庄有个祝员外非常富有，他有个女儿叫祝英台，聪明秀丽。英台从小就跟着自己的哥哥们读书写字，立志成为班昭、蔡文姬一样的奇女子，但是祝家庄附近没有好的老师，于是她就想去会稽郡城求学。

在那个时代，女儿家是不能随随便便去求学，于是英台想了一个女扮男装的办法。祝员外只得勉强答应让英台扮成男孩，去会稽郡城求学。

上学途中，祝英台邂逅了同路的会稽书生梁山伯。梁山伯器宇轩昂、知书达理，英台与他一见如故，相谈甚欢，于是在草桥亭中结为"兄弟"。

后来，二人到了崇绮书院，成为同窗。梁祝同学三年，朝夕相对，英台发现自己慢慢爱上了山伯，但山伯却始终没看出她是女子。

后来祝父催促英台回家，祝英台只好离开书院。梁山伯十八里相送祝英台，英台不断地向梁山伯暗示自己的女性身份。但梁山伯丝毫没往那方面想。英台无奈，只好谎称家中有个九妹，跟自己样貌很相似，愿替梁山伯做媒，并约定日期去迎娶。

可是梁山伯家很穷，因为凑彩礼所以耽误了一些时间，未能如期而至。等到他去祝家求婚时，祝员外已将英台许配给太守之子马文才。梁山伯这才知晓英台是女子，但为时已晚。两人在一起抱头痛哭。

临别时，梁祝立下誓言：生不能在一起，死也要葬在一起！梁山伯回到家郁郁寡欢，没几天就忧郁而死，祝英台听说后大哭一场。在出嫁那一天，她要求去梁山伯的墓前祭拜。到了墓前痛哭的时候，天空变色，狂风大作，梁山伯的坟墓突然裂开一道缝，祝英台纵身一跃跳了进去，墓缝又合上了，不久从坟墓里飞出两只蝴蝶，据说这是梁山伯与祝英台化成的。

◎ **知识传送门：招蜂引蝶**

招蜂引蝶，原本的意思是招惹蜜蜂，吸引蝴蝶。比喻吸引异性的注意。出自叶文玲《独特的歌》："没准是很爱卖弄俊俏，四送秋波的人呢，嘿，招蜂引蝶之流，对不起，本人向来深恶痛绝。"现多表示男子或者女子对伴侣不忠贞，或者平时不遵守道德准则，在男女关系方面比较不纯洁。

◎ **"蝶"字的诗意**

1. 儿童急走追黄蝶，飞入菜花无处寻。——宋·杨万里《宿新市徐公店》
2. 庄生晓梦迷蝴蝶，望帝春心托杜鹃。——唐·李商隐《锦瑟》
3. 日长篱落无人过，惟有蜻蜓蛱蝶飞。——宋·范成大《四时田园杂兴·其二》

◎ **"蝶"字与歇后语**

1. 成对的蝴蝶——比翼双飞
2. 蝴蝶群舞——花花世界
3. 做梦变蝴蝶——想入非非（飞飞）

50. 熊—鱼与熊掌

◎ 趣话"熊"字

甲骨文	金文	篆文	隶书	楷书	行书	草书	标准宋体

《说文》里载，熊，似猪的野兽。在山里居住，冬眠。"熊"原本是"能"。甲骨文字形像大型动物，字形突出了它的大嘴和大爪。后来"能"加"火"另造"熊"代替，表示大火的恐怖就像猛兽一样。篆文基本承续金文字形，隶书做了变革，确立了现代的字形。

◎ 汉字有故事：鱼与熊掌

释义：成语"鱼与熊掌"，出自《孟子·告子上》："鱼我所欲也，熊掌亦我所欲也；二者不可得兼，舍鱼而取熊掌者也。"比喻都是想要的东西，难以取舍。这个成语告诉我们要勇于取舍，当机立断，不能总是犹豫。

成语故事：战国时期，有位思想家叫孟子。孟子是孔子后儒家学说的一位大师。他一生讲求"仁义"，认为"仁义"比"利益"的力量更强。

齐国与楚国是战国时期的两个大国，两国曾经缔结了合约，共同对抗秦国。秦国看到这种情形，就派张仪去游说楚王，相约一起攻打齐国，秦国给楚国土地作为谢礼。楚王就撕毁了与齐国的盟约。

但是秦国马上翻脸不认账，不给土地。楚王大怒，发兵攻打秦国，结果输了。孟子这时从齐国到宋国去，在石丘遇到当时道家学派的代表人物宋牼。原来，宋牼听说秦楚要打仗，准备去劝说两国。孟子问宋牼：你怎么劝两国不要打仗？宋牼说："我会跟他们阐述打仗的种种不利。"

孟子反对他用"利益"劝说，主张用谈"仁义"的方法劝说。

孟子一生都在为儒家事业奔走，他曾经说："鲜鱼，是我想要的，熊掌也是我想要的，如果这两样东西不能同时得到，我只好舍弃鱼而取熊掌。同理，生命，是我想要的，正义，也是我想要的，如果这两样东西不能够同时得到，我只好牺牲生命而维护正义。"

◎ 知识传送门：熊罴之士

"熊罴之士"，比喻勇敢的战士或者无所畏惧的人。出自《尚书·康王之诰》："则亦有熊罴之士，不二心之臣。"罴，是熊的一种，古人把它们叫作棕熊、马熊或人熊。棕褐色的毛，能爬树游水。

一般说来，熊已经是猎人不敢招惹的动物了，罴比熊更加凶猛，所以用"熊罴之士"来比喻勇士，是再恰当不过的了。

◎ "熊"字的诗意

1. 霜落熊升树，林空鹿饮溪。——宋·梅尧臣《鲁山山行》
2. 更值棠棣连阴，虎符熊轼，夹河分守。——宋·李清照《长寿乐·南昌生日》
3. 偶应非熊兆，尊为帝者师。——明·刘基《题太公钓渭图》

◎ "熊"字与歇后语

1. 狗熊掰苞谷——掰一个丢一个
2. 狗熊戴手表——假装体面

51. 猫—猫鼠同眠

◎ 趣话"猫"字

金文	篆文	隶书	楷书
貓	貓	貓	猫

《说文》里载，猫，狸属。豸是偏旁，苗是声旁。猫，一种捉老鼠的动物。字形采用"豸"作偏旁，表示属于兽类。字形的右边，是古代的"苗"字,《正字通》陆佃说，古代老鼠喜欢吃粮食的苗。猫能够抓它，所以用"苗"字作右边。古代

还有一种说法，猫是毛皮颜色较浅的老虎。金文、篆文字形相同，隶书"苗"字严重变形，字形近似现代汉字。

◎ **汉字有故事：猫鼠同眠**

释义：成语"猫鼠同眠"，是一个贬义成语。原指本应该是天敌的猫却跟老鼠睡在一起。后来比喻官吏渎职，为下属干坏事做保护伞。也比喻官员与坏人狼狈为奸。出自《新唐书·五行志》。

成语故事：唐高宗李治，是唐太宗李世民后唐朝的第三位皇帝，贞观二十三年也就是649年，唐太宗去世，唐高宗正式继位。

高宗刚刚继位，继续执行唐太宗之前制定的各项政治经济政策，前朝老臣李勣、长孙无忌、褚遂良都是良将贤臣，尽力辅佐他。李治也非常重视农民的生活问题。

李治是一名好皇帝，他兢兢业业勤于政事，后世称他有贞观之风，他在位的时期史称"永徽之治"。

高宗在位时期，他的妃子武则天慢慢掌握了政权。后来，由于高宗经常头晕目眩，很难处理政务，后宫的武皇后乘机参政。随着高宗的健康状况恶化，大权逐步落到武则天手里。

武则天为人素有大志，得到皇后的地位后并不满足，还想要干涉国家大事。于是，她一方面清除不支持自己的人；一方面暗中培养自己的势力。李治发现这个苗头，一度想要废掉武则天，但是被武则天说服放弃。

在李治统治期间，洛州发现有猫跟老鼠睡在一起的事情。一般说来老鼠都是隐伏起来等待盗窃机会，猫的职责就是捕老鼠吃，现在反而与老鼠同住。这在古代其实属于"异兆"，有些官员认为这个现象可能预示着世上有些抓捕盗贼的官员跟窃贼狼狈为奸。于是在全国开始进行调查。

◎ **知识传送门：猫哭耗子**

猫与老鼠本是天敌，古代人养猫，为的是防鼠害。猫本性喜欢戏弄，每当抓到老鼠，总不肯痛痛快快吃掉，而是一直逗弄老鼠，直到把它们戏弄得精疲力竭才会一口吃掉。

猫哭耗子比喻坏人假慈悲，假装同情别人。

◎ "猫"字的诗意

　　1. 朝慵午倦谁相伴，猫枕桃笙苦竹床。——宋·杨万里《新暑追凉》
　　2. 应是有情无着处，春风蛱蝶忆儿猫。——钱钟书《容安室休沐杂咏》
　　3. 侍女俱传厌房符，猫为铁骑鼠为胡。——明·王世贞《西城宫词八首·其一》

◎ "猫"字与歇后语

　　1. 饿猫不吃死耗子——假斯文
　　2. 耗子给猫拤胡子——溜须不要命

◎ "猫"字与谚语

　　1. 狗记路，猫记家。
　　2. 好狗不跳，好猫不叫。

52. 蚁—溃堤蚁穴

◎ 趣话"蚁"字

金文	篆文	隶书	楷书
蟻	蟻	蟻	蚁

　　《说文》里载，蚁，就是平时说的蚍蜉。虫是形旁，义是声旁。
　　"蚁"字，表示一种群居的动物。字形采用"虫"作偏旁，表示属于昆虫类。字形的右边，是古代的"義"字，因为蚂蚁是群居动物，基本上是靠团结协作生活，所以用"义"字作右边。金文、篆文字形相同，隶书将字形拉近现代汉字，简体字将右边的"義"变成"义"。

◎ 汉字有故事：溃堤蚁穴

　　释义：成语"溃堤蚁穴"，出自战国时期韩非的《韩非子·喻老》："千丈之堤，以蝼蚁之穴溃；百尺之室，以突隙之烟焚。"意思是说不要小看蚂蚁窝，它虽然不大，但是能使大的堤岸溃决，比喻因微小的失误而酿成大错。

成语故事：战国时期，黄河水患频发。很多国家都花费大力气，耗费巨资去治理黄河，但是收效甚微。

这其中只有一个国家例外，那就是魏国，其水利工程修得很不错。有人不明白为何如此，就专程去魏国考察。

原来，魏国的相国白圭非常重视水利工程，这使得他任期内魏国防洪方面成绩斐然。白圭善于修筑堤坝，并非常勤劳地巡视，一发现小洞就大发雷霆。属下说那不就是蚂蚁洞吗，白圭回答说，就算是极小的蚂蚁洞也必须立即派人填补，如果听凭它漏水，小洞会逐渐扩大，最终造成大坝决口，酿成大祸。

白圭任魏相这段时间，魏国从没有闹过水灾。

◎ 知识传送门：蚂蚁撼大树

唐朝时，诗仙李白、诗圣杜甫刚去世不久，就有一些人说这两人的作品不过如此。韩愈对这样的诋毁很不满意，就为好友写了一首叫《调张籍》的诗："李杜文章在，光焰万丈长，不知群儿愚，那用故谤伤，蚍蜉撼大树，可笑不自量。"他的好友张籍对此观点非常赞同。

◎ "蚁"字的诗意

1. 绿蚁新醅酒，红泥小火炉。——唐·白居易《问刘十九》
2. 顾惟蝼蚁辈，但自求其穴。——唐·杜甫《自京赴奉先县咏怀五百字》
3. 相约恩深相见难，一朝蚁贼满长安。——清·吴伟业《圆圆曲》

◎ "蚁"字与歇后语

1. 白蚁钻过的料——坏透了
2. 热锅上的蚂蚁——团团转

◎ "蚁"字与谚语

1. 千里之堤，溃于蚁穴。
2. 蚂蚁爬树不怕高，有心学习不怕老。
3. 人多办法多，蚂蚁能把泰山拖。

53. 莺—莺莺燕燕

◎ 趣话"莺"字

| 篆文 | 隶书 | 楷书 | 行书 | 草书 | 繁体标宋 | 简体标宋 |

《说文》里载，莺，是一种鸟。字形采用"鸟"作偏旁，以省略"木"的"荣"作声旁。《诗经》上有诗句曰："有只夜莺，丽极其羽。"𤇾，既是声旁也是形旁，是"萤"的省略，表示夜间发光的飞虫。莺，篆文用"𤇾"（就是"萤"字的省略，表示夜间发光的昆虫）加上"鸟"组合而成，表示在夜间活动的鸟。后来，楷书将上面的两个火简写成"艹"，将"鳥"写成"鸟"。

◎ 汉字有故事：莺莺燕燕

释义：古人认为莺和燕，都是春天的美好事物。莺莺燕燕，现在多用于形容女子温柔婉转的话语声或者歌声，这个成语也可以理解为很多女子在一起的情景。

成语故事：从前有一位老秀才特别善于对对联。他住的地方不远处有座寺庙，寺庙有位老和尚也是饱学之士，二人关系很好。

有一天，老和尚请他去给花神庙写一副对联。花神庙位于山顶，四周景色宜人。老秀才有感而发，飞快完成上联：翠翠红红处处莺莺燕燕。写完后，他突然来了兴致，让小和尚把上联贴出去，看看来游玩的游人能不能对出下联来。

上联刚贴出不久，有一位路过的少年书童就对出了下联：风风雨雨年年暮暮朝朝。老秀才大吃一惊，略一沉吟，便开口说："我这上联顺序可以颠倒！"于是念道："燕燕莺莺处处翠翠红红。"小书童点点头说说："我这下联字句也可以变换。朝朝暮暮年年风风雨雨。"

老秀才笑了笑，提起笔又在上联中加上四个字：莺莺燕燕翠翠红红处处融融洽洽。小书童略一思索也在自己的对联加上四字：雨雨风风花花草草年年暮暮朝朝。

至此，老秀才拉着小书童的手哈哈大笑道："果真对得好，对得妙！"一旁的老和尚也赞不绝口，命人把对联收好。

◎ 知识传送门：草长莺飞

"草长莺飞"中的"莺"指的是黄鹂。这个成语用来形容江南晚春的美丽景色，出自南朝梁国的丘迟《与陈伯之书》："暮春三月，江南草长，杂花生树，群莺乱飞。"后来多用"草长莺飞"形容春天生机勃勃温暖的美好景色。比如清代高鼎《村居》："草长莺飞二月天，拂堤杨柳醉春烟。儿童散学归来早，忙趁东风放纸鸢。"

◎ "莺"字的诗意

1. 几处早莺争暖树，谁家新燕啄春泥。——唐·白居易《钱塘湖春行》
2. 千里莺啼绿映红，水村山郭酒旗风。——唐·杜牧《江南春·千里莺啼绿映红》
3. 草长莺飞二月天，拂堤杨柳醉春烟。——清·高鼎《村居》

◎ "莺"字与歇后语

1. 崔莺莺患病——心病还得心药医
2. 夜莺学乌鸦叫——变坏了

54. 蝇—蝇附骥尾而致千里

◎ 趣话"蝇"字

篆文	隶书	楷书	行书	草书	标准宋体
蠅	蠅	蠅	蠅	蠅	蝇

《说文》里载，蝇，发出营营叫的青蝇，一种大腹昆虫。字形采用"黾、虫"会义。蝇，篆文用"虫"加上"也"（表示大腹虫）和"卵"组合而成，简化的楷书将篆文字形中的虫头写成"口"，将带"卵"的虫身写成"电"。

◎ 汉字有故事：蝇附骥尾而致千里

释义：骥：千里马，"蝇附骥尾而致千里"这句话的意思是苍蝇因为趴在千里马的尾巴上而行了千里，比喻平凡的人因跟着贤人做事而获得成功。

成语故事：东汉光武帝建武二年（26年），大司徒邓禹率军向西进攻赤眉军，在云阳驻军。邓禹的属下冯愔带着自己的部队叛变，向天水城逃去。割据一方的御史大夫右将军隗嚣率军队迎击，在高平大破冯愔，缴获全部辎重装备。于是邓禹奉光武帝意旨派遣使者持节任命隗嚣为西州大将军。后来赤眉军占领了长安，想到陇右，隗嚣派将军杨广迎击，打败了赤眉军。

隗嚣立下了赫赫战功，但是却并没真正投靠东汉。建武三年（27年）隗嚣上书与光武帝沟通。光武帝一向听闻他的美名，就用特殊礼节对待他，叫他时不叫他的名，而是称呼他的字，用的是国宾的礼仪。刚好此时，另一位割据军阀吕鲔拥兵数万，与四川的军阀公孙述互通声气，想要侵犯隗嚣的领地。隗嚣再次派兵帮助征西大将军冯异出征，将吕鲔赶走，战报很快传到朝廷。

光武帝非常客气地回信给隗嚣，其中有一段说："我一向爱慕你的品德，想与你结交。我原本没有这么大本领，就像苍蝇本来只能飞数米之远，但如果附在千里马的尾巴上，就可以飞到千里之外。管仲说过：'生我的是父母，但最了解我的是鲍叔。'自今以后，你我之间可用书信互相沟通，千万不要轻信旁人挑拨离间的谣言。"

此后光武帝刘秀对隗嚣的恩礼更加隆重。

◎ 知识传送门：青蝇吊客

三国时期，东吴的会稽出了一位大人物叫虞翻，他满腹经纶，曾在孙权手下任都尉，为人狂放不羁，敢于直言劝谏，经常触怒孙权，曾经醉酒骂张昭与孙权。虽然吕蒙等一直庇护他，但是孙权最后还是把他流放到交州。在流放途中他依然手不释卷，潜心钻研古籍，广收门生。当时他感慨自己死后一定不会有很多人前来参加丧礼，可能只有青色的苍蝇充当吊唁的宾客。

◎ "蝇"字的诗意

1. 灯前目力虽非昔，犹课蝇头二万言。——宋·陆游《读书》
2. 蜗角虚名，蝇头微利，算来著甚干忙。——宋·苏轼《满庭芳·蜗角虚名》
3. 苍蝇间白黑，谗巧令亲疏。——魏晋·曹植《赠白马王彪·并序》

◎ "蝇"字与歇后语

1. 玻璃罩里的苍蝇——看到光明无出路
2. 苍蝇吹喇叭——自不量力
3. 苍蝇叮鸡蛋——无孔不入

◎ "蝇"字与谚语

1. 一只苍蝇一只虎,飞到谁家谁家苦。
2. 苍蝇不叮无缝蛋。
3. 苍蝇贪甜,死在蜜里。

55. 蟾—蟾宫折桂

◎ 趣话"蟾"字

金文	篆文	隶书	楷书
蟾	蟾	蟾	蟾

古书载,蟾,似虾蟆,居陆地,淮南谓之去蚊。蟾,一种经常鸣叫的小动物。字形采用"虫"作偏旁,表示蟾蜍是一种小动物,"詹"既是声旁也是形旁。"詹"在古代的意思是话多,引申为蟾蜍捕食的时候舌头会伸出很长。字形从古到今比较固定,隶书之后,"蟾"的字形基本确定下来。

◎ 汉字有故事:蟾宫折桂

释义:成语"蟾宫折桂"中,蟾宫指月宫,折桂指折断桂花。在中国古代神话传说中,月宫里有一只三条腿的蟾蜍,所以后人也把蟾宫指月宫。还有月宫种有桂树的说法,《太平御览》引《淮南子》云:"月中有桂树。"攀折月宫桂花,在中国古代指科举考试获得功名。

据说这个成语出自晋武帝泰始年间的一段故事。当时朝廷的吏部尚书崔洪举荐一位叫郄诜的人当左丞相。

郤诜还是雍州刺史的时候，晋武帝问他怎么评价他自己，郤诜说："我觉得我就像月宫里的一段桂枝，或者昆仑山上的一块宝玉。"晋武帝听后大笑并称赞他。

后人就用广寒宫的桂、昆仑山的玉来形容人才难得，这便是"蟾宫折桂"的由来。

蟾宫折桂，也有其他一些传说。江西庐陵有位文士叫周孟声，他与儿子周学颜都是读书人，因为聪明，所以二人在当地很有名气。他们家院内有棵大桂树，枝叶十分繁荣，树荫竟然可以遮掩两亩地。

但是在元末明初的战乱中房屋被焚，树也被烧死，只剩下光秃秃的树干。后来朱元璋统一天下，老树干又发出新芽，不几年，这棵桂树便又郁郁葱葱。有人说，草木最知道风水的变化。当年丞相寇准病故，宾客们为凭吊他所插下的断竹枝竟然开始生笋；从前田氏兄弟闹分家，家里的荆树无缘无故枯萎，兄弟后来和好了，荆树也跟着复活，如今周家的桂树复荣，可见周家又将复兴。不久，周学颜的儿子仲方考中进士。

◎ **知识传送门：金蟾**

三条腿的蛤蟆被称为"蟾"，传说它能吐钱。据说吕洞宾弟子刘海法力高深，降服了一只金蟾妖精，金蟾受伤只剩下三只脚。为了将功赎罪，金蟾不断吐出金钱，帮助穷人。人们就把三条腿的金蟾称为招财蟾。

◎ **"蟾"字的诗意**

1. 金蟾啮锁烧香入，玉虎牵丝汲井回。——唐·李商隐《无题·飒飒东风细雨来》
2. 莫恨清光尽，寒蟾即照空。——唐·郑谷《夕阳》

◎ **"蟾"字与歇后语**

1. 江南的蛤蟆——难缠（南蟾）
2. 肚子鼓胀似蟾蜍——怄气

56. 驹—吾家千里驹

◎ 趣话"驹"字

金文	篆文	隶书	楷书	行书	草书	繁体标宋	简体标宋
鴝	駒	駒	駒	駒	驹	駒	驹

《说文》里载，两岁小马叫"驹"，三岁小马叫"跳"。驹的字形采用"马"作偏旁，"句"作声旁。句，既是声旁也是形旁，表示勾住、系住。驹，金文用"句"（表示系住的意思）加上"马"组成，就是给马上缰绳的意思。简体字将"馬"简化成"马"。

◎ 汉字有故事：吾家千里驹

释义：千里驹：日行千里的小马。"吾家千里驹"这句话的意思就是我家的小千里马。一般用来夸赞自家优秀的男性后代。这句话出自《晋书·符朗载记》："坚尝目之曰：'吾家千里驹也。'"

成语故事：三国时，曹操雄才大略，经过十数年的征战，基本上统一了北方。他手下战将如云、谋士成群，有不少还是他的亲属，比如夏侯惇、夏侯渊、曹真等，都是独当一面的将才。

曹休是曹操一位族内亲属的儿子，也是曹洪的亲侄子。曹休的祖父曹鼎曾经担任河间相、吴郡太守、尚书令。东汉末年天下大乱，战火纷飞。曹氏宗族因为战乱背井离乡，四散于天下。

曹休十余岁时父亲就去世了，他自己仅带领一个门客抬着父亲的灵柩，临时租借了一块坟地将其父安葬。然后带着他的母亲，渡江到东吴避难，被当时的吴郡太守收留。在太守官邸里，曹休看见墙上挂着昔日吴郡太守即他祖父曹鼎的画像，马上拜倒在地上涕泣不已，满座宾朋都对他的遭遇感到惋惜。

后来，曹操在家乡举义兵讨伐董卓，曹休听到此事，于是改名换姓从吴地经荆州北归兖州，当他见到曹操的时候，曹操对左右的人说："这是我们家的千里马。"

于是曹操让他与世子曹丕同吃同住，待他就像亲生儿子。曹休就伴随曹操南征北战，统率曹操的王牌骑兵虎豹骑，官至大司马，封长平侯。

◎ 知识传送门：白驹过隙

大成至圣先师孔子为人很谦虚，虽然学富五车，但还是觉得自己的知识不全面，于是四处向人请教自己不足的地方。有一次，他专程去向老子请教什么是"至道"，老子说道："人的寿命是非常短的，就好像千里马驰过狭窄的空隙，稍纵即逝。"

这就是后人所说的"白驹过隙"，比喻时间流逝快得惊人，光阴似箭。

◎ "驹"字的诗意

1. 幸陪鸾辇出鸿都，身骑飞龙天马驹。——唐·李白《驾去温泉后赠杨山人》
2. 老马为驹信不虚，当时得意况深眷。——唐·杜甫《病后遇王倚饮·赠歌》
3. 百年扰扰玄驹聚，万化悠悠野马驰。——宋·陈造《闲适二首·其一》

◎ "驹"字与歇后语

1. 鞭打千里驹——快马加鞭
2. 新上套的驴驹子——不老实
3. 千里驹上结鸳鸯——马上成亲

57. 蛛—棒打蜘蛛精

◎ 趣话"蛛"字

金文	篆文	楷书	行书	草书	标准字体
蛛	蛛	蛛	蛛	蛛	蛛

《说文》里载，鼄，就是蜘蛛。字形采用"黾"作偏旁，"朱"作声旁。蛛，异体的"鼄"采用"虫"作偏旁。蛛，金文像一只八只脚、外形略像蝎子的昆虫。篆文误将金文字形中昆虫的触角写成"朱"，并另加"虫"，楷书奠定了现代的字形。

◎ 汉字有故事：棒打蜘蛛精

话说孙悟空保护师父唐三藏前往西天取经，有一天，经过一个庄园，唐僧独自去化斋，结果被妖怪抓住了。

原来在这院子里作怪的是盘丝洞中七个蜘蛛化成的女妖，她们化成人形在这里做坏事，把前来化斋的唐僧绑了吊在梁上，又吐出蛛丝封了洞门。

悟空见师父许久没有回来，于是变成苍蝇前去园子里面探看，进去看见七个女子在河中洗浴，知道这是妖精，于是变成鹰叼走了她们的衣服。八戒进去想要降服这七个女子，反而被妖怪吐出的丝抓住。

后来蜘蛛精们派她们的七种虫子化成的干儿子迎战孙悟空，悟空变出了七种鹰杀死了他们，然后救出师父唐三藏，并一把火烧了盘丝洞。

却不想前路黄花观的道人是蜘蛛精的师兄，唐僧师徒不知道这情况，就中了道人的毒。悟空知道情况不对，没有喝毒茶，就跟道人和蜘蛛精斗起来。他虽然打死了蜘蛛精，但是却不敌那个道人发金光的一千只眼。

悟空输了之后，就到紫云山千花洞请来了毗蓝婆，毗蓝婆用一支绣花针破了金光眼，并得到解药救了中毒的唐僧。

毗蓝婆把那道士收服，道士现出真身，原来是蜈蚣精。

◎ 知识传送门：蛛丝马迹

"蛛丝马迹"，原意是指从蜘蛛网可以推断出蜘蛛的所在，通过灶马（一种昆虫）的痕迹可以看出它的位置。比喻根据现场遗留下来的些许线索可以推断出有价值的情报。这词语源于清代王家贲的《别雅序》。词语中的"马"并不是真正的"马"，而是"灶马"这种昆虫，所以也有人写作"蛛丝虫迹"。

◎ "蛛"字的诗意

1. 中有一双白羽箭，蜘蛛结网生尘埃。——唐·李白《北风行》
2. 蝶衣晒粉花枝舞，蛛网添丝屋角晴。——宋·张耒《夏日三首·其一》

◎ "蛛"字与歇后语

1. 苍蝇会蜘蛛——自投罗网
2. 蜘蛛摆下八卦阵——专捉飞来将

◎ "蛛"字与谚语

    1. 蜘蛛丝扳不倒石牌楼。

    2. 蚂蚁搬家晴必雨，蜘蛛结网雨必晴。

第三章 汉字与植物

万千形状,胸中藏

1. 草——草船借箭

◎ 趣话"草"字

| 甲骨文 | 金文 | 篆文 | 隶书 | 楷书 | 行书 | 草书 | 标准宋体 |

《说文》里载，草，就是栎树的种子和果实。草的甲骨文字形就像刚破土而出，有两瓣叶子的嫩芽。金文承续了甲骨文字形，有的金文在艸的下面加"早"，表示太阳照着草地。之后的篆文承续金文字形。隶书将篆文的"艸"写成"廿"；将篆文的下部写成"早"，字形确定下来。

◎ 汉字有故事：草船借箭

释义："草船借箭"，是我国古代四大名著之一《三国演义》中的一个小故事。

成语故事：三国时期，曹操统一北方之后，率领八十万大军南下，想要一统天下。攻占荆州后曹操的兵锋直指东吴的孙权。原本依附于荆州的刘备吃了败仗，派军师诸葛亮去东吴说服了孙权，两人联手抵挡曹操。

但是诸葛亮展现出的才华使得孙权手下的大都督周瑜感到寝食难安，他担心与刘备将来会有一战，所以时时刻刻都想把诸葛亮除去。

有一次，周瑜想到一个好办法。借口水战中箭是最好的武器，所以周瑜要诸葛亮负责造箭，限令十天内必须赶造十万支。诸葛亮知道周瑜打的如意算盘，笑着说，哪里需要十天，三天就可以完成任务。周瑜大喜，让诸葛亮立下军令状，如果失败军法论处。然后一面扣住造箭的材料不发，一面叫手下鲁肃去刺探虚实。

鲁肃虽是东吴大将，但与诸葛亮交情很好。诸葛亮见面就跟鲁肃借了二十条船，让其将船两边都扎着草人。

第三天凌晨时分，诸葛亮秘密地请鲁肃过来取箭。等他上船后，将船开到曹营外面，让士兵擂鼓呐喊。当时天降大雾，曹军根本无法分辨江上的情况，于是派弓箭手从岸上朝江中射箭，箭全部都射到草人身上。诸葛亮将船不断调换方向承受曹军的万箭齐射，等雾快要散去的时候就启程回师。

回去后点算弓箭，远远超过了十万之数。周瑜听说借箭过程后说："诸葛亮这人神机妙算，我真的不如他。"

◎ 知识传送门：不识草书

草书，是汉字书写的一种字体，特点是笔画相连，比较潦草，结构简单。

宋代有位宰相很喜欢写草书。有一次他突发灵感，用草书写了一篇文章。当手下帮他抄写的时候，很多字不认识，就去问这位宰相。结果这位宰相自己也认不得了，还责问手下为什么不早问，害他忘记了。

◎ "草"字的诗意

1. 北风卷地白草折，胡天八月即飞雪。——唐·岑参《白雪歌送武判官归京》
2. 西宫南内多秋草，落叶满阶红不扫。——唐·白居易《长恨歌》
3. 天苍苍，野茫茫，风吹草低见牛羊。——南北朝·佚名《敕勒歌》

◎ "草"字与歇后语

1. 草袋换布袋——代（袋）强似一代（袋）
2. 穿西装戴草帽——不土不洋
3. 稻草人救火——自顾不暇

◎ "草"字与谚语

1. 人生一世，草木一秋。
2. 天不生无用之人，地不长无名之草。

2. 华—华而不实

◎ 趣话"华"字

| 甲骨文 | 金文 | 篆文 | 隶书 | 楷书 | 行书 | 草书 | 繁体标宋 | 简体标宋 |

《说文》里载，华，树木开花的意思。华，繁体字写作"華"，它的甲骨文就像一棵满是花枝的树。金文将甲骨文的字形做了改变，下面加了"于"，表示古人欢庆时用花枝装饰的乐器"芌"。有的篆文将字上面部分改写成"艸"（表示草）。隶书变形较大，基本确定字形，用"化"（表示变和无中生有）加上"十"（是"屮"的变形，即草）组合，表示由草生出来的花。简体字用"华"将"華"代替。

造字本义：树木开满了花。

◎ 汉字有故事：华而不实

释义：成语"华而不实"，出自左丘明《左传·文公五年》，意为虽然花开得好看，但却没有果实。现在比喻外表华丽却没有内涵，也指看起来很有文化肚子里却没有知识的人。

成语故事：春秋时期，晋国有一位聪明人叫宁赢，他想要辅佐一位大臣成就一番大事。恰好这时候，晋国的一位叫阳处父的大臣，出使卫国回来时经过他的家乡。

宁赢看见阳处父满腹经纶、谈吐不凡的样子，觉得此人必成大事，于是向妻子告别说："我终于找到一位值得辅佐的主公了。阳处父此人学识渊博，还是当今君主的师傅，前途十分远大。从今以后我就去辅佐阳处父大人，你在家自己好好保重。"

宁赢于是向阳处父自荐，因为他的父亲与阳处父有旧交，阳处父也想提携他，于是就带着他返回京城。

可是没过几天，宁赢的妻子忽然看到自己的丈夫回家来了。她心中感到疑惑，就问道："你不是下定决心辅佐阳处父大人吗？怎么突然就回来了？到底发生了什么事？"

宁嬴回答说："起初我看阳处父一表人才，从与他的谈话中知道他学识渊博，以为他是值得我辅佐的那个人。可是继续接触却发现，他虽有才华，却恃才傲物，为人处世太过强硬。这个人华而不实，他的行为恐怕会遭人嫉恨。我担心跟着他，不但没有得到好处，反倒遭连累，所以就赶紧回家来了。"

他预测得很准，一年后，阳处父因为树敌太多，在晋国的权力斗争中丢了性命。

◎ 知识传送门：中华

我们的国家叫"中华人民共和国"，那么什么是"中华"呢？原来中华指的是"中国"和"华夏"的合称。"中国"在古代指的是我国的中原地区，"华夏"则是以黄河流域为主的古代周王朝的自称。"华"是衣服美丽的意思，"夏"是懂礼仪的意思。

后来中华就代指整个中国。

◎ "华"字的诗意

1. 故国神游，多情应笑我，早生华发。——宋·苏轼《念奴娇·赤壁怀古》
2. 锦瑟无端五十弦，一弦一柱思华年。——唐·李商隐《锦瑟》
3. 恰同学少年，风华正茂；书生意气，挥斥方遒。——毛泽东《沁园春·长沙》

◎ "华"字与歇后语

1. 曹操杀华佗——讳疾忌医
2. 关羽斩华雄——马到成功
3. 立了秋的瓜花——华而不实

◎ "华"字与谚语

1. 冬去春又来，年华似水流。
2. 华山自古一条路。
3. 衣贵洁，不贵华。

3. 生—乐极生悲

◎ 趣话"生"字

甲骨文	金文	篆文	隶书	楷书	行书	草书	标准宋体

《说文》里载，生，发育进展的意思。字形象草从土地上长出。生，甲骨文是指事字，在草叶（屮）下面加一横表示地面的指事符号，表示新芽破土而出。有的甲骨文用"土"代替表示地面的指事符号，成为会义字：用"屮"（表示新芽）加上"土"（表示地面）组成，明确草和土的关系。金文、篆文承续甲骨文字形。隶书将篆文上部的"屮"简化成一撇一横，失去植物嫩叶萌发的形象，字形最终确定。

◎ 汉字有故事：乐极生悲

释义：成语"乐极生悲"，是指一个人如果快乐到了极点，就很容易发生悲伤或者不好的事。这个成语也可以写为"乐极则悲"，出自《史记·滑稽列传》，记载的是淳于髡的故事。

成语故事：战国时期，齐国有一位多才而又滑稽的人叫淳于髡。他从小家境贫寒，后来入赘成为一名齐国女子的女婿，但是齐威王不因他的身份低微而看不起他，相反十分重用淳于髡。

绽有一年楚军大举进犯齐国，齐威王任命淳于髡作为使节去赵国求救。淳于髡口绽莲花，果然说服了赵王，赵国让淳于髡带领十万大军、战车百乘回国。楚军听到这个消息，马上撤军回国。

齐威王听到这个消息十分高兴，设酒宴为淳于髡庆功接风。齐威王是个好酒之人，酒过三巡兴奋地问淳于髡："先生，以您的酒量最多能喝多少杯？"淳于髡听到这话马上反应过来，齐威王这是想要跟自己彻夜拼酒，想了想回答道："我喝一斗酒也醉，喝一石酒也醉。"

齐威王糊涂了，喝一斗酒就醉了，怎么还能喝一石（一石等于十斗）酒？淳于髡解释说，如果朋友间毫无顾忌地喝，自己能喝一石酒；但如果跟大王喝，害怕失去礼仪，喝一斗酒就醉了。喝酒多过了自己的量，就会乱了本性；就像人快乐到了极点，就容易出事。所以，任何事道理都是如此，到了一定的程度，则会走向反面。

齐威王听了这番话，以后饮酒注意节制，再也没有通宵作乐了。

◎ 知识传送门：熟能生巧

"熟能生巧"，比喻练得很熟就会出现特殊的技巧。有一位神射手射箭的时候，发现一位老翁在旁边默默点头，他以为老翁擅长射箭就去请教。老翁拿出一枚铜钱放在一个葫芦上，然后把油从钱眼里倒进葫芦里，一滴都没有洒出来，老人说："我这是天天卖油练出来的技术，没什么特别，就是熟练罢了。"

◎ "生"字的诗意

1. 人生得意须尽欢，莫使金樽空对月。——唐·李白《将进酒·君不见》
2. 天生我材必有用，千金散尽还复来。——唐·李白《将进酒·君不见》

◎ "生"字与歇后语

1. 初生牛犊——不怕虎
2. 大年初一生娃娃——双喜临门

◎ "生"字与谚语

1. 刀不磨要生锈，人不学要落后。
2. 龙无云不行，鱼无水不生。
3. 熟能生巧，巧能生精。

4. 瓜—瓜代有期

◎ 趣话"瓜"字

| 金文 | 篆文 | 隶书 | 楷书 | 行书 | 草书 | 标准宋体 |

《说文》里载,瓜,是藤蔓上结着一串葫芦似的瓜类。"瓜"的金文字形就像藤茎上挂着的葫芦一样的瓜。篆文将葫芦状的字形写成"厶",隶书的字形有点像"爪",后来楷书则奠定了现代"瓜"字的字形。

◎ 汉字有故事:瓜代有期

释义:成语"瓜代有期",也被称为"及瓜而代",指的是两个人被派去某地做某项工作,等到瓜熟的时候进行交换;后来引申为有一定的在任期限,时间到了就要进行替换。

这个成语出自《左传·庄公八年》:"齐侯使连称、管至父戍葵丘,瓜时而往,曰:'及瓜而代'。"

成语故事:春秋战国时期,昏庸残暴的齐襄公十分好战,接连讨伐了卫国和郑国。虽然获得了几场胜利,但由于师出无名,很多诸侯国蔑视齐国不作为,并且得罪了当时的正统周王室。

齐国朝野上下清楚地认识到这一点,于是大臣们都劝国君齐襄公派大将率军驻守边界重镇葵丘。齐襄公采纳了他们的意见,只不过领兵的大将人选颇为伤脑筋。

后来终于找到连称、管至父两个人,但问题是这两个人十分不愿意去守边关。齐襄公软硬兼施,用诏令强行命两人动身。因为戍边的条件实在太恶劣,所以两个人出发前都去找齐襄公问:"我们两个人什么时候能回来?"

齐襄公压根没想过这回事,因为他正在吃瓜,于是随口说:"等明年瓜熟了的时候吧!"两个人心想,一年后可以回来了,于是心里稍微好受点,领兵出征了。

一年之后，忙着寻欢作乐的齐襄公忘记了这回事，连称、管至父没办法，只好从边关送一个瓜给国君，提醒说："时间过去了一年，接替我们的人出发了没？"齐襄公却不遵守从前的约定，不允许这二人回来。连称、管至父十分生气，后来找个机会领兵回到都城，杀死了齐襄公。

◎ **知识传送门：瓜田李下**

唐朝时候，有个官员把女儿献入宫中，去外地当官的任命同时下达，引起了很多争议。皇帝唐文宗问大臣柳公权说："不明白人们议论什么，这个官员是靠实力获得的官职，再说他女儿是献给太后的，又不是献给我。"柳公权说："古人说瓜田里不提鞋子，在李树下不戴帽子，都容易让人怀疑，这件事如此可疑，人们怎么能分得清呢？"

瓜田李下，就是指要主动远离有争议的人和事，避免引起不必要的嫌疑。

◎ **"瓜"字的诗意**

1. 京口瓜洲一水间，钟山只隔数重山。——宋·王安石《泊船瓜洲》
2. 种瓜黄台下，瓜熟子离离。——唐·李贤《黄台瓜辞》
3. 童孙未解供耕织，也傍桑阴学种瓜。——宋·范成大《夏日田园杂兴》

◎ **"瓜"字与歇后语**

1. 成熟的南瓜——黄了
2. 丢了西瓜拣芝麻——因小失大
3. 猴子摘西瓜——顾此失彼

◎ **"瓜"字与谚语**

1. 瓜无滚圆，人无十全。
2. 强扭的瓜不甜。
3. 老王卖瓜，自卖自夸。

5. 木—入木三分

◎ 趣话"木"字

| 甲骨文 | 金文 | 篆文 | 隶书 | 楷书 | 行书 | 草书 | 标准宋体 |

《说文》里载,木,从地里冒出来的树木。在中国古代所讲的五行之中,东方属木。字形采用"屮"作偏旁,下部像它的根。"木"的甲骨文像上有枝干、下有根的一棵树。金文、篆文都沿袭甲骨文字形。隶书淡化篆文字形中树枝的形象,就是今天的"木"字。

◎ 汉字有故事:入木三分

释义:成语"入木三分",原是古人用来形容书法刚劲有力的词语,现在常用来比喻对文章或事物的见解深刻透彻。出自张怀瓘的《书断·王羲之》。

成语故事:晋朝有位大书法家名字叫王羲之,他的爸爸是东晋书法家王旷。王羲之七岁就很擅长书法,十二岁时发现他父亲藏在枕头下的前代书法秘籍《笔说》,他就偷偷拿出去读。

他的父亲发现了,问:"你为什么要偷我的藏品?"王羲之只是笑,却不答话。王旷见儿子年纪还小,担心他不能守住书法用笔的不传之秘,就对王羲之说:"等你再长大点,我会教你的。"王羲之就向父亲下拜,并诚恳地说:"请您现在就教我书法吧,不然我的少年时代就虚度了。"父亲很高兴,于是就将此书送给王羲之。研习了不到一个月,王羲之的书法就有了非常人的进步。

王羲之的启蒙老师卫夫人听说后,告诉太常王策说:"这孩子一定掌握了用笔的诀窍,看他现在的书法,已经非常老练了。"说完流泪道:"这孩子将来一定比我有名。"

后来,皇帝要去北郊祭祀,需要更换写有祝词的雕版。工匠雕刻的时候发现,王羲之书写的祝词,笔力渗入木头三寸有余。他在三十三岁写了《兰亭序》,

三十七岁写了《黄庭经》。据说写完后，天上有位叫"天台丈人"的神仙说："你的书法连我都喜欢，何况平常人呢？"

◎ **知识传送门：良禽择木而栖**

"良禽择木"这个成语原来的意思是，好的鸟儿懂得什么样的树木可以栖息，后来用来比喻优秀的人应该选择能发挥自己才能的好单位。

商朝末年，殷商武成王黄飞虎因为奸臣陷害，被迫投靠了周武王。后来战场上面对殷商旧臣关于他背叛君主的质问时，他反驳说："难道你没听说'良禽择木而栖，贤臣择主而事'这句话？"

◎ **"木"字的诗意**

1. 国破山河在，城春草木深。——唐·杜甫《春望》
2. 但见悲鸟号古木，雄飞雌从绕林间。——唐·李白《蜀道难》
3. 无边落木萧萧下，不尽长江滚滚来。——唐·杜甫《登高》

◎ **"木"字与歇后语**

1. 吃了木炭——黑了良心
2. 锤子敲钉子——入木三分
3. 你走你的阳关道，我过我的独木桥——互不相干

◎ **"木"字与谚语**

1. 单丝不成线，独木不成林。
2. 树木就怕软藤缠，身体就怕不锻炼。
3. 鲁班无木难造屋。

6. 林—瑶林琼树

◎ 趣话"林"字

甲骨文	金文	篆文	隶书	楷书	行书	草书	标准宋体
ᝬᝬ	林	梻	林	林	抹	抹	林

《说文》里载，林，平坦的地面上，丛生的树木叫作"林"。字形采用两个"木"会义。"林"字的甲骨文字形像两棵树并排。金文、篆文沿袭甲骨文字形。隶书将篆文的两个木上面枝条的形象写成横，楷书就沿袭了"木"这个形象。

◎ 汉字有故事：瑶林琼树

释义：成语"瑶林琼树"，意即就像用美丽的玉做的树木森林一样，后来多用来形容人的外貌或者能力出众，出自《晋书·王戎传》："王衍神姿高彻，如瑶林琼树。"

成语故事：王衍是西晋时的名士，字夷甫，出身于魏晋著名的名门望族琅琊王氏。他是曹魏时幽州刺史王雄的孙子、平北将军王乂的儿子、司徒王戎的堂弟。

王衍外表清明俊秀，风姿安详文雅。小时候他曾去拜访晋代重臣山涛，山涛见到他后大为喟叹说："不知道是什么样的老妇人，能生出这样俊朗的儿子！然而这个人将来可能坏了天下的大事。"

外戚杨骏听说王衍很有才华，想把女儿嫁给他。王衍认为这是耻辱，假装发疯躲了过去。晋武帝司马炎也听说了王衍的名声，就问他的堂兄王戎说："当今世上谁和王衍相似？"王戎说："当今世上没人可以跟他相提并论，要在古代人中找。"王戎还称赞王衍说，他的风度仪态高雅清澈，好像瑶林琼树，不似世间的人物。

王衍虽然容貌秀丽，但是却喜欢空谈浮夸。步入仕途后，他虽然手握重权，却没有为国家和人民贡献力量，导致西晋陷入了著名的"八王之乱"。

最终王衍被造反的石勒所俘获。他在与石勒交谈时，劝其称帝，石勒很生气，将他活埋，去世那年五十六岁。

◎ 知识传送门：绿林好汉

　　"绿林好汉"的故事源自西汉末年，王莽称帝后民不聊生，新市人王匡、王凤等揭竿而起，聚集在一座叫"绿林"的山中反抗朝廷。绿林山位于现在的湖北京山北境，附近百姓纷纷前来加入，最后发展至七八千人。

　　17年，王匡、王凤率众起事，以此为开端，王莽的统治终于被推翻。后来，绿林好汉就指那些成群结队聚集在山林之间，反抗当时朝廷或拦路抢劫的集团性组织。

◎ "林"字的诗意

　　1. 深林人不知，明月来相照。——唐·王维《竹里馆》
　　2. 停车坐爱枫林晚，霜叶红于二月花。——唐·杜牧《山行》
　　3. 牧童骑黄牛，歌声振林樾。——清·袁枚《所见》

◎ "林"字与歇后语

　　1. 风吹竹林——一边倒
　　2. 林冲上梁山——官逼民反
　　3. 少林寺的和尚——名扬四海

◎ "林"字与谚语

　　1. 人急投亲，鸟急投林。
　　2. 人生似鸟同林宿，大难来时各自飞。
　　3. 植树造林，富国富民。

7. 竹—势如破竹

◎ 趣话"竹"字

甲骨文	金文	篆文	隶书	楷书	行书	草书	简体标宋

《说文》里载,竹,一种冬季也能生长的植物,字形像下垂的箬箬。"竹"的甲骨文像一根细枝向下分开的六片叶子。金文基本承接了甲骨文字形。篆文承续金文字形。隶书则将字写成了两个"个"。在古代字形中,"艸"(表示草的意思)和"竹"字形相似而相反:叶片朝上为"艸"(草),叶片朝下为"竹"。楷书奠定了现代"竹"的字形。

◎ 汉字有故事:势如破竹

释义:成语"势如破竹",比喻战争或者事业节节胜利,发展势头迅猛。出自《晋书·杜预传》:"今兵威已振,譬如破竹,数节之后,皆迎刃而解。"

成语故事:三国末年,诸葛亮去世后,三国鼎立的局面慢慢被打破。实力最强的晋武帝司马炎灭掉了蜀国,然后篡夺了曹魏政权,下一个目标就是南下攻打东吴,统一整个中国。

他非常热心于这个计划,但是手下大部分臣子不赞成,因为他们觉得东吴实力还很强劲,而且有长江天险的地理优势,要攻打东吴尚需时日。

但是在抗吴前线的将军杜预不这么看,他同晋武帝的意见一样。杜预认为,吴国目前处于衰弱的状态,吴主孙皓荒淫无道,滥杀忠良。如果现在不灭掉它,等吴国换成一个英明的君主执政,成功的难度就会大增。

司马炎的心腹大臣张华也同意杜预的分析,于是司马炎下定决心伐吴。他任命杜预为征南大将军,于279年调动了六路大军,共二十多万兵马水陆并进,攻打吴国。

战况果然如同杜预所料,晋军很快攻占了江陵,斩杀了东吴数员统兵大将,一直打到长江边。长江天险一直以来就是吴国的屏障，不少人对渡江没有信心，希望能等到冬天再渡江。

杜预坚决反对这样做，他说："我军目前形势大好，士气高昂；对方处于被动挨打的局面，士气低落。如果此时进军，就好像顺着竹节的裂痕破开竹子那样势不可当。"

在他的带领下，晋朝大军渡过长江，迅速占领了吴国都城建业，结束了东汉末年三国鼎立的局面。

◎ 知识传送门：敲竹杠

清朝末年，鸦片走私猖獗。走私贩子为了躲避检查，把鸦片藏在竹子制的船篙里，从水路偷运。

有一次，一艘商船在浙江绍兴码头接受检查。一位官府的师爷吊着长烟袋，有意用烟袋杆在竹篙上敲了敲烟灰，敲得竹篙发出"嘟嘟"的声音。船主听见后脸色大变，偷偷地塞银子给这位师爷，请他不要再敲竹篙了。

此后，"敲竹杠"便成了敲诈别人钱财的代名词。

◎ "竹"字的诗意

1. 竹外桃花三两枝，春江水暖鸭先知。——宋·苏轼《惠崇春江晚景》
2. 竹径通幽处，禅房花木深。——唐·常建《题破山寺后禅院》
3. 过江千尺浪，入竹万竿斜。——唐·李峤《风》

◎ "竹"字与歇后语

1. 拔节的竹笋——天天向上
2. 大年夜的爆竹声——此起彼伏
3. 腰里插竹竿——横生枝节

◎ "竹"字与谚语

1. 记得少年骑竹马，看看又是白头翁。
2. 竹笋不怕千斤石，就怕牛来踏。
3. 清水才能装进竹心，真话才能装进人心。

8. 果—自食其果

◎ 趣话"果"字

| 甲骨文 | 金文 | 篆文 | 隶书 | 楷书 | 行书 | 草书 | 标准宋体 |

《说文》里载，果，树上结的籽实。字形采用"木"作偏旁，就好像果子长在树上。"果"字的甲骨文就像树上结满球状的果实。金文将甲骨文字形中的多颗果实省略成一颗，在里面画出籽粒。篆文将金文字形中的籽实形状简化成一横。楷书将篆文的简化成"果"。

◎ 汉字有故事：自食其果

释义：成语"自食其果"，意思是指因为自己做了某些坏事而得到报应或受到惩罚，自作自受。

成语故事：明朝时期，有位名叫丘濬的人，是当时最著名的学者之一。

有一次，他微服去一个寺庙游玩。庙里的和尚有些势利眼，他看丘濬的打扮既不像官员，也不像有钱人，于是怠慢他，对他不理不睬。

这个时候，有一位高级军官的儿子到了庙里面。那位和尚一看此人衣服华丽，仆人成群，便满脸堆笑，恭恭敬敬地上前服侍，生怕他有一点不高兴。

被冷落在一边的丘濬生了一肚子气，等到和尚安顿好那位贵公子后，丘濬愤怒地问和尚说："你这是狗眼看人低吧？就因为他的排场比我大，就冷落我而谄媚他，佛家不是说众生平等吗？"

和尚听了这话，觉得他不是一般人，担心他口才很好，会让自己难堪，便强词夺理说："先生您误会了！我这个人是这样的，表面上对某人客气，但内心未必对这个人客气；而内心对某人客气的，就没必要在表面上客气。"

丘濬一听，冷笑几声，举起手中的拐杖，就向那和尚的头上敲去，说道："我也是这样的人，我打一个人的时候，心里未必不喜欢这个人，我心里不喜欢一个人，表面上就不必打了。"

那和尚意识到丘濬不是普通人，不敢多说，哭丧着脸，自食其果。

◎ **知识传送门：掷果潘安**

西晋的潘岳姿容英俊，就是后世所说的潘安。他任河阳县令的时候，驾着车走在大路上，引起妇女疯狂围观。女人们手拉手围住他的马车，向他的车子投果子，于是他满载果实而归。掷果潘安，也可以理解为女子向自己心爱的人表白的行为。

◎ **"果"字的诗意**

1. 种园得果廑赏劳，不奈儿童鸟雀搔。——宋·范成大《春日田园杂兴》
2. 道是天公果惜花，雨洗风吹了。——宋·刘克庄《卜算子·片片蝶衣轻》
3. 雨中山果落，灯下草虫鸣。——唐·王维《秋夜独坐》

◎ **"果"字与歇后语**

1. 芭蕉结果——紧连心
2. 不栽果树吃桃子——坐享其成
3. 花果山的猴子——无法无天

◎ **"果"字与谚语**

1. 一树之果，有酸有甜；一母之子，有愚有贤。
2. 有因必有果，有利必有害。
3. 好树结好果，好铁铸好锅。

9. 荆—披荆斩棘

◎ 趣话"荆"字

| 金文 | | | | 篆文 | 隶书 | 楷书 | 行书 | 草书 | 简体标宋 |

《说文》里载,"荆",一种楚木。字形采用"艹"作偏旁,"刑"是声旁。荆,早期金文字形就像人的手和脚部位扎上了刺。晚期金文用"井"(表示陷阱)加"艹"(表示棘刺)组成,意思是在陷阱里放置棘刺。篆文沿袭了晚期金文字形。隶书误将"井"写成"开",同时将"艹"简写成"艹"。

◎ 汉字有故事:披荆斩棘

释义:成语"披荆斩棘",比喻在前进的道路上克服种种困难,清除种种障碍,一往无前。出自《后汉书·冯异传》。

成语故事:冯异是颍川父城人,从小就研读《孙子兵法》,早年是王莽的手下,后来成为东汉光武帝刘秀的"云台二十八将"之一。

西汉末年,王莽篡夺了政权。刘秀起兵反抗王莽时,冯异把父城献给刘秀。刘秀很欣赏他,让他为自己主管机要情报。这时候,刘秀的势力还比较弱,战事十分艰难,不少人都离开了刘秀,但冯异一直对他忠心耿耿。

后来王郎在邯郸称帝,刘秀率军征讨他,这是刘秀军事生涯中最难打的一仗。天气恶劣,而且没有粮草,连刘秀自己也挨饿受冻。这时候冯异想尽一切办法,找到一点豆子,熬成粥给刘秀喝,这才让刘秀振作起来。后来进军南宫的时候,大雨阻断了前进的道路,又是冯异找到了粮食,让战事起死回生。

刘秀记着他的功劳,提拔冯异担任偏将军、孟津将军等职务。他也没有辜负刘秀的期望,屡屡获胜,世人都称赞他的才华。

后来,刘秀登基做了皇帝,建立东汉政权。冯异率军平定了关中,刘秀册封冯异为阳夏侯,并让其担任征西大将军。

冯异的权势日益增大，朝中一些大臣猜忌他，向光武帝进言说，冯异在关中有自立为王的趋势，百姓也叫他"咸阳王"，要提防他谋反。但刘秀对此不屑一顾，说："冯异为我披荆斩棘，扫平关中，是个大功臣啊！"后来甚至把这些奏章给冯异看，以示不猜忌冯异的意思。

◎ **知识传送门：紫荆花**

传说有三个兄弟分家，约定将家里的一棵紫荆树砍成三截带走，还未动手，树木就枯萎了。三兄弟后来又团聚在一起，这棵紫荆树又重新发芽生长。

紫荆花，一直都是家庭和睦、兄弟亲密的象征。晋代文学家陆机有"三荆欢同株，四鸟悲异林"的诗句。

◎ **"荆"字的诗意**

1. 荆溪白石出，天寒红叶稀。——唐·王维《山中》
2. 渡远荆门外，来从楚国游。——唐·李白《渡荆门送别》
3. 群山万壑赴荆门，生长明妃尚有村。——唐·杜甫《咏怀古迹五首·其三》

◎ **"荆"字与歇后语**

1. 荆轲刺秦王——图穷匕首见
2. 刘备借荆州——有借无还

◎ **"荆"字与谚语**

1. 大意失荆州，骄傲失街亭。
2. 树荆棘得刺，树桃李得果。

10. 桑—指桑骂槐

◎ 趣话"桑"字

| 甲骨文 | 篆文 | 隶书 | 楷书 | 行书 | 草书 | 标准宋体 |

《说文》里载,桑,指的是蚕吃的一种阔叶灌木。字形采用"叒、木"会义。桑,甲骨文字形就像枝叶茂盛的树。篆文将枝叶状的"中"形写成"手"形,表示采摘树叶。

◎ 汉字有故事:指桑骂槐

释义:成语"指桑骂槐",意为指着桑树却骂槐树,比喻目的是骂这个人,实际上通过这个人影射另外的人。

"指桑骂槐"也是古代军事兵法《三十六计》之一,意思是用警戒的方法间接地威慑部下,使其对自己敬畏。也指利用手段,不战而屈人之兵。

成语故事:春秋时期,吴王阖庐对于当时著名的军事家孙武非常敬佩,他拜读了孙武的著作《孙子兵法》后,设法将孙武请到吴国,为他训练一支雄壮之师。

孙武在王宫见到了吴王,吴王对他的招待十分隆重,在宴席之上,吴王请教孙武怎样打造一支很有战斗力的军队,孙武回答说:"首先要令行禁止,只要士兵们能不折不扣地执行我的命令,那么就算是再弱的士兵也能变强。"

吴王不相信,就说:"那么就算给先生一支由宫女组成的军队,你也能把她们训练成战士了?"孙武点头称是,于是吴王就跟他打了一个赌。

席间有两位颇受吴王宠爱的娇滴滴的美人,也跟着凑热闹,请求让她们每个人各当一队的队长。

孙武开始整队的时候,宫女们你一团我一簇,叽叽喳喳说个不停,就连作为队长的两个美人也是一样,大家完全没有听见孙武集合的命令。

孙武看到这种情况,拔出自己的佩剑,命令手下的人说:"军队不听号令,是领导者无能的缘故，把带队的两位美女斩首示众！"

吴王听到这消息，慌忙过来求情道："小王已经知道将军您带兵有方，这两位美人是我宠爱的人，请饶她们一次吧！"

孙武拒绝了吴王的要求，他说："如果军令不能得到贯彻执行，那么军队永远也不能打胜仗。有句话'将在外，君令有所不受'，请原谅我不能同意大王您的意见。"

说完，当场将两个美人斩首示众，宫女们全部战战兢兢，不寒而栗。孙武再次发号施令时，所有人都听从指挥，进退有度。

后来，孙武果真为吴国打造了一支强大的军队。

◎ 知识传送门：沧海桑田

沧海：指的是大海。桑田：指种桑树的地，后来泛指农田。"沧海桑田"的意思是大海与农田相互转换，比喻人世间的事情变化很快，或者变化巨大。

◎ "桑"字的诗意

1. 开轩面场圃，把酒话桑麻。——唐·孟浩然《过故人庄》
2. 莫道桑榆晚，为霞尚满天。——唐·刘禹锡《酬乐天咏老见示》

◎ "桑"字与歇后语

1. 桑木扁担——宁折不弯
2. 摆着和尚骂贼秃——指桑骂槐

◎ "桑"字与谚语

1. 房前屋后，栽桑种柳。
2. 桑叶逢晚霜，愁煞养蚕郎。
3. 蚕无夜桑不饱，马无夜草不肥。

11. 叶——一叶障目

◎ 趣话"叶"字

甲骨文	金文	篆文	隶书	楷书	行书	草书	标准宋体
			叶	叶	叶	叶	叶
※	※	葉	葉	葉	葉	葉	葉

《说文》里载，叶，就是草木的叶子。"叶"简化前的字形是"葉"。甲骨文的字形是象形字，像树上长满圆片状的呼吸器官。金文将甲骨文字形中圆片状的部分改成枝杈的样子，表示众多树枝上长着众多片状呼吸器官。篆文将金文字形中枝杈的样子的写成"枼"，并在基础上加"艸"（表示植物），强调"葉"的"植物"特性。中华人民共和国成立后，"葉"字全部简化成"叶"。

◎ 汉字有故事：一叶障目

释义：成语"一叶障目"，意思是如果眼睛被前面一片小小的叶子挡住，人就完全看不到大大的世界。比喻被迷惑而看不到事情的整体或者本质，出自《笑林》。

成语故事：从前，楚国有一个男人，他虽然喜欢读书，但是家里十分贫穷。有一次他读《淮南子》这本书，看到这样一个故事：螳螂在捕捉蝉的时候，会用一片树叶遮住自己的身体，那只蝉就看不见它，所以这片树叶就有隐身的作用。要是有人能找到那片树叶，就能掌握隐身的本领。

读到这里，他兴奋不已，马上跑到树林里寻找正在捕蝉的螳螂，希望找到那片传说中的树叶。功夫不负有心人，还真让他遇到过一次，不过他去拿那片树叶的时候，手一抖，不小心将叶子掉落在地上的落叶堆里。

他实在找不到那片叶子，于是干脆将所有的叶子都带回家。

回家后他将此事告诉妻子，并一片片地试验这些叶子。他用叶子遮住自己的眼睛，然后一次次问妻子："你能看见我吗？"

刚开始，妻子一直实话实说："能看见。"后来，妻子实在是厌烦了，便骗他说："看不见你了！"

这人大喜，用这片叶子遮住眼睛，去闹市上拿别人的东西，结果被送到了官府。

◎ 知识传送门：金枝玉叶

金枝玉叶，原来是形容美好的树木和叶子。成语出自王建的《宫中调笑》词："胡蝶、胡蝶，飞上金枝玉叶。"后来专指皇家或者王公贵族的血脉，比如王子或者公主。有个很有名的故事叫"醉打金枝"，讲的是唐朝著名将领郭子仪的儿子郭暧，借酒壮胆而痛打刁蛮任性的老婆升平公主的故事。其中的公主就被称为"金枝玉叶"。

◎ "叶"字的诗意

1. 接天莲叶无穷碧，映日荷花别样红。——宋·杨万里《晓出净慈寺送林子方》
2. 不知细叶谁裁出，二月春风似剪刀。——唐·贺知章《咏柳/柳枝词》
3. 江南可采莲，莲叶何田田。鱼戏莲叶间。——汉·佚名《江南》

◎ "叶"字与歇后语

1. 芭蕉插在古树上——粗枝大叶
2. 冰雹砸荷叶——落花流水
3. 风吹落叶——一扫光

◎ "叶"字与谚语

1. 一叶遮目，不见泰山。
2. 树高千丈，叶落归根。

12. 苗—揠苗助长

◎ 趣话"苗"字

篆文	隶书	楷书	行书	草书	标准宋体
苗	苗	苗	苗	苗	苗

《说文》里载,苗,指的是田地里生长的植物。字形采用"艸、田"会义。苗,篆文用上面的"艸"(表示嫩芽)加上下面的"田"组成,意思是田里长出的嫩芽。隶书将"艸"简写成"艹",此后字形就确定下来。

◎ 汉字有故事：揠苗助长

释义：成语"揠苗助长"的意思是,因为等不及自己的禾苗长大,就用拔的方法让它长大,结果禾苗全部死掉了。现在比喻急于求成,采取违反事物发展规律的方法,结果只能是适得其反。

成语故事：古代,宋国有个人因为家道中落,被迫亲自去种地。因为他从未种过地,只能跟别人学,把禾苗全部种到地里去。

一天下来把他累得够呛,但是想着能收获很多稻米,就感觉心里美滋滋的。

第二天早上他满怀期待地去地里看禾苗,却感觉禾苗没什么变化；第三天他接着去看,结果依然如故。

到了第四天,禾苗还是那样感觉不到半点生长的迹象,这个人终于忍不住了。他想,我现在急需粮食,这禾苗长这么慢,我哪里有耐心等着它慢慢长!

晚上睡觉的时候,他辗转反侧,就是睡不着。后来,他灵机一动,想到了一个解决的办法。第二天他去地里,把所有的禾苗都往上拔,这下子他再也不用"担忧"他的禾苗长不大了!

一天下来尽管十分疲劳,但他感到非常高兴,对他的家人说："今天真是把我给累坏了,所有的禾苗都长高了!"

他的儿子听说后,感觉事情不对,急忙跑到地里去查看情况。但是为时已晚,被拔出来的禾苗都已经枯萎了。

◎ **知识传送门：疫苗**

我们经常听说"疫苗"这个词语，那么什么是疫苗呢？疫苗其实不是一种严格意义上的药，而是一种病毒或者细菌。科学家把某种病毒或者细菌微生物通过科技的手段，去掉它的有害成分，做成疫苗。

当疫苗注射到人类身体里的时候，它里面残存着该病毒的特性，使我们身体产生对这种病毒的免疫能力。等到下次真正的病毒入侵时，身体的细胞就知道怎样对付这类病毒，从而阻止这类病毒的入侵。

◎ **"苗"字的诗意**

1. 郁郁涧底松，离离山上苗。——魏晋·左思《咏史》
2. 六月不雨旸乌骄，飞蝗更剪深田苗。——宋·陈宓《长夏叹》
3. 心最怜渠旱菊苗，蕊青如粟间如椒。——宋·方回《探菊二首·其一》

◎ **"苗"字与歇后语**

1. 见了麦苗叫韭菜——五谷不分
2. 十亩园里一棵草——单根独苗

◎ **"苗"字与谚语**

1. 好种出好苗，好树结好桃。
2. 苗多欺草，草多欺苗。
3. 根不正，苗必歪，染坊拿不出白布来。

13. 荣—欣欣向荣

◎ 趣话"荣"字

| 金文 | 篆文 | 隶书 | 楷书 | 行书 | 草书 | 繁体标宋 | 简体标宋 |

《说文》里载，荣，一种桐木。字形采用"木"作偏旁，用省略了"火"的"燊"作声旁。荣，金文的字形像一片交叉生长的花丛。篆文误将金文字形上部的花朵写成两个"火"；下部草茎丛生状写成"秃宝盖"，并加上"木"，将金文的象形字变成会义字，强调树木开花。简体楷书将繁体楷书的两个"火"连写简化成"艹"，沿用至今。

造字本义：丛生绽放的繁花。

◎ 汉字有故事：欣欣向荣

释义：成语"欣欣向荣"，形容草木长得茂盛。比喻事业蓬勃发展。出自晋代陶潜《归去来兮辞》："木欣欣以向荣，泉涓涓而始流。"

成语故事：陶渊明字元亮，是东晋末至南朝宋初期中国伟大的诗人、辞赋家。人们常说的"陶潜"指的也是他。他是我国历史上第一位田园诗人，也是我国古代有名的隐士，著有《陶渊明集》。

陶渊明幼时家境还算不错，但是自从八岁父亲过世那年起，家道开始中落。到他二十岁的时候，尤其穷困。这一年，他开始准备出去闯荡，进入了官场。先是担任一些低等官僚，二十九岁这年，他出任州祭酒的职务，但很快就觉得不适应官场，于是辞职归家。

不久，州里官员听说他的大名，又召他做主簿，他却不应命，还是闲在家里。

后来，陶渊明终于又出来做官，但他还是比较向往隐居的生活。一年后因为母亲去世辞官守灵。三年丁忧期满，陶渊明第三次出仕，出任镇军将军刘裕的参军，最后的官职是彭泽县令，没想到他当了八十多天，因为看不惯官场黑暗，弃职而去，从此归隐田园做了隐士。

405年，他辞官回乡的途中，写了一篇《归去来辞》，其中有两句："木欣欣以向荣，泉涓涓而始流"，借欣欣向荣的春天的景象，来诉说自己心中的喜悦之情。

◎ 知识传送门：卖主求荣

卖主求荣的意思是出卖自己主人的利益，来谋求自己的荣华富贵。《三国演义》中有这样的故事：蜀地军阀刘璋的手下张松见刘备十分仁义，就做了他在蜀地的内应，想要出卖刘璋。他对刘备说：不是我要卖主求荣；今天遇到您，忍不住就对您掏心掏肺，竭力辅佐。

◎ "荣"字的诗意

1. 半开半落闲园里，何异荣枯世上人。——唐·罗隐《杏花》
2. 冰玉无尘彻骨清，世间荣禄一毫轻。——宋·曹勋《钱大参有和用韵谢之七首·其一》
3. 过眼荣华何足较，青门试问种瓜人。——宋·于石《次韵徐深之》

◎ "荣"字与歇后语

1. 刘姥姥进荣府——眼花缭乱
2. 卢生享荣华——黄粱好梦

14. 栗—战战栗栗

◎ 趣话"栗"字

甲骨文	金文	篆文	隶书	楷书	行书	草书	标准宋体
🌿	🌾	𠔿	桼	栗	栗	栗	栗

《说文》里载，栗，指的是一种果树。栗，甲骨文字体像一棵果树上结满球状但被刺包围的果实。金文淡化甲骨文字形中的刺球象形。篆文将金文字形简化，

隶书将篆文字形中的上半部分写成"西",将篆文字形中的下半部写成"木"。

◎ 汉字有故事：战战栗栗

释义：成语"战战栗栗",比喻因为紧张或者恐惧而浑身发抖的样子。战战：紧张害怕的样子。栗栗：哆嗦,发抖的意思。出自《韩非子·初见秦》。

成语故事：三国时期,曹操手下有一位叫钟繇的大臣。钟繇这个人非常有本领,一直做到朝廷官职最高的三公之一——太傅。

他生了两个儿子,大儿子叫钟毓,小儿子叫钟会,这两个人充分遗传了父亲博学多才的特点,少年时就非常有名。特别是钟繇晚年才生下的幼子钟会,更是聪慧异常。当时他跟着父亲去拜访朝中一品大员蒋济,后者对他父亲说："您的小儿子将来不是个平常人。"

魏文帝曹丕听到他俩的名声后,就下令接见弟兄两个。当时能见到皇帝是一件很荣耀的事,当然压力也很大。由于是第一次见皇帝,所以不免有些紧张,大哥钟毓脸上冷汗直流,魏文帝见了,便故意问钟毓为什么满头大汗。

钟毓拜倒在地回答："因为看到您的天颜,所以我感到颤抖和惶恐,汗水控制不住,于是就蜂拥而下。"

魏文帝点点头,觉得他说得很在理,扭头看见他弟弟钟会面色如常,一点汗都没流,于是饶有兴趣地问钟会："你哥哥说因为见到我的帝王威严,所以紧张得流汗,你为什么一滴汗都没有,是因为我的君威还不足以震慑你吗？"

钟会马上回答道："哪里,陛下的君威使得我战战栗栗,连汗都不敢出。"

魏文帝哈哈大笑,对钟会的印象更好,此后钟会的仕途便一帆风顺,甚至还承担了率军灭蜀汉的重任。

◎ 知识传送门：陆詟水栗

"陆詟水栗"(詟,惧怕),指的是人或者国家的威名远播,四方各国都臣服。出自东汉班固《后汉书·班彪传》："自孝武之所不征,孝宣之所未臣。莫不陆詟水栗,奔走而来宾。"意思是"自从孝武帝,孝宣帝以来,不曾被征讨所臣服的国家,都因为恐惧而来前表示臣服。"

◎ "栗"字的诗意

1.孟冬寒气至,北风何惨栗。——汉·佚名《孟冬寒气至》

2. 山果多琐细，罗生杂橡栗。——唐·杜甫《北征》
3. 一尺月透户，仡栗如剑飞。——唐·孟郊《秋怀十五首》

◎ "栗"字与歇后语

1. 六月天身发抖——不寒而栗
2. 煮熟栗子炒着吃——没事找事
3. 蜂蜜炒板栗——又甜又香

15. 豆——煮豆燃萁

◎ 趣话"豆"字

甲骨文	金文	篆文	隶书	楷书	行书	草书	标准宋体
豆	豆	豆	豆	豆	豆	豆	豆

《说文》里载，豆，古代吃肉时用的盛器。字形采用"口"作偏旁，象形。豆，甲骨文字形像一种高脚的器皿，内部加一横用来表示器皿中装有食物，上面的一横表示盖子。金文发生变异，省去中间"口"内的一横。篆文承续金文字形，基本确立了现代字形。古代经常借"豆"代替同音的"荳"，表示一种粮食作物，后来就约定俗成地用来表示豆类粮食。

◎ **汉字有故事：煮豆燃萁**

释义：成语"煮豆燃萁"，是一个成语，比喻亲兄弟间手足相残。原本出自南朝刘义庆《世说新语·文学》："文帝尝令东阿王七步作诗，不成者行大法。应声便为诗曰：'煮豆持作羹，漉菽以为汁，萁在釜下燃，豆在釜中泣，本自同根生，相煎何太急？'帝深有惭色。"

成语故事：东汉末年，曹操晚年考虑传位的继承人一共有两人，一个是长子曹丕，另一个就是三儿子曹植。

曹植从小就才华出众，当时的才子谢灵运曾说："天下的才能一共是十分，那么曹植一个就占了八分,我也占一分,还有一分其他世人共分。"

曹操非常喜欢曹植,一度有传位给他的考虑。但是当时的传统是将基业传给长子,所以曹操死后,曹植的哥哥曹丕当了魏国的皇帝,就是魏文帝。

曹丕从年轻时就嫉妒弟弟曹植的才华,同时因为争位又对他怀恨在心。继位之后,他就想找借口处置曹植,他说:"听说弟弟才华盖世,我一直不信。如果你在七步之内作出一首诗,那我就服了你,不然就以欺君之罪论处。"

曹植知道哥哥有加害之意,便在七步之内作了一首诗:

煮豆持作羹,漉菽以为汁。

萁在釜下燃,豆在釜中泣。

本是同根生,相煎何太急?

大意是煮豆的时候,下面用大豆的茎叶作为柴火。豆子在锅里面哭泣说,咱们是一个根上生出来的,为什么现在这么着急地要煮熟我?

曹丕听懂了,这首诗明着是说豆子,其实在暗喻兄弟之间手足相残。他感到十分惭愧,放过了曹植。

◎ 知识传送门:撒豆成兵

撒豆成兵,是中国历史上众多的传说之一。传说,有人把豆子撒在地上就能变成一支军队。后来有种说法,即撒豆成兵,并不是将豆子变成士兵,而是以豆子为载体,请地府的阴兵现身阳世,现代人认为这是古代一种传说中的魔法。

◎ "豆"字的诗意

1. 红豆生南国,春来发几枝。——唐·王维《相思》
2. 袅娜破瓜余。豆蔻梢头二月初。——宋·陈师道《南乡子·袅娜破瓜余》

◎ "豆"字与歇后语

1. 白水煮豆腐——淡而无味
2. 刀子嘴,豆腐心——嘴硬心软
3. 王八看绿豆——越看越对眼

16. 米——偷鸡不成蚀把米

◎ 趣话"米"字

甲骨文	金文	篆文	隶书	楷书	行书	草书	标准宋体

《说文》里载，米，指的是粟的果实。米，甲骨文字形像围绕着一根秸秆结满了很多米粒状的粟子。金文延续甲骨文的字形。篆文误将金文字形中秸秆中间的上下两颗粟粒连写成"十"字。隶书则将字形写成"木"加两点，现代字形就此确定。

◎ 汉字有故事：偷鸡不成蚀把米

释义：人们用"偷鸡不成蚀把米"这句话比喻便宜没有赚到，反而吃了大亏。

成语故事：古代，某个小镇上，有两个游手好闲的二流子，经常在镇子上偷鸡摸狗。整个镇子的人都很厌恶他俩，如果发现他们做坏事，就把他们打一顿。

一天，两人看上了一位农民家里的大公鸡，那公鸡威武雄壮。他们好几天没吃肉了，于是就想把这公鸡偷走。

他们合计了一下，趁这家人出去的时候去抓这只公鸡，没想到这只公鸡骁勇善战，反过来啄这两个二流子，把他们赶得满村乱爬。

这两个二流子满身都是伤，又坐在一起想主意，后来他们想了一个办法。去家里抓了一把米，用昨晚剩下的一点酒拌匀后，拿去喂这只公鸡。公鸡吃完后果然醉倒，两人就把公鸡偷走了。

二人藏到一座破庙里，将公鸡的毛褪干净，放到火上烤，刚烤熟，得到消息的鸡主人带着人追来了，二人魂飞天外，也顾不上吃鸡，马上逃走。这样，两个人鸡没偷到，还赔了一把大米。

鸡的主人看到鸡已经被杀了，只好请来帮忙的人一起分享。没想到这醉后被烤的鸡味道异常好，这种烹调方法由此流传下来，饭桌上就出现了"醉鸡"这道菜。

◎ 知识传送门：不为五斗米折腰

"不为五斗米折腰"，说的是陶渊明的故事。陶渊明在彭泽当县令的时候，浔阳郡派一位督邮来检查公务，这位督邮名叫刘云，每次都索要贿赂，如果不给就陷害官员。陶渊明为人正直，不想折腰参拜这些小人，就长叹一声，说："我不能为县令那微薄的五斗米薪水向官场的小人折腰！"然后陶渊明离开了上任仅八十一天的彭泽县，从此隐居，以诗书自娱。

◎ "米"字的诗意

1. 五月畬田收火米，三更津吏报潮鸡。——唐·李德裕《谪岭南道中作》
2. 稻米流脂粟米白，公私仓廪俱丰实。——唐·杜甫《忆昔二首》

◎ "米"字与歇后语

1. 炒了的虾米——红人（仁）
2. 大鸡不吃碎米——看不上眼
3. 老鼠跌进米囤里——因祸得福

◎ "米"字与谚语

1. 不当家不知柴米贵，不养儿不知父母恩。
2. 滴水成河，粒米成箩。

17. 季—季札挂剑

◎ 趣话"季"字

甲骨文	金文	篆文	隶书	楷书	行书	草书	标准宋体
𥝦	𥝦	𥝦	季	季	季	季	季

《说文》里载，季，是对同辈中年纪最轻者的称呼。字形采用"子"和省略了"隹"的"稚"会义，"稚"也作声旁。子，既是声旁也是形旁，表示小孩。

季，甲骨文用结穗的"禾"（"稚"字的省略，幼稚的意思）与"子"（小孩的意思）组合起来，表示幼子。金文、篆文承续甲骨文字形。隶书将篆文的下部写成现代汉语的"子"，形成了今天的"季"字。

◎ 汉字有故事：季札挂剑

释义："季札挂剑"，出自西汉刘向的《新序·杂事卷七》，讲述了一个我国古代人民优秀品质的故事。

成语故事：春秋时期，吴王的小儿子季札为人大方且很讲信义，人称季子。

有一次，季子奉吴王之命，到西边去访问大国晋国。他顺道拜访了徐国的国君，徐国国君很喜欢收集宝剑，他看到季子的宝剑锋利，就借来一观。

徐国国君手里攥着宝剑，良久不肯放手，虽然嘴上没有说什么，但神色中透露出想要这把宝剑的意思。

季子素来大方，可因为还要出使晋国，这把宝剑还有用，就没有当场把剑献给徐国国君，但他心里已经做出打算，在回程时将这剑赠予徐国国君。

没想到季子却没机会将这宝剑赠予徐君了。等他从晋国回来的时候，徐君已经死了。季子非常伤心，打算把宝剑送给继位的徐国国君。手下阻止他说："这是吴国的宝剑，不能做新君的贺礼。"

季子摇摇说："我这宝剑不是赠给新君的贺礼。前些日子上一任徐国国君想要我的宝剑，我因为还带这把剑去晋国，所以就想回来时赠给他，没想到他却去世了。如果我不把这把剑给他，良心不安，不是正人君子的作为。"

继位的徐国国君不肯接受这把剑，说："先君没有说过这件事，我不敢接受贵国的宝物。"最后，季子找到徐国国君的坟墓，把剑挂在了旁边的树上离开了。

◎ 知识传送门：季孙之忧

"季孙之忧"中的季孙指的是鲁国掌权大夫季康子。这个词语出自先秦孔子的《论语·季氏》："吾恐季孙之忧，不在颛臾，而在萧墙之内也。"

春秋时期，鲁国掌权的大夫季康子因为地位不稳，就想对外发动战争。他瞄准的是附近的颛臾国，但又犹豫不定，于是就去询问孔子的意见。孔子对他的学生说："一国的掌权者不注重内部治理，不能让百姓安居乐业，却总想着对外侵略，我认为季康子的注意力，不应该在颛臾国，而应该是国家内部的反对者。"

◎ "季"字的诗意

1. 季子正年少，匹马黑貂裘。——宋·辛弃疾《水调歌头·舟次扬州和人韵》
2. 洛阳苏季子，剑戟森词锋。——唐·李白《魏郡别苏明府因北游》
3. 季布无二诺，侯嬴重一言。——唐·魏征《横吹曲辞·出关》

◎ "季"字与谚语

1. 季节不等人，一刻值千金。
2. 养得一季蚕，可抵半年粮。

18. 本—舍本逐末

◎ 趣话"本"字

金文	篆文	隶书	楷书	行书	草书	标准宋体
米	棗	槑	本	本	夲	本

《说文》里载，本，树的下部叫"本"。本，金文字形就是在树的根部加三点指事符号，表示树在地下的吸取营养的器官。篆文在树的下方加倒三角，表示根的方向是扎入地下的。有些篆文将根部的三点简写成一横。隶书将篆文字形中的树枝形状简化成一横，就成为今天汉字的模板。

◎ 汉字有故事：舍本逐末

释义：舍本逐末，古代指的是不重视农业，而发展商业的做法。现在多用来表示舍弃事物的根本，去追求事物的细枝末节。

成语故事：战国时期，齐襄王派遣一名使者去赵国拜访国君。那时候赵国的实际掌权人是赵王的母亲赵威后，赵威后还没打开使者带来的书信，就问使者道："你们齐国今年的收成还好吧？百姓没有什么难处吧？你们的大王身体还好吧？"

齐国的使者马上就不悦了，他讽刺地说："臣奉我齐国大王的命令来向太后问好，您为何不先问问我大王的身体怎样，然后才问百姓和收成，怎么可以将低贱者放在高贵者的前头问候呢？"赵威后笑了笑回答说："道理不是这样的，如果收成不好，百姓就会饿死，如果没有了百姓，齐王怎样称霸群雄？哪有舍其根本先问枝节的道理呢？"

使者无话可说，赵威后又接着问："你们齐国有位隐士叫钟离子，他还好吧？他让老百姓有衣服穿，有食物吃，这是在帮助你们大王救济百姓，齐王为什么还不重用他？还有，叶阳子还好吧？他主张抚恤鳏寡孤独，对穷困的人进行补助，这是替你们大王存恤百姓，为何也没有重用他？北宫家有个女儿矢志不嫁，决定一辈子奉养双亲，为何至今未被你们齐国褒奖？还有子仲这个人，上不能报效你们大王，下不能好好治家，又不和诸侯搞好关系，你们大王为什么至今还让他活着呢？"

齐国使者大惊，对赵威后钦佩不已。

◎ **知识传送门：变本加厉**

变本加厉，本意指比原来更进一步发展。现在指某种不好的情况变得愈加严重。

这个词语原本是南朝梁武帝萧衍的长子萧统提出来的，他带人编撰了我国最早的文学总集《文选》，里面收录了从周代到六朝的文学作品，成为第一部高屋建瓴的文学总录。当时文人们把这本文集当作读书的必修课本。

萧统认为文学作品应该源于生活，却又高于生活，是生活的反映和升华，就好像冰是由水凝聚而成，但它却又变本加厉，比水要冷很多倍。

◎ **"本"字的诗意**

菩提本无树，明镜亦非台。本来无一物，何处惹尘埃。——唐·惠能《菩提偈》

◎ **"本"字与歇后语**

1. 变戏法的本领——全凭手快
2. 吃米不记种田人——忘本

◎ **"本"字与谚语**

1. 物有本末，事有终始。
2. 处事为人，信义为本。
3. 慈悲为本，方便为门。

19. 朱—近朱者赤，近墨者黑

◎ 趣话"朱"字

| 甲骨文 | 金文 | 篆文 | 隶书 | 楷书 | 行书 | 草书 | 标准宋体 |

《说文》里载，朱，指树心是红色的树。"朱"是"株"的本字。朱，甲骨文字形就是在树干（即木）中间加一圆点，表示树木的主干位置所在。有的甲骨文将圆点写成短横。金文、篆文承续甲骨文字形。隶书有所变形，将篆文字形中上部表示枝杈的形象写成一撇一横，树枝的形象消失。现代汉语恢复"朱"的形容词词性。

◎ 汉字有故事：近朱者赤，近墨者黑

释义："近朱者赤，近墨者黑"的意思是，如果跟朱砂离得近，很容易变红；跟墨水离得近，很容易变黑。这句话比喻如果多跟好人交往就会变好，要是跟坏人混迹在一起则容易学坏，强调了客观环境对人的影响。

成语故事：战国时期，有位臣子叫戴不胜，他想让自己的君主多多学习向善的道理，于是就问孟子应该怎么做。

孟子对戴不胜说："你希望你的君王学习向善的道理吗？那让我清楚地告诉你吧。现在假如有一位楚国的大夫，想要让自己的儿子说齐国话，那么你认为应该请齐国人教他呢，还是请楚国人教他？"

戴不胜说："当然是请齐国人教他更好。"

孟子接着说："好吧，假设我们给这个孩子找了一位齐国的老师，但是四周说话、聊天的都是楚国人，大家都用楚国话跟他交流，那么你认为他能学会齐国话吗？"

戴不胜说："不能。"

孟子接着说："假如我们为他请的老师是楚国人，但让他生活在齐国，比方说一个叫庄岳的地方。那么，就算你每天用鞭子打他，让他说楚国话，他也不可能说出来。"

戴不胜说："我明白您的意思，我们国家有一位品德高尚的人叫薛居州，我把他带进宫，让大王亲近他。"

孟子摇摇头说："你说薛居州是位贤者，想让他住在王宫中，这没有用。如果王宫中每个人都是像薛居州那样的贤者，那君王怎么会学坏呢？相反，如果王宫中的人都不是好人，那君王又向谁学好呢？一个薛居州根本不足以影响你们大王向善啊！"

◎ 知识传送门：朱雀

朱雀是中国古代的四象之一，是与青龙、白虎、玄武并列的传统四灵兽之一，它还有个名字叫朱鸟，或者太阳朱雀。

朱雀的形象跟凤凰有很大的联系，很多人认为朱雀就是凤凰或是凤凰的一种，或者认为凤凰生了朱雀，但实际上朱鸟与凤凰有区别，而且根据学者们对周朝文化的考证，朱雀可能是后世凤凰的原型。

◎ "朱"字的诗意

1. 雕栏玉砌应犹在，只是朱颜改。——五代·李煜《虞美人·春花秋月何时了》
2. 蜀道之难，难于上青天，使人听此凋朱颜。——唐·李白《蜀道难》

◎ "朱"字与谚语

1. 朱门酒肉臭，路有冻死骨。
2. 黄金难买朱颜驻。

20. 垂—功败垂成

◎ 趣话"垂"字

| 甲骨文 | 篆文 | 隶书 | 楷书 | 行书 | 草书 | 标准宋体 |

《说文》里载,垂,指的是偏远的边疆。垂,甲骨文的字形像树枝坠向地面。有的甲骨文把树枝的末端的形象画成挂着果子。篆文淡化了枝条形象,将甲骨文的树枝方向改为向下,同时误将甲骨文字形中的果实形象写成"土",强调枝条的方向是坠向地面。楷书将篆文的"土"误写成了"士"。楷书则将枝条形状简化,至此"垂"的字形确定。

◎ 汉字有故事:功败垂成

释义:成语"功败垂成",意思是指事情在极度接近胜利的时候出现意外导致前功尽弃。出自《三国志·杨阜传》:"弃垂成之功,陷不义之名,阜以死守之",以及《晋书·谢玄传论》:"庙算有余,良图不果;降龄何促,功败垂成。"东晋大将谢玄,早年间就以善于带兵著称。他最初在大将军桓温的手下做将军,后来前秦国君苻坚统一北方后,屡屡南下对东晋进行骚扰,朝廷需要一名大将坐镇北方抵御。谢玄的叔叔谢安当时不避讳两人是亲属,对谢玄加以任命。这一任命,连谢安的政敌都十分赞成。

成语故事:前秦王苻坚率领百万大军南下,谢安推荐谢玄担任前敌总指挥,最终取得了淝水之战的胜利。苻坚遭遇沉重打击,单骑逃回北方。谢玄率军乘胜追击,收复了北方的三魏之地。就在他雄心勃勃,准备统一北方之际,东晋孝武帝司马曜在朝臣的压力之下,命令谢玄收兵驻守淮阴。

谢玄自然不甘心如此,连发了多道奏折要求继续北上,但是朝内大臣以北方数州新定,民心不稳为理由,要求谢玄先稳定收复诸州的事务。谢玄心中郁闷,加上积劳成疾,屡次请辞都不被批准,最终在任职的路上病逝,时年只有四十六岁。

对此，《晋书》的作者感叹，谢玄的遭遇是"功败垂成"。

◎ 知识传送门：垂头丧气

"垂头丧气"，意为低着头，精神低迷，指人萎靡不振。

唐朝末年，唐昭宗在位时，政局混乱，各地节度使或藩王拥兵自重，根本不听朝廷号令。当时北方的两大节度使李茂贞、朱全忠都想挟持唐昭宗以令诸侯。太监韩全诲铤而走险，劫持了唐昭宗，想要献给李茂贞。但李茂贞害怕朱全忠，将皇帝转给朱全忠。韩全诲欲哭无泪，垂头丧气，被唐昭宗杀了。

◎ "垂"字的诗意

1. 子规啼月小楼西，玉钩罗幕，惆怅暮烟垂。——宋·李煜《临江仙·樱桃落尽春归去》

2. 星垂平野阔，月涌大江流。——唐·杜甫《旅夜书怀》

◎ "垂"字与歇后语

1. 被打败的公鸡——垂头丧气
2. 饿狗等骨头——垂涎三尺
3. 兔死还要跳三跳——垂死挣扎

21. 来——嗟来之食

◎ 趣话"来"字

《说文》里载，来，周代先人所接受的西域来的瑞麦（一株多穗或异株同穗之麦。古代以为吉祥之兆）。"来"，甲骨文的字形像叶子对生的麦子，顶部的一撇像麦穗。金文沿袭了甲骨文字形。篆文基本承续甲骨文字形，但误将对生的麦叶写成"从"。隶书基本承续篆文字形。有的隶书又将"从"简化成两点一横，至此麦形完全消失，简体楷书将字形定格为"来"。

◎ 汉字有故事：嗟来之食

释义：成语"嗟来之食"，意思是一种傲慢的、瞧不起人的、带有侮辱性的施舍。

成语故事：有一年，齐国发生了严重的饥荒，饥民遍地，哀鸿遍野。有一位贵人、大地主叫黔敖，他大发善心，在大路边摆上做好的饭和汤等食物，布施给灾民享用。

一天，大路上走来一位看起来饥肠辘辘的人。这个人的动作非常奇怪，他用袖子遮住自己的脸，脚上趿着鞋子，一步一停地慢慢走过来。

黔敖看见这个人过来了，左手拿着食物，右手端着汤，大声地对这个人喊道："喂！那个人，快点过来吃吧！"

那人愣了一下，瞪大他的眼睛，怒视着黔敖，愤慨地说："我如果能够吃下侮辱尊严得来的食物，怎么会饿成这个样子呢？"

说完，这个人扭头就走。黔敖知道自己说错了话，连忙追上前去向他道歉。

可是这个人仍然拒绝吃他的食物，最终饿死了。

对于这个成语所讲述的故事，后世有两种看法，一种赞叹这个人强烈的气节，而另一种以曾子为代表，他听到这件事后说："这个人的做法恐怕太极端了吧！刚开始黔敖的呼唤比较无礼，拒绝在情理之中。但人家随后进行了道歉，这时候吃下食物也没什么大不了吧。"

◎ 知识传送门：来龙去脉

"来龙去脉"这个成语的意思是比喻事物的前因后果，或者是事物是怎么来的，还有种说法是这个词语来自过去的风水先生，他们认为有一种连绵不绝的地形叫作"来龙去脉"。如果一种山脉的走势绵延不绝就像龙一样，这样的地形就被称为"龙脉"。

关于龙脉，古代有一种说法：泥土是龙身上的肉，石头是龙身上的骨头，花草树木是龙身上的毛发。而昆仑山，就是天下龙脉的发源地。

◎ "来"字的诗意

1. 俏也不争春，只把春来报。——毛泽东《卜算子·咏梅》
2. 忽如一夜春风来，千树万树梨花开。——唐·岑参《白雪歌送武判官归京》
3. 醉卧沙场君莫笑，古来征战几人回。——唐·王翰《凉州词二首·其一》

◎ "来"字与歇后语

1. 案板底下放风筝——飞不起来
2. 八十岁奶奶搽胭脂——老来俏
3. 鼻子上挂秤砣——抬不起头来

◎ "来"字与谚语

1. 船头坐得稳，不怕风来颠。
2. 骄傲来自浅薄，狂妄出于无知。

22. 丰—羽毛未丰

◎ 趣话"丰"字

甲骨文	金文	篆文	隶书	楷书	行书	草书	标准宋体

《说文》里载，丰，草势茂盛的样子。字形采用"生"作偏旁，像上下相达的样子。丰，甲骨文字形用"未"（表示枝叶茂盛的树木）加上"土"组合而成，表示在帝王所赐的土地四周种植高大茂盛的树木，用来标志所属的地界。金文延续了甲骨文字形。篆文简化金文字形，隶书继续简化字形，连篆文字形中的"中"也略去了，变成了"丰"。

◎ 汉字有故事：羽毛未丰

释义："羽毛未丰"本指小鸟的羽毛还没有丰满，后来比喻事物尚未成熟或实力还不够强大。出自西汉·刘向《战国策·秦策一》："秦王曰：'寡人闻之，毛羽不丰满者，不可以高飞。'"

成语故事：战国时期，洛阳人苏秦早年很困窘，年轻时曾经与张仪跟着一代大智者鬼谷子学习谋略兵法。学成之后回到家，被家里的人耻笑，他闭门读书，终于将纵横之术融会贯通。

于是他开始周游列国，找一位值得辅佐的君主。首先他来到当时日渐式微的周王室，周王室当时的君主是周显王，周显王身边的大臣都瞧不起苏秦，因此苏秦离开了。

在那个时候，西方的秦是大国，经过商鞅的变法后，秦国凭借着制度上的优势，再加上关中肥沃的土地，国力日益强大。但苏秦认为，秦国这时候还不能与其他大国相提并论，于是他打算去游说秦国的国君秦孝公，要他与山东各国结成同盟，然后蚕食小国慢慢壮大。

可是当他到了秦国的时候，秦孝公已经去世，秦惠王继位。苏秦游说秦惠王兼并各国，以成帝业，秦惠王对此不感兴趣，而且因为秦惠王刚刚处死了商鞅，对于说客，他很厌烦，于是客气地说："先生的智谋令人赞叹，可惜的是，我们秦国目前就如同一只羽毛还没长好的小鸟，要想达到先生所说的那种展翅高飞的情形是不切实际的。我很感激先生的教诲，对于称霸的事情，等以后有机会，一定详细请教先生。"

苏秦在秦国待了很久，前后上书十多次，秦惠王仍不动心。苏秦只好继续自己的旅途，终于在燕国受到重用。后来苏秦佩戴六国相印，压得秦军十五年内不敢出函谷关。

◎ 知识传送门：丰都城

丰都城，也写作酆都城。是中国古代传说中的"鬼城"，也就是人死后要去的地方。其实这个鬼城也是以讹传讹。东汉末年，有个叫"五斗米教"的教派在四川实力强大，而丰都就是他们的重镇。五斗米教因为使用巫术，被称为"鬼道"。所以，丰都就被称为"鬼城"。

◎ "丰"字的诗意

1. 稻花香里说丰年，听取蛙声一片。——宋·辛弃疾《西江月·夜行黄沙道中》
2. 莫笑农家腊酒浑，丰年留客足鸡豚。——宋·陆游《游山西村》

3. 忽过新丰市，还归细柳营。——唐·王维《观猎》

◎ "丰"字与歇后语

1. 丰都城里说大书——鬼话连篇
2. 节日的货摊——丰富多彩

◎ "丰"字与谚语

1. 种好管好，丰收牢靠；只种不管，打破金碗。
2. 大雪飞满天，来岁是丰年。

23. 梅—望梅止渴

◎ 趣话"梅"字

《说文》里载，梅，古代又叫"楠"，是一种酸果，可以吃。字形采用"木"作偏旁，"每"是声旁。"某"是"梅"的本字。某，金文用"甘"（表示甜味）加上"木"（即果树）组成，意思是一种又酸又甜的果子。当"某"的"果子"本义消失后，金文再加"木"另造"楳"代替；篆文加"每（生育）"另造"梅"代替，表示孕妇喜欢吃的酸甜果子。隶书后字形就趋向"梅"。

◎ 汉字有故事：望梅止渴

释义：成语"望梅止渴"，原意是梅子的味道很酸，人们想起吃梅子就会流口水，从而达到止渴的效果。后比喻因为自己的愿望很难实现，只好用幻想来安慰自己。源于南北朝刘义庆的《世说新语·假谲》。

成语故事：三国时魏国的实际缔造者曹操，字孟德，是三国时期著名的政治家、军事家和诗人。他雄才大略，足智多谋。

东汉末年，天下大乱，诸侯割据。曹操挟天子汉献帝以令诸侯，先后击溃了袁术、袁绍、吕布、马腾、刘表等割据势力，统一了中国北方。

除了南下攻打东吴时，在赤壁被周瑜打败之外，曹操一生基本没吃过败仗，他的智慧被后人广为称赞，下面一个小故事就体现了他的聪明之处。

有一年，曹操带兵攻打宛城的张绣，因为地形不熟悉，在有水源的地方错过了补给。在大部队长途跋涉的行军过程中，水喝光了，而四周又找不到可以取水的地方。

士兵们都非常渴，一时怨声载道。曹操指着不远处的一座山说："将士们，前面那座山上有一大片梅林，结了许多又甜又酸的梅子，大家快点到那座山，就有梅子解渴了。"

士兵们想到梅子的味道，嘴里马上流出口水，暂时缓解了口渴的状态，就这样坚持到了有水的地方。

◎ **知识传送门：梅妻鹤子**

北宋隐士林逋，字和靖，为人洒脱，他隐居在杭州的孤山上，一辈子不娶妻，也不生孩子。平时种梅花养仙鹤，自己说"我的妻子是梅，我的孩子是仙鹤"，被后世传为千古佳话。后来这个词语用来比喻避世隐居的清高隐士。

◎ **"梅"字的诗意**

1. 墙角数枝梅，凌寒独自开。——宋·王安石《梅》
2. 梅须逊雪三分白，雪却输梅一段香。——宋·卢梅坡《雪梅·其一》
3. 不经一番寒彻骨，怎得梅花扑鼻香。——唐·黄檗禅师《上堂开示颂》

◎ **"梅"字与歇后语**

1. 吃着梅子问酸甜——明知故问
2. 冬天吃梅子——寒酸
3. 陈醋煮青梅——酸上加酸

◎ **"梅"字与谚语**

1. 宝剑锋从磨砺出，梅花香从苦寒来。
2. 芒种万物播，夏至做黄梅；小暑耘收忙，大暑是伏天。

24. 麦——不辨菽麦

◎ 趣话"麦"字

| 甲骨文 | 金文 | 篆文 | 隶书 | 楷书 | 行书 | 草书 | 繁体标宋 | 简体标宋 |

《说文》里载,麦,一种带芒刺的谷物,秋天种下,等待冬天大雪深埋,因此称为"麦"。"来"和"麦"在古代是一个字。麦,甲骨文字形像叶子对着生的麦子。麦子不是中国古代原本就有的作物,而是从外国引进的品种,所以古人将它命名为"外来的"。甲骨文加上"夊"(就是倒写的"止",表示外来)另造"麦"与"来"字分开。金文、篆文延续甲骨文字形。隶书将篆文的"来"简写成"丰"。楷书也采用隶书字形。

◎ 汉字有故事:不辨菽麦

释义:成语"不辨菽麦"中"菽"古代指豆子。这个成语的意思是分不出豆子和麦子,形容人非常愚蠢。现在也用来形容一些没有生活常识的人。

成语故事:春秋时期,晋国国君晋厉公对自己手下的大臣郤至不满,找个借口杀了郤至一家人,在整个行动过程中,他的手下还趁机挟持了栾书、中行偃两名朝廷的高官。手下想要杀掉这两个人,但是晋厉公阻止了他们,并向这两个大臣道歉。

但是栾书、中行偃却被吓怕了,他们先下手为强,派手下抓住了晋厉公,然后开始考虑晋国继承人的问题。

他们的意中人是晋厉公的堂侄,当时年仅十四岁的周子。周子这个人,名字叫姬周,少年时就非常聪明,是接替晋厉公的最佳人选。

于是大臣士鲂等人在京师立周子为国君,就是历史上著名的晋悼公。对于他的继位,原本是有些阻力的。因为他有个哥哥,更有资格当君主。但是大臣们看周子年幼,对自己威胁不大,都夸周子贤能聪明,说周子的哥哥是个白痴,连豆子和麦子都分不清，怎么当国君？

　　周子后来果真成为一名有为之君，在他的统治下，晋国国力强盛，百姓安居乐业。可惜他的寿命不长，去世的时候年仅二十九岁。

◎ 知识传送门：麦丘之祝

　　麦丘之祝，是指很直接地指出别人的缺点。春秋时期，威名赫赫的齐桓公来到麦丘这个地方，遇到一位八十多岁的老翁。桓公命令老人为自己祝福。这位老翁说：一祝主君能活得久点，不注重金银财宝而注重人才；二祝主君好好学习，亲贤士远小人；三祝主君不要得罪群臣和天下的百姓。

◎ "麦"字的诗意

　　1. 梅子金黄杏子肥，麦花雪白菜花稀。——宋·范成大《四时田园杂兴·其二》

　　2. 夜雪初霁，荠麦弥望。——宋·姜夔《扬州慢·淮左名都》

　　3. 远山枫外淡，破屋麦边孤。——宋·杨万里《寒食上冢》

◎ "麦"字与歇后语

　　1. 掉进麦芒堆——浑身不自在

　　2. 麦粒掉进太平洋——沧海一粟

◎ "麦"字与谚语

　　1. 清明忙种麦，谷雨种大田。

　　2. 今冬麦盖三层被，来年枕着馒头睡。

25. 杨—百步穿杨

◎ 趣话"杨"字

| 金文 | 篆文 | 隶书 | 楷书 | 行书 | 草书 | 繁体标宋 | 简体标宋 |

《说文》里载,杨,一种树。字形采用"木"作偏旁,"昜"是声旁。昜,是"陽"的本字,表示日照。杨,古陶文由"木"(表示果树)和"昜"(表示日照)组合而成,意指喜阳的果树。篆文、隶书承续古陶文字形。楷书的"楊"简写成"杨"。

◎ 汉字有故事：百步穿杨

释义：成语"百步穿杨",源于楚国神射手养由基的典故。

春秋时期,楚国的神射手养由基射术精湛,能在一百步内射中树上的柳叶。后来比喻枪法或者箭法射术非常厉害的神射手,出自《战国策·西周策》《史记·周本纪》等。

成语故事：楚国有一位叫养由基的将军,他的箭术非常高超。有一次他在外面进行表演,在五十步以外设立一个箭靶子,上面用红笔画了一个圆心。养由基挽弓射去,正中红心。大家纷纷鼓掌,人群里有人喊："还能不能再远点？"养由基就命人把箭靶移到八十步,结果又是一箭中的。

养由基听到围观人们的喝彩声很高兴,于是在一棵大柳树的柳叶上做了记号,然后他离开这棵柳树一百步,拉满弓弦射出了箭。边上的观众一检查,果然射中了做记号的柳叶。他接连射了几次,都成功了,围观的人们大赞他百发百中。

这时候,有一位围观的人说："射得不错,要不要跟我学射箭？"养由基大怒说："大家都说我射术高超,你竟然说要教我射箭,你能先射几支箭,让我开开眼吗？"那个人说："我不能教你射箭的姿势,因为你的姿势已经很标准了。你刚才在百步之外射柳叶,虽然全部都射中了,但是你没有均匀地调整呼吸。等会儿你的精神稍有疲惫,弓拉的力量少点,箭稍微弯一点,那一箭就会偏离目标,你百发百中的名声也就毁了。"

养由基听了之后，觉得很有道理，就向他致谢。

◎ 知识传送门：杨家将的趣闻

杨家将，是我国民间流传的北宋名将杨继业一家四代保家卫国的故事。杨家从老令公杨继业开始，包括以杨六郎杨延昭为代表的七个儿子，以杨宗保穆桂英为代表的孙子辈，再加上杨文广为代表的下一代，为了抵抗辽国侵略，奋不顾身、死而后已。

但是据历史记载，传说中陷害杨家的潘仁美，本名叫"潘美"，是北宋名将，其实并没有迫害杨家。另外，杨延昭并不是排行第六，而是杨继业的长子。历史上也没有杨宗保这个人，杨文广其实就是杨延昭的儿子、杨继业的孙子。

◎ "杨"字的诗意

1. 今宵酒醒何处？杨柳岸，晓风残月。——宋·柳永《雨霖铃·寒蝉凄切》
2. 羌笛何须怨杨柳，春风不度玉门关。——唐·王之涣《凉州词二首·其一》
3. 草长莺飞二月天，拂堤杨柳醉春烟。——清·高鼎《村居》

◎ "杨"字与歇后语

1. 风吹杨柳——左右摇摆
2. 江边插杨柳——落地生根
3. 鲁智深倒拔垂杨柳——好大的力气

◎ "杨"字与谚语

1. 莫学杨树半年绿，要学松柏万年青。
2. 河边栽柳，道边栽杨。

26. 李—李代桃僵

◎ 趣话"李"字

甲骨文	金文	篆文	隶书	楷书	行书	草书	标准宋体

《说文》里载,李,一种树木的果实。李,甲骨文字形由"木"(表示树)和"子"(表示后代,比喻籽实)组成,意指树木所结的果实。金文、篆文承续甲骨文字形。隶书将篆文字形中的上面写成"木",将篆文字形中下部写成"子",就是今天的字形"李"。

◎ 汉字有故事:李代桃僵

释义:"僵"的意思是枯死。李代桃僵的字面意思是李树代替桃树而枯死。原来比喻兄弟之间非常友爱甚至可以相互献出生命。后来用以表示代替别人承受错误或者打击。

成语故事:春秋时期,晋国有个权臣名叫屠岸贾,他在国君晋景公的面前进谗,使赵国赫赫有名的赵朔灭族,全家老小一个不留。

赵家家主赵朔的妻子,是晋国国君的姑姑庄姬公主。屠杀开始的时候,怀孕的公主已经进了宫。屠岸贾听到这个消息想要斩草除根,要求杀掉公主。晋景公不忍心杀公主。屠岸贾退一步,想要杀掉公主诞下的婴儿。

公主在宫中生下一名男婴,屠岸贾搜查的时候,公主把婴儿藏在裤子里,这才躲过了搜查。没有收获的屠岸贾估计婴儿已被偷送出宫,马上悬赏缉拿。

赵家有位忠心耿耿的门客公孙杵臼,他找到赵朔的朋友程婴帮忙,想要把赵家的最后一个孩子保全下来。于是两人商量了一个计划,公孙杵臼带着一个冒充赵氏孤儿的孩子逃到首阳山,程婴便去向屠岸贾告密,让他以为这是赵氏的孩子,从而保全真正的赵氏孤儿。

正巧这时候程婴的妻子生下一个男婴,他就把自己的亲生儿子交给公孙杵臼带走。屠岸贾接到程婴的报告，在首阳山抓到了公孙杵臼和一个男婴。他杀掉公孙杵臼，摔死了那个婴儿。

赵氏孤儿被内应从宫里带出来。程婴带着他逃往外地，十五年后，赵氏孤儿长大成人，回去报仇，最终手刃屠岸贾。

此时，程婴功成名就，不肯享受荣华富贵，他说："我早就该跟公孙杵臼一起去死，只是有未完成的使命罢了！"说完自尽身亡，人们把他和公孙杵臼葬在一起。

◎ **知识传送门：投桃报李**

投桃报李，原来的意思是别人送给我桃子，我就拿李子回赠他。比喻两个人之间互相帮助，互赠礼物。这个词语出自《诗经·大雅·抑》："投我以桃，报之以李。"

◎ **"李"字的诗意**

1. 桃李无言又何在，向风偏笑艳阳人。——唐·杜牧《紫薇花》
2. 洛阳城东桃李花，飞来飞去落谁家。——唐·刘希夷《代悲白头翁》

◎ **"李"字与歇后语**

1. 李时珍看病——手到病除
2. 韩湘子拉着铁拐李——一个吹，一个捧
3. 李逵穿针——粗中有细

◎ **"李"字与谚语**

1. 桃李不言，下自成蹊。
2. 瓜田不纳履，李下不正冠。

27. 柳—桓公叹柳

◎ 趣话"柳"字

甲骨文	金文	篆文	隶书	楷书	行书	草书	标准宋体
(字形)	(字形)	(字形)	(字形)	(字形)	(字形)	(字形)	柳

《说文》里载,柳,就是一种小杨木。柳,甲骨文字形由"木"(表示树)和"卯"("留"的省略,积水池的意思)组成,意思是长在池边的、喜湿的树木。金文承续甲骨文字形。篆文将金文的字形写成左右结构。隶书的"柳"就是今天的字形。

◎ 汉字有故事:桓公叹柳

释义:桓公叹柳,典故出自《晋书·桓温传》,东晋权臣桓温有次北征,经过昔日自己服役的军营,看到年轻时种下的一棵小柳树,已长成大树,惊觉自己竟然成为一个老人,于是感叹时光如白驹过隙。

成语故事:桓温是东晋时著名的政治家和军事家。历史上很多史学家认为他跟三国时期的同乡曹操很像,都有惊世的军事才华,同时又曾经权倾朝野。不同的是,曹操的儿子最终成功称帝,而桓温的儿子却被灭族。

桓温年轻时替父亲报仇,手刃仇人子女,后来做了晋明帝的驸马,从此仕途顺风顺水。

桓温一生致力于北伐,史书上记载,他大规模的北征共有三次,这个成语中涉及的北征应当指的是太和四年,即369年伐燕的那次。

那时候桓温已经功成名就,但是年轻时候许下的统一全国的梦想却还没有实现。作为一代枭雄,桓温再次见到自己年轻时所植的细柳,已经枝繁叶茂,再看看自己白发皓首,禁不住唷叹世事无常,沧海桑田。

桓温最终还是没能完成统一北方的梦想。北伐失败后,他想仿照魏王曹操,让晋帝为他加九锡(即九种礼器。是天子赐给诸侯、大臣有殊勋者的九种器用之物,是最高礼遇),但是被政敌谢安借故拖延,一直到病死。

◎ 知识传送门：柳暗花明

陆游是南宋著名文学家和爱国诗人。陆游因为支持张浚出师北伐，被官员弹劾免职。他被免官后，回到故乡。有一天春光明媚，他在田野上游览，不由得诗兴大发，作了一首《游山西村》诗词，其中有两句："山重水复疑无路，柳暗花明又一村。"

柳暗花明原指景色优美，柳树暗绿花色明媚，现在多用来比喻绝境当中突然出现转折、希望。

◎ "柳"字的诗意

1. 渭城朝雨浥轻尘，客舍青青柳色新。——唐·王维《渭城曲》
2. 羌笛何须怨杨柳，春风不度玉门关。——唐·王之涣《凉州词二首·其一》
3. 最是一年春好处，绝胜烟柳满皇都。——唐·韩愈《早春呈水部张十八员外》

◎ "柳"字与歇后语

1. 东园桃树西园柳——好不到一块儿
2. 开春的柳絮——满天飞

28. 药—不可救药

◎ 趣话"药"字

隶书	楷书	行书	草书	繁体标宋	简体标宋
葯	藥	药	药	蒭	藥	药

《说文》里载，药，一种可以治病的草木。字形采用"艸"作偏旁，"乐"是声旁。约，既是声旁也是形旁，表示束缚。药，甲骨文、金文、篆文字形都没有记录，隶书由"艸"（意思是草本植物）加上"约"（束缚的意思）组成，表示将草药敷在伤口部位。楷书将下面的"約"写成"约"。

◎ 汉字有故事：不可救药

释义：成语"不可救药"，指不能用药物治愈好的病，后来比喻人或者事物达到无法挽救的地步。

成语故事：自从武王伐纣开始，西周王朝经历了几百年的统治，终于走到尽头。国家的统治阶级日渐腐朽，不断搜刮民脂民膏，欺压人民和奴隶。

周厉王是历史上有名的昏君。他即位后，把全国的山川河流都收归己有，禁止百姓们砍柴打猎和捞鱼，甚至还派人监视百姓的一言一行。谁敢议论他，不是被抓就是被杀。结果百姓们不断起义，周厉王的统治摇摇欲坠。

不少忠贞的臣子见到如此情况，都对周厉王进行劝谏。其中有一位老臣叫作凡伯，他极力劝谏周厉王以仁为本，改变其倒行逆施的施政纲领。可是周厉王对他的劝诫如同耳旁风一样，根本不采纳。

一些奸臣看到这种局面，就对凡伯落井下石，说他愚蠢不识时务。凡伯长叹一声，写下一首诗，表达了对这些奸臣的愤怒，大意是这样的："上天都已经要对我大周降下惩罚，你们这些奸臣贼子不但不劝诫君主，反而来讽刺我，你们气焰如此嚣张，真是不可救药。"

不可救药的不仅仅是奸臣，周厉王同样自食其果。公元前842年，平民与奴隶发生暴动，王宫被占领，周厉王逃到外地，最终客死他乡。

◎ 知识传送门：狗皮膏药

狗皮膏药的传说，最早起于八仙之一的铁拐李，传说他发明了狗皮膏药，能止痛化瘀消肿。

而历史上非常有名的狗皮膏药，是大明崇祯年间的江西人姚本仁所创。他本是宫廷御医，明朝灭亡后回到老家，开了一间药堂，为老百姓治病。因为他的膏药涂在狗皮上，所以被称为"狗皮膏药"。姚本仁乐善好施，悬壶济世，使得这个膏药的美名在民间广为流传。

但是今天这个成语变成了贬义词，比喻假货或者骗人的东西。

◎ "药"字的诗意

1. 松下问童子，言师采药去。——唐·贾岛《寻隐者不遇》
2. 有情芍药含春泪，无力蔷薇卧晓枝。——宋·秦观《春日》

3. 庭前芍药妖无格，池上芙蕖净少情。——唐·刘禹锡《赏牡丹》

◎ "药"字与谚语

1. 良药苦口利于病，忠言逆耳利于行。
2. 三分吃药，七分调理。
3. 对症下药，药到病除。

29. 枣——囫囵吞枣

◎ 趣话"枣"字

金文	篆文	隶书	楷书	行书	草书	标准宋体

《说文》里载，枣，就是羊枣。字形采用两个"束"会义。枣，金文用两个"束"（荆棘的意思）组成，篆文延续了金文字形。楷书将重复部分用两点表示，字形就变成了今天的"枣"。

◎ 汉字有故事：囫囵吞枣

释义：成语"囫囵吞枣"，意思是把枣不加咀嚼地整个咽下去，比喻学习的时候不动脑筋，死板地接受知识，导致一知半解。

成语故事：相传，有一个人买了一大堆的枣子和梨子，坐在树下就开始啃了起来。这时候有一位老人家路过这里，也坐在树下纳凉休息。

这个人很尊敬老人，就请老人一起吃枣子和梨子。老人向他道谢，看着他狼吞虎咽，就对他说："小伙子，你这样吃太多梨子和枣子，对身体不太好啊！"

那人不吃了，请教老人这到底是为什么。老人说："就拿梨子来说吧，虽然梨子对牙齿有利，但吃多了却会伤人的脾。"听了这位老人的话，这个人就把梨子推到一边，捡了一个枣子丢进嘴里。

老人看了看他，继续说道："枣子虽然有益于人的脾，但是却对牙齿有害！"

那个人听了,把枣子也推到一边,很生气地说:"那不是什么都不能吃了!"

但是转念一想,突然哈哈大笑起来。老人问他为什么笑,他说:"我想到好办法了!如果梨子有益于牙齿不利于脾,那么我嚼完,不咽下去不就完了?如果枣子利于脾,而对牙齿有害,那么我不咀嚼它,直接吞下肚子,不就两全其美了吗?"说完丢了一个枣子到嘴里,直接咽了下去。

老人被他弄得哭笑不得,这就是"囫囵吐枣"的故事。

◎ 知识传送门:让枣推梨

让枣推梨,讲的是古代两位品德高尚的孩子推让食物的故事,现在指兄弟之间友爱团结。《南史·王泰传》说:"王泰小的时候,祖母在床上撒了一些枣子,其他小孩都去抢,只有王泰等大家拿够了才动手去捡。"

《后汉书·孔融传》说:"孔融四岁的时候,每次兄弟们分梨,他都要最小的那个。"

这个故事,流传到今天,依然是亲兄弟之间相互友爱的例证。

◎ "枣"字的诗意

1. 枣花至小能成实,桑叶虽柔解吐丝。——宋·王溥《咏牡丹》
2. 江上数株桑枣树,自从离乱更荒凉。——唐·王建《维扬冬末寄幕中二从事》

◎ "枣"字与歇后语

1. 吃枣子不吐核——囫囵吞枣
2. 有枣无枣三竿子——乱打一通

◎ "枣"字与谚语

1. 歪瓜裂枣甜。
2. 枣发芽,种棉花。
3. 牡丹虽好空入眼,枣花虽微结成果。

30. 粱—黄粱美梦

◎ 趣话"粱"字

| 金文 | | | | 篆文 | 隶书 | 楷书 | 行书 | 草书 | 标准宋体 |

《说文》里载,粱,一种米的名字。粱,金文像一个人用弯刀在收割秸秆很高的庄稼,由"米"(就是庄稼籽实)加上"刅"(表示创,用刀割的意思)组成。还有的金文用"水"(就是酒)加上"米"再加上"刅",表示酿酒的谷物。篆文承续金文字形。隶书则基本确定了现在的"粱"字形。

◎ 汉字有故事:黄粱美梦

释义:成语"黄粱美梦",原来指在煮黄色小米饭期间做了一场美梦,现在比喻不现实的虚幻梦想。出自唐代沈既济的《枕中记》。

成语故事:有一个人叫卢生,在一次旅途中,住进了邯郸的一家客栈。在客栈里,他遇到了一位修道的道士,叫作吕洞宾。

他跟吕洞宾聊得非常投缘,于是跟他说了自己贫困不得志的事。吕洞宾见他长吁短叹,不由得心生恻隐。他对卢生说:"如果你只是想追求荣华富贵,那么我倒是可以帮忙让你体验一回。"

卢生一听这话,连忙起身向吕洞宾鞠躬作揖道:"还望仙师成全。"

吕洞宾从包裹里掏出一个青瓷枕头,对他说:"你带回去,枕着它睡一觉,就会得到荣华富贵。"

卢生从吕洞宾手中接过青瓷枕头,如获至宝。这时候店主来问他晚饭吃黄色小米可好,他点点头,店主就去做饭了。

卢生看离饭熟还有一段时间,就带着枕头回房间睡觉。

睡得迷迷糊糊的时候,突然听到锣鼓喧天。出门一看,原来是清河崔府的人来找他,说老太爷看中他的才学,要把漂亮贤惠的女儿嫁给他。

他喜不自胜，就在崔家当起了女婿，埋头苦读。然后中了进士，三甲出身，被吏部派遣任渭南都尉，然后一路升迁到御史、采访使、节度使，最后被皇帝召到京城担任宰相。

而他的后人也了不得，与崔氏所生的五个儿子，个个出人头地，还跟朝廷的名门望族通婚，皇帝还封他为燕国公，荣宠备至。

八十岁这年，他终于寿终正寝。当咽下最后一口气的时候，他从梦中惊醒，起身看看楼下，店主煮的那锅饭，还没有熟呢。

这个故事流传下来，"黄粱梦"或"邯郸梦"说的都是这个故事。

◎ **知识传送门：膏粱子弟**

膏粱子弟，比喻富贵人家过惯享乐生活的子弟。北魏孝文帝想要以门第出身来选择人才，大臣李冲问他："陛下这样做是为了那些膏粱子弟呢，还是想要治理国家？"魏孝文帝说当然是要治理国家，李冲就问魏孝文帝："那么平民出身的傅说、吕望这些人才您不想要了？"魏孝文帝说："这样的人才我当想要，但是门第出身好的人，品德好的概率比较高。"所以没听李冲的话。

◎ **"梁"字的诗意**

1. 夜雨翦春韭，新炊间黄粱。——唐·杜甫《赠卫八处士》
2. 避席畏闻文字狱，著书都为稻粱谋。——清·龚自珍《咏史》
3. 即看人世应微笑，未熟黄粱昼梦纷。——宋·毛维瞻《白云庄》

◎ **"梁"字与歇后语**

1. 高粱秆上挂个破气球——垂头丧气
2. 老鼠吃高粱——顺杆（秆）爬

31. 芒—芒刺在背

◎ 趣话"芒"字

金文	篆文	隶书	楷书	行书	草书	标准宋体
芒	芒	芒	芒	芒	芒	芒

《说文》里载，芒，指的是草叶的尖端。芒，古代由"艸"（表示叶子）和"亡"（没有的意思）组成，篆文字形与金文字形相似。隶书将篆文的"艸"写成"艹"，将篆文的下部写成"亡"，跟现代字形类似。

◎ 汉字有故事：芒刺在背

释义：成语"芒刺在背"，形容内心因为极度恐怖不安，就像有刺在背上扎一样。成语出自东汉班固《汉书·霍光传》。

成语故事：霍光，是西汉时期著名的大臣，他是麒麟阁十一功臣之首，也是汉代名将、前大司马霍去病同父异母的弟弟。

汉武帝时期，霍光服侍左右，深得武帝欢心。汉武帝生前因为种种原因未能明确继位人，他临死的时候，继位的昭帝还很年幼，汉武帝就命令由大司马兼大将军霍光、御史大夫桑弘羊等辅佐昭帝。

霍光的外孙女是昭帝的皇后，他本来就跟昭帝很亲近。后来辅政大臣桑弘羊因密谋废除昭帝而被铲除，霍光就完全掌握了汉朝的军政大权。

后来昭帝去世了，他没有子嗣，所以霍光就立了汉武帝的孙子昌邑王刘贺为帝。但很快，霍光发现自己的选择错了。刘贺整天吃喝玩乐，荒淫无道。霍光深思熟虑之后，召集大臣将刘贺废掉，找到武帝的曾孙刘询，让他继位，史称汉宣帝。

汉宣帝即位的时候，霍光权势滔天，而且已经废了一个皇帝，因此他十分忌惮霍光。即位大典谒见祖庙的时候，宣帝看见一旁的霍光身高力壮，气势威严，感觉非常敬畏，就像背上有刺一样难受。

宣帝每次见到霍光，都畏畏缩缩小心翼翼，这种感觉直到霍光病逝才消失。

◎ **知识传送门：锋芒毕露**

锋芒毕露，原指刀锋和矛尖都露在外面。现在比喻气势和才干全都显露在外。锋：锋利的意思。芒：原来是指谷麦头上的细刺，后来比喻枪头和矛尖。

三国时，有个人叫诸葛恪，他是诸葛亮的哥哥诸葛瑾的儿子，小的时候就以聪明著称。孙权非常欣赏他的才华，称赞他比父亲诸葛瑾还要有才干。

诸葛瑾并没有为自己的儿子自豪，反而忧虑地说："这孩子锋芒毕露，将来要么会振兴我们的家族，要么会让我们的家族灭门啊！"果然，诸葛恪掌握了吴国军政大权后恣意妄为，吴国的君主和大臣群起而攻之，诸葛恪的家族被夷灭。

◎ **"芒"字的诗意**

1. 黄金错刀白玉装，夜穿窗扉出光芒。——宋·陆游《金错刀行》
2. 目极千里无山河，麦芒际天摇清波。——唐·柳宗元《闻黄鹂》
3. 虏阵横北荒，胡星曜精芒。——唐·李白《出自蓟北门行》

◎ **"芒"字与歇后语**

1. 宝剑出鞘——锋芒毕露
2. 针尖对麦芒——针锋相对

◎ **"芒"字与谚语**

1. 过了芒种，不可强种。
2. 真理像锥子，口袋藏不住它的锋芒。
3. 芒种开了铲，夏至不拿棉；小暑不算热，大暑三伏天。

32. 篱—寄人篱下

◎ 趣话"篱"字

金文	篆文	隶书	楷书
籬	離	離	篱

《说文》里载，篱，形声字。竹是偏旁，离是声旁。金文用"竹"（表示用竹子做的篱笆）加上"离"（疏离）再加上"隹"（家畜和家禽的意思）组合而成，意思就是隔开家禽家畜的篱笆。篆文将金文中家禽的字形改成"离"加上"隹"。隶书沿袭了篆文字形，现代楷体字则将下面的"隹"省去，改为"篱"。

造字本义：用竹子做的可以隔开家禽家畜的篱笆。

◎ 汉字有故事：寄人篱下

释义：成语"寄人篱下"，原指自己没有住处，只好住在别人的家里，现在指无法自食其力，需要依靠别人才能生活。出自《南齐书·张融传》。

成语故事：南北朝时期，南齐有个读书人名叫张融，他出身名门，父亲是长史张畅、爷爷是郎中张纬。张融这个人其貌不扬，却毫不自卑，走路昂首挺胸，举止夸张。他反应机敏，身有异才，世人都很敬佩他。

张融与南齐太祖萧道成相识很早，萧道成还没有做皇帝的时候，张融的才学和人品就深深地打动了他。

张融有辩驳之才，而且讲话幽默。

有一次，萧道成问张融家住哪里。张融回答说："请您猜一猜，我在陆地上居住，但却不住在房屋里；我住在船上，但却不在河上睡觉。"萧道成左思右想不得其解，就问他的亲戚张绪。张绪告诉皇上说："张融家住在东山岸边，把一条小船拖到岸边的陆地上，住在里面。"

萧道成答应封张融当长史，可是诏书很久都没有下。张融想了个办法，故意让皇帝萧道成看见他骑着一匹瘦得可怜的马上朝。萧道成问他说："你作为这么大的官，为什么骑的马却这么瘦，你每天喂它多少饲料？"张融回答说："名义上我应该喂它一石粟，但是它还没有吃到啊！"萧道成明白了张融话里有话，很快下了升迁的命令。

张融主张写文章要有独创性，说："孔子能够创作那么好的文章，我们都是男子汉，为什么要去模仿，像鸟雀那样寄人篱下呢？"

◎ 知识传送门：移东篱，掩西障

从前有个人，他用篱笆将自己的鸡保护起来，防止被狐狸偷走。有一天，他发现西边的篱笆坏掉了，想修好，可是没有材料。于是灵机一动，把东边的篱笆拆下来，放在西边，然后就觉得大功告成。到了晚上，东边的鸡都被偷光了。

"移东篱，掩西障"这句话的原意是说拆了东边的篱笆去盖西边的东西，后来比喻毫无长久打算，只求暂时应付。

◎ "篱"字的诗意

1. 篱落疏疏一径深，树头花落未成阴。——宋·杨万里《宿新市徐公店》
2. 东篱把酒黄昏后，有暗香盈袖。——宋·李清照《醉花阴·薄雾浓云愁永昼》
3. 知有儿童挑促织，夜深篱落一灯明。——宋·叶绍翁《夜书所见》

◎ "篱"字与谚语

1. 一个篱笆三个桩，一个好汉三个帮。
2. 篱笆扎得紧，狐狸钻不进。

33. 萝—松萝共倚

◎ 趣话"萝"字

| 篆文 | 隶书 | 楷书 | 行书 | 草书 | 繁体标宋 | 简体标宋 |

《说文》里载，萝，莪蒿的意思。萝，篆文用"艸"（表示植物）加上"罗"（用网捕捉的意思）组合而成，表示结成网的植物。隶书将篆文的"网"简写成"四"。简体楷书以"夕"代替繁体楷书的"维"，就是现在的"萝"。

造字本义：枝蔓结成网状的藤蔓植物。

◎ 汉字有故事：松萝共倚

释义：成语"松萝共倚"中的萝是一种依靠于松树上的植物；倚：依靠的意思。这个成语的意思是像萝依靠着松树那样互相帮助扶持，一般用来比喻夫妇间关系和睦融洽。出自元王子一的《误入桃源》。

成语故事：东晋时期，太白金星奉了玉皇大帝的命令，到凡间考察赏罚人间的善恶。

到了天台山桃源洞的时候，发现里面住着两位仙子。她们原本都是紫霄玉女，只因为偶尔动了凡心，被贬到了人间修炼。

太白金星正想去检查一下这两位仙子的修行情况，发现有两个修道的道士正往山上走来。这两人看到太白金星就作揖，自报姓名，一个叫刘晨，另一个叫阮肇，都来自天台县。他们询问太白金星这山中可有仙人指点别人修行。太白金星看此二人都有仙风道骨，又跟那二位仙子有缘，于是将两个仙子居住的地方指给他们。

刘晨和阮肇见到二位仙子，都是两两有意，于是就在桃源洞双双结为夫妻。婚后两对夫妇琴瑟和鸣，如胶似漆。

一年后，刘晨和阮肇突然想起家乡，说要回去看看。两位仙子私下商量说："咱们俩姐妹本来想跟他们白头到老，松萝共倚，没想到现在他们起了思乡之情，看来缘分尽了。"于是送他们出山。

刘晨回到家后，家乡没人认识他。他当年种下的小树，已经变成参天大树，这才知道，原来山间一日，世间已经过了很久。

他俩看淡了世情，太白金星遂将四人带回天庭，位列仙班。

◎ 知识传送门：女萝

先秦著名文学家屈原的《九歌·山鬼》当中有"若有人兮山之阿，被薛荔兮带女罗"的诗句，"女罗"其实是"女萝"，也就是我们所说的是松萝。它是一种附生在松树上，成丝状下垂的藤蔓植物，也有人说泛指菟丝子这种植物。

◎ "萝"字的诗意

1. 绿竹入幽径，青萝拂行衣。——唐·李白《下终南山过斛斯山人宿置酒》
2. 松竹翠萝寒，迟日江山暮。——宋·曹组《卜算子·兰》

34. 芍—芍药无用

◎ 趣话"芍"字

金文	篆文	隶书	楷书
𠂉	芍	芍	芍

《说文》里载，芍，凫茈也。金文里的"芍"就是一棵草的形象，用"竹"（表示植物）和"勺"（表示植物的外形）组合而成。篆文沿袭了金文，但是将下部写成"弓"字加上一横，隶书再将下部简化为"勺"，于是就确定了现代字体。

◎ 汉字有故事：芍药无用

成语故事：东汉末年，神医华佗因为丞相曹操有头疼的毛病，就留在了京师。曹操为了让华佗方便研究中草药，就在其宅院之前建了个药园，让华佗用来种药草、做药房，向人们传授医术。

有一天，一位外地的官员进贡给曹操一棵芍药，曹操听说植物的名字里有个"药"字，就把它赐给华佗。华佗从未见过芍药，把它种植后，采集了芍药的叶、茎、花研究，发现这植物没有什么药用价值，心想一定是曹操弄错了。

当晚深夜，华佗还在看医书，忽然传来一阵女子的哭声。他循着声音抬头向窗外看去，只见月光下有位美女在那边掩面哭泣。华佗急忙出门寻找，可是哪里还有那女子的踪影？定睛看时，那女子站的位置，刚好是那棵芍药所种之处。

他摇摇头觉得蹊跷，又回到屋子里。刚一坐下，哭声便又传过来，他出门看又不见人影，只有芍药在风中摇曳。他把这事告诉夫人，夫人说："一定是你错怪了芍药，这植物如果名字里有药字，肯定有药用价值。"

华佗很生气道："我行医多年，若是有药用价值，我岂能分辨不出！而且我已经将它的茎叶花全部研究过，完全不能做药，怎么冤枉了它？"

事隔几日，华夫人突然血崩腹痛，华佗刚好在外，丫鬟见桌子上有什么植物的根，误以为是老爷开的草药，就煎水给夫人服下，没想到夫人的病症马上缓解。等华佗回来，夫人已经痊愈。

华佗百思不得其解，忽然发觉芍药已被挖出，而且根不见了，这才知道原来是芍药的根治好了夫人的病。华佗这才意识到，自己忘记了研究芍药根的药效。

◎ 知识传送门：采兰赠芍

"采兰赠芍"这个成语出自《诗经·郑风·溱洧》："维士与女，伊其相谑，赠之以芍药。"意思是男子送给女子味道清香的兰花，而女子回赠给男子芍药，指相爱的男女之间相互赠送礼物，表达爱意。

◎ "芍"字的诗意

1. 有情芍药含春泪，无力蔷薇卧晓枝。——宋·秦观《春日》
2. 芍药打团红，萱草成窝绿。——宋·洪咨夔《卜算子·芍药打团红》
3. 芍药与君为近侍，芙蓉何处避芳尘。——唐·罗隐《牡丹花》

35. 乔—误付洪乔

◎ 趣话"乔"字

| 甲骨文 | 金文 | 篆文 | 隶书 | 楷书 | 行书 | 草书 | 标准宋体 |

《说文》里载，乔，高而曲也。乔，金文用"止"（表示前往）加上"高"（表示高楼）组成，意思是登上高楼。有的金文将"止"写成"又"。篆文将金文字形中的"止"和"高"的上端连写成"夭"（大步走的意思），将金文字形中的下部简写成"高"。隶书将篆文的字形写成"喬"，简体字变成"乔"，沿用至今。

◎ 汉字有故事：误付洪乔

释义：成语"误付洪乔"，意思是帮别人寄信却把信件寄丢了或者信件没有收到。

成语故事：洪乔是东晋官员殷羡的字。殷羡是陈郡长平人，在平定苏峻叛乱的战役中立下很大的功劳。他的儿子殷浩，是东晋非常有名的清谈人物。

晋元帝因为其幼子司马昱的出生感到很高兴，于是就赏赐群臣。殷羡就跟晋元帝推辞说："皇子降生这件事，虽然是普天同庆，但我在这件事上没什么功劳，无功受禄，实在惭愧。"晋元帝听后笑着说："不要推辞了。在我生儿子这件事上，怎么会有别人的功劳？"

后来殷羡即将离开京师，去豫章担任太守。当时没有正式的邮差，大家都是让朋友或者熟人帮忙带信。很多人都托殷羡带信去豫章，他客气地把信全部都收下。后来走到石头渚这个地方时，他把信都抛进了水里，大声说道："你们自己漂流吧，能浮的浮，不能浮的就沉下去，我殷洪乔难道是信使吗？"

后来当人们发现信件不见的时候，就会说："一定是你误把信件让殷洪乔带去了吧！"

◎ 知识传送门：江东二乔

《三国演义》里说，东汉末年，天下大乱。丞相曹操建了座铜雀台，说要在上面与二乔共乐。二乔，指的是江东一位乔公的两个女儿，大乔与小乔。据说二乔都是天姿国色。孙策当年占领江东后，与好友周瑜分娶了这两位美女，大乔当了孙策的妾，小乔成为周瑜的妻子。后来诸葛亮就用铜雀台这件事，使得周瑜下定决心与曹操决战赤壁。

◎ "乔"字的诗意

1. 遥想公瑾当年，小乔初嫁了，雄姿英发。——宋·苏轼《念奴娇·赤壁怀古》
2. 东风不与周郎便，铜雀春深锁二乔。——唐·杜牧《赤壁》
3. 南有乔木，不可休息。——先秦·佚名《汉广》

36. 榆—失之东隅，收之桑榆

◎ 趣话"榆"字

金文	篆文	隶书	楷书
楰	蝓	榆	榆

《说文》里载，榆，即白枌。"木"是它的偏旁，"俞"是它的声旁。榆的古文字形像一棵树。金文用"木"（指一种树木）再加上"俞"（表示树身挖空做成的小船）组成，指这种树木在古代经常被做成小船。篆文将右边下部简化成"刂"，隶书的"榆"基本就是现代的字形。

◎ 汉字有故事：失之东隅，收之桑榆

释义：成语"失之东隅，收之桑榆"，比喻开始在这一方面惨遭失败，不料却在另一方面取得胜利。

成语故事：汉光武帝刘秀称帝，建立了东汉政权后，盘踞在长安的赤眉军就成了他的心腹大患。第二年春天，长安陷入断粮危机，几十万赤眉军在樊崇领导下向西转移，但是被据守天水的军阀隗嚣阻击，赤眉军吃了败仗，只得又回长安。

在他们离开的这段时间，刘秀的大将邓禹占据了长安城。经过激战，赤眉军打败了邓禹，九月又重新占领长安。这年冬天，赤眉军的粮食供应仍然极度困难，不得已于十二月引兵东进。刘秀一面派能征善战的大将冯异率军西进，在华阴阻击赤眉军；一面派重兵在新安和宜阳屯驻，防止赤眉军回来。

冯异不愧是刘秀手下数一数二的将领，他率领的西路军，同人数占优势的赤眉军相持了六十多天。这时候邓禹率部到达，同冯异会师。

邓禹部将邓弘进攻赤眉军被打败，邓禹、冯异只好亲率主力救援，在回溪吃了大败仗。冯异战败后，命令精兵穿着赤眉军的衣服，伏在路旁。然后派人挑战赤眉军，等赤眉疲惫的时候，伏兵一起冲出来。赤眉军分不清敌我，在崤底被冯异彻底击败。

后来赤眉军的残余在宜阳又陷入包围圈，樊崇等人只好投降了刘秀。至此，赤眉军基本退出了历史舞台。

论功行赏的时候，刘秀颁布了《劳冯异诏》。其中有几句话这样说："将军虽然开始在回溪低下了翅膀，但最终在渑池展翅高飞。这就是所谓的'在日出的东方失去的东西，却在日落的西边又得到了。'"

◎ **知识传送门：榆钱饭**

榆树在古代，曾经被人们看成是"救命树"。因为饥荒的时候，榆树的种子、叶子甚至树皮都能拿来充饥，所以有这么一说。

其中最著名的是"榆钱饭"。榆钱，就是榆树的种子，外形又圆又薄，就好像钱币一样，因此得名。榆钱的谐音是"余钱"，所以老百姓吃用榆钱煮成的饭，也有希望丰年有余的意思。

◎ **"榆"字的诗意**

1. 山一程，水一程，身向榆关那畔行，夜深千帐灯。——清·纳兰性德《长相思·山一程》
2. 杨花榆荚无才思，惟解漫天作雪飞。——唐·韩愈《晚春二首·其一》
3. 关城榆叶早疏黄，日暮云沙古战场。——唐·王昌龄《从军行七首》

◎ "榆"字与歇后语

1. 春天的榆树——有余（榆）钱
2. 死榆木轱辘子——不好摆弄

37. 蓬—蓬荜生辉

◎ 趣话"蓬"字

篆文	隶书	楷书	行书	草书	标准宋体
蓬	蓬	蓬	蓬	蓬	蓬

《说文》里载，蓬，即艾蒿。蓬，篆文用"艸"（表示植物，藤蔓）和"夆"（即"逢"，相遇的意思）组成，表示藤蔓相簇，隶书将篆文的"艸"写成"艹"，从此确定了现代字形。

造字本义：比喻茂密丛生、阻碍道路的一种草。

◎ 汉字有故事：蓬荜生辉

释义：成语"蓬荜生辉"，指某事物或者某个人的到来使得自己的房子里面增添了不少光辉，也有人说"蓬荜增辉"。这个成语是自谦的说法，如果不了解这一点，就会让别人笑话。

成语故事：韩复榘是民国时期主政过山东省的一个军阀，他胸无点墨，却喜欢故作文雅。据说，有次他去齐鲁大学讲话，他是这样说的：

"诸位，各位，在齐位，各位先生女士们，今天是什么天气？今天是演讲的好天气。大家欢聚一堂开会，不知道人来齐了没有？大概来了五分之八，没来请举手！"

"很好，人都到齐了。你们来得非常茂盛，敝人也很感冒大家。……今天校庆，请兄弟我来训一训，有说得不对的地方，我们大家应该互相谅解。你们是文化人，都是大学生、中学生和留洋生，都是人才。你们这些乌合之众有学科学的，还有学化学的，都懂六七国的英文，兄弟我是个大老粗，甚至连中国的英文也不懂。……你们是笔筒里爬出来的，兄弟我是炮筒里钻出来的，今天到这里讲话，大家一定觉得蓬荜生辉，感恩戴德吧！其实我并没有资格给大家讲话，讲起来嘛，就像是对牛弹琴。"

其实，这只是后人编的一个笑话。真正的韩复榘不仅识字，而且有一定的文化。

◎ **知识传送门：飘蓬断梗**

飘蓬断梗意指随风乱飘的蓬草和随波逐流的断枝。现在比喻生活不安定，到处漂泊，行踪不定。

清代孔尚任《桃花扇·哭主》中这样说："赵构在金国的九京当人质时，虽然是皇家子嗣，金枝玉叶，其实还不如天上随风而飞的蓬草或者地上随波逐流的断枝。"

◎ **"蓬"字的诗意**

1. 征蓬出汉塞，归雁入胡天。——唐·王维《使至塞上》
2. 此地一为别，孤蓬万里征。——唐·李白《送友人》
3. 贤愚千载知谁是，满眼蓬蒿共一丘。——宋·黄庭坚《清明》

◎ **"蓬"字与歇后语**

1. 大街上的乞丐——蓬头垢面
2. 顺风扯满蓬——一帆风顺

◎ **"蓬"字与谚语**

1. 衙门钱，一蓬烟；生意钱，六十年；种田钱，万万年。
2. 蓬生麻中，不扶自直。
3. 独柴难引火，蓬柴火焰高。

38. 根—斩草除根

◎ 趣话"根"字

金 文	篆 文	隶 书	楷 书	行 书	草 书	标准宋体
桹	根	根	根	根	根	根

《说文》里载,根,就是树的地株。跟,篆文用"木"(表示树)和"艮"(即"跟",表示脚底)组成,意思就是树的脚跟,比喻树木在地下、使之"站稳"的部分。隶书简化了"艮"的字形,就是现在的"根"。

◎ 汉字有故事：斩草除根

"斩草除根",本来的意思是除草时必须要将野草连根除掉,才能让草不再生长。比喻对于祸根要铲除干净,才能免去后患,出自《左传·隐公六年》。

成语故事：东汉末年灵帝时期,有十位太监弄权,被称为"十常侍"。十常侍得到皇帝的宠爱,把持朝政,连官职都可以拿来卖,朝廷中的有志之士对他们恨之入骨。

中平六年（189年）四月,汉灵帝病危,为了自己的后事,他召大将军何进入宫。何进原本只是一个杀猪的,向来目光短浅,后来他妹妹入宫当了嫔妃,生下了皇子刘辩,就被立为皇后。何进便慢慢执掌了大权。

后来灵帝又喜欢上了王氏,生下了皇子协。何皇后感到了威胁,就毒死王氏,灵帝的母亲董太后收养了皇子协。

皇帝想要立皇子协为继承人。太监蹇硕说："想让皇子刘协继位的话,必须杀掉何进。"皇帝同意了,就以商量后事为借口,召何进入宫。

何进走到宫门口,有人给他报信说太监要杀他,何进立刻回去召集兵马进攻皇宫。

这时灵帝已经去世,何进派袁绍带兵去抓十常侍。这些太监知道大事不好,就跑到何皇后那里大哭求饶,说："都是蹇硕自己的主意,他想要谋害大将军,与我等无关。"甚至有太监还杀了蹇硕以表忠心。

何皇后于是叫哥哥不要杀其他的太监，只将蹇硕灭族。

袁绍听说了这件事，劝何进说："不如就此机会将宫内的太监一网打尽，我们大汉的清明盛世就可以恢复。"

听从妹妹意见的何进不同意，袁绍劝说："斩草除根，才能免去后祸。"

何进还是不听，最后他果真死于太监之手。

◎ 知识传送门：落叶归根

落叶归根是指树叶长在树上，如果凋谢后，最终还是会腐烂，成为树根的养料。后来比喻人和事物的归宿是一样的，多指去外面打拼的人，最终回到自己的故土。这句话出自宋代释道原《景德传灯录》卷五："叶落归根，来时无口。"

◎ "根"字的诗意

1. 咬定青山不放松，立根原在破岩中。——清·郑板桥《竹石》
2. 望门投止思张俭，忍死须臾待杜根。——清·谭嗣同《狱中题壁》

◎ "根"字与歇后语

1. 拔了萝卜窟窿在——有根
2. 草地上的蘑菇——单根独苗
3. 打破砂锅问到底——追根到底

◎ "根"字与谚语

1. 打蛇打七寸，挖树先挖根。
2. 教人教心，浇花浇根。

39. 杏—小贩卖杏

◎ 趣话"杏"字

甲骨文	金文	篆文	隶书	楷书
杏	杏	肖	杏	杏

《说文》里载，杏，是一种水果。以木为偏旁。甲骨文造字的时候，字形像一棵树下面有一张嘴巴，表示杏是一种可以吃的果实。金文将上部的字形变化为"木"，篆文隶书和楷书都延续了金文的字形。

◎ 汉字有故事：小贩卖杏

从前有一位小贩，他家里的杏子熟了。采摘下来后，就坐在路边卖杏子，很快就有一位老太太走到他的面前，挑挑拣拣。

小贩对老人说："老人家，你放心买，我家的杏子，甜得很，保证您吃完还想吃。"那个老太太听了这句话，停止了挑选的动作，说："你的杏子是甜的吗？那我不买了。"然后转身走了。原来她的儿媳妇怀孕了想吃酸的东西，所以老太太想买点酸杏子回去。

这位小贩看着老人家远去的背影想，原来现在的人不喜欢甜的啊！这下知道了。

不一会儿，又来了一个人，问这位小贩："你的杏子是酸的还是甜的？"

小贩回答道："是酸的，来吧，多买点！"

那人听了这话，说："我不爱吃酸的，算了，去别家买吧！"

这小贩一下子有点不知所措，心想，这些人还真是众口难调！不过，再有人来问的话，自己要怎么说才行呢？

一会儿，一群人过来买杏子，有人问他："你的杏子是酸的还是甜的？"他笑着说："我的杏子又酸又甜！"以为这个回答毫无破绽。

但是买杏子的人却七嘴八舌地议论起来：

"酸的就是酸的,甜的就是甜的,怎么可能又酸又甜?"

"这是个骗子吧?"

"咱们快走吧,不要买这个人的杏子了!"

然后人群一哄而散,这个小贩没有卖掉一个杏子。

杏子是酸是甜,尝了就知道,而且不会改变。这位小贩只想赚钱,为了利益可以颠倒黑白,如此不诚信,做生意失败也就在情理之中。为人处世也是一样,如果为了利益就去撒谎,那么最终只能是搬起石头砸自己的脚。

就如同这个小贩,如果他真实地说出杏子到底是酸是甜,那么他至少可以卖掉一些杏子。

◎ **知识传送门:杏雨梨云**

杏雨梨云,字面的意思是杏花就像雨点一样落下,梨花就像云彩一般洁白。这个词语用来形容春天花团锦簇,温暖美好的样子。

明代许自昌的戏剧《水浒记·冥感》中,阎婆惜的鬼魂去找张文远的时候,说:"慕虹霓盟心,蹉跎杏雨梨云,致蜂蝶恋昏。"这里的"杏云梨雨"就是指过去美好的时光。

◎ **"杏"字的诗意**

1. 借问酒家何处有,牧童遥指杏花村。——唐·杜牧《清明》
2. 沾衣欲湿杏花雨,吹面不寒杨柳风。——宋·志南《绝句·古木阴中系短篷》
3. 昔年八月十五夜,曲江池畔杏园边。——唐·白居易《八月十五日夜湓亭望月》

◎ **"杏"字与歇后语**

1. 吃了筐烂杏——心酸
2. 拿着扫帚上杏树——扫杏(兴)

40. 兰—义结金兰

◎ 趣话"兰"字

篆文	隶书	楷书	行书	草书	繁体标宋	简体标宋
蘭	蘭	蘭	兰	蘭	蘭	蘭	兰

《说文》里载，兰（繁体字是蘭），是一种香草。蘭，篆文用"艸"（就是草）和"闌"（即"欄"，栅门的意思）组合而成，表示挂在栅门上的香草。隶书将篆文"艸"简化成"艹"。楷书则改为了比较简化的"兰"字。

◎ 汉字有故事：义结金兰

释义：成语"义结金兰"，源自《世说新语·贤媛》："山公与嵇、阮一面，契若金兰。"金兰，原来指朋友间关系融洽，后来代指结义兄弟或者姐妹。义结金兰指的是一些人情投意合，结拜为兄弟或者姐妹。

中国历史上非常有名的"义结金兰"是《三国演义》中刘备、关羽、张飞的桃园三结义。

成语故事：刘备少年时家境贫寒，以贩卖草鞋为生。黄巾军起义爆发之后，东汉朝廷在各地招兵，原是汉室宗亲的刘备很想为国家出一份力，但是想到自己怀才不遇，就忍不住叹了一口气。

就在这时候，他听到后面响雷一般的声音说道："大丈夫应当为国效力，你在这里长吁短叹有什么用？"他回头一看，原来是一个大汉。

那人自我介绍道："本人姓张，名飞，字翼德，是个杀猪的，兄台如果有意，我们一起参军怎么样？"

刘备很高兴，就跟张飞找了间酒楼喝酒。正在这时，一位汉子走了进来，大声说："快给我弄点饭菜吃！吃完了我要去投军。"

刘备和张飞看这个大汉相貌威武、威风凛凛，就知道不是平常人。于是上前去交谈，原来这位就是关羽关云长。

三人越谈越投机，张飞就提议说："我家的后院有一片桃园，不如我们三个在那里结拜成异性兄弟如何？"

刘备与关羽一起称赞这个主意很妙。他们三个就在桃园里焚香叩拜，义结金兰。

后来，这三个人真的做到了福祸相携，休戚与共。

◎ 知识传送门：空谷幽兰

空谷幽兰，原来指在幽静的山谷中盛开着优雅的兰花。兰花很优雅，深山中的兰花更是难得，这个成语比喻不可多得的人品，比如清代刘鹗《老残游记》第五回："空谷幽兰，真想不到这种地方，会有这样高人。"明代张居正《七贤咏叙》也说：夫幽兰之生空谷，非历遐绝景者，莫得而采之，而幽兰不以无采而减其臭。

◎ "兰"字的诗意

1. 驾长车，踏破贺兰山缺。——宋·岳飞《满江红·写怀》
2. 轻解罗裳，独上兰舟。——宋·李清照《一剪梅·红藕香残玉簟秋》
3. 黄沙百战穿金甲，不破楼兰终不还。——唐·王昌龄《从军行七首》

41. 昙—昙花一现

◎ 趣话"昙"字

《说文》里载，昙，云层散布的意思。字形采用"日、云"会义。昙，最早写作"曇"，大篆（也就是籀文）中，用"日"（太阳的意思）加上"雨"（云雾的意思）组合而成，表示日照云雾。篆文承续篆文字形，隶书延续篆文字形。简体字省去正体楷书的"雨"，就是今天的"昙"。

造字本义：阳光照射下滚动的云雾。

◎ 汉字有故事：昙花一现

释义：成语"昙花一现"，用来比喻非常美好却又短暂的事物或者岁月。昙花是一种非常美丽的花，但是它开花的时间很短，几个小时就会凋谢。

成语故事：传说，昙花原是一位花神仙子，在天庭她每天都会开花，而为她浇水的是一位俊俏的年轻人。日子一天天过去，昙花仙子感觉四季都非常灿烂，因为她爱上了这位每天照顾她的年轻人。

那位年轻人也坠入了情网，两人就这样相亲相爱了一段时间。后来玉帝得知了他们两个的情事后雷霆大怒，下令将昙花仙子关起来。为了惩罚她，她不能再像以前随时开花，而一年只能开一次花，而且每次很快就凋零。

至于那个年轻人，玉帝让他去灵鹫山，赐法名韦陀，在那边修行。

韦陀的悟性很高，过了几年，佛法大进，他果然忘掉了昙花仙子。就算他多次经过昙花仙子被困的地方，也记不得跟这朵花有何纠缠。

但是花神却忘不了自己的情郎。经过多年观察，昙花仙子知道，每年暮春时韦陀都要下山，为佛祖采集朝露去煎茶。所以昙花仙子每年就只在那时开花，一旦开放就会绽放出惊人的灿烂和美丽，就因为她想在那一瞬间让韦陀能够记起她。

但韦陀终究还是没有想起她。

后来佛祖知道了这件事，特令韦陀去了结这段情债，事后韦陀功德圆满成为菩萨，而昙花仙子重回天庭，但是昙花的习性却保留下来。

这也就是世人所说的：昙花一现，只为韦陀。后来人们给了昙花另一个名字——韦陀花。

◎ 知识传送门：昙花

昙花是一种极美丽的花朵，它多在晚上到次日凌晨开出白色的花，开花时间一般只有几个小时，然后就枯萎了，所以有人把它叫作"月下美人"。

但是昙花并不是自然界开花时间最短的花，南美洲的亚马孙河的王莲花，通常在清晨只开半个小时的花，而小麦的花期更短，从开到谢只有五分钟到三十分钟的时间。

◎ "昙"字的诗意

1. 清角声高非易奏，优昙花好不轻开。——清·袁枚《箴作诗者》

2. 雪山何处觅瞿昙，压尽东南瘴与岚。——宋·王之道《和张彦智对雪》

3. 客来若问有何好，道人优昙远山绿。——宋·黄庭坚《题也足轩》

◎ "昙"字与歇后语

1. 电视广告上的美人———昙花一现

2. 昙花开放———一时谢

42. 碧—三年化碧

◎ 趣话"碧"字

篆文	隶书	楷书	行书	草书	标准宋体
碧	碧	碧	碧	碧	碧

《说文》里载，碧，一种极美的青石。碧，篆文用"王"（表示玉的意思）加上"石"（表示石头）和"白"（透明的意思）组成，表示一种透明的玉石。"碧"这个字的字形从古代开始就很稳定，隶书承续篆文字形。此后的楷书也沿袭了"碧"这一字形。

◎ 汉字有故事：三年化碧

释义：成语"三年化碧"，意思是忠贞不贰，出自《庄子集释》卷九上《杂篇·外物》。

成语故事：在东周景王时，苌弘任上大夫。周景王死后，王族内部爆发了王位争夺战，苌弘和大臣刘文公联手，在晋国智文子跞、赵简子鞅的帮助下，将周敬王扶上王位。

但是这次借兵行动也有严重的后遗症。帮助平乱的晋国内部也陷入了内乱，国内的六大力量混战，最后范氏和中行氏两股势力被其他四股势力剿灭。

在这次晋国的内乱中，周王室选错了支持对象。因为范氏一族跟周王室的大臣刘文公有亲戚关系，所以他们支持的是范氏和中行氏。赵、智、魏、韩四大家族掌权后大怒，尤其赵、智两族，他们是周敬王登上王位的功臣。

于是晋国贵族对周王室展开了报复行动，他们选择的突破口就是苌弘，不过知晓周敬王很看重他，就耍了一个手段。

晋国的赵简子鞅派大夫叔向到周王室去，天天拜访苌弘，每天都谈到很晚。后来他说要回国，向周敬王辞行的时候，故意掉了一封书信，就是伪造的苌弘写给叔向的密信。信上说请晋国攻打周王室，苌弘做内应，让周敬王废了刘文公。

刘文公果然上当，要灭苌弘九族。但是周敬王不忍心杀害苌弘，把他流放到当时还是不毛之地的蜀国去。

苌弘愤懑异常，到蜀地后便自杀了。当地人民同情他，就把他的血装在盒子里埋起来。三年后要迁墓葬到别的地方时，发现盒子里苌弘的血已经变成了晶莹剔透的碧玉。这就是"三年化碧"这个成语的由来。

◎ **知识传送门：看朱成碧**

看朱成碧，形容因为思念某人眼睛发花，出现幻视。

武则天是中国历史上第一个女皇帝，她十四岁入宫为李世民的才人（妃嫔）。在唐太宗病重期间，她与太子李治产生私情。唐太宗死后，按照规定她必须在感业寺出家为尼。在感业寺期间她过着清苦的生活，创作了《如意娘》，也就是写给唐高宗李治的情诗。

"看朱成碧思纷纷，憔悴支离为忆君。不信比来长下泪，开箱验取石榴裙。"这首诗被李治看到后，其深受感动，后来就想办法把武则天接回了宫。

◎ **"碧"字的诗意**

1. 上穷碧落下黄泉，两处茫茫皆不见。——唐·白居易《长恨歌》
2. 天门中断楚江开，碧水东流至此回。——唐·李白《望天门山》
3. 映阶碧草自春色，隔叶黄鹂空好音。——唐·杜甫《蜀相》

43. 芝—芝兰玉树

◎ 趣话"芝"字

| 金文 | 篆文 | 隶书 | 楷书 |

《说文》里载，芝，其实是一种神草。本义指的是灵芝，菌类植物的一种字形。灵芝，古代被称为神草，需要仔细寻找才能找到。金文用"艸"（表示植物）再加上一种表示草形象的符号组成，篆文延续了金文的形象，隶书则将"艸"改成"艹"，下面的形象变为"之"。楷书字形沿袭隶书。

◎ 汉字有故事：芝兰玉树

释义：成语"芝兰玉树"，原本比喻神草灵芝或者用玉雕刻成的宝树，后来比喻有出息或者非常出色的子弟，出自《世说新语·言语》。

成语故事：谢安是东晋时期著名的政治家，他隐居半生，后来作为太傅执掌朝政，与当时手握重兵的桓温斗争很长时间，最终耗死了想要做第二个曹操的桓温。

谢安学问好，擅长音乐，书法也很厉害，更重要的是他为人温文尔雅，处事公正，又不居功自傲。

东晋那个历史时期，门阀观念还是很重的。谢安出身于名门谢氏一族，在朝中影响极大。他早年本无意仕途，但由于谢氏一族在朝廷中的人才都去世了，所以谢安才出来当官，由此可见，当年的门第观念之深。

谢安隐居期间，很注意对谢家下一代子侄的培养。

有一天，谢安在教导子侄们的时候，突然问了一句："你们有老一辈的族人照顾，平时锦衣玉食，根本不需要参与什么朝政，我为什么总想把你们培育成才？"所有的子侄都说不出理由来，只有他的侄子谢玄回答说："这就好比像芝兰玉树一样的宝贝，总是希望能够长在自己的家里面啊！"

谢安点头称妙，于是就留意起谢玄来，想要把他培养成为谢家下一代的中流砥柱。后来，前秦王苻坚率军八十万南侵，谢安坐镇朝廷，谢玄冲锋陷阵，淝水一战击溃苻坚，立下了不世之功。

◎ 知识传送门：捡了芝麻，丢了西瓜

芝麻与西瓜，就是大和小的问题。"捡了芝麻，丢了西瓜"，意思就是为了捡一点芝麻，而把整个西瓜丢掉了。比喻因为贪图小便宜，而放弃了更大的利益，因小失大。

◎ "芝"字的诗意

1. 灵芝九折楚莲醉，翾风一叹梁庭秋。——唐·陈陶《将进酒·金尊莫倚青春健》
2. 美人今何在，灵芝徒有芳。——唐·杨炯《巫峡》
3. 玉郎会此通仙籍，忆向天阶问紫芝。——唐·李商隐《重过圣女祠》

◎ "芝"字与歇后语

1. 磅秤上放粒芝麻——无足轻重
2. 陈年谷子烂芝麻——不新鲜

◎ "芝"字与谚语

1. 仙丹妙药灵芝草，不如天天练长跑。
2. 雾露小雨锄芝麻，炎天火热摘棉花。

44. 蒂—根深蒂固

◎ 趣话"蒂"字

金文	篆文	隶书	楷书
蒂	蒂	蒂	蒂

《说文》里载，蒂，是瓜的茎蔓。金文用"艸"（表示叶子）加上一朵花和一个果实组合而成，表示蒂是与花、叶子连接的。篆文对金文字体稍微做了改变。隶书则将上面的"艸"变为"艹"，楷书则沿袭了隶书的字形。

◎ 汉字有故事：根深蒂固

释义：根深蒂固，比喻事物、势力或者思想的根基非常深厚牢固，几乎不可动摇。出自先秦李耳的《老子》："有国之母，可以长久，是谓深根固柢，长生久视之道。"

成语故事：王允是东汉末年的名臣，他出身于名门望族太原王氏，从小就被认为有王佐之才。此人足智多谋，性格刚烈。早年，他因为剿灭黄巾军的时候，与权倾朝野的"十常侍"之一的张让结仇而被罢官。后来大将军何进召他进京，这才继续出现在朝堂之上。

后来何进召集各地诸侯进京对付"十常侍"等宦官，反而被张让等骗进皇宫杀死，然后奉诏进京的董卓、袁术等诸侯又将张让等人杀死，从此朝政落入了董卓之手。

董卓为人残暴不仁，杀害了不少朝廷官员。他任命王允代替杨彪担任司徒，王允欣然接受了这个职务。

当上司徒之后，王允开始处理朝廷的各项事务，董卓非常相信他。当然他并不是真心投靠残暴不仁的董卓，而是认为董卓的势力在朝廷里根深蒂固，必须要缓缓拔除才行。

王允表面上依附董卓，但实际上成为了朝中反抗董卓的领导者。他的府中，反对董卓的士孙瑞、杨瓒等都是座上宾。

经过长时间的谋划，王允开始动手铲除董卓。先是收买了与董卓有矛盾的、其手下第一心腹大将吕布，然后趁董卓进宫的时候，由吕布动手诛杀了董卓。

忍辱负重这么久，王允终于将暴戾的董卓击败。但王允却忘记了董卓的势力根深蒂固这点。董卓虽然死了，但是他的西凉军部下还在，这些人从西凉杀过来攻破了长安。王允拒绝赦免他们的罪行，最终被西凉军杀害。

◎ 知识传送门：瓜熟蒂落

瓜熟蒂落的意思是一旦瓜熟了，就会自动从瓜蒂上脱落，后来指如果时机成熟，那么自然水到渠成。出自宋代张君房《云笈七签》卷五十六中："体地法天，负阴抱阳，喻瓜熟蒂落，啐啄同时。"

◎ "蒂"字的诗意

1. 人生无根蒂，飘如陌上尘。——魏晋·陶渊明《杂诗》
2. 窗间梅熟落蒂，墙下笋成出林。——宋·范成大《喜晴》
3. 阳春发处无根蒂，凭仗东风分外吹。——唐·高蟾《春》

45.枯—摧枯拉朽

◎ 趣话"枯"字

金文	篆文	隶书	楷书	行书	草书	标准宋体
枯	枯	枯	枯	枯	枯	枯

《说文》里载，枯，枯槁的意思。字形采用"木"作偏旁，"古"是声旁。《夏书》上说"唯有箘竹、簵竹和枯木"，枯，树名。古，既是声旁也是形旁，表示岁月长久。枯，金文用"木"（即树）加上"古"（即古老）组合而成，意思是老到一定程度的树就会枯萎。篆文基本承续金文字形。隶书奠定了"枯"现代的字形。

◎ 汉字有故事：摧枯拉朽

释义：成语"摧枯拉朽"出自《晋书·甘卓传》："将军之举武昌；若摧枯拉朽；何所顾虑乎？"枯和朽指的是枯草朽木。成语的原意是摧毁枯朽的草木，比喻腐朽势力或事物很容易被摧毁，形容气势强大。

成语故事：西晋经历了八王之乱以后，慢慢走到了穷途末路。在大将王导、王敦兄弟的支持和拥护下，琅琊王司马睿建立了东晋政权。立国之后，王敦因为功劳最大，被封为大将军、荆州牧。

晋元帝司马睿发觉王氏兄弟的势力太大，就有意削弱他们的实力。王敦听说这个消息，想先下手为强，起兵造反。考虑到自己的军队不够，王敦就向安南将军、梁州刺史甘卓求援，请他一起出兵。

梁州刺史甘卓是一个没有主见，很懦弱的人。他害怕王敦的势力，表面上答应起兵，但是王敦踏上征途的时候，甘卓却派了一名手下来劝说王敦不要出兵。王敦辩解说："皇帝受人蒙蔽，我只是去京城杀掉皇上身边的奸臣。如果我成功，一定让甘将军得到高官厚禄。"

甘卓听了这话，不知道怎么办才好，手下为他出谋划策，比如跟着起兵，半路再暗算王敦，但是甘卓怕将来说不清而不敢用这一计。

湘州刺史司马承听说这件事，派手下邓骞来劝他攻打王敦。会面过程中，甘卓手下提出脚踩两条船的建议，邓骞反驳说，王敦的兵马不过一万多，分兵守卫武昌的不足五千，甘卓的军队人数超过王敦一倍有余，攻打武昌的话，就好像摧枯拉朽那样容易。

甘卓被说服，调遣军队攻打王敦。王敦大惊，急忙派自己的手下，也就是甘卓的侄儿甘卬求甘卓回师襄阳；而甘卓的手下秦康劝他继续进军，彻底击败王敦。甘卓优柔寡断的老毛病又犯了，率军队回到襄阳，最终被王敦用计杀死。

◎ 知识传送门：枯木逢春

枯木逢春，原来的意思是已经枯萎了的树又开始生长，就好像奄奄一息的树木遇到了春天。这个成语比喻遭遇绝境或者年老的人或事物重新焕发生机。

枯木逢春，也是一个佛家用语，《五灯会元·卷十四含珠哲禅师法嗣》中记载："僧问：'枯树逢春时如何？'师（大乘山和尚）曰：'世间希有。'"枯木指的是佛法，春的意思是机缘。

◎ "枯"字的诗意

1. 连峰去天不盈尺，枯松倒挂倚绝壁。——唐·李白《蜀道难》
2. 草枯鹰眼疾，雪尽马蹄轻。——唐·王维《观猎》
3 凭君莫话封侯事，一将功成万骨枯。——唐·曹松《己亥岁二首·僖宗广明元年》

◎ "枯"字与歇后语

1. 掉在枯井里的牛犊——有劲使不上
2. 枯树上的知了——自鸣得意

46. 莲—香莲告状

◎ 趣话"莲"字

金文	篆文	隶书	楷书
蓬	蘰	莲	莲

《说文》里载，"莲"，扶渠之实也，从艸连声。意思是说，莲，其实就是荷花的果实。其本义为莲子。最早的金文字形上面的"艹"表示"草"，说明这是一种草本植物，下面的"连"是声旁，也有聚合的意思，就是说莲子一直聚合在莲蓬当中。隶书将金文和篆文的字形确定为"莲"，字形一直延续到今天。

◎ 汉字有故事：香莲告状

秦香莲告状是我国古代一个非常有名的故事，很多文学作品或者戏剧都将它进行了演绎，最著名的莫过于京剧"铡美案"。

北宋年间，湖广地区均州府有一位叫秦香莲的女子，她的丈夫陈世美进京赶考后就音讯全无。她家乡发生了旱灾，连年颗粒无收，她的公公婆婆都饿死了。她只好带着儿子冬哥和女儿春妹前去京城寻找丈夫陈世美。

她历经千辛万苦到达了京城，却听说自己的丈夫陈世美已经考中状元，而且还被招为驸马。她求见丈夫，但是陈世美却不见自己的妻子和孩子，秦香莲苦求驸马府的下人，终于进去见到了丈夫。

秦香莲哭着把公婆饿死的经过说了，然后恳求陈世美认下这对儿女，自己可以离开京城，但是陈世美决意抛弃秦香莲和冬哥春妹，将秦香莲赶出了驸马府。

秦香莲被赶出来之后，在路上遇到了丞相王延龄。老丞相可怜他们母子，带着秦香莲出现在陈世美的寿宴上，让她扮成歌女献唱，以便让陈世美回心转意。但是狼心狗肺的陈世美不但赶走了秦香莲，还出言顶撞老丞相。

王延龄大怒，给了秦香莲一把纸扇，暗示她去包公坐镇的开封府告状。陈世美担心秦香莲再搞出事情，命令地方官赶秦香莲出京，并派自己的家将韩琪追杀秦香莲母子。

韩琪在一间古庙中追上了他们。听了秦香莲的哭诉，下不了手，最终放走他们母子，而他自己在庙中自杀。

秦香莲逃到包公府控告陈世美杀妻弃子。包公听了大怒，将陈世美召到开封府劝说，没想到陈世美自恃是皇亲国戚，强词狡辩，态度嚣张；包公顶住了皇姑和太后的压力，请出了龙头铡，将无情无义的陈世美在公堂上处死。

◎ 知识传送门：步步生莲

步步生莲，用来形容女子的步态轻盈。《南史·齐纪下·废帝东昏侯》中记载：东昏侯专门用金子制成莲花，铺在地上，让自己的妃子在上面走，他高兴地说："这就是步步生莲啊。"

◎ "莲"字的诗意

1. 竹喧归浣女，莲动下渔舟。——唐·王维《山居秋暝》
2. 接天莲叶无穷碧，映日荷花别样红。——宋·杨万里《晓出净慈寺送林子方》
3. 采莲南塘秋，莲花过人头。——南北朝·佚名《西洲曲》

◎ "莲"字与歇后语

1. 陈世美不认秦香莲——喜新厌旧
2. 荷花池里的并蒂莲——不分上下
3. 莲藕炒粉条——无孔不入

◎ "莲"字与谚语

　　1. 花下韭，莲下藕，正好吃。

　　2. 莲花开在污泥中，人才出在贫寒家。

　　3. 藕发莲生，必定有根。

47. 桂—薪贵于桂

◎ 趣话"桂"字

篆文	隶书	楷书	行书	草书	标准宋体
桂	桂	桂	桂	桂	桂

　　《说文》里载，桂，江南的树种，是百药之首。字形采用"木"作偏旁，"圭"是声旁。圭，既是声旁也是形旁，表示宝贵。桂，篆文用"木"（表示树）和"圭"（宝贵的意思）组成，表示宝贵的树木。隶书将左边的字形确定为"木"，"桂"的字形就没有再变化过。

　　造字本义：一种贵重的常绿乔木，白色如玉的奇香花朵可用作香料。

◎ 汉字有故事：薪贵于桂

　　释义：成语"薪贵于桂"，薪，指的是柴草；桂，昂贵的桂木。成语本意是便宜的柴草比桂木还要贵，一般用来形容物价飞涨，出自《战国策·楚策三》。

　　成语故事：战国时期，苏秦擅长论战，靠着一张嘴就在六国间来去自如。他年少时不得志，先去游说秦国，正值秦王因为痛恨商鞅，而对耍嘴皮子之流不感兴趣，于是他就去了燕国。在燕国得到燕王的重视，提出了联合赵国，建立同盟一起对付秦国的策略。

　　这之后，他又到赵国，说服了赵肃侯跟燕国联盟，然后他又设计让自己的师弟张仪去了秦国。然后先后同韩宣王、魏襄王和齐宣王达成协议，共同对付秦国。

　　最后，他向西南行进，到达了楚国，去见楚威王。在准备入宫觐见楚威王的时候，把守宫门的侍卫向他索要贿赂不成，怀恨在心。就找借口让他在那里先住三天，然后故意高价卖东西给他。

三天后，苏秦终于见到了楚威王，他说："秦国最大的对手就是楚国。楚国有百万军队，战车无数，秦王说，楚国是最大的对手，绝不会与楚国缔结同盟。如果您也对秦国屈服，那么天下就是虎狼之国秦国的囊中之物了。"

楚王听他的分析，觉得非常中肯，马上表示加入同盟。

苏秦说完这些话就起身告辞。

楚威王说："我早就听过您的大名，说您就好像古代贤人一样。现在先生您不远千里来见我，为什么说完话就要离开？我希望多跟您聊聊，有所收获。"

苏秦看了看楚王的门卫，回答说："实在是不得已啊！楚国的粮食比玉石还贵，柴禾比桂树还贵，门卫像鬼一样难打交道，想见大王您就像见天帝一样难；现在的我是在拿宝玉当食物吃，拿桂树当柴禾烧，通过一群难缠的小鬼面见九天之上的天帝。"

楚王听后马上安排苏秦住最好的客馆。

◎ 知识传送门：月中折桂

我国的古代把科举考试成功叫作折桂，因为科举考试都是在桂花开的时候举行，所以有这种说法。

由于传说中象征高洁的桂花也出现在月宫中，所以月中折桂在唐代之后便用来比喻考中进士。唐代诗人白居易先中了进士，堂弟白敏中后来也中了第三名，白居易就写诗说："折桂一枝先许我，穿杨三叶尽惊人。"

◎ "桂"字的诗意

1. 人闲桂花落，夜静春山空。——唐·王维《鸟鸣涧》

2. 昨夜星辰昨夜风，画楼西畔桂堂东。——唐·李商隐《无题二首》

◎ "桂"字与歇后语

1. 穆桂英出征——马到成功

2. 八月十五桂花香——花好月圆

48. 艾—期期艾艾

◎ 趣话"艾"字

| 篆文 | 隶书 | 楷书 | 行书 | 草书 | 标准宋体 |

《说文》里载,艾,指的是冰台。字形采用"艸"作偏旁,"乂"是声旁。"艾",篆文用"艸"(代表草药)和"乂"(代表收割)组成,表示采割草药。隶书的字形"艾",基本就是流传到现代的字形。

◎ 汉字有故事：期期艾艾

释义：成语"期期艾艾",形容口吃的人说话不流利,结结巴巴的样子。出自《史记·张丞相列传》。

成语故事："期期"跟"艾艾"是关于两位历史人物的故事。

"期期"是关于汉代名臣周昌的故事。

周昌是汉朝的开国元勋,他跟汉高祖刘邦都是沛县人。刘邦起义后他跟随刘邦南征北战,一路擢升,官至御史大夫,封为汾阴侯。

周昌很有正义感,耿直敢言,唯一的缺点是有点口吃。

汉高祖刘邦原本立了刘盈为太子,后来他宠爱妃子戚姬,生了个儿子叫刘如意。刘邦有心废掉刘盈,改立刘如意。

朝中许多大臣坚决反对,可是刘邦似乎心意已决。周昌就在朝堂上公开和刘邦争辩,周昌有口吃的毛病,再加上当时气愤难当,说话更加不利索,他说："我虽然不善于辩论,但是我期期知道这是不对的。虽然陛下您想废掉太子,但是我期期坚决不会接受您的诏令。"刘邦被他逗笑了,就不再提这件事了。

"艾艾"是来自三国时魏国名将邓艾的典故。

邓艾,是义阳新野人。他深谙兵法,作战勇敢,曾经与钟会联手,灭掉了刘禅的蜀汉政权。在战争中,他出其不意从阴平偷渡突袭成都,立下了灭蜀的头号战功。

与周昌一样，邓艾也有口吃的毛病，每次开口介绍自己的时候，总是称自己为"艾"，因为口吃，就会变成"艾艾"。

有一次，他参加后来的晋文帝司马昭的宴会，他说话时又开始了"艾……艾……"。司马昭突然逗他说："邓艾，你老是说艾艾，到底有几个艾啊？"邓艾听了之后，马上回答说："典故上说凤兮凤兮，当然只有一个凤凰啊！"

"凤兮凤兮"的典故来自《论语·微子》：春秋时楚国的隐士接舆遇到孔子时说"凤兮凤兮"，意思是"凤凰啊，凤凰啊！"只是将"凤凰啊"说了两遍，而不是说两只凤凰。

◎ **知识传送门：兰艾同焚**

兰花是很香的花，而艾草则比较臭，兰艾同焚意思是兰花跟艾草同时烧掉。比喻好坏同归于尽。

梁武帝当年还未登上帝位时，有人劝他拥立一个傀儡做挡箭牌，挟天子以令诸侯，梁武帝拒绝了。他说，如果自己打不赢战争，那么就兰艾同焚，身败名裂；打赢了的话，自然是一统天下，何必去拥立傀儡呢？

◎ **"乂"字的诗意**

1. 银艾非吾事，丘壑已蹉跎。——宋·佚名《水调歌头·平生太湖上》
2. 城廓为山林，庭宇生荆艾。——汉·蔡文姬《悲愤诗》
3. 松兰相因依，萧艾徒丰茸。——唐·李白《于五松山赠南陵常赞府》

49. 蔓—蔓草难除

◎ 趣话"蔓"字

| 篆文 | 隶书 | 楷书 | 行书 | 草书 | 标准宋体 |

《说文》里载，蔓，一种葛属植物。字形采用"艹"作偏旁，"曼"是声旁。蔓，篆文用"艹"（植物的意思）加上"曼"（"漫"的省略字，水向四处缓慢流动的意思）组成，比喻植物的藤茎向四处伸展。隶书将上面的"艹"简化为"艹"，楷书则将下面部分改写为"曼"。

◎ 汉字有故事：蔓草难除

释义："蔓草难除"，指的是已经生蔓的草是很难完全铲除，比喻如果放纵不好的事物或者苗头滋长，那么很难消灭干净。

成语故事：春秋时期，郑武公娶了申国国君的女儿，名叫武姜，生了郑庄公和共叔段两个儿子。

当初郑庄公降生时是脚先出、头后出，也就是难产，他母亲武姜因此很讨厌他，给他取名叫寤生。武姜偏爱小儿子共叔段，一直想立他为太子，甚至在郑武公去世前也提出这要求，但被郑武公拒绝。

郑庄公继位为郑国国君后，武姜请求将最重要的城市制地封给共叔段，郑庄公说："制地是我国首要的险峻之地，不能封给弟弟。其他地方我都可以答应。"

武姜又选择比国都还大的城市京城，让郑庄公封给共叔段。

大臣祭仲劝郑庄公说："小公子所住的京城，规模比您居住的国都大，这不是该有的事情。"郑庄公说："我母亲一定要这样，哪里能不听呢？"祭仲回答说："武姜如此贪心，一定会要求更多的。不如尽早打算，蔓延的野草都很难根除掉，何况是您母亲偏爱的弟弟呢？"

郑庄公说："做多了坏事，必然自己走上失败的道路。走着瞧吧！"

果然，共叔段在叛乱的道路上越走越远，先是命令西北部边境地区，听国君命令的同时还要听自己的命令；接着积极扩充自己的领地，几乎占据了郑国一半的领土。

后来，共叔段果然发动叛变，武姜作为内应，但郑庄公早有准备，一举粉碎了他们的叛乱。

◎ 知识传送门：不蔓不枝

不蔓不枝，意思是既不侧生藤蔓，也不横生枝节，比喻说话或写文章简明扼要，毫不啰唆，出自宋代周敦颐《爱莲说》。

周敦颐是宋代著名的理学大师，他的《爱莲说》，是中国文学史上的不朽名篇。其中用这样的内容将莲的特点完全总结出来："予独爱莲之出淤泥而不染，濯清涟而不妖，中通外直，不蔓不枝，香远益清，亭亭净植，可远观而不可亵玩焉。"

◎ "蔓"字的诗意

1. 绿草蔓如丝，杂树红英发。——南北朝·谢朓《王孙游》
2. 花枝草蔓眼中开，小白长红越女腮。——唐·李贺《南园十三首》
3. 几牵萝蔓动，潜惹柳丝轻。——唐·卢肇《风不鸣条》

◎ "蔓"字与歇后语

1. 葫芦蔓缠上南瓜藤——难解难分
2. 苦蔓儿——结不出甜瓜

50. 禾—风禾尽起

◎ 趣话"禾"字

甲骨文	金文	篆文	隶书	楷书	行书	草书	标准宋体

《说文》里载，禾，就是嘉谷。二月开始生长，八月成熟，处四季之中，得阴阳之和，所以称它为禾（和）。禾，甲骨文的字形像穗子垂下的庄稼，"木"形代表它是植物，字形末梢下垂的代表穗子。有的甲骨文将下垂的穗子形象简化成一曲笔。金文、篆文基本承续甲骨文字形。隶书有所变形，就是今天的"禾"。

造字本义：结穗子的谷类总称。

◎ 汉字有故事：风禾尽起

释义：成语"风禾尽起"出自《尚书·周书·金縢第八》，禾苗本来都已经倒了，风一吹又全部立起来了，比喻顺应天时，得到老天的帮助。

成语故事：周武王姬发死的时候，只有五岁的姬诵继位，也就是周成王。

周武王因为知道儿子成王年龄很小，暂时不能亲自处理政事，便由自己的弟弟周公姬旦辅佐成王，帮忙处理朝政。

这使得周武王的另外两个弟弟管叔和蔡叔很嫉妒。这两个人都是野心家，想要夺取成王的王位，但是畏惧周公的雄才大略。如果不先除去周公，就不敢对成王动手。

于是他们就到处散布流言，说周公要谋害成王取而代之。成王果然听信了这些流言，对周公起了疑心。

周公知道后，非常恐惧，马上辞离京城镐京，到洛阳隐居。这时候，天上突然出现巨大的闪电与震耳的雷声，大风狂吹，地里的禾苗全被吹倒，连大树都被连根拔起，整个周朝的人都恐惧不已。

周成王看到天象异常，再看看周公的行为，明白他被冤枉了。于是亲自去请回周公。周公回朝的那天，天下起小雨，又吹起和风，倒在地上的禾苗立起来了，人们奔走相告，喜不自禁。

管叔、蔡叔见诡计失败，就与纣王的儿子武庚勾结起来叛乱，周公率兵轻松地击败了他们。然后周公尽心辅佐成王，待其长大后，将政权归还给他，回到封地养老去了。

◎ 知识传送门：禾黍故宫

禾黍故宫的意思是，原来的宫殿破败了，已经变成长满禾苗和粮食作物的田地。

相传西周灭亡后，一位大夫（古代官职的名字）走了很远的路，来到西周的都城，却发现过去的宫殿都变成了长满禾苗的田地，他触景生情，就作了一首诗——《黍离》。

无独有偶，有一位叫微子的商朝旧臣去朝见周王时，路过商朝的废墟，看到从前富丽堂皇的宫室已经被毁掉了，长满禾黍，也作了一首《麦秀》歌。

所以，后人用"禾黍故宫"来形容亡国的景象。

◎ "禾"字的诗意

1. 忽作故都禾黍恨，洛阳宫殿锁千秋。——宋·周彦夫《天津桥》
2. 史臣书绝瑞，钩盾对嘉禾。——宋·夏竦《元真殿烧香观太宗真宗御书仁宗飞白书并瑞穀》

◎ "禾"字与歇后语

1. 落雨天担禾草——担子越来越重
2. 放牛的拣柴禾——捎带着干

◎ "禾"字与谚语

1. 麦熟一夜，禾熟三朝。
2. 禾要秧好，树要苗好。

51. 柯—倾柯卫足

◎ 趣话"柯"字

金文	篆文	隶书	楷书	行书	草书	标准宋体

《说文》里载，柯，斧柄。字形采用"木"作偏旁，"可"是声旁。可，既是声旁也是形旁，是"歌"的本字，表示吹笙唱歌。柯，金文用"于"（表示管乐器）加上"木"组成，表示乐器的木柄。篆文将金文字形中"木"明确写成"可"。隶化后楷书将篆文字形进化为"柯"，一直沿用到今天。

◎ 汉字有故事：倾柯卫足

释义：成语"倾柯卫足"，倾柯，指的是植物倾斜垂下枝条；卫足，保住自己的脚。出自《左传·成公十七年》："仲尼曰：'鲍庄子之知不如葵，葵犹能卫其足。'"这句话的意思是，孔子说，鲍牵的智商还不如葵菜这种植物，葵菜还能保护自己的脚呢。

成语故事：春秋时期，齐国的大臣庆克和国君齐灵公的母亲声孟子两个人之间有不正当的男女关系，庆克每次去跟声孟子幽会的时候，都偷偷穿着女人衣服，混在进宫的女人中，从夹道门进入宫中。

这件事被鲍叔牙的后代鲍牵撞见了，他报告了主政大臣国武子。国武子就把庆克召来严厉地责备他。庆克羞愧交加，躲在家里，很久不出门见客。声孟子怪他很久没有进宫，就派人问他原因。

他请使者回去禀告说："鲍牵撞见了我入宫，并把这件事告诉了国武子，国武子警告过我了。"声孟子听后大怒，决心除掉鲍牵和国武子。

后来，齐灵公参与诸侯联合讨伐郑国的行动，国武子作为齐灵公的随行人员离开齐国，留高无咎、鲍牵在国内驻守。

齐灵公回国的时候，高、鲍二人觉得国君将要到达，为了保证安全，所以关闭城门，检查来往旅客。声孟子就趁机诬陷说："高、鲍两人关闭城门不让进，这是准备驱逐国君而立公子角为新国君，国武子也参与了这件事。"

齐灵公大怒，遂砍去了鲍牵的双足，并且驱逐了高无咎。高无咎后来逃亡到莒国。孔子评论这件事说，鲍牵还不如葵菜（晋代杜预曾经解释过，葵菜这种植物能够用倾斜叶子的方法遮住太阳，使自己的根不会被阳光直射），这种植物至少能保护自己的脚。

◎ 知识传送门：樵柯烂尽

传说在晋朝时期，信安郡有一个人叫王质，平时靠打柴为生。一天，他去石山上砍柴，他爬到山顶时，发现几个小孩在下棋，他觉得非常好奇就凑上前去观看他们的棋局。其中有个小孩还送给他青枣吃。

看到棋局终了，这才发现他斧子的手柄都烂了，回到家时，人们告诉他，他已经失踪了几十年了。

樵柯烂尽的意思就是指世事变幻无常，或者指时间稍纵即逝。

◎ "柯"字的诗意

1. 南轩有孤松，柯叶自绵幂。——唐·李白《南轩松》
2. 孔明庙前有老柏，柯如青铜根如石。——唐·杜甫《古柏行》

◎ "柯"字与歇后语

破钵头柯鱼——乱了套

52. 藕—因荷得藕

◎ 趣话"藕"字

金文	篆文	隶书	楷书
藕	藕	藕	藕

《说文》里载，藕，芙蕖根。从艸水，禺声。"藕"字，指的就是莲在地下的茎，它肥大分节，切开中间有管状的小孔，可以吃，同时也可做中药。金文里的"藕"用"艸"和"耦"组合而成，表示一种生活在水里的植物的根，篆文沿袭金文的字形，隶书将字形确定为"藕"。

◎ 汉字有故事：因荷得藕

"因荷得藕"说的是我国古代一位叫程敏政的官员的一个小故事。

明代有一位著名的读书人叫程敏政。他从小就非常聪敏，在家庭的熏陶下苦学，读书过目不忘，素有"神童"的称号，当时的人们把他比作东汉的孔融和唐朝的李泌，这两人都是历史上有名的神童。

在他十岁那年，跟着父亲去拜见四川巡抚罗绮。罗绮大为赞叹，把他推荐给朝廷，其一时声名显赫。

翰林院大学士李贤是当世有名的读书人，想要考考他，就让他以圣节和瑞雪诗并经义各写一篇文章。程敏政不假思索，迅速就写成了一篇好文章。李贤感到很惊奇，对他非常欣赏，后来干脆把女儿许配给他。

有一次，李贤请程敏政到家吃饭，突发奇想，指着席上的一盘莲藕出对联："因荷而得藕。"这上联的谐音是"因何而得偶"，意思是："你为什么可以得到这样好的配偶（妻子）？"

程敏政见岳父考他，微微一笑，指着宴席上另外一盘水果，立即对出下联："有杏不须梅。"谐音是"有幸不须媒"，意思是："我很幸运，岳父您看重我，不需要媒人。"李贤拍手叫好。

程敏政和好友李东阳曾一起出外游览，李东阳出上联："五风十雨梅黄节。"程敏政马上对出下联："二水三山李白诗。"世人都觉得是妙对。

一次，程敏政参加英宗皇帝的赐宴。英宗皇帝指着宴席上的螃蟹出上联考他："螃蟹浑身甲胄。"程敏政应声对出："凤凰遍体文章。"此下联对得非常妙，"山珍"对"海味"，而且境界一下子提升很多，英宗龙颜大悦。

明代张谊《宦游纪闻》记载，明代，越南派使者参拜，出了一副上联："琴瑟琵琶八大王，一般头脑。"程敏政马上回应："魑魅魍魉四小鬼，各样肚肠。"

◎ 知识传送门：藕断丝连

藕断丝连意为藕虽然折断了，可上面还有许多丝连着。比喻表面上虽然断了关系，但实际上仍然还有联系，多用于男女关系。出自唐代诗人孟郊《去妇》："妾心藕中丝，虽断犹牵连。"

◎ "藕"字的诗意

1. 兴尽晚回舟，误入藕花深处。——宋·李清照《如梦令·常记溪亭日暮》
2. 丝藕清如雪，橱纱薄似空。——宋·程垓《南歌子·荷盖倾新绿》
3. 风絮飘残已化萍，泥莲刚倩藕丝萦。——清·纳兰性德《山花子·风絮飘残已化萍》

◎ "藕"字与歇后语

1. 池塘里的藕——心眼儿多
2. 池中捞藕——拖泥带水
3. 莲藕吹风——似通非通

53. 粟—尺布斗粟

◎ 趣话"粟"字

| 甲骨文 | 金文 | 篆文 | 隶书 | 楷书 | 行书 | 草书 | 标准宋体 |

《说文》里载，粟，嘉谷的籽实。粟，甲骨文中是象形字，像长满籽实的一株庄稼。金文用"西"（布袋的意思）和"禾"组合而成，表示用布袋装庄稼的种子。篆文的字形与金文字形相同，隶书将篆文的上部写成"西"，于是就形成了今天的"粟"字。

◎ 汉字有故事：尺布斗粟

释义：尺布斗粟，来自西汉的民谣：一尺布，尚可缝；一斗粟，尚可舂；兄弟二人不相容。这民谣的意思是很少的布都可以做衣服，很少的粟都可以磨成米，但是兄弟二人却不能友好相处。原是讽刺汉文帝不顾兄弟之情杀害淮南王，后来用来比喻兄弟之间不和，彼此不能相容。

成语故事：西汉淮南王刘长，是汉文帝刘恒的弟弟。他的母亲当年因为谋逆事件被牵连抓进大狱，生下他之后就在狱中自杀了，刘长便一直记恨不肯尽力解救他母亲的辟阳侯审食其。

刘长的母亲死后，其父亲刘邦很后悔，就让他跟着皇后吕雉生活。这样在惠帝和吕后执政时期，他都平安度过，没有受到什么伤害。

汉文帝即位后，刘长自恃跟文帝关系好，就飞扬跋扈，作恶多端。他为了报当年之仇，假装前往审食其府上求见他，取出藏在袖中的铁椎把审食其打倒，然后命令随从魏敬杀了他。

汉文帝一向疼爱这个弟弟，没有对他进行任何惩罚。这之后，刘长变本加厉，在自己的封地胡作非为，更有要谋反的迹象。他用跟天子一样的礼仪出行，这一阶段朝廷上下对他都感到恐惧。

公元前 174 年，淮南王刘长命令七十个人到谷口县准备谋反，还派人去匈奴、闽越，联络他们一起反叛。朝廷得到消息，采取行动抓捕了刘长。

汉文帝有心赦免他，但是大臣们都不想暴戾的刘长活着。汉文帝无奈之下，把他流放到蜀地。当时大臣袁盎劝汉文帝说："陛下一向放纵淮南王，顺着他的性子，没有安排严厉的国相去教导他，这才有今日之祸。淮南王没经过打磨，现在获罪流放，万一路上有什么事，陛下可要担上杀兄弟的罪名了！"

汉文帝只想让他尝尝苦头，也没在意，但刘长在旅途中真的因为不堪受辱，绝食而死，汉文帝后悔不已。

后来，民间就有了"一尺布，尚可缝；一斗粟，尚可舂；兄弟二人不相容"的歌谣。

◎ **知识传送门：沧海一粟**

沧海一粟，意思就是非常小，好像大海里的一粒谷子，此成语出自宋朝苏轼的《前赤壁赋》，"寄蜉蝣于天地，渺沧海之一粟"。

◎ **"粟"字的诗意**

1. 春种一粒粟，秋收万颗子。——唐·李绅《悯农二首》
2. 流霞色染紫罂粟，黄蜡纸苞红瓠犀。——唐·无名氏《石榴》
3. 光景斯须如梦里，还丹粟粒变金姿。——唐·吕洞宾《忆江南·淮南法》

◎ **"粟"字与歇后语**

1. 狗尾巴草充粟谷——妄自尊大
2. 吃粟米饭泡韭菜汤——吃绿了眼睛

第四章 汉字与生活

字若珠玑,
句句无瑕

1. 家—家喻户晓

◎ 趣话"家"字

| 甲骨文 | 金文 | 篆文 | 隶书 | 楷书 | 行书 | 草书 | 标准宋体 |

《说文》里载，家，就是居住的地方。家，甲骨文用"宀"（房屋的意思）加上"豕"（猪的意思）组合而成，意思是屋里养着一头猪。猪是远古时代就开始饲养的温顺家畜，所以养猪标志着定居生活的开始，也就是有了家的感觉。金文突出了"豕"的尾巴形象。篆文延续了金文字形。隶书确定了现代"家"的字形。

◎ 汉字有故事：家喻户晓

释义：成语"家喻户晓"的意思是，家家都听说，户户都知晓，比喻人所共知。出自《汉书·刘辅传》："天下不可户晓。"

成语故事：我国古代专门记录女子事迹的《烈女传》，记载了这样一个故事：古时候，有一个女子叫梁姑。梁姑有两个孩子，她和孩子们同哥哥嫂嫂住在一起。

有一天，梁姑的哥哥嫂嫂去田里干活，留下她照看自己的两个孩子和哥哥的一个孩子。

在外面洗衣服的时候，她忽然听到叫喊声，回头一看，自己家院子的草堆失火了。当她发现的时候，火势已经蔓延开来，屋子已经被火包围。

梁姑急忙跑回来，冒着大火冲进了屋子里，想救出三个孩子。由于火势太大，烟熏得她睁不开眼睛，她手摸到一个小孩子，就连拖带拽地把他拉出屋外。

到外面才知道，她救出的是自己的儿子。

这时候，大火已经吞没了整个屋子，如果再进去救人，恐怕连自己都有生命危险。

梁姑又急又气，兄嫂把侄子交给她照顾，是对自己的信任。现在侄子在屋子里面生命垂危，而她只救了自己的一个孩子，这样不就变成一个家喻户晓的小人了吗？有什么面目再见自己的哥哥嫂嫂？

想到这里，她毅然冲进了火海，由于火势太大，屋子被烧塌，她与两个小孩子都不幸丧命火海。

虽然梁姑不幸去世，但是她承担责任、勇于救人的精神，却被代代相传。

◎ **知识传送门：百家争鸣**

百家争鸣，是指在春秋和战国时期，各种思想、文化、学术、学说争奇斗艳的局面。这一时期，中国出现了诸多人物，他们各自创立学说，广布思想，招收门徒，出现了彼此辩论、相互争鸣的盛况。上千种思想最后形成了十多个主要流派，其中以孔子、老子、墨子为代表的三大学说，今天依然有很大的影响。

汉武帝"罢黜百家，独尊儒术"，以孔子、孟子为代表的儒家思想，成为中国此后两千多年的正统思想。

◎ **"家"字的诗意**

1. 借问酒家何处有，牧童遥指杏花村。——唐·杜牧《清明》
2. 烽火连三月，家书抵万金。——唐·杜甫《春望》
3. 闻道汉家天子使，九华帐里梦魂惊。——唐·白居易《长恨歌》

◎ **"家"字与歇后语**

1. 败家子回头——金不换
2. 半路上出家——从头学起
3. 半天云里拉家常——空谈

◎ **"家"字与谚语**

1. 不怕家里穷，只怕出懒汉。
2. 家有一老，犹如一宝。
3. 吃人家的嘴短，拿人家的手软。

2. 瓦—土崩瓦解

◎ 趣话"瓦"字

篆文	隶书	楷书	行书	草书	标准宋体
〇	且	瓦	瓦	瓦	瓦

《说文》里载，瓦，经过烧制的泥制器皿的总称。瓦，篆文字形像两片交互连住的凹凸泥片。古人在瓦窑里面烧出瓦片，盖在屋顶上，盖的时候将凹凸的槽插在一起，可以用来固定瓦片，使其紧密相连，确保遮挡每一滴雨水，而且通过凹列的瓦沟将雨水导向屋檐下。此后"瓦"的字形在隶书楷书中基本一致。

◎ 汉字有故事：土崩瓦解

释义：成语"土崩瓦解"，"崩"的意思是崩塌。"解"的意思是分解破裂。成语的意思是像泥土崩塌或瓦片分解一样，比喻势力彻底垮台或失败崩溃。出自《淮南子·泰族训》。

成语故事：商朝最后一位君主是商纣王。根据历史记载，他是一个非常残暴的昏君。他腐化堕落，贪恋酒色，宠爱叫"妲己"的美女，整天与她寻欢作乐、花天酒地，连朝政都荒废了。

他任用小人费仲为重臣，而且耳根子软，喜欢听谗言，残害忠良，连自己的王叔比干都被他杀害。

他横征暴敛，花费巨资，强迫百姓为自己修建宫苑，造了鹿台和摘星楼，并将自己的王宫存满了粮食，以酒为池，以肉为林。

他肆意杀戮，惨无人道，制造了"炮烙"等酷刑，并以观看人接受酷刑的苦痛样子为乐。

他倒施逆行的做法，很快激起了诸侯和百姓的反抗。据史书记载，商朝的疆域十分辽阔：东起宽广的大海，西至沙漠；南到五岭的交趾，北到幽州。商朝的军队人数也很多。

虽然地大物博、人数众多，但由于纣王无道，在与周武王的战斗中，士兵们临阵倒戈，有的丢下武器，有的甚至反过来帮助武王的军队冲锋。

出现这种情况，商朝的命运也就可想而知。当周武王的大旗与战车出现在战场上的时候，周朝与其他诸侯的联军势不可当，所到之处，战无不胜。纣王听说自己的军队都投降了周武王，就在鹿台上一把火结束了自己的生命。

而商纣王的统治，也就像崩塌的泥土、分解的瓦片一样，结束了。

◎ 知识传送门：弄瓦之喜

弄瓦之喜，古代家里生了女儿的祝贺之词。出自《诗·小雅·斯干》："乃生女子，载寝之地，载衣之裼，载弄之瓦。"

从周朝开始，家里生儿子叫作"弄璋之喜"，生女儿叫作"弄瓦之喜"。因为瓦是古代做纺车的零件，而女子的主要职责就是作为家庭妇女纺织煮饭，所以就叫作"弄瓦之喜"。这也体现了古代人对女儿的期许，希望她们将来做一位相夫教子的贤妻良母。

◎ "瓦"字的诗意

1. 鸳鸯瓦冷霜华重，翡翠衾寒谁与共。——唐·白居易《长恨歌》
2. 一夕轻雷落万丝，霁光浮瓦碧参差。——宋·秦观《春日》
3. 陶尽门前土，屋上无片瓦。——宋·梅尧臣《陶者》

◎ "瓦"字与歇后语

1. 拆房卖瓦——只顾眼前
2. 风前烛，瓦上霜——危在旦夕
3. 泥瓦匠出身——和稀泥

◎ "瓦"字与谚语

1. 七十瓦上霜，八十不稀奇。
2. 各人自扫门前雪，莫管他家瓦上霜。
3. 宁为玉碎，不为瓦全。

3. 刀—捉刀代笔

◎ 趣话"刀"字

甲骨文	金文	篆文	隶书	楷书	行书	草书	标准宋体

《说文》里载，刀，一种兵器。刀，甲骨文字形就像有锋刃的长柄工具或兵器。金文有所变形，有锋刃与握柄。篆文写成弯柄形。隶书失去手柄形状，确定了现代的字形"刀"。

◎ 汉字有故事：捉刀代笔

释义：古时候，既没有笔墨，也没有发明纸，所以人们用刀当作笔，将字刻在木头上。所以，一定程度上说，刀就是最早的笔。后来竹木简出现了，又使用刀挖掉错字，再次修改，所以替人写东西被称为"捉刀"。捉刀代笔，意思就是替别人写文章或者做事情，出自南朝宋刘义庆的《世说新语·容止》。

成语故事：东汉末年，曹操手下有一位大臣叫崔琰。崔琰这个人刚正不阿，才华横溢，更重要的是他仪表堂堂，外貌威武，让人见了肃然起敬。

有一次，匈奴派使者前来觐见曹操。匈奴一直以来都侵犯中原。曹操的力量当时还比较弱小，无暇北上发动对匈奴的战争，所以他考虑借这个机会折服匈奴，让其有所顾忌，不敢南下。

除了展示军威之外，他还想到一个办法。当时流行以貌取人，曹操就想拿自己的相貌做文章。但是他对自己相貌不够自信，担心不能用威仪震服使者，于是就让相貌威武的崔琰冒充他接见使者，曹操自己冒充拿笔的史官站在旁边。

接见完之后，曹操派人去问匈奴使者："你觉得魏王这人怎么样？"

匈奴使者评价说："魏王这个人仪表堂堂，气质高雅不同寻常，只不过我发现旁边的那个史官，气度威严，不像是平常人，一定是一位真正的英雄。"

曹操听完探子的汇报后，感觉这使者是一个心思缜密的人，为了避免后患，就派人去追杀这个使者。

◎ **知识传送门：笑里藏刀**

"笑里藏刀"，我国古代三十六计之一，比喻表面对人十分和气，内心却算计对方。

吴国公子姬光对吴王继位不满，想刺杀吴王。但他装作十分尊敬吴王，打听到吴王喜欢吃烤鱼，就让一位叫专诸的刺客专门学习怎样烤鱼。后来，吴王到姬光府中吃烤鱼的时候，侍卫虽然戒备森严，却没有提防烤鱼的专诸。吴王被刺身亡后姬光继位，就是历史上的吴王阖闾。

◎ **"刀"字的诗意**

1. 吕望之鼓刀兮，遭周文而得举。——战国·屈原《离骚》
2. 谁敢横刀立马？唯我彭大将军。——毛泽东《六言诗·给彭德怀同志》

◎ **"刀"字与歇后语**

1. 把镰刀卡在喉咙里——吞又吞不下，吐又吐不出来
2. 包公的铡刀——不认人

◎ **"刀"字与谚语**

1. 人在世上炼，刀在石上磨。
2. 刀不磨要生锈，人不学要落后。
3. 庸医杀人不用刀。

4. 工—巧夺天工

◎ 趣话"工"字

| 甲骨文 | 金文 | 篆文 | 隶书 | 楷书 | 行书 | 草书 | 标准宋体 |

《说文》里载，工，巧饰的技术。"工"，甲骨文的字形像古代匠人所使用的多用途器具，一头是"丁"形，一头是可以握的圈。金文由一个丁头和一个刀铲构成，篆文承续甲骨文字形。此后隶书，楷书都继续使用"工"这个字形。

◎ 汉字有故事：巧夺天工

释义：成语"巧夺天工"，比喻手工制作的精巧胜过天然形成的东西，形容技艺十分高超。

成语故事：魏文帝曹丕的皇后甄氏，是魏明帝曹叡的生母。她的祖父甄邯以前是汉朝的太保，父亲甄逸曾任上蔡县令。甄氏小时候就显露出非凡的迹象，家人曾看见每晚都有神秘人将玉衣盖在她的身上。

甄氏的父亲早逝。她从小美丽又聪明，九岁时就表现出超人的才华，所看过的字全都能记下来，而且十分好学，多次偷偷使用哥哥的笔写字。

有一位算命先生刘良，为她相面，大惊说："这个姑娘将来富贵非凡！"

不久后天下大乱，灾民遍地。甄家当时囤积了很多粮食，并用粮食换来很多金银。甄氏去见母亲说："恰逢乱世，囤积粮食是取祸之道啊！灾民如果饿到一定程度，说不定就会来抢我们的粮食。那时候，恐怕我们连家都保不住！不如把粮食都拿出来赈济灾民，那样我们家还可以落个好名声！"她的母亲点头称是，将粮食无偿分给灾民，于是甄氏的名声一下子传开了。

势力强大的冀州牧袁绍听说甄氏既美丽又贤能，就为他的二儿子袁熙提亲，于是，甄氏便嫁到了袁家。

可惜好景不长，袁绍因为自己兵强马壮而骄傲自大，官渡之战中被曹操以弱旅击败。曹操挥师北上，将甄氏一齐俘虏了。

曹操的儿子，就是后来的魏文帝曹丕，在袁府中见到了甄氏，被她的美貌所倾倒，于是就禀告了曹操。曹操叫甄氏过来看了一眼，就说："这女子一看就是我的儿媳妇啊！"

甄氏就成为了魏文帝的妻子，生了魏明帝曹叡和东乡公主，被立为皇后。后来因事触怒了曹丕，被赐死，追赠尊号"文昭甄皇后"。

据说她宫室前的庭院中，每天都会有一条绿色的蛇前来教甄皇后如何结成发髻，于是甄皇后的头发便造型百出，虽然是人工梳成的，但精致巧妙、巧夺天工。后宫的人称甄皇后的发髻是"灵蛇髻"。

◎ 知识传送门：异曲同工

司马相如和扬雄是西汉时期最有名的两位文学家。虽然他们不是同一时代的人，但都以词赋见长。司马相如主要作品有《子虚赋》《上林赋》，辞藻华丽；扬雄主要作品有《甘泉赋》《河东赋》，文风飘逸。

唐朝文学家韩愈评价说："子云（扬雄的字）相如，同工异曲。"

异曲同工的意思就是虽然曲目不同，但是一样美妙动听。工的意思就是精致、巧妙。

◎ "工"字的诗意

1. 古人学问无遗力，少壮工夫老始成。——宋·陆游《冬夜读书示子聿》
2. 雪里温柔，水边明秀，不借春工力。——宋·辛弃疾《念奴娇·梅》
3. 不知何日始工愁。门户初相识。——清·王国维《虞美人·弄梅骑竹嬉游日》

◎ "工"字与歇后语

1. 包工头监工——动口不动手
2. 出工一条龙，干活一窝蜂——出勤不出力

◎ "工"字与谚语

1. 工欲善其事，必先利其器。
2. 念书不用功，等于白搭工。
3. 吃饭不忘农人苦，穿衣不忘工人忙。

5. 疾——疾风劲草

◎ 趣话"疾"字

甲骨文	金文	篆文	隶书	楷书	行书	草书	标准宋体
𠂹	疾	疾	疾	疾	疾	疾	疾

《说文》里载，疾，就是小病。疾，甲骨文用"大"（人的意思）加上"矢"（箭的意思）组成，表示字形就像一个人被箭射中。金书省去"人"加"疒"（表示病床），篆文承续甲骨文字形。隶书将篆文的结构调整，最终变成今日的"疾"。在中国古代，外伤叫作"疾"，内患称为"病"。

◎ 汉字有故事：疾风劲草

释义：在急速猛烈的大风中，才能分辨出哪些是不会被吹倒的强劲坚韧的草，后来比喻只有经过严酷的考验，才能知道谁才是最坚强的人。

成语故事：西汉末年，王莽篡夺了政权，建立新朝，自己当了皇帝。他不断地改变币制，造成经济混乱，人民不堪忍受，爆发了全国性的农民起义。

西汉的皇族后裔刘秀，与哥哥刘縯起兵响应绿林军。有位名叫王霸的人带人前来投奔刘秀。

后来，王霸接到消息，说父亲得了病，于是辞别刘秀，回家去侍奉老父。不久，率军路过王霸家乡的刘秀专程去看望他。

王霸感激涕零，去向父亲辞行，希望能继续追随刘秀。他父亲笑着说："既然你想跟着刘将军成就大业，刘将军又敬重你，那么千万不要半途而废。"

当时，汉室后裔刘玄被起义军推上皇帝的位子，历史上称他为更始帝。因为刘秀兄弟也是西汉皇族，又统领军队，更始帝十分猜忌，借机杀害了刘秀的哥哥刘縯。

刘秀十分恐惧，于是自请到河北去招抚当地势力。王霸也跟着刘秀前往河北。

刘秀一行进入黄河以北后，就进入了其军事生涯中最困难的时期。不但军队少,而且十分缺粮,时时刻刻都有丧命的危险。

刘秀的追随者中很多都对前途失去了信心,每天都有人偷偷离开。包括先前在颍川跟王霸同时投奔刘秀的几十个人,也都不辞而别;只有王霸不改初衷,忠诚不渝地陪伴在刘秀左右。

有一天,刘秀看见侍陪在侧的王霸,感慨地说:"从前那些在颍川宣誓要效忠我的人,如今走得差不多了,而王霸你还矢志不渝地追随在我左右。只有在猛烈的风中才能分辨出品质强劲的草,现在这句话终于得到验证了。"

刘秀在河北休养生息,力量慢慢壮大起来。经过多年征战,他终于登基称帝,建立了东汉,他就是光武帝。忠心不二的王霸也被封为富波侯。

◎ 知识传送门:文武双全辛弃疾

辛弃疾,是南宋时期著名的词人。"唐诗宋词"一直都是中华民族的文化瑰宝,在宋词这个领域里,辛弃疾被称为"词中之龙"。更可贵的是,辛弃疾还是一位抗金将领。他出生于山东地区,青年时代就参加了抗金的队伍。其一心想收复失地,但壮志难酬。

◎ "疾"字的诗意

1. 上山迟,下山疾。——唐·王建《短歌行》
2. 草枯鹰眼疾,雪尽马蹄轻。——唐·王维《观猎》
3. 春风得意马蹄疾,一日看尽长安花。——唐·孟郊《登科后》

◎ "疾"字与歇后语

1. 变戏法的功夫——手疾眼快
2. 啄木鸟发疟疾——嘴硬身子虚

◎ "疾"字与谚语

1. 天怕乌云地怕荒,人怕疾病草怕霜。
2. 甘言疾也,苦言药也。
3. 卫生搞得好,疾病不缠绕。

6. 舞—项庄舞剑

◎ 趣话"舞"字

甲骨文	金文	篆文	隶书	楷书	行书	草书	标准宋体

《说文》里载，舞，指的是快乐地活动手足。"舞"，甲骨文字形像一个人两手挥动花枝跳跃。金文将花枝与手分离，并在两束花枝上各加一个"口"。篆文加上双足"舛"写成，强调跳跃；篆文"無"加"亡"（阵亡的意思）组成，强调歌舞的目的是祭奠阵亡的将士。隶书变形较大，人形、手形消失，确立了今天的字形"舞"。

◎ 汉字有故事：项庄舞剑

释义：项庄舞剑，意在沛公。说的是汉高祖刘邦的故事，后来比喻说话或行动另有目的。出自《史记·项羽本纪》："今者项庄拔剑舞，其意常在沛公也。"秦朝被推翻后，起义军相互混战，其中最大的两股势力，是楚霸王项羽与被称为"沛公"的刘邦。

成语故事：项羽与刘邦曾并肩推翻了暴戾的秦朝。二人在楚怀王面前约定，先攻入咸阳的人可以称王。后来刘邦虽然先攻入咸阳，但是因为项羽势力大，所以不敢称王，驻守在咸阳等待项羽到来。他的手下曹无伤偷偷给项羽报信说："刘邦想要在关中称王，让秦王子婴当相国，独吞秦朝的金银珠宝。"

项羽闻讯大怒，放话说要攻打刘邦。刘邦吓坏了，要求和解。项羽就在鸿门这个地方设宴招待刘邦。

项羽的谋士范增认为刘邦这个人不能留在世上，于是请项羽在宴会上杀死刘邦，但项羽念及旧情，不忍心下手。范增看到项羽不动手，于是暗中吩咐将军项庄以舞剑助兴为名，借机刺杀刘邦。项羽的叔父项伯与刘邦的谋士张良有交情，比较亲近刘邦，看到这情景也站起身来与项庄共舞，不时用身体遮挡刘邦，使得项庄无法下手。

这时张良发觉情况不妙，就出外召勇将樊哙说："里面项庄在舞剑，但是他真实的目的却是刺杀沛公。"

于是樊哙全副武装进入宴会，项羽手下被樊哙的勇猛折服，没有再动手。

刘邦起身借上厕所的机会逃离了宴会，回去就杀了出卖自己的曹无伤。

◎ 知识传送门：长袖善舞

范雎是战国末期魏国人，原来是魏国的中大夫须贾的门客，因为才华出众被须贾陷害，化名张禄逃到秦国。因为向秦昭王献了"远交近攻"的政策，得到昭王的欣赏，被拜为相国。

蔡泽是燕国人，来到秦国后，昭王也很赏识他。蔡泽曾去说服范雎归隐，由他接任相国。这两个人都是靠辩论获得重用的人才。司马迁在记录他们事迹的时候道："衣袖长的人善于跳舞，有钱的人会做买卖。"意思是赞叹蔡泽有善于说服别人的长处，很容易成功。后来也比喻有长处、善于经营的人。

◎ "舞"字的诗意

1. 起舞弄清影，何似在人间。——宋·苏轼《水调歌头·丙辰中秋》
2. 山舞银蛇，原驰蜡象，欲与天公试比高。——毛泽东《沁园春·雪》
3. 风吹仙袂飘飘举，犹似霓裳羽衣舞。——唐·白居易《长恨歌》

◎ "舞"字与歇后语

1. 百岁老人学跳舞——人老心不老
2. 嫦娥跳舞——两袖清风

◎ "舞"字与谚语

1. 手舞足蹈，九十不老。
2. 打拳跑步舞剑，健康要靠锻炼。
3. 狮舞三堂没人看，话讲三遍没人听。

7. 美—美轮美奂

◎ 趣话"美"字

| 甲骨文 | 金文 | 篆文 | 隶书 | 楷书 | 行书 | 草书 | 标准宋体 |

《说文》里载，美，意思是美味、爽口。美，甲骨文字形用"M"（像花枝或草叶的形状）加上"大"（人的意思）组成，表示头戴着花草做成的饰物。金文把甲骨文字形中花草的形象写成似"羊"非"羊"的样子。篆文将金文字形上部写成"羊"，隶书确定了现代的"美"的字形。

◎ 汉字有故事：美轮美奂

释义："美轮美奂"中，轮：表示高大；奂表示盛大。这个成语原本形容建筑物高大雄伟，富丽堂皇。也用来形容雕刻和建筑艺术的效果精美异常。出自《礼记·檀弓下》。

成语故事：晋国的献文子，名字叫赵武，也就是著名故事"赵氏孤儿"里的那个孤儿。赵氏一族原本就很强，从晋文侯时起就是晋国的一个大族，赵武的曾祖父赵衰、祖父赵盾是晋国的重臣。

赵武的父亲赵朔娶了晋景公的姑姑为妻，后来怀了赵武。这一年，晋国重臣屠岸贾私自带兵将赵氏灭门。赵武的母亲躲到宫中生下了他，躲过了搜查。他父亲的好友程婴用自己的孩子为赵武做了替死鬼，才把赵武救下来。

十五年后，赵武长大成人，在大将韩阙的帮助下，杀死了屠岸贾，报了大仇，并重新成为晋国的贵族。

后来，赵武的新宫室落成，晋国的大夫看到赵氏又要兴旺，带了礼物前去参拜致贺。

大夫张老说："啊！这宫室多么高大，多么华美（美轮美奂）！今后不管是祭祀还是祭拜，不管是家事还是国事，您都可以在这里处理了！"

赵武说:"我能够在这里祭祀奏乐,能在这里祭拜先人,能在这里会见国宾、宗族,说明我终于不用担心身首异处了。希望我能善终,与先人合葬在九原。"

于是向北面再拜叩头,感谢先人与上天的庇佑。

◎ 知识传送门:成人之美

成人之美,比喻帮助别人达成心愿。

明朝有一位才子叫谢榛,盲了一只眼,非常善于写歌词。有一年他去彰德,穆王招待他,让自己宠爱的小妾贾氏唱了谢榛的词。穆王见谢榛非常开心,就叫贾氏出来拜见他。看到贾氏面容姣好,谢榛心动不已,又作了十几首好词,贾氏把它们完美演绎出来,两人配合得十分默契。

穆王见这两个人都有情意,于是就备了一份丰厚的礼品,将贾氏一起送给谢榛。当时大家都称赞穆王有"成人之美"的君子之风。

◎ "美"字的诗意

1. 葡萄美酒夜光杯,欲饮琵琶马上催。——唐·王翰《凉州词二首·其一》

2. 五花马,千金裘,呼儿将出换美酒,与尔同销万古愁。——唐·李白《将进酒·君不见》

3. 有一美人兮,见之不忘。——汉·司马相如《凤求凰》

◎ "美"字与谚语

1. 马好不在叫,人美不在貌。

2. 美不美,家乡水;亲不亲,故乡人。

3. 鸟美在羽毛,人美在勤劳。

8. 网—漏网之鱼

◎ 趣话"网"字

甲骨文	金文	篆文	隶书	楷书	行书	草书	繁体标宋	简体标宋

《说文》里载，网，古代用绳编织成的捕鱼工具。字形以"冂"为根本，"冂"下的字形就像网状交织。"网"，甲骨文的字形像两根木桩用绳线连接在一起。金文基本承续甲骨文字形。篆文承续金文字形。隶书将篆文的包围结构写成左右结构"網"。简体楷书恢复篆文字形"网"。

◎ 汉字有故事：漏网之鱼

释义：漏网之鱼，指捕鱼的时候，从渔网里面逃脱的鱼。现在用来比喻侥幸逃脱的敌人或者罪犯。出自《史记·酷吏列传序》："网漏于吞舟之鱼。"

成语故事：春秋时期，晋国跟秦国关系原本非常好，晋襄公继位后，局面发生了变化。

晋襄公的父亲晋文公在世的时候，晋国是中原的霸主，占领了崤、函这些地方，将秦国东进扩张的道路给堵死了，所以秦国早就有了进攻晋国的打算。

秦国想要进攻郑国，可是郑国早做了准备，秦国主帅孟明视觉得此次远征可能会无功而返，于是就取消了攻打郑国的计划，顺路将晋国的从属国滑国灭了，然后准备班师回朝。

晋国召开了会议讨论对策，中军元帅先轸力主对秦开战，于是他就领军在崤山谷地全歼了回程中的秦军，俘虏了秦国的三员主将孟明视、白乙丙、西乞术。

晋襄公的母亲是秦国国君秦穆公的女儿，她出来讲情，襄公就释放了这三个俘虏。

先轸听到这个消息大惊，急忙派大将阳处父驾车去追。

孟明视、白乙丙、西乞术这三名秦将也怕晋襄公后悔，没日没夜地往秦国跑。

跑到黄河边的时候，追兵终于到了。本以为大势已去，却看见河边有一只秦国派来接应的打鱼小船，三人跳上小船，平安回到秦国。

追到河边却没有船的阳处父，眼睁睁地看着他们变成"漏网之鱼"跑掉了。

◎ **知识传送门：天网恢恢，疏而不漏**

"天网恢恢，疏而不漏"意思是作恶的人最终难逃法网。

古时候，随州有个人叫李遥，他杀了人后逃到秭归，在那里他跟别人买了一根拐杖。后来，秭归当地有人被杀，被害人的儿子发现李遥手里的这个拐杖就是被害人的，于是李遥就被官府抓去审问。不管怎么询问，李遥都照实说是自己买的，而那个卖拐杖的人已经不知所踪。官府没有办法，就问他的故乡在哪里，结果发现了他杀人逃跑的事情，这就是"天网恢恢"。

◎ **"网"字的诗意**

1. 晚挂溪上网，映空如雾縠。——唐·皮日休《奉和鲁望渔具十五咏·网》
2. 中有一双白羽箭，蜘蛛结网生尘埃。——唐·李白《北风行》
3. 心似双丝网，中有千千结。——宋·张先《千秋岁·数声鹈鴂》

◎ **"网"字与歇后语**

1. 笨贼偷法官——自投罗网
2. 不是鱼死，就是网破——有你无我
3. 苍蝇碰上蜘蛛网——脱不了身

◎ **"网"字与谚语**

1. 要捕鱼，先织网；要搭桥，先打桩。
2. 临渊羡鱼，不如退而结网。

9.门—门庭若市

◎ 趣话"门"字

| 甲骨文 | 金文 | 篆文 | 隶书 | 楷书 | 行书 | 草书 | 繁体标宋 | 简体标宋 |

《说文》里载,门,房子上活动的两张木板,开或关时都有转动的声响。门,甲骨文字形像在房屋的入口装着相对的两个"户"。此后字形基本稳定,金文、篆文,隶书承续甲骨文字形。楷书简化成"门",完全失去了"户"的形状。

◎ 汉字有故事:门庭若市

释义:成语"门庭若市",指门前就像集市一样热闹。形容来往的人很多,非常热闹。出自西汉刘向《战国策·齐策一》。

成语故事:战国时期,邹忌原本是齐国的一位琴师,齐威王立志振兴齐国,发现邹忌为人足智多谋,于是请他担任齐国的相国。

有一次,邹忌为了请齐威王广开言路,讲了一个故事。

邹忌说他自以为容貌俊俏,但是别人都说城北一位姓徐的男人是齐国最英俊的男人,邹忌常常感到不甘心。他分别问了自己的妻子、小妾和宾客,答案都是他比城北徐公美,直到有天他遇到了城北徐公,才知道自己跟人家差得远呢。

邹忌讲完故事后说:"我的容貌不如城北徐公,但是我的妻子说我美,因为她爱我;我的小妾说我美,因为她怕我;我的客人说我美,因为他有求于我。我尚且如此,大王您统领齐国,方圆百里,城池过百,您宫中的妃子,没有不爱您的;您的臣子,没有不敬畏您的;世上的诸侯,没有不有求于您的,照此情况,您受的蒙蔽肯定很多。"

齐威王觉得他的话非常有道理,立刻颁下诏令说:"不管是谁,能当面指出我过失,给上等的赏赐;上书或者写信规劝我的,给中等的赏赐;在街市议论我的过失,能让我知道的,给下等的赏赐!"

命令一下，群臣和平民去提意见的人不计其数，接待的地方门庭若市。过了三年后，就算有人想提意见，也找不到齐威王的缺点，齐国于是强大起来。

◎ 知识传送门：开门揖盗

开门揖盗的意思是开着门欢迎盗贼进来，比喻引狼入室。

东汉末年，江东军阀孙策因为吴郡太守许贡写信给朝廷要对付他，所以下手杀死了许贡。许贡的三个门客为了报仇，趁孙策打猎的时候刺杀了孙策。

孙策临终之前把自己的心腹长史张昭和弟弟孙权找来，将东吴的大业传给孙权，希望张昭辅佐孙权。孙策去世后，孙权非常伤心，不能主持政务。张昭劝他说："现今情势危急，你哥哥刚去世，强敌们都在虎视眈眈。要是哭哭啼啼，不赶快接手政务，这就好像打开大门请强盗进来一样。"孙权听后，马上振作起来，稳定了局势。

◎ "门"字的诗意

1. 从军玉门道，逐虏金微山。——唐·李白《从军行》
2. 长风几万里，吹度玉门关。——唐·李白《关山月》
3. 朱门沉沉按歌舞，厩马肥死弓断弦。——南宋·陆游《关山月》

◎ "门"字与歇后语

1. 把状元关到门背后——埋没人才
2. 班门弄斧——自不量力
3. 门板上贴门神——一个向东，一个向西

◎ "门"字与谚语

1. 在家靠父母，出门靠朋友。
2. 寒门出才子，高山出俊鸟。
3. 好事不出门，恶事传千里。

10. 舟—破釜沉舟

◎ 趣话"舟"字

甲骨文	金文	篆文	隶书	楷书	行书	草书	标准宋体

《说文》里载,舟,就是船只。"舟",甲骨文的字形像一只木船,由船舷、船头和船尾组成。金文承续甲骨文的字形。篆文沿袭了金文字形。隶书的变形较大,变成了"舟"。此后楷书也延续了这个字形。需要指出的是,在古代"舟"和"船"是有区别的,古人把狭长而小的叫作"舟",比较大的称为"船"。

◎ 汉字有故事:破釜沉舟

释义:"釜"的意思是锅,成语"破釜沉舟"的原意是把做饭的锅打破,把渡河的船凿沉,比喻不顾一切地将某件事进行到底,一条后路也不留。

成语故事:秦朝末年,陈胜、吴广在大泽乡起义,拉开了反抗暴秦的序幕。由于各方面的原因,陈胜、吴广的起义军很快被秦国大将章邯镇压。随后章邯又攻破了邯郸,起义军赵王歇及张耳的部队被迫退守巨鹿。

当时情况十分紧急,秦将王离的二十万大军围困了巨鹿,章邯的二十万大军在巨鹿南数里的棘原驻扎,随时准备支援王离。

此时另一支起义军的领袖楚怀王任命宋义为上将军,率领项羽和二十万人马去救赵王。宋义害怕秦军的强大,到达安阳后,便按兵不动。项羽面见宋义说:"形势这样危急,我们必须快点出击,如果与赵军里外夹击,此战必胜。若还是这样干等下去,我军的粮草就会短缺了。"

宋义却不同意出战,一定要等赵军与秦军打一仗,消耗一些秦军的实力再说。

项羽知道这样下去一定会失败,趁第二天朝会的机会杀了宋义,并将宋义的头给士兵们看,说:"宋义背叛了我们的楚怀王,我奉大王的命令,处死了他。"

于是项羽继任为上将军,准备跟秦军决一死战。他率全部军队渡过漳河,向巨鹿前进。

渡过漳河后，项羽命令所有的士兵饱餐一顿，只带三天的干粮，然后把做饭的锅和渡河的船全部毁掉，对将士们说："这一仗我们没有任何退路，只有战胜秦军，解了巨鹿的围困，我们才能活下去，诸位请奋力冲杀吧！"

这就是历史上著名的破釜沉舟。没有退路的楚军，意气风发，英勇战斗，最终大破秦军。这场相当于秦国与起义军主力碰撞的大决战，最终以项羽大获全胜而告终。

此后项羽成了起义军中最强的势力，而秦国在数年后灭亡。

◎ 知识传送门：赛龙舟

赛龙舟，吃粽子是我国端午节的习俗。你知道赛龙舟的起源吗？

赛龙舟是为了纪念战国时期著名的爱国诗人屈原而举行的。屈原是楚国人，因为奸臣陷害，被迫流放归隐。后来，秦国攻陷了楚国的都城。屈原悲愤交加，抱着石头跳到汨罗江自杀了。传说当时的老百姓悲愤万分，划着船，在江上打捞他的尸体。还有些人将船做成龙的形状，敲锣打鼓，将鱼儿吓走，免得它们吃掉屈原的尸体。

后来赛龙舟这个习俗就一直保留下来。

◎ "舟"字的诗意

1. 春潮带雨晚来急，野渡无人舟自横。——唐·韦应物《滁州西涧》
2. 小舟从此逝，江海寄余生。——宋·苏轼《临江仙》
3. 两岸青山相对出，轻舟已过万重山。——唐·李白《望庐山瀑布》

◎ "舟"字与歇后语

1. 摆渡不成翻了舟——两头误
2. 端午节划龙舟——载歌载舞

◎ "舟"字与谚语

1. 逆水行舟，不进则退。
2. 水能载舟，亦能覆舟。
3. 书山有路勤为径，学海无涯苦作舟。

11. 饮—饮马长江

◎ 趣话"饮"字

甲骨文	金文	篆文	隶书	楷书	行书	草书	繁体标宋	简体标宋

《说文》里载，饮，就是酒味发苦的意思。"饮"，甲骨文用手捧酒罐的形象加上"舌"（品味的意思）组成，表示手捧着盛酒的器皿，品味美酒。金文将甲骨文字形中的"舌"写成"口"。篆文将金文的"口"写成"今"（"吟"的缩写，低语的意思），表示慢悠悠地品味美酒，然后赞叹。现代楷体写作"饮"。

◎ 汉字有故事：饮马长江

释义：成语"饮马长江"，原意是让战马在长江边喝水。后来指率领大军渡过长江进行征伐。出自《南史·檀道济传》。

成语故事：檀道济，是南北朝时南朝宋国的名将。他身出寒门，精通军事，奋斗了二十余年，一步一个脚印，从普通士兵积累军功当上大将军。

东晋末年，他跟随宋武帝刘裕屡立战功，最后被封为征南大将军。当时与宋对抗的北魏，吃了很多败仗，对他又恨又怕。

虽然檀道济文武双全，但结局跟历史上诸多功高震主的名将遭遇一样。檀道济虽屡立大功，被封为司空，最终还是被统治者猜忌。

后来，宋文帝刘义隆重病不能理事，由彭城王刘义康执政，他担心檀道济领大军在外，声名赫赫，会在刘义隆死后谋反，于是假传圣旨，召檀道济入朝。

临行前，妻子劝檀道济说："功高震主，肯定会有祸事，现在朝廷没有大事却征召你，这是要杀你啊！"檀道济不相信，说："我南征北战，从未辜负朝廷，朝廷又怎么会辜负我呢？"

结果，檀道济到了建康就被逮捕。檀道济愤怒地把头巾丢在地上说："你们这是在破坏自己抵抗外敌的万里长城！"檀道济十一个儿子和部将都被处死。

消息传开，北魏各地大肆庆祝，他们说："檀道济死了，南方就不足为惧了！"于是，他们就有了"饮马长江"的想法。

檀道济死后，北魏打到长江北岸，宋文帝非常后悔，说："要是檀道济还活着，我大宋怎么会落到如此地步！"

◎ 知识传送门：饮水思源

庾信是南北朝时的名士。他曾经接受梁元帝派遣出使西魏。还没有回国，西魏就出兵灭掉了梁国。西魏君主十分赏识庾信，要把他留在长安做官。庾信坚决不接受官职，于是就被软禁在长安三十多年。

他十分思念故乡，在《徵调曲》中写道："落其实者思其树，饮其流者怀其源。"意思是吃了果实就思念果树，喝了水就怀念水源。这就是"饮水思源"的来历。

◎ "饮"字的诗意

1. 古来圣贤皆寂寞，惟有饮者留其名。——唐·李白《将进酒·君不见》
2. 壮志饥餐胡虏肉，笑谈渴饮匈奴血。——宋·岳飞《满江红·写怀》

12. 匕—图穷匕见

◎ 趣话"匕"字

甲骨文		金文		篆文	隶书	楷书	行书	草书	标准宋体

《说文》里载，匕，一起比较而排列位次，也指用来舀取食物的勺匙，又叫"栖"。"匕"，甲骨文的字形像一个曲臂趴着或俯伏地位低下的"人"。金文、篆文都延续甲骨文字形。隶书将篆文的竖写结构改成横写结构。此后字形确定为"匕"。

◎ 汉字有故事：图穷匕见

释义：图：地图的意思。穷：完、尽的意思。见：通假字，就是"现"。图穷匕见指的是荆轲刺秦王的故事，现在比喻到了结尾才发现事情的真实情况。出自《战国策·燕策三》。

成语故事：战国末期，曾经显赫一时的战国七雄中，实力最强的秦国已经灭掉了韩、赵两国。从地域上看，燕国极有可能是秦国的下一个目标。为此，不甘心亡国的燕太子丹决定找人去行刺秦王嬴政。

后来他终于找到一位勇士，名叫荆轲。荆轲心智坚强，并且擅长剑术。荆轲提出了两个要求，第一是要拿到叛逃到燕国的秦国将领樊於期的头颅，二是需要秦王一直想要吞并的燕国督亢地区的地图。

燕太子丹不忍心杀害樊於期，荆轲私下前去劝说樊於期，让他自尽。然后找到了一把淬了毒的锋利匕首，藏在地图的末端。太子丹等身穿丧服，将荆轲和助手秦舞阳送到易水边。

秦王在宫廷内接见了荆轲。号称十三岁就杀人的助手秦舞阳却紧张得双手颤抖，脸色煞白，荆轲却神情自若。

荆轲取出地图，双手捧给秦王看，秦王聚精会神地观看地图。当地图展开到尽头时，荆轲左手揪住秦王衣袖，右手抓起匕首向秦王猛刺。可惜，刺偏了。

秦王想要拔剑抵挡，可是因为剑太长，仓促间拔不出来，就只好绕着柱子躲避着荆轲的匕首。秦朝的卫兵因没有秦王的命令，不敢擅自上前。后来侍臣们提醒秦王把剑推到背后拔出来。秦王得到侍臣提醒，从背后拔出剑来，砍断了荆轲的左腿。倒地的荆轲将匕首投向秦王。结果投在铜柱上。他自知必死，倚在柱子上大笑道："早知不存活捉你的心思，直接杀掉你算了！"说完被秦王的卫兵杀死。

而秦王嬴政因为这件事，晕眩了很久。

◎ 知识传送门：匕箸

匕箸是古代的一种拿取食物的器具，形状有点像汤勺。

东汉末年，一天，曹操与刘备一起喝酒。当时刘备正在曹操手下做事，曹操在酒桌上对刘备说："如今天下的英雄，只有你和我而已。"

刘备因为曹操这个人猜忌心很重，而努力地隐藏锋芒，听到这话，连匕箸都吓得掉在地上，曹操看到他这样胆小，对他不再忌惮。

◎ "匕"字的诗意

1. 袖中赵匕首，买自徐夫人。——唐·李白《赠友人三首》
2. 千金奉短计，匕首荆卿趋。——唐·柳宗元《咏荆轲》
3. 珠袍曳锦带，匕首插吴鸿。——唐·李白《结客少年场行》

◎ "匕"字与谚语

1. 荆轲刺秦，图穷匕见。
2. 嘴巴含匕首，出口伤人。
3. 图里藏匕首，先礼后兵。

13. 戈—化干戈为玉帛

◎ 趣话"戈"字

《说文》里载，戈，古代一种平头的戟类兵器。字形采用"弋"作偏旁，"一"表示横击。字形像戈的形状。戈，甲骨文的字形用"弋"（干的意思）和"又"（用手抓握的意思）组成，表示用手握弋的柄。从篆文开始，字形基本就确定为"戈"。

◎ 汉字有故事：化干戈为玉帛

释义：化干戈为玉帛意思是放下兵器，转为和平。玉帛：宝玉和丝织品，古代二者是进贡的礼物，引申为礼尚往来，修好的意思。干戈：兵器，指的是战争。

成语故事：大禹时代，是禅让制大行其道的时期。所谓禅让制，指君主的承袭并不采用父亲传给儿子这种方式。禹就是因为受舜的禅让而继位。传说大禹活到了一百岁，他的儿子启破坏了禅让制，最终建立了中国历史上第一个世袭朝代——夏朝。

大禹的父亲鲧，曾经被尧帝封于"崇"这个地方，是夏后氏部落首领。据传他是黄帝后裔颛顼的孙子。大禹幼年时便随父亲东迁到中原。

尧帝时，中原水灾成患，便派鲧去治水。鲧治水失败，被处死。

鲧被杀之后，舜又向尧推荐禹接替父亲的职务，继续治水。

禹明白其中的凶险，因此，尽力不重蹈父亲的覆辙。他不讲究享受，衣服和食物都很简朴。为自己定下规矩以身作则，一心致力于平定水患，在外面治水十三年，三次经过自己的家门都没有进去。把中国的地域划定为九州，即冀州、兖州、青州、徐州、扬州、荆州、豫州、梁州、雍州。

大禹从来也不争功，勤政爱民。以前他的父亲鲧建造了非常坚固的城池来保护人民，但是人民都想离开他，而且别的部落对他们虎视眈眈。禹当了首领后，拆毁了城墙，把财物分给大家，化干戈为玉帛。于是大家都非常开心地生活，其他部落也争相归附。经过长时间的考察，舜觉得大禹是一位贤者，于是就把帝位禅让给禹。

◎ 知识传送门：金戈铁马

金戈铁马，比喻战士的雄姿。

李袭吉，五代十国时著名文学家。他自称是李林甫后代，因为躲避战乱，依附了后唐太祖李克用，为他掌管机要、起草文书。有次他替李克用起草一封书信给梁太祖朱温，信中有句："金戈铁马，蹂践于明时。"就是金戈铁马这成语的由来。

李袭吉的这封信写得酣畅淋漓，朱温读完对手下说："李克用这小子在这么偏僻的地方都找出了这样一位人才！如果我有这样一位大文士相助，一定是如虎添翼吧！"

◎ "戈"字的诗意

1. 辛苦遭逢起一经，干戈寥落四周星。——宋·文天祥《过零丁洋》
2. 想当年，金戈铁马，气吞万里如虎。——宋·辛弃疾《永遇乐·京口北固亭怀古》
3. 中原干戈古亦闻，岂有逆胡传子孙。——宋·陆游《关山月》

◎ "戈"字与歇后语

1. 玉皇爷出征——尽是天兵天将

14. 弓—杯弓蛇影

◎ 趣话"弓"字

甲骨文	金文	篆文	隶书	楷书	行书	草书	标准宋体
𧈪	𠃌	弓	弓	弓	弓	弓	弓

《说文》里载，弓，是可以射到很远的武器。字形像弓的形象。弓，甲骨文字形像一个上端有挂钩的弯拱上绷着的丝弦。有的甲骨文省去丝弦，字形跟现代汉字很像。金文承续了甲骨文字形。篆文略有变化。隶书之后，其字形基本确定为"弓"。

◎ 汉字有故事：杯弓蛇影

释义：成语"杯弓蛇影"，原来指杯子里面有弓的影子，喝酒的人误认为是蛇。后来比喻因为疑神疑鬼而胡思乱想。

成语故事：中国古时候，有一位县令叫应郴，有次他请自己手下的主簿杜宣到他家来喝酒。

难得上司请自己喝酒，杜宣非常高兴，可是喝着喝着，突然发现酒杯里有一条红色的蛇在不停地蠕动着，杜宣头上顿时冒出了冷汗。但县令不停地劝他喝酒，所以硬着头皮把酒喝了下去。喝完后看看杯子，里面的蛇已经不见了，他以为自己把蛇喝到了肚子里，感觉很难受，找了个借口起身告辞。

回到家之后，杜宣觉得越来越难受。他似乎感觉到自己肚子里的那条蛇不停地咬他的内脏。然后身体越来越疼，连吃饭喝水都很困难，变得奄奄一息。

家里人请大夫前来诊治，给他开了很多药，但是毫无作用。

应郴听说杜宣病了，连忙到他家中探病，询问他得病的由来，杜宣就把酒杯中有蛇这件事一五一十地说了。

应郴觉得很奇怪，就回家寻找原因。他问了当时的仆人和宾客，没人看见有什么蛇。他在举办酒席的地方反复踱步，目光落到了北墙上的那张红色的弓上面。

他若有所思，坐到当天杜宣的位置上，倒上一杯酒，往里面一看，好像真有一条蛇在杯子里蠕动。

他恍然大悟，原来杜宣所看到的蛇，就是墙上的弓倒映在酒里的影子啊！

应郴马上派人把杜宣接过来，让他坐在当天的位置上，倒了一杯酒给他。杜宣一看，酒里又出现了一条蛇，不由得惊叹了一声。这时候，应郴站起身，把墙上的弓拿掉了，杜宣再看，酒里面的蛇消失了。

原来是弓映射在酒里的影子啊！杜宣一下子明白过来。很快，他的病就痊愈了。

◎ **知识传送门：楚王失弓**

楚王外出打猎，弓不慎遗失了。手下要去找，楚王阻止他们说："我丢了楚国的弓，将来也肯定是楚国人捡到了，不必去找。"手下的人都觉得楚王心胸宽广。

孔子听说了，评论说："楚王还是不够宽仁啊，何必纠结捡到的是不是楚国人？只要是人捡到就行了。"

老子听说了孔子的话，也评论说："就算不是被人捡到了，也没什么吧？"

这个故事充分说明了古代儒家与道家的思想差异。楚王的眼中只有楚人，孔子认为人人都应该一视同仁，而老子则认为众生平等。

◎ **"弓"字的诗意**

1. 雀步蹙沙声促促，四尺角弓青石镞。——唐·李贺《黄家洞》
2. 宿昔秉良弓，楛矢何参差。——三国·曹植《白马》
3. 马作的卢飞快，弓如霹雳弦惊。——宋·辛弃疾《破阵子·为陈同甫赋壮词以寄之》

◎ **"弓"字与歇后语**

1. 背后拉弓——暗箭伤人
2. 戴着乌纱弹棉花——有弓（功）之臣
3. 两个巴掌打人——左右开弓

◎ **"弓"字与谚语**

1. 立如松，坐如钟，卧如弓，行如风。

2. 鱼靠水，箭靠弓，人民自古是英雄。

3. 腰要弓，蹬用劲，手抓缰，心要平。

15.车—螳臂当车

◎ 趣话"车"字

| 甲骨文 | 金文 | 篆文 | 隶书 | 楷书 | 行书 | 草书 | 繁体标宋 | 简体标宋 |

《说文》里载，车，是古代人对舆、轮子的总称。车，甲骨文的字形像某种运输器械两边各有一个轮子，中间是"申"形的箱体，表示一种保护性的设备，人在这种设备中可以避免受到外部攻击。因此可以推测最早的"车"是为了战争而发明的，到春秋战国时期，"战车"在大型车战中已成为胜负的关键。金文专门保留中间的"申"形箱体，加了上下两条横杠的繁体"車"字，篆文和楷书都沿袭了这个字形，简体改为"车"。

◎ 汉字有故事：螳臂当车

释义："当"，是阻挡的意思。"螳臂当车"这个成语的意思是螳螂举起自己的前臂想要阻挡车子前进，比喻不自量力。出自《庄子·人间世》。

成语故事：春秋时，齐庄公治理齐国共计六十四年，是春秋时期执政时间最长的国君。他在位期间，采取了一系列措施，使得齐国强大起来。

有一次，他坐着马车到田野打猎，突然发现前面有一只昆虫挡路。那只昆虫举着两只镰刀般的前爪，怒视着即将到来的马车车轮，似乎想要跟这马车车轮搏斗。而看它的架势，真有把这马车弄翻的气势。

齐庄公连忙叫车夫停住马车，他自幼生长在深宫，不认识这昆虫，于是问手下的人说："这是什么昆虫？"

车夫回答说："大王，这昆虫叫作螳螂。在昆虫里面，它是属于不自量力、螳臂当车那种类型的。不管对手是谁，它从来不考虑双方实力的差异，总是不打招呼就想冲上去打架。只知道向前，不知道后退，也不会审时度势。"

齐庄公听了，点头赞叹说："这昆虫若生为人类，一定是一位天下闻名的勇士。"于是命令车夫绕道，避开这只螳螂。

后来齐庄公敬重英雄这件事传开了，天下的勇士都争相来依附齐庄公。齐国在一段时间的国力积累之后，到齐庄公孙子齐桓公时，完成了霸业。

◎ 知识传送门：象棋中的车

不少人喜欢下象棋，象棋里面有一枚棋子叫作"车"，这个"车"并不读"chē"，而读作"jū"。

在古代，一个人驾驶着两匹马所拉的战车，就被称作是"车"（读作 jū）。战车是古代战场上不可忽视的力量。无独有偶，"车"在象棋中纵横无阻，也是一枚威力巨大的棋子。

◎ "车"字的诗意

1. 车如流水马如龙。花月正春风。——唐·李煜《忆江南》
2. 单车欲问边，属国过居延。——唐·王维《使至塞上》
3. 君王若燕去，谁为曳车辕。——唐·李贺《马诗二十三首》

◎ "车"字与歇后语

1. 鼻梁上推小车——走投（头）无路
2. 不倒翁坐车——左右摇摆；东倒西歪
3. 闭门造车——自作聪明

◎ "车"字与谚语

1. 车到山前必有路，船到桥头自然直。
2. 车有车道，马有马路。
3. 再大的蛤蟆也挡不住车。

16. 斗—车载斗量

◎ 趣话"斗"字

甲骨文	金文	篆文	隶书	楷书	行书	草书	标准宋体
𠄌	𠄌	毛	仌	斗	斗	斗	斗

《说文》里载，斗，是一种量具，十升就是一斗。斗，甲骨文的字形像有手柄的大勺子，手柄是"又"的简写。金文承续甲骨文的字形。篆文发生了严重变形，改变了甲骨文、金文字形中的勺形和手柄形。隶书承续金文字形。楷书则将隶书字形中的勺子形状略写成两点，至此，"斗"字面目全非，勺形全失，并沿用至今。

◎ 汉字有故事：车载斗量

释义：载：装的意思。成语"车载斗量"字面的意思是用车来装，用斗来量。比喻数量非常多。

成语故事：三国时，蜀主刘备称帝后，为了报东吴袭取荆州、斩杀关羽的大仇，不顾群臣反对，率领军队讨伐东吴。

前期刘备的兵锋太盛，东吴接连吃了几个败仗。吴主孙权做了两方面准备，一方面派了文武双全的陆逊出任大都督，率兵与刘备相持；另一方面派中大夫赵咨出使魏国，以对魏国称臣为条件，向魏文帝曹丕求援。

曹丕见东吴的使臣到来，决心趁这个机会羞辱一下他们。接见赵咨时，态度十分傲慢地问道："孙权是个什么样的人？"

赵咨这次来是求援，回答不能太过强硬，但也不能丢了孙权的脸面，于是说："您问我吴王是一位什么样的人，他在平民百姓中发现了鲁肃，在普通士兵中提拔了吕蒙；抓到了于禁却没有杀他，兵不血刃就拿下了荆州；能够占据东吴三州争霸天下的是他；如今派我向陛下称臣。您说吴王是什么人？"

曹丕又问："吴国怕不怕魏国？"

赵咨说："没有什么怕不怕，大国有征讨的实力，小国也有抵御的良策，我们吴国据长江天险，雄兵百万，何必怕别人？"

曹丕听到这里，不由得变了脸色，用恭敬的口气问："先生真是大才！不知道东吴有多少像先生这样的人才？"

赵咨回答说："有绝世才华的，不下八九十人；像我这样平庸的，就好像车载斗量一样，满大街都是！"

曹丕听了之后称赞赵咨说："不管到哪里去当使者，都圆满完成任务，说的就是先生您了。"于是魏国答应和吴国联合起来，共同对付蜀国。

◎ 知识传送门：坐山观虎斗

从前有个人叫卞庄子，为人英勇，很有武力。有一次看见两只老虎在打架，他就想上前杀了它们。旁边有个老人劝他说："这位英雄，你何必现在出手呢？只要坐在这里等一下，这两只老虎就会分出胜负，必然一死一伤，到时候你上前杀掉那只受伤的老虎不就好了？"

卞庄子觉得有理，果然毫不费力地杀了两只老虎。

◎ "斗"字的诗意

1. 陈王昔时宴平乐，斗酒十千恣欢谑。——唐·李白《将进酒·君不见》
2. 昨夜斗回北，今朝岁起东。——唐·孟浩然《田家元日》
3. 新丰美酒斗十千，咸阳游侠多少年。——唐·王维《少年行四首》

◎ "斗"字与歇后语

1. 阿斗当皇帝——软弱无能
2. 打败的鹌鹑，斗败的鸡——上不了阵势

◎ "斗"字与谚语

1 宁添一斗，莫添一口。
2. 人不可貌相，海水不可斗量。
3. 无事田中走，谷米长几斗。

17. 衣——一衣带水

◎ 趣话"衣"字

甲骨文	金文	篆文	隶书	楷书	行书	草书	标准宋体
				衣	衣	衣	衣

《说文》里载，衣，人们用来遮盖身体或者保暖所依赖的东西。衣，甲骨文"人"下面加上"从"（像有两袖、两襟互掩的上装）组合，表示两臂插入袖子，穿起上衣。金文、篆文承续甲骨文字形。隶书将篆文字形中的"人"简化成一点一横，两袖两襟的形象消失，变成"衣"。

◎ 汉字有故事：一衣带水

释义："一衣带水"原来的意思是像一条衣带那样窄的水面。形容一水之隔，往来方便。

成语故事：取代北周称帝的隋文帝杨坚，是一位雄才大略的君主。隋朝建立的时候，南方的陈朝还没有被统一。隋文帝为了统一中国，在北方推行了富国强兵的政策，隋朝国力大增。陈朝后主陈叔宝却自以为有长江天险，对隋朝的威胁不管不问，整天花天酒地。

日夜期盼统一的隋文帝向自己的心腹大臣高颎询问，有什么灭陈的计策。高颎回答说："因为地理位置的缘故，江南的庄稼要比江北成熟得早。我们可以在陈朝的收获季节，放出风声说要出兵南下，陈国必须放弃农务，派军队进行防守。当然我们不是真的出兵，只是扰乱他们收获而已。第二年这时候我们还来这手，陈国就会陷入进退两难的地步，准备迎敌庄稼就荒芜了。所以多来几次，他们的思想就会松懈。等陈国忙于收获，就是我们真正渡江南下的时候了。另外，陈国的粮食没有囤积在地窖中，而是装在竹仓内，我们可以放火烧，这样陈国的实力就会大大削弱。"

隋文帝点头称妙，并采用了高颎的计策，七年之后终于南下伐陈。誓师的时候，隋文帝说:"天下的老百姓都把我看成他们的父母,现在江南的百姓就在一衣带水的南方,我怎么能不去拯救他们呢?"

隋军如同下山的猛虎,节节胜利,攻陷了建业,俘获了陈后主,陈朝就此灭亡。

◎ **知识传送门:天衣无缝**

天衣无缝源于一个神话传说,意思是仙女缝的衣服没有衣缝。比喻计划周密,毫无破绽。

古时候有一个叫郭翰的读书人,遇到了一位仙女。那位仙女声称自己叫织女,给他讲了很多天上的事情。郭翰问她有什么证据证明她是仙女,织女给他看了看自己的衣服,原来她的衣服上一点缝都没有,而人间绝对没有这种衣服。

◎ **"衣"字的诗意**

1. 朔气传金柝,寒光照铁衣。——南北朝·佚名《木兰诗》
2. 君臣相顾尽沾衣,东望都门信马归。——唐·白居易《长恨歌》
3. 慈母手中线,游子身上衣。——唐·孟郊《游子吟》

◎ **"衣"字与歇后语**

1. 白衣秀士当寨主——容不得人
2. 裁缝师傅的手艺——量体裁衣

◎ **"衣"字与谚语**

1. 粗茶淡饭能养人,破衣破裤能遮寒。
2. 看菜吃饭,量体裁衣。
3. 衣不如新,人不如故。

18. 井——井底之蛙

◎ 趣话"井"字

甲骨文	金文	篆文	隶书	楷书	行书	草书	标准宋体
井	井	井	井	井	阱	井	井	井

《说文》里载，井，古代的规定是八家共用一口井。"井"字甲骨文的字形像两纵两横构成的方形取水框架。金文沿袭甲骨文字形，在方框中加一点，表示其中有水。篆文承续金文字形。隶书又把中间一点去掉，恢复了"井"的字形。

◎ 汉字有故事：井底之蛙

释义："井底之蛙"指的是住在井里的青蛙，只能看到井口那么大的天。比喻没有见识或者见识短浅的人。出自《庄子·秋水》。

成语故事：在一口浅井里，有一只青蛙常年居住在此。有一天，它听说有东海来的大鳖路过这里，就想去开开眼界。

看见那只东海来的大鳖，青蛙就跟它聊起天来："我在这里可快活了！"大鳖问它："你是怎么快活的？"青蛙兴奋地说："这口井真是人间乐土！我想出去玩的时候，就来井的栏杆转转；当我想休息的时候，就到井壁上某块破烂的砖瓦后面趴着睡觉；我要是跳进水里，井里的水刚好淹到我的下巴；我想去踩泥巴玩的时候，泥巴刚好没过我的脚掌。我成天快快乐乐的，没事就去欺负一下赤虫、小螃蟹和蝌蚪什么的，别提多开心了。你可以下来体验一下我的快乐！"

大鳖被它说得心动，就想去体验一下，没想到左脚还没进去，右脚就已经卡在井口。他说："我还是更适合外面广阔的天地！"

小青蛙听了这话，不理解了："你进不到我的井里，这我可以理解，但是你说外面的天地广阔，这我不同意。每次我坐在井里向外看去，天也就井口这么大而已！"

大鳖皱了皱眉头说："你在这里待得太久了。我以前生活的东海浩浩荡荡，无边无际。就算用千里也不足以形容它的宽，用万丈也不能表明它的深。四千多年以前，十年间九年有水灾，海水也没有升高；三千多年以前，八年里有七年一滴雨都没下，海水也没有减少。这只是大海而已，天地比大海还大啊！"

◎ 知识传送门：落井下石

落井下石，比喻在别人危难的时候不但不施以援手，反而加以陷害。

柳宗元和韩愈是"唐宋八大家"里面仅有的两位唐代大文豪。柳宗元去世的时候，韩愈为他写了墓志铭。赞扬柳宗元的高尚品德，同时，还批判了一些人为了些许利益就落井下石的行径。

◎ "井"字的诗意

1. 扪参历井仰胁息，以手抚膺坐长叹。——唐·李白《蜀道难》
2. 衣杵相望深巷月，井桐摇落故园秋。——宋·陆游《秋思》
3. 淮阴市井笑韩信，汉朝公卿忌贾生。——唐·李白《行路难三首》

◎ "井"字与歇后语

1. 抱元宝跳井——爱财舍命
2. 秤砣掉井里——硬到底
3. 大牯牛落井里——有劲使不上

◎ "井"字与谚语

1. 一笔画不成龙，一锹挖不出井。
2. 山高树高，井深水凉。
3. 打不干的井水，使不完的力气。

19. 食—食不甘味

◎ 趣话"食"字

| 甲骨文 | 金文 | 篆文 | 隶书 | 楷书 | 行书 | 草书 | 标准宋体 |

《说文》里载，食，一粒米的意思。食，甲骨文用朝下的"口"（表示低头吃东西）和表示唾沫的两点，还有表示有脚的豆器的形象组成，就是低头吃东西的意思。金文延续了甲骨文字形。篆文将金文字形中豆器的脚部写成"匕"（匙子的意思），表示用"匙"吃饭。隶书将篆文的"匕"写成一撇一捺，就是现在的字形"食"。

◎ 汉字有故事：食不甘味

释义：成语"食不甘味"的意思是，吃饭都分辨不出味道，比喻心不在焉或者心里有事无法专心。

成语故事：战国后期，逐渐演变成齐、秦、燕、楚、赵、魏、韩七国争雄，史书把它们称为"战国七雄"。

其中，秦国最为强大，经常派兵攻打其他国家。

有一次，秦惠文王派使者去面见楚国国君楚威王，要求楚国向秦国投降，否则将派大军攻打楚国。

楚威王听完后大怒，立刻把秦国使者驱逐出境。但是之后又有点担心，毕竟秦国的实力很强，并不是单纯的恐吓。就在楚威王焦虑不安的时候，苏秦来到了楚国。

来楚国之前，苏秦已经得到了燕国、赵国、齐国的支持，这次来的目的是要联合楚国，共同对抗强秦。苏秦对楚威王说："楚国，是天下闻名的强国；大王，您是天下少有的贤王。楚国方圆五千余里，可以参战的将士有百万之多，战车千乘，良马万匹，粮食有十年的存量。这是称霸天下的资本啊。"

楚威王对苏秦说:"先生的话虽然不错,可是我国西边与秦国接壤,秦国一直都有南下吞并巴蜀和汉中的野心。秦国,是像虎狼一样贪婪的国家,绝对不能与它同盟。而韩、魏这两国处于秦国的攻击范围内,不能跟它们过多谋划事情,因为它们容易泄密,可能我们的计划还没开始秦军就已经打到我们首都了。我个人认为,单以楚国对抗秦国,力量不足;我手下又没有特别厉害的大臣。所以我愁得睡觉不安稳,食不甘味,如今先生您前来搞联合抗秦,我一定双手赞成。"

于是六国同盟,联合抗秦。

◎ 知识传送门:寒食节

寒食节是我国古代一个非常重要的节日,日期在清明节的前一天或者前两天。因为这天大家都不生火做饭,所以称作"寒食节"。

寒食节是为了纪念春秋时期贤人介子推而设立的。介子推当年保护公子重耳外逃列国,一路忠心耿耿,任劳任怨。后来重耳成为晋国国君,即晋文公,要他做官,他却带着老母亲归隐绵山。

重耳为了逼他出来当官,放火烧山。介子推坚决不肯出山,就抱着一棵大树死去。晋文公十分后悔,命令每年的这天不能生火做饭,只能吃寒食(凉的食物),后来这节日就流传下来。

◎ "食"字的诗意

1. 呦呦鹿鸣,食野之苹。——汉·曹操《短歌行》
2. 春城无处不飞花,寒食东风御柳斜。——唐·韩翃《寒食》

◎ "食"字与歇后语

1. 壁虎捕食——出其不意
2. 曹操吃鸡肋——食之无味,弃之可惜
3. 茶壶里煮元宵——满腹心事(食)

◎ "食"字与谚语

1. 暴饮暴食易生病,定时定量保康宁。
2. 宁可吃亏,不可食言。

20. 帚——敝帚自珍

◎ 趣话"帚"字

| 甲骨文 | 金文 | 篆文 | 隶书 | 楷书 | 行书 | 草书 | 标准宋体 |

《说文》里载，帚，扫除垃圾的工具。帚，甲骨文的字形是象形字，字形上部像一把干芦花，下端像绳结，表示把干芦花用绳子捆扎成的扫地工具。金文承续甲骨文字形。篆文将甲骨文字形中的系扎绳结状"屮"写成"又"（抓住的意思），将甲骨文字形中捆扎的干芦花写成类似倒垂的"毛"。隶化后将篆文字形中的"又"写成"彐"，将篆文字形中的倒垂的毛状写成"巾"，就成为现在的"帚"字。

◎ 汉字有故事：敝帚自珍

释义："敝帚自珍"的意思是自己的东西，就算是破扫帚也当成了珍宝。比喻自己的东西就算不值钱，也很珍惜。成语出自汉代刘珍《东观汉记·光武帝纪》。

成语故事：东汉的开国皇帝光武帝刘秀，是历史上少有的仁君，他待人敦厚，诚恳守信，得到天下后，也没有诛杀功臣，其仁慈的心性，被历代史学家称赞。

刘秀登基后，公孙述也在地势险峻的四川自立为帝，国号"成家"。他依仗四川的险要地势，对抗刘秀的军队。多次招揽不成，刘秀开始对四川用兵。

刘秀命令大司马吴汉率领大军前去讨伐公孙述，武威将军刘尚担任他的副将。

公孙述与吴汉进行了殊死的搏斗，但还是抵挡不住汉军的攻击，节节败退，一直退守到成都。公孙述集中所有兵力，在成都城外与吴汉决战。

结果汉军大胜，公孙述战死。次日，公孙述手下弃城投降。汉军副将刘尚首先率领军队入城。入城后他先派人将公孙述的家人全部杀死，并砍下公孙述的头颅，送去洛阳报功。然后，他和吴汉放纵军士在成都城里烧杀抢掠，将成都城洗劫一空。

光武帝刘秀接到报告后大为震怒，下了一道旨意批评刘尚："成都满城投降已经三天，所有的子民都心悦诚服归顺我大汉。满城的老妇、孩子还有数万人，你们放火滥杀，没有人不感到哀痛。我常听说'敝帚自珍'这个词，可你却如此不爱护自己子民的生命财产！你还是皇室的宗亲，也当过地方官，怎么忍心做出如此的行为？"

◎ **知识传送门：扫帚星**

"扫帚星"，中国民间一般是指带来晦气的人。扫帚星其实就是彗星，因为尾巴像扫帚一样而得名。迷信的人认为，出现扫帚星就有灾祸。现代多指带来坏运气的人，是骂人的说法。

◎ **"帚"字的诗意**

1. 奉帚平明金殿开，暂将团扇共裴回。——唐·王昌龄《长信怨》
2. 青岚帚亚思吾祖，绿润偏多忆蔡邕。——唐·陈陶《竹十一首》

◎ **"帚"字与歇后语**

1. 丢下犁耙拿扫帚——里里外外一把手
2. 放下权把拿扫帚——两手不闲

◎ **"帚"字与谚语**

1. 百根柳条能扎笤帚，五个指头能攥拳头。
2. 天上扫帚云，三天雨降淋。

21. 窗—东窗事发

◎ 趣话"窗"字

甲骨文	金文	篆文	楷书	行书	草书	标准宋体

《说文》里载，囱，在墙壁上的叫"牖"，在屋顶的叫"囱"。字形像窗口。窗，甲骨文是象形字，字形像一个圆形的窗洞，插着三根短栅，通风之余又不会有动物钻进去。金文字形把窗洞变成方棱形，把窗格变成栅形，字形由"囧"形变成"囱"形。篆文加上"穴"（孔洞的意思）另造"窗"代替。楷书将篆文字形写成"窗"。

◎ 汉字有故事：东窗事发

释义：成语"东窗事发"，说的是南宋时期秦桧杀害岳飞的故事，现在比喻阴谋或者罪行已经败露。出自明代田汝成《西湖游览志余·卷四》："可烦传语夫人，东窗事发矣。"

成语故事：南宋时期的秦桧，是中国历史上最为臭名昭著的奸臣。

北宋灭亡后，康王赵构在南京即位，建立了南宋，他就是宋高宗。这时候的宋王朝已经极度衰落，北方的金国元帅兀术率军向宋朝大举进攻，侵占了宋朝的大片河山。

这时候，岳飞率领他的岳家军站到了历史舞台上。他屡战屡胜，如果按照这个势头，北伐收复中原是意料之中的事情。

但是朝中的奸臣秦桧却主张同金国议和。他向宋高宗进谗，宋高宗也害怕岳飞打到北边，把北宋两位被俘的皇帝救回来，影响自己的帝位，于是同意了议和。

岳飞和朝内的主战派肯定不会同意，秦桧于是，设计将岳飞除掉。

有一天，秦桧坐在家里的东窗下发愁，他的夫人王氏献策说："岳飞有位将领叫王贵，曾因贪生怕死被岳飞责罚，为什么不在他身上做做文章呢？"

秦桧点头称妙，找到王贵威逼利诱，终于使他诬告岳飞"谋反"。就这样以"莫须有"的罪名将岳飞处死在风波亭。

后来，秦桧在游西湖的时候梦见有人索命，十分害怕，就得病死了，然后他的儿子也死了。头七的时候，按照习俗要请道士超度，道士对王氏说："我看见秦桧正在地狱里受各种酷刑，他还麻烦我转告夫人你，你们俩在东窗下谋划陷害岳飞的事情已经败露了。"

◎ **知识传送门：同窗与寒窗**

"同窗"这个词语指的是同学，也就是在同一间学校学习的校友。这里的窗，指的不仅仅是普通的窗户。古代称读书为"寒窗"，我们经常听说"寒窗苦读"这个词语，意思就是不管冬天的窗户外多么寒冷，学子们还是要读书。所以"寒窗"就代指学习条件很艰苦。在这种环境下的同窗，情谊自然更加深厚。

◎ **"窗"字的诗意**

1. 当窗理云鬓，对镜贴花黄。——南北朝·佚名《木兰诗》
2. 何当共剪西窗烛，却话巴山夜雨时。——唐·李商隐《夜雨寄北》
3. 小轩窗，正梳妆。——宋·苏轼《江城子·乙卯正月二十日夜记梦》

◎ **"窗"字与歇后语**

1. 厕所顶上开窗户——臭气冲天
2. 窗户上的纸——一捅就破

◎ **"窗"字与谚语**

1. 两耳不闻窗外事，一心只读圣贤书。
2. 屋内屋外勤打扫，开窗通气精神好。
3. 常开窗，透阳光；通空气，保健康。

22. 田—蹊田夺牛

◎ 趣话"田"字

甲骨文	金文	篆文	隶书	楷书	行书	草书	标准宋体

《说文》里载，田，是纵横摆排的土地。田，甲骨文的字形就是在土地上画出三横三纵的九个方格，表示古代的"阡"（代表纵向田埂的竖线）和"陌"（代表横向田埂的横线）纵横的无数井田的意思。有的甲骨文将字形中阡陌简化为一纵一横，也就是今天的字形。金文、篆文以及后面的隶书、楷书都承续了第二种甲骨文字形。

◎ 汉字有故事：蹊田夺牛

释义：蹊田夺牛，指的是种地的人因为别人的牛踩了自己田里的庄稼，就把别人的牛抢走。后用来形容对别人的惩罚太重。出自《左传·宣公十一年》。

成语故事：春秋时期，陈国的国君陈灵公荒淫无道，他和两个大臣大夫孔宁、仪行父都与大夫夏御叔的妻子、司马夏徵舒的母亲夏姬有不正当的男女关系。这三个人甚至在朝堂之上当着百官的面，穿着夏姬的汗衫相互炫耀打闹。

朝廷有位忠臣大夫泄冶提意见说："国君您和重臣在朝堂之上相互打闹，并且宣扬淫乱，不能给外面的百姓树立好的形象，传出去名声太不好。您还是把那女人的汗衫收起来吧！"

陈灵公表面谢罪说："我改过。"但他把泄冶的话告诉孔宁、仪行父这两个人，于是二人阴谋杀死泄冶，陈灵公故意装作不知道。

后来陈灵公他们三个人在夏姬的儿子夏徵舒家喝酒。三个人相互开玩笑，说夏徵舒长得像他们三个人。夏徵舒听后很愤怒，于是安排了弓箭手，等陈灵公出来射死了他。

夏徵舒杀了陈灵公之后，自立为陈国国君。孔宁与仪行父逃往楚国，向楚王求救。

楚庄王听说后，就发兵攻打陈国，将夏徵舒处死，之后准备把陈国给吞并。

他手下的大夫申叔不同意楚王的做法，他说："就算别人的牛踩了别人的庄稼，也不能够把这个人的牛给抢走啊！"

楚庄王听后，觉得有道理，于是迎回陈国的太子午，让其继位为陈国国君，就是历史上的陈成公。

◎ **知识传送门：蓝田种玉**

蓝田种玉，比喻男女都得到了自己满意的美好姻缘。

从前有个人叫杨伯雍，因为替父母守墓，在蓝田的无终山上居住。山上没有水，他自己取水，让上山的人解渴。有次，一位路人喝完水，赠给他一斗石子，让他在高处的石头上种下去。嘱咐他说，这将来跟你的姻缘有关。他按照嘱咐种下了石头，发现上面结了玉石。后来大户人家徐氏要嫁女儿，伯雍听说这女子既美丽又贤惠，就去求婚。徐氏笑话他痴心妄想，就提出只要有白璧一双，就将女儿嫁给他。

伯雍就去自己种的玉田，取了白璧五双下聘，终于得到了美满的姻缘。

◎ **"田"字的诗意**

1. 故人具鸡黍，邀我至田家。——唐·孟浩然《过故人庄》
2. 江南可采莲，莲叶何田田。——汉·佚名《江南》

◎ **"田"字与谚语**

1. 白米饭好吃，五谷田难种。
2. 无事田中走，谷米长几斗。
3. 点灯爱油，耕田爱牛。

23. 乐—乐不思蜀

◎ 趣话"乐"字

甲骨文	金文	篆文	隶书	楷书	行书	草书	繁体标宋	简体标宋

《说文》里载，乐，原是五声八音的总称。乐的繁体字写作"樂"，甲骨文字形用"丝"（表示丝弦乐器）加上"木"（架子，琴枕等乐器）组成，字形就像木枕上系着丝弦的琴具。金文承续了甲骨文字形。有的金文加"白"（表示说唱），强调弹琴是为了伴奏歌唱。篆文承续金文字形。楷体省略了字形中的"丝""白"和"木"，简写成"乐"。

◎ 汉字有故事：乐不思蜀

释义：成语"乐不思蜀"原意是指蜀汉后主刘禅被俘虏后说自己很快乐，不思念蜀国。后来比喻在新环境中自得其乐，不愿意再回到过去。

成语故事：魏国主政大臣司马昭灭掉蜀汉之后，蜀汉后主刘禅被带到魏国生活。司马昭宴请刘禅的时候，故意安排蜀国的歌舞。跟随着刘禅一起到魏的蜀国旧臣听了之后触景生情，想到了亡国之恨十分悲伤，只有刘禅嬉皮笑脸，无动于衷。

司马昭看见这种情形就对手下大臣贾充说："想不到刘禅竟然如此昏庸，怪不得诸葛亮都无法辅佐他成才，何况是后来才能不如诸葛亮的姜维呢！"贾充回答说："他要是不昏庸，殿下您要灭亡蜀国可就难了。"

有一天，司马昭问刘禅说："你在这里会不会思念蜀地？"刘禅回答说："我在这里天天吃喝玩乐，思念蜀地干什么？"

刘禅从前的大臣郤正私下里指点他说："如果他再这样问你时，你应哭着回答说：'我先人的坟墓都在蜀地，我天天都在惦念着他们。'这样魏国人就会放你回去了。"

后来司马昭果然又问他这个问题，刘禅便按照郤正教他的话回答，但因为挤不出眼泪，就只好闭着眼睛。司马昭说："我怎么听着像是郤正的语气呢？"刘禅听了非常吃惊，瞪着眼睛看着司马昭说："您怎么知道？就是他教我的。"在场的人一起哈哈大笑。

不过也有人认为，刘禅这是在装疯卖傻。这么一来，司马昭再也不防备他，他也得以安度晚年。

◎ 知识传送门：天伦之乐

"会桃花之芳园，序天伦之乐事。"出自唐代大诗人李白的《春夜宴从弟桃花园序》。天伦之乐指的是家族里面老一辈的人和小一辈有血缘亲属关系的人之间骨肉亲情的乐趣，要注意的是，这个成语只能用于家人。

◎ "乐"字的诗意

1. 陈王昔时宴平乐，斗酒十千恣欢谑。——唐·李白《将进酒·君不见》
2. 锦城虽云乐，不如早还家。——唐·李白《蜀道难》
3. 民生各有所乐兮，余独好修以为常。——战国·屈原《离骚》

◎ "乐"字与歇后语

1. 半夜弹琴——暗中作乐
2. 抱着枕头跳舞——自得其乐
3. 吃着黄连唱着歌——以苦为乐

◎ "乐"字与谚语

1. 至乐莫如读书，至要莫如教子。
2. 乐于受别人恭维的人，也是善于谄媚的人。
3. 先天下之忧而忧，后天下之乐而乐。

24. 金——一诺千金

◎ 趣话"金"字

| 金文 | 篆文 | 隶书 | 楷书 | 行书 | 草书 | 标准宋体 |

《说文》里载，金，是五色（赤、青、黑、白、黄）金属的总称。金，金文用代表沙粒形象的两点，和"含"（"今"的变形字）再加上"土"（地矿的意思）组成，表示包含在泥沙中的金矿粒。篆文、隶书基本承续金文的字形。隶书基本上就确定了"金"的字形。

◎ 汉字有故事：一诺千金

释义：诺：许诺的意思。"一诺千金"原来是指许下的诺言价值千金。后来比喻某人信用极好，说过的话一定会算数。出自《史记·季布栾布列传》。

成语故事：季布是秦朝末年楚地人，他为人性情耿直，行侠仗义，好打抱不平。而且非常守信用，但凡他答应的事情，无论多困难都会努力做到，因此大家都很欣赏他。

季布在楚汉相争时曾是项羽的部下。他为项羽谋划的计谋，让汉高祖刘邦遇到了很多麻烦。刘邦登基后非常急切地下令通缉季布。

季布的好人缘这时候发挥了作用，不少人暗中帮助他。不久，季布躲到山东朱家当佣工，朱家知道他是季布，就吩咐儿子说："一切以这个佣人为主。"

后来，朱家去洛阳找刘邦的老部下夏侯婴说情。刘邦原谅了季布，封他做郎中，又改任河东太守。

季布的一个同乡叫曹丘，很喜欢巴结官员。季布以前就不喜欢他，还专门写信告诉一个朋友不要结交曹丘。曹丘听说季布又当官了，就来见季布。

季布本想痛骂曹丘一顿，没想到曹丘一见面就说："我听到楚地流传着这样一句话：'得黄金千两，不如得季布一诺'，您的大名在梁、楚两地如雷贯耳。我们既然是同乡，我怎么能不尽心竭力将你的名声传遍天下呢？"季布听了，马上高兴起来，留下他，作为贵客招待了几个月。

这之后，曹丘到处宣扬，季布的名声也就变得越来越大。

◎ **知识传送门：固若金汤**

成语"固若金汤"，指的是用金属造的城墙和滚水形成的护城河，比喻要塞无比坚固，易守难攻。

秦末起义军领袖武臣攻打范阳城，这里易守难攻，被称为"固若金汤"，后来有位叫蒯通的辩士前来献策，说只要饶恕范阳城的守将不死，他就会投降，根本用不着攻打城池。武臣采用他的计谋，果然兵不血刃地拿下范阳城。

◎ **"金"字的诗意**

1. 新贴绣罗襦，双双金鹧鸪。——唐·温庭筠《菩萨蛮·小山重叠金明灭》
2. 金风玉露一相逢，便胜却人间无数。——宋·秦观《鹊桥仙》
3. 天生我材必有用，千金散尽还复来。——唐·李白《将进酒》

◎ **"金"字与歇后语**

1. 半路上杀出个程咬金——突如其来
2. 玻璃缸里的金鱼——翻不了大浪

◎ **"金"字与谚语**

1. 败家子挥金如粪，兴家人惜粪如金。
2. 宁舍一锭金，不舍一年春。

25. 劳—劳苦功高

◎ 趣话"劳"字

| 金文 | 篆文 | 隶书 | 楷书 | 行书 | 草书 | 繁体标宋 | 简体标宋 |

《说文》里载，劳，生活艰苦的意思。劳的繁体字是"勞"，字形采用"力"与省略了下半部分"火"的"熒"组合而成。熒，表示房屋着火的时候，用力救火的人会疲惫辛苦。金文用（两个"火"）和"心"组成，表示着火时内心充满了焦虑忧烦。篆文加上"秃宝盖"，表示在家中劳动，并以"力"代金文字形中的"心"，强调体力活动的辛苦。隶书写成"勞"。简体楷书的两个"火"连写成"艹"，就变成今天的"劳"。

◎ 汉字有故事：劳苦功高

释义：成语"劳苦功高"，意思是为某事出了很多力，立下了很高的功劳。出自《史记·项羽本纪》。

成语故事：秦朝末年，陈胜吴广拉开了反对暴秦的序幕，但是由于这两个人自身的缺点，很快就被杀身亡。后来，慢慢出现了楚霸王项羽与汉王刘邦之间的对决。

原本诸侯决定，先攻入关中的，大家就支持他为王。但是刘邦率军攻占秦都咸阳后，却不敢称王，只是派军驻守函谷关，跟关中的父老约法三章，一点都没有骚扰地方。

打败了秦军主力晚一步赶到的项羽，听刘邦的左司马曹无伤说刘邦占领了咸阳，有在关中称王的打算，马上率领大军进驻到鸿门，要攻打刘邦。

刘邦去鸿门拜见项羽。项羽赐宴款待刘邦，宴席间，将军项庄奉了项羽谋士范增的命令，借助舞剑助兴的机会刺杀刘邦，项伯挺身而出护住了刘邦。

这时候，刘邦手下的大将樊哙得到消息，全副武装走进宴会。项羽一看樊哙十分雄壮，就赐酒给他喝。樊哙喝完酒后，对项羽说："我连死都不怕，还怕喝酒吗？我们主公一番苦战攻入咸阳，劳苦功高，自己连侯都没有封，一直在恭候大王的到来。而大王却听信小人的谗言，杀害有功之臣，这是在重蹈秦国的覆辙啊！"

项羽听后无言以对，放弃了对刘邦动手的打算。

◎ **知识传送门：任劳任怨**

任劳任怨，既不怕辛劳，也不怕别人埋怨。

石显是汉元帝刘奭时期有名的奸臣。作为一个太监，趁着皇帝生病不能料理政务的时机，把持了朝政，结党营私，打击异己。他非常阴险，某次为了让皇帝相信自己，故意设下一个局。他出宫办事，事先跟皇帝打招呼，让宫中给他留门。然后故意晚归，让人开了宫门。第二天就有人上书弹劾他擅自开宫门。于是他就向皇帝哭诉说："我任劳任怨，可是大臣总想害我，请皇帝让我当个扫地的小太监好了！"

皇帝果然被他欺骗，更加信任他了。

◎ **"劳"字的诗意**

1. 举手长劳劳，二情同依依。——汉·佚名《孔雀东南飞》
2. 世路无穷，劳生有限，似此区区长鲜欢。——宋·苏轼《沁园春·孤馆灯青》

◎ **"劳"字与谚语**

1. 劳动出智慧，实践出真知。
2. 只要肯劳动，一世不会穷。
3. 心宽体胖，勤劳体壮。

26. 旗—旗鼓相当

◎ 趣话"旗"字

| 甲骨文 | 金文 | 篆文 | 隶书 | 楷书 | 行书 | 草书 | 标准宋体 |

《说文》里载，旗，就是画着熊的图案的军旗。旗的甲骨文、金文是象形字，像在树干上飞舞的飘带。有的篆文将金文上下结构写成左右结构，就是今天的"旗"。

◎ 汉字有故事：旗鼓相当

释义：旗鼓：古代作战的时候，以摇旗击鼓指挥进退。这个成语原指在战场上进攻和后退程度差不多，后来比喻双方的力量不相上下。

成语故事：西汉末年，王莽篡夺汉室江山，自立为帝，改国号为新。后来光武帝刘秀起兵反抗，在洛阳称帝，建立东汉王朝。

光武帝刘秀虽然当了皇帝，却还没有完全统一整个中国。公孙述在四川一带自立为帝，隗嚣在甘肃一带拥兵自重，称为西州大将军。而且隗嚣和公孙述之间也有矛盾，双方摩擦不断，相互攻击。

于是，刘秀想了个办法，就是拉拢隗嚣，孤立公孙述。隗嚣，出身陇右的大族，以学问高深而闻名。更始帝刘玄建立政权后，隗嚣的叔父隗崔、兄长隗义起兵响应刘玄，对抗王莽。隗嚣之后被推为上将军，很快攻占了陇西、天水、武都、金城等郡县，实力强劲，一些能征善战的将领如马援、班彪等人，都曾经在他旗下效力。

有一次，隗嚣打退了公孙述的消息传到了洛阳，刘秀便立刻写信给隗嚣，希望能够结识隗嚣，联合起来一起消灭公孙述。

刘秀在信中说：我的主力现在都部署在东方，暂时抽调不出人马前去攻打成都和公孙述。如果公孙述前去侵犯汉中，甚至骚扰长安的话，我部署在西边的军队不足以对抗他,希望能得到将军您的帮助。如果我们结盟,在西线的战场上,我们就可以和公孙述旗鼓相当了。

后来,隗嚣与刘秀结盟,在西线共同对抗公孙述。

◎ 知识传送门:满洲八旗

我们常听说"八旗子弟",所谓的"八旗"就是清太祖努尔哈赤创建的满洲"耕战合一"的军事体系。他用这种制度将满洲人组织起来,因为出征时区分队伍使用正黄、正白、正红、正蓝、镶黄、镶白、镶红、镶蓝这八种颜色的军旗,所以也称为"八旗"。

八旗制度使得满洲人的武力激增,仅仅靠几十万人就征服了中原。

◎ "旗"字的诗意

1. 纷纷暮雪下辕门,风掣红旗冻不翻。——唐·岑参《白雪歌送武判官归京》
2. 驾八龙之婉婉兮,载云旗之委蛇。——战国·屈原《离骚》
3. 峨嵋山下少人行,旌旗无光日色薄。——唐·白居易《长恨歌》

◎ "旗"字与歇后语

1. 包脚布满天飞——打的什么旗号
2. 插根筷子当旗杆——竖不起来
3. 大风吹倒帅字旗——出师不利

◎ "旗"字与谚语

1. 堂堂之阵,正正之旗。
2. 拉大旗,作虎皮。

27. 笔—投笔从戎

◎ 趣话"笔"字

甲骨文	金文	篆文	隶书	楷书	行书	草书	繁体标宋	简体标宋

《说文》里载，笔，书写的工具。"聿"是"筆"的本字。甲骨文字形像手拿着末端有一撮兽毛的竹管在写字。金文承续了甲骨文字形。篆文将"又"（抓的意思）和"竹"（笔的意思）连起来写。大篆籀文用"竹"（小竹管的意思）加上"毛"（兽毛的意思）组成，强调毛笔以竹管和兽毛为材料制成。楷书也采用了这一字形。

◎ 汉字有故事：投笔从戎

释义：投笔从戎，就是丢掉笔去参加军队。后来指文人不再写文章而是去从军。出自《后汉书·班超传》。

成语故事：班超是东汉时期著名的将领。他是徐县县令班彪的小儿子，从小家境贫寒，但是为人很有志向。又不拘小节，对母亲十分孝顺，能够踏踏实实做人，不管做什么工作，都尽心尽力完成。

班超口才很好，而且博览群书。后来，朝廷征召班超的哥哥班固去洛阳担任校书郎这个职务，班超就跟着母亲一起去了洛阳。

因为当时家庭贫寒，他经常要替官府抄书来赚钱养家糊口。这份工作非常辛苦，有一次他将笔丢在一旁叹息道："男子汉大丈夫，就算没有什么雄才伟略，也应该效仿傅介子和张骞出使他国立下功劳，以封侯拜将，怎么老是做抄抄写写的琐事呢？"

后来他不再做原来的工作，投笔从戎，奉命出使西域。

班超到了西域鄯善国之后，发现鄯善王招待他们的礼节由隆重慢慢变成敷衍。班超就对他的随从官员说："一定是有匈奴的使者来了，不让鄯善国的人侍奉我们，不然不会出现这种问题。"派人一打听，果然如此。班超说："不入虎穴，焉得虎子？

我们把匈奴的使者杀掉，鄯善人就不敢再有二心。"

晚上，班超带领手下袭击了匈奴人的营地，全歼了匈奴使团，鄯善王吓坏了，只好投靠了汉朝。

◎ 知识传送门：笔走龙蛇

"笔走龙蛇"主要形容书法灵动有气势，很洒脱。

唐朝时期，担任秘书监一职的大诗人贺知章在府上请客，诗仙李白在席上写了一首诗叫作《草书歌行》。正好玄奘法师的弟子怀素也在场。

怀素擅长草书，大家都想开开眼界，于是怀素取笔磨墨，凝神运气，挥毫泼墨，一挥而就。满桌宾客大开眼界，贺知章赞叹他的字："左盘右旋，笔走龙蛇。"

◎ "笔"字的诗意

1. 梅雪争春未肯降，骚人阁笔费评章。——宋·卢梅坡《雪梅·其一》
2. 在齐太史简，在晋董狐笔。——宋·文天祥《正气歌》
3. 虽投定远笔，未坐将军树。——唐·王昌龄《从军行二首》

◎ "笔"字与歇后语

1. 笔端的大马路——正直公道
2. 笔筒里看天——眼光狭窄
3. 笔杆子吞进肚——胸有成竹

◎ "笔"字与谚语

1. 好记性不如烂笔头。
2. 一笔画不成龙，一锹挖不出井。

28. 釜——釜底抽薪

◎ 趣话"釜"字

| 金文 | 篆文 | 隶书 | 楷书 |

《说文》里载,釜,就是"鬴",或写作"上父下金"的字。俗称为"釜"。釜,是古代的一种锅,是一个形声字。"金"是偏旁,"父"是声旁。本义是古代的一种炊器,敛口圆底,有的上边有两个耳朵。金文用一个"父"加上金型的符号,其实有点像"缶",篆文将字形做了较大改变,楷书把金的前两笔做了省略,写成"釜"。

◎ 汉字有故事:釜底抽薪

释义:"釜"的意思是锅,"薪"的意思是柴火。成语"釜底抽薪",原来是指把锅下面的柴火拿走才能让锅里的水不再沸腾,比喻从根本上解决问题,也比喻搞暗中破坏,是我国古代"三十六计"中的第十九计。

成语故事:春秋时期,齐国与鲁国是邻国,孔子曾经跟齐景公有交情,但是齐景公没有重用孔子,只是把廪丘邑赠给孔子,作为供养之地。孔子不接受,说:"无功不受禄,君主既然没有接受我的治国主张,何必给我封地?"

然后他就去了鲁国,被鲁定公重用。被孔子拒绝的齐景公,感到心里不是滋味。特别是齐国的贤相晏婴去世后,鲁国在孔子的辅佐下,国力日趋强盛,齐景公对此深感忧虑和不安。

齐大夫黎弥看到齐景公如此忧心,就献了一条计策说:"如果不能正面打败鲁国,那么我们就试试釜底抽薪吧!鲁国目前太平无事,国富民强,靠的就是孔子,如果我们把孔子赶走,鲁国就不足为虑了。我听说鲁定公好女色,我们可以进献一批美女给他,他马上就会变得荒淫无道,而孔子是品德高尚的人,一定不会继续为昏君效力。"

齐景公拍手称妙，从国内精选了八十位娇滴滴的美女，让美女们学习歌舞和妩媚的仪态。齐国的使者将八十名美女献给鲁定公，定公又赐了三十位美女给丞相季斯，自此，这两个人就沉溺于声色中，朝政很快就荒废了。

孔子的学生子路劝孔子说："老师，鲁国已经没救了，我们还是走吧。"孔子有点舍不得离开故土，就说："国家的大典郊祭就要到了，我们看看君主的表现，再决定走不走。"结果郊祭这天，鲁定公只是露了个面，然后又回到美女堆里逍遥快活。

孔子彻底失望了，于是带着弟子们周游列国。

◎ 知识传送门：甑尘釜鱼

成语"甑尘釜鱼"，意思是甑里都是灰尘，锅里面生了蠹鱼。形容家里一贫如洗，连吃的都没有，也比喻清官洁身自好。

东汉有一位名士叫范冉，字史云，曾经当过莱芜县令，大家也叫他"范莱阳"。他辞官归隐后，家里很清贫，经常断粮。但他却丝毫不以为意，言谈举止跟平时一样。他家乡流传着这样的歌谣："甑中生尘范史云，釜中生鱼范莱芜。"其中史云就的是范冉的字。

◎ "釜"字的诗意

1. 釜鱼君莫叹，卜岁正盈车。——明·王稚登《虎丘访居士贞》
2. 同年亲友俱三釜，半壁天倾空二毫。——宋·梅时举《挽赵秋晓》

◎ "釜"字与歇后语

1. 项羽砸锅——破釜沉舟
2. 秤砣掉在瓦釜里——砸锅

29. 帽—谢郎着帽

◎ 趣话"帽"字

甲骨文	金文	篆文	隶书	楷书
冒	冒	冃	帽	帽

《说文》里载,"帽",就是小孩子或者边远民族头上包头的布,是个形声字。"巾"是偏旁,"冒"是声旁。金文的"帽",是个会意字,下面是一只眼睛,上面是一顶帽子的形象,表示人的头上戴着的帽子。篆文的字形,类似于一个"月"。因为帽子的材质是丝织品,所以隶书加上代表丝织品的"巾",表示材料,"帽"字形就这样确定下来。

◎ 汉字有故事:谢郎着帽

释义:谢郎,指的是东晋著名政治家谢安,"谢郎着帽"这个成语比喻行为洒脱,不被礼数所拘束。

成语故事:谢安是东晋时期著名的政治家,也是我国历史上不多的极有才华、人品又极好的政治家。据史书记载,谢安多才多艺,既写得一手好字,还非常精通音乐。他的性情温和恬淡,处事公平不徇私,从不争功,为人谦逊,史书称赞他有宰相的气度。

早先他纵情山水,其实并没有出来当官的打算。但是他出身高门士族,他的夫人刘氏,是名士刘惔的妹妹,她看见谢家的谢尚、谢奕、谢万都声名显赫,只有丈夫谢安毫无作为,就问谢安说:"夫君您身为大丈夫,难道不想富贵吗?"谢安叹着气说:"我不追求富贵,但恐怕我将来的富贵不可避免啊。"

谢安在东山一直隐居至四十多岁,因为谢氏在朝廷中的成员不是病死就是去职,谢安不得不出山。

他的第一个职务是担任大将军桓温的司马。桓温当时已经权倾朝野,谢安到桓温的府第拜见的时候,桓温十分高兴。两个人交谈甚欢,畅谈生平。谢安告辞的时候，桓温对左右的人说："你们跟了我这么多年，可曾见过我有过这样的客人？"

后来，桓温去谢安的住处找他，刚好谢安正在整理头发。谢安这个人本来就是个慢性子，整理了半天才罢手。听说桓温来了，急忙让仆人取来头巾。桓温连忙制止仆人说："不用拿头巾了，我再等等，还是让司马戴好帽子再相见吧。"这就是"谢郎着帽"的故事，充分体现了桓温对谢安的器重。

但是后来，谢安成了桓温在朝廷的主要对手。二人斗智斗勇，在历史上留下了浓墨重彩的一笔。

◎ 知识传送门：乌纱帽

"乌纱帽"，原来只是指用乌纱做成的帽子。东晋以前，这种帽子只有老百姓才戴。到了东晋后，才有官员开始戴。宋太祖时，官员们全都戴着乌纱帽。因为宋太祖很讨厌官员在朝会的时候交头接耳，就在乌纱帽的两边各加一个翅膀。下面有人说悄悄话的时候，翅膀一动一动的，他在上面马上就能看到。

到了明代，乌纱帽就只有官员才能戴了，于是"乌纱帽"也就开始代指官职。

◎ "帽"字的诗意

1. 或为辽东帽，清操厉冰雪。——宋·文天祥《正气歌》
2. 落帽醉山月，空歌怀友生。——唐·李白《九日》
3. 单寒骨相难更，笑席帽青衫太瘦生。——清·郑板桥《沁园春·恨》

◎ "帽"字与歇后语

1. 扳手紧螺帽——丝丝入扣
2. 财神爷戴乌纱帽——钱也有，权也有

◎ "帽"字与谚语

1. 春不忙减衣，秋不忙加帽。
2. 纱帽底下无空汉，情人眼里出西施。

30. 众—众叛亲离

◎ 趣话"众"字

甲骨文	金文	篆文	隶书	楷书	行书	草书	繁体标宋	简体标宋

《说文》里载，众，人多的意思。众，甲骨文字形用"从"（同行的意思）加上"人"（跟着的意思），表示相随、同行的一群人。有的甲骨文在"三个人"（就是相随，合群的意思）字上方加"日"（太阳的意思），表示在太阳之下群居的广大人群。简体金文和简体篆文承续甲骨文字形。有的篆文误将金文的"日"写成"目"。隶书将篆文的"目"写成"目"上加一撇，形状写成"眔"。楷书回归甲骨文"三人成众"的结构。

◎ 汉字有故事：众叛亲离

释义：成语"众叛亲离"，意思是众人背叛，亲人离开。形容某个人或者势力被全部人抛弃，完全孤立。

成语故事：春秋时期，卫国公子州吁深受父亲疼爱，但他为人暴戾，喜欢带兵，父亲就让他统领军队。后来他杀死了曾经放逐自己的哥哥卫桓公，自己做了卫国的国君，成为春秋时期第一个弑杀国君的公子。

他在国外放逐时，结识了郑国的公子共叔段，共叔段与他的情况类似，只是他哥哥郑庄公对他很好。但共叔段也想杀害哥哥郑庄公。

州吁杀害自己哥哥这件事引起了卫国人民的不满。为了转移矛盾，他就跟共叔段合谋前去攻打郑国。于是邀请了宋国的宋殇公担任主帅，卫国提供军费，联合陈国、蔡国一起去攻打郑国。

郑庄公因为对共叔段怀有戒心，早早做了准备。州吁他们把郑国的东城门包围了五天后毫无办法，就只好班师回朝。

鲁国的国君听说这件事，就询问自己手下的人说，州吁这个人会不会成功。

手下的大臣回答说，我们只听说国君可以用恩德赢得百姓的爱戴，没有听说靠昏庸无道赢得人心的。州吁这个人迷信武力，穷兵黩武，又杀害了自己的哥哥，国内的民众都很不满，很快就会众叛亲离，他还想成功？能保住命就不错了。

果然没过多久，州吁就被自己的臣子设计杀掉了。

◎ 知识传送门：众志成城

周朝时期，周景王想要推行两个政策，一件是铸大钱，一件是铸大钟。大臣单穆公对此表示反对并阻止，他说大钱不利于流通，是对平民百姓的掠夺；而铸大钟更是劳民伤财，加重百姓的负担。司乐大夫伶州鸠用"众心成城，众口铄金"来证明自己的观点：老百姓都喜欢的东西，很少有不成功的；而老百姓都讨厌的东西，也很少有不失败的。但周景王不听。结果景王第二年就去世了，周朝也陷入长达五年之久的内乱。

◎ "众"字的诗意

1. 众里寻他千百度。——宋·辛弃疾《青玉案·元夕》
2. 会当凌绝顶，一览众山小。——唐·杜甫《望岳》

◎ "众"字与谚语

1. 赌钱众人骂，读书众人夸。
2. 路不平，众人踩；事不平，大家管。
3. 众人拾柴火焰高。

31. 渔——竭泽而渔

◎ 趣话"渔"字

| 甲骨文 | 金文 | 篆文 | 隶书 | 楷书 | 行书 | 草书 | 繁体标宋 | 简体标宋 |

《说文》里载，渔，就是捕鱼。渔，甲骨文字形表示将"河中的鱼"变成"岸上的鱼"，就是捕鱼。金文用"水"和"鱼"加上"双手"的形象组成，强调通过人的手从水中捕鱼。篆文承续甲骨文字形，但将鱼尾写成"火"。隶书将篆文的"水"写成"三点水"。楷书将隶书下部的"火"写成"四点底"。楷书将"四点底"简写成一横。

◎ 汉字有故事：竭泽而渔

释义：竭泽而渔，"竭"是"干涸"的意思，这个成语的意思是为了抓鱼而将池塘里的水弄干。比喻只顾眼前利益，不做长远打算，目光短浅。语出《吕氏春秋·义赏》："竭泽而渔，岂不获得，而明年无鱼。"

成语故事：春秋时期，楚国与晋国的矛盾不断升级。楚国进攻晋国的盟友宋国，晋文公重耳想要帮助宋国，就问计于自己手下的大臣狐偃。狐偃足智多谋，他为晋文公拟定的计策只有一个字，就是"诈"。因为楚国刚刚得到曹国的领土，晋军没有直接去救宋国，而是攻陷了曹国的都城，逼迫楚军回师。

后来，楚国卷土重来，两国在城濮交战。晋国的实力还不如楚国，于是晋文公问狐偃如何击败楚军。狐偃还是请求晋文公用欺骗的办法。晋文公问另外一个大臣雍季应该怎样打仗，雍季说打仗还是靠实力，用诡计的话，就好像把池水弄干了捉鱼，明年就没有鱼可以捉了。晋文公最终采用了狐偃的计策，战争初期，晋军对楚军连连示弱，实现了当年晋文公对楚王"退避三舍"的承诺，同时让楚军更加骄傲轻敌。

战争中，狐偃、先轸命令晋军用绑着树枝的马拖起灰尘，制造逃跑的假象，最终打败了楚军。战后论功行赏时，雍季的功劳却在狐偃之上。晋文公解释说："一时获得的利益怎么比得上百年大计呢？"

◎ **知识传送门：坐收渔利**

"坐收渔利"，比喻什么都不干，就能从别人的两败俱伤当中获得好处。从前有个人，经过河边的时候，看见一只蚌正在晒太阳，一只鹬鸟想去吃它，却被夹住了嘴。两个动物争执不下，后来一个渔翁经过，毫不费力地就把它俩都抓到了。

◎ **"渔"字的诗意**

1. 渔阳鼙鼓动地来，惊破霓裳羽衣曲。——唐·白居易《长恨歌》
2. 月落乌啼霜满天，江枫渔火对愁眠。——唐·张继《枫桥夜泊》
3. 一叶渔船两小童，收篙停棹坐船中。——宋·杨万里《舟过安仁》

◎ **"渔"字与歇后语**

1 渔夫赶上鱼汛，猎手赶上兽群——喜之不尽
2. 渔鼓艺人打鼓帮——敲竹杠

32. 宾—宾至如归

◎ **趣话"宾"字**

甲骨文	金文	篆文	隶书	楷书	行书	草书	繁体标宋	简体标宋
𡩟	𡩟	賓	賓	賓	宾	宾	賓	宾

《说文》里载，宾，就是主人所敬重的贵客。宾，甲骨文用"宀"（房屋的意思）加上"人"（客人的意思）组成，表示家中来的客人。金文进化成用"宀"（房屋的意思）下面加上"人"（行礼的人）。篆文用"宀"加上"之"的倒写（表示与前去相反，前来的意思）再加上"贝"（财礼的意思），表示带礼物前来的客人。隶化后楷书写作"賓"。简体楷书用字形简单的"兵"代替声旁，就是"宾"。

造字本义：带着礼物拜访、受到款待的贵客。

◎ 汉字有故事：宾至如归

释义：成语"宾至如归"意思是，宾客到了这里，就好像回到了家一样，形容对待客人热情而周到，出自《左传·襄公三十一年》。

成语故事：子产，就是历史上常说的公孙侨，是春秋时期郑国的大夫，担任相国一职，主持郑国政务多年。

那时候，郑国靠强国晋国庇护，经常向晋国进贡。有一次，郑简公命令子产带着许多礼物出访晋国。晋国的国君晋平公借口为鲁襄公逝世致哀，没有亲自迎接郑国使者。子产看到这种情况，就命令手下把所住晋国宾馆的围墙拆掉，然后把车马和礼物都放进去。

晋平公听到手下报告，大吃一惊，连忙派大夫士文伯到宾馆去责问子产。士文伯说："你们为什么要拆我们宾馆的墙呢？我们晋国作为诸侯的盟主，肯定有很多国家前来参拜，我们特意修建了这所宾馆来保护这些使节的安全，专门建起厚厚的围墙。现在你们拆了墙，他们怎么办呢？"

子产不慌不忙地回答说："我们郑国处在您们晋国的庇佑下，所以准备了厚礼前来参拜，可是见不到你们的国君。我听说从前你们君主当诸侯盟主的时候，自己住小宫殿，宾客住大宾馆，来朝见的时候马上就能见到。他对宾客们很好，宾客来到这里就像到了自己家里。可是，现在晋国的宫室方圆有好几里，而宾客住的却是很小的屋子。来到晋国朝见，接见的日子遥遥无期。我们不把礼物搬进宾馆，万一有什么损失，那就是我的罪责了。"

士文伯回去禀告晋平公，平公十分惭愧，马上接见了子产。

◎ 知识传送门：相敬如宾

"相敬如宾"，指的是夫妻俩互相尊重、爱护，关系融洽。

古代，女子的地位低下，不能跟男子相提并论。春秋时期，晋国的郤缺因事被赶回家务农。他并不怨天尤人，一面耕田一面读书，受到人们赞叹。

一次，晋国大夫胥臣路过，看到郤缺的妻子到田间为他送饭。她十分恭敬地跪着把饭递过去，郤缺接住后，连连表示感谢。胥臣觉得夫妻俩都能如此相敬如宾，郤缺肯定是个贤人，就举荐他当官。

◎ "宾"字的诗意

1. 尽吸西江，细斟北斗，万象为宾客。——宋·张孝祥《念奴娇·过洞庭》
2. 我有嘉宾，鼓瑟吹笙。——汉·曹操《短歌行》
3. 山阴过羽客，爱此好鹅宾。——唐·白居易《王右军》

◎ "宾"字与歇后语

1. 洞宾戏牡丹——两相情愿
2. 七姑八舅抬食盒——彬彬（宾宾）有礼

33. 宝—无价之宝

◎ 趣话"宝"字

《说文》里载，宝，就是家藏的珍品。宝，甲骨文的字形用"宀"（房屋的意思）和"贝"（表示珍贵）和"朋"（玉串的意思）组成，表示家里珍藏的珍品。有的甲骨文将玉串"朋"简化为"玉"。金文加"缶"（瓦罐）组成，表示将珍品等藏在家里的瓦罐中。篆文基本承续金文字形。草书和简体楷书省去"贝""缶"，写作"宝"，并沿用至今。

◎ 汉字有故事：无价之宝

释义：成语"无价之宝"，指的是没办法估算价值的宝物，比喻极其珍贵的东西。出自唐代鱼玄机《赠邻女》："易求无价宝，难得有心郎。"

成语故事：有一天，一位西域商人带来了一颗名叫"珊"的宝珠，特别引人注目。那宝珠颜色是纯正的赤红，直径有一寸，售价高达数十万钱，整个集市的人全都去围观。

大师龙门子这天有事经过集市，看到众人都在围观，也上前去观看。龙门子很仔细地观察了宝珠，然后问商人说："这块宝玉能够止住饥饿吗？"商人说："不能。"

龙门子又问道："那它可以包治百病吗？"商人摇摇头说："不能。"

龙门子接着问道："那么能够避免灾祸，带来好运吗？"商人还是回答："不能。"

"那能使人品德变得高尚吗？"商人依然回答："不能。"

龙门子摇摇头说道："真奇怪，刚才问的这些，这颗珠子都不能办到，价钱却为何这么贵呢？"商人说："这是因为它产地偏远，需要很多人力开发才能够得到，所以非常稀罕啊！"

龙门子的弟子郑渊向他请教宝物的问题。龙门子说："宝物是世俗人人追求的东西，自然是人人眼红，得到后只怕会有灾难，我们追求的不应该是这种宝物。人身上有个无价之宝，就是美德。用它可以使国家安定，可以使人民幸福，而且这宝物谁都夺不走。现在的人们不去追求这样的至宝，反而去追求金银宝玉这些细枝末节的东西，看来世上很多人不可救药了！"

◎ 知识传送门：尚方宝剑

"尚方宝剑"，是中国古代帝王御赐的宝剑，具有先斩后奏的权力。尚方宝剑，因为汉代收藏在"尚方"这个政府机构里，所以称为"尚方斩马剑"，到了明代才称尚方剑。最初指的是皇帝御用的宝剑，后来才将尚方宝剑赐给地位很高或者责任很重的大臣。这柄剑象征着皇帝的权力，所以有很大的特权。

后来"尚方宝剑"用来表示特殊的权力。

◎ "宝"字的诗意

1. 满城灯市荡春烟，宝月沉沉隔海天。——清·丘逢甲《元夕无月》
2. 酒后竞风采，三杯弄宝刀。——唐·李白《白马篇》
3. 不惜千金买宝刀，貂裘换酒也堪豪。——清·秋瑾《对酒》

◎ "宝"字与歇后语

1. 包公的尚方宝剑——先斩后奏
2. 包脚布裹金条——内中有宝；外贱内贵

◎ "宝"字与谚语

1. 邻舍好，无价宝。
2. 家有一老，犹如一宝。
3. 宝剑必付烈士，奇方必须良医。

34. 浴—补天浴日

◎ 趣话"浴"字

甲骨文	金文	篆文	隶书	楷书	行书	草书	标准宋体

《说文》里载，浴，用水冲洗身子。浴，甲骨文字形用身上溅着水花的"人"加上"皿"（水盆的意思）组成，代表一个人站在洗澡盆里洗澡。金文用"水"加上"谷"（山谷）组成，表示在山谷的小溪里洗澡。篆文延续了金文字形。隶书将篆文的"水"写成"三点水"。楷书的字形就是现代的"浴"。

◎ 汉字有故事：补天浴日

释义："补天浴日"，说的是中国远古时代的"女娲补天"和"羲和浴日"两个神话故事。后用来比喻人能够战胜自然，或者形容丰功伟绩。

成语故事：在中国的上古时代，水神共工和火神祝融因为某件事情大打出手。共工在战斗中失败，生气地往不周山一头撞去，将撑起天空的大柱子不周山撞倒了。

这根大柱子一断，天马上就塌了一大块，然后地也跟着陷裂；整个世界出现山林燃烧，洪水肆虐的大祸。

创造了世间万物的天神女娲看到后，马上采取了行动。她挑选了不计其数的五彩石子，把它们炼成溶液，然后拿去修补坍塌的天。

然后她又用一只巨大的乌龟的四只巨脚当作四根天柱，竖立在四方，重新把天支撑住；还用山林大火遗留的芦草灰，将洪水堵住，拯救了世界和人类。这就是"女娲补天"的故事。

"羲和浴日"的故事主角是太阳女神羲和，她生了十个儿子，也就是十个太阳。羲和带着自己的儿子们住在东方海外的汤谷。汤谷里有一棵几千丈高的大树，名叫"扶桑"。太阳们就住在扶桑树上。羲和每天都驾驶着六条龙拉着的车，轮流送一个儿子到天上去值班。

每天早上，羲和都会带着值班的儿子太阳去咸池里洗一个澡，确保他们明亮地去天上值班。因为她无微不至地照顾，太阳们个个都光芒四射、明亮耀眼。

◎ 知识传送门：澡身浴德

"澡身浴德"，意思是修养身心，使自己的品德更加高尚。

管宁是东汉末年著名的隐士，他品德高尚，学识渊博。早年到辽东躲避战乱，在当地埋头做学问，每日都澡身浴德，绝不过问世事。后来很多人去投靠他，他就在当地讲学。历代君王想要征召他做官，都被他拒绝了。

◎ "浴"字的诗意

1. 春寒赐浴华清池，温泉水滑洗凝脂。——唐·白居易《长恨歌》
2. 轻汗微微透碧纨，明朝端午浴芳兰。——宋·苏轼《浣溪沙·端午》

◎ "浴"字与歇后语

1. 浴室里的灯——模模糊糊
2. 缎子做浴巾——又光又滑

35. 蓑—蓑笠殒命

◎ 趣话"蓑"字

《说文》里载，蓑，象形字。从艹，衰声。"竹"是偏旁，"沙"是声旁。"蓑"就是用草或棕毛做成的防雨的东西，也就是蓑衣或者蓑笠。金文的字形就像把草放在衣服里面。篆文延续了金文的字形，上面像斗笠，中间像人的脸，下面像"衰"这个字形。隶书将上部变成"艹"，下面简化为"衰"，就是现代字形"蓑"。

◎ 汉字有故事：蓑笠殒命

吕蒙，是三国时东吴的大将。他早年并不出众，通过自己不断地学习，最后终成大器。

最初的时候，东吴的大都督是周瑜，周瑜去世后，推荐鲁肃接任。鲁肃生病后，推荐接任大都督的人，就是吕蒙。

当时，蜀汉先主刘备因为同东吴孙权联合对抗曹操，暂借荆州安身，没想到一借不还。荆州守将关羽，为人骄傲，丝毫不把东吴放在眼里，甚至连孙权都敢怠慢。

孙权很生气，就想袭击荆州，杀死关羽。但是他忧心作为屏障的关羽死了，东吴会直接面对曹操的威胁。吕蒙对孙权说："现在我们东吴的实力很强，何需用关羽做屏障去对抗曹操？您是英明的君主，我是善战的将军，如果我们都老去，后代们又接不了班，那么荆州就永远是刘备的了。"

于是吕蒙就趁关羽跟曹操开战的机会，让军士们化装成商人，偷偷占领了荆州城，将关羽将士的家属全部控制住。他命令好好安抚这些人，严肃军纪，不允许军士扰民。

吕蒙手下有位士兵，是他的汝南老乡。因为天下雨，他害怕公家的铠甲沾上水，就在老百姓家里拿了一项蓑笠，盖在铠甲上。此举虽是为了保护公家的财物不受损失，但毕竟还是违背了军令。吕蒙不因为他是同乡就赦免他，含着眼泪把他杀了。于是整支军队都被震服，再没有人敢去拿老百姓的东西。

吕蒙还命令手下的官员去问候老弱病残，查看荆州城百姓的疾苦，没有吃的就送去粮食，生病的就送去药物。关羽府中的金银珠宝，都封存起来不动。在前线的关羽听说后方被东吴偷袭，只好带兵返回。途中他派了很多使者质问吕蒙，吕蒙每次都厚待他的使节。使节们要替家属们带信给前方将士，吕蒙也不加阻止。

这样，关羽的手下完全没有了战意，关羽就算英雄盖世，还是在麦城束手就擒。

◎ 知识传送门：雨笠烟蓑

雨笠烟蓑，原本是指蓑衣和斗笠这两种古代的雨具。后来借指隐士们的服装或自娱自乐的生活。出自宋·苏轼《书晁说之〈考牧图〉后》诗："雨笠烟蓑长林下，老去而今空见画。"

传说，姜子牙最初在山林里面隐居的时候，每天穿着蓑衣戴着斗笠在河边钓鱼，然后遇到了求贤若渴的周文王。后世就把蓑衣斗笠，看成是隐士的象征。

◎ "蓑"字的诗意

1. 归来饱饭黄昏后，不脱蓑衣卧月明。——唐·吕洞宾《牧童·令牧童答钟弱翁》

2. 孤舟蓑笠翁，独钓寒江雪。——唐·柳宗元《江雪》

3. 一竿风月，一蓑烟雨，家在钓台西住。——宋·陆游《鹊桥仙·一竿风月》

36. 蛊——蛊心丧志

◎ 趣话"蛊"字

甲骨文	金文	篆文	隶书	楷书	草书	繁体标宋	简体标宋

《说文》里载，蛊，肚子里的虫，也就是蛔虫。蛊，甲骨文用"蟲"（表示大量虫蛇）和"皿"（盛食物的东西）组成，表示被养在器皿中的虫和蛇。金文、篆文都承接了甲骨文字形。隶书将篆文字形修改为"蠱"。楷书将"蠱"简写成"虫"。

◎ 汉字有故事：蛊心丧志

释义：成语"蛊心丧志"是指迷惑了人的心神，丧失人的志向。

成语故事：贾曾是唐代的一位官员，从小就很有名气。

李隆基刚刚入主东宫当太子的时候，听说贾曾很有才华，就把他调到身边，担任太子舍人。

李隆基经常派官员去民间买歌女，还让她们练习歌舞。贾曾劝谏李隆基说："太子殿下，我听说古人创造音乐，是为了弘扬品德，陶冶人的情操，所以《韶》《夏》里面蕴含着道理，《咸》《英》里面充满着气节，而歌女的音乐并不包含在内。当年鲁国重用孔子差点称霸中原，齐国因为害怕鲁国兴盛，所以故意送了很多歌女去迷惑鲁国国君。最终品德高尚的孔子因为不愿意同鲁国国君同流合污，所以离开了鲁国周游列国，此后鲁国便一蹶不振。所以这种腐化堕落、蛊心丧志的东西，圣贤们最讨厌了！现在太子殿下您贤良的美德还没有被人们知道，喜欢靡靡之音的名声倒先传出去了，不像是一位将来要继承帝位成为尧舜这样明君的人。想要看歌女的舞蹈，偷偷地在家或者私下里欣赏就好了，怎么能让朝廷的臣子帮忙选买歌女闹得满朝皆知呢？请太子您马上停止这种行为。"

李隆基听了他的话，专门写信给他道歉说："一直听说您很正直，现在终于领教了。我最近一直在看圣贤的书，留心政务，我会马上停止选买歌女这件事。您所说的话，真的是非常正确。"

后来，贾曾被提拔做中书舍人，因为贾曾的父亲的名字，有跟"中"字一样的读音，所以没有接受这个官职，改为担任谏议大夫。

◎ 知识传送门：蛊虫

传说中，把一百种毒性强大的毒虫放在一个密闭的容器里，让它们在其中生死相搏，最后能生存下来的那一种就被称为"蛊"。

围绕"蛊"这种东西的神秘效用，有很多传说，但是目前还没有被科学完全证实。

◎ "蛊"字的诗意

1.蛊上贵不事，履二美贞吉。——南北朝·谢灵运《登永嘉绿嶂山》
2.那知花已娇，疲惫风能蛊。——宋·彭龟年《题王仲显梅谷》
3.浸润成宫蛊，苍黄弄父兵。——唐·吕温《望思台作》

37.鲜—屡见不鲜

◎ 趣话"鲜"字

甲骨文	金文	篆文	隶书	楷书	行书	草书	标准宋体
蠢	蠢	鮮	鮮	鮮	鲜	鲜	鲜	鲜

《说文》里载，鲜，是一种鱼的名称，出产于貉国。字形采用"鱼"作偏旁，用省略了两个"羊"的"羴"作声旁。鲜，金文用"羊"（即"祥"，吉利、平安的意思）加上鱼的图案组合而成，表示活的鱼。篆文将字形由上下调整成左右结构。隶书将篆文字形中的鱼尾形状写成"四点底"，楷书则将"四点底"变为一提，写成"鲜"。

◎ 汉字有故事：屡见不鲜

释义：成语"屡见不鲜"，意思是多次看到不觉得新鲜，比喻对某些人或者事情看得太多已经习以为常。

成语故事：陆贾是西汉时期的思想家、政治家、外交家。他早年跟随刘邦，能言善辩，曾经几次出使南越，顺利说服了南越君主赵佗臣服汉朝，并且获得了大量的赏赐。

汉朝夺得天下后，陆贾经常在刘邦面前提儒家的经典，刘邦丝毫不感兴趣。有一次听烦了，就大怒道："老子的天下是从马背上得来的，学那些儒家的书能一统天下吗？"陆贾毫不示弱地说："在马背上得来的天下，也能在马背上治理吗？"刘邦这才醒悟，开始重视治理天下的方法。

刘邦去世后，吕雉掌权，她想巩固自己的统治，把自己娘家的吕氏诸人封王，很担心能言善辩的大臣反对。陆贾是个聪明人，知道说了没用，就称病辞职。

他找了一块土地肥沃的地方定居，把出使南越所得的赏赐卖掉，获得了千金，平均分给儿子们，让他们自己去从事生产。

陆贾平时就坐着华丽的马车，带着歌姬和侍从们，佩带着价值不菲的宝剑到处玩耍。他对儿子们说："钱都分给你们了，我只有一个条件，当我游玩经过你们家的时候，你们要好好款待我，让我的随从们过得愉快。我会每十天换一家居住。如果我在谁家去世，我的宝剑马车以及侍从歌女都归那个儿子所有。因为我经常去其他朋友那边玩，所以一年去你们各家差不多只有两三次，要是老去打扰你们，屡见不鲜，你们就会开始敷衍我了。"

后来陆贾帮助大臣陈平铲除了吕后的势力，获得了大量赏赐，自己也平平安安地过完了一生。

◎ 知识传送门：鲜衣怒马

怒：气势很旺盛的样子。鲜衣怒马的意思是崭新的车辆，强壮的马。形容生活豪华，衣物用度讲究。

《后汉书·第五伦传》记载四川富庶，说：蜀地土地肥沃，掾史这样的官员的家底都很丰厚，最多的人几乎有千万钱的身家，家家都是鲜衣怒马，经济非常繁荣。

◎ "鲜"字的诗意

1. 长驱蹈匈奴，左顾凌鲜卑。——三国·曹植《白马篇》
2. 世路无穷，劳生有限，似此区区长鲜欢。——宋·苏轼《沁园春·孤馆灯青》
3. 榴枝婀娜榴实繁，榴膜轻明榴子鲜。——唐·李商隐《石榴》

◎ "鲜"字与歇后语

1. 陈年谷子烂芝麻——不新鲜
2. 带刺的鲜花——好看又扎手

◎ "鲜"字与谚语

1. 鱼吃新鲜米吃熟。
2. 宁吃鲜桃一口，不要烂杏一篓。

38. 烹—藏弓烹狗

◎ 趣话"烹"字

《说文》里载，"烹"，煮东西的意思，形声字。"火"是偏旁，"亨"是声旁。本义是烧煮的意思，"烹"的金文字形，下面字形好像火焰，表示用火烤；上面是锅，意思是升火煮饭。篆文有所变形，上半部分好像"羊"，下半部分好像盛饭的器皿，表示用煮肉的方法来烹调。到了隶书，又回到金文的字形，下面改为"四点底"，上半部分变成"亨"，就是今天的"烹"字。

◎ 汉字有故事：藏弓烹狗

释义：藏弓烹狗，跟前面我们讲过的成语"兔死狗烹"其实很相近，天上的鸟没有了，就是把弓箭藏起来的时候；地里的野兔没有了，就把猎狗们杀了吃肉。

比喻统治者获得天下后就开始杀害或者算计有功劳的臣子。出自《史记·越王勾践世家》。

成语故事：在对待功臣这个问题上，明太祖朱元璋一直被后世的史学家诟病。他早年是布衣出身，后来得到诸多文臣武将的支持，终于登上帝位。登基后，他开始对功臣们大肆加官进爵，封李善长、徐达、常茂、李文忠、冯胜、邓愈等六人为公爵，另外二十八人为侯爵。

但是随后，朱元璋就开始大肆杀戮功臣。

首先被杀的是廖永忠，他功勋赫赫，在鄱阳湖之战中血战沙场，是二十八位侯爵之中的德庆侯。1375 年，朱元璋以廖永忠穿着绣有龙凤图案的衣服僭越为由杀害了他。

1380 年正月，朱元璋将丞相胡惟庸抓捕，审问之后就把他杀掉，然后兴起大狱，前后被牵连杀害的超过三万人。

1390 年，有人告发开国六公爵之一，号称"明代萧何"的李善长跟胡惟庸有勾结。朱元璋又将当时七十七岁的李善长赐死，并将其家人满门抄斩。开国元勋吉安侯陆仲亨、延安侯唐胜宗、靖宁侯叶升都在此案中丢掉了性命。

1393 年正月，凉国公蓝玉因为谋逆罪被杀，连坐被诛杀者达一万多人。

开国六大公爵，除了早死的之外，没有遭到朱元璋毒手的，就只有李文忠一人。徐达、李善长、刘基、胡惟庸、蓝玉、叶升、冯胜、宋濂、傅友德等大批文臣武将的死亡，或多或少都跟朱元璋有关。

清代史学家赵翼曾说："明太祖当年靠着功臣夺取天下，夺得天下之后，就想把功臣都杀光，他的本性可能就是个杀人狂。"评价虽然有过激之处，但是从侧面证实了朱元璋当年的确杀害了很多功臣，株连了很多人。

◎ 知识传送门：牛鼎烹鸡

东汉末年，大将军何进招边让做史官。议郎蔡邕听说了，就去见何进说："边让这个人聪明睿智，心智坚强，是难得一见的奇才。俗语说，'用煮牛的大锅去煮一只小鸡，水放多了就没味道，水少就煮不熟'，边让这个人担任史官，就是这样一种大材小用的浪费啊。"

◎ "烹"字的诗意

1. 烹羊宰牛且为乐,会须一饮三百杯。——唐·李白《将进酒·君不见》
2. 厌伴老儒烹瓠叶,强随举子踏槐花。——宋·苏轼《和董传留别》

39. 羹——分我杯羹

◎ 趣话"羹"字

《说文》里载,羹,一种五味调和的浓汤。羹,小篆字形采用"羔和美"会义,表示用羊熬制美味的汤,篆文字形多样化,隶书则采用了"羔和美"组合的字形,一直沿用到今天。

◎ 汉字有故事:分我杯羹

释义:"分我杯羹",原意是被别人要挟,后来也比喻从别人那里获得一些好处。语出《史记·项羽本纪》。

成语故事:公元前203年,楚汉相争进入了相持阶段。这一年,将军彭越奉了汉王刘邦的命令,在楚霸王项羽的敌后打游击战,扰乱项羽的粮草供应,使得楚军开始缺粮。

项羽担心长期对峙下去,会对他不利,于是就派人抓了刘邦的父亲刘太公,写了一封信给刘邦说:"您要是不投降,过几天我就把您父亲放在锅里煮熟来吃。"

行刑的那天,手下已经把刘邦的父亲放到锅里,刘邦的回信到了。信中说:我们两个人当年在楚怀王面前结拜为兄弟,这么算起来,我的父亲也是您的父亲,如果您杀了自己的父亲,也请分一杯羹汤给我刘邦。

项羽气坏了,要杀了刘太公。他的叔叔项伯跟刘邦的交情一向很好,就劝他说:"刘邦这个人,绝不会为了父亲就放弃争夺天下。杀了他父亲,不但没有用处,世人反而会说咱们残暴。"于是项羽就没有动手。

后来双方继续僵持下去。项羽写信给刘邦说:"现在就剩我们两个人争夺天下,为了避免苍生受苦,咱们来一场单挑,决定天下的归属好不好?"汉王笑着说:"我宁可斗智,也不斗蛮力。"

项羽又派勇士前去挑战,被刘邦手下的神射手楼烦射死。挑战了三次,损失了三个勇士。项羽大怒,亲自上前挑战,楼烦也想射死项羽,但是看到项羽怒目而视的样子,不由得气馁,转身逃跑了。刘邦听说项羽来了,就出去与项羽会晤,后来被项羽射了一箭,受了点伤。

◎ 知识传送门:闭门羹

吃闭门羹,形容去做客时主人不在家,或者受到了冷遇。

古代的宣城,有位妓女叫史风,她风流美丽,能歌善舞,非常受欢迎。很多人都来拜访她。史风把来访的人分成不同的等级,上等的客人来的时候,她亲自下楼接待;下等客人来的时候,她不跟对方见面,只是让对方关起门来吃她做的羹,这就是"闭门羹"的由来。

◎ "羹"字的诗意

1. 春谷持作饭,采葵持作羹。——汉·佚名《十五从军行》
2. 把夭桃斫断,煞他风景;鹦哥煮熟,佐我杯羹。——清·郑板桥《沁园春·恨》

40. 汤—赴汤蹈火

◎ 趣话"汤"字

金文	篆文	隶书	楷书	行书	草书	繁体标宋	简体标宋
㳂	湯	湯	湯	汤	汤	湯	汤

《说文》里载,汤,古代指热水。字形采用"水"作偏旁,"昜"是声旁。汤,金文用"水"(泉流)加上"昜"(即"阳",表示天然的温热)组成,表示温泉

的意思。篆文承续金文字形。隶书写成了"湯"，简体中文将右半边简化，写成"汤"。

◎ 汉字有故事：赴汤蹈火

释义：赴汤蹈火，意思是就算跳到滚烫的水中或者在烈火中跳舞都不推辞，比喻为了做某事付出全部的代价，一点顾虑都没有。

成语故事：嵇康，魏晋时期谯国铚人。他与山涛等六人一起常在竹林间谈笑风生，被人称为"竹林七贤"，嵇康就是竹林七贤的精神领袖。他身长七尺八寸，外表英俊，却不注意仪表。小时候就非常聪颖，博览群书，还精通很多技艺，是古代名曲《广陵散》的最后传人。

后来他娶了沛王曹林之女，也是曹操的曾孙女长乐亭主为妻，所以被拜为郎中，官至中散大夫，世人称他"嵇中散"。

司马氏在魏国专权后，嵇康因为不满，就辞官隐居山阳。竹林七贤中的山涛原本与嵇康交好，后来当了司马氏的官，嵇康就看不起他了。山涛由吏部侍郎升任散骑常侍时，举荐嵇康代理吏部侍郎，没想到嵇康给他寄来了一封绝交信。信中说，嵇康素来倾慕像尚子平、台孝威那样的隐士，淡泊名利，不问世事。他痛恨礼教，说自己就好像麋鹿一样。如果束缚麋鹿，它一定非常生气，就算赴汤蹈火也不在乎。

此前，掌权的大将军司马昭想要用厚礼请嵇康做自己幕府的属官。他听到消息后，连忙跑到河东郡去躲避。司马昭不死心，派出心腹大将司隶校尉钟会带着重礼前去拜访，但是被嵇康冷冷地扫地出门，从此钟会就深恨嵇康。

山涛把那封绝交书给司马昭看，司马昭看后大怒。后来嵇康因事被司马昭下令逮捕入狱，钟会在一旁煽风点火，不久嵇康便被杀害了。

◎ 知识传送门：扬汤止沸

刘廙是三国时期魏国的官员。有才干，而且做事勤勉，魏王曹操和太子曹丕都很器重他。后来魏讽造反一案，刘廙的胞弟刘伟参与其中。按照当时法律，刘廙也应该被株连，满门抄斩。可是曹操爱惜刘廙，释放了他。刘廙非常感谢，说："多谢您'扬汤止沸'，救了我和全家人的命。"

"扬汤止沸"原来指扬起沸腾的热水，让它稍微冷却一点。后来意思变了，比喻采取暂时性措施，却没有从根本上解决问题。

◎ "汤"字的诗意

1. 寒夜客来茶当酒，竹炉汤沸火初红。——宋·杜耒《寒夜》
2. 汤汤川流，中有行舟。——魏晋·曹丕《善哉行·其一》

◎ "汤"字与歇后语

1. 鼻孔里灌米汤——够呛（够受的）
2. 吃甜的有蜜糖，吃辣的有辣汤——各对口味

◎ "汤"字与谚语

1. 吃饭先喝汤，老了不受伤。
2. 饭前一碗汤，气死好药方。
3. 不义之财，如汤泼雪。

41. 裘—肥马轻裘

◎ 趣话"裘"字

金文	篆文	隶书	楷书	行书	草书	标准宋体
裘	裘	裘	裘	裘	裘	裘

《说文》里载，裘，就是皮衣。裘，金文的字形用"表"（皮衣的意思）加上"又"（抓、持的意思）组成，表示穿上毛皮大衣。篆文将金文的"又"写成"求"。后人将篆、隶、楷的字形，写成上"求"下"衣"的上下结构"裘"，沿用至今。

◎ 汉字有故事：肥马轻裘

释义：裘：皮衣的意思。"肥马轻裘"这个成语原来指骑强壮的马，穿暖和的皮衣。后来形容一个人的经济条件很好，生活奢华，出手阔绰。出处《论语·雍也》："赤之适齐也，乘肥马，衣轻裘。"

成语故事：春秋时期，孔子收了很多门徒，其中子华和冉子都是孔子著名的"七十二贤"弟子之一。

子华，原名公西赤，他比孔子小四十二岁，是一位杰出的外交人才。有一次他出使齐国，总管孔子财务大权的冉子需要给子华的母亲送去粮食，以维持生计。

他问孔子送粮食的数量。孔子说："就给他母亲送一釜（就是六斗四升）米吧。"冉子觉得太少了，就请求老师再加一些。孔子想了想说："那么就给一庾（就是十六斗）米吧。"

冉子还是觉得太少，就自作主张拿出五秉（一秉是二十四斗）米，给子华的母亲送去。孔子听说这件事，就把冉子叫过来说："我听说你给子华的母亲送了很多米。"

冉子说："是的，老师。子华这次出使齐国责任重大，等他回来的时候，不知道是何年何月，我担心他母亲的粮食不够吃。"孔子点点头说："冉子啊，你没发现一件事吗？子华出使齐国的当天，骑着肥壮的骏马，穿着暖和的皮袍，这说明他是多么有钱啊！我曾听别人说：君子向来只在危难的时候帮助别人，而不是盲目地把财物送去增加别人的财富啊。"

冉子恍然大悟。

◎ 知识传送门：千金之裘，非一狐之腋

"千金之裘，非一狐之腋"，意思是价值千金的皮衣，绝对不是一只狐狸的腋毛就能做成的。比喻事物需要积少成多，团结在一起才能获得胜利，出自《史记·刘敬叔孙通列传》。

司马迁曾经说过，价值千金的皮衣，绝不是一只狐狸的皮能够做成的；亭台高楼，绝不是一根木头所能建起；三代人的好运，绝不是一个人的智慧所能创造的。

◎ "裘"字的诗意

1. 五花马，千金裘，呼儿将出换美酒，与尔同销万古愁。——唐·李白《将进酒·君不见》

2. 岁云暮，须早计，要褐裘。——宋·苏轼《水调歌头·安石在东海》

3. 不惜千金买宝刀，貂裘换酒也堪豪。——清·秋瑾《对酒》

42. 饼—画饼充饥

◎ 趣话"饼"字

《说文》里载,饼,古代指用面粉或米粉做成的圆扁状的干粮。字形采用"食"作偏旁,采用"并"作声旁。并,既是声旁也是形旁,表示并连。饼,篆文用"食"(食物)和"并"(连接的意思)组合而成,隶书起就用"餠"这个字形,现代简体简化为"饼"。

◎ 汉字有故事:画饼充饥

释义:画饼充饥,指肚子饿的时候,画一个饼来看看,希望能够减轻饥饿感。后来比喻利用空想安慰自己,欺骗别人,出自晋代陈寿的《三国志·魏书·卢毓传》。

成语故事:三国时期,魏国有一个名叫卢毓的人,他是东汉著名大臣卢植的小儿子,深受魏明帝曹叡信任。

卢毓这个人忠厚耿直,学识渊博,魏帝很器重他,让他当了侍中。在担任侍中的三年时间里,卢毓向魏明帝曹叡提出过非常多的建议,其中很多都是犯颜直谏,而魏明帝并不是一个善于听取意见的人。

有一次因为修宫殿的事情,大臣高堂隆跟曹叡争执起来。曹叡不太高兴,卢毓开解他说:"我听说君主英明,手下大臣才敢直言。高堂隆如此直率,是我应该学习的榜样,这说明皇帝您是个明君啊!"

曹叡从此很欣赏他,看他忠心耿耿、极具才华,就调他去做吏部尚书。当时,在官场上流行着浮夸的作风,魏国的夏侯玄、诸葛诞、邓飏、田畴并称为"四聪",名气很大。曹叡因为他们浮华不切实际而不加任用。他对礼部尚书卢毓说:"选拔人才,不能只看名气。名气这东西,就好像画饼充饥一样不切实际。"

卢毓回答说:名声大的不一定才能好,我的意见是对人才进行考核,不管名气怎样，通过考核才知道是否真有才学。现在我们很多官员靠名声当上孝廉，然后就出来做官了，我觉得要改变这种人才选择的方法。

魏明帝采纳了他的意见，下令用推荐和考试相结合的方法选拔人才。

◎ 知识传送门：老婆饼与媳妇饼

"老婆饼"与"媳妇饼"指的其实并不是同一种食物。

老婆饼，传说是明太祖朱元璋的皇后马氏发明的。当时行军打仗，军粮是一个大问题，马氏就想出了一个办法，把小麦、冬瓜等磨成粉，做成饼给军士们携带，后来就被称为"老婆饼"。

在山东威海地区，有一种饼叫"媳妇饼"。新娘子出嫁的时候，娘家要为她准备一些嫁妆，其中就包括烙好的饼。这种饼用面粉、鸡蛋、白糖做成，又香又甜，象征着对婚后生活的美好祝愿。

◎ "饼"字的诗意

1. 饼炉饭甑无饥色，接到西风熟稻天。——宋·范成大《夏日田园杂兴》
2. 犹有小船来卖饼，喜闻墟落在山前。——宋·苏轼《慈湖夹阻风》
3. 刘郎散尽金饼归，笑引香䗖护痴蝶。——宋·刘克庄《赵昭仪春浴行》

◎ "饼"字与歇后语

1. 厕所里吃烧饼——口难开
2. 等天上掉馅饼——坐享其成

◎ "饼"字与谚语

1. 火急烙不好饼。
2. 草灰结成饼，天有风雨临。

43. 鞭——鞭长莫及

◎ 趣话"鞭"字

金文	篆文	楷书	行书	草书	标准宋体
𢂇	𠂇	龠	鞭	鞭	鞭	鞭

《说文》里载，鞭，驱策马的意思。鞭，金文的字形用"人"和"攴"（拿着东西击打的意思）组成，表示人拿着东西抽打。有的金文再加上一个"人"，强调对人用刑。大篆误将金文的"人"写成"丙"，并加"革"（兽皮的意思），强调刑具的皮革材质。

◎ 汉字有故事：鞭长莫及

释义：成语"鞭长莫及"，意思是马鞭子就算再长，也不能打到马肚子上，比喻因为距离太过遥远而无能为力。

成语故事：春秋时期，楚庄王建立了在中原地区的霸权后，有点飘飘然起来。他派使者申舟去访问齐国，途中经过宋国的时候，没有向宋国借道。

所谓借道，就是说，如果外国使者经过宋国，必须事先通知宋国，然而楚庄王完全没有把宋国放在眼中，也就没有借道。

宋国国君知道后大怒，将使者申舟扣压下来。他的大臣华元说："楚国前些年派郑国来攻打我们，如今又不借道，这是把我们看作已经灭亡的国家啊！好像是把我们的领土看成是楚国的了！我们不能如此退让，就算楚国大兵压境，左右是个亡国罢了。我们宁可牺牲，也绝不受辱！"宋国国君听后热血沸腾，斩杀了申舟，征集军队对抗楚国的进攻。

楚庄王果然大发雷霆，亲率大军进攻宋国，宋国的都城睢阳被楚军团团围住。因为宋国上下人团结一心，相持了半年，楚国也没能攻下睢阳。

第二年春天，宋国已经成了强弩之末，派大夫乐婴去向晋国求助。晋景公义愤填膺，准备出兵帮助宋国，大夫伯宗阻止他说："马鞭再长，也打不到马的肚子上,我们距离战场太远了,又能拿强大的楚国怎么办呢?"晋景公就派遣解扬去骗宋国人说晋国的大军将至,鼓励宋国人继续坚持抗战。

宋国就这样又坚持了四个月。事实上,远离国土、粮草消耗巨大的楚国也到了油尽灯枯的地步,最终双方不得不缔结了和约,各自收兵。

◎ 知识传送门:快马加鞭

墨子经常责备学生耕柱子。有一天,耕柱子说:"老师为何总是责备我,难道我没有比别人强的地方吗?"

墨子说:"我要上山去,身边有一匹马、一头牛,你觉得应该鞭策哪一个呢?"耕柱子说:"当然是快马。"墨子说:"为什么呢?"耕柱子说:"牛太慢,鞭策了也没用啊。"墨子说:"你现在明白为什么我一直责备你了吧!"

快马加鞭,比喻加上一定的压力使速度更快的意思。

◎ "鞭"字的诗意

1. 何日请缨提锐旅,一鞭直渡清河洛。——宋·岳飞《满江红·登黄鹤楼有感》
2. 南市买辔头,北市买长鞭。——南北朝·佚名《木兰诗》
3. 试借君王玉马鞭,指挥戎虏坐琼筵。——唐·李白《永王东巡歌十一首》

◎ "鞭"字与歇后语

1. 挨鞭子不挨棍子——吃软不吃硬
2. 半夜三更放鞭炮——一鸣惊人

◎ "鞭"字与谚语

1. 行船靠舵,赶车靠鞭。
2. 快马不用鞭催,响鼓不用重锤。

44. 婿—东床快婿

◎ 趣话"婿"字

金文	篆文	隶书	楷书
𦥑	婿	婿	婿

《说文》里载,"婿",就是女子的丈夫。"女"是偏旁,"胥"是声旁。古时候也写作"壻"。金文的字形是用一位女子的样子,再加上"胥"(意思是有才智的人)组成,表示古代女子择偶的标准是要有才智。隶书之后就基本确定了现代的"婿"字形。

◎ 汉字有故事:东床快婿

释义:成语"东床快婿",就是对女婿的美称。

成语故事:晋代太傅郗鉴最喜欢的一个女儿,名叫郗璿,不但生得天生丽质,而且颇具才华,是郗鉴的掌上明珠。

转眼女儿就到了出嫁的年龄。郗鉴觉得丞相王导出身的"琅琊王家"里优秀子弟很多,希望能在王导家的后辈中挑一个做女婿。

找个机会,郗鉴把自己这个想法告诉了王导。王导也觉得这是好事,欣然说:"非常好,我家里的后辈子弟很多,改天您派人到我家亲自挑选吧。不管您看中谁,都是他的福气。"

郗鉴大喜,找个良辰吉日,派自己最信任的管家去了王导的丞相府。

太傅要来挑女婿的消息早就传开了。王府的子弟也听说这个郗璿不但美丽而且文采出众,还是太傅最喜欢的女儿,所以全都铆足了劲,仔仔细细打扮了一番,竭力保持庄重的神态,等着太傅的人前来挑选。

郗府的管家在东厢转来转去,发现王家的青年才俊们每个都很好,难怪外界传说"琅琊王家"出人才。最后,这位管家来到东边的书房里,看见床上有一个袒腹仰卧的青年神色自若,似乎根本没有注意到自己进来。

郗府管家回府后，郗鉴急忙把他找过来问明情况。管家说："王家的年轻公子都很好，听说老爷招女婿，都表现得端庄，只有东床上的一位公子，袒腹躺在那边，若无其事，叫他也好像没听见。"

郗鉴大笑说："恐怕我的女婿就是他了！"后来郗鉴去王导家里拜访，发现这个青年就是大名鼎鼎的王羲之，于是就定下了这个"东床快婿"。

◎ 知识传送门：入赘女婿

在古代，男尊女卑的思想根深蒂固。一般情况下女子出嫁，就成为男家的附庸。但是有一种情况例外，那就是女婿入赘。

所谓入赘，就是倒插门，即男人到女方家生活。在古代这对男人来说是莫大的侮辱，只有贫困娶不上妻子的男人才会如此选择。男子到了女方家中后，就像岳父的儿子一样，要改变原来的姓氏，跟女方姓，生下的儿子也要随女方姓。

◎ "婿"字的诗意

1. 谢家事夫婿，中道还兄门。——汉·佚名《孔雀东南飞》
2. 囊空不办寻春马，眼乱行看择婿车。——宋·苏轼《和董传留别》

◎ "婿"字与谚语

1. 选婿莫只选金钱，选女莫只选容颜。
2. 爱花连盆爱，爱女疼女婿。
3. 种庄稼怕误了节气，嫁姑娘怕选错女婿。

45. 袖—两袖清风

◎ 趣话"袖"字

| 篆文 | 隶书 | 楷书 | 行书 | 草书 | 标准宋体 |

《说文》里载,袖,就是衣袂。袖,篆文用"衣"和"瓜"(代指手臂)以及"禾"("和"的省略,表示协同)组成,表示衣服中与双臂结合的部分。有的篆文用"衣"和"由"(经过、穿过的意思)组成,强调穿过其中的双臂。隶书把字形确定为"袖"。

◎ 汉字有故事:两袖清风

释义:成语"两袖清风",原来的意思是两只袖子中除了清风什么都没有,后来比喻官员十分廉洁。出自《都公谭纂》。

成语故事:于谦是我国明朝著名的军事家和诗人。他为官清廉,正直敢言,曾历任监察御史、巡抚、兵部尚书等官职。当年于谦所处的历史时期,吏治腐败,贪污成风。官员进京朝见皇帝的时候,都要带着从当地老百姓那里搜刮的民脂民膏,进献给皇上和朝中的权贵,这几乎成了一种规矩。

特别是正统年间,宦官王振把持了朝政,他以权谋私,卖官鬻爵。每次觐见皇帝的时候,各地的官僚都争相用金银珠宝贿赂王振。但是,在外地当巡抚的于谦是个例外。

他每次进京奏事的时候,从不带任何礼品。他的同事和手下都劝他说:"虽然你公正廉明,不愿意以贵重的金银珠宝去贿赂权贵,但至少也应该带一些诸如线香、蘑菇、手帕的土特产啊!"

于谦说:"我带东西了啊!"大家都问带了什么,于谦举起两只袖子说:"带了两袖的清风!"

后来他根据这件事写了一首《入京诗》:绢帕蘑菇与线香,本资民用反为殃;清风两袖朝天去,免得闾阎话短长。

意思是说，绢帕、蘑菇、线香这些特产原本是给人民用的，因为官员要送礼所以反而成了人民的灾难。我不管到哪里都是两袖清风，免得被人说长道短。

◎ **知识传送门：袖手旁观**

袖手旁观，意思是把手放在袖子里，静静看着事情的发展。比喻置身事外，既不过问，也不参与。

《三国演义》中，黄盖为了诈降曹操，被周瑜当众一顿毒打。鲁肃看诸葛亮当时一言不发，就埋怨他说："我们都是周都督的手下不好开口，先生您是客人，为什么黄盖挨打的时候您袖手旁观，一声不吭？"

诸葛亮笑着为他解释了这是黄盖的"苦肉计"，鲁肃这才恍然大悟。

◎ **"袖"字的诗意**

1. 东篱把酒黄昏后，有暗香盈袖。——宋·李清照《醉花阴·薄雾浓云愁永昼》
2. 不见去年人，泪湿春衫袖。——宋·欧阳修《生查子·元夕》

◎ **"袖"字与歇后语**

1. 膀子折断了往袖里塞——吃哑巴亏
2. 袖筒里捅宝剑——杀人不露锋

◎ **"袖"字与谚语**

1. 袖里来，袖里去，无凭无据。
2. 两袖清风，一身正气。

46. 犁—犁庭扫穴

◎ 趣话"犁"字

金文	篆文	隶书	楷书	行书	草书	标准宋体
犁	犁	犁	犁	犁	犁	犁

《说文》里载,犁,就是耕作。犁,金文用"秊"加上"刀"(表示带铲刀的耕具)和"牛"组成,表示在耕地的牛。篆文误将金文字形中的"秊"写成"黍",误将金文字形中的"刀"写成"爪"。隶书将篆文字形由左右结构变为上下结构,楷书将字形写为"犁"。

◎ 汉字有故事:犁庭扫穴

释义:"犁庭扫穴","犁",踏平的意思;"庭",一个国家的龙庭,大本营所在地。成语的意思是犁平敌方的大本营,扫平敌方的巢穴。后来比喻彻底摧毁敌方的势力。

成语故事:汉哀帝建平三年,北方游牧民族匈奴派遣使臣出使汉朝,通知汉朝说匈奴王单于准备前来洛阳朝拜。

当时汉哀帝身体不太舒服,于是大臣当中有人认为,单于来觐见不利于皇帝的身体健康,他们还举出了例子:以往单于每次来觐见的时候,汉朝都无巧不成书地发生了大灾大难。也有大臣认为单于的到来将会增加很多礼仪上的开支,与其花钱不讨好,不如干脆拒绝算了。

当时扬雄担任黄门侍郎的职务,他上书给汉哀帝说:"我曾经听说,善于治理国家的人,总是在灾难还没有蔓延的时候,就将祸患根除了;善于用兵的人在大战之前,就已经使对方陷入了必败的境地。如今匈奴的单于来朝见,是向我们抛出了和平的橄榄枝。如果拒绝,就等于我们不想要和平,变成了我们的错。匈奴历来都是一个非常难缠的对手:秦朝时期,蒙恬这样不世出的大将镇守边关,才让匈奴有所顾忌;我们的高祖殿下亲自率领三十万大军征伐匈奴,反而被困在平城，差点全军覆没；武帝时期出了卫青、霍去病等军事奇才，苦战了几年才把匈奴打败，可是匈奴并没有称臣。今天在陛下统治的时期，匈奴主动向我们称臣，这是天大的喜事。我们汉朝过去同一些小国打仗，短则十天，长则半年就能把他们犁庭扫穴；匈奴可不是这些小国，我们千万不能轻视他们！"

汉哀帝觉得扬雄的意见很对，于是便采纳了，允许单于来朝见，并赐给扬雄黄金十斤。经过这次朝见，汉朝与匈奴之间的和平维持了很长时间。

◎ 知识传送门：犁牛之子

孔子在《论语》中说，古时候，用来祭祀的牛，必须是要找犄角端正、没有杂毛的牛。而犁牛就是犄角分叉，有杂毛，长相一般的牛，这种牛只能去耕地。但就算是这样的犁牛，它生下的儿子如果符合祭祀神牛的标准，就应该封它的儿子作为祭祀的神牛。如果仅仅因为它是犁牛就抛弃它的儿子，被祭祀的山川神灵也不会同意。

◎ "犁"字的诗意

    1. 耕者忘其犁，锄者忘其锄。——汉·佚名《陌上桑》
    2. 一杯持自贺，吾事在锄犁。——宋·陆游《雨》
    3. 莫问阴阳今失序，硗园且喜趁犁开。——宋·陈藻《闻雷》

◎ "犁"字与歇后语

    1. 船老大的犁头——没用处
    2 稻田里拉犁耙——拖泥带水

◎ "犁"字与谚语

    1. 好马不停蹄，好牛不停犁。
    2. 牛能拉犁，狗能看家。
    3. 衣服不洗要脏，种田不犁要荒。

47. 鼎——一言九鼎

◎ 趣话"鼎"字

| 甲骨文 | 金文 | 篆文 | 隶书 | 楷书 | 行书 | 草书 | 标准宋体 |

《说文》里载，鼎，古代有三根站立的腿，两只提耳，用来调和各种味料的宝器。鼎，甲骨文像是有脚、有提耳的青铜容器，也是一种煮具，盛行于商周时期，最早用在皇宫祭祀时熬制美食。金文省去两个提耳。篆文和隶书基本沿袭字形，各自有所发展，楷书字形确定为"鼎"。

◎ 汉字有故事：一言九鼎

释义：成语"一言九鼎"，形容说的话起到决定性的作用。九鼎：古代一种代表九州的宝器，象征整个天下。

成语故事：战国时期，强大的秦军在长平之战后乘胜追击，将赵国都城邯郸团团围住。

赵孝成王命令平原君赵胜到楚国去求援。平原君打算挑选二十门客随自己一同前往楚国。挑了十九位后，有一位叫毛遂的门客自我推荐说："请先生带着我一同出发吧！"平原君半信半疑，最后还是带着毛遂一起前去楚国。

到楚国后，楚王与平原君两人谈判。从早晨谈到中午，还没有结果。其余十九人对毛遂说："是先生出场的时候了！"

毛遂于是走上前说道："合纵之事，只要言明利害，三言五语便可解决，却为何自日出谈至日中，仍未商定？在我看来，合纵这件事，对楚国来说实是有百益而无一害。秦国是一个虎狼一样贪婪的国家，它想要并吞天下各国的意思已经非常明显。魏国赵国如果灭亡了，楚国想来也不会长久。想当年，苏秦佩戴六国相印，提倡合纵，六国团结一心，使得秦国十五年内不敢东进一步。现在秦国围困邯郸一年有余，二十万精兵却不能拿邯郸怎么样。而且我们赵国和魏国素来交好，魏国一定会派救兵。如果我们楚赵合纵成功，再联合魏、韩，在邯郸城下把秦军主力消灭，那么楚国可借此机会向西进攻，收复从前的失地，如此百利而无一害的事情，为什么到现在也不能决定？"

楚王被说服，答应与赵国联合。平原君回赵后，将毛遂奉为上宾。他感叹地说："毛先生一到楚国就让赵国一言九鼎。毛先生三寸长的舌头，胜过百万雄兵。"

◎ 知识传送门：列鼎而食

列鼎而食，形容贵族的奢侈生活。

子路对老师孔子说："我从前在家里侍奉父母的时候，吃的是灰菜，而且要到百里以外的地方去背米。当我的双亲去世后，我来到了楚国做官，路上跟随的车上百辆，家里的粮食有上万石，吃饭的时候排列着煮菜的大鼎随便吃，可是现在我就算想再吃灰菜、再为父母背米，却是不可能了。"

孔子感叹说："子路这个孩子很孝顺，侍奉父母，生前尽力侍奉，死后尽心追思。"

◎ "鼎"字的诗意

1. 势分三足鼎，业复五铢钱。——唐·刘禹锡《蜀先主庙》
2. 时人列五鼎，谈笑期一掷。——唐·李白《赠友人三首》

48. 镜—破镜重圆

◎ 趣话"镜"字

篆文	隶书	楷书	行书	草书	繁体标宋	简体标宋
鏡	鏡	鏡	鏡	鏡	鏡	镜

《说文》里载，镜，古代用来观察身体、整理衣冠的精制铜器。字形采用"金"作偏旁，"竟"作声旁。竟，既是声旁也是形旁，表示终极。镜，篆文用"金"（金属的意思）和"竟"（终极的意思）组成，表示可以照见人影的终极金属，"镜

字一直以来字形都很稳定，简体楷书将"鏡"简化为"镜"，沿用至今。

◎ **汉字有故事：破镜重圆**

释义：成语"破镜重圆"，比喻夫妻两个分别或者失散后再度团圆。出自唐代孟棨的《本事诗·情感》

成语故事：南北朝末期，隋文帝杨坚经过征战逐步灭掉了割据势力，建立了隋朝。这时候，隋朝没有统一的地方，就剩下南方的南陈。

南陈后主陈叔宝的妹妹乐昌公主，才貌双全，下嫁给太子舍人徐德言。徐德言为人颇有见地，他从陈后主的昏庸无能中，已经预感到大祸必将到来。于是他就将一面铜镜一劈两半，自己拿了一半，另外一半给妻子乐昌公主。二人各执一半，作为将来重逢相认的信物，并约定如果失散，就在每年的正月十五到最热闹的街市去卖半面镜子，以此为联系手段。

该来的终于来了。589年，隋朝越国公杨素与隋军大举南下，灭掉了南陈，俘虏了陈后主叔宝以及很多陈国宗室，其中也包括乐昌公主。徐德言在乱兵中逃出城去，从此流落江湖。而乐昌公主被俘虏后，隋文帝杨坚见杨素在灭陈大战中功勋卓著，把她作为奴婢赐给了杨素。

就这样，一对恩爱夫妻，在国破之时，劳燕分飞，各自离散。

徐德言对妻子念念不忘，风餐露宿，在第二年的正月十五，赶到隋朝都城长安。在繁华的大街上，果然发现有位老者在以高价叫卖半片铜镜。徐德言一看柜台上的那半片铜镜，马上认出了那是深爱的妻子之物，禁不住涕泪俱下。

他不敢怠慢，马上把这位老者领回去好好款待。这才知道，原来妻子已经成为越国公杨素的侍妾。徐德言拿出自己贴身收藏的另一半铜镜。在老者的注视下，两半铜镜合二为一，纹丝不差。

就这样，徐德言与乐昌公主终于恢复了联系。乐昌公主得到丈夫的消息，放声大哭，被越国公杨素发现，杨素再三盘问，明白了其中情由。

杨素被徐德言与乐昌公主夫妻的真情所打动，就派人将徐德言带进府里，让他夫妻二人团聚，破镜重圆。

◎ **知识传送门：眼镜**

眼镜是由美国人富兰克林发明的。富兰克林是美国著名的政治家与科学家，他发明了很多东西，眼镜就是其中之一。他还是美国三位建国元勋之一，现在100元面额美元上面就印着他的头像。

但其实，我们中国早在明朝时候就已经有眼镜的记载。明代万历年间的"叆叇"即最初的眼镜。

◎ "镜"字与歇后语

　　1. 疤痢眼照镜子——自找难看
　　2. 背着哈哈镜走路——不怕后人见笑

◎ "镜"字与谚语

　　1. 童心如明镜，能映九天云。
　　2. 父母是孩子的镜子。

49. 臭—口尚乳臭

◎ 趣话"臭"字

甲骨文	篆文	楷书	行书	草书	标准宋体
臭	臭	臭	臭	臭	臭

《说文》里载，臭，被捕猎的禽兽逃跑时，狗用鼻子一嗅，就知道逃匿的方向。字形采用"犬、自"会义。臭，甲骨文字形用"自"（鼻子的意思）加上"犬"组成，表示犬的鼻子可以分辨气味。篆文将甲骨文的上部写成"自"，将下部写成"犬"，于是就确定了现代"臭"的字形。

◎ 汉字有故事：口尚乳臭

释义：乳臭，意思就是奶腥的味道。成语"口尚乳臭"的意思是某人的嘴里还有奶腥的味道。后来用来表示对某些年轻人的轻视。

成语故事：魏豹，是秦朝末年一位起义军的将领，早期他跟着刘邦和项羽在各地征战，斩将夺旗大破秦军，因为积累战功被封为西魏王。

秦朝灭亡后，天下的形势变成了楚汉争雄。这时候一直归顺刘邦的魏豹目睹了楚霸王项羽在河南彭城大破刘邦的情形。他错误地估计了形势，认为刘邦已经不行了。于是以探亲为幌子，将自己的军队全部开回河东，袖手旁观。

魏豹的岳母魏媪请有名的算命先生许负给魏豹的夫人薄姬相面。许负说薄姬的孩子有天子的命，魏豹于是下定决心背叛刘邦。他对汉朝使者郦食其说："人这一辈子，时间就像白驹过隙。现在汉王刘邦待我们就像奴仆一样，我实在不想再跟着他。"

然后他跟项羽联合起来。项羽派将军项它前来相助，同魏豹的大将柏直、冯敬统大军驻屯古城，魏豹就在安邑驻守。

项羽与魏豹联合，让刘邦的处境变得很难。为了专心对付项羽，刘邦决定先灭掉魏豹。他问郦食其，魏豹的大将是谁，郦食其说是柏直，刘邦不屑一顾地说，柏直不过是个口尚乳臭的小子罢了，于是下定了决心拔掉魏豹这颗钉子。

汉王二年秋，刘邦命令韩信、曹参、灌婴统率大军十万，坐船偷渡夏阳，以迅雷不及掩耳之势，包围了安邑城。

眼看大势已去，魏豹出城投降。

刘邦一方面爱惜魏豹的勇武，一方面害怕失去魏国人的支持，就没有杀魏豹，命令他和御史大夫周苛一起守卫荥阳。后来楚军围攻荥阳，周苛害怕魏豹暗中捣鬼，就先发制人杀了他。

◎ 知识传送门：遗臭万年

东晋时期，大司马桓温独揽朝政，他一生致力于北伐，战功赫赫。后来位高权重，他开始有了野心，想要篡位。他说："人生在世绝对不能碌碌无为。大丈夫如果不能流芳百世，那么也该遗臭万年。"

◎ "臭"字的诗意

1. 好把臭皮囊洗净，神仙楼阁在高虚。——清·宋湘《说诗》
2. 朱门酒肉臭，路有冻死骨。——唐·杜甫《自京赴奉先咏怀五百字》
3. 詈言一失香，千古闻臭词。——唐·孟郊《秋怀十五首》

◎ "臭"字与歇后语

    1. 百年乌龟下臭卵——老坏蛋

    2. 半天云里放屁——臭气熏天

◎ "臭"字与谚语

    1. 岳飞流芳百世，秦桧遗臭万年。

    2. 臭鱼烂虾，送命冤家。

50. 言—流言蜚语

◎ 趣话"言"字

甲骨文	金文	篆文	隶书	楷书	行书	草书	标准宋体

《说文》里载，言，直说叫作"言"，论争辩驳叫作"语"。言，甲骨文的字形就是在舌尖位置加一短横，表示说话是舌头发出的动作。金文将甲骨文的上部变形。篆文在上部再加一横指事符号，变成"辛"。隶书简写成"言"，完全失去舌形，并沿用至今。

◎ 汉字有故事：流言蜚语

    释义：流言蜚语，原指没有事实依据的话，现在多用来表示散布流言，中伤别人。出自《明史·马孟祯传》。

    成语故事：西汉时的大臣窦婴，是汉文帝皇后窦氏的侄子。

    汉景帝继位后，窦太后疼爱自己的小儿子刘武。有一次，汉景帝跟刘武喝酒，喝到高兴时，汉景帝失言说如果他死了，就把皇位传给刘武。窦太后听了大喜，而窦婴却接口说："皇帝您喝多了，大汉的天下都是父传子，哪有兄传弟的道理！"从此窦太后不喜欢窦婴。窦婴就辞职回去隐居。

    不久爆发了七国之乱，窦家一直都是皇帝最信任的家族。窦家和皇室里面最有才华的人就是窦婴。汉景帝于是任命窦婴为大将军，率军平乱。皇帝赐给他的黄金，全部被他赐给了将士们。平定了七国之乱后，窦婴被封为魏其侯。

汉武帝继位，窦婴担任了丞相，但是他的地位受到了武安侯田蚡的挑战。田蚡是汉景帝皇后王娡的弟弟，汉武帝登基时王娡就成为王太后，田蚡慢慢得势。而窦家的靠山窦太后死后，窦婴则慢慢失势，后来丞相被免，赋闲在家。期间田蚡与窦婴之间关系势同水火。

公元前131年，当上丞相的田蚡迎娶燕王的女儿，窦婴与将军灌夫前去祝贺。灌夫给他们敬酒，田蚡及他的手下不理不睬，灌夫当场发怒大闹宴席，田蚡抓了灌夫和他全家。窦婴与灌夫情同父子，于是想尽办法救他。但是田蚡的后台王太后出面干涉，要儿子汉武帝杀灌夫，抓窦婴。为了救灌夫，窦婴说景帝的遗嘱中曾给他随机应变的权力，但是有关官吏却找不到这遗诏，于是窦婴因为假传圣旨也被斩首。

当年窦婴初掌大权的时候，大臣籍福曾经告诫他小心毁谤，而他不听。与田蚡争斗的时候，汉武帝一开始也没有杀死他的打算，但是因为京城里流言蜚语太多，不得不杀了他。

◎ **知识传送门：莫言**

诺贝尔文学奖是全世界作家们追求的最高荣誉。在历史上，中国人曾经多次冲击这个奖项而没有成功，其中不乏林语堂、巴金、钱钟书、艾青这样的文坛巨匠。据说最可惜的是老舍和沈从文，他们都是在提名当年逝世，所以失去了获奖的机会。

2012年，来自山东高密的作家莫言，填补了这项顶尖文学荣誉的空白。他获得了当年的诺贝尔文学奖，成为第一位获奖的中国籍作家。

◎ **"言"字的诗意**

1. 主人何为言少钱，径须沽取对君酌。——唐·李白《将进酒·君不见》
2. 此中有真意，欲辨已忘言。——晋·陶渊明《饮酒·其五》

◎ **"言"字与歇后语**

1. 白骨精说人话——妖言惑众
2. 炒咸菜不放盐——有言（盐）在先

◎ "言"字与谚语

1. 不听老人言，吃亏在眼前。
2. 寝不言，食不语。
3. 冷粥冷饭好吃，冷言冷语难受。

51. 襟—正襟危坐

◎ 趣话"襟"字

| 金文 | 篆文 | 隶书 | 楷书 |

《说文》里载，"襟"，就是交衽，指的是衣服的前胸部分。金文的"襟"，字形就像一件衣服，表示"襟"就是胸前的衣服，用"衤"（表示衣服）再加上"禁"（禁止，严禁的意思）组成，表示衣服的作用是用来抵挡严寒入侵身体。隶书后，字形"襟"基本确定。

◎ 汉字有故事：正襟危坐

释义：正襟危坐，原来的意思是整理好自己的衣襟，端正自己的坐姿，形容神情严肃或表情拘谨的样子。出自《史记·日者列传》。

成语故事：西汉时期，司马季主是从前楚国的旧人，在长安的东市为人卜卦。

宋忠此时担任中大夫，贾谊出任博士，这两个人平时就致力于探寻世道人情。一天，贾谊说："我经常听说，圣人如果不在朝堂做官，那么就在民间为人卜卦或者行医，不如我们就去看看卜卦术士的风采吧。"

于是二人就来到大街上，刚好看到司马季主坐在馆中，为弟子讲解天地之道，日月运转和阴阳吉凶。

两位大夫就坐下来听。司马季主讲了很多理论，都顺理成章。

宋忠、贾谊越听越感到惊奇，并有所领悟。最后他们整理衣服，正襟危坐，说：

"先生的谈吐不凡,为何地位如此低微,职业如此污浊?"

司马季主就问:"什么是高尚的地位,为什么说我的职业污浊呢?"

两位大夫说:"高官厚禄,就是世人认为高尚的;算卜卦命的人多是用骗人的言辞,迎合人们的心意,骗取别人的钱财,所以说是污浊的。"

司马季主说:"二位此言差矣!真正的君子耿直敢言,如果在朝堂之上就忧国忧民,如果觉得不适合当官,就自动让贤回家隐居。不像当今朝堂之上的一些人,为了官职委曲求全或者曲意逢迎,这样的人不怎么高尚吧?至于卜卦者,伏羲创造八卦,文王演成《周易》天下大治,有什么污浊呢?"

宋忠、贾谊顿时无话可说,甚为敬佩。

◎ 知识传送门:连襟

连襟,现在的意思大多指的是姐夫与妹夫之间的关系。但是在历史上,这个词语并不一直是这个意思。

唐代诗人杜甫曾经有诗:"人生意气合,相与襟袂连",这里的"连、襟"指的并不是姐夫与妹夫,而是情投意合的伙伴。直到宋代,连襟才成为姐妹两个丈夫的合称或者互称。

◎ "襟"字的诗意

1. 揽茹蕙以掩涕兮,沾余襟之浪浪。——战国·屈原《离骚》
2. 出师未捷身先死,长使英雄泪满襟。——唐·杜甫《蜀相》
3. 荒烟凉雨助人悲,泪染衣襟不自知。——宋·王安石《送和甫至龙安微雨》

◎ "襟"字与歇后语

1. 拆口袋做大襟——改邪(斜)归正
2. 城隍庙的菩萨——正襟危坐

第五章

汉字与自我

魅环宇宙,
力透万年

1. 人—杞人忧天

◎ 趣话"人"字

甲骨文	金文	篆文	隶书	楷书	行书	草书	标准宋体
𠂉	𠂉	𠂉	人	人	人	人	人

《说文》里载,人,天地之性最贵者也。像臂胫之形。即人是天地间品性最高贵的生物,字形像垂着手臂、挺着腿胫的人的形象。在一开始,"人"字的甲骨文看起来还像是一个垂臂直立的动物形象,金文字形变化不大。到了篆文,已是面朝黄土背朝天的劳作形象,体现出人会劳作的特征。隶书变形较大,表现出人挺直身子时的姿态。后来,楷书、行书、草书的字形也基本上延续了隶书,并沿用至今。

◎ 汉字有故事:杞人忧天

释义:成语"杞人忧天",形容为不必要或缺乏根据的事而忧虑。

成语故事:今河南开封杞县在古代被称为杞国。古时,杞国的一个百姓抬头望天时突然产生了一连串疑问:"天会不会塌下来?地会不会陷下去?若是天塌地陷了,自己又该躲到哪里去?"这个人绞尽脑汁也想不出答案,便更加担心了,生怕灾难突然来临,自己因此丧命,为此他日复一日地思索着这个问题,甚至到了愁眉不展、寝食难安的地步。

这件事传开之后,人们纷纷引为笑谈,这个人还不知道别人在笑什么。有个好心人前去安慰他说:"你看,天空是由一些气体积聚起来形成的,而我们的周围就充满了空气,无论我们做什么,都离不了空气,你为什么还要担心天会不会塌下来?"

他接着问:"天既然是气体,那天上的太阳、星星和月亮要是掉下来了可该怎么办?"安慰他的人说:"太阳、星星和月亮只不过是空气中会发光的东西,就算它们掉下来了,也不能对我们造成什么伤害。"

他又问:"那要是地陷下去了,我该怎么办?"安慰他的人说:"那都是一样的道理。天空是由一些气体积聚起来形成的,大地则是由土块堆积形成的。大地到处都是土块,你天天在大地上走来走去,也没有发生一点意外,你担心地陷有什么意义呢?"他听后终于不再担心天塌地陷的事,露出了久违的笑容,安慰他的人也满意地走了。

"杞人忧天"的故事告诉我们,不要无凭无据地忧虑和担心什么,否则便自寻烦恼。

◎ 知识传送门:正人君子

俗语说:"娘生身,自长心。"意思是说母亲把我们带到世界上后,每个人选择做一个什么样的人是由自己决定的。由于各人选择不同,便有了"正人君子""仁人志士""卑鄙小人"等褒贬意味不一的词语的出现。

一个人若是为人正直,品行端正,大家就会赞叹的夸他是"正人君子"。渐渐地,这个词有了讽刺意味,人们用它来批判那些假装正经的人,比如鲁迅先生在《藤野先生》一文中写道:"再继续写些为'正人君子'之流所深恶痛疾的文字。"

◎ "人"字的诗意

1. 可怜无定河边骨,犹是春闺梦里人! ——唐·陈陶《陇西行四首·其二》
2. 去年今日此门中,人面桃花相映红。——唐·崔护《题西林壁》
3. 北方有佳人,绝世而独立。一顾倾人城,再顾倾人国。——汉·李延年《北方有佳人》

◎ "人"字与歇后语

包公断案——认理不认人

2. 老—老当益壮

◎ 趣话"老"字

| 甲骨文 | 金文 | 篆文 | 隶书 | 楷书 | 行书 | 草书 | 标准宋体 |

《说文》里载，老，考也。七十曰老。从人毛匕。言须鬓发白也。其中的"人、毛、匕"是组成繁体"老"字的主要部分，分别指人、头发、拐棍，这三样加在一起，如两种甲骨文所示，就是会意字"老"。"老"字的第一种甲骨文表示的是一个老人驼着背拄着拐杖，第二种甲骨文则突出了老人头发很长（古代人从不理发，年龄越大头发越长）。两种金文都改造、简化了第二种甲骨文，篆文承续金文字形，隶书简化了篆文的上半部分，楷书、行书、草书的字形基本没有了变动，沿用至今。

◎ 汉字有故事：老当益壮

释义：成语"老当益壮"形容年纪虽大但志气豪壮。

成语故事：东汉时期，有一个叫马援的人从小就立志高远，想要去祖国的边疆地区发展畜牧业，后来事与愿违，他当了扶风郡的一个督邮，听命于郡太守。太守给了马援押送犯人到长安的任务，心地善良的他并不愿让一些罪行不大的犯人去长安受死，半路上就偷偷放走了犯人。如此一来，马援无法回去向太守复命，也就不能再当督邮，甚至还成了有罪之人。他一路逃到了北朝郡，在这里隐姓埋名地生活。没过多久，天子颁布大赦之令，将有轻微之罪的人都赦免了，马援恢复了自由，不过再也无心官场，去边疆发展畜牧业和农业生产。

短短几年，马援便实现了自己幼时的梦想，把畜牧业搞得风生水起，成了远近闻名的大畜牧主。他有几千头牛羊、几万石粮食，别人对他的财产眼红不已，他却不以为意，慷慨大方地把大部分财产送给了自己的亲朋好友。有人问他为什么这样做，他说："一个人做个守财奴，太没有意思了。"

马援在年轻时总说:"做个大丈夫,总要'穷当益坚,老当益壮'才行。"意为,越是穷困潦倒,志向越要坚忍不拔;年龄越是变大,志气越要豪迈壮盛。马援之后又弃商从戎,投身军伍,凭借自己的坚定心志立下了很多功勋,一步步升职成了有名的将领,连光武帝都很欣赏他的为人。

数百年后,南北朝的范晔在《后汉书·马援传》中写下:"丈夫为志,穷当益坚,老当益壮。"唐代的王勃又在《滕王阁序》里写下:"老当益壮,宁移白首之心;穷且益坚,不坠青云之志。"

◎ 知识传送门:老骥伏枥

曹操在《步出夏门行》中写道:"老骥伏枥,志在千里;烈士暮年,壮心不已。"当时,曹操年满五十三岁,在古代已算年老,然而他并没有放弃奋斗,此诗便作于他平定乌桓叛乱、消灭袁绍残余势力之后。他豪情万丈地写下了这首诗,以"老骥"比喻自己,说自己想要驰骋千里,干下一番大事业。慷慨高歌之后,曹操便挥军南下,征讨荆、吴去了。尽管曹操在之后的赤壁大战中大败而归,他胸中依然激荡着壮志,宛如太阳落山前尽力奉献出自己所有的热量。

◎ "老"字的诗意

梨园弟子白发新,椒房阿监青娥老。——唐·白居易《长恨歌》

◎ "老"字与谚语

1. 姜是老的辣,酒是陈的香。
2. 今年笋子来年竹,少壮体强老来福。
3. 少而寡欲颜常好,老不求官梦亦闲。

3. 女——女娲补天

◎ 趣话"女"字

甲骨文	金文	篆文	隶书	楷书	行书	草书	标准宋体
甲	金	篆	隶	楷	行	草	女

"女"字的甲骨文看起来，宛如一个人屈膝跪坐着，双手娴静地交叠在一起。创造"女"字的本义在于表示胸脯饱满柔和的妇人，是人类中的雌性，具有生育、哺乳后代等生理功能。金文在字形上延续了甲骨文的风格。篆文的字形基本上延续了金文。

◎ 汉字有故事：女娲补天

传说，上古时代，普通百姓在人间生活，神仙们居住在天上，相安无事。忽有一日，水神共工和火神祝融为争天帝之位，打得不可开交，最后竟在人间争斗起来，使得天地动荡不安。后来，火神祝融赢得了胜利。战败的水神共工怀着满腔怒气，用力地把自己的头撞向了西北方向的不周山。不周山原是矗立在天地之间的擎天大柱，共工撞山的力道非同小可，不周山立即倾塌了，没有了这根柱子维持天地平衡，顷刻间天塌地陷，出现了一连串祸事：天空出现了一个巨大的窟窿，天河之水和天火从中喷涌向人间；大地断裂开来，形成诸多裂沟、沟谷，从裂缝里出来很多龙蛇猛兽，这些猛兽嗜血成性，以人为食。于是，地上要么是一片汪洋，要么是烈火肆虐，要么是猛兽作乱，人类的平静生活一去不复返，流离失所，四处逃命。

看到自己创造出来的人类被天灾折磨得痛苦不堪，创世女神女娲毅然出手，决心以一己之力终止这场巨大的灾难。她走遍人间，捡取了很多五色石，分别是白、绿、碧、赤、黄五种颜色，然后用火炼化五色石，把它们熔成石浆，用石浆补好了天空上的那个大窟窿。为了防止天再次塌下来，女娲在海里找到了一只巨龟，斩下巨龟的四脚，当作四根柱子支撑在东、南、西、北四个方向，维持天地平衡。女娲又扑灭烈火，疏导洪水，使人类不再处于水深火热之中。对于那些趁机作乱的猛兽，女娲将其或擒杀或驱赶，让它们在人类生活的地方绝了踪迹。如此一来，人类又重新过上了安乐的生活，被五色石补好的那片天空也经常出现绚丽的彩霞。

◎ 知识传送门：左家娇女

　　古时，人们常将某家的女儿称作"某家女"，比如说杨玉环便是"杨家女"。而"左家娇女"一词，最早出自晋朝左思的《娇女诗》："吾家有娇女，皎皎颇白皙。"夸赞自家年幼可爱的女儿。后来，这个词传播开来，指代自家女儿，比如唐代诗人李商隐便在妻子去世后写过："嵇氏幼男犹可怜，左家娇女岂能忘。"用隐晦之语表达出妻子去世后，女儿日夜思念母亲的凄凉之情。

　　时至今日，"左家娇女"已成为一个固定的成语，用来形容美丽可爱的少女。若是想用此词夸赞某个少女，便不必拘泥于对方姓不姓左。

◎ "女"字的诗意

　　1. 出门看火伴，火伴皆惊忙：同行十二年，不知木兰是女郎。——南北朝·佚名《木兰诗》

　　2. 杨家有女初长成，养在深闺人未识。——唐·白居易《长恨歌》

　　3. 秦氏有好女，自名为罗敷。——汉·佚名《陌上桑》

◎ "女"字与歇后语

　　1. 女子走钢丝——胆大心细

　　2. 女儿国办婚事——难得有一回

　　3. 女大十八变——越变越好看

4. 父—夸父逐日

◎ 趣话"父"字

| 甲骨文 | 金文 | 篆文 | 隶书 | 楷书 | 行书 | 草书 | 标准宋体 |

"父"字的甲骨文，像一个人举着一个工具正在做什么，这很符合远古时期人类的劳作场景，即手拿着石斧去追捕动物，或拿着其他工具进行劳动，它是单一结构的象形字。再看金文的"父"，左上角的那一笔顶端尖锐，更突出了那是"石斧"的意味。篆文变化不大，隶书将篆文的右半部分简化成了交叉着的一撇一捺，至楷书彻底定形。

因为石斧较重，在远古时期，基本上都是女子负责采摘，男子负责用石斧劳作、捕猎，所以"父"字一开始便是专属于男性的。"父"在初期是人们对巧用工具劳动的男子的尊称，比如"渔父"，后来人们也将"父"解读为一个男人举着棍棒训导子女，便出现了与"母亲"一词相对应的"父亲"。自此，"父"的含义固定下来，人们将生身男性称为"父"，家族中的男性长辈也获得了"祖父""叔父"的尊称。

◎ 汉字有故事：夸父逐日

远古时，成都载天山位于我国北部，孕育出了夸父族，此族人身材雄伟，个个都是巨人，他们的首领名叫夸父，有出类拔萃的身高和坚韧不拔的意志。夸父日日为族人操劳，竭尽所能，赶走猛兽，疏通洪水，为本部落的人创造了良好的生活环境。

好景不长，出现大旱，很久都没有下雨，太阳无情地炙烤着大地。夸父族族人纷纷向夸父诉苦，夸父安慰他们不要着急，说自己会去捉太阳，让它收敛自己的热量，好好把握播撒阳光的尺度。

于是，第二天清晨，太阳刚从地平线上露面，夸父就疾步如飞地去追赶太阳。

但尽管夸父是一个巨人，他也无法轻易捉住天上的太阳。

夸父尽自己最大的努力追赶着太阳，不敢稍作休息，腹中饥渴时只是去吃路边的野果、喝口附近的河水，疲惫的时候就闭着眼睛歇息，脚下却健步如飞。每当他想要停下时，他就会在心里鞭策自己："再跑快一点，只要追上太阳，族人们就有好日子过啦。"

夸父九天九夜都未曾停止追赶，他翻越了众多山川河流，与太阳之间的距离逐渐缩小，太阳仿佛就在他触手可及的地方了。这时他到了禺谷，兴奋地伸出颤抖的双手，想要捉住太阳。但夸父的身体太疲惫了，还没等他摸到太阳，他就晕倒在了地上，错失良机。

等夸父醒来后，太阳已经甩开他一大截了。夸父再接再厉，给自己加油打气后，又开始了自己的逐日行动。此时太阳对着夸父释放出大量热量，炙烤着他的身体，夸父瞬间失水，迫不及待地跑向东南方的黄河，竟把黄河河水喝了个一干二净。夸父仍觉得口渴难耐，又喝干了渭河水，他仍想喝水，就前往北方的大湖。但没等他到达大湖，他就透支了所有的生命力，连手中的手杖都滑落在了地上，过了一会儿，他庞大的身躯轰然倒地，渐渐没有了呼吸。

后来，夸父的手杖化成了一片桃林，他的身体则变成一座大山，后人称之为"夸父山"。天帝被夸父坚韧不拔、勇于献身的精神所感动，特地庇佑夸父族度过了干旱。

◎ **知识传送门：哀哀父母，生我劬劳**

《诗经·小雅·蓼莪》曰："蓼蓼者莪，匪莪伊蒿，哀哀父母，生我劬劳。"描绘的是在暴政的统治之下，青年男子终年在外服劳役，无法在家照料父母。由此，为自己不能照料病痛、老死的父母而感到悲哀和痛心，也抒发了对生养自己的父母的反哺之意。

◎ **"父"字的诗意**

1. 何时天狼灭，父子得闲安。——唐·李白《横吹曲辞·幽州胡马客歌》
2. 父兄若一处，任向边头老。——唐·刘驾《唐乐府十首·乐边人》
3. 哀哀父母，生我劬劳。——先秦·《诗经》

◎ "父"字与歇后语

  1. 赵括徒读父书——纸上谈兵

  2. 拉着土匪叫爹——认贼作父

  3. 黄豆煮豆腐——父子相会

◎ "父"字与谚语

  1. 父子不信，则家道不睦。

  2. 父之美德，儿之遗产。

  3. 亲不过父母，近不过夫妻。

5. 母—孟母三迁

◎ 趣话"母"字

| 甲骨文 | 金文 | 篆文 | 隶书 | 楷书 | 行书 | 草书 | 标准宋体 |

观察"母"字的甲骨文，最引人注目的便是字形上方的两个小圈及圈里的两点，它们代表的是女性的乳房这一显著特征，因此它是指事字，整个字形像是一个已经生育的女子抱着孩子坐在地上，也有人认为像是一个女子正在给怀中的孩子喂奶。无论是哪一种观点，生育、哺乳孩子的人被称作"母"，是毋庸置疑的。

金文和篆文字形发展变化不大，象征双乳的两点一直是左右分布的；为了书写美观、简洁，隶书字形变得与现在的字形相差无几。

◎ 汉字有故事：孟母三迁

如今我们说起孟子，都知道他是与孔子齐名的"亚圣"，是战国时期伟大的思想家和教育家，在治国之道、修身之道上颇有造诣。不过孟子也不是生下来就聪明伶俐、胜人一筹的，他之所以那么优秀，与他母亲对他的悉心栽培有很大的关系。

孟子的父亲去世得早,他的母亲含辛茹苦地独自抚养着他,尽自己所能给他最好的生长环境。刚开始的时候,孟母带着孟子住在墓地旁边。因为经常有人去墓地埋葬亲人、祭拜亲人、为亲人哭丧,附近的小孩子们不懂事,模仿那些人跪拜、哭号的样子,将这当作一场好玩的游戏,孟子也参与其中,玩得津津有味。孟母看到后,察觉到了住在这里的负面影响,于是带着孟子搬到了市集旁边居住。

既然是市集,便少不了商贩。做生意的人们大声吆喝着自家的货物,认真地与顾客讨价还价。孟子和附近的小孩子们看在眼里,又活灵活现地模仿了起来。孟母叹息了一声,立马着手办理搬家的事,搬到了学校附近。

学校中时常传出琅琅的读书声,夫子上课时会教学生日常礼节,要求他们做懂礼守礼的人。在这种文明氛围的熏陶下,幼小的孟子也变成了一个进退有度、言语谦和、爱好读书的好孩子,孟母这才放下心来,选定了这里作为固定住所。

涉世未深的孩子往往没有自己的思想,就像是一张白纸,会在好奇心的驱使下,主动地去模仿周围人的行为。父母应尽力选择对孩子身心有益的居住环境,孟母正是做到了这一点,才培养出了出类拔萃的孟子,她自己也由此成了有名的"贤母"。

◎ 知识传送门:四大贤母

在我国历史上,有无数母亲培养出了优秀的人才,其中较为著名的便是"四大贤母",她们分别是孟子的母亲仉氏、陶侃的母亲湛氏、欧阳修的母郑氏、岳飞的母亲姚太夫人,简称为孟母、陶母、欧母、岳母。这四位伟大的母亲俱以贤德著称,用自己的行动鞭策儿子做一个坦荡的君子。除岳母之外,其他三位母亲都是婚后不久就没了丈夫,一边坚贞守节,一边抚养孤子,其中辛苦可想而知。

◎ "母"字的诗意

有孙母未去,出入无完裙。——唐·杜甫《石壕吏》

◎ "母"字与歇后语

1. 母老虎,地头蛇——惹不起
2. 母猪的尾巴——拖泥带水
3. 母猪撬瓜藤——乱拱

◎ "母"字与谚语

　　1. 儿不嫌母丑，狗不嫌家贫。
　　2. 慈母手中线，游子身上衣。
　　3. 失败是成功之母。

6. 子—孺子可教

◎ 趣话"子"字

"子"是象形字，本意是刚出生不久、不能独立活动的幼儿。甲骨文的第一种字形无疑是最贴近幼儿真实形象的字形，圆圈代表幼儿的头，圆圈上的几道竖线代表头发，下面的两道代表分离的双脚。后两种甲骨文简洁了一些，是幼儿睡在襁褓里，只露出头和胳膊的形象。后面的几种字体都是依照三种甲骨文进行变化的，没有太大改观。隶书将圆圈变成了一个半圆，舞动的双臂变成了几乎没有起伏的横线，奠定了现代"子"字的基本形态。

◎ 汉字有故事：孺子可教

　　释义：成语"孺子可教"，原指小孩子是可以教诲的，后用来形容年轻人有培养的前途。

　　成语故事：在楚汉争霸时期，张良充分运用自己的聪明才智，为刘邦招揽人才、出谋划策，帮助刘邦登上了帝位，他自己也因此获得"留侯"的封号。张良本不姓张，而是姓姬的韩国名门公子，秦始皇灭韩后，他想要刺杀秦始皇，不仅没有得手，还被秦始皇通缉追杀。他一路逃亡到了下邳，开始使用张良这个名字。

　　下邳地界有一座圯水桥，有一天，张良在此观景散心时，一个穿着朴素、两鬓生有白发的老人径直朝他走来。张良疑惑地看着老人，老人也不与他说话，而是弯腰脱掉自己的一只鞋子，扔到了桥下，理直气壮地使唤张良说："哎！这个年轻人！我鞋子掉了，你帮我捡回来吧！"

张良昔日是养尊处优的贵公子，只因逃亡才没有了仆从跟随，哪有人对他颐指气使？他想这老人可能脑子有毛病，便大度地下桥把鞋子捡了上来。没想到老人又傲慢地命令张良为自己穿鞋，张良在这里过着隐姓埋名的生活，本就心中不快，此时更恨不得揍这无理取闹的老人一顿，但他也明白自己现在不能多生事端，只好单膝跪地，认真地为老人穿好了鞋。老人也没有道谢，哈哈大笑着走了，留下张良在原地发愣。

老人走出了很远，回头望见张良还在桥上，又走了回来，赞赏地说："孺子可教！要是你想得到我的指教，五日之后的清晨，还是这里，你我不见不散。"张良急忙答应了。

五天之后，张良如约前往，发现老人已在桥上等候多时，还略微有些生气。老人不满地说："跟长者相约，怎么能迟到呢？这次便算了，五天后再来！"第二次，张良特意早去了一些，但老人比他更早，告诉他五天后再来。第三次，张良半夜就动身前往桥上，终于先到了一回。这次，老人看到他后很高兴，拿了一本书送给张良，叮嘱他好好钻研此书，将来必有大用。

原来，老人是有名的隐居高士"圯上老人"，他之前一连串的举动，都是在考察张良是否是一个可造之才。现今张良通过了他的考验，他便以奇书《太公兵法》相赠。

张良从《太公兵法》中悟出了很多道理，在十年之后，凭借自己的满腹智慧成为刘邦的心腹谋士，创造了一番功业。

◎ 知识传送门：君子之交淡如水

庄子是春秋时期的著名哲学家，他在《庄子·山木》里载，"且君子之交淡若水，小人之交甘若醴；君子淡以亲，小人甘以绝。"意思是说，君子之间的友谊，是建立在道义基础上，自然高雅纯净，清淡如水；而小人之间的友谊，看似像酒一样甘甜，却是建立在利益基础上的，这种友谊自然经受不住考验。后来，"君子之交淡如水"就成了一种高雅的择友观。

◎ "子"字的诗意

1. 岑夫子，丹丘生，将进酒，杯莫停。——唐·李白《将进酒·君不见》
2. 靖康耻，犹未雪；臣子恨，何时灭？驾长车，踏破贺兰山缺！——宋·岳飞《满江红》
3. 闻道汉家天子使，九华帐里梦魂惊。——唐·白居易《长恨歌》

◎ "子"字与歇后语

1. 一口想吃个胖子——性子太急
2. 大年初一逮兔子——有它过年，无它也过年
3. 瞎子点灯——白费蜡

7. 儿—贫儿学诒

◎ 趣话"儿"字

甲骨文	金文	篆文	隶书	楷书	行书	草书	繁体标宋	简体标宋

《说文》中载，"兒"指幼儿，字形像是幼儿的头盖骨还没有长到闭合状态。这种说法有一定道理，因为婴儿出生后头盖骨的确没有发育完全。有学者从"儿"的字形演变提出了更周密的说法，在甲骨文、金文、篆文、隶书等字体中，"儿"字的字体顶端基本都是一个半圆里有几道短横线，半圆象征着幼儿没有闭合的头骨，短横线则代表了幼儿的牙齿，短横线逐渐增多，代表幼儿牙齿的增多；字体下半部分则是一个"人"字，综合起来就是指长牙换齿阶段的小孩子。这样看来，"儿"是一个象形字，直至演变到第二种楷书时，才略去了以往"儿"字的上半部分，把下半部分的"人"顶端分开，变成了现今的"儿"，本意不变。

◎ 汉字有故事：贫儿学谄

释义：成语"贫儿学谄"，字面意思是一个穷人学习谄媚之术以讨生计，实际上讽刺了阿谀奉承的谄媚之徒。

成语故事：严嵩是明朝嘉靖年间有名的一代奸相，那时他权势滔天，甚至可以随意决定部分官员的升职与罢免。因此，有很多人为了当官，拼命巴结严嵩，明明与严嵩年岁相差不多，却口口声声称他为"干爹"，以此谋取官职，让自己的仕途更顺畅。

那时，严嵩白天少有空闲，巴结他的人只好趁晚上去他家求见，严嵩有时心情不好，便不允许他们入内，所以当他们被允许进屋时，个个都使出浑身解数，尽力讨好位高权重的严嵩。一个热闹的晚上，严嵩心情不错，便召他大大小小的义子们进屋，这些义子们无不卑躬屈膝，差不多就是跪着爬到了严嵩面前，然后说出一箩筐的谄媚之语，这个祝干爹身体康健如南山不老松，那个祝干爹心情愉快快活似神仙，人人都不甘示弱，唯恐让别人占了上风。严嵩听着只觉顺耳极了，对于义子们的要求也是一口答应，把官职随意地分配了下去。

这时，屋顶上传来声响，好像是有人在上面走动，义子们抓住机会表忠心，说要为干爹抓贼，吓得屋上之人自己掉了下来，众人见他衣着寒酸破烂，便说他一定是来偷东西的，要移交给官府处置。那人连连叩头，说自己不是贼，只是前来学艺的。

严嵩觉得有趣，问他："你来这里学什么艺？"那人说："小人名叫张禄，以乞讨为生，与我一同乞讨的一个伙伴总能讨到饭食和钱财，小人却只能讨到低等的饭食。小人不服气，问同行缘故，他说是因为小人太过愚笨，不会讨好人，自然没有钱财进账。小人听闻有很多人是通过奉承您得到了官职，便想他们肯定是精于谄媚之道的人，所以前来向他们学艺。还望大人不要追究小人的罪责。"严嵩听后哈哈大笑，认为张禄说得有道理，命令众义子好好教他谄媚之术。

一年之后，乞丐张禄成了见人说人话、见鬼说鬼话的油滑之徒。

◎ 知识传送门：视为儿戏

幼小的儿童天性未泯，喜好玩乐，经常聚在一起做游戏，以大人为模仿对象，玩角色扮演。比如说，孩子们看到娶亲场景后，便会挑选出两个孩子做新郎、新娘，其余人扮演司仪等角色，但游戏只是游戏，并不能当真。当孩子长大以后，就要认真地对待自己的生活，不可再抱着游戏的心态肆意玩乐。

《红楼梦》第四回有一句："人命官司，他却视为儿戏，自谓花上几个钱，没有不了的。"写的是有钱有势的"呆霸王"薛蟠为争一个女子打死了人，却觉得这和小时候玩的游戏没有什么不同，根本毫不在意，而他的家人也通过关系替他收拾了烂摊子。但几年之后，薛家失势，这件旧事被人翻了出来，薛蟠就被押入监狱，得到了应有的惩罚。

◎ "儿"字的诗意

1. 五花马，千金裘，呼儿将出换美酒，与尔同销万古愁。——唐·李白《将进酒·君不见》
2. 阿爷无大儿，木兰无长兄，愿为市鞍马，从此替爷征。——南北朝·佚名《木兰诗》
3. 布衾多年冷似铁，娇儿恶卧踏里裂。——唐·杜甫《茅屋为秋风所破歌》

◎ "儿"字与歇后语

1. 和尚盼儿子——下辈子的事
2. 渔船上打儿子——跑不了

8. 夫——千夫所指

◎ 趣话"夫"字

甲骨文	金文	篆文	隶书	楷书	行书	草书	标准宋体
夫	夫	夫	夫	夫	夫	夫	夫

现在的"夫"字是"大"字上面加了一横构成的，甲骨文"夫"字也符合这个规律，最上面的一横代表发簪，底下的"大"宛如一个伸展双臂、分开两腿站在地上的人，代表长大成年的人，总体含义为用发簪束发的成年男子（古代男子不理发，成年后便要束发、加冠）。金文、篆文基本承续了甲骨文字形，隶书将"大"

中伸展弯曲的双臂改为了平直的横线。

"夫"字最初的含义指成年男子，后来它的词义范围缩小了一些，妇女们称自己的配偶为"夫"。也有人将职业加在"夫"字前面，形成了"车夫""轿夫"这样的词语。

◎ 汉字有故事：千夫所指

释义：成语"千夫所指"原意为被众人指责，后形容触犯众怒。

成语故事：西汉末年，汉哀帝刘欣掌管政权，但他在政事方面一塌糊涂，只知吃喝享乐，奢侈淫逸。刘欣好男风，当他遇到年轻貌美、舌灿莲花的董贤后，两人一个贪色、一个贪财贪权，可以说是一拍即合，日夜黏在一起，公然出双入对，毫不避讳世人的眼光。

董贤是御史董恭的儿子，当他获得汉哀帝的宠爱后，可以说是"一人得道，鸡犬升天"，他的父亲被封为侯爵，他的兄弟姐妹入宫的入宫、做官的做官，连他的妻子都被召入宫中享乐。汉哀帝想时时刻刻与董贤寻欢作乐，但他不得不按时上朝打理朝政，一次，汉哀帝起身要去上早朝，董贤却在睡梦中压住了他的衣袖，他为了不惊扰董贤，体贴地挥刀断袖，才得以起身。从那以后，人们就把好男风称为"断袖之癖"。

一个男子独得皇帝恩宠，群臣对此很是不满，却也规劝不了，只好任由汉哀帝胡作非为。但后来，董贤的野心越来越大，汉哀帝对他越来越好，不惜违背"限田令"，赏赐给董贤两千顷土地，让法令成了一纸空文。汉哀帝还想方设法想授予董贤侯爵之位，丞相王嘉极力阻挠，上书说："由于陛下您的纵容，董贤作恶多端，引起了公愤。常言道，千夫所指，无病而死。董贤将来会是什么下场，陛下您自己想吧，还望您不要败坏了祖宗基业。"

王嘉的言辞触怒了汉哀帝，他被投入狱中，最后绝食而死。汉哀帝封董贤做大司马，更助长了他的跋扈气焰。但汉哀帝早就被酒色掏空了身子，在位七年便病死了，董贤知道自己是千夫所指，肯定会被新君处以极刑，当晚便与妻子自我了结了。

◎ 知识传送门：一夫当关，万夫莫开

成语"一夫当关，万夫莫开"出自唐代诗人李白的《蜀道难》，原指山势又高又险，一个人把着关口，上万人也打不进来，后指地势十分险峻，易守难攻，也指人格外勇猛，一个人能挡上万个人。

函谷关是我国历史上建置最早的雄关要塞之一，因关在谷中，深险如函，故称函谷关。函谷关始建于西周时期，西据高原，东临绝涧，南接秦岭，北塞黄河，既是重要的交通枢纽，也是兵家历来必争之地。比如说，在战国时期，楚怀王曾联合其他国家，举六国之师伐秦，但秦军就牢牢把守着函谷关，依据函谷天险，以少胜多，打败了六国军队。从那以后，便有了"一夫当关，万夫莫开"的说法。

◎ "夫"字与歇后语

1. 戏台上的夫妻——有名无实
2. 孔夫子念书——咬文嚼字
3. 孟姜女寻夫——不远千里

◎ "夫"字与名句

1. 天下兴亡，匹夫有责。——顾炎武
2. 三军可夺帅也，匹夫不可夺志也。——孔子
3. 横眉冷对千夫指，俯首甘为孺子牛。——鲁迅

9. 妇—妇人之仁

◎ 趣话"妇"字

甲骨文	金文	篆文	隶书	楷书	行书	草书	繁体标宋	简体标宋

与"女"字的甲骨文相比，"妇"字的甲骨文不过是多了左上角那个字符，它的形状与扫帚极为相似，因此"妇"是一个左右结构的会意字，本意为拿着扫帚做家务的女主人，后引申为所有女性，但未婚女子不操持家务，一般不称作"妇"。金文的"妇"字，正好将甲骨文字形左右互调，篆文将"扫帚"的形象刻

画得更为具体，隶书简化了"妇"的左半边，楷书简化了"妇"的右半边，至此定形。

◎ **汉字有故事：妇人之仁**

释义：成语"妇人之仁"，原指妇女杀鸡宰鸭时犹犹豫豫不敢下手，对被杀之物怀有同情心；后引申为为人处世优柔寡断。

成语故事：韩信在项羽起兵反抗暴秦不久后，便成为了项羽手下的一员兵将，他目睹了项羽连番创下的胜利，看着他的势力一天比一天大，也目睹了项羽坑秦卒、屠咸阳、焚宫室的暴行。机智的韩信意识到，项羽是一位出色的英雄，却不是一位合格的权利执掌者，很难登上帝位。但这时尚未有其他英雄在权力角逐中崭露头角，韩信便依旧在项羽手下做事。

直到鸿门宴后，看到项羽因为妇人之仁放弃了杀死刘邦、除掉强敌的大好机会，而刘邦敢于伏小做低、从凶险的宴席上安然脱身，韩信明白，刘邦极有可能是天下的霸主。因此，韩信千里迢迢地去投奔刘邦，萧何向刘邦大力推荐韩信，刘邦便兴致勃勃地请教韩信有何妙计。

韩信说："我跟随项王多年，虽一直不得重用，却把他的性格摸得一清二楚。项王力气大，可以举起沉重的鼎，声音洪亮，大声吼叫时能把人吓晕，他的勇武少有人能及。但他的品德与他的能力是不相配的，他平时与人讲话时，总是温和的语气；手下生病时，他甚至会掉下同情的眼泪，但他既没有识人之能，在重大事项上也总是摆不正态度。比如说，他能够把自己的吃食送给手下，对于立功的人，却舍不得把应给的爵位分封给人家，有时候封爵位的印都刻好了，他拿在手里把玩许久，磨得印都没有棱角了，还舍不得交给人家。所以说他表现出来的对别人的关怀不过是妇人之仁罢了，在大事方面做不出正确的决断，难成霸业。"刘邦听后，大喜过望，开始重用韩信。

后来，项羽果然如韩信分析的那般，因性格输得一败涂地，含恨自刎于乌江。

◎ **知识传送门：佳儿佳妇**

"佳儿佳妇"一词，最早出于唐太宗李世民之口。唐太宗立儿子李治为太子，为他娶了名门之女做妻子。太宗驾崩之前，特地对心腹老臣长孙无忌和褚遂良嘱托道："朕佳儿佳妇，今以付卿。"意思是说，我这一双称心如意的好儿子、好儿媳妇，现在就托付给你们照顾了。由此可见，"佳儿佳妇"是父母对儿子、儿媳独有的称赞之词。

随着时间的推移，凡是长辈，都可以夸赞后辈夫妇是"佳儿佳妇"。比如说，在金庸先生所著的《倚天屠龙记》里，张无忌与周芷若大婚之时，张无忌的太师父张三丰就送了一幅书有"佳儿佳妇"的字画作为贺礼。

◎ "妇"字的诗意

老翁逾墙走，老妇出门看。——唐·杜甫《石壕吏》

◎ "妇"字与歇后语

1. 猪八戒想娶媳妇——一厢情愿
2. 哑巴讨媳妇——喜在心头
3. 新娶的媳妇——见不得人

10. 面—独当一面

◎ 趣话"面"字

甲骨文	金文	篆文	隶书	楷书	行书	草书	标准宋体
𓁹	𓂀	圓	面	面	面	面	面
麵	麵	麵	麵	麵	麵		麵

"面"是一个指事字，在甲骨文里，它由一只眼睛和一个椭圆组成，表达的是人的眼睛外面的轮廓，即脸庞，叫作"面"。篆文将椭圆变成了长方形，这使得字体更加美观、容易辨认，是无可厚非的；但甲骨文里的眼睛却被误写为甲骨文字体的"首"，虽然"面"的字义没有改变，却增加了人们理解此字的困难程度。隶书的"面"字更难理解，它的上半部分取自"首"字，下半部分又把"目"字

围在了正方形里。

"面"还有一个本义，即用麦粉揉碾成的圆片状食料，观察图案的最后一排，会发现它们基本上都是左边是"麦"，右边是"面"。如今的字形只保留了右边，字义也发生了改变，指用麦子磨成的粉。

◎ 汉字有故事：独当一面

释义：成语"独当一面"，形容一个人能力突出、经验丰富，可以单独负责一个方面的工作。

成语故事：楚汉争霸中，刘邦为了保命，主动提出把自己已经占领了的秦都咸阳让给兵力强盛的项羽，项羽很高兴，故作大度地封刘邦为汉王，把偏僻穷困的汉中地区（今陕西南部）和巴蜀地区划分为刘邦的属地，命令他速速带军前往。为了防止刘邦重回咸阳，项羽特地命令名将章邯把守包括咸阳、西安、宝鸡等几个繁华城市在内的关中地带。刘邦只得忍气吞声地带着兵将去了封地，为了消除项羽对自己的猜忌，刘邦还烧了关中和汉中之间的几百里栈道，自绝后路。这样一来，项羽就放松了对刘邦的防范。

不久之后，刘邦在韩信的建议下，采用了"明修栈道，暗度陈仓"的计策，用修栈道吸引章邯的注意力，背地里带着精锐从通往关中的陈仓占领了关中。接着，刘邦又带着军队攻下了项羽的老巢彭城，在富庶的彭城尽情享乐。项羽得知后，率领三万精兵夜袭彭城，把刘邦打得大败而逃。到了睢水地界时，刘邦的军队死伤了一半，又在这里淹死了十几万人，只有极小部分士兵还活着。由于死伤比例过大，刘邦军中士气低落，锐气全无。刘邦为了激励将士，以关东为赏，立誓说谁可以击败项羽，就把关东赏给谁做封地。张良回答说："您手下有众多文臣武将，但论起作战杀敌，还是韩信经验老到、计谋过人，可以独当一面，这项任务只有他能完成。"刘邦连连称是，派韩信去与项羽作战。

韩信果然是智勇双全的猛将，他使计逼得项羽自刎于乌江。

◎ 知识传送门：人面逐高低，世情看冷暖

"人面逐高低，世情看冷暖"是一句民间俗语，意为人的脸色好坏会因对方的地位高低而有所不同，而社会人情能从人或冷淡或热情的表情中看出来。讽刺那些趋炎附势之徒，遇到地位高的人就笑脸相迎，遇到地位低的人，他们的态度

就很冷漠。在古代，随着世情的变迁，当昔日高高在上的人落难时，大多数人都会避之不及，生怕会牵连到自己。

◎ "面"字的诗意

1. 等闲识得东风面，万紫千红总是春。——宋·朱熹《春日》
2. 芙蓉如面柳如眉，对此如何不泪垂。——唐·白居易《长恨歌》
3. 南村群童欺我老无力，忍能对面为盗贼，公然抱茅入竹去。——唐·杜甫《茅屋为秋风所破歌》

◎ "面"字与歇后语

1. 矮子里面拔将军——将就材料；短中取长
2. 拜年的见了面——你好我也好
3. 打鼓不打面——旁敲侧击

◎ "面"字与谚语

1. 不看僧面看佛面。
2. 死要面子活受罪。
3. 真人面前不说假话。

11. 目—目无全牛

◎ 趣话"目"字

甲骨文	金文	篆文	隶书	楷书	行书	草书	标准宋体

"目"字的第一种甲骨文字形与眼睛的形状、构造可以说是极为相似了，一只眼睛里有一个瞳仁，即为"目"。第二种甲骨文字形向左旋转九十度后，看起来很像"臣"字，那这个"目"除了有眼睛的含义外，更明显地突出了臣子面见

君主时，低头往下看的目光。金文没什么变化。篆文的"目"构造复杂一些，最里面的那个包含着一个点的小圆圈，表示人的眼睛，小圆圈上面那道波形线条，表示眼睛上的眉毛，最外面那个大的椭圆表示人脸。而《说文解字》里篆文的"目"，是由甲骨文、金文变化而来的，字体由横着变为竖起，沿袭至今。

◎ 汉字有故事：目无全牛

释义：成语"目无全牛"，原指厨师宰牛时看到的不是一整头牛，而是牛内在的筋骨结构。后用来形容人的技艺达到了很高的境界，实施起来运用自如，得心应手。

成语故事：战国时期，有一位厨师宰牛的技术很高超，梁惠王特地召他前来，让他为自己演示一次宰牛。厨师拿出自己使用多年的刀具，聚精会神地开始宰牛，只见他手随刀走，身体配合着手的动作，或跪或立或弯腰，发出的声音合乎音律，并无杂音，仿佛他不是在宰牛，而是在奏曲。不一会儿，这个厨师就完成了宰杀工作，原本好好的一头牛被解剖得皮是皮、肉是肉、骨头是骨头。

梁惠王惊奇地说："哎呀！为什么你宰牛的技艺如此娴熟精妙？"

厨师恭敬地回答说："我宰牛时依靠的不是普通的技艺，而是遵循事物的规律。在我刚开始宰牛时，我眼里看到的也是一整头牛；等我练了三年之后，我便目无全牛了。那是因为我已经对牛的身体构造、骨骼经脉分布了如指掌。我宰牛的时候，甚至没有刻意地用眼睛看牛和刀，只是凭着自己的精神和知觉掌控刀。我要做的就是顺应牛身本来的生理构造，从筋骨相连处的缝隙那里下刀，让刀锋从骨节间的空处游走，避开那些一整节的大骨头和筋骨结合的地方。在我的同行之中，技艺稍好的厨师一年换一次刀，那是因为他们用刀割断了聚在一起的经脉；技艺平平的厨师一月换一次刀，那是因为他们直接拿刀砍断坚硬的骨头。我刚刚用的那把刀十九年都没有换过了，我用它宰了数千头牛，它的刀刃依旧没有一点磨损，锋利如初，因为我总是让刀刃从牛的骨节的间隙里穿过，等到了筋脉交错聚结的地方，我放缓下刀速度，轻缓准确地从极小的缝隙里划过去，立时之间，骨肉分离，我便成功完成了任务。"

梁惠王赞叹道："好啊！听了你说的这番话，我从中悟出了养生的道理。"

"目无全牛"这个故事出自《庄子·养生主》，可用于比喻对事物的整体和各个组成部分都极为了解，养生之道也是这样，只有对自己的身体有深刻、全面的了解，才能用合适的方法调养自己的身体。

◎ **知识传送门：一叶障目，不见泰山**

　　成语"一叶障目，不见泰山"原指若是用一片树叶挡住了眼睛，人就连面前高大的泰山都看不见了。比喻人目光短浅，或者是为局部现象所迷惑，看不到全局的情形。此词出自《鹖冠子·天则》："一叶障目，不见泰山；两豆塞耳，不闻雷霆。"告诉我们看事物要全面，做事要从大局出发。

◎ **"目"字的诗意**

　　1. 欲穷千里目，更上一层楼。——唐·王之涣《登鹳雀楼》
　　2. 忽反顾以游目兮，将往观乎四荒。——战国·屈原《离骚》
　　3. 遥岑远目，献愁供恨，玉簪螺髻。——宋·辛弃疾《水龙吟·登建康赏心亭》

◎ **"目"字与歇后语**

　　1. 夫妻反目——事出有因；说来话长
　　2. 揭开庐山真面目——心中有数；肚里有数
　　3. 无目的放炮——乱轰

12. 口——口若悬河

◎ **趣话"口"字**

甲骨文	金文	篆文	隶书	楷书	行书	草书	标准宋体
⼝	⼝	⼝	口	口	口	口	口

　　甲骨文的"口"字仿若人的嘴巴的形状，金文和篆文的"口"字形拉长。隶书和楷书的"口"，又变圆形为方形。"口"的本义是嘴巴，即人用来进食、说话、呼吸的器官。

◎ 汉字有故事：口若悬河

释义：成语"口若悬河"，意为说起话来头头是道，话语像倒悬的河水一样不停息。多用于褒义，用来夸赞某人口才好，能说会道。

成语故事：郭象是晋朝人，学识渊博，能言善辩，是当时有名的大学问家。

郭象幼年时便喜欢读书，等他步入青年时，已是个才名远扬的人了。他不光注重从书本中得到知识，还善于观察日常生活中的情景，然后认真思考事物的规律，从中得出自己的感悟。他埋首于老子和庄子的著作中，专心探讨其中的道理，从中收获颇丰，名气也越来越大。当时的当政者喜欢邀请有才气的人为朝廷效力，曾多次派人邀请郭象入京做官，郭象一开始总是拒绝，后来不胜其扰，只好动身前往京城，出任黄门侍郎一职。

京城里聚集了一大批文人墨客，他们早就听说郭象的大名，纷纷上门与他探讨学问。有的人是为了解惑，满腹经纶的郭象总能深入浅出地解答；有的人是为了为难郭象，他也能引经据典，说得头头是道。后来，郭象经常到文人聚集的地方参与讨论，他见解独特又有理有据，旁边的人听得津津有味，不管郭象说了多久，也不会感觉厌烦。

那时，有一位名叫王衍的太尉，是郭象的忠实听众，对郭象的好口才羡慕不已，并在大庭广众下表达对郭象的钦佩之意："郭象一开口说话，就好像一条倒悬起来的河流一样，滔滔不绝地往下灌注，永远没有停息的时候。"

◎ 知识传送门：信口雌黄

雌黄是一种单斜晶系矿石，外表为黄色，用作颜料。在白纸发明前，古人用黄纸写字，一旦写错，就用雌黄涂抹掉错误的地方，重新再写。

成语"信口雌黄"出自《晋书·王衍传》。王衍是西晋著名的清谈家，经常和别人一起谈论玄理，但是他的言论总是前后矛盾，漏洞百出。每当有人质疑他的言论时，他往往想都不想，就随口更改自己说过的话。久而久之，大家就说他是"口中雌黄"，也称"信口雌黄"，原意为随口更正不恰当的话，后用于形容不顾事实，随口乱说或妄作评论。

◎ "口"字与歇后语

1. 白骨精开口——不讲人话

2. 半天云里喊口号——呼声很高

3. 大门口挂灯笼——一对儿

◎ "口"字与谚语

1. 病从口入，祸从口出。

2. 年少轻狂，口无遮拦。

3. 良药苦口利于病，忠言逆耳利于行。

13. 舌—丰干饶舌

◎ 趣话"舌"字

| 甲骨文 | 金文 | 篆文 | 隶书 | 楷书 | 行书 | 草书 | 标准宋体 |

"舌"字的甲骨文是由一条蛇信子（蛇信子是分叉的）和一个"口"组成的，本义为蛇信子。后来，它的本义消失，引申为人与动物口腔内的辨味、发音、咀嚼器官，即舌头。金文"舌"字由第一种甲骨文演变而来，篆文省略了金文里代表唾沫的四个小点，隶书将金文上端简化为一撇。

◎ 汉字有故事：丰干饶舌

释义：成语"丰干饶舌"原指唐代僧人丰干说的都是废话，后用来形容说不该说的话，或答非所问，说的是废话。

最初，唐代僧人丰干在台州的国清寺居住，在这里做一些洒扫、舂米的杂活。奇特的是，不管有谁问他什么问题，他都用"随时"二字来回答，除此之外，再没有别的话语。

后来，丰干一路化缘去了京城，有个叫闾丘胤的人刚好要去台州做太守，知道丰干是从台州来的后，就问丰干台州那里有什么值得拜访的贤人异士。丰干回答说，得去拜谒文殊。这回答让闾丘胤大为疑惑，为什么丰干让他拜文殊菩萨呢？

闾丘胤到达台州后，去了国清寺，拜见寒山、拾得二位名僧后，把丰干的言行和盘托出，问这是何意。二僧大笑着说："丰干饶舌。"然后向闾丘胤解释说丰干一直是个答非所问、满口废话的人。

◎ 知识传送门：驷不及舌

成语"驷不及舌"原意为一句话说出口，四匹马拉的车也追不回，后用于比喻一句话说出口后，再也无法收回，暗指人说话时要慎重，不要说不应该说的话，以免造成不好的影响，招致灾祸。此成语出自《论语·颜渊》："夫子之说君子也，驷不及舌。"与成语"君子一言，驷马难追"意义相同。

◎ "舌"字的诗意

1. 为张睢阳齿，为颜常山舌。——宋·文天祥《正气歌》
2. 翅低白雁飞仍重，舌涩黄鹂语未成。——唐·白居易《南湖早春》
3. 百舌问花花不语，低回似恨横塘雨。——唐·温庭筠《惜春词》

◎ "舌"字与歇后语

1. 三寸舌头是软的——横说竖说都有理
2. 舌头上抹胭脂——嘴巴里漂亮
3. 伸出舌头舔鼻尖——想高攀还差一截

14. 齿——齿亡舌存

◎ 趣话"齿"字

甲骨文	金文	篆文	隶书	楷书	行书	草书	繁体标宋	简体标宋
𠚖	𠳿	齒	齒	齒	齿	齿	齒	齿

甲骨文的"齿"字是一个象形字，形象地描绘出人张开嘴巴，露出上下两排门牙的样子。金文的"齿"上面多加了一个"止"做声旁，成了一个上声下形的

形声字；篆文又将金文"齿"下半部分排列整齐的牙齿改为参差交错的形状，楷书又将这些牙齿去三存一，与今日"齿"字字形基本相同。

值得注意的是，"齿"在一开始只表示上下相对的门牙，人们把张开嘴也不易露出的参差交错的长在嘴巴深处的臼齿称为"牙"。后来，二者概念日渐混淆，并称为"牙齿"。

◎ **汉字有故事：齿亡舌存**

释义：成语"齿亡舌存"，指人老之后，牙齿会逐渐掉光，舌头却一直留存；用来形容过于刚硬的东西容易折断，柔软的却永远会保全。

成语故事：老子是春秋时期的大思想家，他曾从师于常枞，学了很多人生哲理。

有一次，年老的常枞问老子："人是先有牙齿，还是先有舌头？"老子回答说："人一生下来就带有舌头，肯定是先有舌头了，之后才慢慢长出牙齿。"常枞听后，说："等一下我会张开嘴巴，你认真看看牙齿和舌头是否都还在我的口中。"老子看了看，说："您的牙齿已经掉光了，不过舌头还是完好无缺的。"常枞说："人的牙齿太过坚硬，日复一日地受磨损，所以会晚生而早落；而人的舌头极为柔软，所以才能一直留存下来。"老子听后，若有所思。

老子收徒之后，他就把"满齿不存，舌头犹在"的故事讲给了众多弟子听，说这是一条处世之道，劝弟子们牢记过刚易折的训诫，要温和处世，以柔待人，则凡事无不可成。

◎ **知识传送门：龋齿难医**

牙齿是人体中最坚硬的器官，有咀嚼、帮助发音和保持面部外形的功能。人的一生会先后长两次牙，首次长出的称作"乳牙"，会在六岁左右逐渐脱落，而后长出"恒牙"，恒牙是不可再生的。牙齿是十分重要的人体器官，俗语说"牙疼不是病，疼起来真要命"，就是因为牙齿末端与神经相连，疼起来格外折磨人。一般来说，当人牙疼时，多半是因为生了龋齿，使得健康的牙齿生了病变。在生了龋齿之后，很难用药物治好，只能去洗牙，洗牙之后还会有复发的可能。当龋齿开始变烂时，只能选择做拔牙手术，而后安装假牙，但假牙的使用感比不上自己的原生牙齿。因此，在平常生活中，要注意口腔清洁，保护好牙齿，以防生龋齿。

◎ "齿"字的诗意

1. 应怜屐齿印苍苔，小扣柴扉久不开。——宋·叶绍翁《游园不值》
2. 梅子留酸软齿牙，芭蕉分绿与窗纱。——宋·杨万里《闲居初夏午睡起》
3. 幸有牙齿存，所悲骨髓干。——唐·杜甫《垂老别》

◎ "齿"字与歇后语

1. 老太太的牙齿——活的
2. 龅牙齿啃西瓜——条条是道
3. 毒蛇的牙齿马蜂针——全是毒

◎ "齿"字与谜语

1. 谜题：牙齿长得多又密，一排一排真整齐。（打一农作物）
谜底：玉米
2. 谜题：驼背哥，牙齿多，爬毛山，慢慢过。（打一生活用品）
谜底：梳子
3. 谜题：两只牙齿真叫硬，一口咬起大钉子。（打一工具）
谜底：钳子

15. 身—身无长物

◎ 趣话"身"字

甲骨文			金文	篆文	隶书	楷书	行书	草书	标准宋体

最初，"身"字的本义是指怀孕的妇女。因此，"身"的三种甲骨文字形都是一个女人挺着隆起的肚腹，第一种、第三种甲骨文甚至在肚腹中加了指事符号，直接表明妇女肚中怀有胎儿。金文和篆文承续甲骨文字形，直至隶书，那圆润的、隆起的肚腹才消失，字形与今日相差无几。

隶书的"身"失去了"怀孕"的意味，是因为人们又特地造出"孕"字表示怀孕，此后，"身"的本义变为了人的躯体；引申之后，也用来表示事物的主体部分，比如说船身、车身。

◎ 汉字有故事：身无长物

释义：成语"身无长物"，原指生活俭朴，身边没有多余的东西，后用来形容没有特长。

成语故事：王恭是东晋时期的一位名臣，他的祖父是名士王蒙，姑姑是哀靖皇后王穆之，都是显赫的人物。到了王恭这一代，他的兄弟有的娶了公主做驸马，有的是当朝名臣，他的妹妹更是登上了后位，王家当时可谓是如日中天，吃穿用度都非常奢华。但王恭却是个例外，他虽然也在朝中当官，却一直过着俭朴的生活，家里的用具都非常少。

王蕴是王恭的父亲，他曾带着王恭去会稽地区办事，因为那里有茂竹修林，当地的人就伐竹制成竹席，然后贩卖给外地人。王恭想到暑期将至，买一张清凉的竹席可以稍减暑热，安心读书，便买了一张竹席带回建康。

听说王恭从外地回来了，与他同族的王忱就去他家拜访他，当时王恭恰好在竹席上坐着读书。王忱仔细看了看竹席的精美花纹，羡慕地说："会稽一带盛产竹子，你回来时肯定带了好多精美的竹席，能不能送给我一张呢？"王恭听后只是笑笑，答应了这个请求，并没有说出实情。

送走王忱以后，王恭就把这张竹席捆了起来，派人送到王忱家中。没有了竹席，王恭只好拿出以前坐的草垫子，继续使用。

有人看到王恭整日使用一个陈旧的草垫子，就把这件事当作笑话讲给王忱听。王忱大吃一惊，明白自己夺人所好了，他特意去王恭家登门道歉，诚恳地说："我本来认为你有好多竹席，送我一张也无所谓，没想到你只带回来了一张竹席。"王恭回答说："这说明你对我的了解不够深入啊，无论是我置办的生活用具，还是我身边的东西，从来都没有多余的。"

◎ 知识传送门：洁身自好

为了保持身体的清爽干净，人们常常用水沐浴身体，除去污垢。身体上的灰尘可以用水洗去，名誉上的污点却难以去除。因此，在生活中，我们要洁身自好，以保持自己品质上的纯洁，不要同流合污。历史上最先表现出"洁身自好"价值观的人是屈原,他因小人诬陷而被楚王疏远,曾感叹道:"安能以身之察察,受物之汶汶者乎?宁赴湘流,葬于江鱼之腹中。安能以皓皓之白,而蒙世俗之尘埃乎?"最后,他宁愿投身于清澈的汨罗江中,也不愿留在俗世与人同流合污,就这样了结了自己的生命。

◎ "身"字的诗意

1. 后宫佳丽三千人,三千宠爱在一身。——唐·白居易《长恨歌》
2. 山河破碎风飘絮,身世浮沉雨打萍。——宋·文天祥《过零丁洋》
3. 了却君王天下事,赢得生前身后名。——宋·辛弃疾《破阵子·为陈同甫赋壮词以寄之》

◎ "身"字与歇后语

1. 半身子躺在棺材里——等着死
2. 半天云里扭秧歌——空欢喜(比喻白白地高兴一场,并没有达到目的)
3. 穿紧身马褂长大的——贴心

◎ "身"字与谜语

1. 谜题:身材瘦长,遍体生疮,常穿绿衣,偏偏姓黄。(打一蔬菜)
谜底:黄瓜
2. 谜题:身在曹营心在汉。(打一成语)
谜底:关怀备至

16. 耳—掩耳盗铃

◎ 趣话"耳"字

| 甲骨文 | 金文 | 篆文 | 隶书 | 楷书 | 行书 | 草书 | 标准宋体 |

《说文》里载，耳，主听也。象形。凡耳之属皆从耳。的确，从"耳"的甲骨文字形开始，就一直是一只耳朵的形状；直到隶书才转化为了现今"耳"的形状，那是因为古时的战士会割下敌人的耳朵，以耳朵多少计算战功，割耳朵被称为"取"，"耳"字便是"取"的左半部分。

◎ 汉字有故事：掩耳盗铃

释义："掩耳盗铃"意为捂着自己的耳朵偷别人家的大钟，以为这样别人就听不到钟的响声。比喻自欺欺人。

成语故事：春秋末期，晋国内部一片混乱，上层阶级的几大家族经常发生战争。有一次，晋国几大势力之一的赵氏赵简子带兵杀掉了卿大夫范吉射，并把他的家人杀了个干净。从那以后，范家空无一人，人们都避着这里走，唯恐招来噩运。

一天，一个胆大的人从范家门口路过，看到门口挂着一口青铜大钟。那时青铜较为稀少，价格昂贵，这个人就起了贪财之心，想把大钟偷走卖掉，赚取一笔横财。不料大钟沉重无比，一个普通人根本就背不走它。这人舍不得放弃这笔横财，急得团团转，便想用什么东西把钟砸碎，而后一块块地搬走。

这个人找来一把大铁锤，用力向钟砸去，铁铜相撞之下，立即发出了响亮的声音。这人知道若是官军听到钟声，不一会儿就会过来查看情况，他还是舍不得弃钟而去，慌忙之下用双手捂住自己的耳朵，发现这样就听不到钟声了。这人立马找来破布把双耳堵得严严实实，以为自己听不到钟声，别人就也听不到钟声了。然后他干劲十足地砸起钟来，连绵不绝的钟声惊动了附近的官兵，他们循着钟声找来，抓住了这个自作聪明的蠢人。

这个"掩耳盗钟"的故事被人们当作笑谈，代代流传了下去。到了唐朝，唐高祖李渊知晓这个故事后，不禁笑话起那个蠢人，说："此可谓掩耳盗铃也。"于是，人们便根据这句话提炼出了成语"掩耳盗铃"，用来讽刺那些罔顾客观事实，自欺欺人的人。

◎ **知识传送门：两耳不闻窗外事，一心只读圣贤书**

《增广贤文》是明代时期的儿童启蒙书，里面集结了中国从古到今的各种格言、谚语，其中有两句"两耳不闻窗外事，一心只读圣贤书"，主要是为了让儿童们收起玩心，认真学习，不要轻易地受到外物的干扰。到了今天，这句话多了一层讽刺意味，指人只知道埋头读书，不关注现实中的事情。因此，比其更受欢迎的观念是"风声雨声读书声，声声入耳；家事国事天下事，事事关心"。即在学习和实践中丰富自我。

◎ **"耳"字的诗意**

1. 今夜闻君琵琶语，如听仙乐耳暂明。——唐·白居易《琵琶行》
2. 头上倭堕髻，耳中明月珠。——汉·佚名《陌上桑》
3. 眼花耳热后，意气素霓生。——唐·李白《侠客行》

◎ **"耳"字与歇后语**

1. 鞭子抽耳朵——打听打听
2. 扯着耳朵擤鼻涕——不对路数
3. 长一只耳朵的人——偏听偏信

◎ **"耳"字与谚语**

1. 良药苦口利于病，忠言逆耳利于行。
2. 眼观六路，耳听八方。
3. 左耳闻钟而不惊，右耳闻鼓而不乱。

17. 手——手不释卷

◎ 趣话"手"字

| 甲骨文 | 金文 | 篆文 | 隶书 | 楷书 | 行书 | 草书 | 标准宋体 |

甲骨文"手"是从甲骨文"盥"中选了中间部位，形似一只手掌上的五指全部伸展的样子，是一个象形字。金文、篆文的"手"字形变化不大，依旧是五指弯曲伸展的姿态；隶书的"手"规范了书写笔画，把弯曲的五指转化为一撇两横，至楷书彻底完善。

◎ 汉字有故事：手不释卷

释义：成语"手不释卷"，意为不肯放下手中的书籍，形容勤奋好学。

成语故事：三国时期，魏、蜀、吴三国鼎立，每一国都有数名大将。吕蒙是吴国的一员大将，作战骁勇无比，是一名不可多得的猛将，但他文化水平很低，不喜欢读书，在行军布阵方面较为薄弱。吴国主君孙权认为吕蒙若是肯认真研读史书与兵法，个人能力肯定能更上一层楼，当他和吕蒙说了这件事后，吕蒙不以为然地说："军中有那么多事要我处理，我哪有时间读书学习啊。"

孙权劝道："怎么可能没有时间去读书呢，时间挤挤就有了。从前，汉光武帝以皇帝之尊，政务别提有多繁忙了，尚且总是拿着一本书在读，哪怕是军情紧急时也不曾停止读书。跟前人相比，你怎么好意思说自己没有时间呢？"

吕蒙还是不太情愿读书，便没有说话，孙权就说："不比前人比今人，我的事情总比你多吧？我也还在坚持读书啊。再者，我不是让你去做一个专攻学问的书生，只是盼望你多看看史书，能够从里面悟出一些道理，这会使你成为更加优秀的将领。"

吕蒙认为孙权说得有道理，便问："那我应该读哪些书？"

孙权欣慰地说："《孙子》《六韬》等流传了很久的兵法书，和《左传》《史记》

等记载历史的史书,是目前最适合你看的,有利于你带兵打仗。"吕蒙回家之后,果然开始认真地研读书籍,甚至到了手不释卷的地步,增加了很多知识。一段时间后,吕蒙的同僚鲁肃来拜访他,发现他的言谈举止、行军计谋都比以前进步了很多,不禁夸赞他说:"老弟啊,今非昔比,现在的你不再是那个空有蛮力、学识短浅的吴下阿蒙了!"吕蒙说:"士别三日,当刮目相看,兄长您该重新审视我了。"

后来,吕蒙成了一个学识渊博、智勇双全的人,由于他有勇有谋,最终成为了吴国的主将,立下赫赫战功。

◎ 知识传送门:左手画圆,右手画方

大多数时候,人的注意力和精力只能完全投入到一件事情上,因此,"左手画圆,右手画方"是一件很难做到的事情,古人用此形容人做事不专心,一心二用,如《韩非子·功名》有载:"左手画圆,右手画方,不能两成。"而在金庸先生所著的《射雕英雄传》里,一个人若能够做到"左手画圆,右手画方",就证明这个人很聪明。因此,它的另一层含义就是指人聪明,动作敏捷。

◎ "手"字的诗意

1. 不堪盈手赠,还寝梦佳期。——唐·张九龄《望月怀远》
2. 挥手自兹去,萧萧班马鸣。——唐·李白《送友人》
3. 路人借问遥招手,怕得鱼惊不应人。——唐·胡令能《小儿垂钓》

◎ "手"字与歇后语

1. 把手插在磨眼里——自找苦吃
2. 扳手紧螺帽——丝丝入扣
3. 抄着手过日子——等着饿死

18. 足—画蛇添足

◎ 趣话"足"字

| 甲骨文 | 金文 | 篆文 | 隶书 | 楷书 | 行书 | 草书 | 标准宋体 |

《说文》里载，足，人之足也。在下。从止口。凡足之属皆从足。意思是，"足"是人的脚，是个由"口"和"止"组成的会意字。古时，"口"指村邑或部落，"止"指行军，因此"足"的本义是打了胜仗的军队凯旋归邑；后来，此义消失，足的本义变为了"脚"。

◎ 汉字有故事：画蛇添足

释义：成语"画蛇添足"，意为画蛇时给蛇添上脚，比喻做了多余的、不必要的事非但无益，反而不合适。

成语故事：春秋时期，楚国有一个贵族为祭祀祖先举行了隆重的仪式，而后将一壶香醇的祭酒赏给门客们喝。酒只有小小的一壶，门客们却有好几人，若是分开喝的话，每个人都只能喝一小口，根本就不过瘾。门客们商量说，不如进行一场以画蛇为题的比赛，谁先画完，谁就能独享那一壶祭酒。众人都认为这是个好主意。

门客们纷纷找到合手的小树枝，以地面为画纸，一起开始画蛇。其中有一个人速度很快，片刻工夫便完成了任务，他兴高采烈地拿过了那壶祭酒，发现其他人还没有完成任务。"嘿，这群做事慢吞吞的人，我就是再等他们一会儿他们也画不完。不如我来为我的蛇添上四只脚吧，让我的蛇更好看。"这个人如是想，他重新拾起树枝，为蛇添了四只脚。

当这个人专心致志给蛇画脚时，另一个人画好了蛇，敏捷地抢走了他手上的祭酒。这个人大叫道："酒是我的！我是最早画完的！"那个人反驳道："这会儿我已经画完了，而你还没停止画的动作，当然是我先画完的，祭酒没你的份。"画蛇脚的人振振有词道："我画完蛇身时，你们都还在埋头苦干呢，我以为时间还充裕，便为蛇添了几只脚。"那人嘲笑地说："你真是多此一举，蛇原本就是没有脚的，你自己非要多事，给它添脚，那随你便吧，反正这酒归我了！"

那人说完之后，便仰脖痛快地喝起酒来，不再理睬给蛇画脚的人。到手的美酒没有了，这个人连连叹息，后悔自己横生枝节。

◎ **知识传送门：苏湖熟，天下足**

"苏湖熟，天下足"的说法，最先起源于南宋。在此之前，中原地区是中国的主要产粮区，而苏州和湖州紧邻有着"水乡泽国"之称的太湖流域，常常受到水患的影响，导致粮食产量不高。宋高宗至宋孝宗时期，朝廷在太湖地区大修水利，开了河口导湖水入江海；宋孝宗时，又在太湖出口处设置了闸门，用于调节水量。自此之后，水利浚通，苏湖一带的田地既可以得到充足的灌溉，又不受水灾之扰，农作物一年两熟，好的田地亩产可达五六石，一跃成南宋农业高产区，因此出现了"苏湖熟，天下足"的说法。

◎ **"足"字的诗意**

1. 钟鼓馔玉不足贵，但愿长醉不愿醒。——唐·李白《将进酒·君不见》
2. 何时眼前突兀见此屋，吾庐独破受冻死亦足。——唐·杜甫《茅屋为秋风所破歌》
3. 最爱湖东行不足，绿杨阴里白沙堤。——唐·白居易《钱塘湖春行》

◎ **"足"字与歇后语**

1. 打足了气的皮球——蹦老高
2. 画蛇添足——多此一举
3. 一失足成千古恨——悔之莫及；后悔已晚

◎ **"足"字与谚语**

1. 人心不足蛇吞象。
2. 苏湖熟，天下足。
3. 金无足赤，人无完人。

19. 心—力不从心

◎ 趣话"心"字

| 甲骨文 | 金文 | 篆文 | 隶书 | 楷书 | 行书 | 草书 | 标准宋体 |

不知古代人是否是因为见过动物的心脏，由此发明了"心"字。明显可见的是，甲骨文"心"与人的心脏形状极为相似。可能是随着人们对身体构造了解的深入，金文的"心"增添了表示静脉、动脉和血液的指事符号，篆文无太大变化。隶书"心"字状的字形消失不见，也没有稍长的线段表示血管，转而用三点表示血液，突出心脏泵血的功能。

◎ 汉字有故事：力不从心

释义：成语"力不从心"，意为自己的力量不足以支撑自己达到心里的某个目标。

成语故事：班超原本是东汉时期的一个书生，他出身于书香门第，父亲班彪、兄长班固和妹妹班昭都是有名的史学家，《汉书》便是班固编撰的。初时，班超和父兄一样，从事文职工作，后来他对日复一日的抄书感到厌烦，有一天，他烦躁地把笔扔到地上，叫道："大丈夫怎么能总是做这些抄抄写写的琐事？男人应该像傅介子、张骞那样去异域创建功业啊！"后来，汉朝边境总是受到匈奴的侵扰，西域各国也被匈奴欺压的叫苦连天，汉明帝刘庄便派班超出使西域，抵抗匈奴。班超出色地完成了任务，并在西域长久地住了下去，期间只回过一次家乡。

在班超坐镇西域的三十年里，匈奴不敢大肆骚扰汉朝边境，西域各国也少有不臣之心，甚至连塔里木盆地的统治权也重归汉朝。班超不仅实现了弃笔投戎的理想，还被朝廷封为定远侯，以示嘉奖。

在班超快七十岁时，由于他的身体状况不太乐观，便起了叶落归根的心思，他上书给汉和帝刘肇，说："臣不敢望到酒泉郡，但愿生入玉门关。"意思是只要让自己回到中原就行。面对这拳拳老臣心，汉和帝深为感动。

班超的妹妹班昭动之以情晓之以理，上书给汉和帝，说："我的兄长班超如今年老体衰，耳聋眼花，满头白发，双手已挥不动宝剑，腿脚也不灵便。他的爱国之心坚定如昔，但他的力量，已经不足以使他如心中所想那样，冷静地处理突发事件，为国家守护边疆了。若是继续让他镇守西域，恐怕会破坏他以前辛辛苦苦创下的功绩，朝廷中的其他贤能之人也少了报效大汉的机会，这不仅损害了国家世世代代积累下来的功绩，而且忠臣也无法尽力效忠，这真是让人想起来就觉得伤心啊！"

汉和帝看完班昭的奏折后，再也坐不住了，立即下诏召回班超。由于路途遥远，班超在七十一岁时才从西域回到家乡洛阳，汉和帝任命他为射声校尉。遗憾的是，归家仅仅一月，班超便因病去世了。他的儿子班勇承袭了父亲的事业，二十年后又赶走了侵扰边境的匈奴。

◎ 知识传送门：心商

"心商"是近年兴起的一个心理学名词，指的是保持心理健康、缓解心理压力、保持良好心理状况和活力的能力，与"情商""智商"类似。心商的高低，与人生的苦乐程度息息相关，心商较低的人，承受不了太多的心理压力，心态消极，久而久之，心灵就会扭曲，产生心理疾病，甚至发展成精神病。而心商比较高的人，既能在平时乐观处事，也能在遇到挫折时给自己积极的心理暗示，让自己保持活力，笑对生活。

◎ "心"字的诗意

1. 感时花溅泪，恨别鸟惊心。——唐·杜甫《春望》
2. 雁过也，正伤心，却是旧时相识。——宋·李清照《声声慢·寻寻觅觅》
3. 烈士暮年，壮心不已。——汉·曹操《龟虽寿》

◎ "心"字与歇后语

1. 白菜长心——老了
2. 半夜打雷心不惊——问心无愧
3. 不到黄河心不死——顽固不化

◎ "心"字与谚语

1. 画龙画虎难画骨，知人知面不知心。
2. 骄傲使人落后，虚心使人进步。
3. 世上无难事，只怕有心人。

20. 血——呕心沥血

◎ 趣话"血"字

| 甲骨文 | 金文 | 篆文 | 隶书 | 楷书 | 行书 | 草书 | 标准宋体 |

远古时的人坚信世上有神灵，并会按时进行祭祀，祈求神灵庇护。那时，人们大多宰杀牲畜，把牲畜身体里红色的血液滴落到器皿里敬神。"血"字的甲骨文便是由一个杯状的器皿盛着一滴圆状的液体构成，是一个指事字，表示器皿里盛血。金文和篆文都承续了甲骨文字形；隶书将表示"器皿"的杯状字形简化成了"皿"，为了表示器皿是放在牲畜身下接液体的，便用一道从上至下的撇表示滴落的红色液体，后来楷书将这一撇缩短了不少，即形成了"血"字如今的字形。

最初，只有从牲畜身体里流出来、滴落在器皿里的红色体液被称作"血"，后来字义扩大，动物和人身体里的红色液体，无论有没有流出，都被称作"血"。

◎ 汉字有故事：呕心沥血

释义：成语"呕心沥血"，指用尽心思和精力，后来为了突出它的褒义色彩，用来形容付出了很多心血。

成语故事：我国唐代，产生了数不清的著名诗人，李贺便是其中之一，享有"诗鬼"的盛名，这与他的艰苦创作是分不开的。

李贺从小就是一个聪慧的孩子，七岁便能识字作诗，附近的人们都夸他是天才，但不久后他就患上了疾病，病好后，身体还是不太康健，身材也比较瘦削。

李贺成年后，赴京参加科举考试，因为礼部官员昏庸，不识贤才，他未能中举，只是做了三年的奉礼郎。而后他因病辞官，对仕途心灰意懒，把自己的全部精力都放在了诗歌创作上，以此抒发自己郁郁不得志的心情。

当时，很多人都是先拟题目，再编诗句，李贺反其道而行之，更偏向于在游历中即时记下自己的感触，只写诗句，回家后再拟题、编成完整的诗作。为了获得灵感，他每天一大早便骑着一头小毛驴，带上一个书囊和一个书童，外出观察生活。每有灵感，立即写下，收藏在书囊里。李贺的身体本就弱，他又一直坚持辛勤创作，他的母亲十分担忧。因此，他母亲每天都会查看他的书囊里有多少诗句，若是当天写的诗句比较多，她就会心疼地训斥道："我的儿啊，你是要把你的心呕出来才肯停下来啊！"

李贺的心血没有白费，他只活了二十七年，却在文学方面取得了较高的成就，流传下来的诗作有二百四十多篇，"黑云压城城欲摧""雄鸡一声天下白""天若有情天亦老"等脍炙人口的诗句便出自他手。

唐代文学家韩愈曾与李贺交好，曾作诗云："刳肝以为纸，沥血以书辞。"意为挖出心肝当纸，滴出血当墨写文章。

李母的话里有"呕心"，韩愈的诗里有"沥血"，人们把它们组合在一起，便形成了成语"呕心沥血"，以此来赞扬辛勤创作和工作的人。

◎ 知识传送门：气血不足百病生

一般来讲，血指的是血管里的血液，但在中医看来，血还有另一层意思，即与"气"同行的运行载体。"气"是人体器官发挥功能的动力，推动人体五脏六腑的运行，防止病毒、湿气等入侵人体。由此，中医提出了"血为气之母，气为血之帅"的理论，证明气、血是相辅相成、互相促进的。据《素问·调经论》载："血气不和，百病乃变化而生。"说的就是气血对于人体健康的重要性。

◎ "血"字的诗意

1. 壮志饥餐胡虏肉，笑谈渴饮匈奴血。——宋·岳飞《满江红·写怀》
2. 边庭流血成海水，武皇开边意未已。——唐·杜甫《兵车行》
3. 一腔热血勤珍重，洒去犹能化碧涛。——清·秋瑾《对酒》

◎ "血"字与歇后语

　　1. 杀人不见血——心狠手辣

　　2. 关羽流鼻血——红上加红

　　3. 含血喷人——先污自口

21. 见—司空见惯

◎ 趣话"见"字

　　《说文》里载，见，视也。从儿从目。由此得知，篆文的"见"是一个上下结构的会意字，即人是用眼睛看东西的。最初的甲骨文"见"也是上下结构，上面是"目"，下面是"人"，金文也采用了这种写法；而篆文和隶书把"人"换成了"儿"，字义不变。后来，第二种楷书和草书将字形进一步简化，形成了当今"见"字的雏形。

◎ 汉字有故事：司空见惯

　　释义：成语"司空见惯"，指司空李绅见惯了华丽的场景，丝毫不以为奇。后来，人们常用它来比喻某一事情十分常见，不足为奇。

　　成语故事：刘禹锡是中晚唐时期的一位著名诗人，有"诗豪"之称。他是中山靖王刘胜的后代，他的父亲刘绪曾在江南做了很长时间的小官，他祖籍洛阳，却在江南长大，屡次在诗里说自己是江南人。

　　刘禹锡从小就饱读诗书，表现出在吟诗作赋方面的天赋，经过诗僧皎然、灵澈的教导之后，他的才气更上一层楼。在刘禹锡十九岁时，他一路游历到长安，很快便在当地的诗坛崭露头角，二十一岁考中进士，可谓是年少成名、春风得意。不幸的是，他在京城做官时曾参与了政治改革，后来改革失败，他与同党都被贬谪到了偏远地区。后来，他被召回京城，作诗"玄都观里桃千树，尽是刘郎去后栽"，再次冒犯了权贵，被贬到朗州做了十几年的刺史，之后又被贬官多次，去不同的地方做官。

当刘禹锡在苏州担任刺史时，当地有一位以《悯农》为代表作、名叫李绅的诗人，他对刘禹锡仰慕已久，邀请刘禹锡到他家做客。李绅曾担任过司空一职，虽然从官位上退下来了，还是有很多积蓄，生活起居很是讲究。为了表示自己对刘禹锡的敬重，李绅特意准备了丰盛的酒席，还命令一众歌女在屋中唱歌跳舞。美酒在手，美人在前，刘禹锡不但没有高兴，反而想起了自己数十年的贬谪生涯中，何曾见过如此奢华的场面？他心中感慨万千，不禁诗兴大发，赋诗一首：

高髻云鬟宫样妆，春风一曲杜韦娘。
司空见惯浑闲事，断尽江南刺史肠。

这首诗大意是说，歌女们装扮得很美丽，唱的是有关杜韦娘的靡靡之音，场面华丽，气氛旖旎；司空李绅已经见惯了这种场景，没有什么特殊感受，而自己这个一直被打压做刺史的人却倍感凄凉，伤心欲断肠。后来，人们从诗句"司空见惯浑闲事"中提炼出了成语"司空见惯"。

◎ 知识传送门：耳听为虚，眼见为实

汉代的刘向在《说苑·政理》里载，"夫耳闻之，不如目见之；目见之，不如足践之。"后人从中提炼出了成语"耳听为虚，眼见为实"，意思是亲眼看见的比听说的要真实可靠。眼睛是人的第一感官，所有的事物都是映在人的眼睛里，而后在脑海中成像的，因此用眼睛看到的东西一般都是真实的。但有时候不能完全相信眼睛，因为某些事物是可以假造的，必须深入了解才能发现真相。

◎ "见"字的诗意

1. 山回路转不见君，雪上空留马行处。——唐·岑参《白雪歌送武判官归京》
2. 不知江月待何人，但见长江送流水。——唐·张若虚《春江花月夜》
3. 孤帆远影碧空尽，唯见长江天际流。——唐·李白《黄鹤楼送孟浩然之广陵》

◎ "见"字与歇后语

1. 白骨精见了孙悟空——现原形
2. 半路上碰见劫道的——凶多吉少

3. 拜年的见了面——你好我也好

◎ "见"字与谚语

1. 见人说人话，见鬼说鬼话。
2. 低头不见抬头见。
3. 耳听为虚，眼见为实。

22. 立—程门立雪

◎ 趣话"立"字

| 甲骨文 | 金文 | 篆文 | 隶书 | 楷书 | 行书 | 草书 | 标准宋体 |

"立"字的本义是站在地上，是一个象形字。从它的甲骨文字形来看，最下面的一横代表地平线，上面的是人形，与它的字义相符合。金文的"立"几乎没有改动，篆文的字形发生了较大变化，强调人的双腿站在地上；隶书在篆文的基础上，进一步简化了字形，人的头化为一点，双臂化为平顺的一横，双腿缩短，有了如今"立"字的雏形。

◎ 汉字有故事：程门立雪

释义：成语"程门立雪"，原指学生为了求学，下雪天依旧恭敬地站在老师身边，等待老师醒来授课。现在常用来比喻尊师重教，诚恳求学。

成语故事：孔孟之道传到宋代时，发展成了以"格物致知"为核心的理学，程颢、程颐兄弟俩都是满腹经纶的理学大家，他们是河南人，常在河南一带公开授课，前去听课、求学的人络绎不绝。

当时，洛阳有一个名叫杨时的进士，朝廷下诏让他去别处做官，但他坚决地拒绝了，宁肯不要高官厚禄，也要坚持自己的求学之路。他听说程颢正在河南颍昌教学，就不辞辛苦地去了那里，请求程颢收自己做弟子，恭敬地向他请教学术问题，师徒二人相处得很愉快。直到杨时学成归家时，程颢都对这个弟子很满意。

四年之后，年老的程颢与世长辞，杨时收到消息后十分悲痛。那时，杨时已经是一个四十多岁的中年人了，他遇到不懂的问题，就想着去向他人请教。后来，他专程往洛阳，拜访程颢的弟弟程颐，请求程颐为自己授业解惑。

一天，杨时与好友游酢一起出发前往程颐的家，看到房门大开，程老先生正坐在椅子上闭目养神，像是睡着了，或是在凝神思考问题。二人不敢出声打扰老师，就静静地侍立在一旁，等老师醒来。片刻之后，天上下起了鹅毛大雪，二人依旧恭敬地站在原地，丝毫没有离去的意思。又过了一些时候，门外的积雪厚达一尺多深，程颐方才悠悠转醒，等他看清门外的大雪和身边的杨时、游酢时，他先是大吃一惊，随即欣慰地说："哎呀！你们两个还在这里等我啊！天色已晚，你们今天就住下吧。"就这样，杨时和游酢以诚恳的求学态度感动了老师，并从程颐这里学到了很多知识。

◎ **知识传送门：茕茕孑立**

成语"茕茕孑立"意为一个人孤独地站立着，比喻无依无靠，非常孤单。"茕茕孑立"出自晋代李密所写的《陈情表》："外无期功强近之亲，内无应门五尺之僮。茕茕孑立，形影相吊。"描写了自己没有亲友，一个人孤独地生活，与自己的影子相互陪伴。

◎ **"立"字的诗意**

1. 小荷才露尖尖角，早有蜻蜓立上头。——宋·杨万里《小池》
2. 咬定青山不放松，立根原在破岩中。——清·郑板桥《竹石》
3. 独立寒秋，湘江北去，橘子洲头。——毛泽东《沁园春·长沙》

◎ **"立"字与歇后语**

1. 放下屠刀，立地成佛——弃恶从善
2. 板凳倒立——四脚朝天

23. 望—望洋兴叹

◎ 趣话"望"字

| 甲骨文 | 金文 | 篆文 | 隶书 | 楷书 | 行书 | 草书 | 标准宋体 |

甲骨文"望"字，是由甲骨文"目"的第二种字形和甲骨文"立"构成的，上面的"目"表示以臣服的姿态向下看，下面的"立"表示站立，说明此时的"望"是一个会意字，字义为站在高处向下看。

第一种金文变化不大；第二种金文在右上方多加了一个意为"月亮"的字符，字义变为登高眺望月亮；第三种金文将"目"误写为"耳"；第四种金文将"目"误写为"亡"，用"亡"作声旁，字义为流亡他乡的人对月怀乡。

第一种篆文由第四种金文变化而来，上半部分依旧是左"亡"右"月"，下半部分的"立"却变成了"壬"的形状；隶书承续了这一字形，楷书将"壬"写作"王"，作为声旁，自此"望"就是彻底的形声字了。

◎ 汉字有故事：望洋兴叹

释义：成语"望洋兴叹"，指河流仰视海洋，自叹不如，引申为在伟大事物面前感叹自己的渺小。后用来比喻因能力不足或条件不够未能做成某事时，无可奈何的样子。

成语故事：据《庄子·秋水》记载，远古时期，有一位河神统治着黄河，人们尊称他为河伯。河伯对自己的黄河很满意，每当他站在黄河岸边，看着湍流不息的河水浩浩荡荡地向下流，他的心里就会涌现出一股自豪感，他骄傲地说："我统治的黄河，是世上最大的河流！而我，肯定是世上最大的水神！"

这时，刚好有人路过这里，便纠正他："你的观点是错误的，黄河的确是一条大河，但黄河之北的北海，可比黄河大多了。"河伯说："你说得不对，你具体说说，北海有多大？"那人说："北海之大，几条黄河的水全部流进北海里，仍填不满它。"

河伯仍然不相信，那人回答说："眼见为实，什么时候你亲自去看看北海，就知道我说的都是真话了。"

秋天来临，连绵不绝的秋雨连降数日，众多小溪承载不了大量雨水，使溪水向黄河流去。黄河的水位高了很多，几乎要漫过河岸，看起来很是壮阔。河伯心中高兴，为自己势力的壮大而扬扬自得，这时他想起那人说过的话，便打算亲自去求证一下。

河伯顺着黄河水往东而去，到达了一望无际的北海。河伯被眼前北海那庞大的海面所震撼，看也看不到海的边，惊讶地感叹道："看来以前是我自视甚高了，见到了北海，我才知道我有多渺小。"

北海的海神回答说："夏虫不可以语冰，世间诸事都有很多限制，你以前没有来过这里，因此才见识短浅，这并不怪你。北海虽大，与天地比起来，也算是渺小的了，所以为人处世要谦虚一些。"

◎ 知识传送门：名门望族

中国古代社会是以家族为基本单位的，一个家族里的人发迹之后，往往会提携自己同族的人，让整个家族都兴旺起来。势力大的家族一般都家产颇丰，人才济济，地位较高，权力较大，在朝堂上占据一部分权力，甚至可以把控朝政。但与此相对应的是，一旦家族的某个人犯错太大，整个家族都会受到影响，诛九族的事情在历史上发生过很多次。若是某个王朝覆灭，新的当政者为了巩固政权，也会打压、清除支持前王朝的那些家族。因此，一个家族想要发展壮大、屹立不倒，并不是件容易的事。于是，那些历史悠久而声望很高的家族，被称为"名门望族"。

◎ "望"字的诗意

1. 举头望明月，低头思故乡。——唐·李白《静夜思》
2. 此时相望不相闻，愿逐月华流照君。——唐·张若虚《春江花月夜》
3. 会挽雕弓如满月，西北望，射天狼。——宋·苏轼《江城子·密州出猎》

◎ "望"字与歇后语

1. 大河边上的望江亭——近水楼台
2. 望远镜照太平洋——一望无涯

3. 秋后望田头——找碴儿

◎ "望"字与谜语

1. 谜题：红嘴绿鹦哥，远望青又嫩，开花结果像菱，吃了营养多。（打一蔬菜）
谜底：菠菜

2. 谜题：推门望一望，门里一大将，你说关云长，他说楚霸王。（打一字）
谜底：扇

3. 谜题：远望威武成林，近看骡马成群，问着谁家故事，近看两字分明。（打一物）
谜底：牌坊

24. 膊—赤膊上阵

◎ 趣话"膊"字

篆文	隶书	楷书	行书	草书	标准宋体
膊	膊	膊	膊	膊	膊

"膊"是一个左右结构的形声字，"尃"最初的字义是"搏击"，既是"膊"的声旁也是形旁。而"膊"左侧的"月"是"肉"的意思，则"膊"的含义为搏击时出力的身体器官，具体为身体上肢近肩的部位，即胳膊。篆文的"膊"字形比较复杂，隶书便规范、简洁了很多。

◎ 汉字有故事：赤膊上阵

释义：成语"赤膊上阵"，是指不穿盔甲、赤裸着上身去战场上作战。形容作战英勇，或是指没有准备便去作战、做事。

成语故事：许褚是东汉末年的一名猛将，史书上写他"长八尺余，腰大十围，容貌雄毅，勇力绝人"。他年轻时曾有过一只手倒拖着一头牛的尾巴走出数百步远的壮举，在家乡是一个声名远播的人物。后来，许褚投奔了曹操，曹操很欣赏他的勇武和忠心，便令他做自己的近身侍卫。

曹操想要一统天下，当时，凉州被军阀马腾所占据，曹操便杀掉了马腾，想夺走凉州。马腾的儿子马超，武艺不凡，打着为父报仇的旗号，与同为曹操敌人的西凉太守韩遂结成了联盟，带领着数十万大军攻打曹操。

两军以渭口一带为主战场，遥相对峙。开战的第一天，来势汹汹的马超挺枪纵马，在两军阵前叫战，曹操想要煞一煞他的威风，便派猛将许褚上前迎战。马超与许褚打得难分难舍，谁也不肯退让分毫，最终由于他们骑的战马不堪劳累，露出疲态，他们暂停了厮杀。换了新的战马，继续战作一团，打着打着，许褚觉得身上沉重的盔甲妨碍自己行动，干脆回到己方军中，把盔甲脱了个干净，赤膊上阵。

许褚裸露着上身回到战场，双方的军士都呆住了——战场上刀枪无眼，全凭盔甲抵御伤害，贸然自卸盔甲，跟自取灭亡没什么两样。许褚不理会旁人诧异的目光，杀气腾腾地与马超搏斗，因为太过用力，他胳膊上的青筋全都凸显了起来，强壮的肌肉形状分明。

缠斗一会儿后，打得兴起的许褚挥刀砍向马超，马超急忙避了过去，举枪刺向许褚的胸口。许褚见势不妙，干脆扔下手中刀，避过枪尖，用手抓住枪身，想要夺走马超的武器。马超连忙把枪往回收，但许褚的力气太大了，竟然徒手扭断了坚硬的枪杆，夺走了半截枪身。双方的军士见他们恶战到了如此地步也没有分出胜负，一拥而上，混战起来。

战争的结果是马超一方险胜，曹军损伤了大半。尽管如此，马超仍是心有余悸，他对韩遂说："敢于在刀剑交横的战场上赤膊上阵，许褚这个人真是勇武到了不要命的地步，用'虎痴'称呼他最恰当了！"

◎ "膊"字的诗意

1. 胡瓶落膊紫薄汗，碎叶城西秋月团。——唐·王昌龄《从军行七首》
2. 署中犹未佳，袒膊俯清深。——宋·刘子翚《胡明仲潭溪三日饮》
3. 背经来汉地，袒膊过冬天。——唐·周贺《赠胡僧》

◎ "膊"字与歇后语

1. 打断了的胳膊——往外拐

2. 胳膊扭大腿——拧不过

3. 开水锅里伸胳膊——熟手；手熟

◎ "膊"字与谜语

1. 谜题：有胳膊，没有手，见人来了他就搂。（打一物）

谜底：椅子

2. 谜题：长胳膊，猴儿脸，大森林里荡秋千，会爬树，会跳远，它是野外运动员。（打一动物）

谜底：长臂猿

25. 坐—坐怀不乱

◎ 趣话"坐"字

有源可查的最早的"坐"字是篆文字形，很容易看出是由两个"人"和一个"土"构成的。具体说，第一种篆文"土"是土炕，两个"人"是面对面坐着的，因此，"坐"就有了宾主双方面对面双膝跪在土炕上的意思；关于第二种篆文字形的示意，有学者认为它的上半部分是甲骨文"卯"，即"留"字的缩写，因此"坐"就有了主人留，然后双方回到座位上的含义。

隶书将原来"坐"里的两个"人"写成了"口"，因为当时"一口"即代表"一人"。后来，楷书又承续、规范了第一种篆文字形，确立了"坐"字现在的写法。而"坐"的字义，也由双膝跪地变为用屁股接触地面或凳子，支撑全身的重量。

◎ 汉字有故事：坐怀不乱

释义：成语"坐怀不乱"，意指男子没有对坐在自己怀里的女子有非礼行为，形容男子作风正派，道德高尚。

成语故事：春秋时期，鲁国的柳下惠素有贤德之名。在一个寒风刺骨的冬夜，忙于赶路的柳下惠没有住店，在城门暂作休息，打算将就一晚。

令他意外的是，在这寒气逼人的冬夜，城门处竟来了一位女子。柳下惠询问得知这女子境遇凄惨，无家可归，便生出了同情之心。他又见女子身上的衣物并不足以御寒，担心她会被冻死，便解开自己身上厚重的外衣，邀请女子到他怀里坐下，然后二人一同裹着外衣熬过寒夜。

在民风闭塞的古代，除了夫妻之外，青年男女之间本不该如此接近，但为了活命，女子答应了柳下惠的要求。柳下惠坐在地上，女子坐在他怀里，一夜相安无事，柳下惠没有做出任何冒犯女子的举动。就这样，女子保住了自己的性命，柳下惠的品德依旧高尚。

这件事传开之后，当时的人们称赞柳下惠是"坐怀不乱"的正人君子。后来，柳下惠坚守自己高尚的做人准则，刚正不阿，孔子、孟子都对他做出了高度的评价。

◎ 知识传送门：连坐制度

"坐"在古文中有因触犯法律而蹲监牢、受刑的意思，"连坐"则是一种法律制度，指的是在中国古代，一个人犯罪，与他有一定关系的人也会连带受刑，也称相坐、随坐、从坐、缘坐。连坐起源很早，夏、西周、春秋、战国时期都有连坐制度。统治者实行连坐制度，一方面可以使人民不敢轻易犯罪，以免牵连亲友；另一方面，揭发犯罪者则可以使自己免罪、受奖，人们因此互相监督，犯罪率就大为降低了。

◎ "坐"字的诗意

1. 停车坐爱枫林晚，霜叶红于二月花。——唐·杜牧《山行》
2. 坐观垂钓者，徒有羡鱼情。——唐·孟浩然《望洞庭湖赠张丞相》
3. 蓬头稚子学垂纶，侧坐莓苔草映身。——唐·胡令能《小儿垂钓》

◎ "坐"字与歇后语

1. 背着唢呐坐飞机——吹上天了
2. 姜子牙的坐骑——四不像
3. 癞蛤蟆坐飞机——一步登天

◎ "坐"字与谚语

1. 任凭风浪起,稳坐钓鱼台。
2. 行不更名,坐不改姓。
3. 独坐穷山,引虎自卫。

26. 泪—泪如泉涌

◎ 趣话"泪"字

篆文	楷书
泪	泪

"泪"字原写作"涙",字源字义尚未明确,但可以肯定的是,"涙"表示的是从眼睛里流出的液体。很容易看出,"泪"是一个左右结构的会意字,眼睛里有水流出,即眼泪。

◎ 汉字有故事:泪如泉涌

释义:成语"泪如泉涌",意指眼泪如同泉水一样向外奔涌而出,比喻人伤心到了极点。

成语故事:明代是小说、戏剧的兴盛时期,市民阶层喜好这种反映社会生活的通俗文学,其中又以明末的冯梦龙所写的"三言"流传最广、声誉最高。"三言"之一的《警世恒言》里有这样一个故事:

唐代有一个书生叫萧颖士,他饱读诗书,胸有锦绣,出口成章,下笔有神,是一个博学多才的人。当他刚刚十九岁时,他的才名便已经传到了朝廷,朝廷下旨让他入朝为官。可叹的是,萧颖士自恃才高,身上带有傲气,言行上也就比较狂放。他入朝不久,就得罪了忌才妒能的重臣李林甫,李林甫施计害他,幸好有人出手相救,他才保住了性命,却丢了官位。

萧颖士被罢官回家,最遭殃的是他的贴身仆人杜亮。萧颖士小时候习读书文时，杜亮就来他家做仆人，专门在书房听他调遣。对杜亮来说，最开心的事就是陪着主子读书，他甚至会花自己的月钱买些果品、酒水慰劳主子，好让他舒心地读书学习。

杜亮将萧颖士服侍得体贴入微，萧颖士却总是打他，这倒不是因为萧颖士品德有亏，只因他性情暴躁，只要仆人哪里做得有一点不如他意，他就随手拿着铁锹或其他物什，边骂边打，打得解气了才住手。萧家原本有众多奴仆，都被他打得逃走了，只有杜亮始终跟随着他，所以他一生气就打杜亮，常常把杜亮打得身上青紫。他也曾埋怨过自己，警告自己不要再毒打杜亮，可一到气头上，就又动起手来。

萧颖士赋闲在家后，心里不免有些郁郁不乐，打杜亮打得更勤了。杜亮没有叫苦喊冤，邻近的杜明是杜亮的远方亲戚，他生气地劝杜亮离开萧家，不要再受这皮肉之苦，还说萧颖士得罪了大官，跟着他没有什么前途可言。杜亮回答说："你说的我都明白，只是像我主子这样有才的人少之又少，我跟着他并不是为了名利，只是欢喜他的才学。就是他把我打死了，我也毫无怨言。"杜明苦苦劝他另择良主，他只是摇头拒绝。

几年之后，杜亮因挨打太多，患了伤痨，萧颖士为他求医问药，也没能救回他。萧颖士出高价招了别的仆人，可他读书时见身边人不是杜亮，往往掩卷而泣。杜明得知后，特意来告诉他杜亮说的那番话，萧颖士当即胸口发闷，悲痛得泪如泉涌，痛呼道："杜亮！我活了这么久，只有你是我的知己，只有你爱怜我的才华，可我却把你害死了！我真是个罪人！"哭着哭着，他口吐鲜血，染上了疾病。

萧颖士因为悲伤过度，终日啼哭，病情越来越重。他留下遗言要与杜亮同葬，随即魂归地府。

◎ 知识传送门：泪点

人是有泪点的，即人的泪腺。事实上，泪腺每时每刻都在分泌眼泪，但由于分泌的眼泪很少，一般都会通过鼻咽管流入鼻腔里，随着呼吸被蒸发掉。但当人突然受到刺激时，泪腺分泌的泪水突然增多，鼻咽管来不及把泪水送走，眼泪就从眼睛里流出来了。外界的刺激和人内心的情绪波动，都会刺激人的泪腺，让人流泪。但"泪点"一词更倾向于人内心柔软易感的地方，往往由人的情绪波动而流泪。

◎ "泪"字的诗意

　　1. 莫道诗成无泪下，泪如泉滴亦须干。——唐·刘损《愤惋诗三首·其三》

　　2. 物是人非事事休，欲语泪先流。——宋·李清照《武陵春·春晚》

　　3. 春蚕到死丝方尽，蜡炬成灰泪始干。——唐·李商隐《无题·相见时难别亦难》

◎ "泪"字与歇后语

　　1. 被窝里抹眼泪——独自悲伤

　　2. 鳄鱼流眼泪——假慈悲

　　3. 诸葛亮挥泪斩马谡——顾全大局

27. 步—安步当车

◎ 趣话"步"字

　　甲骨文"步"字与甲骨文"足"字有着密切的关系，两相对比，可发现第三种甲骨文"步"是由两个甲骨文"足"的下半部分组成的，由此可知这是指人的双足一前一后在行走，即为"步"。而从"步"的第一种甲骨文字形来看，外侧的字符形似两条大路交会在一起，在路口分别有两组不同方向的双足，代表有人自南向北，有人自西向东。这也说明"步"的本义是人的双足一前一后在路上行走。第二种甲骨文则是省略了一组双足。

　　金文发展了第三种甲骨文，到了篆文，繁杂的图形规范为两个"止"，为了表明两脚是一前一后行走的，下面的"止"发生了变化。

◎ 汉字有故事：安步当车

　　释义：成语"安步当车"，原指赶路时用从容的步行代替乘车，比喻不追求享受，安于当下的状况。

　　成语故事：战国时期，隐士颜斶在齐国隐居，但他的事迹还是传到了齐宣王耳中。齐宣王得知他是有德之士，便召他入宫觐见。

　　颜斶走进朝堂后，齐宣王坐在王位上，不以为然地说："颜斶，你过来！"颜斶回了一句："大王，你过来！"齐宣王见颜斶不遵从自己的命令，便皱起了眉头，朝堂上的其他大臣也出言指责颜斶太无礼了。颜斶出言辩驳说："若是我走向大王，那就是向世人表明我攀附大王的权势；若是大王走向我，就是向世人表明大王礼贤下士。这两者相比较的话，我觉得应该让世人认为大王礼贤下士才是上策。"齐宣王更生气了，大声质问道："你不要说歪理！你就说你认为大王和士人，哪一个更尊贵？"颜斶说："我认为士人更加尊贵！秦王曾经在挥军进攻齐国之前，颁布了两条命令，第一条是秦国军士中，若有谁敢在距离高士柳下惠坟墓五十步以内的地方砍柴，格杀勿论！第二条是，砍下齐王脑袋的人，将得到两万两黄金和受封万户侯的赏赐。两者相比，砍下齐王脑袋的人若是违反了第一条命令，还是难逃一死，得到再多的赏赐也没命消遣。所以说，一个活着的大王的头，尚且抵不上一个已故的士人的坟墓，当然是士人比较高贵了。"

　　齐宣王终于明白颜斶是有才有德的高士，他想拜颜斶为师，还开出了优渥的条件："您若是肯留在这里，我保证您有丰盛的饮食，出入有专车代步，您的一家也都将得到华服作为赏赐。"生活清贫的颜斶闻言后，没有丝毫动摇，直截了当地拒绝说："我更喜欢我如今的生活状态，吃的是粗茶淡饭，却如同吃肉一样香；缓慢从容地走路，也像是在坐车一样；不沾染尘世，保持内心的清净，便是至高无上的快乐了。"颜斶说完后，辞别了齐宣王与群臣，继续回去过隐居生活。

◎ 知识传送门：七步成诗

　　曹操去世之后，他的长子曹丕建立魏国，世称魏文帝。由于曹操在世前很喜爱小儿子曹植，而曹植又是个很有才华的人，曹丕就一直活在弟弟盛名的阴影下。为了巩固皇权，他召来曹植，命他在七步之内写出一首诗，否则便杀掉他。曹植知道兄长已对自己起了杀心，便作了著名的《七步诗》："煮豆持作羹，漉菽以为汁。萁在釜下燃，豆在釜中泣。本自同根生，相煎何太急？"以此表达对兄长的谴责。

　　后来，人们也用"七步成诗"赞叹人才思敏捷，能够在极短的时间内写出作品。

◎ "步"字的诗意

1. 十步一杀人，千里不留行。——唐·李白《侠客行》
2. 桃波一步地，了了语声闻。——唐·李白《秋浦歌十七首》
3. 怀君属秋夜，散步咏凉天。——唐·韦应物《秋夜寄邱员外》

◎ "步"字与歇后语

1. 薄冰上迈步——胆战心惊；战战兢兢
2. 鹅行鸭步——大摇大摆；磨磨蹭蹭
3. 西瓜地里散步——左右逢源（圆）

◎ "步"字与谚语

饭后百步走，活到九十九。

28. 唇—唇亡齿寒

◎ 趣话"唇"字

篆文	隶书	楷书	行书	草书	标准宋体
顂 屒 肩	脣	唇 脣	唇	唇	唇

《说文》里载，唇，惊也。从口，辰声。说明"唇"是一个半包围结构的形声字，以辰为声旁、形旁。第二种篆文"脣"是由"辰"和"月"组成的，"辰"同"振"，表示振动，"月"在这里依旧是"肉"的意思，整体表示"脣"是会振动的肉体组织。第三种篆文改"月"为"口"，意在表明这是位于口部周围的会动的肉体组织。

隶书承续了第二种篆文字形；颜真卿所写的楷书承续了第三种篆文字形，基本确立了"唇"的字形。

◎ 汉字有故事：唇亡齿寒

释义：成语"唇亡齿寒"，意指没有了嘴唇，牙齿就会感到寒冷；形容双方关系紧密，互相依存，荣辱与共。

成语故事：春秋时期，野心勃勃的晋献公一心想要扩展疆土，他盯上了邻近的虞国以及靠近虞国的虢国，但这两个比较弱小的国家早就结成了联盟，若他直接攻打虞国，虢国肯定会出兵相救，令他功败垂成。晋献公决定先从虞国借道，先去攻打虢国，却又担心虞国国君不肯借道。这时，大臣荀息献计说，虞公贪财，应该先送他上好的良马、玉璧，然后再提出借道的事，肯定会成功。晋献公觉得此计可行，只是有点舍不得美玉和宝马，荀息劝他说："虞虢两国相邻，唇齿相依，我们灭掉虢国后，再去攻打虞国就容易多了，到时候您送给虞公的美玉宝马还会回到您手里。"晋献公采纳了荀息的计策。

晋献公派荀息带着良玉、宝马去虞国借道，目光短浅的虞公果然背弃了与虢国的联盟，答应让晋国的军队从自己的国土上过。虞国大夫宫之奇苦苦劝谏虞公，也没有改变虞公的决策。那一年，晋国率兵攻下了虢国的下阳。

三年之后，晋献公再次提出向虞国借道伐虢的要求，虞公不假思索地答应了。预感到不妙的大夫宫之奇陈述其中的利害关系，说："虞国和虢国一向是互为表里、唇齿相依的关系，我们怎么能放任晋国去攻打虢国呢？不要相信晋国，等晋国灭了虢国之后，虞国也就不能独存了！就好比没有了嘴唇做遮挡，牙齿就会感觉寒冷一样，没有了虢国做盟友，虞国只有任人宰割了，如果您仍然允许晋国借道，就等于自取灭亡。"虞公听后，依然没有收回成命，他认为三年前晋国借道时就没有冒犯虞国，现在也不会攻打虞国。

宫之奇见自己的意见不被采纳，知道虞国将在不久后被晋国占领。他不愿意亲眼看着国家覆灭，却又无能为力，只好带着自己的家人迅速动身，离开了虞国，以保全自己家人的性命。

后来，事情的走向果然和宫之奇预料的一样，晋国军队占领虢国之后，迅速杀了个回马枪，向虞国而去。仍未醒悟的虞公不仅毫无防备，还亲自去迎接胜利而归的晋军，成为了晋军的阶下囚，虞国也就不复存在了。

◎ 知识传送门：嘴唇和身体其他部位同属于皮肤，为什么只有嘴唇是红色的呢？

对于我们的身体来说，其他部位皮肤上皮细胞有16层之多，而嘴唇只有3至5层上皮细胞，所以嘴唇上的颜色其实是表皮下血管中血液的颜色。而身体其他部位因上皮细胞层数较多，故显现不出来血液的颜色。

◎ "唇"字的诗意

　　1. 唇焦口燥呼不得，归来倚杖自叹息。——唐·杜甫《茅屋为秋风所破歌》
　　2. 且看欲尽花经眼，莫厌伤多酒入唇。——唐·杜甫《曲江二首》
　　3. 低头和颜色，素齿结朱唇。——魏晋·傅玄《豫章行苦相篇》

◎ "唇"字与歇后语

　　1. 唇上贴膏药——开不得口
　　2. 唇上抹油——油嘴滑舌
　　3. 驴唇不对马嘴——答非所问

29. 腹—口蜜腹剑

◎ 趣话"腹"字

甲骨文	金文	篆文	隶书	楷书	行书	草书	标准宋体
｜	｜	｜	腹	腹	腹	腹	腹

　　第一种甲骨文"腹"是由甲骨文"身"和甲骨文"复"构成的；而甲骨文"复"的上半部分是一个两头都有出口的城郭，下半部分是一个倒着写的"止"，表示有人在出口众多的城郭里走来走去；与"身"结合后，就用"复"的字义来比喻人的腹部有很多内脏器官相互连通。第二种甲骨文变"身"为"人"，字义不变。金文糅合了两种甲骨文的字形。篆文的"腹"字采用"月"做部首，是为了突出腹部是肉质的，右边的字符较原来的甲骨文"复"有了一定改动。由此，"腹"字规范成形。

◎ 汉字有故事：口蜜腹剑

　　释义：成语"口蜜腹剑"，意为嘴上说着甜蜜的话，心里却有着害人的心思，形容人阴险狡诈，嘴上说的和心里想的截然相反。

唐玄宗在位时，十分宠信妃子杨玉环，给了她贵妃的名分。有些没有真才实学、专好阿谀奉承的人就去拍杨贵妃的马屁，把她哄得高兴了，她就会在唐玄宗面前美言几句，以此提携那些人。李林甫就是其中之一，得到杨贵妃和唐玄宗的偏爱后，他通过打压同僚和趋炎附势一路升官，官拜兵部尚书兼中书令，有了很高的职权。

有一次，一个在外地做官的官员严挺之凭自己的真才实学博得了唐玄宗的欢心，唐玄宗想升他的官，让他得以重用。李林甫知道后，唯恐这人夺了唐玄宗对自己的宠爱，便设计毁掉严挺之的大好前途。李林甫先是装作亲密的姿态，告诉严挺之皇帝要重用他，让他装病回京，离皇帝近一些，以便皇帝能马上升他的官。严挺之不知有诈，称病回京。这时，李林甫又装出为国着想的姿态，上书给唐玄宗，说严挺之既然得了很严重的病，就不能对他委以重任，以免误国。唐玄宗觉得李林甫说得有理，迟迟没有重用严挺之，严挺之只好咬碎了牙往肚里吞。

后来，另一位专拍皇帝马屁的大臣李适之经常和李林甫作对。为了扳倒对手，李林甫又放出风声误导李适之，说华山底下储藏着大量的金矿，皇帝正在思考派谁去开采金矿，这事要是办好了，肯定是大功一件。李适之信以为真，主动向唐玄宗请缨，说自己想去华山为国家挖金子。唐玄宗觉得挖不挖金矿都可以，问李林甫对此有何意见，李林甫趁机回答说："华山之上，有龙气聚集，有利于帝王兴盛。若是在华山挖金子，伤了龙气就是大麻烦了。"唐玄宗听后，认为李林甫想得比较周到，甚至还怀疑起李适之挖金子的用心，从此对其爱答不理的。李林甫仅凭三言两语，又扳倒了一个大敌。

后人认为李林甫心口不一，阴险狠毒，北宋的司马光直接在《资治通鉴》中写李林甫是"口有蜜，腹有剑"。这就是成语"口蜜腹剑"的来源。

◎ 知识传送门：腹有诗书气自华

宋代文学家苏轼曾作诗《和董传留别》，其中有两句："粗缯大布裹生涯，腹有诗书气自华。"当时，苏轼要回长安，他的朋友董桥前来送他。董桥是个很有才学的人，家里很贫困，所以经常穿着粗布衣衫，苏轼就夸他"腹有诗书气自华"，意思是由于董桥饱读诗书，满腹经纶，所以朴素的衣着也掩盖不住他身上华美的气质。

◎ "腹"字的诗意

1. 来日孤舟西水门,风饱征帆腹。——宋·赵长卿《卜算子·十载仰高明》
2. 低飞昏岭腹,谢足酒岩阿。——唐·李世民《咏雨》

◎ "腹"字与歇后语

1. 剖腹献肝胆——死尽忠心
2. 和尚的肚腹——没多大油水
3. 打准腹部——正中下怀

◎ "腹"字与谜语

1. 谜题：一支藕,水中游,泥里无,腹内空。(打一物)
谜底：鱼鳔
2. 谜题：拂拂三寸长,有嘴没腹肠,行尽山头岭,见尽状元郎。(打一物)
谜底：剃刀

30.脚—脚踏实地

◎ 趣话"脚"字

篆文	楷书	行书	草书	标准宋体
𦜭	脚	脚	脚	脚

"脚"是一个左中右结构的会意字。篆文"脚"是由篆文的"月""去""人"构成的,"月"即"肉","去"是行走的意思,整体含义为人用来行走的身体器官。为了便于书写,楷书右边的"人"发生了变形,与"去"合成"却"字,"却"的本义为向后退、离开眼前的人,因此"脚"字本义不变。

◎ 汉字有故事：脚踏实地

释义：成语"脚踏实地",意指脚踏在坚实的土地上,用来形容做事踏实、认真。

成语故事：司马光是北宋时期著名的政治家、史学家、文学家。他为官多年，官拜尚书左仆射、兼门下传郎，履丞相之职；在史学方面，他曾远离政治中心十五年，专心致志地写出了史学著作《资治通鉴》；在文学方面，他的《稽古录》《涑水记闻》《潜虚》等著作也流传于世。

司马光幼年时，曾以砸缸救人的事迹被人赞扬机灵、聪明，他的父亲害怕他因此飘飘然起来，时常教导他要踏实做人。有一次，他家的侍女为他剥开了胡桃，他的姐姐看见他在吃胡桃，就问他是谁剥的，他撒谎说是自己剥的，他的父亲在窗外旁观了一切，立刻走进屋训斥他不该撒谎，为人不能虚假。司马光听训后，惭愧地低下了头，把父亲的教导牢记心中，以此为行事准则。

宋神宗熙宁年间，王安石在朝中推行变法，司马光对此持反对意见，认为改革不能操之过急，应该一步一个脚印地、踏实地慢慢改革。但当时变法进行得如火如荼，司马光的意见并未被重视，他自请外放，在洛阳住了下来，全身心地投入到《资治通鉴》的编纂工作中。

当他写书写累了的时候，就去找同在洛阳的理学大师邵雍聊天，两人成为了很好的朋友。有一次，司马光问邵雍："你认为我这个人怎么样？"邵雍夸赞他说："你是个脚踏实地的人。"司马光深以为然，并以此激励自己，认真踏实地完成了写书的浩大工程。

◎ **知识传送门：三寸小脚**

所谓的三寸小脚，指的是女性自幼开始用布裹脚，限制脚的发育，使之呈现出长约三寸的形态，也称"三寸金莲"。有学者考证，裹足起于北宋。当时的人们把缠脚当成妇女的美德，以不缠脚为耻。豪门大户、普通人家的女子都遵从这一习俗，只有极少数女子可以逃得过裹脚的命运，却也被人诟病，比如说明朝开国皇帝朱元璋的皇后，就是因为有一双天然大脚而被嘲笑。由于裹脚的习俗流传了很久，中国女性的脚都发生了变形，并在后代身上有所体现，即小脚趾趾甲长得很小。直到裹脚的陋习被废除后，脚的形态才慢慢恢复正常。

◎ **"脚"字的诗意**

1. 孤山寺北贾亭西，水面初平云脚低。——唐·白居易《钱塘湖春行》
2. 吴质不眠倚桂树，露脚斜飞湿寒兔。——唐·李贺《李凭箜篌引》

3. 非无脚下浮云闹，来不相知去留。——清·郑板桥《题画兰》

◎ "脚"字与歇后语

　　1. 搬起石头砸自己的脚——自作自受
　　2. 赤脚的和尚——两头光

31. 髀—髀肉复生

◎ 趣话"髀"字

　　"髀"字的字源与演变过程可考证的资料较少，从小篆字形来看，左边是"骨"，右边的字符形似一只手拿着一只扇子，在古代给人摇扇的人地位低下，即为"卑"。楷体便将"卑"的字义引入"髀"，表示在人体中处于下端的大腿。

◎ 汉字有故事：髀肉复生

　　释义：成语"髀肉复生"，意思为大腿上的肉又长起来了，用来形容人长时间过安逸生活，无所作为，也暗含要求上进的意思。

　　成语故事：三国时期，魏蜀吴三足鼎立、瓜分天下，这是经历了数十年争斗才形成的局面。作为三国时期重要人物之一的刘备，他早期很不得意，带着自己为数不多的追随者盘踞在汝南。曹操大军一到，刘备知道自己肯定打不了胜仗，便率领残军去荆州投奔同样身为皇族后裔的刘表。

　　刘表对刘备极为厚待，亲自出城迎接他，还为他安排了良好的食宿条件，让他与手下安心地在荆州住下。在这之前，刘备在马背上生活，经常练习骑射，参与战争，现在不必再担惊受怕，过上了背靠大树好乘凉的安逸生活，原先的骑射练习也放下了。

　　一晃五年时间过去了，刘表对刘备依然礼遇有加，经常请他喝酒聊天，与他一起探讨天下大事，还让他参与战争的谋划。有一次，两人又聚在一起喝酒谈心，刘备在如厕时突然发现自己的大腿上长出了好多赘肉，心知这是因为过了太久的安逸生活，回想以前自己立下的雄心壮志，不禁羞愧地流出了眼泪。

刘备回席后，刘表看到他面有泪痕，急忙追问缘故。刘备只好实话实说道："其实没什么大事。没投奔您之前，我随时都可能被仇家杀死，因此经常骑马东奔西跑，南征北战，大腿上的肉紧致、结实，都是肌肉。而现在，我在您这里住了五年，您待我很好，我再也不用为了生存骑马跑来跑去，因此大腿上长出了很多松弛的赘肉。刚刚我看着这些肉，回想自己年纪不小了，却还是一事无成，就伤心地掉下了眼泪。"刘表听后，急忙安慰他不要太难过，是英雄一定会有出头的日子。

刘备从此不再耽于享乐，四处寻访贤才，不久后就招揽到了诸葛亮做自己的军师，为图谋霸业添了一大助力。

◎ "髀"字的诗意

1. 已封头尚黑，休战髀还生。——宋·宋祁《送马军范太尉》
2. 频吟口燥吻，久骑肉消髀。——宋·强至《寄辟疆》
3. 白马知无髀上肉，黄巾泣向箭头书。——唐·方干《贼退后赠刘将军》

32. 肘—变生肘腋

◎ 趣话"肘"字

篆文	隶书	楷书	行书	草书	标准宋体
肘	肘	肘	肘	肘	肘

篆文"肘"字和"腹""膊"等人体部位一样，采用"月"做偏旁，它是一个形声字。"肘"的右半部分是"寸"，篆文"寸"看起来像是爪子下面加了一横，实际含义是距离手腕有一定距离的部位，将此含义与"月"结合起来，"肘"字的本义即为大臂与小臂之间弯曲的连接部位。

◎ 汉字有故事：变生肘腋

释义：肘腋分别指胳膊肘、胳肢窝。成语"变生肘腋"，比喻事变就发生在身边。

成语故事：刘备在荆州客居八年后，荆州之主刘表因病去世，把权力传给了自己的儿子。但由于他的儿子太不成器，曹操又趁机发难，要来攻打荆州，一时之间，荆州民心浮动，都认为刘表之子不堪大任，肯定会战败，因此想要选取新主。在诸葛亮的帮助下，刘备占据了荆州的襄阳，从而得到了整个荆州。刘备与东吴的孙权联手抵抗曹操，进行了史上有名的"赤壁之战"。

打了胜仗之后，刘备分得了荆州的长沙、零陵、桂阳、武陵四个郡，孙权得了江夏郡和南郡。刘备在公安地区屯兵，向孙权提出借南郡的要求，好利于自己攻占益州，孙权答应了。刘备取得益州后，收了一个叫法正的谋士，他跟随刘备九年，帮刘备取得了很多次胜利，也制定了很多法规。

后来，孙权见刘备一直没有归还南郡的意思，东吴都督周瑜献计说，不如以招亲的幌子骗刘备来东吴，他来了以后，要是他的手下不归还南郡就不放他走。孙权依计行事，不料诸葛亮神机妙算，当真帮刘备娶到了孙权的妹妹做妻子。孙权之妹喜好刀兵，她的数百名侍女也都腰垮刀剑，在新婚之夜吓了刘备一大跳，唯恐生出什么变故。后来，携妻回到了自己的属地，刘备依旧畏惧自己的这个妻子。

法正是刘备的心腹谋臣，他"有恩报恩，有怨报怨"，招惹他的人都会被他狠狠报复。有人看不惯法正的做法，跑到诸葛亮面前告状，诸葛亮就回答说："主公之在公安也，北畏曹公之强，东惮孙权之逼，近则惧孙夫人生变于肘腋之下，当斯之时，进退狼跋，法孝直为之辅翼，令翻然翱翔，不可复制，如何禁止法正使不得行其意邪！"意思是说，刘备先前在公安一带活动时，既畏惧北方的曹操，又忌惮东面的孙权，还担心自己的妻子孙夫人在自己身边发动变故，处境要多狼狈就有多狼狈，还好有法正尽心尽力地辅佐刘备，帮助刘备脱离了困境。因为法正立下了这些功劳，诸葛亮不会禁止法正的行为，而是任由法正按自己的意愿行事。成语"变生肘腋"便出自此。

法正只跟随了刘备九年，便因病去世，他是唯一一个在刘备时代有谥号的大臣。

◎ "肘"字的诗意

1. 不问黄芽肘后方,妙道通微怎生说。——唐·吕洞宾《绝句》
2. 昔时飞箭无全目,今日垂杨生左肘。——唐·王维《老将行》
3. 徐抽寸寸刃,渐屈弯弯肘。——唐·元稹《说剑》

◎ "肘"字与歇后语

1. 胳膊肘子——往里弯
2. 胳膊肘长杈——横生枝节
3. 胳膊肘子挂掌——离题(蹄)太远了;走题(走蹄)了

33. 颜—犯颜极谏

◎ 趣话"颜"字

| 金文 | 篆文 | 隶书 | 楷书 | 行书 | 草书 | 繁体标宋 | 简体标宋 |

金文"颜"由"彦"和"首"组成,前者意为古人在岩石上刻下的朱红色字画,后者意为脸庞,两相结合,"颜"的本义即女子薄施粉黛后面色红润的脸庞。后来,此字义拓展开来,用来指代所有人的脸庞,还有了"色彩"的含义。篆文"首"字字形发生了变化,隶书直接将它写作了繁体"頁"字。

◎ 汉字有故事:犯颜极谏

释义:成语"犯颜极谏",意思是不顾及君主或尊长的脸面,冒犯其威严,极力出言规正他人的错误。多用于下级对上级进谏,用此词夸奖下级的勇气。

成语故事:齐桓公是春秋时期的第一个霸主,他的哥哥齐襄公在位时,荒淫无道,经常滥杀臣民,为了活命,尚未成为国君的齐桓公在鲍叔牙的帮助下逃去了外地,他的另一个哥哥公子纠在管仲的帮助下也逃走了。

后齐襄公逝世,公子纠和齐桓公得知消息后都赶回国,管仲在此过程中差点用箭射死了齐桓公。命大的齐桓公先回到齐国,当了国君,他想要报仇,杀死管仲,鲍叔牙劝他说:"您要是想治理好国家,我和其他臣子就能帮您;但若是您想在诸侯国之中称霸,就必须获得管仲的辅佐。"素有雄心壮志的齐桓公听后,不但打消了报仇的念头,还亲自迎接管仲来齐国效力。

齐桓公对群臣说:"寡人准备立管仲为相,你们赞成的站在左边,不赞成的站在右边。"其他人纷纷领命排队,只有大臣东郭牙站在门中间。桓公询问缘故,东郭牙说,管仲有才能,但要是把全部权力都交给他,齐桓公恐怕会有被架空的危险。齐桓公猛然醒悟,急忙下令只让管仲负责朝廷外部的事务。

管仲入朝三月后,齐桓公请他评论一下文武群臣。在提到东郭牙时,管仲由衷地说:"东郭牙敢于冒犯您的尊严,极力纠正您的错误,他经常直言进谏,不怕您一怒之下杀了他,也不会曲意奉承您,以求富贵。在进谏方面,我比不上他,请您立东郭牙做大谏之官吧。"

◎ 知识传送门:驻颜有术

清代诗人在《蝶恋花》中载:"最是人间留不住,朱颜辞镜花辞树。"感叹花朵易凋,红颜易衰,美好的东西总是难以留存。衰老是一件不可避免的事情,历来为女性所不喜,哪怕是男性,也会因生了白发而感慨。所以,自古以来,人们总是在刻意追求驻颜的方法,比如秦始皇为了长生不老,就曾大兴丹药,还派徐福去海外寻求神药。神药当然是不存在的,女性们便绞尽脑汁做出各种脂粉、油膏,以润泽肌肤、增加颜色,还特别重视食补,以补充气血、延缓衰老。后来,对于那些有方法保持容颜不老的人,人们就说他们"驻颜有术"。

◎ "颜"字的诗意

1. 雕栏玉砌应犹在,只是朱颜改。——五代·李煜《虞美人·春花秋月何时了》
2. 不要人夸颜色好,只留清气满乾坤。——元·王冕《墨梅》
3. 戍客望边色,思归多苦颜。——唐·李白《关山月》

◎ "颜"字与歇后语

1. 漆匠师傅调颜色——花样多
2. 颜料店的抹布——不分青红皂白;分不清青红皂白
3. 三分颜色开染坊——不识相;勿识相;不自量力

◎ "颜"字与谜语

1.谜题：杀颜良、诛文丑、温酒斩华雄。（打一成语）

谜底：性命攸关

2.谜题：自幼生长在深山，黑红颜色分后先，由黑变红人人爱，由红变黑不值钱。（打一生活物品）

谜底：木炭

34.窍——一窍不通

◎ 趣话"窍"字

篆文	隶书	楷书	行书	草书	繁体标宋	简体标宋
窽	竅	竅	窍	窽	竅	窍

"窍"是一个形声字，以"穴"作偏旁，以"敫"作声旁。而"敫"是"徼"字的缩写，字义为通行，与"穴"结合后，"窍"就有了可以通行的洞穴的意思。后来人们很少使用这种字义，用"窍"表示人体向外开口的器官，比如常说的"七窍"就是指两眼、两鼻孔、两耳洞以及嘴巴。

◎ 汉字有故事：一窍不通

释义：成语"一窍不通"，指人昏昧愚蠢，不明事理，也用来形容某人对某事一点都不了解。

成语故事：纣王是历史上有名的暴君，他从不把心思放在国家的治理方面，只喜欢与自己的宠妃妲己待在一起，用各种荒唐的方式取乐。当时的生产力比较低下，纣王不管百姓饥饱，征收大量粮食酿酒，然后在宫里挖了宽广的酒池，整日醉生梦死。他还让人在宫里悬挂了很多熟肉，用前所未有的"酒池肉林"，博取妲己的欢心。

荒淫无道的纣王受到了众多大臣的谴责，可他不但不听，还用各种残酷的刑罚折磨反对他的人，比如说忠臣梅伯就被他命人剁成了肉酱。有些臣子退缩了，不敢再说纣王的不是，只有大臣比干屡次进言，劝纣王不要再滥杀无辜、专宠妲己。比干是纣王的叔叔，因此纣王没有杀他，只是把他的话当作耳边风。

比干进谏的次数越来越多，妲己对他指名道姓责骂自己的行为很不满意，她蛊惑纣王说："我听说圣人都有一颗七窍玲珑心，比干既然一直效仿圣人的行为，为什么不让他把自己的心献上来？这样我们也好看看他的心是不是圣人的心。"偏听偏信的纣王当即下令，命比干剖心自杀，没有了心脏，比干自然就一命呜呼了。

后来，孔子在评论这件事时，感慨地说："纣王可真是个七窍不通的人啊，哪怕他通了一窍，也就不会下令杀死比干了！"

◎ 知识传送门：三魂出窍

古人认为人有三魂：一曰爽灵，二曰胎元，三曰幽精。当人因受到惊吓而害怕得不知所措时，就说自己"三魂出窍"了，其实这是因为事发突然，脑子停止了运转，头脑出现了短暂的空白，跟魂魄没什么关系。

◎ "窍"字的诗意

1. 空中朽树抱孤筱，无窍苍壁生横林。——宋·陈与义《游南嶂同孙信道》
2. 三十年来无孔窍，几回得眼还迷照。——宋·黄庭坚《渔家傲》
3. 心较比干多一窍，病如西子胜三分。——清·曹雪芹《红楼梦》

◎ "窍"字与歇后语

1. 坐在钱眼儿里摸钱边——财迷心窍
2. 晒裂的葫芦——开窍了
3. 杀猪用铅笔刀——全凭诀窍

◎ "窍"字与谚语

1. 说说笑笑，通了七窍。
2. 钱迷眼睛能发昏，官迷心窍能作恶。

35. 形—自惭形秽

◎ 趣话"形"字

篆文	隶书	楷书	行书	草书	标准宋体
彭	形	形	形	形	形	形

"形"是一个左右结构的形声字。它的第一种篆文字形左边是一口矿井，井里有土，右边是三撇，代表色彩，整体意为从矿井里开采出矿物质用于着色。第二种、第三种篆文字形与第一种篆文的释义稍有不同，左半部分是一个"开"字，意为研磨矿物质得到颜料，用于着色。隶书承续第三种篆文字形，将原来的"开"误写为"开"。

"形"的本义为用有颜色的矿物质进行描绘，使物象凸显出来，此字义只用于古文中。"形"字常使用的字义有显现、表现；外观、样子；相比较等。

◎ 汉字有故事：自惭形秽

释义：成语"自惭形秽"，意为因为自己外表不如别人而感到惭愧，后引申为因自己在某方面不如别人而惭愧。

成语故事：王济是晋朝时期一名骠骑将军，他虽因武入仕，却是一个文武双全的人，长得也是风度翩翩，既能提刀弄枪上战场，也能拿起书本和别人研讨学问，城里的人大都知道他的本领，经常称赞他。

一次，王济的姐姐带着儿子卫玠来王济家做客，打算在此长住。王济早就听说过自己的外甥卫玠当时被人追捧为难得一见的美男子，很是好奇外甥的长相，见面之后，他不禁惊呆了。与王济阳刚中不失儒雅的长相不同，卫玠唇红齿白，面如冠玉，身形瘦弱，自带一股风流，身上宽大的衣袍更使其显得飘飘欲仙，不似凡人，正是魏晋女子最为欣赏的病态美类型。王济定定地看了好一会儿才回过神，然后由衷地对姐姐说："以前总有人夸我外貌英俊，现在外甥来了，就好似一颗明珠或一块宝玉来到了我的身旁，我的相貌跟他一比，就好像是一块破石头，令我觉得我自己长得真是太难看了。"

当卫玠在王府安定下来后，王济引着他去亲戚朋友家做客，想把他介绍给别人认识。二人骑马走在大街上，周围的人都被卫玠的美貌所吸引，围在他的身旁对他评头论足，围观的人越来越多，每个人都想近距离地欣赏这个美男子。更有好事者传讯给自己的亲友，告诉他们街上有一位如玉般的美男，引起了全城轰动。

二人被堵了好久，才赶到了亲戚家。亲友们对卫玠的外貌赞不绝口，也有人要考考他的学问，看看他是否是个徒有外表的绣花枕头。卫玠便深入浅出地讲解了一段玄理，大家听得津津有味，夸赞他学问精深，开玩笑说："王济，照这样看来，卫家这一个儿郎，竟把你们王家的三个儿子都比下去了！"王济说："是啊，我跟外甥待在一起时，就仿佛是一颗明珠在我身旁，闪耀着光芒，吸引着别人的目光。我自惭形秽啊！"

◎ 知识传送门：一犬吠形，百犬吠声

成语"一犬吠形，百犬吠声"出自汉代王符所作的《潜夫论·贤难》，说的是一只狗因为看到影子而叫起来后，很多狗就会跟着乱叫。这本来是狗的习性，后用于比喻不了解事情真相，就随声附和别人。

◎ "形"字的诗意

1. 寄形宿沙月，沿芳戏春洲。——唐·李白《古风其四十二》
2. 老色头发白，病形支体虚。——唐·白居易《沐浴》
3. 涕零雨面毁形颜，谁能怀忧独不叹。——魏晋·曹丕《燕歌行》

◎ "形"字与歇后语

1. 吃了一包回形针——一肚子委屈（曲）
2. 白娘子喝了雄黄酒——现了原形
3. 月光下散步——形影相随

◎ "形"字与名人名言

1. 形恃神以立，神须形以存。——司空图
2. 有人之形，无人之情。有人之形，故群于人；无人之情，故是非不得于身。——庄子

36. 闻—百闻不如一见

◎ 趣话"闻"字

甲骨文	金文	篆文	隶书	楷书	行书	草书	繁体标宋	简体标宋

从"闻"字的甲骨文字形来看，好似是一个人捂住了自己的一只耳朵，另一只耳朵露在外面，这表明"闻"字是和听觉有关的。金文字形上面有三点，可理解为开口发出的消息，整体意为一个人一边用耳朵倾听别人讲话，一边发表自己的意见。篆文"闻"字与前期文字不同，由"門"和"耳"构成，既是会意字，又是形声字，字形像是在门里面用耳朵倾听外边的声音。隶书和楷书都继承了篆文字形。

"闻"的本义是"用耳朵倾听"，后来字义发生了变化，从听觉变成了嗅觉，更多地用于表示用鼻子嗅气味。

◎ 汉字有故事：百闻不如一见

释义：成语"百闻不如一见"，意为听别人说一百次，也比不上自己亲自去看一次，暗喻听得再多也不如亲见可靠。

成语故事：汉武帝在位时，曾派将军卫青、李广远征西域，打击匈奴，居住在西部的羌族人也对朝廷俯首帖耳，不敢兴风作浪，皇帝下令不准许他们向中原进发，他们就老实地待在湟水一带。

汉宣帝时，他派大臣渠安国去西羌视察，看看他们是否有不臣之心。西羌有众多小部落，其中一些部落要求朝廷解除禁令，渠安国不敢擅作主张，就回来将此事禀报给汉宣帝。宣帝还没拿定主意，就收到了西羌的一些部落联合起来渡过湟水的消息，而且他们还与匈奴联系，打算勾结在一起。宣帝大怒，派渠安国率兵讨伐西羌，却吃了败仗。

宣帝只好另选将领出征，他派人询问老将军赵充国应该让谁去，赵充国推荐了自己。解决了将领的问题，宣帝又派人问赵充国对西羌的情况有何了解，可否估计一下敌方实力，好带上足够的兵马、制定相应的计策去讨伐他们。赵充国回答说："百闻不如一见。敌人山高水远，听说的那些情况未必是真的，还要实地考察才能拿定主意。而战场之上，瞬息万变，到时候只能顺势而为。"

后来，赵充国到达西羌后，先是充分地探明了情况，又采取了逐个击破的办法，收服了那些反抗朝廷的部落，再次平定了西羌，用事实证明了自己所说的"百闻不如一见"的科学性。

◎ 知识传送门：未见其人，先闻其声

在《红楼梦》里，林黛玉初进贾府，还不了解贾府众人的性格，因此处处谨慎，步步留心。在她拜见贾母之后，众人正在闲话，后院传来一人的爽朗笑声，说："我来迟了，不曾迎接远客！"这令黛玉十分惊异：贾府的人个个都敛声屏气，恭肃严整，是谁敢这样放诞无礼？这就是曹雪芹先生的高明之处，用"未见其人，先闻其声"的方式吊起林黛玉和读者的好奇心，使读者对将要出场的凤姐充满了期待。后来，人们用"未见其人，先闻其声"形容人喜好说话，说话声音大，声音传得远。

◎ "闻"字的诗意

1. 剑外忽传收蓟北，初闻涕泪满衣裳。——唐·杜甫《闻官军收河南河北》
2. 李白乘舟将欲行，忽闻岸上踏歌声。——唐·李白《赠汪伦》
3. 怀旧空吟闻笛赋，到乡翻似烂柯人。——唐·刘禹锡《酬乐天扬州初逢席上见赠》

◎ "闻"字与歇后语

1. 烂鼻子闻猪头——不知香臭
2. 塌鼻头闻鼻烟——没味道
3. 闻鼻烟蘸唾沫——假行家

37. 病—病入膏肓

◎ 趣话"病"字

篆文	隶书	楷书	行书	草书	标准宋体
病	病	病	病	病	病

《说文》里载，病，疾加也。从疒，丙声。这表明两点：一、普通的疾患加重后就变成了"病"；二、"病"是一个以"丙"为声旁、形旁的形声字。古时，"丙"通"柄"，表示被抓握的手把，而"疒"代表疾患，两者相结合，"病"的意思即为被疾患缠身，身体出了问题。

◎ 汉字有故事：病入膏肓

释义：成语"病入膏肓"，"膏"指的是人心尖上的脂肪，"肓"指的是人的心脏与膈膜之间的薄膜，这两个部位是药力不能到达的地方。"病入膏肓"，即病情严重到了无法医治的程度，引申为事情糟糕到了无法挽救的地步。

成语故事：春秋时期，晋国国君晋景公重病缠身，卧床不起，本国的名医都来为他诊治了一番，他的病情也没有丝毫好转。这时，有人报告说秦国有一位名医，曾用医术救活了很多人，晋景公下令让手下立刻去请这位名医，企盼他能够治好自己的病。

因两国之间路途遥远，医生要过几天才能到达晋国。这一天，精神不佳的晋景公在半睡半醒中做了个奇怪的梦，他梦见令他痛苦不堪的病症化身成了两个小孩子，躲在他的身旁窃窃私语。

晋景公凝神听着他们说话。一个小孩说："这次要来的医生医术高明，说不定他真的能够把我们赶走，这可该怎么办呢，我们要另找藏身之所了。"另一个小孩回答说："不要担心，人的身体里有一个部位是药力不能达到的，那就是膏的下面、肓的上面，我们躲到那里去，名医也拿我们没办法。"说完，两个小孩就不见了。

名医到了晋景公的寝宫后，认真地为晋景公察看了病情，而后叹了一口气，无奈地对晋景公说："您的病情太严重了，无论采用什么方法也治不好了。您的疾病在肓之上，膏之下，吃药、针灸，根本就起不了作用，我实在是束手无策了。"

晋景公见名医说的与自己在梦中听到的毫无二致，便知道自己的病实在是治不了了。他钦佩地说："您的医术可真高明啊，对病情的判断十分准确。"然后，他赏了一些东西给名医，名医惊喜地回秦国去了。

晋景公又撑了一段时间，想要吃新麦。但新麦煮好之后，他还没吃到嘴里，便感觉腹胀难忍，然后栽倒在茅厕里死了。

◎ 知识传送门：病来如山倒，病去如抽丝

"病来如山倒，病去如抽丝"是一句民间谚语，意思是病发起来很突然，像山崩一样，而要康复却很慢，如同从蚕茧里面抽丝。之所以会有这种说法，一方面是因为我国古代只有中医没有西医，医药技术不够发达，由草药熬制而成的中药药汤很难直达病灶，见效较慢，不能立竿见影地治好人的病；另一方面，人体有一定的自愈能力，会进行自我修复，但过程比较缓慢。

◎ "病"字的诗意

1. 沉舟侧畔千帆过，病树前头万木春。——唐·刘禹锡《酬乐天扬州初逢席上见赠》
2. 万里悲秋常作客，百年多病独登台。——唐·杜甫《登高》
3. 亲朋无一字，老病有孤舟。——唐·杜甫《登岳阳楼》

◎ "病"字与歇后语

1. 苍蝇害眼病——早晚要碰壁
2. 打开棺材治好病——起死回生
3. 华佗治病——手到病除

◎ "病"字与谚语

1. 天怕乌云地怕荒，人怕疾病草怕霜。
2. 心病还须心药医，心里痛快百病消。
3. 静而少动，眼花耳聋；有静有动，无病无痛。

38. 骨—刮骨去毒

◎ 趣话"骨"字

甲骨文	金文	篆文	隶书	楷书	行书	草书	标准宋体

远古时期，人们还不会种植庄稼，以狩猎野兽、采集野果为生，他们把捕获的野兽剖开，发现里面有大块的坚硬的物质，并根据这些物质的形状画出了第一种甲骨文"骨"字。后来，人们经常用这些物质占卜，便造出了第二种甲骨文字形，第三种甲骨文简化了第二种字形。后来，人们对这些物质的排列形状更为了解了，由此造出了金文"骨"，上端是排列有序的肋骨，下端是"月"，表明骨肉连在一起。篆文"骨"糅合了甲骨文和金文，确立了"骨"字的基本形态。

◎ 汉字有故事：刮骨去毒

释义：成语"刮骨去毒"，意为刮掉染有毒药的骨头，以去除毒性，医治伤口，也用来比喻从根本上解决问题。

成语故事：三国时，为了争夺地盘，魏蜀吴之间经常爆发战争。关羽是刘备手下的一员大将，常年征战沙场，奋勇杀敌。有一次，关羽率兵与曹军作战，曹军有人用毒箭射中了他的右臂，箭上的毒渗透到了他的骨肉里。大家劝他暂缓战事，先回驻地荆州治好了伤再上战场，关羽怕耽搁战事，坚决不回荆州，大家只好寻揽名医，为关羽治伤。

当时，医者华佗云游四方，刚好游到了此地。他听到了关羽右臂中了毒箭的消息，就来到军营为关羽医治。这时，关公为了不让自己表现出疼痛的神情，降低士兵的士气，装作若无其事的样子与马良下棋。

华佗认真地看了伤口，忧心忡忡地说："您的伤口要是再不处理，等到毒性渗透到更深的地方去，您的整条右臂就要废了！我有一个根治病痛的办法，就是把您的右臂在柱子上绑牢，然后用刀子刮去伤口处的皮肉，再把染骨头上的毒也刮掉，以防毒性蔓延。最后再把伤口缝合起来，过段时间便可痊愈了。但这个治疗过程会非常疼痛，我担心您不能忍受这种痛苦。"

关羽哈哈大笑起来，让华佗只管动手，说自己不害怕疼痛，无须把胳膊绑起来。之后，关羽伸出右臂让华佗动刀，依旧坐在棋桌前用左手下棋。华佗利索地用尖刀割掉了伤口处的皮肉，鲜血汩汩流出，滴落在下方的盆子里，旁观的人都感到害怕，关羽却面不改色。华佗又用刀在发黑的骨头刮来刮去，发出窸窣的声音，有些人干脆闭上了眼睛，不忍再看，关羽还是没有呼痛。

等到华佗把伤口缝好后，关公满意地说："现在我的右臂就像没有受过伤一样，动来动去也不觉得痛，华佗先生真是神医啊！"华佗钦佩地说："我从医多年，救治过无数伤患，从没有哪个人像您一样这么勇敢，您的勇气已经超越了凡人，就好比天神一样！一百天之后，伤口就会彻底长好了。"

◎ **知识传送门：以骨去蚁**

成语"以骨去蚁"出自南朝梁元帝所写的《金楼子·立言下》："以骨去蚁，蚁愈多。"意思是说，用骨头驱赶蚂蚁，蚂蚁只会越来越多。后来，人们用它比喻行为和目的相矛盾，便只能得到与预想相反的结果。

◎ **"骨"字的诗意**

1. 粉身碎骨浑不怕，要留清白在人间。——明·于谦《石灰吟》
2. 蓬莱文章建安骨，中间小谢又清发。——唐·李白《宣州谢朓楼饯别校书叔云》
3. 知汝远来应有意，好收吾骨瘴江边。——唐·韩愈《左迁至蓝关示侄孙湘》

◎ **"骨"字与歇后语**

1. 馋狗等骨头——急不可待
2. 吃鱼不吐骨头——说话带刺儿

◎ **"骨"字与谜语**

1. 谜题：有皮无肉，几根瘦骨，摇摇摆摆，风头出足。（打一物）
谜底：扇子
2. 谜题：一只手真稀奇，没有骨和肉，只有层皮。（打一物）
谜底：手套

39. 额——焦头烂额

◎ 趣话"额"字

隶书	楷书	行书	草书	标准宋体
额	额	额	额	额

楷书"额"字是一个形声字，由"宀"和"额"组成，前者意为房屋，后者意为头顶前部，结合起来，"额"就有了房门顶的意思。后来引申为人脸眉毛之上、发际线之下的部位，即额头。

◎ 汉字有故事：焦头烂额

释义：成语"焦头烂额"，指人因救火被烧焦了头、灼伤了额的样子，后用来形容十分忙碌，忙到了狼狈的境地。

成语故事：《汉书》为东汉时期的史学家班固所著，在《汉书·霍光传》里，载有这样一段历史：汉宣帝在位时，十分倚重大臣霍光，给了他很多权力，大臣徐福劝宣帝不要这样做，以免后患无穷，宣帝不以为然。后来，霍光的子孙意图谋反，宣帝急忙派了很多大臣去镇压，平定祸乱后，又奖赏了这些大臣。但对于一早就提出了问题关键的徐福，宣帝没有任何奖赏，有人就在奏折里向宣帝讲了这样一个故事：

古时的房屋大都是用木头建造的，若是烟囱的结构设计得不合理，就容易引起火灾。有一户人家建了新房子，他的亲朋好友前去做客时，都夸房子好看，只有一个人认真地指出了隐患，他说："您的烟囱直接就从有火的灶膛里伸展了出去，要是火苗顺着烟囱落到了房顶上，您的房子就会失火，我建议您最好在两者之间加一段弯曲的通道。而且您在灶台前堆的柴草太多了，也容易引起火灾。"这家的主人听了之后，认为这个客人是在挑刺，根本没把他的建议当回事儿。

几天之后，那个客人的话果然应验了，那栋新房的厨房烧了起来，还好左邻右舍都施以援手，帮助灭火，哪怕是被火烧伤了额头也没有退缩。大火被扑灭后，这家主人设下宴席，款待那些因救火被烧得焦头烂额的人。有人提醒他说："您要是早些听取别人的意见，就不会有火灾发生了，现在我们这些救火的人尚且被您奉为上宾，但论起功劳来，明明是那个提出忠告的人功劳更大啊！"主人听后，立刻将那个提出忠告的人请了过来。

汉宣帝看完这个故事后，明白上书者是在委婉地为徐福鸣不平，提醒自己不该像那个主人一样分不清主次，立马奖赏了徐福，赐予了他郎中的官衔。

◎ 知识传送门：龙门点额

北魏的郦道元在《水经注·河水四》中载，"《尔雅》曰：'鳣，鲔也。'出巩穴三月，则上渡龙门，得渡为龙矣，否则点额而还。"说的是鲔鱼跃龙门的传说，古人认为海中有龙门，鱼跃过龙门就能变成龙。而古代的考生若是能在科举中中举，就能步入官场，成为官员，因此科举也被称为"跃龙门"，而"龙门点额"指的就是科场落第。后来，人们也用它代指仕途失意。

◎ "额"字的诗意

1. 射杀中山白额虎，肯数邺下黄须儿。——唐·王维《老将行》
2. 额波风尽日，帘影月侵晨。——唐·韩偓《无题》
3. 点额不成龙，归来伴凡鱼。——唐·李白《赠崔侍郎》

◎ "额"字与歇后语

1. 大火烧到额头上——迫在眉睫
2. 额角上长眼睛——眼界高
3. 土地堂的额子——有求必应

40. 睫—目不见睫

◎ 趣话"睫"字

《说文》里载，睫，目旁毛也。从目，疌声。即"睫"指的是眼睛周围的一圈细毛，是一个形声字，以"疌"为声旁。古时，"疌"通"捷"，意为迅速，与"目"相结合，意为眼睛快速眨动时，眼睛旁边的细毛跟着动来动去。

◎ 汉字有故事：目不见睫

释义：成语"目不见睫"，指人的眼睛看不到自己的睫毛，形容人看不到自己的缺点，只看到了别人的错误，也暗喻某些人没有自知之明。

成语故事：春秋时期，楚庄王准备攻打越国，他就这件事询问庄子的意见。庄子问他说："大王您为什么想要攻打越国呢？"楚庄王说："现在的越国，政治混乱不堪，军队软弱，力量弱小。"

庄子劝他说："人的智慧就像自己的眼睛一样，人的眼睛可以看到百步之外的景象，却看不到自己的睫毛，人也会犯类似的毛病。前不久，秦晋两国打败了我国军队，占据了我们数百里的土地，这说明我国军队软弱。大盗庄蹻在我国境内犯下累累罪行，官员们却没有办法阻止他的恶行，这说明我国政治混乱。这样看的话，大王您自己的国家尚且存在诸多问题，您却没有发现，只顾看着越国的混乱状况，这和眼睛看不见眼睫毛有什么区别呢？"

楚庄王听后，幡然醒悟，立刻停下了备战工作，开始认真治理自己的国家。后来，楚国国力强盛，成为春秋五霸之一。

◎ 知识传送门：目不交睫

成语"目不交睫"，意为没有合上眼皮，上下睫毛没有交到一起，出自《史记·袁盎晁错列传》。

刘恒是刘邦的第四个儿子，长大后受封代王，与母亲薄姬一起住在代国，对母亲很是孝顺。后来刘恒登上了皇位，成为汉文帝。袁盎是他的一个臣子，有一次刘恒因做错了事而闷闷不乐，袁盎就宽慰他说："陛下您当年住在代国的时候，您的母亲病了三年，您为此目不交睫了三年，始终没有睡过安稳觉，这是您高出世人的地方。您现在做错的事，并不会毁坏您的名声。"

后来，人们就用"目不交睫"形容晚上睡不着觉，或是某一段时间里没有睡觉。

◎ "睫"字的诗意

1. 北窗欲化庄生蝶，睡思蒙蒙栖倦睫。——宋·陆游《大雨》
2. 睡睫蒙蒙姣欲闭，隔帘微雨压杨花。——宋·陆游《吴娘曲》

◎ "睫"字与歇后语

1. 拉着眼睫毛也会倒——弱不禁风
2. 关门挤着眼睫毛——巧了
3. 大火烧到额头上——迫在眉睫

◎ "睫"字与谜语

谜题：忍饥耐渴沙漠行，双峰立背长睫毛。（打一动物）

谜底：骆驼

41. 眉—举案齐眉

◎ 趣话"眉"字

| 甲骨文 | 金文 | 篆文 | 隶书 | 楷书 | 行书 | 草书 | 标准宋体 |

第一种甲骨文"眉"字完全是按照人的眉毛的形态造出来的，下面是眼睛，上面用波浪线表示可以伸展、皱起的毛发。第二种甲骨文在下端加了一个"人"，突出这为人类所特有；第三种甲骨文将"人"换作"女"，突出女子的娥眉之形。

金文承续了第二种甲骨文，省略了下端的"人"。篆文在第一种甲骨文的基础上，保留了下方的"目"，将上端的波浪线写得更为复杂。到了隶书阶段，干脆将篆文的上端误写为了"尸"，确立了"眉"字如今的写法。

◎ 汉字有故事：举案齐眉

释义：成语"举案齐眉"，原指梁鸿的妻子孟光把放有饭菜的托盘举得跟眉毛一样高，递给丈夫，后用来形容夫妻之间互敬互爱，婚姻美满。

成语故事：梁鸿是东汉时期的一个书生，他品行出众，读完太学后，回家以耕地为生。当时有很多人看中梁鸿的高尚品德，愿意让他做自己的女婿，可不管对方的女儿长得有多美丽，梁鸿都一口拒绝。当地有一户姓孟的人家，家里养有一个貌丑力大的女儿。孟家家境不错，孟女所穿的衣料都是绫罗绸缎，但每当有人上门提亲时，孟女都不答应，在家里待到了三十岁，才告诉父母她想嫁给像梁鸿那样品德高尚的人。梁鸿得知消息后，便去她家提亲。

孟女如愿以偿地嫁给了自己的意中人，每日里穿着漂亮的衣服在梁鸿面前晃来晃去，但她过门七天，梁鸿竟没有跟她讲过一句话。孟女只好主动问梁鸿："你我都是拒绝了很多人的提亲后，彼此选定了对方做自己的伴侣，按理说我们是情投意合的。但为什么您一直不跟我说话，是我哪里做错了吗？"梁鸿回答说："我理想中的妻子，是一位穿着粗布衣服、从事耕织的贤良女子，这样我便能带她去山中隐居，过清贫安乐的生活。你看看你自己，身穿华服，描眉涂粉，不做家务，跟我理想中的女子差得太远了！"

孟女听后，不怒反笑，高兴地说："我之所以这样，就是想要考验你是否真的是不贪图富贵的高尚君子，现在看来，我果然选对了人。"说完，孟女就洗去妆容，穿上麻衣，搬出织机，开始纺线织布。从此以后，梁鸿对妻子和颜悦色，还为她取名孟光，字德曜，以称赞她品德出众。

两人在霸陵山中享受了一段惬意的隐居时光，后来朝廷征召梁鸿入京做官，为了避开前来寻他的官吏，两人去往他地，在一个名叫皋伯通的财主家做短工。每到开饭时，孟光都会把准备好的食物放在盘子里，举到眉毛的高度递给丈夫，梁鸿也总是充满敬意地接过盘子，两人的生活虽不富足，却很温馨安乐。

◎ **知识传送门：巾帼不让须眉**

在古代，贵族妇女们在参加祭祀大典时，为了表示敬重之意，会戴一种用丝织品或发丝制成的头饰，这种头巾式的头饰叫作巾帼。于是，人们就用"巾帼"代指女性，称女中豪杰为"巾帼英雄"。除此之外，古代女子还有剃眉的习惯，剃去眉毛后再用颜料画眉，因为她们认为画出的眉毛比较好看。如此一来，眉毛就成了男性所独有的东西，再加上古代男子有留胡须的习惯，人们便用"须眉"代指男性。而当某个女性很有作为时，人们就会说她"巾帼不让须眉"。

◎ **"眉"字的诗意**

1. 西风多少恨，吹不散眉弯。——清·纳兰性德《临江仙·寒柳》
2. 芙蓉如面柳如眉，对此如何不泪垂。——唐·白居易《长恨歌》
3. 水是眼波横，山是眉峰聚。——宋·王观《卜算子·送鲍浩然之浙东》

◎ **"眉"字与歇后语**

1. 眉毛胡子一把抓——主次不分
2. 俏大姐择眉毛——连根拔

42. 怀—虚怀若谷

◎ 趣话"怀"字

| 金文 | 篆文 | 隶书 | 楷书 | 行书 | 草书 | 繁体标宋 | 简体标宋 |

"罬"字在古代意为"流泪",因此,金文的"怀"看起来像是把正在流泪的孩子抱在胸前,有了"抱在胸前"的字义。但篆文的"怀"字字形发生了很大变化,以"心"为偏旁,以"裏"为声旁,成为了一个形声字。《说文》里说,怀,念思也。即表明"怀"除了原来的意思外,还有"挂念"的意思。

◎ 汉字有故事:虚怀若谷

释义:成语"虚怀若谷",指人的胸怀宽广,犹如旷达的山谷一样,后用来形容为人谦虚,心胸旷达。

成语故事:老子在《道德经》里用"敦兮其若朴,旷兮其若谷"形容修道人,夸赞他们心地像没有加工过的原料一样纯朴,胸怀像旷达的山谷一样广阔。后人从这句话里提炼出了"虚怀若谷"一词。

与老子同一时代的孔子,被称为"圣人",他就是虚怀若谷的典型代表。孔子曾有一句名言:"三人行,必有我师焉。"由此可见他为人谦虚,不断地学习身边人的长处与优点。在韩愈的《师说》里,也曾提到孔子以郯子、苌弘、师襄、老聃为师,虚心地向这些才能不如自己的人请教学问。

如果说郯子等人还算是在学术中有所造诣的人,可以担得起孔子之师的名号,那么孔子以小孩子为师的事例,则充分证明了孔子的胸怀有多旷达、宽广。

孔子曾带着一群弟子周游列国,宣传"仁政"的政治主张。他们驾车前往晋国的途中,有一个小孩子拿着一堆碎石烂瓦在路中央玩耍,使得孔子的马车不能前进。孔子便在马车上大喊:"小孩,你不要在路中央玩耍,否则我们的马车就不能通行了。"小孩子不但不让路,反而让孔子下车仔细看看他在路中间搭了什么,孔子定睛一看，发现那是一座用碎石瓦片搭成的小小城池。

那个孩子有理有据地说："老人家，您自己说说，城、车相遇，应该是哪一方让哪一方呢？"博学的孔子被问住了，不知道该怎么回答，只是觉得这个孩子既聪明又知礼，便问："你叫什么名字？今年几岁了？"孩子说："我叫项橐，今年七岁！"

孔子返回车上，把这件事讲给弟子们听，感慨地说："项橐只有七岁，就如此懂礼，他足以做我的老师了！"

◎ 知识传送门：蜂虿作于怀袖

成语"蜂虿作于怀袖"出自《晋书·刘毅传》："蜂虿作于怀袖，勇夫为之惊骇，出于意外故也。"说的是当蜜蜂、毒虫在人的袖子中活动时，勇敢的人也会大吃一惊，因为这实在是太意外了。后来，人们便用这个成语比喻受到出乎意料的惊吓。

◎ "怀"字的诗意

1. 抬望眼、仰天长啸，壮怀激烈。——宋·岳飞《满江红·写怀》
2. 怀旧空吟闻笛赋，到乡翻似烂柯人。——唐·刘禹锡《酬乐天扬州初逢席上见赠》
3. 当君怀归日，是妾断肠时。——唐·李白《春思》

◎ "怀"字与歇后语

1. 抱在怀里的西瓜——十拿九稳
2. 怀里揣着十五只兔子——七上八下
3. 怀抱火炉吃西瓜——外热里冷

第六章 汉字与文化

字形藏理,
字音通意

1. 孝—孝感动天

◎ 趣话"孝"字

| 甲骨文 | 金文 | 篆文 | 隶书 | 楷书 | 行书 | 草书 | 标准宋体 |

《说文》里载，孝，善事父母者。从老省，从子。子承老也。意思是说，用恭敬的态度侍奉父母长辈，被称为"孝"；"孝"字由省略了"匕"的"老"字与"子"结合而成，字形看起来像是年轻的人搀扶着老人。因此，"孝"的本义是尽心地、恭敬地奉养父母长辈。

◎ 汉字有故事：孝感动天

释义：成语"孝感动天"，原是《二十四孝》中的第一个故事，讲述舜用孝心感动上天，获得了上天的帮助。后用来形容人因孝顺创造了奇迹，好似有上天相助一样。

成语故事：舜是黄帝的后代，出生后只是一个普通的平民。他家里有一个又聋又瞎的父亲，性格暴躁，没有耐心，还好他的母亲是一个贤良的人，不仅让舜感觉到了母爱的温暖，还教会了他众多美好品德。

好景不长，舜刚刚度过了幼年时期，他的母亲就因病去世。他父亲因丧妻变得脾气更加暴躁，还娶了一位继室。继母刚开始对舜还算不错，但当她生下自己的儿子象后，对舜怎么看怎么不顺眼，唯恐舜和自己的儿子分家产。舜的父亲因后妻的挑唆对舜越来越坏，经常因为无足轻重的小事打骂舜。其对后妻偏听偏信，把所有的父爱都倾注到了小儿子身上。遭受无妄之灾的舜并没有什么怨言，谨记生母的教导，坚持做一个孝顺的人。

象一天天地长大了，舜简直成了继母的眼中钉、肉中刺，她设下毒计，与儿子、丈夫一起陷害舜，想要夺他性命，以便自己的儿子独霸家产。她先是让舜去修补谷仓的仓顶，然后在从谷仓下放火，想要烧死仓顶处的舜，舜只好手持两个斗笠向下跳，奇迹般地没有受伤；她又让舜掘一口深井，等舜越挖越深时，她命令丈夫和儿子一起用土填井，想要把舜埋在地下闷死，机智的舜挖了地道逃脱，从另外的地方钻了出来。

屡次的陷害都失败之后，无计可施的继母打发舜去历山种地，不想在家里看到他。这时，由于舜长久以来对长辈的孝顺，可以感知一切的上天都被他感动了，主动派下群鸟帮他锄草，又让大象帮他耕地，使他很快就完成了任务。

舜孝顺的名声越传越远，领袖帝尧得知后，特意考察了他一番，还把自己的两个女儿娥皇和女英嫁给舜做妻子，多年后又把天子位禅让给了舜。至纯至孝的舜不计前嫌，用心赡养父亲和继母，还给了象一块封地。

后人写诗赞赏舜，曰：队队春耕象，纷纷耘草禽。嗣尧登宝位，孝感动天心。

◎ 知识传送门：举孝廉

"举孝廉"作为察举制的主要科目之一，确立于汉武帝时期，指的是当时的地方官员举荐自己辖区之内"孝子廉吏"去做官，是一种自上而下推选官员的制度。它在一定程度上选拔了品德高尚的官员，有利于维护中央集权的稳定。但是在东汉后期，这种选举制度开始走下坡路了，当时就有童谣"举秀才，不知书；举孝廉，父别居"，讽刺推选被世族垄断的社会现象。自此，举孝廉不再是一项公正的选举制度，而是成了滋生腐败的温床。

◎ "孝"字的诗意

1. 忠孝义慈行方便，不需求我自然真。——唐·吕洞宾《绝句》
2. 尚忆元朝多乐事，孝皇曾为两宫开。——明·王守仁《元夕二首》

◎ "孝"字与歇后语

1. 外甥披孝——无救（舅）
2. 诸葛亮吊孝——假仁假义

◎ "孝"字与俗语

1. 百善孝为先。
2. 不孝有三，无后为大。
3. 子不孝，父之过；教不严，师之错。

2. 亲—大义灭亲

◎ 趣话"亲"字

| 甲骨文 | 金文 | 篆文 | 隶书 | 楷书 | 行书 | 草书 | 标准宋体 |

金文的"亲"是一个左右结构的形声字，左边是"辛"，意为"受刑、受监"，右边是"见"，意为"探视"，合起来就是"探监"的意思。因为古代的刑法比较严苛，一个人获刑入狱后，基本就没有了什么名誉，平时有来往的人对他避之不及，只有有血缘关系的家人才可能去监狱探望他，所以金文"亲"的本义是"探望监狱里的家人"。

篆文和隶书在金文的基础上没有什么改变，楷书则直接省略了"见"，并将"辛"写成了"亲"。这时，"亲"的本义已经消失，多用来指有血缘关系、夫妻关系的人，也用作动词，形容接近、触碰的动作，还可以当代词，代指自己。

◎ 汉字有故事：大义灭亲

释义：成语"大义灭亲"，指为了维护正义，不惜处罚自己犯罪的亲属。多用来称赞人不徇私情，秉公办事。

成语故事：春秋时期，卫国的国君卫庄公有三个儿子，分别叫姬完、姬晋、州吁，卫庄公对小儿子州吁极为宠爱，使得他成了一个残忍暴戾的人。大臣石碏劝卫庄公好好管教州吁，庄公却总是舍不得惩罚小儿子，更糟糕的是，石碏的儿子石厚和州吁越走越近，经常一起做坏事。石碏气得用鞭子把石厚狠抽了一顿，又把他锁在家里，不许他出门，石厚还是偷偷溜出去，继续和州吁厮混在一起。

卫庄公去世前，立长子姬完为国君，石碏此时告老还乡，不理政事。后来，骄纵的州吁在石厚的帮助下，杀死了大哥姬完，自立为王，还把自己的二哥姬晋逼得逃离了卫国。州吁为了扬威于邻国，总是驱使百姓去打仗，搞得百姓对他怨声载道。为了平息民怨，稳固政权，州吁派石厚去请教石碏该怎么办。

当时，周天子为天下共主，诸国有新君上位时，新君都会去觐见周天子，好让周天子册封自己。石碏认为这是除去州吁的良机，故意献计让州吁和石厚一起去陈国找陈桓公，然后去朝拜周天子，说只要陈桓公能在周天子面前为州吁美言几句，周天子就会降下赏赐给州吁，百姓们自然就臣服了。州吁和石厚兴高采烈地准备启程，石碏却写了血书传给与他交好的陈桓公，说卫国的混乱都是州吁和石厚造成的，当二人到达陈国后，请陈桓公杀了二人。

陈桓公依计杀了州吁，却扣留了石厚，等待石碏来处理他。石碏派人迎回了流落在外的姬晋，拥护他登上王位，而后与大臣们一起商议如何处置作恶多端的州吁和石厚，大臣们都说州吁被处死是应该的，但石厚的罪过较小，该饶了他的性命。石碏大义凛然地说："虽然石厚是我的儿子，但他这些年来助纣为虐，理应被处死，我不能因为亲情而罔顾了正义啊！"随即石碏派自己的家臣去陈国杀了石厚。史官将石碏杀子的行为描述为"大义灭亲"。

◎ 知识传送门：老莱娱亲

"老莱娱亲"讲述的是一个孝顺父母的故事。楚国有一个隐士名叫老莱子，为了让父母有一个幸福的晚年，七十多岁的老莱子想尽各种方法逗父母开心。他曾养过几只善叫的鸟儿，因为鸟儿的叫声清脆好听，所以老莱子的父母非常高兴。但是每当老莱子的父母看到儿子的白发时，都会感叹自己时日不多了。老莱子为了不让父母担忧，专门做了一件五彩斑斓的衣服，连走路都是跳舞的样子，逗得父母笑呵呵的。有一天，老莱子不小心摔倒了，由于害怕父母担心就装作婴儿啼哭并且还在地上打滚，老莱子的父母看到老莱子故意打滚，笑容不禁出现在脸上。

◎ "亲"字的诗意

1. 独在异乡为异客，每逢佳节倍思亲。——唐·王维《九月九日忆山东兄弟》
2. 亲朋无一字，老病有孤舟。——唐·杜甫《登岳阳楼》
3. 汉家天子今神武，不肯和亲今去来。——唐·王之涣《凉州词二首》

◎ "亲"字与歇后语

1. 包公铡皇亲——六亲不认
2. 东吴招亲——上当一回；弄假成真

◎ "亲"字与谚语

1. 甜不过蜂蜜，亲不过母女。
2. 亲邻互助山成玉，父子同心土变金。
3. 姑舅亲，辈辈亲，打断骨头连着筋。

3. 才—江郎才尽

◎ 趣话"才"字

| 甲骨文 | 金文 | 篆文 | 隶书 | 楷书 | 行书 | 草书 | 标准宋体 |

甲骨文"才"看起来像是一个树杈上面横放了一根柱子，我们将之解读为刚开始造房子时，最先搭立起来的房梁和房柱，此时"才"的意思为"梁柱"。金文承续了甲骨文字形。

篆文字形有所改变，《说文》相应地给出了"才，艸木之初也。从丨，上贯一，将生枝叶。一，地也"的解释，意思是说此时的"才"，字形像是小草刚从地面长出的样子，重点强调了"刚长出"，所以"才"字此前的字义消失，开始以"刚开始、初"为本义，后来又发展出"能力"的字义。

◎ 汉字有故事：江郎才尽

释义：成语"江郎才尽"，原指南朝的江淹写文章的能力越来越差，写不出跟以前一样高质量的文章，后用来形容创作者才情减退。

江淹是中国南朝的著名文学家，年少的时候就以才华而出名，然后入朝为官，在宦海中沉浮。当时他年纪虽小，人生经历也不够丰富，却写出了大名鼎鼎的《恨赋》和《别赋》，精准地描绘了世间的生死之恨、离别之愁，读过的人都会感受到文章里浓浓的真情与愁感，而后叹息江淹的文章灵气十足。没想到从那之后，江淹写的文章越来越少，质量也大不如从前，别人都以为他是才思枯竭了，说他

"江郎才尽"。

按照常理,一个有才能的人是不会被一两部作品榨干才思的,甚至还会在创作过程中愈写愈好。因此,人们对"江郎才尽"的原因进行了探讨,主要有以下三种说辞:

一、江淹的才气本就是别人的,还给别人后就灵感枯竭了。《南史·江淹传》中载,有一天,江淹在一个亭子里睡午觉,梦到一个自称郭璞的男子向他走来,说:"我有一支笔在你那里放了很久了,现在你应该把它还给我。"迷迷糊糊的江淹伸手入怀,果然拿出了一支流光溢彩的笔,他就把笔递给了梦中人。从那以后,江淹就写不出优美的文章了。

二、江淹有了名气后就入朝做官,一连为官几十载,期间政务繁忙,少有闲暇,自然没有时间好好创作、认真打磨作品。

三、江淹是怕自己写文章的才能太过耀眼,招惹梁武帝的嫉妒,因此故意疏于写作,以保全自身。这种说法有一定道理,因为皇帝大都有唯我独尊的特性,不喜欢别人盖过自己的风头。但也没有确切的证据。

综上所述,恐怕第二种说法才是最接近事实真相的。

◎ 知识传送门:才高八斗

"才高八斗"是谢灵运称赞曹植时所用的比喻,他这样写道:"天下才共一石,曹子建(曹植)独得八斗,我得一斗,自古及今共分一斗。"在他看来,在曹操的四个儿子之中,最有文采的当属曹植。作为山水诗鼻祖的谢灵运,才华横溢,恃才傲物,但是对于曹植的评价却是极尽言语赞赏。这个词后多用来形容文人才识过人,也常常跟"学富五车"一起用来形容文人博览全书、见多识广。

◎ "才"字的诗意

1. 小荷才露尖尖角,早有蜻蜓立上头。——宋·杨万里《小池》
2. 乱花渐欲迷人眼,浅草才能没马蹄。——唐·白居易《钱塘湖春行》
3. 此情无计可消除,才下眉头,却上心头。——宋·李清照《一剪梅·红藕香残玉簟秋》

◎ "才"字与歇后语

1. 才子配佳人——恰好一对

2. 秀才遇见兵——有理说不清

◎ "才"字与谚语

1. 江山代有才人出，各领风骚数百年。
2. 秀才不出门，尽知天下事。
3. 聪明人用成果说话，傻瓜才用舌头吹牛。

4. 黄—黄袍加身

◎ 趣话"黄"字

古人在练习射箭时，为了能够瞄准箭靶的中心，经常在靶心处涂上赤碣色的泥浆，作为标记，并由此造出了第一种甲骨文"黄"字，它的字形正是一个箭靶中间有一个圆圈。第二种甲骨文比第一种在圆圈里多了一横，意在突出那是射箭者想射中的地方。第二种金文在第二种甲骨文的基础上多加了一个"廿"，奠定了如今"黄"字字形的基础。

《说文》里载，黄，地之色也。这说明早在篆文阶段，"黄"字就失去了它"用赤碣色的泥浆涂抹箭靶靶心"的本义，而被重新定义为"泥土的颜色"。

◎ 汉字有故事：黄袍加身

释义：成语"黄袍加身"，意思是把黄色的龙袍穿到身上，被拥立为帝王。比喻通过发动政变获取皇位。

成语故事：后周时期，赵匡胤是周世宗柴荣手下的一名将领，他随柴荣南征北战，因作战勇猛，屡建战功，一步步地被提拔为殿前都点检，又任宋州归德军节度使一职。赵匡胤在征战期间结拜了很多将领，手握一部分兵权，在军中很有名望。

周世宗柴荣驾崩后，他年仅七岁的儿子柴宗训继任了皇位，世称周恭帝，宰相范质、王溥辅佐恭帝施政，但他们只是文臣，并无兵士可用。实力强大的赵匡胤认为与其让一个无知的幼子把控江山，不如自己去坐龙椅，此后，他便发动了著名的"陈桥兵变"，名正言顺地夺取皇位。

新年伊始，一封边关急报传到了宰相范质手中，称敌国来犯，他便迅速派能征善战的赵匡胤带兵去驻守边境。赵匡胤带着大军离开京城，走了二十里，因天色已晚，便驻扎在陈桥驿休息。兵士们直接倒地而睡，赵匡胤的心腹将领们达成一致意见，认为为小皇帝出生入死太不值得，应该让赵匡胤做皇帝，这样他们便是开国功臣了。他们的议论声吵醒了士兵们，众人都觉得这是上上之策。

于是，心腹将领们拿出早就准备好的绣有龙的黄袍，带着众人到了赵匡胤的屋子里，不等他发言，便把黄袍披到了他身上。然后众人一齐跪下，口称"皇上万岁"。赵匡胤便带着大军返回京城，守卫京城的将领大部分是他的结拜兄弟，他们索性大开城门，直接将众人迎了进来。

年幼的恭帝无力回天，直接让位于赵匡胤，文臣们也只好恭迎他上朝。

◎ 知识传送门：炎黄子孙

炎黄子孙，也称黄炎子孙，黄帝子孙，是华夏民族的自称。在《国语·晋语》中有载："昔少典氏娶于蟜氏，生黄帝、炎帝。黄帝以姬水成，炎帝以姜水成。成而异德，故黄帝为姬，炎帝为姜。二帝用师以相济也，异德之故也。"从中我们可以得知黄帝和炎帝是起源于陕西省中部的渭河流域的两个血缘相近的部落首领。黄帝在战争中打败了炎帝，于是渐渐形成了华夏族，后世的皇帝也称自己是黄帝的后裔，于是，炎黄子孙也就成了中华儿女的代名词。

◎ "黄"字的诗意

1. 已是黄昏独自愁，更著风和雨。——宋·陆游《卜算子·咏梅》

2. 满地黄花堆积，憔悴损，如今有谁堪摘。——宋·李清照《声声慢·寻寻觅觅》

3. 故人西辞黄鹤楼，烟花三月下扬州。——唐·李白《黄鹤楼送孟浩然之广陵》

◎ "黄"字与歇后语

    1. 鼻尖抹黄连——苦在眼前

    2. 吃罢黄连劝儿媳——苦口婆心

5. 皇—燕啄皇孙

◎ 趣话"皇"字

金文	篆文	隶书	楷书	行书	草书	标准宋体
皇	皇	皇	皇	皇	皇	皇

    古代的普通士兵被称作"兵",比士兵等级高一级的将领被称作"士",在"士"上面加一横,形成"王",意即统率所有士兵和将领的人。而金文和篆文的"皇"字,都是在"王"字上面加了一顶闪耀着光芒的冠冕,这表明戴着金冠的王,被称为"皇"。

◎ 汉字有故事：燕啄皇孙

    释义：成语"燕啄皇孙",原指汉成帝的妃嫔赵合德残害其他嫔妃的孩子,致使汉成帝没有子嗣,后用来表示后妃谋害皇子。

    成语故事：汉成帝刘骜曾经和富平侯张放一起扮成普通人,出宫去河阳公主家玩乐。在宴席上,河阳公主命人跳舞给汉成帝欣赏,里面有一个尤为美貌的舞女赵飞燕,汉成帝对她一见钟情,将她带回宫里,纳为妃嫔,给了她"婕妤"的封号。

    后宫的争斗非常激烈,赵飞燕害怕汉成帝终有一天会厌倦自己,于是,她向汉成帝推荐了自己的妹妹赵合德,汉成帝把美貌的赵合德也纳作妃子,身体丰腴的赵合德很快就获得了汉成帝的欢心。

    在赵氏姐妹的联手打击下,原来的皇后被废掉,赵飞燕登上了皇后的宝座,姐妹俩一时风头无两。渐渐地,汉成帝不再喜爱身形纤瘦的赵飞燕,专宠赵合德,赵合德更加骄纵，听说被汉成帝偶然临幸过一次的曹氏宫女生下了皇子，妒火中烧的赵合德暗地里命人杀了曹氏母子。

接着，姐妹俩又使用种种手段，不让其他妃嫔有怀孕的机会，以至于民间传出了"燕燕，尾涎涎，张公子，时相见；木门玱琅根，燕飞来，啄皇孙，皇孙死，燕啄矢"的童谣，意指汉成帝因为和张放出去玩认识了赵飞燕，赵飞燕残忍地杀害皇家子嗣。

事实上，杀死曹氏母子的事是赵合德做的。但在外人眼里，赵氏姐妹实为一体，没有赵飞燕的引荐，赵合德也不能入宫，而赵飞燕也确实一直在防备其他妃嫔怀孕生子，因此人们就把残害皇子的罪名推在了赵飞燕身上。后来，"燕啄皇孙"逐渐失去了本来意思，专指后妃谋害皇子。

◎ 知识传送门：舍得一身剐，敢把皇帝拉下马

在古代，皇帝是地位最高最尊贵的人，人们在皇帝面前，只能俯首称臣，生死就在皇帝的一念之间。而"舍得一身剐，敢把皇帝拉下马"，则是一句大不敬的话，多出自对当朝统治者怀有怨意的人的口中，他们抛却生死，想要推翻当政者的统治。后来，这句话用于比喻不管多难的事，只要拼着一死就有成功的可能，也用来比喻同恶势力做斗争时，不惜以牺牲自己的生命为代价。

◎ "皇"字的诗意

1. 惜秦皇汉武，略输文采；唐宗宋祖，稍逊风骚。——毛泽东《沁园春·雪》
2. 元嘉草草，封狼居胥，赢得仓皇北顾。——宋·辛弃疾《永遇乐·京口北固亭怀古》
3. 最是一年春好处，绝胜烟柳满皇都。——唐·韩愈《早春呈水部张十八员外》

◎ "皇"字与歇后语

1. 阿斗当皇帝——软弱无能
2. 程咬金做皇帝——当不得真

◎ "皇"字与谚语

1. 天高皇帝远，有冤无处申。
2. 有了千钱想万钱，当了皇帝想成仙。

6. 尊—妄自尊大

◎ 趣话"尊"字

甲骨文	金文	篆文	隶书	楷书	行书	草书	标准宋体

甲骨文"尊"字形似一双手捧举着一个酒坛，露出虔诚、崇敬的意味。第二种金文在甲骨文字形上加了一撇一捺，第二种篆文又在此基础上，将形似双手的字符写成了"寸"。"尊"的本义是"手捧酒坛，进行献礼祭拜"，后引申为"崇敬、敬重"。

◎ 汉字有故事：妄自尊大

释义：成语"妄自尊大"，意思是人过分狂妄地夸大自己，觉得自己很厉害，看不起别人，而事实并非如此。

成语故事：刘秀是东汉的开国皇帝，在他刚登上皇位时，由于前朝王莽篡权造成的贻害，国家仍处于四分五裂的状态，很多地方都被各个豪强占据着。

刘秀在洛阳登基后，豪强们都在心里思考着自己的出路：是什么都不做，静观其变，还是与其他豪强相联合，形成更大的势力？豪强中实力最强的公孙述在成都一带自封为王，表明了与刘秀作对的态度，其他不满刘秀称帝的豪强就去追捧他，夸赞公孙述才是天子，他不禁扬扬得意。

有个叫隗嚣的豪强派他的手下马援，去公孙述那里探探口风，想知道若是跟着公孙述，会不会是一条正确的出路。马援高兴地出发了，他与公孙述相识多年，从小就在一起玩耍，他在心里幻想着公孙述见到自己后该有多么高兴。

但现实泼了马援一头冷水，将他浇得透心凉：公孙述见到他后，不但没有高兴的神色，反而傲慢地坐在高高的座位上，将自己当作帝王，要求马援给他施臣子礼。马援强忍着不高兴拜见了公孙述，向他说明了自己的来意，期望他给自己一个满意的答复，没想到公孙述只是淡淡地说了几句闲话，仿佛隗嚣的选择对他没有半点影响，然后就命令马援退下。

马援怀着一腔热忱前去，憋了一肚子气回来，当下就对自己的随从说："现在天下局势尚未分明，鹿死谁手还是件不确定的事，公孙述就这样傲慢无礼，稍有脾性的人见他这样都不会投奔他吧？"

马援面见隗嚣，对隗嚣说："尽管公孙述现在实力强大，但他还未成气候就端起了帝王的架子，跟井底之蛙没什么两样，永远不会清楚地认识到外面世界的广阔。他为人傲慢，一副很了不起的样子，太妄自尊大了，我们投靠他也不会被善待。听说刘秀为人谦虚，在洛阳广纳贤才，我认为去投靠他是个不错的选择。"

马援回家之后，就迅速地收拾好了行囊，去洛阳投靠刘秀，得到了与之前截然相反的待遇。后来，马援成了刘秀手下的一员大将，亲自见证了刘秀战胜狂妄自大的公孙述、一统天下的过程。

◎ 知识传送门：男尊女卑

在古代社会中，男子地位高于女子，女子甚至可称为其附庸品。究其发展过程，可以追溯到古代母系氏族社会，女子在当时处于支配地位，但是随着父系氏族社会的出现，男尊女卑的观念也逐渐形成。随着社会生产力的不断发展，人们的观念也不断改变，现代社会，人们提倡的是男女平等，但是在生产力落后的地区，封建观念依旧根深蒂固。

◎ "尊"字的诗意

1. 人生如梦，一尊还酹江月。——宋·苏轼《念奴娇·赤壁怀古》
2. 地维赖以立，天柱赖以尊。——宋·文天祥《正气歌》
3. 笙歌未散尊前在，池面冰初解。——五代·李煜《虞美人·风回小院庭芜绿》

◎ "尊"字与歇后语

1. 戴着乌纱帽不上朝——养尊处优
2. 对着镜子行大礼——自尊自敬
3. 嘴唇上贴膏药——免开尊口

◎ "尊"字与名人名言

1. 珍视思想的人，必然珍视自己的尊严。——苏霍姆林斯基
2. 虽然尊严不是一种美德，却是许多美德之母。——柯林斯托姆
3. 不要让一个人去守卫他的尊严，而应让他的尊严来守卫他。——爱默生

7. 泰—重于泰山

◎ 趣话"泰"字

金文	篆文	隶书	楷书	行书	草书	标准宋体

从金文到篆文，"泰"一直是一个形声字。它的金文字形，除了从左右两端伸上去的那双手外，余下的部分是金文"汰"字。"汰"在古代意为清洗，金文"泰"意为用双手接水清洗身体上的灰尘，古人认为这样可以带来吉祥和好运。

为了规范字的写法，隶书把原来弯曲复杂的字形变为平顺的笔画，奠定了如今"泰"字的写法，却也让"泰"脱离了形声字的范畴。另外，它的本义也已经消失，演化成"好运、舒适、安宁"等吉祥寓意，人们还用它命名了一座山，即泰山。

◎ 汉字有故事：重于泰山

释义：成语"重于泰山"，形容某件事或某个人很重要，有极大的作用、价值和影响。

成语故事：汉武帝初登皇位时，当时的太史令是司马谈，他看着国家在汉武帝的治理下，日渐强盛，生机勃勃，不禁生出了编写史书的雄心壮志。可他又怕自己年岁已大，不能完成这场浩大的工程，便把希望寄托在儿子司马迁身上，要求儿子游历天下，查明一些历史典故和疑团，他自己则在家里整理史料，为日后编书做准备。

司马迁外出游历两年多后，司马谈因病卧床不起，因为放心不下编写史书的

事情，苦苦支撑，终于把儿子等了回来。司马谈在临终前叮嘱儿子说："我们家族历朝历代都是做史官的，祖上还出了好几位有名的大臣，现在我身体不行了，希望你扛起史官的职责，对君主尽忠，如实记载历史。更重要的是，自史书《春秋》之后，政治混乱，有四百多年的历史都没有被记载到书里，现在好不容易到了太平盛世，要是还不能编出一部完整的史书，我们的家族还有什么意义呢？你一定要把这件事牢牢记在心里！"

司马迁含着热泪答应了父亲的要求，说自己一定会完整地记录过去的历史，司马谈这才撒手人寰。

之后，司马迁接替父亲的职务，做了新一任的太史令。就在他动笔开始写《史记》时，将军李陵在被匈奴逮住后选择了投降，汉武帝为此大怒，问司马迁对此有何看法。司马迁提出了与皇帝相反的意见，说李陵不是贪生怕死之辈，他选择投降肯定是想将功赎罪。正在气头上的汉武帝迁怒于司马迁，将他关进监狱，要处死他。根据当时的法律，如果想逃过死刑，就必须拿出一大笔钱来，或者受宫刑，司马迁没有那么多钱，而受宫刑对当时的人来说，不仅代表肉体将遭受巨大的痛苦，更是一种精神上的奇耻大辱。

司马迁原本想一死了之，但著《史记》是他与父亲的共同心愿，因此他忍受着痛苦与耻辱，在狱中坚持写作。后来，他给好友任安写信说："人固有一死，或重于泰山，或轻于鸿毛。我就是依靠这股信念对抗着各种折磨，使自己在完成历史著作前，不要轻易死去。"

司马迁用毕生心血完成了《史记》，为我们留下了珍贵的历史资料，而他本人为此作出的贡献，也称得上是"重于泰山"了。

◎ 知识传送门：郭泰碑铭

"郭泰碑铭"出自《后汉书》中的《郭符许列传·郭太》。汉代的郭泰少有大志，不仅饱读诗书、通读经典，而且还淡泊名利，辞官不就。他曾收有数千门生，还有慧眼识英雄之能，因此培养了一大批有识之士。后来，郭泰因忠臣被宦官杀害，气得卧床不起，次年离世。蔡邕后为其作碑文，不禁连声叹息道："吾为碑铭多矣，皆有德，唯郭有道无愧色耳。"于是"郭泰碑铭"后来就常用来形容内容真切、感情真挚的碑文，也用来称颂人生前的良好品行。

◎ "泰"字的诗意

　　1. 泰山不要欺毫末，颜子无心羡老彭。——唐·白居易《放言五首·其五》

　　2. 冉冉孤生竹，结根泰山阿。——汉·佚名《冉冉孤生竹》

　　3. 四月上泰山，石屏御道开。——唐·李白《游泰山六首》

◎ "泰"字与歇后语

　　1. 登上泰山想升天——好高骛远

　　2. 蚂蚁搬泰山——自不量力；不自量

◎ "泰"字与谚语

　　1. 一叶障目，不见泰山。

　　2. 泰山不让微尘，故能成其大；河海不择细流，故能成其深。

　　3. 人心齐，泰山移。

8. 棋—举棋不定

◎ 趣话"棋"字

甲骨文	篆文	隶书	楷书	行书	草书	标准宋体
𣏗	棊	棋	棊	棋	橶	棋	棋

　　甲骨文"棋"可拆分为上中下三部分，上部分那个枝枝杈杈的字符是甲骨文"木"，中间部分是甲骨文"其"，通"箕"，表示竹制的箕筐，最下面的则是人的双手，整体字义为在箕筐里放入代表博弈工具的小木块，用手抓着玩。此字义只见于古文，现在"棋"的字义为文娱游戏、博弈工具。

◎ 汉字有故事：举棋不定

　　释义：成语"举棋不定"，意为在下棋时，手里拿着棋子，不知道应该下到哪一处才好。后用来比喻做事时或做决策时，犹豫不决，拿不定主意。

春秋时期，卫国的国君卫献公不是一个贤明的君主，臣民对他有非议。卫国的大夫孙文子和宁惠子为了使国家走上昌盛之路，发动了军事政变，把暴虐无道的卫献公赶出了国家，拥护新君即位。参与政变的宁惠子后来有了悔意，认为自己做得不恰当。

宁惠子在快要去世的时候，仍是放不下这件心事，他叮嘱自己的儿子宁悼子："以前我没有思考清楚就参与政变，赶走了我们的国君，这些年我一直有些后悔，现在我就要死了，再也没有机会弥补我做的事情，希望你能替我纠错，迎接卫献公回来重掌政权。"宁悼子诧异得不知道怎么回答，父亲就合眼去世了。

宁惠子去世的消息被一直流亡在国外的卫献公知道后，他感到这是他复国的好机会，便假意对宁悼子说只要自己能够重新当上国君，他愿意只要虚名，把实权都交到宁悼子手里。在这样巨大的诱惑前，宁悼子认为父亲的叮嘱也不是太荒唐，他开始思考此事的可行性。

宁悼子请来了众位大臣，和他们说了事情的始末。大臣们没想到宁家父子的脑袋都是这么的不灵光，好言相劝道："你们宁家已经把卫献公赶出去了十二年，这十二年他肯定吃了不少苦，心里对宁家十分怨恨。你现在若是迎接他回来，无疑是一件后患无穷的事。就拿下棋来说，棋手只有坚定自己的思路，才能取得胜利；若是这样举棋不定，很容易被对手战胜。下棋尚且如此，更何况是在废立国君这样的大事上呢，来回摇摆只会导致灾祸。"

被利益冲昏头脑的宁悼子根本听不进其他大臣的劝说，他一意孤行地拥立卫献公回来当国君，不仅没捞到什么好处，还赔上了自己的性命。

◎ 知识传送门：观棋烂柯

相传，晋国有一个名叫王质的年轻人，有一天他在去砍柴的路上看到一童一叟正在下棋，于是他就停下来观看棋局，观看多时之后，旁边的童子提醒他："你该回家了。"王质这才想起时候不早了，就俯身拿起自己的斧子，却发现斧柄已经腐烂了，而斧头也已经锈迹斑斑，王质觉得很不可思议，急忙加快脚步赶回家。但是等王质回到家中后，却发现家乡已经大变样，于是王质向老者询问，这才得知世间已经过去了几百年了。原来，王质在砍柴的时候不小心进入了仙境，天上一天，人间已是百年。后世就把"烂柯"作为围棋的一个别名。

◎ "棋"字的诗意

1. 有约不来过夜半，闲敲棋子落灯花。——宋·赵师秀《约客》
2. 酒食罢无为，棋槊以相娱。——唐·韩愈《示儿》
3. 落灯花棋未收，叹新丰孤馆人留。——元·徐再思《水仙子·夜雨》

◎ "棋"字与歇后语

1. 闭着眼睛下围棋——黑白不分
2. 棋盘里的老将——出不了格
3. 自己跟自己下棋——输也是你赢也是你

◎ "棋"字与俗语

1. 观棋不语真君子，举棋不悔大丈夫。
2. 象棋似布阵，点子如点兵。

9. 歌—四面楚歌

◎ 趣话"歌"字

金文	篆文	隶书	楷书	行书	草书	标准宋体
訶	謌	謌	歌	歌	欹	歌	歌

古时候，青年男女不好意思向心上人直接表白，就采用咏唱恋曲的方式进行交流，称之为"歌"。后来，文人们将写下的诗词谱上音调，使之能够唱出来，方便不识字的普通人也可以了解他们的作品，因此，"歌"又代表"能唱的诗词"。

◎ 汉字有故事：四面楚歌

释义：成语"四面楚歌"，原指项羽率军被困垓下时，汉军围着他们唱起楚地的歌谣；后比喻被团团围困，陷入四面受敌、孤立无援的境地。

成语故事：项羽在和刘邦争霸的过程中，渐渐落了下风，一退再退，最终被刘邦手下的大将韩信带兵困在了垓下。这时，楚霸王项羽身边已经没有多少士兵了，军粮也断绝了。尽管如此，韩信还是不打算硬攻，因为项羽是一个骁勇无双、力能扛鼎的人，他手下的楚地士兵作战十分英勇，不顾惜生命。韩信担心硬攻的话，会激发他们的血性，折损自己手下的兵将，甚至让其逃出去，留下后患。

双方都安营扎寨，按兵不动，韩信突然想出一个好主意：为什么不对着敌人唱楚地的歌谣，引发他们的思乡之心，摧垮他们的斗志呢？他立刻部署下去，让部下中会唱楚歌的人分布在楚军周围，等天黑之后大声唱歌。

夜幕降临，项羽在帐篷里休息，正在他心神不宁的时候，那熟悉的楚歌悠悠传来，令他大吃一惊，以为刘邦已经攻下了楚地，招了楚人做士兵，那样的话，他就没有了退路。另外，这楚歌也让他心生歉疚，他带着家乡子弟东征西战，已经很久没有回过楚地了，乡亲父老们因为相信他才把自己的儿孙送入他麾下，他不仅没有让大家过上荣华富贵的生活，反而被别人逼入绝境。

项羽越想越难过，他手下的士兵也都垂下了头，流下思乡的泪水，昂扬的斗志荡然无存，士气变得低沉。项羽心知不妙，带着手下想要突围而出，与汉军厮杀一阵后，楚军士兵纷纷倒下，孤掌难鸣的项羽最终选择了自刎。

◎ 知识传送门：悲歌易水

成语"悲歌易水"出自荆轲刺秦的故事。战国时期，燕太子丹曾在秦国做过人质，他从秦国逃出来之后，就策划着派遣刺客去刺杀嬴政，在田光的介绍下，燕太子丹结识了侠士荆轲，就请他去完成这个任务，燕太子丹给予荆轲极大的礼遇，荆轲同意去刺杀嬴政。在荆轲出发前，太子丹等人前去送别，在易水边分手的时候，高渐离击筑，荆轲和而高歌："风萧萧兮易水寒，壮士一去兮不复还！"于是后世就把"悲歌易水"作为描写悲壮苍凉气氛的成语。

◎ "歌"字的诗意

　　白日放歌须纵酒，青春作伴好还乡。——唐·杜甫《闻官军收河南河北》
　　幸甚至哉，歌以咏志。——汉·曹操《龟虽寿》
　　舞榭歌台，风流总被雨打风吹去。——宋·辛弃疾《永遇乐·京口北固亭怀古》

◎ "歌"字与名人名言

　　1. 音乐是空气的诗歌。——保罗
　　2. 歌与诗是对天生和谐的姐妹。——弥尔顿

10. 计——锦囊妙计

◎ 趣话"计"字

甲骨文"计"是一个左右结构的形声字,左边是"言",右边是"十"的变形,有"大量"的意思,合起来就是"大量商谈",因此,"计"的本义是一群人聚在一起谈论、商讨事情。后来,又引申出"策略、方法"的意思,也用作"推算"。

◎ 汉字有故事:锦囊妙计

释义:成语"锦囊妙计",原指聪明的人把对付敌人的巧妙计策写在纸条上,然后封在锦囊里交给己方的人。现比喻事先想好解决问题的巧妙办法。

成语故事:三国时期,刘备曾向东吴的掌权者孙权借荆州作为自己发展的根据地,后来他迟迟没有归还的意思,孙权便问东吴都督周瑜有没有什么办法要回荆州。当时,刘备刚死了妻子,而孙权有一个尚未出嫁的妹妹,周瑜就献计说,不如以招亲的幌子骗刘备来东吴,然后把他扣在这里做人质,让他的手下拿荆州来换他。

孙权依计行事,刘备知道他不安好心,却也没有拒绝的办法,便问诸葛亮该如何应对。足智多谋的诸葛亮思索了一番,写下三条妙计,交给陪刘备去东吴的武将赵云,碰到难题了就打开锦囊,可保刘备平安归来。

刘备君臣到达东吴后,见城里根本没有喜庆的气氛,赶快打开了第一个锦囊,上面写让他们去拜访乔国老,让乔国老去向孙太后说刘备来相亲的事。乔国老是大乔、小乔的父亲,也是孙权、周瑜的岳丈,他并不知道女婿们设计要困住刘备,以为真的是一桩喜事,便喜滋滋地向孙权的母亲报喜去了。孙太后特意在甘露寺见了刘备,见他相貌不凡,便高兴地把女儿嫁给了他。

孙权见一计不成,又生一计,他装作亲热的样子要求刘备在东吴长住,沉浸在温柔乡里的刘备答应了，此时，赵云打开了第二个锦囊。他看完之后，按照上面写的内容，告诉刘备有人来攻打荆州，吓得刘备赶快带着孙夫人以祭祖之名去了江边，然后就要逃走。

孙权终于按捺不住了，派兵乘着大船去追刘备，追兵人多势众，赵云打开最后一个锦囊，看完后递给刘备，刘备就去劝孙夫人，说自己是她的丈夫，要是她的哥哥把他杀了，她以后就得守寡，然后央求她帮自己喝退东吴追兵。孙夫人照做了，她是孙权的亲妹妹，东吴将士都不敢对她无礼，只好任由刘备逃走。

依靠诸葛亮的三条锦囊妙计，刘备终于有惊无险地带着孙夫人回到了荆州。

◎ 知识传送门：空城计

"空城计"是三十六计中流传最广的计谋之一。它常常用来形容利用虚假之势迷惑对手的心理战术。而在相关的民间故事中，最出名的便是《三国演义》中对诸葛亮运用空城计的描写。《三国演义》中记载，诸葛亮因为用错了马谡而失去了街亭，而司马懿又带着大军逼近诸葛亮所在的西城，当时诸葛亮手下只有少量兵马，敌众我寡，对于诸葛亮来说形势危急，于是诸葛亮心生一计，偃旗息鼓，并令部下不要大声喧哗，大开城门，然后自己在城楼上悠然地弹琴。等到司马懿带兵到达城下，见诸葛亮如此作为，心生疑惑，怀疑内有埋伏，于是便领兵撤退。

◎ "计"字的诗意

1. 三顾频烦天下计，两朝开济老臣心。——唐·杜甫《蜀相》
2. 情知此后来无计，强说欢期。——清·纳兰性德《采桑子·当时错》
3. 欲托清香传远信，一枝无计奈愁何。——唐·王初《梅花二首》

◎ "计"字与歇后语

1. 曹操用计——又奸又滑
2. 会计上门——找你算账
3. 诸葛亮用空城计——不得已

◎ "计"字与谚语

1. 一年之计在于春，一天之计在于晨。
2. 三十六计，走为上策。

11. 礼—礼贤下士

◎ 趣话"礼"字

| 甲骨文 | 金文 | 篆文 | 隶书 | 楷书 | 行书 | 草书 | 繁体标宋 | 简体标宋 |

《说文》里载，禮，履也。所以事神致福也。从示从豊，豊亦声。这里的"禮"是繁体的"礼"字，篆文是以"豊"为声旁、形旁的形声字。而"豊"正是依照甲骨文"礼"字的字形归结出来的，表示在有脚架的建筑上放上玉串，隐含祭拜神灵、祖先的含义。

"礼"的本义是用玉敬神敬祖先，后引申出"尊敬、优待"的意思，不再拘泥于祭拜时使用，多用来表示对他人的敬意。

◎ 汉字有故事：礼贤下士

释义：成语"礼贤下士"，指的是对于地位低下、有才能的人，要用尊敬的态度对待他们，而不是看不起他们，做出一副高高在上的傲慢姿态。

成语故事：齐桓公登上王位后，不仅对管仲、鲍叔牙这样的有名气的贤士礼遇有加，使他们尽心尽力辅佐自己，对于名气不大、地位不高的有才之人他也以礼相待。

有人告诉齐桓公有个叫小臣稷的人对政治有独特的见解，齐桓公想去见见他，向他请教治国之道。但小臣稷为人高傲，齐桓公一天内去拜访了他三次，他都推说自己有事，不肯与齐桓公相见。齐桓公没有恼怒，他的随从却看不下去了，说小臣稷这个普通百姓，竟然敢拒绝一国之主的拜访，可见他是个不识时务的人，根本就没有拜访他的必要。齐桓公却认为贤士们不慕功名、不求钱财，为人高傲一些也是应该的。后来，齐桓公在一天内接连五次前去拜见，小臣稷才向他敞开了房门。

《管子·小问》中也记录了类似的故事。齐桓公与管仲密谋攻击莒国，这件事还没定下来，宫里的其他人却都知道了。齐桓公很疑惑事情是怎么透露出去的，管仲提醒他说宫里一定有擅长观察的能人，齐桓公想了一下，的确有一个人总是喜欢打量他，那人负责拿拓杵舂米，叫东郭邮。齐桓公召来了东郭邮，问他是怎么看出自己想伐莒的。东郭邮回答："我见您近段时间红光满面，意气风发，便猜到您想要打仗，而且您总是用眼睛看，用手指莒国所在的方向，我又从您说话的口形里确定了您想攻打莒国，所以做此猜测。"齐桓公觉得东郭邮是个善于察言观色的能人，就提拔他当了官吏，让他尽情发挥自己的才能。

后来，齐桓公成为了春秋五霸之首，他之所以能建立这样的功业，与他求贤若渴、大量招揽人才是分不开的。

◎ 知识传送门：克己复礼

"克己复礼"是儒家重要的处世思想之一，指约束自己，使每件事都能达到合乎"周礼"的规范，以达到仁的境界。"克己复礼"出自《论语·颜渊》："颜渊问仁。子曰：'克己复礼为仁。一日克己复礼，天下归仁焉！为仁由己，而由人乎哉。'颜渊曰：请问其目。子曰：非礼勿视，非礼勿听，非礼勿言，非礼勿动。颜渊曰：回虽不敏，请事斯语矣。"由此可见，"克己复礼"作为孔子学说的一个重要的内容，其最终目的还在于一个"仁"字，南宋朱熹认为"克己复礼"无非是战胜自己的私欲，而复归于天理，也就达到了仁的境界。

◎ "礼"字的诗意

1. 暗与山僧别，低头礼白云。——唐·李白《秋浦歌十七首》
2. 家山虽在干戈地，弟侄常修礼乐风。——唐·杜荀鹤《题弟侄书堂》
3. 南岳配朱鸟，秩礼自百王。——唐·杜甫《望岳三首·其三》

◎ "礼"字与歇后语

1. 背后施一礼——没人领情
2. 孔夫子游列国——尽是礼

◎ "礼"字与谚语

1. 棋逢对手，先礼后兵。
2. 怪人不知礼，知礼不怪人。

12. 音—余音绕梁

◎ 趣话"音"字

| 甲骨文 | 金文 | 篆文 | 隶书 | 楷书 | 行书 | 草书 | 标准宋体 |

甲骨文"音"字是在甲骨文"言"字的基础上造出来的，它只比"言"多了左右两边的小点，代表说出来的话。俗语说，言为心声，那么"音"的本义就是"说出口的心里话"。金文用上端的一横代替原来的小点，隶书又把金文的上半部分写成了"立"。后来，"音"的本义很少再用，引申为"声响""乐声"。

◎ 汉字有故事：余音绕梁

释义：成语"余音绕梁"，指歌声或音乐优美悦耳，余音回旋不绝，仿佛仍在回响。后用来比喻诗歌、文章意味深长，耐人寻味。

成语故事：据《列子·汤问》记载，战国时期，有一位名叫韩娥的姑娘想要去齐国，但当她走到秦国国都咸阳时，就已花完了所有路费。无奈之下，她只好在城门口开口唱歌，希望好心人可以资助她。

城门口是个人来人往、熙熙攘攘的地方，人们本来没太关注韩娥，但她一张口唱歌，就用清脆悦耳的歌声抓住了人们的耳朵。众人不禁停下脚步，欣赏她美妙的歌声，歌声越传越远，远处的人也急忙赶来听歌，最后全城都因此轰动了。韩娥的歌声高亢嘹亮，又悠扬婉转，人们听得如痴如醉，不惜慷慨解囊，让她多唱一会儿。后来，韩娥带着银钱离开了，人们依旧站在原地，仿佛耳边还回响着那美妙动人的歌声。

◎ 知识传送门：空谷足音

《诗经·小雅》里有这样一首小诗："皎皎白驹，在彼空谷。生刍一束，其人如玉。毋金玉尔音，而有遐心。"说的是诗人住在寂静的山谷，其有一匹白马，自己的朋友是位如玉般的君子，他曾用草喂过它；希望这位朋友离开后不要少了音讯往来，以防友情渐渐疏远、变淡。

后人从这首诗里提炼出成语"空谷足音"，字面意思是寂静的山谷里传来脚步声，事实上，"脚步声"代表的是音讯，而寂静的山谷又少有人去，所以后来用此成语比喻极为难得的消息、言论。比如清代的李渔就在《闲情偶寄·词曲下·宾白》中写道："见其土著之民人人衣褐，无论丝罗罕觏，即见一二衣布者，亦类空谷足音。"就是说土著们穿的都是粗布衣裳，不要说珍贵的丝绸衣服，就是平常的布衣在这里也很难见到。

◎ "音"字的诗意

1. 醉里吴音相媚好，白发谁家翁媪。——宋·辛弃疾《清平乐·村居》
2. 少小离家老大回，乡音无改鬓毛衰。——唐·贺知章《回乡偶书二首·其一》
3. 映阶碧草自春色，隔叶黄鹂空好音。——唐·杜甫《蜀相》

◎ "音"字与歇后语

1. 千里遇知音——喜相逢
2. 最怪的口音——南腔北调
3. 戏台上拉二胡——弦外有音

13. 纸—洛阳纸贵

◎ 趣话"纸"字

甲骨文	金文	篆文	隶书	楷书	行书	草书	标准宋体
紙	紙	紙	紙	紙	紙	紙	纸

纸对我们来说是很常见的东西，便宜易得。但在东汉的蔡伦发明造纸术之前，纸的造价很高，平常人很珍惜纸张，大多数人都把字写在竹简上。那时，人们要想得到纸，就得把质量不太好的蚕茧拿到水里漂洗，漂洗掉的残絮会沉到水下，

人们再把积累的残絮放在篾席上晾干，再剥离下来就成了纸。这个过程较为烦琐，所以纸张一直没有在古代得到普及。

甲骨文"纸"字左边是蚕丝，右边是"氏"，形象地表明了清洗蚕茧、残絮沉下的过程，后世的字形有所改变，却一直没有脱离最初的造纸过程。

东汉蔡伦发明造纸术后，树皮、麻头及破布、渔网等原料都可以用来做纸，造纸工艺也大为提高，"纸"原本的字义就消失了。现在，我们把用植物纤维制成的薄片叫作"纸"。

◎ 汉字有故事：洛阳纸贵

释义：成语"洛阳纸贵"，原指西晋时期的左思写出好文章后，因为大家都买纸抄写，都城洛阳的纸价格上涨。后用来比喻著作有价值，流传广。

成语故事：左思是晋代的文学家，与那些从小就天赋异禀的文学家不同，他幼时是一个顽童，喜欢玩耍，不肯好好读书。他的父亲因此训斥过他好多次，他都是左耳朵进右耳朵出，根本没把父亲的话放在心上。

有一天，有人来左思家拜访他父亲，看见左思虎头虎脑、充满活力的样子，在落座后，就在左思的父亲面前夸赞左思，说他有一个聪明伶俐的好儿子。当时，左思在门口偷听大人们说话，他听见他父亲先是叹了一口气，然后语气低沉地说："你们都看走眼了，小儿左思不爱读书，学习成绩很一般，还不知道努力，怕是将来也不会有什么出息了，提起他我就心烦。"幼小的左思听后心里很不是滋味，他决意发愤图强，把心思都用到学习上，做一个有出息的人，不让父亲失望。

通过坚持不懈的努力，左思越来越有才华，写的文章大受赞扬。当时流行写赋，左思就花了整整一年时间，经历数次删改，完成了洋洋洒洒的《齐都赋》，这使得他脱离了普通文人的范畴，在文坛上有了一席之地。接着，他又打算以三国时魏、蜀、吴首都的风土、人情、物产为主题，写一部《三都赋》。这次的创作更为艰难，因为他对自己的作品要求很高，要保证这篇文章无论是在内容、结构上，还是在文笔、语言上，都尽量趋于完美。

这一次，左思用了十年光阴，耗费了巨大的心血，终于写出了文学巨著《三都赋》。《三都赋》一出，京都洛阳的人纷纷惊叹，认为它的文学价值可以与汉代文学杰作《两都赋》相提并论。当时的作品还不能印刷，人们只好买来纸笔，互相传抄《三都赋》，因为买纸的人多了，商家就趁机提高纸的价格。尽管如此，买纸抄写的人依旧很多。

◎ **知识传送门：纸上谈兵**

"纸上谈兵"出自《史记·廉颇蔺相如列传》。战国时期，赵国名将赵奢的儿子名叫赵括，年轻的时候跟随父亲赵奢学习兵法，熟读兵书，谈论起兵事也是高谈阔论，就连他的父亲也说不过他，他便有些沾沾自喜，自以为天下无敌了。他长大成人之后，终于有了上战场的机会，但是在长平之战中，赵括由于未曾实际参与战争，只知道根据兵书领兵打仗，丝毫不知道变通，最后被秦军打败了，他自己也被箭射死了。

◎ **"纸"字的诗意**

1. 儿童散学归来早，忙趁东风放纸鸢。——清·高鼎《村居》
2. 马上相逢无纸笔，凭君传语报平安。——唐·岑参《逢入京使》
3. 风吹旷野纸钱飞，古墓垒垒春草绿。——唐·白居易《寒食野望吟》

◎ **"纸"字与歇后语**

1. 白纸黑字——黑白分明
2. 窗户上的纸——一捅就穿
3. 断了线的纸鸢——东游西荡

◎ **"纸"字与格言**

经验丰富的人读书用两只眼睛，一只眼睛看到纸面上的话，另一只眼睛看到纸的背面。——歌德

14. 椟—买椟还珠

◎ 趣话"椟"字

金文	篆文	隶书	行书	草书	繁体标宋	简体标宋
櫝	櫝	櫝	櫝椟	櫝	櫝	椟

《说文》里载，椟，匣也。从木，卖声。意指"椟"是以"卖"为声旁的形声字，即"木盒子"。之所以用"卖"作为"椟"的一部分，是因为在古代，人们以便利为主，不追求外在的装饰，只有那些要卖的商品，才会配一个盒子，以提升商品的档次。

◎ 汉字有故事：买椟还珠

释义：成语"买椟还珠"，原指有人买了带有木匣的珍珠后，留下木匣，把珍珠退掉了，后用来比喻分不清主次，没有眼力，取舍不当。

成语故事：有一个楚国人想卖掉自己的珍珠，那颗珍珠通体浑圆，色泽漂亮，算得上是一件美丽的饰品。面对这么美丽的珍珠，楚国人认为不该直接拿在手里去卖，那样就衬托不出珍珠的高贵，因此，他决定去做一个配得上珍珠的木匣子，好卖一个好价钱。

这个楚国人为了得到美丽的木匣，可谓是施展了种种手段，他先是找来上等的木料，又把木料交给善于手工的匠人，让匠人为珍珠制作一个合适的木匣。做好之后，他依然不满意，点燃昂贵的桂椒香料，把木匣熏得香气扑鼻，又在木匣的外面精雕细刻了许多繁复精美的花纹，在木匣的边角镶上漂亮结实的金属花边。最后，楚人终于满意了，认为这么闪闪发亮的木匣才配得上自己的珍珠。

楚人认真谨慎地把珍珠放进木匣里，拿到集市去卖。集市上的人们还没见过做工这么精细的木匣，纷纷围到楚人身边，想要看个究竟。楚人还没有开口说明自己要卖的是珍珠，就有一个郑国人一眼相中木匣，出了高价买走了它。郑人一手交钱一手交货后，把木匣拿到手里认真地端详，然后打开木匣，想要看个究竟，他惊异地发现里面竟然有一颗大珍珠。

郑人以为是楚人忘了木匣里装有珍珠,急忙把珍珠拿出来递给楚人,说:"我买的是木匣,你忘了取出里面的珍珠。"郑人说完就走了,尴尬至极的楚人站在原地不知如何是好,他的本意是卖珍珠,木匣只是一个包装,没想到木匣的风头盖过了珍珠,使别人误解了他的意思。

◎ "椟"字的诗意

1. 种玉如有方,从今空椟索。——宋·叶适《送刘德修》
2. 足后懒不鞭,几同毁于椟。——宋·赵蕃《桃花台下望龟峰作》
3. 终乘大夫车,千骑下棺椟。——宋·周邦彦《过左伯桃羊角哀墓》

15. 革—马革裹尸

◎ 趣话"革"字

《说文》里载,革,兽皮治去其毛,革更之。像古文革之形。意思是说,把兽皮上的毛除掉之后,再对兽皮进行加工处理,就成了"革"。而甲骨文字形也与《说文》的字形相合,是古文"克"字加上了双手,代表人手持工具除去兽皮上的毛。后来,字形不断地变形,本义不变,引申出"消除、除去"的含义。

◎ 汉字有故事:马革裹尸

释义:成语"马革裹尸",原指用马皮包裹尸体,后用来形容将士们为报效国家甘愿战死沙场的英勇气概。

成语故事:光武帝刘秀是东汉的开国皇帝,武将马援在他政权尚未稳固的时候就追随他,随即为国家的统一做出了卓越的贡献。当国家统一后,边境又传来有人叛乱的消息,身居高位的马援又率兵平叛,在他战胜回朝后,皇帝刘秀封他为伏波将军，他的亲友们纷纷向他贺喜。

当大臣孟翼和众人一样，恭喜马援升官时，对恭维话感觉厌倦的马援严肃地问他："先生平日里是个聪明多智的人，遇见事情总有自己的见解，为何今天和其他人一样，来向我贺喜呢？实际上，我期盼你能说出一些别的意见。"

孟翼不知道马援为何升官了还不高兴，疑惑地看着他，想知道其中缘由。马援就把自己的心里话说了出来："我在边境打了胜仗，圣上封我为伏波将军，赐我三千户的封地，我却觉得受之有愧。因为汉武帝时期的伏波将军路博德，足足为国家开拓了七个郡那么多的土地，武帝才给了他数百户的封地。现在我的功劳远远不及路将军，却享受着同样的封号，得到远远超出他的封地，圣上给我的太多了，让我觉得不舒服，希望先生您能够就此开导我。"

孟翼不知该如何回答马援，马援接着说："现在南边的战事已经平息，北方的匈奴和乌桓却还在虎视眈眈，下次他们胆敢再来侵扰边境，我就要主动请战，带着兵去讨伐他们。大丈夫活在世上，就该为国效力，若是为国捐躯，死在了战场上，同行的人会用马的皮革裹着尸体回来埋葬，这可比老死在床上，要求儿女侍奉强多了！"

孟翼不禁为马援话语里的豪迈之情所感染，由衷地夸他说："你可真是一个大丈夫啊！"

当马援年老的时候，武陵一带的少数民族在首领相单程的带领下，有了不臣之心，光武帝先是派年轻的将领们去征讨，却打了败仗。已经六十二岁的马援主动向光武帝请缨，坚持要上阵杀敌，光武帝批准了他的请求。马援在取得了几场胜利之后，因为军中暴发了疫情，自己也不幸染病身亡，他的手下就遵照他的嘱托，用马革裹着他的尸体带回了家乡。

◎ **知识传送门：风行革偃**

成语"风行革偃"，意为风一吹草就倒下，后比喻用道德去教化人。此词出自《论语·颜渊》："君子之德风，小人之德草，草上之风，必偃。"指想要感化一个人，必须循循善诱，润物细无声。这说明用武力达成的屈服一定不是长久的，唯有道德教化，才能彻底地击中人心。

◎ "革"字的诗意

1. 只解沙场为国死,何须马革裹尸还。——清·徐锡麟《出塞》
2. 初景革绪风,新阳改故阴。——南北朝·谢灵运《登池上楼》
3. 兵革既未息,儿童尽东征。——唐·杜甫《羌村》

◎ "革"字与歇后语

1. 穿革鞋戴礼帽——土洋结合
2. 人造革做鼓皮——不响

◎ "革"字与谜语

1. 谜题:十分之九在革新。(打一成语)
谜底:一成不变
2. 谜题:西装革履,领带系偏。(打一成语)
谜底:歪打正着

16. 炎—趋炎附势

◎ 趣话"炎"字

从"炎"的两种金文字形来看,形似两簇火苗组成的火堆在熊熊燃烧,因此"炎"最早的字义是"焚烧",比如说"大炎昆冈,玉石俱焚",后来这种字义就极少使用了。

篆文和隶书规范了"炎"的字形,也赋予了它新的含义,比如《说文》里载,炎,火光上也。就是说"炎"的意思是"火势盛大"。后来,由于人们接触到火时,会感觉热,便用"炎"形容酷热。

◎ 汉字有故事：趋炎附势

释义：成语"趋炎附势"，形容人巴结、讨好权贵，是贬义词。

成语故事：宋真宗时，一个出身于聊城、名叫李垂的书生进京赶考，考中了进士，皇帝觉得他很有才华，先后任命他为著作郎、馆阁校理。

李垂很有才学，他的朋友们都认为以他的才干，可以从事更重要的工作，并劝他去拜访宰相丁谓，说只要把丁谓哄高兴了，升职的事情就易如反掌了。李垂对丁谓早有耳闻，知道他是靠阿谀奉承、花言巧语做到了宰相这一高位，使得宋真宗对他颇为依赖，他还在朝中带起了溜须拍马的风气，将巴结讨好他的人送上高位，排挤那些不对他示好的官员。

听到朋友提起丁谓的名字，李垂下意识地皱起了眉头，然后义正词严地说："对于这种玩忽职守、不做实事，上不忠君、下不爱民的弄臣，他有什么优点值得我去拜访他？什么时候他开始公正处事了，再来跟我说拜访他的事。"

后来，李垂的话传到了丁谓耳中，本就看李垂不顺眼的丁谓更加讨厌李垂了，于是找了个理由把李垂贬到外地当一个小官。

三十年后，宋仁宗登上皇位，处置了把权的丁谓，李垂也因此得以还京为官。他当年的那些朋友们纷纷上门看望他，告诉他说："你的才能是我们大家有目共睹的，有些大臣想推举你出任如制诰的职位，让你专门为皇帝起草诏书，这可是个实打实的好差事。但只有我们知道你有才可不够，新上任的宰相对你没什么印象，你最好去拜访他一下，打声招呼。"

李垂没想到自己走了这么多年，京城里还是这番景象，平静地说："当年我不肯巴结当时的宰相丁谓，失去了当翰林学士的机会。但我一点都不后悔，而且随着我年龄的增长，我愈发厌恶不正之事，还曾出言骂过一些走后门的人。现在的宰相是炙手可热之人，我依旧不打算趋炎附势，照别人的心意过活，至于那些荐引和提携，我根本就不在乎。"

新任宰相听到李垂的话后，借机将他赶出京城，去外地做小官。尽管仕途不顺，但李垂拒绝趋炎附势的高风亮节，得到了后人的称颂。

◎ 知识传送门：世态炎凉

成语"世态炎凉"，意为在别人得势时百般奉承，在别人失势时就十分冷淡。此词出自宋代文天祥所作的《指南录·杜架阁》："昔趋魏公子，今世霍将军，世态炎凉甚，交情贵贱分。"说的是当时的人们之前都追捧魏公子，现在又去巴结更有权势的霍将军。世态炎凉到如此地步，连人与人之间的交情都分个高低贵贱，而若是只根据权势来结交朋友，那就十分可悲了。

◎ "炎"字的诗意

   1. 足蒸暑土气，背灼炎天光。——唐·白居易《观刈麦》
   2. 永日不可暮，炎蒸毒我肠。——唐·杜甫《夏夜叹》
   3. 炎炎日正午，灼灼火俱燃。——唐·韦应物《夏花明》

◎ "炎"字与歇后语

   1. 炎夏天打冷战——不寒而栗
   2. 烈日炎炎照雪山——开了动（冻）

17. 玉——金玉其外，败絮其中

◎ 趣话"玉"字

甲骨文	金文	篆文	隶书	楷书	行书	草书	标准宋体
丰	丰	王	王	玉	玉	玉	玉

    古人在得到美丽、圆润、小巧的宝石后，常用绳子把宝石穿起来做装饰品，由此造出了甲骨文"玉"字，因此"玉"的本义为"穿在丝绳上的宝石"。后来，"玉"的字形发生了变化，金文和篆文的"玉"变得与"王"字一模一样，为了区分二者，人们特意在"王"的右下方加了一点，表示那是"玉"。《说文》认为"玉"是最美的石头，夸它有温、义、智、勇、廉五种美德。

◎ 汉字有故事：金玉其外，败絮其中

    释义：成语"金玉其外，败絮其中"，原指柑橘表面如金玉般美丽，内部的果肉如破棉絮，后用来形容东西外表漂亮，内里破败；也用来比喻人外表光鲜，内里毫无涵养。

成语故事：柑橘是一种在秋天成熟的水果，放的时间久了，外表会变得干瘪，里面的果肉也会失去水分，古代的贮存技术不发达，所以一般商贩都只在秋天卖柑橘。而明朝的杭州有一位奇特的商贩，不知他采用了什么办法，竟能把柑橘保存一整年，因此他四季都在卖柑橘。凭借这个独特的优势，尽管他在反季的时候把柑橘卖得很贵，路人们看见柑橘的外表又红又滋润，料想里面的果肉也该是甘甜可口的，不禁都口齿生津，络绎不绝地前来购买。

刘基是朝廷的一名官员，平生痛恨弄虚作假之事。这天，他看见街上有卖柑橘的，而现在却不是柑橘成熟的季节，便引以为奇，高兴地挑了一个格外漂亮的柑橘，付钱之后，他当场剥开柑橘，却闻到一股腐臭的味道，里面的果肉没有一点水分，干巴巴的像破棉絮一样。刘基觉得自己被愚弄了，严厉地质问商贩："你这种行为岂不是欺诈消费者？"

卖柑橘的商贩振振有词地说："我这样做不是一天两天了，几年来我都用这种办法牟取利益，也没有人来指责我啊，买卖东西是两相情愿的事，我又没逼着别人买，你是第一个因此生气的人。再说了，世间有那么多欺世盗名的人！就拿朝廷的官员来说，武将们腰间佩着兵符，雄赳赳气昂昂地走在大街上，可他们谁敢说自己有兵法大家孙子、吴起的作战能力？文臣们穿着官袍，满口之乎者也，可他们也没提出多少治世良策。这些人拿着高高的俸禄，既不约束手下人仗势欺人的行为，也不关心百姓们的疾苦，只知道肆意享受，实际上并没有什么本事，不正和我卖的这些外表光鲜内里腐朽的柑橘一样吗？所以说，你来指责我，并没有什么用，我只是随波逐流罢了。"

商贩犀利的言论震住了刘基，他不发一言地回家了，然后提笔写下了这件事，命名为《卖柑者言》，里面就有"金玉其外，败絮其中"。

◎ 知识传送门：宁为玉碎，不为瓦全

成语"宁为玉碎，不为瓦全"，意为宁做玉器被打碎，也不肯做瓦器而保全自身，比喻宁愿为正义事业牺牲，也不愿丧失气节，苟且偷生。古往今来，我们中华民族有许多仁人志士，在面对外来侵略或者奸佞之人迫害时，都秉承着这一信念。例如文天祥，被元廷俘虏后，誓死不肯受降，并留下了"人生自古谁无死，留取丹青照汗青"的千古名句。

◎ "玉"字的诗意

1. 我欲乘风归去，又恐琼楼玉宇，高处不胜寒。——宋·苏轼《水调歌头·丙辰中秋》
2. 钟鼓馔玉不足贵，但愿长醉不愿醒。——唐·李白《将进酒·君不见》
3. 羌笛何须怨杨柳，春风不度玉门关。——唐·王之涣《凉州词二首·其一》

◎ "玉"字与歇后语

1. 精雕的玉人——十全十美
2. 开水煮白玉——不变色（比喻有胆量或很有骨气）

◎ "玉"字与谚语

1. 玉碎不改白，竹焚不毁节。
2. 不要金玉重重重，但愿儿孙都成人。

18. 庐—三顾茅庐

◎ 趣话"庐"字

金文	篆文	隶书	楷书	行书	草书	繁体标宋	简体标宋
庐	廬	廬	廬	庐	廬	廬	庐

《说文》里载，庐，寄也。秋冬去，春夏居。说的是农人在田间搭建茅屋，春夏农忙的时候住，收完庄稼就离开。由此可知"庐"并不是供人长期居住的房屋，那么屋内设备肯定就不完备，是一种简易搭建、短期内供人歇息的山野小屋。不过由于它很容易建造，很多不苛求生活条件的隐士往往会选择住在茅庐里，认为简陋的环境更能磨炼自己的意志。

金文"庐"字外部只有一横一竖，表明墙体不完全，内部的字符则代表炉子，居住人可用此做饭。后期的字形不断规范、变化，形成了简洁的"庐"字。

◎ 汉字有故事：三顾茅庐

释义：成语"三顾茅庐"，原指刘备为了请诸葛亮做自己的军师，去了三次诸葛亮的茅庐。后形容不改初衷、真诚地上门拜访有才能的人。

成语故事：刘备曾在战败后去荆州投奔刘表，在那里招纳了谋士徐庶做自己的帮手，但曹操听说徐庶很有才能，便以徐庶的母亲做人质，要挟徐庶投靠自己。徐庶只得动身去往曹营，临别前告诉刘备，卧龙岗有一位叫诸葛亮的大贤才，他住在山中的茅庐里，若是能得到他的帮助，肯定会大有裨益。刘备把这番话记在了心里。

送别徐庶后，刘备准备了礼物，次日便带着自己的结拜兄弟关羽、张飞，动身前往卧龙岗。三人费了一番功夫才找到茅庐，但茅庐里只有一名小书童，他说自家先生外出了，没有定下归期。三人只好悻悻而归。

又过了几天，三人在一个大雪纷飞的日子再次前往卧龙岗，远远望见有一位青年手捧着书卷在看书，刘备高兴地向那人施礼，那人却说自己的兄长诸葛亮不在家，受朋友邀请做客去了。刘备想着不能无功而返，便要来纸笔，写了一封信请青年转交给诸葛亮，信里说自己渴望得到卧龙先生的辅佐。

春节过后，刘备想着人总要在家里过年，便带着关羽、张飞又去了卧龙岗。这一次，诸葛亮终于在家了，但正在睡午觉。三人就在房门外静静地站着，耐心地等待诸葛亮睡醒。诸葛亮醒后非常感动，认为刘备不顾辛苦地三顾茅庐，是诚心诚意地想要请自己出山。诸葛亮与刘备分析了天下形势，发现他算得上是一位明主，便下山辅佐他去了。

◎ 知识传送门：匡庐奇秀甲天下

庐山，又名匡山、匡庐，位于江西省庐山市内，是十大名山之一。庐山以雄、奇、险、秀闻名于世，素有"匡庐奇秀甲天下"之美誉。庐山不仅风景秀丽，而且文化内涵深厚。12世纪末，理学家朱熹在庐山振兴了白鹿洞书院，开创了中国讲学式教育的先河。自此，庐山又多了一层人文意蕴。

◎ "庐"字的诗意

1. 结庐在人境，而无车马喧。——晋·陶渊明《饮酒》
2. 新结茅庐招隐逸，独骑骢马入深山。——唐·张籍《送韩侍御归山》
3. 漏长送珮承明庐，倡楼嵯峨明月孤。——唐·李贺《夜来乐》

19. 盗——盗亦有道

◎ 趣话"盗"字

| 甲骨文 | 篆文 | 隶书 | 楷书 | 行书 | 草书 | 标准宋体 |

甲骨文"盗"字上半部分的"次"在古文中是"贪欲"的意思，下半部分的字符形似小舟，整体意思为在贪欲的驱使下，乘着小舟过河越界，到别人那里去偷取东西。

《说文》将篆文上半部分复杂的字符解释为垂涎别人的物品，下面用"皿"表示贵重器皿，将"盗"定义为暗地里将别人的好东西据为己有。既然是"垂涎"，就会流口水，隶书就将口水表示为两点，整个上半部分化为"次"，形成了如今的"盗"字。

◎ 汉字有故事：盗亦有道

释义：成语"盗亦有道"，指盗贼偷盗时也要遵守规矩和准则。

成语故事：跖是古代赫赫有名的一个大盗贼，有人拜在他的门下，向他学习偷盗的技能。有一天，他的学生问他："我们做强盗的人，在进行偷盗这种为人所不齿的事时，也有要遵守的规矩和准则吗？"盗跖回答说："当然有了！我们和普通人一样，遵守道义才能成功。去偷盗时，能够在屋外推测出屋里有什么财物，就做到了圣明；敢于率先进到屋里，就做到了勇敢；能判断出是否能进行偷盗，就做到了智慧；敢于最后撤退，就做到了义气；能够把偷来的财物合理分给大家，就做到了仁爱。只要能够拥有以上五样道义，便算是一个有能力的大盗了。"这番话传出后，人们惊叹道"盗亦有道"。

清朝乾隆年间，有一个有趣的故事。官员章清在一个县城当了三年知府，他为民解忧，不吃回扣，是个有名的清官，连盗贼都不再作乱。当他离任时，百姓们都赶来送他，却有人趁乱偷走了他架在鼻子上的眼镜，又在夜里偷走了他带着的十只大木箱。章清以为这是盗贼们故意报复他，连呼倒霉。没想到当他乘船回到家乡后，发现他丢的东西一样不少地被放在码头上，还多了一封信。

章清打开信后，解开了心里的疑团。原来，他离任的时候装了十木箱的书，盗贼们以为箱子里是他贪污得来的银子，就偷走了箱子，发现真相后为他的清廉所折服，便原封不动地还回了东西。章清哭笑不得，只得感叹道："真是盗亦有道啊。"

◎ 知识传送门：监守自盗

成语"监守自盗"，意为窃取由自己看管的财物，出自《汉书·刑法志》："守县官财物而即盗之。已论命复有笞罪者，皆弃市。"其实监守自盗和掩耳盗铃差不多，都是自作聪明的做法。监守自盗是自己偷自己看管的东西，而掩耳盗铃则是把自己的耳朵堵上，自己听不到，就以为别人也听不到。这两种行为都是非常愚蠢的。

◎ "盗"字的诗意

1. 北极朝廷终不改，西山寇盗莫相侵。——唐·杜甫《登楼》
2. 应笑暂时桃李树，盗天和气作年芳。——唐·韩偓《梅花》
3. 诛锄窃盗若神功，惠爱生灵如赤子。——唐·韦庄《秦妇吟》

◎ "盗"字与歇后语

1. 蒋干盗书——上了大当
2. 面具店里失盗——丢脸
3. 强盗的钱财——来路不明

◎ "盗"字与谚语

1. 偷盗一次，做贼一世。
2. 一本坏书，比一个强盗更坏。
3. 莫看强盗吃肉，但看强盗受罪。

20. 师—尊师重道

◎ 趣话"师"字

甲骨文	金文	篆文	隶书	楷书	行书	草书	繁体标宋	简体标宋

在古代，为了防止将领私自调遣军队，掌权者往往将兵符一分为二，一半留在自己手里，一半交给将领，并且规定只有两块兵符合在一起时，才能调动军队。第一种甲骨文"师"表示的就是一块兵符一分为二，因此"师"的本义是"调遣军队的兵符"，后来"师"的本义消失了。第二种甲骨文加了右边的字符，意思是有两块兵符后，可以把士兵们召集在一起，汇集成军队，因此"师"又有了"军队"的含义。后来，在漫长的汉字演变过程中，字形发展成了笔画工整的"师"字。

在作战中，参与战略谋划的人本来叫"参谋"，因为他能够决定军队的行动，又称他为"军师"，这个字义引申之后，人们又用"师"指代某个领域的高人。

◎ 汉字有故事：尊师重道

释义：成语"尊师重道"，指的是要尊敬老师，重视老师传授的知识与道理。

尊师重道是中华民族的传统美德。在春秋时期之前，只有贵族子弟才能进学堂，聆听老师的教导，学习文化知识。后来，孔子不分阶层，广收门徒，开创了民间教学的先河，使得普通人也有机会学习知识。因此，孔子的弟子们都很珍惜这来之不易的学习机会，毕恭毕敬地侍奉孔子，还常常为孔子分忧解难，给孔子吃最好的食物，力所能及地照顾孔子的起居。自此，便形成了一股尊师重道的风气，并逐渐传到了后世。

随着时间的推移，统治阶级们也开始尊敬老师，唐太宗李世民就是一个很好的典例。他曾特意挑选李纲、张玄素、魏徵、王珪等饱学之士教导自己的子女，而后下令让皇子公主们一定要尊重老师。唐太宗听说皇四子李泰对老师王珪有不尊敬的地方，便当着王珪的面严厉地批评李泰，说："你在我面前是什么样子，就该同样地对待你的老师，不能有丝毫不敬之意。"李泰连连答应，恭迎老师上课，在课堂上也不敢开小差了。由于唐太宗的严格要求，他的子女们在老师面前毫无骄矜之气，并把老师的教导记在心里。

◎ 知识传送门：教师节的由来

1985年9月10日，是中国的第一个教师节。其实，尊师重教在中国有着悠久的传统。早在公元前11世纪的西周时期，就已经出现了"弟子事师，敬同于父"的言论。孩子是一个国家和民族的未来，而老师作为呵护孩子们的"园丁"，理应得到人们的尊重。教师是一个崇高光荣而又需要无私奉献的职业，"春蚕到死丝方尽，蜡炬成灰泪始干"就是对老师这一职业的最好歌颂。

◎ "师"字的诗意

1. 王师北定中原日，家祭无忘告乃翁。——宋·陆游《示儿》
2. 出师未捷身先死，长使英雄泪满襟。——唐·杜甫《蜀相》
3. 出师一表真名世，千载谁堪伯仲间。——宋·陆游《书愤五首·其一》

◎ "师"字与歇后语

1. 百万雄师下江南——兴师动众
2. 梁山泊的军师——无（吴）用
3. 魔术师的本领——弄虚作假

◎ "师"字与谚语

1. 我爱我的老师，我更热爱真理。
2. 不听老师言，知识不周全。
3. 认识了毒草，等于找到了一剂良药；看清了敌人，等于找到了一位老师。

21. 调—古调不弹

◎ 趣话"调"字

篆文	隶书	楷书	行书	草书	繁体标宋	简体标宋
調	調	調	调	调	调	調	调

《说文》里载,调,和也。从言,周声。意指"调"是一个左右结构的形声字,本义为用言语促使谈话的人和好。从它的甲骨文字形来看,"言"是话语,"周"是周密,即发言时顾全每一个人的感受,使大家通过商议达成一致意见。

◎ 汉字有故事:古调不弹

释义:成语"古调不弹",指高雅的古调不再被人弹起,爱好古调的人只好感慨知音难觅;形容过时的东西不再受欢迎。

成语故事:刘长卿是与李白同时代的著名诗人,尤擅五言诗。刘长卿的仕途并不顺利,曾两次遭人陷害、排挤,先后被贬到了岭南、浙江担任官职。由于仕途不顺,他寄情于诗歌,在诗歌里抒发自己的心声,并结交了一大批诗人。

刘长卿曾作《弹琴》:"泠泠七弦上,静听松风寒。古调虽自爱,今人多不弹。"说的是自己听别人弹琴,清泠的琴声仿佛风吹过松树林时发出的声响,这种古调极为高雅,现在的人们却很少弹奏了。这里面隐含了两层意思,一方面是人们总是随波逐流、趋炎附势,使得像诗人这样品行与古代圣人类似的人遭受排挤;另一方面是诗人希望找到能够理解自己、与自己志趣相投的知己。

后来,刘长卿又在《客舍赠别韦九建》里载,"清琴有古调,更向何人操",说的就是朋友走后,就没有了愿意听自己弹古调的人,既有惜别之意,也有自哀之情。

清朝的袁枚著有《续子不语》一书,里面记载了这样一个故事:有个弹琴的人认为古调高雅这个说法只是句玩笑话,从来都不相信这是真的。这个人五十岁的时候,一位姓赵的都统逼他弹当时流行的靡靡之音《寄生草》,旁边还有人应和着琴声唱艳曲，这时，却响起了一声炸雷，把琴弦全都震断了。从此以后，再有身份尊贵的人来请这个人弹琴，他就非古调不弹了。这个故事说明古代的曲调确有其高雅之处。

人们从刘长卿的诗里提取了"古调不弹"这个成语，却改变了它的本义，使之与"老生常谈""陈腔滥调"成了近义词，用于抨击那些思想落后、观念跟不上潮流的人。

◎ "调"字的诗意

1. 世人见我恒殊调，闻余大言皆冷笑。——唐·李白《上李邕》
2. 暖日映山调正气，东风入树舞残寒。——唐·方干《元日·晨鸡两遍报》
3. 多少襟情言不尽，写向蛮笺曲调中。——宋·晏殊《破阵子·燕子欲归时节》

◎ "调"字与歇后语

1. 夫妻俩唱小调——一唱一和
2. 漆匠师傅调颜色——花样多
3. 人手一把号，各吹各的调——自行其是

22. 侯—侯门似海

◎ 趣话"侯"字

最初，只有"侯"字没有"候"字，因此早期"侯"有"候"的字义，它的甲骨文字形就是一座山崖下有箭支，意指猎人带着弓箭埋伏在山崖下，等待猎物出现，这就是它的本义，并由此引申出"等待"的意思。篆文承续了第二种甲骨文和第二种金文的字形，最上方加了一个弯腰的人形字符，突出了猎人弯腰等待猎物的姿态。隶书将篆文"侯"上方的人形转移到了左边。

当"侯"成了表示爵位的名称后，人们就另造"候"字承袭了"侯"此前的字义。

◎ 汉字有故事：侯门似海

释义：成语"侯门似海"，指身份尊贵的人住在深宅大院里，普通人不能轻易进入。比喻人的身份变化后，与旧时相识的人疏远隔绝。

成语故事：崔郊是唐朝的一个秀才，他住在姑母家里，与姑母家一个貌美的婢女互生情愫。但他的姑母因为没有钱维持生计，就把这个女仆卖给了一户姓于的有钱人。崔郊无法阻止这件事，只好流着眼泪送别了自己的心上人。

与心上人分别后，崔郊日夜思念她，但于家是豪门大户，他无法进入。婢女在寒食节那天，被允许外出，她就来看望崔郊。两个人一见面，就泣不成声，而后互相安慰对方。离别的时候，崔郊写了一首《赠婢诗》："公子王孙逐后尘，绿珠垂泪滴罗巾。侯门一入深如海，从此萧郎是路人。"意思是自己的心上人进入侯门后，因为侯门的规矩森严，难以出入，就只能把自己当作陌生人一样对待。

有一个敌视崔郊的人，认为崔郊是在用《赠婢诗》讽刺豪门，便故意把这首诗带到了于家的主人面前，想要借其惩处崔郊。没想到这家主人读完之后，被诗里蕴含的哀痛之意深深地打动，他决意成全这对年轻人的爱情，便唤来了崔郊与婢女，让崔郊把婢女领回家去，还额外给了他们一些财物。这件事传出之后，立即成为了美谈。

◎ 知识传送门：教亦多术

成语"教亦多术"，出自《孟子·告子章句下》。教育有多种方式方法，孟子这里着重谈的，则是一种独特的"不屑于教诲"的方法。春秋战国时期的思想家们，虽致力于纵横，但也有许多关于教育方面的学说。比如孔子就提出了有教无类、因材施教、温故知新的教育理念。而此处孟子提出的"教亦多术"，则类似于孔子"有教无类"的说法，指的是教育不应该拘泥于一种方式，应当灵活，根据不同学生的特质选择不同的教育方法。

◎ "侯"字的诗意

1. 指点江山，激扬文字，粪土当年万户侯。——毛泽东《沁园春·长沙》
2. 日暮汉宫传蜡烛，轻烟散入五侯家。——唐·韩翃《寒食》
3. 如乞祭余骄妾妇，士甘焚死不公侯。——宋·黄庭坚《清明》

◎ "侯"字与歇后语

    1. 关云长封侯——身在曹营心在汉

    2. 骑着驴子思骏马，官居宰相望王侯——贪得无厌；贪心不足

◎ "侯"字与谚语

    1. 挟天子以令诸侯。

    2. 窃钩者诛，窃国者侯。

23. 术—不学无术

◎ 趣话"术"字

甲骨文	金文	篆文	隶书	楷书	行书	草书	标准宋体
(图)	(图)	(图)	(图)	术	术	术	术
(图)	(图)	(图)	(图)	(图)	(图)	(图)	術

    古人把植物枝丫上的外皮剥掉，用皮编成绳子。甲骨文"术"便表示了人抓着枝丫，从下面剥皮的姿态，金文将这一过程描绘得更加具体。古人称剥皮编绳为"术"，后来又延伸为所有的技艺都可称为"术"。

    "術"字表示的是道路两旁有用竹木编成的栅栏，更具体地说，是人们用竹木编成的栅栏围在园圃里，栅栏与栅栏之间是供人通行的道路。在后来的演化过程中，"術"字被合并到了"术"字里，因此"术"又多了一种字义。

◎ 汉字有故事：不学无术

    释义：成语"不学无术"，原指因为没有学问，所以没有解决问题的办法，后用来形容人没有学问，没有本领。

    成语故事：霍去病是汉武帝时期的大将军，他有一个同父异母的弟弟，叫霍光。霍光十多岁的时候，霍去病就把他带到京城，让他在自己手下做官。因此霍光对人

情世故很有了解，却很少习读"四书五经"里的大道理。两年之后，霍去病去世，汉武帝就升霍光做自己的贴身侍卫，霍光在此期间逐渐获取了汉武帝的信任。

汉武帝曾赐了一幅"周公背负周成王"的图给霍光，意在让霍光像周公一样，好好辅佐武帝指定的继承人。后来武帝立八岁的儿子刘弗陵为太子，不久后武帝因病去世，朝政便把持在了霍光手里。他除了专权独断之外，也没有什么大的问题，把国家治理得还算可以。

汉昭帝刘弗陵因病去世，当时年幼没有留下子嗣。霍光就立武帝的孙子刘贺为帝，后因刘贺荒淫无道，而被废除了。霍光又立武帝流落民间的曾孙刘询为帝，世称汉宣帝。汉宣帝为感谢霍光扶他上位，给了他很多赏赐。

刘询在民间时曾娶妻许氏，并让她做了皇后。而霍光的妻子霍显想把小女儿嫁给刘询做皇后，刘询却只给了霍家女妃子的名分，为了让女儿登上后位，霍显趁许氏怀孕的时候，买通女医下毒害死了许氏。这件事是瞒着霍光进行的，后来那个女医被抓入狱，霍显才把真相告诉了霍光。霍光把妻子骂了一顿，却不知道该怎么处理这件事，只好替妻子瞒了下来。

一年之后，霍光病死，霍显下毒的事也被揭发出来，宣帝开始着手调查。骄横惯了的霍家人打算谋反推翻宣帝，宣帝知道后，派兵将霍氏一族灭了门。

东汉史学家班固在《汉书·霍光传》中写霍光"不学无术，暗于大理"，认为正是由于霍光知识上的欠缺，使得他不明白真正的大道理，致使霍氏落得了被灭门的下场。

◎ 知识传送门：什么是术士？

在古代，术士多指儒生、道教之士、方士、法术之士等，现多指以占卜、星相等为职业的人。

◎ "术"字的诗意

1. 惜哉剑术疏，奇功遂不成。——魏晋·陶渊明《咏荆轲》
2. 始信安期术，得尽养生年。——南北朝·谢灵运《登江中孤屿》

◎ "术"字与歇后语

1. 二郎神的法术——变化多端
2. 华佗的医术——手到病除

24. 章——断章取义

◎ 趣话"章"字

| 金文 | 篆文 | 隶书 | 楷书 | 行书 | 草书 | 标准宋体 |

金文的"章"形似一把带柄的刀雕刻的物品，在上面留下了痕迹。古人喜欢在玉石上或其他物品上刻上花纹，表明这东西独属于自己，或用此显示身份，因此"章"的本义是刻画在物品上独特的、显眼的图文徽标。古人认为写文学作品和雕刻图像有相似之处，其都蕴含了自己的情感，因此又称文学作品为"文章"。

◎ 汉字有故事：断章取义

释义：成语"断章取义"，意为不顾全篇文章或谈话内容，只选取其中一句话或一段话，指引用与原意不符。

成语故事：春秋时期，齐国的国君齐庄公被大臣崔杼和庆封合伙暗杀，两人立杵臼为君，即齐景公。齐景公为了报答两人，将崔杼封为右相、庆封封为左相。

卢蒲癸和王何是齐庄公的忠诚侍卫，庄公被杀后，两人便逃出了齐国。卢蒲癸在出逃前，吩咐自己的弟弟卢蒲嫳去接近杀害齐庄公的两个凶手，让弟弟留在他们身边做内应，以便自己以后回来为庄公报仇。

卢蒲嫳把哥哥的话记在心里，千方百计地成为了庆封的手下。后来，他发现出任左相的庆封权力小得可怜，绝大部分权力都掌握在右相崔杼手里，庆封因此很有些不得志。卢蒲嫳便帮庆封出谋划策，故意扩大崔杼的儿子们之间的矛盾，使得他们互相猜忌、残杀，最终崔杼一家都走向了灭亡。

如此一来，庆封就掌握了齐国的大权，为了表示对卢蒲嫳的感谢，庆封答应撤掉对卢蒲嫳的兄长卢蒲癸的追杀令，并将他召回齐国，做自己儿子庆舍的侍卫。庆舍见卢蒲癸相貌堂堂，就把自己的女儿庆姜嫁给了他。

之后，庆封因沉迷女色，把权力都交给了庆舍，卢蒲癸尽力地在庆舍面前说好话，哄得庆舍把王何也召回了齐国，蛰伏在庆舍身旁的卢蒲癸和王何就开始联络其他人，筹划为庄公报仇的事。庆姜发现自己的丈夫好像在筹划什么大事，就问他有何计划。卢蒲癸知道庆姜是个深明大义的女子，就把事情完完整整地告诉了她，庆姜果然对此表示了谅解，还自愿帮丈夫引出父亲。

有一天，庆封外出打猎，庆姜说服了父亲庆舍去太庙参加祭礼。当庆舍身旁只有卢蒲癸和王何时，二人拿起武器刺死了庆舍，并剿灭了余党，赶走了庆封，完成了报仇大业。

后来，有人问卢蒲癸说："你们卢氏人和庆氏人一样，都是姜氏人的后裔，那么你和庆姜就是同宗，你怎么能娶同宗的女子做妻子呢？"

卢蒲癸回答说："当时庆舍要把女儿嫁给我，我本来想拒绝，但我了解到庆姜是一个识大体的女子，便想要娶她为妻了。这件事就像断章取义一样，既然有人对《诗经》断章取义，寻找几句话去表达自己的意思，那么我也可以娶我想娶的女子，不必忌讳她与我同宗的事。"

◎ **知识传送门：印和章有什么区别？**

印章，指的是用作印于文件上表示鉴定或签署的文具。印章的名称有很多，如玺、宝、图章、钤记、钤印、记、戳记，等等。

古时候，印章通称为玺，因多为玉石制成，多称玉玺。秦始皇统一中国后，只有天子之印称为玺，其余的都称印。到了汉代，皇帝和诸侯王之印称为玺，将军的称为章，其余的称为印。后来到了清代，皇帝之印称为玺，亲王以上的印叫宝，郡王以下的官员叫印，私人的叫图章等。到了现代，基本上都被称为"印章"了。

◎ **"章"字的诗意**

1. 蓬莱文章建安骨，中间小谢又清发。——唐·李白《宣州谢朓楼饯别校书叔云》

2. 名岂文章著，官应老病休。——唐·杜甫《旅夜书怀》

3. 文章憎命达，魑魅喜人过。——唐·杜甫《天末怀李白》

◎ **"章"字与歇后语**

1. 肚里装公章——心心相印

2. 孔夫子念文章——咬文嚼字
3. 圣人门前卖文章——自不量力

25. 民—民不聊生

◎ 趣话"民"字

甲骨文	金文	篆文	隶书	楷书	行书	草书	标准宋体

甲骨文"民"形似一把利器刺向一只眼睛,而它的字义也与字形大有关系,古人抓住战场上的失败者,会用利器刺瞎他们的眼睛,让他们不能逃走,成为自己的奴隶,因此"民"的本义是"被刺目为奴的人"。金文"民"里面的眼睛没有瞳仁,意在强调奴隶的眼被刺瞎了。后期的演变过程多有误写,形成了如今的"民"字。

后来,人们另造了"氓"字,分走"民"字奴隶的含义,"民"开始以"底层的普通百姓"为本义,后来引申为所有的人。

◎ 汉字有故事:民不聊生

释义:成语"民不聊生",意思是百姓无法活下去,形容人民生活穷困。

成语故事:战国末期,群雄并起,各诸侯国或主动攻击别的国家,或是被迫抵抗别的国家,都被卷入了战火之中。当时,秦国的势力较强,与韩、魏两国同时交战,也没落到下风,反而还把两国的军队打败了一次又一次,前前后后杀死了二十四万军士。参军的都是青壮年,这就意味着韩、魏两国的很多家庭都失去了顶梁柱,因此,两国百姓心里非常痛苦,觉得日子一天比一天难过。

秦国还不肯收手,秦军经常闯入韩、魏国境烧杀抢掠,如同家常便饭一样。之后,秦国想要攻打魏国的国都大梁,却没有取得预想中的成功,便从魏国跑到了楚国,当时带兵的是勇猛的秦将白起,他指挥军队赶走了楚顷襄王,抢走了好多财物。

一年之后，白起再次率军攻打魏都大梁，遭到了魏国人民的顽强抵抗。秦昭王有了新思路，想要和韩、魏两国修好，然后三国联合，一起去攻打楚国。楚王知道消息后，生怕战火再烧到楚国，连忙派了足智多谋、能言善辩的使臣黄歇去秦国求和。

黄歇特意写了一篇文章呈给秦昭王，文章大意是：攻打楚国并非良策，秦国真正的敌人是韩、魏两国，秦国不应贸然转移攻打目标。在漫长的战争过程中，韩魏两国死于秦军剑下的军士不计其数，使得韩魏两国民不聊生，人民勉强过着流离失所的生活，因此韩、魏两国同秦国之间的仇恨，可以说是和大海一样深，一旦有了可以报复秦国的机会，韩魏两国一定不会放弃。

在文章的末尾，黄歇指出如果秦昭王执意要与韩魏两国合作，就等于是让其有了喘息的机会，就算两国答应合作，秦国从韩魏两国借道的时候，它们也极有可能反过来袭击秦军，这里面的危险是显而易见的。与其去冒风险攻打楚国，不如和楚国联合，一起攻打韩魏两国，才有可能取得成功。

秦昭王被黄歇文章里的道理所说服，立即召回了准备攻打楚国的白起，然后与楚国结成了联盟。

◎ 知识传送门：君舟民水

"君舟民水"出自《荀子·哀公》，意思是说古代的君主就像船，老百姓就像水，水可以载舟，也可以覆舟，即老百姓可以支持一个人做君主，也可以推翻君主的统治。"君舟民水"是我国传统的民本观念，它是相对于君本、官本而言的，其是指中国古代的明君、贤臣为维护和巩固其统治而提出的。其基本思想主要表现为重民、贵民、安民、恤民、爱民等。"民本"准则主要表现在以下几个方面：其一，重民贵民。其二，爱民仁民。其三，安民保民。

◎ "民"字的诗意

1. 遗民泪尽胡尘里，南望王师又一年。——宋·陆游《秋夜将晓出篱门迎凉有感二首·其二》
2. 生民百遗一，念之断人肠。——汉·曹操《蒿里行》
3. 遗民忍死望恢复，几处今宵垂泪痕。——宋·陆游《关山月》

◎ "民"字与歇后语

　　1. 万岁爷的顺民——安分守己

　　2. 臣民进皇宫——层层深入

　　3. 皇上当平民百姓——一贬到底

◎ "民"字与谚语

　　1. 公堂一点朱，下民千滴血。

　　2 士气不可辱，民意不可欺。

26. 丁—目不识丁

◎ 趣话"丁"字

　　"丁"的甲骨文字形很像是一个钉子，但古代最初是没有钉子的，只有用木头或金属制成的楔子，这就是"丁"的本义。由于楔子的形状上宽下尖，后期"丁"的字形便逐渐突出这一特征。

　　后来，因为使用楔子的人都是从事建筑、制造行业的男子，人们就称他们为"丁"，后来所有的人都可被称为"丁"。"丁"也是一个姓氏。人们造出"钉"字表示楔子后，"丁"就失去了它的本义。

◎ 汉字有故事：目不识丁

　　释义：成语"目不识丁"，意思是连简单易懂的"丁"字都不认识，形容一个人不识字或没有学问。

　　成语故事：古代有一个姓丁的财主，家有良田百顷，牛马无数，只有一个宝贝儿子。丁财主竭力培养儿子，想让他有足够的才能继承家业，从小就让他接受众多名师的教导。但令人惊奇的是，这孩子长到了十多岁，还是毫无长进，别说提笔写文章了，连最基础的读书写字都不会，别人都说他"斗大的字不识一个"。

丁财主为这事急白了头发，在送走数名束手无策的先生后，他只好张贴了告示，上面写着：招能人教学，教会丁少爷一个字，赏银十两。众人对这榜文议论纷纷，感叹丁财主出手大方，因为平常人家一年也花不了几两银子。

一位老秀才见财起意，想着自己教书多年，学生们学认字都很快，便揭下榜文，打算先教丁少爷认他自己的姓氏，轻轻松松地挣十两银子再说。

到了财主家后，老秀才一心一意地教丁少爷学习"丁"字，才发现丁少爷实在是智商堪忧，这会儿还记得的字，转个身就给忘了。九天之后，丁财主说要考丁少爷学了什么。老秀才担心丁少爷临场忘字，拿了一根铁钉放在丁少爷手里，嘱咐他要是认不出来字，就低头看看铁钉，然后再回答。丁少爷坚定地点了点头，老秀才就与他一起去见丁财主。

丁财主在纸上写了一个"丁"字，问儿子这个字念什么。丁少爷看了又看，也没能答上来。老秀才连忙问他："你手里拿的是什么东西？"丁少爷看了看铁钉，说："拿的是一根铁棒棒。"

老秀才气得不住地跺脚，大声说："真是朽木不可雕也！你目不识'丁'不要紧，我的十两银子可算是没有指望了。"

之后，"目不识丁"这个词就作为俗语传开了。

◎ **知识传送门：丁忧之礼**

丁忧是中国封建社会传统的一种道德礼仪，往往用于有官吏身份的人。古代的"丁"和"忧"不同于今天，古代的"丁"是遭逢、遇到的意思。古代官员的父母死去后，官员必须停职守丧，称作"丁忧之礼"。丁忧期间，丁忧的人不准为官，如无特殊原因，国家也不可以强招丁忧的人为官，因特殊原因国家强招丁忧的人为官，叫作"夺情"。丁忧的人，三年内，不做官，不婚娶，不赴宴，不应考。

◎ **"丁"字的诗意**

1. 惶恐滩头说惶恐，零丁洋里叹零丁。——宋·文天祥《过零丁洋》
2. 青鸟不传云外信，丁香空结雨中愁。——五代·李璟《摊破浣溪沙·手卷真珠上玉钩》

◎ "丁"字与歇后语

　　1. 千日拜佛，一朝添丁——善有善报

　　2. 新袄打补丁——多此一举

　　3. 老太太打补丁——东拼西凑

27. 名—名正言顺

◎ 趣话"名"字

| 甲骨文 | 金文 | 篆文 | 隶书 | 楷书 | 行书 | 草书 | 标准宋体 |

　　"名"的甲骨文由一个"口"和一个小椭圆组成，而这种形状的椭圆实际上是甲骨文"夕"字，因此整体字形含义为，在黄昏的时候，太阳快要落山了，父母们开口喊孩子回家，即"名"的本义为黄昏时父母呼唤孩子。因为父母们叫孩子回家时，喊的都是平日里对孩子的称呼，人们就把每个孩子不同的称呼称为他们的"名"，即"名"是人的称号、代号。

◎ 汉字有故事：名正言顺

　　释义：成语"名正言顺"，意为名分正当，说话合理。后多指做某事名义正当，道理也说得通，或是有充足的理由做某事。

　　成语故事：春秋时期，孔子的学生子路问孔子："卫国的国君邀请您帮他理政，您去了后会先做什么？"孔子回答："先正名分。"子路说："老师，您太迂腐了，为什么要先正名分呢？这又不是什么要紧的事。"

　　孔子教育他说："你太鲁莽了，名不正则言不顺，言不顺则事不成，事不成则教化不兴，教化不兴则刑罚不当，刑罚不当则老百姓不知所措。所以说，正名分才是最应先做的事。"这番话被人们知道后，人们提取出"名正言顺"一词，表示做某事的理由充足、名分正当。

　　除孔子之外，列子也留下过自己对于"正名"的见解。列子全名叫列御寇，是战国初期道家的代表人物，他的观念曾被很多人研习。战国时期，韩国人史疾出使楚国，楚王问他："你都研究过什么学问？"史疾说："我现在正在研究列御寇的学问。"

楚王问："那列御寇提倡什么？"史疾说："提倡正名。"楚王问："正名？它有治理国家的作用吗？"史疾说："当然有了。"楚王故意为难他道："最近楚国出现了很多盗贼，用正名可以防范盗贼吗？"史疾回答说："当然可以了。"楚王追问道："那么该如何用正名来防盗呢？"

史疾指着外面的一只喜鹊，问楚王："请问这种鸟在楚国叫什么名字？"楚王说："叫喜鹊。"史疾又问："可以叫它乌鸦吗？"楚王说："不可以。"

史疾说："那就对了，现在大王的国家设有柱国、令尹、司马、典令等诸多官职，您在任命官吏时，也肯定希望他们能像他们的官职名称一样，恪守其职。现在国家出现了很多盗贼，官员们却没有办法，这说明各个官员的能力不符合他们职位，就好比是一只乌鸦被冠上了喜鹊的名字，实际上它还是乌鸦。因此，正名很重要，要挑选出能够胜任官职的人去做官，才算是名副其实。"楚王恍然大悟。

◎ 知识传送门：起名有什么讲究？

名不正则言不顺。很多父母为了给孩子取个好名字，绞尽脑汁，看唐诗，看《诗经》，翻《辞海》，问朋友，有的甚至花钱请人取名。可见取名字这件事是有一定难度的。看似几个字的简单组合，却包含了许多的方法和技巧。一个好名字，不外乎有"简单、顺口、有寓意、令人难忘"等特点。这就要求在命名时要注意形、音、意。

◎ "名"字的诗意

1. 三十功名尘与土，八千里路云和月。——宋·岳飞《满江红·写怀》

2. 了却君王天下事，赢得生前身后名。——宋·辛弃疾《破阵子·为陈同甫赋壮词以寄之》

◎ "名"字与歇后语

1. 给狗起了个狮子名——有名无实

2. 名医开处方——对症下药

3. 封神榜上有名——该死

28. 君—梁上君子

◎ 趣话"君"字

甲骨文"君"字,上方像一个人拿着棍棒,下方是一个"口",整体字形隐含一个人手拿权杖发号施令的意思,这个人被称为"君"。起初,"君"指代最高统治者,后来人们用它指代有德行的人。

在"君"字的字形演变过程中,最初的那根棍棒变成了一撇,"口"却一直保留,因此有了"君子动口不动手"的说法。

◎ 汉字有故事:梁上君子

释义:成语"梁上君子",原指潜藏在房梁上的小偷,后成为小偷、窃贼的代称。

成语故事:东汉时期,有一个人名叫陈寔,因品行端正而受人尊敬,附近的人遇到什么需要调解的事情,都喜欢请陈寔来处理问题,因为大家都明白陈寔最讲公道。

有一年,陈寔的家乡庄稼歉收,很多贫苦人家都闹起了饥荒。家里没有粮食,又没有什么赚钱的好办法,有些人就铤而走险,当起了小偷,以偷东西维持生计。一天晚上,陈寔还没有入睡,就有一个小偷溜进了他家,身形敏捷地躲在他家的房梁上,打算等夜深人静时行窃。陈寔发现后,没有大喊大叫,而是坐在那根房梁下,叫自己的儿孙都聚拢到自己的身边,开口说:"我叫你们过来,是想教导你们一番。人的一生只有短短的几十年,一定要时刻鞭策、勉励自己做一个品行端正的人,离开世间时才不会后悔。人的本性大多都是好的,有的时候人之所以做坏事,不是因为这个人的本性是坏的,而是因为他不注重自己的行为,养成了坏习惯,最后难免成了一个坏人。我们头顶房梁上的这个人,就是一个例子!"

陈寔说话的声音很大，小偷在房梁上听得一清二楚，得知自己被人发现了，小偷赶紧从房梁上爬下来，跪在陈寔的面前请罪，求陈寔饶恕他的错误行为。陈寔看小偷面黄肌瘦、衣衫破烂却不失简洁，就知道他是正当穷苦人家的孩子，便安慰他说：“从你的外表来看，你不是一个职业盗贼，虽然你是因为穷才做坏事，但偷盗是一种不该有的行为。我现在送给你一些钱，希望你可以改掉自己的坏毛病，通过自己的努力生活下去。”小偷既感激又羞愧地接受了陈寔的馈赠。

这件事在陈寔的家乡传开后，一时间竟没有了偷盗的人，人们也从陈寔的话里提取出了"梁上君子"一词，用来称呼小偷。

◎ 知识传送门：谦谦君子

"君子"一词，最早出现在春秋战国时期。在孔子之前，君子大多是带有政治意味的，可借指国君。而孔子认为，君子必须是有道德的，一个人要被称为君子，一定要有良好的品行，这也影响了后来的儒家学说，进而也影响了后代文人的追求。历朝历代，不少文人都拿君子的行为规范来要求自己，比如刚直不阿、仁爱道德、出淤泥而不染等，这也成了中国文学史上的一大传统。

◎ "君"字的诗意

1. 与君歌一曲，请君为我倾耳听。——唐·李白《将进酒·君不见》
2. 轮台东门送君去，去时雪满天山路。——唐·岑参《白雪歌送武判官归京》
3. 君问归期未有期，巴山夜雨涨秋池。——唐·李商隐《夜雨寄北》

◎ "君"字与歇后语

1. 太上老君开处方——灵丹妙药
2. 梁上君子——上不沾天，下不着地
3. 佘太君抱琵琶——老调重弹

◎ "君"字与谚语

1. 以小人之心，度君子之腹。
2. 君子一言，驷马难追。
3. 君子之交淡如水。

29. 利—利令智昏

◎ 趣话"利"字

| 甲骨文 | 金文 | 篆文 | 隶书 | 楷书 | 行书 | 草书 | 标准宋体 |

甲骨文"利"字，左半部分是一棵长有谷物的农作物，右半部分是一把镰刀，整体字义为用镰刀收割庄稼，后来这个意思消失，引申出了"刀锋快"的含义。因为收割农作物就等于收获粮食，又引申出了"好处、实惠"的含义。

◎ 汉字有故事：利令智昏

释义：成语"利令智昏"，指人被利益冲昏头脑，失去了理智，从而做出错误的事情。

成语故事：秦昭王在位时，为了扩张国土，经常下令让军队去攻打别的国家。有一次，大将白起奉秦昭王之命去攻打韩国，计划将韩国一块名叫"野王"的土地收到秦国囊中。

上党地区与野王挨得很近，主管上党的地方官员知道白起不会善罢甘休，恐怕还会来攻打上党。因为痛恨秦国，这些官员既不愿向秦国投降，也不愿经过徒劳的战争使上党被秦军侵占，他们商议了一下，决定向国力相对强大的赵国求救，用献出上党给赵国为代价，换取赵国对上党地区的庇护。

赵王收到上党官员的书信后，召集群臣商议此事。群臣对此议论纷纷，各有各的看法，一派主张接受上党的归顺，另一派却持相反的意见。平原君赵胜说："上党的面积算是大的了，这么一块肥肉，又不用我们花费什么就能得到，何乐而不为呢？"平阳君反对说："怪就怪在这里，天底下哪有不花力气就能得到好处的事情？如果我们贸然接收了上党，肯定会后患无穷。"

赵王思索一番后，实在是不愿意错失上党这块土地，便决定接受上党官员的归顺，还派平原君去接收、管理上党，在上党地区挂上了赵国的旗帜。秦昭王听说此事后，觉得赵国是在挑衅自己，就下令让大将白起带着浩浩荡荡的军队去攻打赵国。这场战争的结果十分惨烈，赵国的四十万大军都被秦军歼灭了，秦军还包围了赵国的国都邯郸，想要彻底扫平赵国。幸亏平原君带着毛遂去楚国求得了楚王的帮助，秦军才撤离了赵国，但赵国的国力就此衰落了很多。

赵国之所以招来秦军的杀戮，完全是因为赵王和平原君目光短浅，轻率地接收了上党这块土地。后人便形容他们的行为是"利令智昏"。

◎ **知识传送门：工欲善其事，必先利其器**

"工欲善其事，必先利其器"，出自《论语·卫灵公》："子贡问为仁。子曰：'工欲善其事，必先利其器。居是邦也，事其大夫之贤者，友其士之仁者。'"意为工匠想要使他的工作做好，一定要先让工具锋利。比喻要做好一件事，准备工作非常重要。做事情，如果做好准备工作，就可以达到事倍功半的效果。

◎ **"利"字的诗意**

1. 势利使人争，嗣还自相戕。——汉·曹操《蒿里行》
2. 利欲驱人万火牛，江湖浪迹一沙鸥。——宋·陆游《秋思》
3. 多少长安名利客，机关用尽不如君。——宋·黄庭坚《牧童诗》

◎ **"利"字与歇后语**

1. 利刀砍黄瓜——一刀两断
2. 案上砍骨头——干脆利索；干脆

◎ **"利"字与谚语**

1. 君子尚义，小人尚利。
2. 利之中取大，害之中取小。

30. 篇—连篇累牍

◎ 趣话"篇"字

篆文	隶书	楷书	行书	草书	标准宋体
篇	篇	篇	篇	篇	篇

说文里载,篇,书也,从竹,扁声。其中的"扁"由"户"和"册"组成,意为挂在门上的刻有字的木片,加上竹字头后,表明这是由竹片制成的。因此,"篇"最初的含义是刻在竹片上的书籍,简称为"竹简"。因为一卷竹简往往只刻一部文学作品文章,所以后来人们又用"篇"来当文章的计量单位。

◎ 汉字有故事：连篇累牍

释义：古代的文章是写在竹片和木板上的,文章越长,耗费的竹片和木板就越多,因此,成语"连篇累牍"原本指的是文章篇幅过长。后人用此成语形容文辞冗长。

成语故事：李愕是隋文帝时期的一个文臣,他很有才华,喜欢写短小精悍的文章。在他担任治书侍御史的官职时,他对当时的文风做了研究,发现自六朝以后,文人们总喜欢写华而不实的文章,明明是三言两语就能写完的事,大家偏要用一大堆华丽的辞藻去堆砌,还要用上繁复的句式,刻意追求华丽的文风。

李愕认为这样的写法太麻烦了,既浪费写作用具,也耗费读者的时间,还可能导致学问低的人读不懂文章。他决定上书给隋文帝,指出这一问题,盼望隋文帝读后能发布整改文风的政令,用法律法规约束文人们的写作陋习。

想好腹稿后,李愕就下笔了,他给文章起名为《请正文体书》。这篇文章论据充足,论点鲜明,以魏武帝、文帝、明帝崇尚华丽的文风为着眼点,批判他们身为君主却不专心治国,反而在堆砌文章方面耗费心思,当时的文人为了迎合他们的喜好,争相在文辞华丽上大做文章,最终形成了华而不实的文章风格,给后世造成了恶劣的影响及危害。文章末尾点明了主旨,向隋文帝提出了以政令改文风的建议。写完之后，李谔对这篇文章十分满意，次日便把文章以奏折形式呈给了隋文帝。

隋文帝一边读着李谔的奏折，一边赞同地点头。当他读"连篇累牍，不出月露之形；积案盈箱，唯是风云之状"时，不禁在心里为李谔叫好，因为当时的文人们总喜欢在文章里吟风弄月，刻意去追求华美绮丽，这些文章读得多了，很容易让人厌倦。

隋文帝觉得李谔的建议非常好，他下令把《请正文体书》刻印出来，分发到全国各地，要求文人们改正文章的写法，还严令大臣们不准再写连篇累牍的奏折。

◎ 知识传送门：斗酒百篇

成语"斗酒百篇"，形容人才思敏捷，出自杜甫《饮中八仙歌》："李白斗酒诗百篇，长安市上酒家眠。"唐代是一个辉煌的年代，不仅政治经济高度发达，在文学方面更是有着灿烂的成就，因此也有着盛唐气象这一说法。李白杜甫合称"李杜"，李白是一个浪漫主义诗人，为人豪放不羁，人称"诗仙"，作起诗来也是文思泉涌，一斗酒的功夫，就可以写下上百首诗。杜甫是伟大的现实主义诗人，诗作多关心民生疾苦，被称为"诗圣"。虽然二人诗作风格不同，性格也有着很大差异，但二人惺惺相惜，结下深厚友谊，也成就了才子间一段佳话。

◎ "篇"字的诗意

1. 不于祖龙留面目，遗篇那得到今朝。——南唐·李煜《题金楼子后》
2. 时餐金鹅蕊，屡读青苔篇。——唐·李白《赠嵩山焦炼师》
3. 李杜诗篇万口传，至今已觉不新鲜。——清·赵翼《论诗》

◎ "篇"字与歇后语

1. 《聊斋》上的文章——鬼话连篇
2. 八股文的格式——千篇一律
3. 云头里贴告示——空话连篇

31. 问—不耻下问

◎ 趣话"问"字

甲骨文	金文	篆文	隶书	楷书	行书	草书	繁体标宋	简体标宋
𦫼	𦫼	問	問	問	問	问	問	问

古代的"问"是一个形声字,以"门"为形旁、声旁。从甲骨文字形来看,"门"里面有一个"口",实际上代表的是把犯人关押在拘禁室,用言语审讯犯人。后来被引申为在平常情况下,向别人提出疑惑,让别人解答。

◎ 汉字有故事：不耻下问

释义：成语"不耻下问",意为不以向地位和学问不如自己的人请教为耻辱,形容人谦虚好学。

成语故事：孔子是我国伟大的思想家、政治家、教育家,后世人则都尊奉他为圣人。他广收三千门徒,创立了儒家学派,当时的人们尊称他为孔夫子,尽管如此,孔子在遇到不懂的事时,还会谦虚地向别人请教,丝毫不在意别人的非议。比如说,当他去鲁国国君的祖庙参加祭祖典礼时,事无巨细地向别人问东问西。有人在背后嘲笑他不懂礼仪,他就回答说："就是因为不懂才要问,这是我求知礼仪的表现。"

孔子十分主张"不懂就要问"的观点。卫国大夫孔圉去世后,因为他平日里虚心好学,卫国国君就赐给他"文"的谥号,人们就以孔文子称呼他。孔子的学生子贡知道这件事后,觉得孔圉有很多缺点,不配被称为"文",所以他跑去问孔子："老师,孔文子凭什么被称为'文'呢？"孔子回答说："孔圉聪敏又勤学,不以向职位比自己低、学问比自己差的人求学为耻辱,所以用'文'做他的谥号是应当的。"

唐代文学家韩愈曾作《师说》勉励跟随自己学习的后辈李子蟠,文章里说人不是生下来就明白事理的,遇到问题不向别人请教的话,问题就永远也解决不了,然后举例说巫医、乐师和各种工匠，不以互相学习为耻。而士大夫这类人，却以向别人学习为耻，认为向地位比自己低的人请教问题是羞耻的事情。文末又举了孔子不耻下问的事迹，去抨击那些士大夫"耻学于师"。

◎ 知识传送门：潜图问鼎

　　成语"潜图问鼎"，意为暗地里企图篡夺。《左传·宣公三年》有载："楚子伐陆浑之戎，遂至于雒，观兵于周疆。定王使王孙满劳楚子，楚子问鼎之大小轻重焉。"春秋时期，楚庄王陈兵于洛水，向周王朝示威。周定王派王孙满去犒劳楚子（楚庄王），楚子问王孙满王室中鼎的大小轻重。在古代，鼎是皇族乃至权贵富足人家的象征，比如"钟鸣鼎食"就代表着大富人家。鼎更是政权权力的象征。在封建社会早期，不同阶级的人所拥有的鼎，数量、大小、形状、甚至上面的纹饰也有着明确的规定。比如周礼规定了贵族饮宴列鼎的数量：王九鼎，诸侯七鼎，卿大夫五鼎，士三鼎。"问鼎中原"就是取得权力的象征。

◎ "问"字的诗意

　　1. 单车欲问边，属国过居延。——唐·王维《使至塞上》

　　2. 君问归期未有期，巴山夜雨涨秋池。——唐·李商隐《夜雨寄北》

　　3. 怅寥廓，问苍茫大地，谁主沉浮。——毛泽东《沁园春·长沙》

◎ "问"字与歇后语

　　1. 打酒只问提壶的——错不了

　　2. 打破砂锅问到底——追根到底；追根求源

　　3. 蹲在茅坑里问香臭——明知故问

◎ "问"字与谚语

　　1. 家有一老，犹如一宝，有了疑问，问之便晓。

　　2. 善问路的人能够过高山，不愿问的人在平原也会迷路。

　　3. 一切事物中，只有学问最上，不能夺取，不能估价，永不灭亡。

32. 谋—不足与谋

◎ 趣话"谋"字

| 金文 | 篆文 | 隶书 | 楷书 | 行书 | 草书 | 繁体标宋 | 简体标宋 |

古代的"谋"字是一个形声字,左边是"言",表示用言语商议,右边是"某",意为不确定,合起来就是商议不确定结果的事情,找出解决问题的办法。后来又引申出两个常用的意思,一个是"追求、想要",一个是"计策、办法"。

◎ 汉字有故事:不足与谋

释义:成语"不足与谋",意为不值得和某人一起谋划事情,比喻不和与自己思维不在一个层次上的人商量事情。

成语故事:项羽与刘邦曾携手共同反抗秦的暴政,后来刘邦的军队驻扎在灞上,派了兵马去把守函谷关,等于把控住了关中地带;项羽的军队驻扎在鸿门,势力比刘邦大。刘邦还没有去面见项羽,在刘邦手下任左司马一职的曹无伤就通报消息给项羽,说刘邦有入关中称王的意思,气得项羽大叫要带兵去剿杀刘邦。范增是项羽的谋士,他劝项羽不用动兵,说等刘邦来鸿门的时候,自己会以举起玉佩为信号,项羽看到后就可以动手杀死刘邦。项羽答应了。

项伯是项羽的叔父,他与刘邦手下的谋士张良是好朋友,他害怕项羽诛杀刘邦时把张良也一同杀了,连夜赶往灞上,劝张良赶紧逃命,因此泄露了项羽杀人的计划。刘邦在张良的授意下,哄骗项伯说自己没有称王的意思,是在为项羽把守函谷关,并请他把话转给项羽。项羽对刘邦的话信以为真,对他的疑心消除了大半。

等刘邦来赴宴的时候,范增屡屡举起玉佩,项羽却迟迟没有动手,范增看出项羽犹豫不决,只好起身到外面吩咐武士项庄以表演剑舞的名义进入宴席,趁机杀死刘邦。不料在项庄要动手的时候,项伯起身舞剑拦住了项庄。张良急忙唤来将军樊哙保护刘邦，过了一会儿，刘邦借口说要上厕所，偷偷地溜走了。

张良以刘邦的名义向项羽献上白璧与玉斗，范增得知刘邦已经溜走，明白失去了诛杀刘邦的大好机会，气得把玉斗摔在地上，对着项羽说："竖子不足与谋！刘邦一定会从你手里夺走天下，我们到时候都会成为他的俘虏！"

◎ 知识传送门：不在其位，不谋其政

"不在其位，不谋其政"，出自《论语·泰伯》，意为不在那个岗位，就不要管那个岗位的事情。有很多人常常自己工作没有做好，就去插手别人的事情，这是不可取的。人都有自己的责任，有自己的任务，不要越俎代庖。《论语》诞生的时代距我们很遥远，但是其中的很多篇章仍然值得我们学习，这就是老祖宗的智慧。

◎ "谋"字的诗意

1. 千古江山，英雄无觅、孙仲谋处。——宋·辛弃疾《永遇乐·京口北固亭怀古》
2. 匪来贸丝，来即我谋。——先秦·佚名《氓》
3. 堂上谋臣帷幄，边头猛将干戈。——宋·辛弃疾《西江月·堂上谋臣尊俎》

◎ "谋"字与歇后语

1. 参谋皱眉头——一筹（愁）莫展
2. 海底谋杀——害人不浅

◎ "谋"字与谚语

1. 猛将如云，谋臣如雨。
2. 谋事在人，成事在天。
3. 小不忍则乱大谋。

33. 萧—成也萧何，败也萧何

◎ 趣话"萧"字

| 篆文 | 隶书 | 楷书 | 行书 | 草书 | 繁体标宋 | 简体标宋 |

篆文"萧"字上方用两棵草代指植物，下方是一个"肃"，合起来就是指干枯的植物，而《说文》里载，萧，艾蒿也。说明"萧"的本义是"干枯的艾蒿"，不过这个字义只存在于古文里。后人从中引申出"枯萎的、衰败的、没有生气的"意思，用"萧"表示事物不好的状态。此外，"萧"也是一个姓氏。

◎ 汉字有故事：成也萧何，败也萧何

释义：成语"成也萧何，败也萧何"，原指韩信的发迹和死亡都是由萧何造成的，后用于形容事情的成功和失败都是由于同一个人或同一个因素导致的。

成语故事：韩信是汉初三杰之一，年轻的时候因家贫过得很落魄，经常到别人家蹭饭吃。一个无赖故意找他麻烦，说只要韩信从自己的胯下钻过去，就放过他，韩信认为大丈夫应该能屈能伸，便从那人胯下钻了过去。

后来，韩信带着宝剑投奔了项梁，项梁兵败后，他又投奔了项羽，项羽给了他郎中的职位，却从不采用韩信的计策，韩信就去投奔了刘邦。刘邦不知道韩信有过人的才能，只让他做了管理粮仓的小官。萧何是刘邦倚重的一位谋士，他与韩信交谈后，发现这个年轻人才能出众，就向刘邦多次举荐他，刘邦却一直没有面见韩信，也不给韩信升职。

韩信觉得自己在刘邦手下没有用武之地，便走了，萧何得到消息后，借着晚上的月光去追他，把他劝了回来，并郑重地劝刘邦重用他，刘邦便任命韩信做了大将。这就是"成也萧何"。

刘邦登上了皇位后，他封战功赫赫的韩信为楚王，后来又忌惮韩信，将他降为淮阴侯，韩信便深居简出，尽量不出现在刘邦眼前。因为功高震主，韩信一直处于被打压的状态,便起了反叛的心思。他与陈豨合谋反叛,两人约定陈豨在巨鹿起兵造反,韩信在京城做内应。

闻听陈豨起事,刘邦亲自率兵去讨伐他,留下吕后和萧何坐镇宫中。韩信带着家臣准备夺权,有一个仇恨他的人却把消息告诉了吕后,吕后连忙与萧何商量对应之策。萧何出主意说,放出刘邦得胜归来的假消息,命群臣都来祝贺,把韩信骗到宫里后,再趁机杀了他。吕后依计行事,韩信果然上当,死前对萧何破口大骂。这就是"败也萧何"。

◎ 知识传送门:萧规曹随

成语"萧规曹随",意为沿用前任定下的规则、做法等,不做更改。萧何创立了规章制度,死后,曹参做了宰相,仍照着实行。比喻按照前人的成规办事。出自《史记·曹相国世家》:"参代何为汉相国,举事无所变更,一遵萧何约束。"历代以来人们对于曹参的做法褒贬不一,有人认为曹参一贯沿袭前朝做派,自身却毫无作为,实为无能迂腐。但也有人认为曹参之所以这样做,是因为萧何制定的条例条规十分完美,既然可以继续实施,为什么非要去改变它呢?

◎ "萧"字的诗意

1. 秋风萧瑟,洪波涌起。——汉·曹操《观沧海》
2. 萧关逢候骑,都护在燕然。——唐·王维《使至塞上》

◎ "萧"字与歇后语

1. 萧太后摆宴席——好吃难消化
2. 冬天的落叶树——一片萧条

34. 竽—滥竽充数

◎ 趣话"竽"字

| 篆文 | 隶书 | 行书 | 草书 | 标准宋体 |

竽是古人发明的一种乐器,因为它是用竹子制成的,所以上半部分是竹字头,又因为它发出的声音悠扬婉转,它的下半部分就弯曲有弧度,具体可见它的篆文字体。只是在不断的规范字形的过程中,下面才变成了一竖一提勾。

◎ 汉字有故事:滥竽充数

释义:成语"滥竽充数",原指一个不会吹竽的人混在吹竽的队伍里充数,后用来形容没有才能的人冒充有才能的人,或商家用不好的货物冒充好的货物。

成语故事:战国时期,齐国有位国君叫齐宣王,他喜欢享受众多乐师一起为自己演奏的感觉,最喜爱的乐器是竽,便下令要招纳三百个会吹竽的乐师,然后组成一支乐队为自己演奏。

齐国有个人叫南郭先生,他既没有文化,又不擅长干活,平日里就是靠着溜须拍马讨生计。他得知齐宣王要组织大乐队的消息后,认为这是一个浑水摸鱼的好机会,就托人向齐宣王介绍,说他是吹竽的高手。齐宣王信以为真,让他加入了竽乐队。

齐宣王命令乐队演出时,南郭先生坐在三百人组成的乐队里,模仿其他人的动作,尽力使自己的腮帮子一鼓一瘪,还大幅度地前后摇晃上半身,光看他的外表,别人还都以为他吹得多卖力呢。实际上,南郭先生的竽根本就没发出过声音,因为一旦他吹出了响声,而这声音和其他人的乐音不是一个曲调,他就会暴露出来。

就这样,南郭先生靠着"精湛"的演技,蒙混过关。在足足几年的时间里,他享受着和其他乐师同等的待遇,拿了好多银钱,尽情地享受宫中的美食,再也不必因吃饭而发愁。南郭先生在心里祈祷这样的生活可以持续一辈子。

后来，齐宣王去世，他的儿子齐湣王继承了王位。齐湣王也喜欢听竽，但他只喜欢听独奏，并下令让乐师们一个一个地单独吹给他听。南郭先生滥竽充数的美梦就此破灭，他急忙找了个机会逃走了，人们才知道他是个不会吹竽的人，就将他的事当作笑话讲给别人听。

◎ 知识传送门：竽

从古到今，由于竹的结构加之分布的普遍性，便与我国音乐结下了不解之缘，用竹制成的乐器有很多，如"笛""箫""笙""筝""竽"等，不胜枚举。

竽，古簧管乐器，形似笙而较大，管数亦较多。战国至汉代曾广泛流传。原三十六管，后减至二十三管。

◎ "竽"字的诗意

1. 渔阳豪侠地，击鼓吹笙竽。——唐·杜甫《后出塞五首》
2. 太白峰前三十里，古松夹道奏竽茞。——宋·袁燮《天童道上二首·其一》
3. 野客频留惧雪霜，行人不过听竽籁。——唐·杜甫《楠树为风雨所拔叹》

◎ "竽"字与歇后语

南郭先生吹竽——滥竽充数；不懂装懂

35. 姬—霸王别姬

◎ 趣话"姬"字

甲骨文	金文	篆文	隶书	楷书	行书	草书	标准宋体
瞅	肿	眒	姫	妡	姬	姬	姬	姬

甲骨文"姬"字左边的字符形似一对饱满的胸脯，右边的字符像是一个绾起头发、身姿窈窕的女子，金文字形虽有所变化，却都保留，并突出了饱满的胸脯。

因此，"姬"的本义是"胸部丰满的女子"。从这个本义出发，后期的"姬"字都是用"女"做偏旁的。人们还延伸了这个字义，把貌美、身材好的女子称为"姬"。

《说文》里载，姬，黄帝居姬水，以为姓。这表明"姬"也是一个姓氏。

◎ 汉字有故事：霸王别姬

释义：成语"霸王别姬"，原指西楚霸王项羽因兵败而看着自己的宠妾虞姬在自己面前自刎，后用来形容英雄末路的悲壮情景。

成语故事：刘邦手下的大将韩信采用四面楚歌的计策瓦解了楚军的斗志，项羽听到后，明白自己大势已去，可怜自己被逼到了走投无路的地步。项羽悲从中来，仰头饮酒，他的宠妾虞姬在一旁服侍他。项羽看着虞姬眉目如画的姣好面容，又想起了自己心爱的乌骓骏马，想着自己死了倒没什么，这美人宝马可该如何处置，没有了自己做靠山，美人宝马恐怕都不会落得好下场。

虞姬感受到了项羽看自己的目光，那目光里有悲壮，有不舍，也有无奈，她明白项羽此时心中充满了苦痛。虞姬跟随项羽很久了，明白在被围困的时候，若是没有拖累，突围逃脱的可能性很大。她也明白，对战场上的项羽来说，自己是个拖累，因此她决定自刎，让项羽毫无挂牵地骑着乌骓马杀出重围。

项羽大声地唱起歌："力拔山兮气盖世，时不利兮骓不逝，骓不逝兮可奈何，虞兮虞兮奈若何。"歌声悲壮，饱含自己空有拔山之力却因为时运不济无法成为胜者的感慨，也显出了对宝马美人的担忧。虞姬抽出项羽的宝剑，应和着他的歌声翩翩起舞，脑海中回忆着昔日的美好时光，而后利落地用宝剑在脖颈上划出了一道殷红。

项羽知道虞姬是为了不拖累自己才选择了自刎，他不能辜负她的这份心意，便带领仅存的八百壮士杀出了重围。

◎ 知识传送门：姬姓

姬姓是中华民族古老的八大始祖姓氏之一。姬姓的族人是黄帝的嫡系后裔。根据《说文》记载，起初黄帝居住在姬水，因而姓"姬"。黄帝有二十五个儿子，其中，只有他的嫡系子孙继承了姬姓。周朝的周武王也姓姬，叫作姬发。姬发后来分封天下，将自己的很多同姓亲族分到天下各地为诸侯，这些国家的王族后来大多以其所在国的国名为姓。而当周朝结束之后，周朝王族后代亦改姓周而不再以姬为姓。所以这样一来，虽然姬姓曾是很大的姓，但今天却已经不多见了。

◎ "姬"字的诗意

1. 中山孺子倚新妆，郑女燕姬独擅场。——明·李梦阳《汴京元夕》
2. 吴姬越艳楚王妃，争弄莲舟水湿衣。——唐·王昌龄《采莲曲二首》
3. 翰林风月三千首，寄与吴姬忍泪看。——宋·刘著《鹧鸪天·雪照山城玉指寒》

◎ "姬"字与歇后语

1. 霸王别姬——无可奈何
2. 文姬归汉——别胡来

◎ "姬"字与谜语

1. 谜题：姬诵发兵破叛贼。（打一成语）
谜底：成王败寇
2. 谜题：献赵姬不韦有谋。（打一成语）
谜底：望子成龙

36. 吉—黄道吉日

◎ 趣话"吉"字

| 甲骨文 | | 金文 | 篆文 | 隶书 | 楷书 | 行书 | 草书 | 标准宋体 |

"吉"的甲骨文字形上半部分都是巨大的武器，而巨型武器往往为君王所掌管，所以上半部分实际上是指代了君王；有的甲骨文下半部分是"口"，有的是"曰"，都跟言语有关，因此，"吉"的本义是君王举行祭祀时开口赞颂天地神灵，这个字义只用于古文。金文把巨型武器写成了"士"。

《说文》里载,吉,善也。说明篆文"吉"就已经有了"祥瑞、美好"的意思。此外,"吉"也是一个姓氏。

◎ 汉字有故事:黄道吉日

释义:成语"黄道吉日",指的是迷信的人认为应该办事的吉利日子。

成语故事:古代人会用星象来推算吉凶,规定青龙、明堂、金匮、天德、玉堂、司命六位星宿是吉神,也称黄道神。当黄道神当值的时候,邪佞不敢出现,就是吉利的日子,被称为"黄道吉日",泛指宜于办事的好日子。然而民间故事则是另一番说法。

传说唐宣宗年间,一个叫吉日的书生喜欢上了他的同窗陈姑娘,彼此约定到了年龄就成婚。吉日年满二十时,请了媒人去陈家为自己提亲,陈家父母知道他就是女儿的意中人,又听说他学问很好,便同意把女儿嫁给他,双方一起选了一个成婚的日子。

吉日立即着手准备婚礼,把喜讯告诉自己的亲朋好友,邀请他们到时来自己家喝喜酒。黄道是吉日的好朋友,他得知吉日成亲的日子后,立马惊出了一身汗,因为那天正是皇帝派人到民间选美女的日子,貌美的陈姑娘要是被官兵看见了,极有可能被抢走。黄道劝吉日先带着陈姑娘去外地躲躲风头,改天成亲,吉日不以为然,认为官兵总不会连百姓的新娘也要抢。

到了结婚那天,黄道担忧的事果然发生了,官兵要抢陈姑娘,吉日拼命阻拦,可他一个文弱书生,三两下就被打翻在地。身强力壮的黄道冲上前去,想要抢回陈姑娘,结果身受重伤。最后新娘被成功解救下来,黄道却失血而亡。围观的人为这见义勇为的男子举行了隆重的葬礼。

几年后,吉日考中了状元,入朝为官。当他听说皇帝又要派人去民间选美女时,悲愤地想起了好友黄道的死,他在大殿上指责皇帝,阻拦皇帝再选美女。皇帝只好打消了选美女的念头,把气撒在吉日身上,命人把吉日推出午门斩首。百姓为了纪念吉日,把他葬在了黄道墓旁。从那之后,大家都会到他们墓前办婚礼,以祈求他们的庇佑。

后来,由于去墓前办婚礼有些不方便,人们就取消了这一行为,转而将适宜结婚的日子定为黄道吉日,以示对黄道和吉日的纪念。

◎ 知识传送门：吉光片羽

　　成语"吉光片羽"，意为残存的艺术珍品和古代文物。据汉刘歆《西京杂记》卷一记载，武帝时，西域献吉光裘，入水不濡。而在古代传说里，吉光是神兽，毛皮为裘，入水数日不沉，入火不焦。"吉光片羽"指神兽的一小块毛皮，比喻残存的珍贵的文物，现常比喻生活中稀少的、值得回忆的往事。也作"吉光片裘"。

◎ "吉"字的诗意

　　1. 二月初吉，载离寒暑。——先秦·佚名《小明》
　　2. 吉甫燕喜，既多受祉。——先秦·佚名《六月》
　　3. 九州道路无豺虎，远行不劳吉日出。——唐·杜甫《忆昔二首》

◎ "吉"字与歇后语

　　1. 发救兵还择吉日——迟了
　　2. 翻着旧历书择吉日——倒退了

37. 帝—望帝啼鹃

◎ 趣话"帝"字

甲骨文			金文	篆文	隶书	楷书	行书	草书	标准宋体
朿	朿	朿	朿	帝	帝	帝	帝	帝	帝

　　《说文解字》中说，帝，最高称谓。又是君王统治天下的称号。
　　古文各个"丄"都采用"一"作字根，而篆文都采用"二"作字根。"帝"，造字本义，动词，意为在树杈上系扎捆绑，缔枝为巢，开创巢居时代。而最早缔枝为巢的部落首领，也由此被先民尊称为"帝"。

◎ 汉字有故事：望帝啼鹃

　　释义：成语"望帝啼鹃"，原指望帝死后化身为杜鹃鸟，叫声凄切，宛若人在啼哭。后用来形容人的哭声凄惨悲戚。

成语故事：上古时，人民以群居方式生活，形成了部落，每个部落都有一位首领。蜀地部落的首领原名杜宇，因为他的英明领导，他的臣民得以吃上了熟食，学会了耕种庄稼，臣民们期望他能为人民带来更好的生活，便尊称他为望帝。

荆州地区临近巴蜀，荆州人鳖灵触怒荆州首领后，首领下令把他抓了起来，择日问斩。为了活命，鳖灵越狱而出，乘着小船到了蜀国，然后去拜见望帝，请他允许自己在此居住。望帝和他交谈后，发现他很有治理国家的才能，就让他担任了蜀国的宰相一职。

在鳖灵的辅佐下，望帝在蜀国做出了很多功绩，使得蜀国有了"天府之国"的美称。几年之后，蜀地出现水患，鳖灵亲自督工，指挥人民疏水建坝，平息了水患。望帝见他已经可以独当一面，便把帝位传给了他，自己去西山过隐居生活，专心修道。

鳖灵本来就是在江湖上讨生活的人，很有能力，骨子里却有坏习气。望帝在时，他还能竭力控制自己不做坏事，望帝一走，他就暴露出本来面目，肆意挥霍享乐，浪费民脂民膏，还征收很重的赋税，使得民不聊生，甚至有百姓开始流离失所。望帝知道后，很后悔自己看走了眼，却又无法夺回帝位，拯救百姓于水火之中，本就衰老的身体变得更加虚弱，最终郁郁而死。

因为望帝死前一直担忧着百姓，他死后变成了杜鹃，叫声十分哀怨凄苦，甚至还啼出血来，以表示他对鳖灵的愤恨，对百姓的牵挂。唐代诗人李商隐曾写"望帝春心托杜鹃"，意思就是望帝把自己的心意都寄托在了杜鹃鸟身上。

◎ **知识传送门：三皇五帝**

成语"三皇五帝"，指的是一些远古的历史人物。三皇，指燧人氏（燧皇）、伏羲氏（羲皇）、神农氏（农皇）；五帝，指黄帝、颛顼、帝喾、尧、舜。三皇五帝，并不是真正的帝王，而是原始社会中出现的为人类作出卓越贡献的部落首领或部落联盟首领，后人追尊他们为"皇"或"帝"。道教则把他们奉为神灵，以各种美丽的神话传说来宣扬他们的伟大业绩。

◎ **"帝"字的诗意**

1.庄生晓梦迷蝴蝶，望帝春心托杜鹃。——唐·李商隐《锦瑟》

2. 朝辞白帝彩云间，千里江陵一日还。——唐·李白《早发白帝城》

3. 青枫江上秋天远，白帝城边古木疏。——唐·高适《送李少府贬峡中王少府贬长沙》

◎ "帝"字与歇后语

1. 当了皇帝想成仙——贪得无厌
2. 皇帝出宫——前呼后拥
3. 天高皇帝远——有冤无处申

◎ "帝"字与谚语

1. 舍得一身剐，敢把皇帝拉下马。
2. 学成文武艺，货与帝王家。

38. 娥—嫦娥奔月

◎ 趣话"娥"字

甲骨文	篆文	隶书	楷书	行书	草书	标准宋体
𰀀	𰀀	䤨	娥	娥	𰀀	娥

单从"娥"字的字形进行分析，是无法得出它的本义的。因为甲骨文"娥"字实际上是"我"字加"女"字组成的，关键在于那时的"我"实际上代表"哦"，即人惊叹时的口形和发音。那么，"娥"的本义即为令人们惊叹的美女。

篆文字形将"我""女"调了左右顺序，后世就以此确立了"娥"字的字形。

◎ 汉字有故事：嫦娥奔月

释义：成语中"嫦娥奔月"，指的是后羿的妻子嫦娥因吃下不死药而飞到了月亮上的神话故事。

成语故事：上古时代，十个太阳都挂在天上，炙烤着大地；猛兽们在大地上横行，吞吃百姓。善于射箭的英雄后羿一连射下了九个太阳，又射杀了无数猛兽，令百姓们得以在人间安居乐业，在百姓中获得了极高的威望，有不少人都投奔到他的门下，向他学习射箭，其中就有一个叫逢蒙的人。逢蒙为人奸诈狡猾，后羿不太喜欢他，他就对后羿怀恨在心。

后羿听说西王母居住在昆仑山上，手里有可令人成仙的不死药，就去向她求了一包不死药，交给自己的妻子嫦娥保管。有一天，后羿外出打猎，逢蒙趁机逼迫嫦娥交出不死药，嫦娥不通武艺，为了不让不死药落入坏人手里，干脆自己吞下了不死药。当时正是夜晚，一轮圆月挂在天上，嫦娥的身体向空中飘去，她不想离丈夫太远，就往月亮那里飞去，定居在了月宫，也称广寒宫。

广寒宫寂寥冷清，只有一棵永远不会被砍倒的桂树，一个名叫吴刚的人一直在砍桂树，还有一只拿着药槌捣药的玉兔。嫦娥只好与玉兔为伴，抱着它望向人间，想要看看自己的丈夫在何方。后羿偶然间抬头望月，发现月亮上多了一个女人的身影，而那身影与自己的妻子嫦娥很像，顿时心里有了不好的预感，奔回家里，发现妻子和不死药都不在了。

后羿对着月亮号啕大哭，世间只有一份不死药，妻子去了月宫，他再也不能与她相见。后羿只好遥望着妻子的倩影，希望她能看到自己。八月十五日的月亮是最圆的，后羿可以在这天清晰地看到妻子的身影，他便设下香案，摆上嫦娥爱吃的果品、糕点，以此纪念她。百姓们纷纷效仿后羿的举动，形成了中秋节的习俗。

◎ **知识传送门：娥皇女英**

娥皇和女英是中国古代神话传说中帝尧的两个女儿。二人同嫁给舜为妻，舜的父亲固执、母亲嚣张、弟弟顽劣，曾多次想置舜于死地，舜都因姐妹二人的帮助而脱险。后来舜即位，去南方巡视，结果死于苍梧。娥皇、女英前去寻找，后将其埋在山下，抱竹痛哭，泪染青竹，泪尽而死，因此称"潇湘竹"或"湘妃竹"。后世也称之为"湘夫人"。

◎ **"娥"字的诗意**

1. 嫦娥应悔偷灵药，碧海青天夜夜心。——唐·李商隐《嫦娥》
2. 未必素娥无怅恨，玉蟾清冷桂花孤。——宋·晏殊《中秋月》

◎ "娥"字与歇后语

1. 窦娥喊冤——怨天怨地

2. 十八岁的宫娥——正享福（想夫）

◎ "娥"字与谜语

1. 谜题：望嫦娥兮中天。（打一歌名）

谜底：《十五的月亮》

2. 谜题：蛟龙潜入海，嫦娥又飞天。（猜一常用语）

谜底：先下后上

39. 年—而立之年

◎ 趣话"年"字

| 甲骨文 | 金文 | 篆文 | 隶书 | 楷书 | 行书 | 草书 | 标准宋体 |

甲骨文"年"为上下结构，上面是"禾"，下面是"人"，形似一个人背着谷物，因此"年"的本义为农民把收获的谷物背回家。《说文》中将"年"解释为谷物成熟，《春秋传》提出"大有收成"的解释，都是根据年的本义引申出的。再者，由于大多数谷物四季里只能种一次收一次，人们就用"年"做计量时间的单位，四季轮回一次为一年。

◎ 汉字有故事：而立之年

释义：成语"而立之年"，原指一个人应该在三十岁时，在人格、学识、事业等方面完全做到自立。现在用来代指男性到了三十岁。

成语故事：孔子是儒家的代表人物，他推行仁政，认为统治者应该为政以德，宽厚待民，用仁慈的政治措施治理国家。春秋时期群雄争霸，各国统治者都想侵占别的国家的土地，扩大自己的势力，因此提倡以法治国的法家和提倡用武力征服他国的兵家广受欢迎，很少有国君接纳、推广孔子的仁政思想。

　　孔子在鲁、卫、郑、陈、晋等地碰壁后，去往蔡国，这时他已经垂垂老矣，足有七十多岁了，在古代算是高寿之人。他向弟子们谈起自己的人生经历，说："吾十有五而志于学，三十而立，四十而不惑，五十而知天命，六十而耳顺，七十而从心所欲不逾矩。"意思是自己从十五岁时就开始立志，到了三十岁才确立了自己为人处世的准则，实现了自立，四十岁时对自己的原则才不感到迷惑，五十岁方才明白所有的命运都是由自己决定的，六十岁时能辨别是非好坏，七十岁时才做事不犯错。孔子用这番话讲述了自己的人生经验，也隐含自己从三十岁开始推行仁政，年过七十仍未成功的遗憾。后人从中提取了"而立之年"一词。

　　后世用"而立之年"代指男子到了三十岁。比如，在鲁迅的《阿Q正传》里，写阿Q："谁知道他将到'而立'之年，竟被小尼姑害得飘飘然了。"说的就是阿Q由于快三十岁了还是单身汉，因此对尼姑动了春心。

◎ 知识传送门：五陵年少

　　"五陵年少"中的"五陵"指的是长陵、安陵、阳陵、茂陵、平陵，是汉代五个皇帝的坟墓。当时富家豪族和朝廷外戚都居住在五陵附近，因此后世诗文常以五陵为富豪人家聚居之地。成语"五陵年少"，指的是京都的富豪子弟，出自唐代诗人白居易的诗歌《琵琶行》："曲罢曾教善才服，妆成每被秋娘妒。五陵年少争缠头，一曲红绡不知数。"

◎ "年"字的诗意

　　1. 不知天上宫阙，今夕是何年。——宋·苏轼《水调歌头·丙辰中秋》

　　2. 莫等闲，白了少年头，空悲切。——宋·岳飞《满江红·写怀》

　　3. 遥想公瑾当年，小乔初嫁了，雄姿英发。——宋·苏轼《念奴娇·赤壁怀古》

◎ "年"字与歇后语

　　1. 八月十五办年货——赶早不赶晚

　　2. 拜年的话——好听

　　3. 多年的师傅——老把式

◎ "年"字与谚语

1. 一年之计在于春，一日之计在于晨。
2. 河水泉源千年在，青春一去不再来。
3. 冬去春又来，年华似水流。

40. 韦——韦布匹夫

◎ 趣话"韦"字

甲骨文"韦"字形似三只脚分布在一座建筑的周围，代表的是士兵在沿着城邑巡逻警戒，这是"韦"的本义。后来人们另造了"围"来代替了这个意思。

《说文》认为"韦"是用于缠绕的皮绳，"韦"也是一个姓氏。

◎ 汉字有故事：韦布匹夫

释义：成语"韦布匹夫"，原指男子穿着粗布衣服，衣服上带有兽皮做成的皮带。后用来形容普通百姓。

成语故事：西晋初期，权臣贾充把持朝政，把自己的大女儿嫁给了晋惠帝做皇后，小女儿贾午因尚小留在了父母身边。韩寿原本只是一个普通书生，在贾充手下做幕僚，多次在贾家参加宴席。顽皮的贾午躲在屏风后面看父亲招待客人，发现里面有一个相貌英俊、衣着寒酸的男子，对他一见钟情，这个男子正是韩寿。

贾午知道以父亲的显赫权势，自己将来很有可能在他的安排下，嫁入豪门贵族。但她知道韩寿家境很一般后，心里一点都不在乎。她对自己的婢女诉说了心事，婢女便帮她与韩寿传信、放风，使得她在家里与韩寿约会了好多次。

西域向晋惠帝进贡了一批有奇香的香料，晋惠帝分了一些给贾充，贾午偷偷拿走了一部分。韩寿在贾午的资助下，置办了很多华贵的衣裳，穿上后更显得他仪表堂堂。贾午高兴地把香料送给了韩寿，韩寿不知这香料只有宫中和贾家才有，以为是寻常的香料，就用来熏衣服。贾充闻到韩寿身上的奇香后，起了疑心，又想起小女儿最近总是喜怒不定，便抓了贾午的婢女，拷问内情。

至此，韩寿与贾午的隐秘恋情败露，疼爱女儿的贾充只好把贾午嫁给了韩寿。

后来，明朝的陆采以贾午与韩寿的故事为蓝本，写出了传奇小说《怀香记》。陆采借韩寿之口说："小姐是金屋阿娇，瑶台仙子，小生乃草莱下士，韦布匹夫，比而论之，真是个天渊殊判，薰莸相远。"以此表达二人地位的悬殊。

◎ 知识传送门：韦编三绝

春秋时期，人们把熟牛皮绳称为"韦"，在竹简上写字，然后用熟牛皮绳把竹简编联起来，书籍《易》篇幅很长，就耗费了很多熟牛皮绳。而好学的孔子在得到《易》后，总是翻来覆去地读它，一连读了三遍，竟把串联竹简的牛皮带子磨断了。人们称这件事为"韦编三绝"，后用此成语形容人读书勤奋。

◎ "韦"字的诗意

1. 韦曲花无赖，家家恼杀人。——唐·杜甫《奉陪郑驸马韦曲二首》
2. 高髻云鬟宫样妆，春风一曲杜韦娘。——唐·刘禹锡《赠李司空妓》
3. 韦编断仍续，缥帙舒还卷。——唐·李世民《帝京篇十首》

◎ "韦"字与歇后语

1. 戏台上的韦生——一表斯文
2. 吕不韦的儿子——不认得

41. 学—斗酒学士

◎ 趣话"学"字

甲骨文	金文	篆文	隶书	楷书	行书	草书	繁体标宋	简体标宋

第一种甲骨文"学"字上方的"×"代表古代的算筹，下方字符代表有房顶的屋子，整体意思为用于练算筹、练写字的房屋。第二种甲骨文上方多了两只手，体现的是教师手把手教学生。金文的房屋字符下多了个"子"，是为了说明在这里受教的是小孩子。后期字形进行了很多简化。

"学"的本义是"教孩子算数、习字的校舍"，但现在用的更多的是它的引申义，即通过模仿和练习获得知识、经验、才能，后来又由此直接引申为"知识、经验、才能"。

◎ 汉字有故事：斗酒学士

释义：成语"斗酒学士"，原指文士王绩爱好喝酒，朝廷曾每天发给他一斗酒让他喝。后用来形容酒量大的文士或名臣。

成语故事：王绩是隋末唐初的一名文人，擅长写五言律诗。他被世人所铭记的有两点，一是他是五言律诗的奠基人，一是他因喜欢喝酒被称为"斗酒学士"，可以说他的才华和酒量充斥了他的人生。

与王绩打过交道的人都知道他爱好喝酒，哪里有酒喝，他就去哪里做客，也不管邀请他的人是何身份。据王绩说，他一连喝五斗酒也不会露出醉态，因此他自号"五斗先生"。当时的文人都会谋个一官半职以作生计，王绩也当过几次小官，却不是为了前途和钱财，只为能够畅快地喝酒。

隋文帝时，王绩应试中了举人，朝廷想让他当京官，他觉得京城规矩森严，撒谎说自己有病要去外地做官，朝廷便让他做了扬州六合县丞。王绩心里乐开了花，天天手不离杯口不离酒，因为喝酒误了好多正事，他的同僚看不过去，上奏弹劾他。王绩恼怒地把自己的俸禄都堆在县门之外，在夜里坐船弃官逃跑了。

到了唐朝，王绩打着隋朝遗老的旗号出山，被朝廷任命为待诏门下省的一个闲官，王绩对这个安排很满意。他的弟弟问他为什么做一个小官就很满足，王绩说："这个官是闲官，不用做事，每天还为我发三升酒，这样的好事哪里找啊。"他的朋友陈叔达当时是他的上司，听到王绩的话后，干脆每天配给他好酒一斗，王绩便得到了"斗酒学士"的称号，人所尽知，并流传了下来。

唐太宗在位时，王绩听说太乐府史焦革家有自酿的美酒，干脆连朝廷每天发给他的官酒也不要了，辞职而去，死皮赖脸地求焦革收留他当个幕僚。哭笑不得的焦革只好给了他一个闲职，每天都送美酒给他喝。几个月以后，焦革不幸去世，他的妻子袁氏为人仁厚，照例派人按时给王绩送美酒。

一年之后，袁氏也因病去世了，再也没有人送酒给王绩。他抱着空酒坛子仰天长叹："天意啊，老天爷故意不让我把美酒喝个够啊！"王绩再次辞官，回自己的家乡隐居去了。

◎ 知识传送门：临池学书

成语"临池学书"，指人刻苦练习书法。王羲之是有名的大书法家，人称"书圣"，其子名为王献之，自幼刻苦练习书法。王献之练习书法到哪种程度呢？据说他为了更好更快地练字，就整天守着家里的十八个大水缸。功夫不负有心人，王献之书法越练越好，与其父王羲之并称为"二王"。而汉代的张芝，与王献之相比，可谓是有过之而无不及。据《后汉书·张芝传》记载："张芝尤好草书，学崔、杜之法，家之衣帛，必书而后练。临池学书，水为之黑。"

◎ "学"字的诗意

1. 古人学问无遗力，少壮工夫老始成。——宋·陆游《冬夜读书示子聿》
2. 恰同学少年，风华正茂。——毛泽东《沁园春·长沙》

◎ "学"字与歇后语

1. 恶狼学狗叫——没怀好意
2. 鹅学鸭步——越学越慢
3. 邯郸学步——连走也不会走了

◎ "学"字与谚语

1. 博学使人谦逊，无知使人骄傲。
2. 千学不如一看，千看不如一练。
3. 愚者不学无术，智者不耻下问。

42. 贤—求贤若渴

◎ 趣话"贤"字

甲骨文	金文	篆文	隶书	楷书	行书	草书	繁体标宋	简体标宋

最初的"贤"字是写作"臤"的，它的甲骨文字形就是左边一个"臣"，右边一个像"又"的字符，而"又"的本义是抓持，所以"贤"的本义是有管理才能的大臣。在第二种金文字形里，下面加了一个"贝"，使之成了上下结构的字，意在突出有管理才能的大臣的宝贵。

字义引申之后，各行业里有才能的人都可称为"贤"，但也有说法认为，德才兼备才算"贤"。

◎ 汉字有故事：求贤若渴

释义：成语"求贤若渴"，意为招纳贤士的迫切心情如同口渴时想要饮水一样，形容迫切地想要得到人才。

成语故事：自古以来，圣明的君主总是对有才能的人敞开怀抱，希望能招纳到更多的贤士。据《史记》记载，周公在辅佐成王时，为了使国家兴盛，曾下令广纳贤士，因此有很多人前去拜访他，当有人求见时，他就站起来迎接。若是他正好在洗澡，就立马整理好头发去接见；若是在吃饭，就赶快把嘴里的饭吐出来，生怕错失了人才。于是，后人就用"周公吐哺"一词形容周公求才心切。

三国时期，曹操用挟天子以令诸侯的方式夺取了政权，为了扩充实力，他提出"唯才是举"的方针，曾三次下令求贤，这在历史上极为少见。曹操曾作《短歌行》，诗中写"青青子衿，悠悠我心"，意思是说自己心里在牵挂着有才能的人；写"我有嘉宾，鼓瑟吹笙"，暗喻自己会善待投奔自己的贤才；写"越陌度阡，枉用相存"，直接呼唤贤才前来；写"周公吐哺，天下归心"，强烈地抒发了自己求贤若渴的迫切愿望。因此，《短歌行》又被称为"求贤歌"。

《三国志》和《三国演义》都曾描写了曹操"求贤若渴"的事迹，他也的确招纳到了一大批人才。在这些人的共同辅佐下，尽管刘备有足智多谋的诸葛亮，孙权有年少成名的周瑜，但哪怕孙、刘联手，也没能彻底扼杀曹操，最终曹操统一了北方。

◎ **知识传送门：人非圣贤，孰能无过**

成语"人非圣贤，孰能无过"，出自《左传·宣公二年》，意为平常人不是圣人和贤人，谁能不犯错？关键是错了能够改正，就好了。

春秋时期，晋灵公生性残暴，常常草菅人命，人们对此敢怒不敢言。赵盾和士季一起进宫劝谏，希望晋灵公不要再滥杀无辜。然而晋灵公却态度冷淡。士季说："人谁无过，过而能改，善莫大焉。"晋灵公表面应和，却暗中派人杀了赵盾。赵盾死后，天下人多为其鸣不平，于是奋起反抗，杀死了残暴无比的晋灵公。

◎ **"贤"字的诗意**

1. 古来圣贤皆寂寞，惟有饮者留其名。——唐·李白《将进酒·君不见》
2. 贤愚千载知谁是，满眼蓬蒿共一丘。——宋·黄庭坚《清明》
3. 万事须己运，他得非我贤。——唐·孟郊《劝学》

◎ **"贤"字与歇后语**

1. 孔夫子的弟子——贤（闲）人
2. 刘备访贤——三顾茅庐

◎ **"贤"字与谚语**

1. 人非圣贤，孰能无过。
2. 见贤思齐焉，见不贤而内自省也。
3. 道远知骥，世伪知贤。

第七章

汉字与健康

抑扬顿挫，
暗藏玄机

1. 切—望闻问切

◎ 趣话"切"字

| 篆文 | 隶书 | 楷书 | 行书 | 草书 | 标准宋体 |

《说文》里载，切，刌也。从刀，七声。意即"切"是一个以刀为偏旁、以七为声旁的形声字。这种说法是正确的，尽管现在的"切"看上去好似是以七为偏旁的，但事实并非如此。在"切"字还没有出现时，古人用字形形似十字架的甲骨文"七"表示分割，后来"七"成了一个数字，人们就在它的右边加"刀"造出"切"字，用"切"承袭"七"的本义，即用刀分割物体。

◎ 汉字有故事：望闻问切

释义：成语"望闻问切"，是中医特有的四种诊断病情的方法。望，指观气色；闻，指听声息；问；指询问症状；切；指摸脉象。在医疗设备落后的古代，中医们就是用此四诊去判定病情，而后下药治病。

成语故事：扁鹊是战国时期的著名医学家，有"医祖"之称。望、闻、问、切四诊，扁鹊样样都精，常常仅凭眼睛的观察就能知道人得了什么病，他曾挽救过很多人的生命，众人对他的医术赞叹不已。

扁鹊喜好云游四方，到处治病救人。有一天，扁鹊到了齐国，齐桓公像招待客人那样招待这位名医，扁鹊却没有骄矜之色，而是凭借医生的本能，仔细观察齐桓公裸露在衣服外的皮肤。看了一会儿，扁鹊直言不讳道："您的皮肤和肌肉之间有点小病，虽是小病，不医治的话也会加重。"齐桓公不高兴地说："我没有病。"扁鹊只好告辞，齐桓公对手下的人说："医生们总喜欢说别人有病，彰显自己很有本领，不过是想博取功劳罢了。"

过了十天，扁鹊又来拜见齐桓公，说："您的病已经从肌肉转移到了血脉里，再不医治，病情会更加严重。"齐桓公坚称自己无病，扁鹊只好走了，齐桓公对他印象更差了。又过了十天，扁鹊再次来到王宫，对齐桓公说："您的病已到了肠胃，再不医治，恐怕就要晚了。"齐桓公对此不发一言，扁鹊闷闷地退出去了。十天之后，扁鹊见到齐桓公时，远远地看了他一眼，而后转身就跑。

疑惑的齐桓公特意派人去询问扁鹊急急跑走的原因，扁鹊回答说："病在皮肉之间时，用热水焐、用药热敷，便可以治好；病在血脉里的时候，用针灸也能治好；病转移到肠胃之中时，用火剂就能治好；可病转移到骨髓里，医术再好的医生也无计可施，只能看掌管生命的神灵是何意思了，因此我不再多言。"

五天之后，齐桓公突然浑身剧痛，疼得翻来覆去，连忙派人去寻找扁鹊，期望他可以救自己。但聪明的扁鹊已经逃到秦国去了，病重的齐桓公得不到有效的医治，病死了。

◎ 知识传送门：悬线切脉

古代男女之间有大防，女子的肌肤不能被除丈夫之外的男人随意触摸，而行医的大夫大多数又是男的。因此，我们经常在影视剧中看到大夫用一根红线去切脉。众所周知，当人的手指直接搭在脉搏上时，的确可以感知到脉搏跳动的快慢强弱，大夫们凭此可以判断病人身体如何。而当有身份的妇人生病时，常常是由侍女把红线的一端系在妇人的手腕上，再把另一端交到大夫手中，医患之间多了这一根线，大夫还能准确切出病情吗？答案是不能。

悬线切脉只是一种形式，更多的是为了安慰病人。遇到妇人生病，大夫们在其他问诊方面下的功夫更多，并由此推断病人所患何病。

◎ "切"字的诗意

1. 莫等闲、白了少年头，空悲切。——宋·岳飞《满江红·写怀》
2. 寒蝉凄切，对长亭晚，骤雨初歇。——宋·柳永《雨霖铃·寒蝉凄切》
3. 霜草苍苍虫切切，村南村北行人绝。——唐·白居易《村夜》

◎ "切"字与歇后语

1. 菜刀切藕——片片有眼
2. 切菜刀剃头——好险
3. 曹操打徐州——报仇心切

2. 薏—薏苡明珠

◎ 趣话"薏"字

| 篆文 | 楷书 |

"薏"的古体字与现在的字形极为相似,以"艹"为偏旁,表明字义与植物有关;下面是一个"意",即心愿,心愿是在心里的,由此引申为莲心在莲子里,即"薏"的本义是"莲心"。

后来,人们把一种草本植物命名为"薏苡",这种植物的果实脱壳后是乳白色的,形态与米粒相似,被称为"薏米"或"薏苡仁"。

◎ 汉字有故事:薏苡明珠

释义:成语"薏苡明珠",意为把薏苡的果实错当成珍贵的明珠,后用来形容故意混淆是非、颠倒黑白,或用来指因被人诬陷而蒙受冤屈。

薏苡是一种生长于南方的草本植物,它的果实叫薏苡仁或薏米,其中含有淀粉,可当谷物食用,可当药物入药,还可以用来酿酒。

成语故事:后汉时期的名将马援曾奉光武帝刘秀之命前往南方的交趾地区作战,南方湿气重,他便在大夫的建议下经常食用薏米,以求祛除湿气、强身健体。当马援完成任务后,特意带了一车薏米回京,想在北方种植。京中的权贵们都没见过薏米,只当是什么稀奇的南方宝物,觉得马援中饱私囊了,便想要告发马援。但当时光武帝很信任马援,权贵们只好按兵不动。不久后,年老的马援去世了,与马援有私怨的大臣梁松急忙上书诬告,说马援曾偷偷从南方运回来一车明珠藏在家里,光武帝对此事将信将疑。大臣马武和于陵侯侯昱等人,也上了奏章,说那些明珠如何漂亮,光武帝便生气地削去了马援的爵位。

马援的妻子和儿子们害怕光武帝迁怒自己,甚至不敢厚葬马援,匆匆找了一块地葬了马援,亲友们为避霉头,不敢去祭奠马援。后来,马援的亲人们多次上书申冤，光武帝才明白马援从南方带回的只是一车平常的薏米，这才为马援平反，准许他的亲属将他迁回家乡安葬。

就因为小人的诬告，一生战功赫赫的马援在死后还要蒙受不白之冤，幸好汉章帝追封他为忠成侯，才没有让他死后无名号。

◎ 知识传送门：薏仁利水

薏仁就是薏米，是南方的特产，煮熟后味道较淡，微有甜味，曾有多本医书记载过它的药用价值。比如，《本草新编》里载，"薏仁最善利水，不至损耗真阴之气，凡湿盛在下身者，最宜用之。"说的是薏仁有消除水肿、利水排湿的功效。对容易水肿的女性来说，常食薏仁可以祛湿养颜。其他人也可以食用薏仁，但要注意频次，因为薏仁性微寒，尤其不适合脾虚的人食用。

薏米煮熟后口感并不是很好，在科技发达的今天，人们可以将它直接磨成粉，与其他食物一起食用，其中最有名的就属红豆薏仁粉了，两者都有消肿排毒、清热养颜的功效。

◎ "薏"字的诗意

1. 稻粱求未足，薏苡谤何频。——唐·杜甫《寄李十二白二十韵》
2. 金华仙伯真知己，薏苡将军足断魂。——宋·方信孺《还珠洞》
3. 端的旧莲深薏，料采菱、新曲羞夸。——宋·吴文英《声声慢·赠藕花洲尼》

3. 僵—李代桃僵

◎ 趣话"僵"字

隶书	楷书	行书	草书	标准宋体
僵	僵	僵	僵	僵

"僵"字的前期字形难以考证，自隶书至今的字形几乎如出一辙，都是左"人"右"畺"，是一个左右结构的形声字。

"畺"在古代是"疆"的缩写，意为疆场、战场，去疆场的"人"则是士兵、战士，战士们在疆场牺牲后，身体会全无知觉、失去一切生机，逐渐变硬。因此，"僵"的本义是战士死后横卧在战场上，又引申出了"死的，硬的"的字义，再由此引申出"无变化地"的意思。

◎ 汉字有故事：李代桃僵

释义：成语"李代桃僵"，原指李树代替桃树死去，用来形容兄弟友爱、互相帮助；后用来比喻代人受过。

"李代桃僵"一词是人们从诗句中提炼出来的，出自南宋诗人郭茂倩的《乐府诗集·鸡鸣》："桃在露井上，李树在桃旁，虫来啮桃根，李树代桃僵。树木身相代，兄弟还相忘！"诗人之所以作此诗，是带有讽刺意味的。当时，有五兄弟因为得了皇帝赏识都做了官，过上了富贵生活，后来其中一人犯了错，他的兄弟们不仅不为他求情，还互相倾轧，诗人由此发出感叹，意为这五兄弟罔顾情义，连桃树李树都不如。后来，人们便用"李代桃僵"一词形容兄弟之间互相爱护。

《三十六计》一书源于南北朝，完成于明清时期，其中一计便是"李代桃僵"，它的意思是在战场之上，可以放弃一小部分利益，以换取战争最终的胜利。这个计谋最早来自战国时期的孙膑，他与齐国大将田忌是朋友，田忌经常在赛马中失败，因此输了很多钱。

有一次，田忌又要与齐威王赛马，在得知比赛分三局，双方都有上、中、下等马各一匹，孙膑想出了一个绝妙的主意：让田忌的下等马先与齐威王的上等马比赛，完完全全地输了第一局；再让田忌的中、上等马与齐威王的下、中等马分别比赛，以绝对优势赢得后两局，从而赢取整场比赛。田忌照做后，果然赢了齐威王，孙膑也因此在齐威王面前崭露头角。

孙膑的这个计策在战争中并不少见，领导者无论是牺牲局部保全整体，还是牺牲小股兵力，保存整体实力，都是为了获得最后的胜利。

◎ 知识传送门：百足之虫，死而不僵

"百足"是一种虫子的名称，它的全身有三十多个体节，切断后还会动来动去，成语"百足之虫，死而不僵"便由此而来。

现在多用来比喻势力大的人或集团虽已失败，但其余威和影响仍然存在（多

含贬义）。

三国时，曹操之子曹丕称帝，建立了魏国，有一个名叫曹冏的贤士上书给曹丕，建议他广纳贤才。奏折里有这么几句："泉干则流尽，树腐则叶萎；枝茂者遮根，条凋者本孤。故百足之虫，虽死不僵，助之者多也。"意思是说，百足死后仍能蠕动，是因为它身上的节多，给了它很多帮助，以此暗示曹丕要多招纳贤才、培植亲信，壮大自己的力量。

后来，人们用此成语形容势力大的人或集团虽已失势，但其仍有一定的影响力。比如《红楼梦》的第二回，冷子兴与贾雨村谈论贾家，冷子兴认为贾家已有颓势，贾雨村认为贾家仍然兴盛，冷子兴便提醒贾雨村说："百足之虫，死而不僵。"意即家大业大的贾家就算正在走向没落，外表看起来仍是兴盛的。

◎ "僵"字的诗意

1. 僵卧孤村不自哀，尚思为国戍轮台。——宋·陆游《十一月四日风雨大作》
2. 布衾莫边愁僵卧，积素还多达曙明。——明·王守仁《次韵陆金宪元日春晴》
3. 帝欲长吟哦，故遣起且僵。——唐·韩愈《调张籍》

◎ "僵"字与歇后语

1. 僵蚕放在蚕蔟上——一丝不挂
2. 冻僵的蟒蛇——动弹不得；可怜不得

4. 圭—白圭之玷

◎ 趣话"圭"字

| 金文 | | | 篆文 | 隶书 | 楷书 | 行书 | 草书 | 标准宋体 |

《说文》里载，圭，瑞玉也。上圆下方。意即"圭"的本义是古代的玉器。第一种金文"圭"字，形似甲骨文"玉"字，又像是两个"土"字上下叠在一起；

第二种、第三种金文则明显是由两个"土"字组成的,"士"在古代是身份尊贵的人,用"士"组成"圭",有两层含义:一是表明"圭"是价值较高的玉器,二是表明持有"圭"的人身份尊贵。

为了突出"圭"是由玉制成的,如第一种篆文所示,古人曾在旁边加了一个"玉"做偏旁。第二种篆文沿袭了金文字形,隶书、楷书又沿袭了第二种篆文字形。

◎ 汉字有故事:白圭之玷

释义:成语"白圭之玷",原指白玉上有一个斑点,破坏了白玉整体的纯洁美丽,后用来比喻人或物大体很好,只是有些小缺点,带有惋惜之意。

成语故事:《诗经·大雅·抑》云:白圭之玷,尚可磨也;斯言之玷,不可为也。本意是告诫人们,白玉上面的污点,尚可琢磨干净;从人口中说出的坏话,却是不可能收回的了,因此在言语方面要谨慎一些。后人从中得到成语"白玉之玷",用来比喻完美中的缺憾。

章太炎是清末民初的民主革命家、思想家和学者,起初,他的思想是十分进步的,支持维新运动,还因此受到打压逃亡到了日本,主持讲述革命之言的《民报》,还常在报馆讲学。鲁迅当时也在日本,被章太炎渊博的学识、和蔼可亲的长者风度所折服,常去听他讲学,渐渐地对他的革命精神产生了钦敬之意,尊他为师。

"五四"运动后,章太炎渐渐跟不上新的思潮了,新文化运动提倡推广白话文,陈独秀、鲁迅等人是领导者,章太炎却站到了他们的对立面,维护文言攻击白话。鲁迅不愿老师与时代相背而行,毅然写了《趋时和复古》等文章,批评了章先生的陈腐思想。

1936年6月,章太炎因病逝世,去追悼他的人竟然不足百人,甚至有些报刊大肆贬低他,说他是"失修的尊神",完全忽略了章太炎早年对革命的杰出贡献。鲁迅当时正卧床养病,知道这些事后,不忍老师被如此轻视、污蔑,拖着病躯写下了著名的《关于章太炎先生二三事》,明确指出章先生晚年的错误"也不过白圭之玷,并非晚节不终",以此为自己的老师鸣不平。

◎ 知识传送门:刀圭药

"圭"是古代的容量单位,一圭即为一升的十万分之一,而"刀圭"是量取药物的小器具。古代药物大多都是草药，有的草药保留了原来的形状，晒干即可入药，用秤即可量出合适的分量；有的草药需要研磨成粉，就要用刀圭称量药粉。因此，"刀圭药"指的是以刀圭称量的中药，即粉剂。

唐朝的殷尧藩在《中元日观诸道士步虚》一诗中写道："傥赐刀圭药，还留不死名。"这里的刀圭药就不是普通的中药粉剂，而是指道家炼出的丹药药丸。

◎ "圭"字的诗意

1. 一点刀圭五彩生，飞丹走入神仙窟。——唐·吕岩《七言》
2. 圭峰霁色新，送此草堂人。——唐·贾岛《送无可上人》
3. 如何刀圭妙，失此十八公。——宋·胡融《葛仙宅》

◎ "圭"字与歇后语

蒙住眼睛圭咱——不行正道

5. 沸—抽薪止沸

◎ 趣话"沸"字

篆文	隶书	楷书	行书	草书	标准宋体
𩰾	沸	沸	沸	沸	沸

"沸"的第一种篆文由三部分组成：弯曲的外围线条、弗、鬲，"鬲"在古代的意思是锅，弯曲的线条表示的是锅周围袅袅上升的水蒸气，"弗"意为否定，整体含义是锅里的水被煮到沸腾后，有汽化的水蒸气出现，这是水的非常态状态。因此，水被煮开的状态叫作"沸"。

第二种篆文省略了"鬲"，成了一个左右结构的形声字，左边依旧用弯曲的线条表示水蒸气，右边则用"弗"作声旁。后世将弯曲线条简写为三点水，沿用至今。

◎ **汉字有故事：抽薪止沸**

释义：成语"抽薪止沸"，原指抽掉锅底下正在燃烧的柴火，使锅里的水不再沸腾。后用来比喻从根本上解决问题。

成语故事：《吕氏春秋·尽数》有云："故以汤止沸，沸乃不止，诚知其本，则去火而已矣。"意即当水沸腾时，再添开水进去是没用的，应该直接把柴火拿出来，没有热量的支持，水就会停止沸腾。"抽薪止沸"是三十六计中的一计，常用于军事，施计要点在于当无法通过正面战争取得胜利时，要善于抓住主要矛盾，找到影响战争全局的关键点，攻击敌人的弱点，让敌军不战自乱。三国时期的官渡之战就运用了这一计策。

东汉末年，各地军阀雄踞一方，混战不止，河北袁绍是当时的一股大势力。199年，袁绍率领十万大军，去攻打曹操的老巢许昌。曹操得知消息后，在官渡一带安营扎寨，与袁绍隔河对峙。当时，曹操只有两万多人马，而袁绍人多势众，硬拼显然只会落下风，曹操便日夜思索取胜的良策。

两军先是进行了小规模战斗，各有胜负，在两军相持了很长时间后，粮草供给的重要性越发凸显。袁绍从河北调集了一万多车粮草，屯集在大本营以北四十里的乌巢，打算长久地和曹操耗下去。曹操粮草不足，更加心急，进行了一番思考后，他派出探子去探听乌巢的防守情况，得知那里并无重兵防守。曹操意识到这是取胜的关键点，决定偷袭乌巢，断其供应。

当天夜里，曹操亲自带领五千精兵奔向乌巢，为了混淆乌巢袁军的视线，曹军换上袁绍的旗号。乌巢袁军还没有弄清来者是谁，曹军就包围了粮仓。曹军围着粮仓放火，易燃的粮草迅速烧着了，不多时，一万车粮草，就全部化为了灰烬。

消息传到袁绍大军中，众人议论纷纷，尽显惊慌之色，袁绍想要安稳军心，但一时也调不来那么多粮草了，既不甘心撤退，也没有与曹军拼杀的底气，陷入了一筹莫展的境地。曹操趁机发动了全线进攻，军心动摇的袁军战斗力大大降低，十万大军被杀得四散溃逃。最后，袁军大败，袁绍在八百亲兵的保卫下，才得以逃生，灰溜溜地回到了河北，自此一蹶不振。

◎ **知识传送门：沸水与千沸水**

沸水，指沸腾的水。将水煮沸是常见的一种对水进行软化及消毒的手段。而多次煮沸的水被俗称为"千沸水"。

◎ "沸"字的诗意

1. 寒夜客来茶当酒,竹炉汤沸火出红。——宋·杜耒《寒夜》
2. 飞珠散轻霞,流沫沸穹石。——唐·李白《望庐山瀑布水二首》
3. 家家流血如泉沸,处处冤声声动地。——唐·韦庄《秦妇吟》

◎ "沸"字与歇后语

1. 沸水锅里煮螃蟹——看你横行到几时
2. 落到沸汤里的豆荚——东旋西转

6. 独—得天独厚

◎ 趣话"独"字

《说文》里载,独,犬相得而斗也。羊为群,犬为独也。意思是说犬相遇时总会打架,不像羊那样喜欢过群居生活,而喜欢单独行动,因此"独"有"单一"的意思。

也有学者认为,"独"是古代一种外表似犬、生活在蜀地的野兽,因为这种野兽不合群,便称之为"独"。从篆文字形和隶书字形来看,既然"犬"和"蜀"的位置可以互换,说明这种解释也是行得通的,不过现代的"独"已没有这种意思了。楷书承续了篆文字形,说明后世人更认同《说文》的解释。

◎ 汉字有故事:得天独厚

释义:成语"得天独厚",意为独具特殊的优越条件,也可以指所居住的环境特别好,还可以指人的天赋、机遇非常好。

尽管诗仙李白曾在《蜀道难》中写过:"噫吁嚱,危乎高哉!蜀道之难,难于上青天!"但经后人考证,李白把蜀道描绘得峥嵘、崎岖、充满险阻只是为了规劝自己的朋友王炎不要在蜀地逗留太久，以免遭到蜀地官员中别有用心之人的陷害，而不是说蜀地有多艰险。

事实上，川蜀一带素有"天府之国"的美誉，这主要得益于它得天独厚的地理环境。首先，在地理位置上，四川省与七个省市相毗邻，是重要的交通枢纽；其次，在地形地貌上，它有山地、丘陵、平原和高原四种地貌类型，这也就意味着四川境内有众多奇异的自然风光，比如说九寨沟、都江堰、青城山等景点；在自然气候上，四川气候宜人，垂直变化大，有利于农、林、牧综合发展，为经济发展提供了保障；最后，由于四川山脉众多，矿产资源也就极为丰富，珍稀动物也多在这里栖息。

综合来看，四川人民可以依靠得天独厚的地理条件生活，靠山吃山靠水吃水，因此蜀地的生活节奏也格外缓慢，茶楼、麻将馆在街上随处可见，火锅店是最受欢迎的地方，四川人民的生活悠闲自得。现在，"老不出川，少不入蜀"的说法广为人知，也正是由于四川太过宜居，习惯了在这里生活的老年人到了别处会觉得不适应，青年人到了蜀地会因为太过悠闲而失去斗志。

◎ 知识传送门：独活

独活，中药名。为伞形科植物重齿当归。别称长生草、独滑。味辛、苦，性微温，可祛风除湿。

◎ "独"字的诗意

1. 何时眼前突兀见此屋，吾庐独破受冻死亦足。——唐·杜甫《茅屋为秋风所破歌》
2. 已是黄昏独自愁，更著风和雨。——宋·陆游《卜算子·咏梅》
3. 野径云俱黑，江船火独明。——唐·杜甫《春夜喜雨》

◎ "独"字与歇后语

1. 半夜过独木桥——步步小心
2. 踩着高跷过独木桥——艺高胆大
3. 小脚婆娘过独木桥——摇摇摆摆

◎ "独"字与名句

1. 念天地之悠悠，独怆然而涕下。——陈子昂
2. 达则兼济天下，穷则独善其身。——孟子
3. 举世皆浊我独清，众人皆醉我独醒。——屈原

7. 微—防微杜渐

◎ 趣话"微"字

| 甲骨文 | 金文 | 篆文 | 隶书 | 楷书 | 行书 | 草书 | 标准宋体 |

甲骨文"微"字形如一个长头发、佝偻着背的老者拄着拐杖行走，因此它的本义就是老人拄杖行走，现在我们不用这个字义了。拄拐杖的老人自然是迈步小、走得慢，因此"微"就有了"迟缓的""小幅度的"的引申义。《说文》里载，微，隐行也。说明"微"也有"隐匿"的意思。

第一种金文承续了甲骨文字形，第二种金文在左边加了字符，突出"行走"的意思。篆文将两种金文字形糅合在一起，将字形变得复杂，后世便以此进行了演化。

◎ 汉字有故事：防微杜渐

释义：成语"防微杜渐"，指的是在坏事情、坏思想刚萌芽的时候，就要立刻加以制止，不能任其发展，以免酿成大错。

成语故事：东汉和帝初登皇位时，窦太后把持朝政，专权独行。她扶持了很多窦家人，让其任重要官职，比如她的哥哥窦宪虽然没什么本事，还是凭着裙带关系当了大将军，如此一来，国家的诸多权力便落入了窦家之手。皇帝对此有些不满，却也没有办法，这让众多忠心的汉室大臣们忧心不已。

大臣丁鸿学富五车，极为忠心，他见其他大臣对窦太后的行为敢怒而不敢言，

便打算自己做攻击窦家的出头鸟。当时，天上恰有日食现象出现，而"日"是天子的象征，丁鸿借机发挥，上书给皇帝说天有异象，上天发出的警告，国家将有祸事；而现在窦家权势危及国家的安稳，应该迅速改变这种现象。这封奏折促使皇帝下定了铲除窦家的决心，他当即削去了窦宪的大将军之职，窦宪和他的兄弟们选择了自杀。

在丁鸿的奏折中，他曾提到过如果皇帝想要亲手整顿政治，那么在事故开始萌芽时，就应注意防范、制止，这样才可以消除隐患，使得国家能够长治久安。后人从中提取了"防微杜渐"一词。

◎ **知识传送门：体贴入微**

成语"体贴入微"，指的是细心体谅别人的心情和处境，给予别人关心和照顾；也指在各个方面考虑他人的感受，达到细微的程度。

人在生病时，由于身体不适，心情郁闷之下，神经就格外敏感。这时，别人的关心举动会让病人觉得温暖，而一些让病人不舒服的言行，比如说几句风凉话，故意不满足病人的需要，这些平常无伤大雅的事情，对于病中之人可谓是不小的打击，甚至还可能加重病人的病情。因此，面对病人，最好多一些耐心，尽量做到体贴入微，这有利于病人恢复健康。

◎ **"微"字的诗意**

1. 水晶帘动微风起，满架蔷薇一院香。——唐·高骈《山亭夏日》
2. 黄师塔前江水东，春光懒困倚微风。——唐·杜甫《江畔独步寻花七绝句》
3. 援琴鸣弦发清商，短歌微吟不能长。——魏晋·曹丕《燕歌行二首·其一》

◎ **"微"字与歇后语**

1. 显微镜下瞧东西——一孔之见
2. 白璧微瑕——无伤大雅
3. 林黛玉进贾府——谨小慎微

◎ **"微"字与谜语**

1. 谜题：细又细，微又微，没有翼，也会飞。（打一物）
   谜底：灰尘

2. 谜题：头生双角细微微，身穿花衣到处飞，说话唱歌它不会，跳舞姿势最优美。（打一动物）

谜底：蝴蝶

8. 讳—讳疾忌医

◎ 趣话"讳"字

| 金文 | 篆文 | 隶书 | 楷书 | 行书 | 草书 | 繁体标宋 | 简体标宋 |

尽管从字形上看，"讳"是由言、韦组成的，但将"韦"的字义代入"讳"是解释不通的，因为"讳"实际上是用了用"韦"做本字的"违"字的字义。"言"加"违"，即违反了道德、法律的言语，这类言语人们都是避讳说的，或者干脆不说，因此"讳"的本义是因有违道德、法律而有所顾忌的话题，由此引申出了"顾忌"的意思。

◎ 汉字有故事：讳疾忌医

释义：成语"讳疾忌医"，原指人隐瞒自己的病情，不愿医治。后用来比喻人尽力掩饰自己的缺点、错误，不愿改正。

成语故事：名医扁鹊曾用"望"的方法判断出齐桓公有病，齐桓公不愿意承认自己有病，就说扁鹊不过是为了沽名钓誉，丝毫没有虚心求医的意思，因此落得了病重身死的下场。因此，齐桓公可谓是"讳疾忌医"了。

在古代，医疗条件落后，再加上医者、药物稀缺，药不对症、药价昂贵等，因此，平民百姓们在头疼脑热之余，还是会带病劳作，顶多是卧床休息，舍不得去求医问药。古人少有长寿之人，与此有一定的关系。

此外，在古代，一个人若是生了病，旁人便会避开他，以免病气跑到自己身上。而在豪门大宅里，下人、奴仆若是生了病，少有主人会请医者上门医治，多是让奴仆自生自灭，为了不让病情传染，还会把病人隔离起来。为了保全性命，奴仆们大多忍耐病痛，讳疾忌医的事情也就比较常见了。

在《红楼梦》里，晴雯是贾宝玉身边的一等大丫鬟，地位比寻常奴仆高了很多，尽管如此，她生病之后也只是卧床休息、不进饮食，还说这是贾府的惯例。直到她的病情严重之后，才请了医者来看。而当晴雯被赶出贾家后，她又一次缠绵病榻，她的哥嫂将她的积蓄搜刮一空，却不为她求医问药，一个美人就此香消玉殒。有时候，并不是病人"讳疾忌医"，在病人无法主动求医时，在于亲属们是否愿意为他花钱求医。

现如今，医疗技术日渐发达，人们的物质生活水平日益提高，但还是有人为了隐瞒自己身体上、心理上的异常，不愿意去看医生。健康无小事，很多大病初现端倪时只是很平常的病痛，只是不去及时就诊，才导致病情加重。

"讳疾忌医"有掩耳盗铃、自欺欺人的意味，有时候，人不愿意让别人发现自己的缺陷，就想方设法想要将此掩盖起来，却不想着如何纠正这种病态心理。瞒得了一时，却很难瞒一世。而且，在欺瞒的过程中，骗人者自己还会有很重的心理负担，影响自己的身体健康。

◎ "讳"字的诗意

1. 献俘奚异获长狄，讳败谨勿书朱儒。——宋·刘克庄《四和》
2. 末俗忌讳繁，此理宁复在。——宋·王安石《杨刘》
3. 黄犊自随谙寂寞，青山亦讳话穷通。——宋·方岳《次韵郑总干》

9. 辨——鉴貌辨色

◎ 趣话"辨"字

金 文	篆 文	隶 书	楷 书	行 书	草 书	标准宋体

金文"辨"字两边是"辛",中间是"人",却没有借用"辛"字的任何含义,只是用两个"辛"代指古代案件中的原告与被告分别位于公堂的两侧,中间的"人"就是坐在两方之间负责判案的官员,也就是法官。法官要听取两方的叙述,依法做出自己的分析与判断,这个过程就是"辨"。因此"辨"就有了"分析判断"的引申义。

篆文将表示"人"的字符误写为了刀,《说文》里也载,辨,判也。从刀辡声。后世的"辨"字依然延续了金文字形。

◎ 汉字有故事:鉴貌辨色

释义:成语"鉴貌辨色"的字面意思是观察对方的表情、看清对方的脸色。原用于医者观察病人的面部推断病情;现多用根据别人的脸色、表情行事,以取悦别人。

成语故事:"望"是中医四疗法之一,身体里的病痛,往往都会表现在脸上,古代医者便通过这一点判断病因。著名中医陈紫山曾对此归纳出一套规律:"五色多在面,吉凶要观形。红赤多积热,风生肝胆惊。面黄多食积,唇白是寒侵。青黑眉间出,黄粱梦里人。"指出人的肤色出现异常,一定是有病侵扰。

除了观察面部颜色之外,医者也会注重对面部器官的观察,由此推断具体是身体哪一部位出现了不适,比如面青眼青,肝之病也;面赤唇红,心之病也;面黄鼻黄,脾之病也;面颊白色,肺之病也。

中医发展到现在,"望疗"已趋于完善,经验丰富的中医甚至可以通过人脸上的皱纹、斑点乃至神色，推测出病因病源，而后对症下药。

◎ **知识传送门：食辨劳薪**

　　成语"食辨劳薪"出自《世说新语·术解》，原指饮食时能识别用于做饭的柴薪，形容人的见识卓越。

　　晋朝时期，晋武帝曾带着大臣荀勖一起外出。做饭的时候，厨师遍寻四周，也找不到可以用的木柴，无奈之下，厨师只好把一辆旧车的车脚卸下当柴烧，这木质的车脚当时已经腐朽了。饭做好之后，荀勖吃了几口，就对晋武帝说："这饭肯定是用腐朽的木柴烧出来的。"晋武帝不信，暗地里派人去询问厨师，用的果然是腐朽的旧车脚。

◎ **"辨"字的诗意**

　　1. 试玉要烧三日满，辨材须待七年期。——唐·白居易《放言五首·其三》
　　2. 焦遂五斗方卓然，高谈雄辨惊四筵。——唐·杜甫《饮中八仙歌》

◎ **"辨"字与歇后语**

　　1. 顶风扬帆——不辨风向
　　2. 酒里掺醋——辨不出个味儿
　　3. 公说公有理，婆说婆有理——难分辨

◎ **"辨"字与谜语**

　　谜题：是非未辨莫开言。（打一成语）
　　谜底：不明不白

10. 吐——上吐下泻

◎ 趣话"吐"字

金文	篆文	隶书	楷书	行书	草书	标准宋体
𠳐	吐	吐	吐	吐	吐	吐

金文"吐"字是"土"在前、"口"在后,所表达的是当人察觉到吃到嘴里的饭菜里有泥沙尘土后,会把嘴里的饭菜吐出去,这是"吐"的本义,现今已经消失。

自篆文起,"吐"就成了一个以口为偏旁、以土为声旁的形声字,最基础的字义是用力呼气或弹舌将东西从嘴里唾出,是一个动词。

◎ 汉字有故事:上吐下泻

释义:成语"上吐下泻",指的是人在患病时,出现呕吐和腹泻的症状。

一般情况下,人体的胃可以顺利消化食物,吸收其中的营养,而后将食物残渣排出体外。但当人大量进食,胃部无法承担这些负重时,人体的呕吐机制就会生效,胃会顺应本能反射性地做出强力收缩,通过胃、食管、口腔、膈肌和腹肌等部位的协同作用,迫使胃内容物由胃、食管经口腔急速排出体外。

腹泻则主要由食物中毒、感染病毒和胃部受凉引起,在多次腹泻后,人会出现身体疲软无力的症状,这时人体内的大量营养成分和水分流失,没有足够的能量支撑人的行动。

当人上吐下泻时,说明病情已经到了比较严重的地步,多是由食物中毒或肠胃里的毒素引起的。在这种情况下,人体认为自己"中毒"了,就选择上吐下泻这一方式尽快将毒素排出体外。当人体毒素较多时,往往会腹泻多次。除此以外,上吐下泻病症消失后,肠胃处于非常虚弱的状态,受不得刺激,因此以进食白粥为最佳。

"上吐下泻"一词最早出自《隋唐演义》第 50 回:"化及见军士焦头烂额,后忽然又上吐下泻，一齐病倒，便放声大哭。"在现代，上吐下泻不算特别严重的病。吃药后休养几天就会好转，古代药物缺乏，士兵上吐下泻后就会失去战斗力，甚至危及生命，也难怪文中的将领会"放声大哭"了。

◎ **知识传送门：不吐不快**

成语"不吐不快"指的是心里有话，不说出来就觉得不畅快，用于形容非要说出某些话。"吐"最初是一个动词，指的是把嘴里的东西吐出去，后也用来指呕吐。当人胃部因进食太多或吞了异物不舒服时，人体会不由自主地想把胃里的东西吐出去，有人甚至会用手指探到喉咙部位，以刺激胃部收缩排出物体。当呕吐之后，胃部会觉得轻快。

成语"不吐不快"实际上有借鉴呕吐后胃部变轻快的意思，形容人把自己特别想说，又有些不太应该说的话吐露出来后，心里觉得很畅快。

◎ **"吐"字的诗意**

1. 周公吐哺，天下归心。——汉·曹操《短歌行》
2. 含辞未吐，气若幽兰。——三国·曹植《洛神赋》
3. 三杯吐然诺，五岳倒为轻。——唐·李白《侠客行》

◎ **"吐"字与歇后语**

1. 螃蟹吐唾沫——没完没了
2. 吐着胡子打滴溜——全凭嘴劲
3. 老牛吃草——吞吞吐吐

11. 起—起死回生

◎ 趣话"起"字

| 金　文 | 篆　文 | 隶　书 | 楷　书 | 行　书 | 草　书 | 标准宋体 |

金文"起"左边是金文"走",右边形似人状,是金文"巳",意为婴孩。因此,"起"的本义是婴孩学习站立、行走,此本义消失后,最基础的字义为由卧姿换为坐姿、由坐姿换为站姿或走姿。

《说文》里载,起,能立也。从走,巳声。说明这是一个形声字。

◎ 汉字有故事:起死回生

释义:成语"起死回生",意为把快要死的人救活,形容赞医者医术高明。也用于比喻把已经没有希望的事物挽救过来。

成语故事:扁鹊之所以被称为"医祖",不仅是由于他望闻问切的本领比其他医者高,还在于他有起死回生之能。传说,扁鹊曾师从长桑君,能够洞察人体五脏六腑的症结,从而对症下药。

扁鹊经常云游天下,当他到达虢国后,听说虢国太子刚刚因病暴亡,还没有下葬。对此感到好奇的扁鹊去王宫门口,问喜好医术的中庶子太子因何病症去世。中庶子回答之后,扁鹊急忙说自己有复活太子之能,要求中庶子为自己引见虢君。

中庶子不相信扁鹊的话,说人死不能复生,扁鹊推断说:"你现在进去看看,太子现在应该有耳鸣、鼻子肿的症状,并且他的大腿及至阴部还有温热之感。如果这一切都属实,那么我就能救他。"中庶子查看之后,发现扁鹊说得分毫不差,急忙把这件事禀报给了虢君,虢君亲自出来迎接扁鹊入宫,流着眼泪求扁鹊救他的儿子。

扁鹊安慰虢君说:"太子所得之病,就是传说中的'尸厥'。天地之间有阴阳二气,人体内也有阴阳二气,阴阳调和,则人身体健康。如今,太子体内的阴阳二气失调，互相冲突，因此太子气脉纷乱，面色如土，没有知觉，静静地躺着像去世了一样，其实他并没有真正死去。"

诊断病情后，扁鹊命弟子协助他用针灸的方法对太子进行急救，刺了太子的百会穴。过了一会儿，太子果然醒了过来。扁鹊又开了汤剂，连着给太子喝了二十多天，使得太子彻底恢复了健康。

惊喜的虢君对扁鹊感激涕零，尽管扁鹊再三声称自己能救活太子，是因为太子没有真死，人们还是认为扁鹊有起死回生的绝技。

◎ 知识传送门：东山再起

成语"东山再起"，原指官员退隐山林后再次入世为官，后用于形容失败之后又得势。

谢安是东晋时期的著名政治家，他出身名门，年仅四岁就受到很多名士的赞扬。在他成年后，当时的宰相王导很欣赏他的才学，以朝廷的名义征召谢安入司徒府，让他出任著作郎，无心政治的谢安勉强干了一段时间后，借口有病辞掉了官职。

谢安家底雄厚，不愁吃穿，便无忧无虑地隐居在浙江会稽的东山上，在那里建了一所房屋，还经常与王羲之、许询等人一起游山玩水，写诗作文。因此，他自号为东山。朝廷一直没有停止过对他的征召，多次召他入朝做官，他无心仕途，拒绝了一次又一次。

在谢安四十多岁时，他的弟弟谢万在战场上犯了错误，军士们看在谢安的面子上，没有杀掉谢万。这时，负责谢万一事的征西大将军桓温诚恳地请谢安出山，担任司马一职。为了家族的兴盛，谢安只好答应了。

在谢安上任的那一天，很多官员前来贺喜，其中有个名叫高崧的大臣戏言道："以前你总是卧在高高的东山上，游玩嬉戏，不肯响应朝廷的征召，没想到今天你到底还是出来了！"高崧的这番话纯属调侃，并不知道谢安因此不太高兴。后人则从这番话里提取了成语"东山再起"。

◎ "起"字的诗意

1. 起舞弄清影，何似在人间。——宋·苏轼《水调歌头·明月几时有》
2. 大风起兮云飞扬。——汉·刘邦《大风歌》

◎ "起"字与歇后语

    1. 陈胜扯旗——揭竿而起

    2. 半路上出家——从头学起

12. 痂—嗜痂成癖

◎ 趣话"痂"字

    "痂"字出现较晚，古今字形变动较小，只进行了一些规范、简化。古人发现流血的伤口停止流血后，会在伤口形成一层颜色暗红的块状物，人们称之为"痂"。从现代科学的角度来看，痂是由血液中的血小板和纤维蛋白凝结而成的，当伤口愈合，新肉长出，痂就会自行脱落。

◎ 汉字有故事：嗜痂成癖

    释义：成语"嗜痂成癖"，用于比喻人有怪异的嗜好、癖好。

    成语故事：传说，古时，有一个名叫刘邕的人有吃人身上疮口、伤疤上结出的痂的爱好，认为这些疮痂入口的味道像鳆鱼一样鲜美。有一天，他去拜访他的朋友孟灵休，孟灵休因为得了痔疮，身上的很多疮痂都落在床上，刘邕没能忍住，把这些疮痂小心翼翼地搜集起来，送入口中，吃得津津有味。他的举动吓坏了孟灵休，孟灵休急忙劝阻他不要这样做，他只是回答说："我的性格就是爱好嗜痂，这是我的癖好。"后人就用"嗜痂"代指怪僻的嗜好。

◎ 知识传送门：去痂禁忌

    痂是在伤口凝固后出现的，用于保护伤口，不让细菌和病毒直接进入伤口深处。如果伤口大而深，结的痂也就比较厚，摸上去凹凸不平，看上去也不太美观，有些心急的人就想早早去掉痂，露出光滑的肌肤。但肌肤的自愈是有一定时间的，伤口处长出新肉，需要一段时间，这段时间内若是固执地去痂，轻则肌肤上出现一个有碍观瞻的小凹坑，重则对伤口造成二次伤害，致使伤口破裂，再次流出血来。因此，去痂切忌心急。

当痂的颜色不再鲜红，边缘呈现出灰白色时，就会出现松动的迹象，这表明伤口已经趋于愈合。这时，如果不想落下疤痕，千万不能用手把痂剥掉，否则这一时的痛快很可能导致留下疤痕的风险。

◎ "痂"字的诗意

1. 罪重疮难平，余痂未脱疢。——宋·苏辙《次韵子瞻寄黄子木杖》
2. 谁谓兵奴跣其足，针烙熨里成瘢痂。——宋·文同《和子平悼马》
3. 杖老竹生力，炷病艾燌痂。——宋·陈著《次韵演雅》

13. 医—头痛医头，脚痛医脚

◎ 趣话"医"字

如图所示，"医"在古代有两种字形，字形不同，字义也就不同。尽管现在的"医"合并了所有字义，为了不混淆字形字义，我们还是分开来说。

第一行字字形较为简单，是"医"字。它的甲骨文字形同一支箭放在篮筐里，因此它的本义为"盛箭的筐篓"。

第二行字字形复杂，是"醫"字，在"医"的基础上加上了意为持械打击的"殳"和意为药酒的"酉"，整体意思是说要用药酒为在战场上中了箭伤的战士治疗伤口。第一种篆文将"酉"改为"巫"，并没改变字义，因为古代有巫医同源的说法。

两种字形合并后，保留了复杂字形的字义，但也很少使用，它的引申义是"治病",反而为大众所熟知。

◎ 汉字有故事：头痛医头，脚痛医脚

释义：成语"头痛医头，脚痛医脚"，原指医生在治病时只医治病人疼痛的部位，不追究病根。后用来比喻处理问题时考虑得不周到，没能从全局出发，只是解决了问题的部分，临时应付过去。

成语故事：曾国藩是晚清时期的名臣，无论是镇压太平军的湘军，还是引进西方"坚船利炮"的洋务运动，乃至于晚清短期内出现的"同治中兴"，都与他密不可分。可以说，他以一己之力，尽心尽力地维持晚清的统治。但就是这样一位对清王朝忠心不二的名臣，也曾悲观地想过清王朝会何时覆灭。

赵烈文是曾国藩手下的一个心腹幕僚，二人常常一起谈论国家形势，赵烈文把这些话记在了《能静居日记》里。有一次，两人谈论起清王朝的命运，赵烈文认为天下大势合久必分，五十年之内就会出现中央集权垮台、军阀四起的局面；曾国藩先是认为清王朝内还有恭亲王、慈禧等人才，或许能挽救危机，后来也悲观起来。

赵烈文明确地指出，清王朝外有强敌、内有反抗，局面已经很难收拾，要想解决危机，必须做出体制上的根本性变革，而不是像现在这样头痛医头、脚痛医脚的修修补补，或许能撑得过一时，于大局没有什么作用。曾国藩对此不置可否。

正如赵烈文所说，在各国列强的一步步紧逼之下，清王朝做了一次又一次的妥协，签订了很多丧权辱国的条约。但列强还想得到更多，当八国联军攻打京城时，慈禧太后不得不仓皇出逃。由于问题没有得到根本性的解决，清王朝在苦苦支撑一段时间后，最终还是覆灭了。

◎ 知识传送门：久病成医

成语"久病成医"原指人久病之后，对医理较为熟悉，可以称得上是医者了。后用来比喻对某方面的事见多了之后，就成为这方面的行家。

据《左传·定公十三年》载："三折肱，知为良医。"意即人肱骨骨折三次后，自己就掌握了医治的方法，可以为他人医治此症。类似的说法还有屈原的《九章·惜诵》："九折臂而成医兮。"东汉的王逸对屈原的说法做了补充，说："方人九折臂，更历方药，则成良医。"指出应该是"久病且得到医治方可成为良医"。

因为只有得到了有效的医治，才能学到医术。

◎ "医"字的诗意

1. 未成林，难忘凤来栖，聊医俗。——明·陆容《满江红·咏竹》
2. 貌相本来犹自可，针医偏更效无多。——唐·吕岩《七言》
3. 庸医懒听词何取，小婢将行力未禁。——唐·李煜《病中书事》

◎ "医"字与歇后语

1. 华佗施医术——起死回生
2. 行医的捎带卖棺材——死活都要钱
3. 哑巴求医——说不出的毛病

14. 伤—触景伤情

◎ 趣话"伤"字

"伤"字的古代字形较为复杂，左边是一个"人"，右边形似一个人的脖颈处中了一箭，因此"伤"的本义为"身体受创"，又引申出了名词"创痛"、动词"损害"、动词"悲痛"三种字义。

◎ 汉字有故事：触景伤情

释义：成语"触景伤情"，指人被眼前的景物勾起了伤感之情。

成语故事：在漫长的生活中，总有一些景物和人、事一起被人铭记在心里，在一段时间后，人看到似曾相识的景物，就会回忆起往事。两相比较下，若是以前观景时很开心，如今孤身看景，凄凉孤独，不免会产生伤感。

南宋爱国诗人陆游曾娶了自己的表妹唐婉做妻子，两人之间的爱情故事感人至深，常为后人所称颂。最初，夫妻伉俪情深，感情极好，在一起快乐地度过了三年时光，却招致了陆母的不满，她认为是唐婉拖累了儿子，让陆游没能取得功名，便以没有生育后代为名休了唐婉。夫妻含泪别离，一个娶了王氏，一个嫁了名士赵士程。

十年之后，一个姓沈的富商将自家的园子对外开放，陆游兴致阑珊地前去游玩，碰到了唐婉夫妇，不禁黯然神伤。他打算悄悄离去，唐婉却已发现了他，并在丈夫的允许下为他送去了酒菜。酒入愁肠愁更愁，陆游一边喝酒，一边在沈园的墙壁上写下了饱含深情与无奈、流传千古的《钗头凤》："红酥手，黄縢酒，满城春色宫墙柳……山盟虽在，锦书难托。莫、莫、莫！"唐婉读了此诗，提笔和了一首《钗头凤·世情薄》，意思是自己这些年都是在"咽泪装欢"。自此唐婉一病不起，抑郁而死。

陆游有一腔报国之心，一直想要为国效力、奋勇杀敌，曾写下"夜阑卧听风吹雨，铁马冰河入梦来"这样的诗句。但就是这样一个铁骨汉子，在时隔三十年再次回到沈园后，看到当年题写《钗头凤》的半面破壁，竟然触景伤情，怅然地立了好久，写诗抒发自己的感慨。后来，陆游又多次故地重游、赋诗，八十四岁时在沈园写下了《春游》一诗："沈家园里花如锦，半是当年识放翁。也信美人终作土，不堪幽梦太匆匆！"

沈园，是陆游心中一道不可磨灭的风景，与唐婉一起封存在他的记忆里。他不能突破当时的封建礼教，只好凭借沈园去追忆往昔，怀念唐婉。铁汉柔情，在快节奏的现代社会，也令人感动。

◎ **知识传送门：五劳七伤**

成语"五劳七伤"，泛指各种疾病和致病因素。据古代中医学名著《素问》记载："久视伤血，久卧伤气，久坐伤肉，久立伤骨，久行伤筋，是谓五劳所伤。"后人又补充了"七伤"，分别指大饱伤脾、大怒气逆伤肝、强力举重久坐湿地伤肾、形寒饮冷伤肺、形劳意损伤神、风雨寒暑伤形、恐惧不节伤志。

分析五劳七伤，可以看出，除了不恰当的生活习惯和行动外，心情也对人的身体健康起着重要作用，因此要尽力保持好心情，做到生理、心理双健康。

◎ **"伤"字的诗意**

1. 雁过也，正伤心，却是旧时相识。——宋·李清照《声声慢·寻寻觅觅》

2. 多情自古伤离别，更那堪，冷落清秋节。——宋·柳永《雨霖铃·寒蝉凄切》

3. 少壮不努力，老大徒伤悲。——汉·汉乐府《长歌行》

◎ "伤"字与歇后语

1. 伤了皮毛——无伤大体

2. 受伤的兔子——翘着尾巴蹦

3. 大观园里哭贾母——各有各的伤心处

◎ "伤"字与谚语

1. 两虎相斗，必有一伤。

2. 捉奸成双，捉贼见赃，杀人见伤。

15. 克—相生相克

◎ 趣话"克"字

甲骨文"克"字形态奇特，细细看去，却让人感到了一股寒意，因为第一种字形看着像是一个人蜷缩着身体仰天大叫，如同动物被人宰杀的样子。宰杀动物是件正常的事情，为什么要宰人呢？因为在古代，人们由于封建迷信，一遇到天灾，就认为是上天故意降下灾祸处罚人类，为了熄灭上天的怒火，表达自己对上天的崇敬之意，他们不惜杀同类，祈求上天不再降下灾难。

第二种甲骨文为了突出人流血，特意在顶端加了一点。第三种甲骨文更为直观，意为一个人背后有一把利器在伤害他的身体。金文大体上承续了甲骨文字形。

篆文另造"剋"字代替"克"，因此《说文》里载，克，肩也。像屋下刻木之形。就是说"克"字形像是人在用肩膀扛东西，又像是人在屋檐下凿刻什么。由此，"克"有了"胜任"和"战胜"的意思。

◎ **汉字有故事：相生相克**

释义：成语"相生相克"，原指金、木、水、火、土五种物质之间互相生发、克制的关系。后引申为一般物质之间存在辩证关系，一物降一物。

成语故事：古代人信奉"五行说"，即属性不同的金、木、水、火、土五种物质是构成宇宙的基础，万物的变化也与它们紧密相连。

"五行相生"指的是"金生水，水生木，木生火，火生土，土生金"。具体的意思就是，从地球内部生出水、水浇灌树木催其生长、木材可以燃烧生火、火可以烧毁物体生出灰烬、灰烬里含有金属元素。

"五行相克"指的是"火克金，金克木，木克土，土克水，水克火"。具体为，由金属铸造的割切工具可锯毁树木、树木在生长过程中会夺去土壤中的养分、土壤可以用来防水、水可以用来灭火、火能够用来熔化金属。

除了五行之外，世间万物也可被纳入相生相克的范畴。比如说，蜂蜜是帮助人调理肠胃的食物，和梨一起做成汤，有利于清热化痰，那么它和梨就是相生的；但蜂蜜和豆腐同食容易导致腹泻，所以它们是相克的。食物之间的相生相克例子有很多，一定要注意合理搭配，才能使每种食材发挥自己的功效。

由此类推，人与人之间也存在相生相克的情况，气场截然相反的人若是勉强共事，只会让两个人都不舒服；若是性格互补的人一起做事，则双方都会有所进步。

古代医者在用药之时，也很注意药物之间相生相克的原理，因为两种相克的药物放在一起，不仅不能缓解病情，还会加重病人的身体负担。只有每种药物互相生发，药效才会显著。

◎ **"克"字的诗意**

1. 本图相与偕，中更不克俱。——三国·曹植《赠白马王彪·并序》
2. 私怀谁克从，淹留亦何益。——魏晋·潘安《悼亡诗三首》
3. 允文文王，克开厥后。——先秦·佚名《周颂·武》

◎ **"克"字与歇后语**

1. 犯了克山病，又得虎林热（虎疫，旧称霍乱）——没法治；没治了
2. 麦克风前吹喇叭——里外响

3. 软索套猛虎——柔能克刚

◎ "克"字与谚语

1. 战无不胜，攻无不克。
2. 靡不有初，鲜克有终。
3. 世间万物，相生相克。

16. 物—药笼中物

◎ 趣话"物"字

"物"是一个形声字，以"勿"为声旁、形旁。第一种和第二种甲骨文"物"字字形实际上都是"勿"，形如血液溅到了刀刃上。第三种甲骨文字形加入了牛头符号，意为杀牛时有血溅到刀刃上，因此"物"的本义是杀生。在古代，有神牛下凡创造万物的传说，因此用"牛"指代万物。金文和篆文沿袭了第三种甲骨文字形，隶书将牛头符号直接写成了"牛"。

"物"的本义只在古文里使用。《说文》里载，物，万物也。牛为大物；天地之数，起于牵牛。说明"物"的基本意思是"东西"，后引申出"选择"的含义。

◎ 汉字有故事：药笼中物

释义：成语"药笼中物"，原指药笼中备用的药材，后比喻备用的人才。

药笼指的是盛放药材的器具，平民百姓家里很少存有药物，因此药笼特指富贵人家用于存放人参、灵芝等珍稀药材的器具，以便备用。后来，"药笼"也指存储备用人才的地方。

成语故事：据《新唐书·元行冲传》记载，在狄仁杰任宰相之时，有一个名叫元行冲的通事舍人以其渊博的学识获得了狄仁杰的赏识，这个人刚正不阿，经常想到什么说什么。

有一次，元行冲想求一个能够充分发挥才干的官职，便对狄仁杰说："下属对上级长官而言，就像是储备的以供不时之需的物资一样。我听说富贵人家经常储备财物，也储备肉干、腊肉等腌制品，用于滋补，还会储备人参、灵芝等药材以预防疾病。我思考过了，您手下有很多能够充当美味佳肴的人，我自愿担任一个备用药物的角色。"狄仁杰见元行冲如此上进，更加赏识他了，也给他推荐了合适的职位。

狄仁杰平日里很注意收纳人才，他曾戏言道："这些人才，就是我药笼里的药物，怎可一天没有啊？"据《资治通鉴》记载，狄仁杰曾向武则天推荐了很多杰出人才，这些人出将拜相，多成了当朝名臣。这说明狄仁杰在重视和提拔人才进方面从不藏私，胸怀坦荡，为国着想。

◎ 知识传送门：物离乡贵

成语"物离乡贵"，指的是物品离产地越远价格越高、越显得贵重。古代运输条件不发达，要想将本地的产品完好无损地运到外地去，不仅要押上一笔钱去进货，还要忍受路途中的艰辛，风餐露宿，防范强盗，可谓是十分辛苦。因此带着产品走得越远，卖的价格也就越贵，这样才能从中获利。而外地人见到家乡没有的东西，也愿意出高价购买，图个新鲜，满足自己的好奇心。

元朝诗人王恽曾在《番禺杖》载，"物眇离乡贵，材稀审实讹。"无独有偶，现代的鲁迅先生也在《藤野先生》中写道：大概是物以稀为贵罢。北京的白菜运往浙江，便用红头绳系住菜根，倒挂在水果店头，尊为"胶菜"；福建野生着的芦荟，一到北京就请进温室，且美其名曰"龙舌兰"。

◎ "物"字的诗意

1. 俱往矣，数风流人物，还看今朝。——毛泽东《沁园春·雪》
2. 大江东去，浪淘尽，千古风流人物。——宋·苏轼《念奴娇·赤壁怀古》
3. 随风潜入夜，润物细无声。——唐·杜甫《春夜喜雨》

◎ "物"字与歇后语

1. 博物馆的陈列品——老古董
2. 垃圾堆里的东西——废物

3. 兵来将挡，水来土掩——一物降一物

◎ "物"字与谚语

1. 物以类聚，人以群分。
2. 兔死狐悲，物伤其类。
3. 见物不取，失之千里。

17. 脉—急脉缓灸

◎ 趣话"脉"字

《说文》里载，衇，血理分衺行體者。脉，衇或从肉。意为"脉"是"衇"的异体字，因此二者字形不同，字义相同，本义为血液根据身体机理分流在全身的网络。

我们现在看到的篆文"脉"字，实际上属于"衇"字的古代写法，是会意字。第一种篆文字形左边是血液，右边是水系，意为血液像河流一样在人的身体里奔流。第二种篆文字形将左右字符进行了颠倒，第三种篆文把第一种篆文里的"血"换成了"月"，即肉，表示身体。

◎ 汉字有故事：急脉缓灸

释义：成语"急脉缓灸"，原指中医在遇急促的脉象时，要用缓和的灸法进行救治。后比喻以和缓的方法对付急事，也用来借喻在撰写书法作品时，有意放缓笔势，以造成抑扬顿挫之势。

人的身体中遍布血脉、经络，在多年的实践中，古代医者最终得到了完整的经脉图和穴位图，便可运用针灸疗法，将针具或预制的灸炷或灸草准确无误地放入正确的位置。中医在诊断病情时，一般都会进行切脉，通过病人脉象的跳动程度找到病源，轻则开出药方，重则施以针灸，有时也会双管齐下。

当医者发现病人血管急促跳动、脉象紊乱时，说明病人已经到了危险境地，来不及煎药喝，等药效发挥，却也不能采用见效极快、风险性较大的针法，这时最佳的治疗方法就是灸法，即把早已制好的灸炷或灸草，在病人体表一定的穴位上烧灼、熏熨，利用热的刺激来治疗疾病。

与用针具迅速插入穴位的针法相比，灸法是比较缓和的，医者在施展灸法时，还可根据病人病情的变化，灵活地调整点灸的位置。急病之人受不得针法这种直接刺激穴位的方法，因此中医比较提倡急脉缓灸。

在日常生活中，遇到复杂情况时，不要急于快刀斩乱麻，鲁莽地实施解决办法，要像中医那样，弄清局面，再做出尝试，最终控制势态。

◎ 知识传送门：一脉相传

成语"一脉相传"，原指从同一血统、派别世代相承流传下来的东西。比如说，一个男子擅长数学，他的儿子也在数学上颇有天分，我们就说这是一脉相传的。

此成语后用于比喻某种思想、行为或学说之间有继承关系。比如说，同样都是儒家的代表人物，孔子和荀子的仁政思想是一脉相传的。

◎ "脉"字的诗意

1. 过尽千帆皆不是，斜晖脉脉水悠悠。——唐·温庭筠《望江南·梳洗罢》
2. 常经绝脉塞，复见断肠流。——唐·贺知章《送人之军》
3. 离离压残雪，脉脉照溪滨。——清·钱澄之《梅花（二首）》

◎ "脉"字与歇后语

1. 大腿上把脉——不对路数
2. 大夫号脉——对症下药
3. 脉搏跳得快——动了心

18. 惊——一鸣惊人

◎ 趣话"惊"字

| 篆文 | 隶书 | 楷书 | 行书 | 草书 | 繁体标宋 | 简体标宋 |

自篆文起，到繁体楷书，"惊"字是上下结构，上端是"敬"，代指"警"，下端是"马"，整体表示马在受刺激后，保持高度警觉的状态。因此，"惊"的本义是马产生警觉后，有异于平时的举动。

后来，人们把马匹的异常状态，与人遇到突发状况时心脏的剧烈收缩联系在一起，采用竖心旁和与"警"同声的"京"，造出了楷书的"惊"字，并且由本义引申出"精神受了突然刺激而紧张不安"的意思。

◎ 汉字有故事：一鸣惊人

释义：成语"一鸣惊人"，比喻平时没有特殊的表现，一开始做事就取得惊人的成绩。

成语故事：齐威王是齐国的第四代国君，据《史记》记载，他在刚当上国君时，无心朝政，彻夜饮酒作乐，把政事都交给手下的大臣去打理。百官们对齐威王的行为很是不满，其他国家趁机来攻打齐国，一时之间，齐国到了危在旦夕的地步。好在大臣们从别国搬来了救兵，这才解了燃眉之急。

齐国大臣淳于髡身高不足四尺，却很有才华，极善言辞，就是他去别国搬来了救兵。他明白若齐威王继续沉溺于享乐，国家迟早会覆灭。因此，他去规劝齐威王。他说："大王，为臣有一事不明，想请您指点：齐国有一只大鸟，栖在王宫的庭院里已经整整三年了。可它既不飞又不叫，您知道这是一只什么鸟吗？"

齐威王一听就明白了淳于髡这是在借机规劝自己，想让自己给出一个答复。于是，齐威王放声大笑，说："这一只大鸟嘛，它不飞则已，一飞就会冲到天上去；它不鸣则已，一鸣就会惊动众人！"淳于髡大感欣慰，笑着说："大王英明，句句在理。如今，大臣们正等着大鸟一飞冲天，一鸣惊人呢。"

从那以后，齐威王一改作风，再也不沉溺于享乐，而是勤勤恳恳地处理政事，对齐国的官员制度做了改革，惩罚了贪官，稳固了边防，使得齐国蒸蒸日上，从一个以前总被他国欺压的国家一跃成为了强国。后人便感叹说，齐威王这一"鸣"果然是真"惊人"呀。

◎ 知识传送门：心惊肉跳

成语"心惊肉跳"，原指人的心脏剧烈收缩，跳动的速度加快；后用于形容人因担心灾祸临头，内心恐慌不安的状态。

心脏是人体中最重要的一个器官，它主要负责提供压力，把血液运行至身体的各个部分，使得人体像机器一样平稳运行。当人突然受到惊吓时，心脏中的特殊心肌细胞会自动兴奋起来，并将兴奋信号传达给其他普通心肌细胞，使得整个心脏剧烈跳动。此外，人在遭受巨大精神压力的情况下，心脏也会进行高频率工作，加快血液的流通，释放更多能量帮助人抗住压力。

◎ "惊"字的诗意

1. 不敢高声语，恐惊天上人。——唐·李白《夜宿山寺》
2. 月出惊山鸟，时鸣春涧中。——唐·王维《鸟鸣涧》
3. 笔落惊风雨，诗成泣鬼神。——唐·杜甫《寄李十二白二十韵》

◎ "惊"字与歇后语

1. 急惊风碰着个慢郎中——干着急
2. 惊破胆的兔子——畏首畏尾
3. 大老爷的惊堂木——官气（器）

19. 毒——以毒攻毒

◎ 趣话"毒"字

《说文》里载，毒，厚也。害人之艸，往往而生。从屮，从毒。意为毒原指一种味厚涩苦烈、在野外随处生长、含有致命成分的野草。

"毒"的第一种篆文字形的上端是一个"生"字，下端是一个"毋"字，表明生命出于求生本能而下意识抗拒有害的物质。第二种篆文字形左侧的字符形似甲虫，表示有毒的甲虫。以此类推，第三种篆文字形表示的是有毒的植物。

自隶书起，"毒"的字形承续了第一种篆文字形，并将笔画变得工整。

◎ 汉字有故事：以毒攻毒

释义：成语"以毒攻毒"，原指用有毒的药物来治疗毒疮等因毒而起的恶性疾病，后用于比喻利用某一种有坏处的事物来抵制另一种有坏处的事物，或用坏人对付坏人。

成语故事：我国自古便有"神农尝百草"的传说，神农就是炎帝，他教人民耕田种地、收获粮食，还教人民识别五谷、种植百果，让人民可以以此果腹。然而，大自然中有不计其数的草木野果，人民无法辨别哪些可吃、哪些不可吃，经常因为误食有毒的东西而得病，轻则腹胀腹泻，重则一命呜呼。神农看在眼里急在心里，下决心以身试毒，亲自去辨别百草的性质。

神农特意在身上挂了两只大口袋，左右各一只，当他尝完一样东西，身体安然无恙时，就把这东西作为食物放入左边的口袋里；当他发现可治病的草药时，就把它作为药物放入右边的袋子里。在尝百草的过程中，他意外地发现有些带毒的草药可以克其他带毒的草药，不禁啧啧称奇，并将此记录了下来。

神农尝百草，于民大有裨益，也给医者留下了很多宝贵的经验。后世的华佗、李时珍等人都仿照神农的做法，尽力验证药物之间相克的关系。明朝的陶宗仪在《辍耕录》里载，"骨咄犀，蛇角也，其性至毒，而能解毒，盖以毒攻毒也。"说的就是有毒的蛇角可以解人身体里的毒。

◎ 知识传送门：五毒俱全

有人认为，"五毒"指的是蛇、蝎、蜈蚣、壁虎、蟾蜍五种体内含毒的动物，其实，就医学角度来说，"五毒"指的是石胆、丹砂、雄黄、慈石和矾石五种药性猛烈的药物。这五种药物分开来看，每一种的毒性都不是很强烈，但将它们放置在坩埚之中，连续加热三天三夜之后，便会得到一些粉末，这些粉末毒性无比，常人接触便会中毒。奇妙的是，如果运用得当，五毒的成药也是一味良药，可以以毒攻毒。当人患上难以治愈的毒疮后，将此药涂抹在毒疮上可以收到极好的疗效。

◎ "毒"字的诗意

1. 永日不可暮，炎蒸毒我肠。——唐·杜甫《夏夜叹》
2. 薄暮空潭曲，空禅制毒龙。——唐·王维《过香积寺》
3. 心之忧矣，其毒大苦。——先秦·佚名《小明》

◎ "毒"字与歇后语

1. 吃了砒霜毒狗——害人先害己
2. 毒蛇出洞——伺机伤人

◎ "毒"字与谚语

1. 虎毒不食子。
2. 青蛇口中信，黄蜂尾后针；两者皆不毒，最毒妇人心。
3. 是药三分毒。

20. 膏—焚膏继晷

◎ 趣话"膏"字

甲骨文	金文	篆文	隶书	楷书	行书	草书	标准宋体
𩵋	會	盦	高	膏	膏	膏	膏

《说文》里载，膏，肥也。从肉，高声。意为"膏"即肥肉，是一个以月作偏旁、以高作声旁的形声字。从甲骨文字形来看，上面是高高的房屋，下面是"月"，表示的是人们把动物身上的油脂肥肉作为祭品放在庙堂里敬神，因此"膏"的本义是放在庙堂里敬神的肥肉。后来，"膏"泛指动物油脂，人们又将它引申为包裹着内脏的柔软脂膜。

◎ 汉字有故事：焚膏继晷

释义：成语"焚膏继晷"，原指人点燃蜡烛或油灯接替日光进行照明。后用来形容夜以继日地勤奋学习或工作。

成语故事：韩愈是唐宋八大家之首，他尊崇儒术，提倡古风运动，尤其擅长写散文。

韩愈的成长之路并不是一帆风顺的。他刚满三岁，他的父亲便撒手人寰，他的兄长养育他长大。自小无父母疼爱的韩愈，在学习上格外用心，想要通过学习为自己博取立身之地。当同窗玩乐之时，聪明懂事的韩愈只是刻苦读书，从不需要他人督促。功夫不负有心人，后来，韩愈考中了进士，还得到了前宰相郑余庆的赞赏。

年纪轻轻便步入官场的韩愈，一心想要为国效力，施展自己的宏伟抱负，但他的仕途之路也较为坎坷，经历了数次贬谪，未能得到重用。已到中年的韩愈迷茫了，他所接触到的官场现状，与他理想中的政治规划出入很大，他有了失志之感，却又不甘心放弃自己的报国理想。在这种情况下，他提笔写下了《进学解》，以此抒发自己的不平之意。

在《进学解》里，韩愈记下了自己与学生的讨论场景。国子先生（指韩愈）教导学生说："你们要想出人头地，就必须勤奋努力地学习。只有积累了很多学问，品德又好，未来才不会被轻易埋没在人群里。"话音刚落，一位学生便质疑地说："老师，您不要骗我们了！跟您相处这么久了，您可谓是精通六艺、学富五车，即使如此，您每天还是手不释卷，甚至在夜晚降临时，点着油灯代替日光，继续努力读书。但您这么努力有什么用呢？您的政治思想不符合当政者的要求，当权者不重用您，其他官员也排挤您，您的生活都到了困苦不堪的境地。您自己尚且有这样的遭遇，居然还要求我们努力读书、专心做学问！"

可以说，韩愈正是借文中老师与学生之口，为自己鸣不平，讽刺当权者不能善用人才。后来，韩愈在文学上的成就越来越高，当权者开始重视他，升了他的官。后人则从《进学解》里提取了成语"焚膏继晷"，形容人夜以继日地努力学习、工作。

◎ 知识传送门：丸散膏丹

"丸散膏丹"指的是中药的四种剂型，几乎囊括了所有中药。"丸"指的是圆粒状的药丸；"散"指的是被研磨成粉状的药粉；"膏"一方面指可以用于外敷的膏药，另一方面也指煎熬成黏稠状的可以内服的成药；"丹"原指用金石炼制而的成药，近代把部分精制的丸、散、锭等也称为丹。

◎ "膏"字的诗意

1. 欲布如膏势，先闻动地雷。——唐·齐己《春雨》
2. 金膏灭明光，水碧辍流温。——南北朝·谢灵运《入彭蠡湖口》
3. 兵安在，膏锋锷。——宋·岳飞《满江红·登黄鹤楼有感》

◎ "膏"字与歇后语

1. 风湿膏止痛——治标不治本
2. 鸡肠子上刮膏——没多大油水

21. 类—非我族类

◎ 趣话"类"字

甲骨文	金文	篆文	隶书	楷书	行书	草书	标准宋体

金文的"类"由三部分构成：左上方的"米"指代植物；左下方的字符指代动物；右边的字符是金文"页"字，古意为人的头部、脸部，指代人进行思考。因此，"金"最初的字义是人努力辨认品种繁多、外形相似的动物、植物。

《说文》里载，类，種類（种类）相似，唯犬为甚。从犬，頪声。意为"类"即同一种属，同一种属的事物之间有很多相似之处，犬科动物尤为相似。后来，人们又引申出"相似"的字义。

◎ 汉字有故事：非我族类

释义：成语"非我族类"，最初指和自己不是一个姓氏的人，后来指跟自己不是一条心的人。

成语故事："非我族类"一词最早出自先秦时期的左丘明所著的《左传·成公四年》，上载："史佚之《志》有之，曰：'非我族类，其心必异。'楚虽大，非吾族也，其肯字我乎？"意指不是我们同族的人，他们必定不同我们一条心。

后世学者在研究《左传》时，对"族"有不同的解释。晋人杜预在《春秋左传正义》的注解里，将"非吾族也"注解为"与鲁异姓"，说的是楚国人和鲁国人不是一个姓氏，因此此处之"族"，意为姓氏。这种说法得到了大多数学者的认可，但仍有人认为楚国属于蛮夷之地，鲁国地处中原，自然属于不同的民族，因此"族"该解释为民族。

这种争论到了现代，学者们通过查阅先秦时代的书籍、资料，发现春秋时虽然的确出现了"夷夏之辨"，但区别"夷""夏"的依据是人民是否受过教化，而不是以狭隘的血缘、体质、语言的差别为依据。因此，先秦文献很少用"族"去区分中原人民和"蛮夷戎狄",也就表明先秦时期的"族"指的就是姓氏。

◎ **知识传送门：分门别类**

成语"分门别类",指按照事物的特性和特征,将它们分别归入各种门类。

古代的药物品种繁多、形态各异,若是混放在一起,便很难在想要使用时及时找到。因此,医者们或是按照药物的剂型,或是按照药物的药效,把众多药物分开,而后将同一类的药物放在一起,方便取用。清朝的梁章钜在《浪迹丛谈·叶天士遗事》里载,"生平不事著述,今惟存《临证指南医案》十卷,亦其门人取其方药治验,分门别类,集为一书。"说的是把药方分好类别记载下来。

◎ **"类"字的诗意**

1. 鹰击长空,鱼翔浅底,万类霜天竞自由。——毛泽东《沁园春·长沙》
2. 言石曾非石上生,明兰乃是兰之类。——宋·梅尧臣《石兰》
3. 蜜房羽客类芳心,冶叶倡条遍相识。——唐·李商隐《燕台四首·春》

◎ **"类"字与歇后语**

1. 画虎不成反类犬——弄巧成拙
2. 鸟类吃食——不得不低头
3. 穿拖鞋戴礼帽——不伦不类

22. 背—汗流浃背

◎ **趣话"背"字**

篆文	隶书	楷书	行书	草书	标准宋体
背	背	背	背	岁	背

在古代,"背"以"北"为本字,两个字是通用的。金文的"北"字形似两个人互相背对着对方,后来人们就在"北"的下面加了"月",造出"背"字,承

袭"相背"的字义。但这里的"月"是"肉"的意思，因此"背"的本义是人体后部脖子与骨盆之间的部分。

◎ 汉字有故事：汗流浃背

　　释义：成语"汗流浃背"，原指人身上的汗流得满背都是，后用来形容人处于极度恐惧或害怕的状态中，也用于形容由于出汗太多，汗水打湿了背上的衣服。

　　成语故事：汉武帝曾在驾崩之前，将自己年仅八岁的儿子汉昭帝托付给大将军霍光，命令他好好辅佐新君。由于汉昭帝年幼，他继位之后，大权基本都掌握在了霍光手里。

　　手握重权的霍光大肆提拔自己的亲信，给了他们很多美差。那时，有个名叫杨敞的人，曾跟随霍光多年，并因行事谨慎、心思细腻而得到霍光的青睐，霍光高兴之余，不仅任命杨敞做了丞相，还封他为安平侯。事实上，杨敞是个胆小怕事的人，根本无法履行宰相之职，统领百官，但官员们迫于霍光的威势，并不敢刻意刁难杨敞。

　　时光飞逝，汉昭帝长到了二十一岁，却因病驾崩于未央宫。国不可一日无主，霍光与众臣商议后，选了汉武帝的孙子昌邑王刘贺继任王位。不料刘贺登基之后，没有半点明君的样子，只是沉溺于宴饮歌舞之中，不喜欢处理政事。霍光对刘贺的行为十分不满，担心他无法履行国君的职责，耽误了国家的发展，便在暗地里找到车骑将军张安世和大司马田延年，一起进行了秘密商议，计划废掉刘贺，再选一位贤明的君主。

　　商量好之后，霍光派田延年把这件事告诉杨敞，好让杨敞与他们一起举事。向来怕事的杨敞得知消息后，刹那间吓得汗流浃背，心里害怕极了，不敢给出肯定的说法，只是用含糊的言语搪塞田延年。田延年皱了皱眉，借口出去更衣，让杨敞独自思考。

　　太史公司马迁在受宫刑之前曾育有一女，后嫁给了杨敞做妻子。杨夫人为人胆大心细，在知晓田延年的来意后，心里恨不得替丈夫一口答应废帝的事。田延年出去后，她就进门劝丈夫说："国家大事，容不得你犹豫。大将军已经有了主张，你就该快快答复他，不然就要惹火烧身了。"尽管如此，杨敞焦急得在房里走来走去，还是下不了决心。这时，田延年再度进屋，杨夫人来不及躲起来，干脆大大方方地与田延年相见，利落地表明自己的丈夫愿意听从大将军的吩咐，田延年满意而归。

霍光得知后，命令杨敞写请求废帝的奏折，呈给皇太后看。皇太后只好下诏废了刘贺，霍光便扶持汉武帝的曾孙刘询登上了皇位。

◎ 知识传送门：望其项背

我们经常会见到这样的文字：他的特立独行，只能让模仿者望其项背。

很显然，这里的"望其项背"是"赶不上"的意思，但这种用法是错误的。"望其项背"，真正的意思是能够看见别人的颈项和背脊，距离其实很近，表示赶得上或比得上。而不是说两者差距大无法赶上。

"望其项背"源于"项背相望"。《后汉书·左雄传》载："监司项背相望，与同疾疢（泛指疾病），见非不举，闻恶不察。"项背相望，即前后相顾，距离并不遥远，绝非可望而不可即。"项背相望"后来被用来形容人多拥挤，连续不绝。

◎ "背"字的诗意

1. 牧童归去横牛背，短笛无腔信口吹。——宋·雷震《村晚》
2. 肠漫回，隔花时见，背面楚腰身。——宋·吴文英《渡江云三犯·西湖清明》
3. 陂中饥乌啄牛背，令我不得戏垄头。——唐·李涉《牧童词》

◎ "背"字与歇后语

1. 把状元关到门背后——埋没人才
2. 背后施一礼——没人领情
3. 孔夫子的背包——净是书（输）

◎ "背"字与谚语

1. 当面是人，背后是鬼。
2. 当面一套，背后一套。
3. 好话不背人，背人没好话。

23. 性——姜桂之性

◎ 趣话"性"字

篆文	隶书	楷书	行书	草书	标准宋体
㤛	性	性	性	性	性

"性"字由"心"和"生"构成，从它的篆文字形来看，左边是连通血管的心脏，右边是草木蓬勃生长的样子，将这些意象糅合起来，即指人从心里自然萌发出的欲望。孔子曰："食色，性也。"就是说食、色是人天生就有的本能欲望。

后来，人们由"性"的本义延伸开来，赋予了它新的含义，即事物的本质特点。人们也用它指代人类分男女，动植物分雌雄。

◎ 汉字有故事：姜桂之性

释义：成语"姜桂之性"，原指生姜和肉桂越久越辣，越是老就越是味道浓烈、辛辣。后用于形容人性格耿直。

成语故事：晏敦复是著名诗人晏殊的孙子，在宋高宗时期，他与秦桧同朝为官，但出身于名门的他一直不屑与卑鄙奸诈的秦桧为列。1138年，宋高宗赵构再次任命秦桧做宰相，其他官员急忙去向秦桧道贺，身为吏部侍郎的晏敦复却无动于衷。有人问晏敦复："秦相公复相，是件大喜事，为什么老先生您不喜反忧呢？"他无奈地回答道："让一个奸臣做宰相，恢复中原这件事算是没有希望了。"旁人听后，还以为他是小题大做。

后来，晏敦复的担忧果然得到了验证。秦桧上位后，极力主张乞和求降，不断地对金妥协，送出大量财物，以求一时安宁。对于那些政治主张与自己相悖的官员，秦桧从不手软，利用职权之便，向宋高宗进谗言，将这些官员贬谪到偏远地区。晏敦复就对人说："以前我说秦桧是奸臣，你们都觉得我多想了，现在他就如此专权独断，谁知道他以后还会做出什么事来？"

不幸的是，晏敦复的话又一次被验证了。秦桧任宰相十几年，起初还只是打压异己，后来竟然坑害了当时赫赫有名的抗金名将岳飞，又制造了好几起大案子，杀害了很多无辜的人。如此一来，官员们更加害怕秦桧了，唯独晏敦复还是不把他当一回事。秦桧曾主动找人传话给晏敦复，说只要晏敦复肯答应与金人议和的事，就马上让他做高官。晏敦复义正词严地回绝道："我始终不会因为自己的事，耽误国家的前途。我就像生姜和肉桂一样，资历越老，味道越浓烈，你不要再和我商量求和的事了。"这句话变成了一句俗语——"姜是老的辣"，成语"老辣姜桂"和"姜桂之性"两个成语也源于此。

秦桧多次想除掉他，但一来他是名门之后，手握实权；二来宋高宗知晓他性格刚烈，比较信任他，秦桧便无从下手了。据《宋史·晏敦复传》记载，晏敦复平日里言语不多，但在政事上刚直敢言，从来不避讳什么，连宋高宗都夸赞他说："你为人耿直敢言，可以算是没有辱没你的先祖。"

◎ 知识传送门：颐性养寿

成语"颐性养寿"源于《文选·嵇康〈幽愤诗〉》："永啸长吟，颐性养寿。"意为保养精神元气。从养生角度来说，此词是在规劝人要修养自己的性情，让自己的心理和行为符合天道，如此便可活得长一些。

◎ "性"字的诗意

1. 少无适俗韵，性本爱丘山。——魏晋·陶渊明《归园田居·其一》
2. 弃身锋刃端，性命安可怀。——三国·曹植《白马篇》
3. 佛性常清静，何处有尘埃。——唐·惠能《菩提偈》

◎ "性"字与歇后语

1. 狼窝里养孩子——性命难保
2. 急性子碰到慢性子——你急他不急
3. 机关枪瞄大炮———直性子对直性子

24. 丹——一片丹心

◎ 趣话"丹"字

甲骨文	金文	篆文	隶书	楷书	行书	草书	标准宋体
目	目	目	丹	丹	丹	囝	丹

"丹"的甲骨文字形，形似一口矿井里有矿物质，因此本义是从矿井里挖掘出的朱砂。《说文》里载，丹，巴越之赤石也。也指出了丹的矿石本质。金文和篆文承续了甲骨文字形，因为篆文的"丹"和"舟"字形极为相似，为了区分两者，隶书的"丹"有了很大变形。

"丹"的本义是从矿井里挖掘出的朱砂，由此引申出两个基本字义，一个是"红的，红色的"，一个是"含有朱砂成分的药丸"。

◎ 汉字有故事：一片丹心

释义：成语"一片丹心"，意思是指拥有一片赤诚之心，一般用来表忠心或显示某人的绝对诚意。

成语故事：南宋陆游是我国一位著名的爱国诗人，由于陆游早期经常过着流亡的生活，再加上他的父亲陆宰也是一位爱国学者，交往的人都是一些十分有气节的爱国人士。所以从很早开始他就有了爱国思想，在朋友的影响下这种爱国情怀一点点渗入骨子里，经常为国为民忧郁而寝食难安。

南宋高宗时，二十九岁的陆游考取进士，可是却遭秦桧算计。直到三十四岁才被任命为官，在福建宁德县做小吏。孝宗即位以后，陆游才被赐进士出身，随后任镇江、隆兴的通判。陆游为官期间曾多次向南宋统治者进谏：亲贤者、远小人等，而且多次请求出兵北代，但面对对外一向软弱的南宋统治者，他的建议显然是不被接受的。因此，他不断被贬官外放，直到四十六岁后才再次做回了通判。虽然报国的心愿始终没有机会实现，但陆游从未放弃过他的报国理想。

为了抒发自己像金错刀一样坚韧的报国之志，他写下了《金错刀行》这首诗，全诗共十二句：

　　黄金错刀白玉装，夜穿窗扉出光芒。
　　丈夫五十功未立，提刀独立顾八荒。
　　京华结交尽奇士，意气相期共生死。
　　千年史册耻无名，一片丹心报天子。
　　尔来从军天汉滨，南山晓雪玉嶙峋。
　　呜呼！楚虽三户能亡秦，岂有堂堂中国空无人！

　　从此，"一片丹心报天子"就成了陆游爱国情深、赤诚忠心的有力见证。"一片丹心"这个词就由此成为了真诚、忠心的代名词。

◎ 知识传送门：白发丹心

　　成语"白发丹心"形容虽然身体年迈，但仍怀有一颗赤诚之心。这个成语出自《汉书·苏武传》，苏武曾在年轻时作为使者出使匈奴，被匈奴扣留了十九年，受尽苦难后回到中原，须发皆白，容貌已改，但唯有一颗赤诚的爱国心不曾变。苏武也由此成为一位赤胆忠心的英雄。

◎ "丹"字的诗意

　　1. 岑夫子，丹丘生，将进酒，杯莫停。——唐·李白《将进酒·君不见》
　　2. 人生自古谁无死，留取丹心照汗青。——宋·文天祥《过零丁洋》
　　3. 山远天高烟水寒，相思枫叶丹。——五代·李煜《长相思·一重山》

◎ "丹"字与歇后语

　　1. 百灵戏牡丹——鸟语花香
　　2. 笔尖上开牡丹——妙笔生花

25. 炮—如法炮制

◎ 趣话"炮"字

"炮"是一个以"包"为形旁、声旁的形声字,观察它的篆文字形,会发现左边是"火",右边形似有什么东西被装在了一个袋子里。《说文》对此解释说,炮,毛炙肉也。即连皮毛一起烤炙的全肉。而这个"全肉"指的是什么呢?据《史记》记载,商朝的纣王暴虐无道,发明了炮烙之刑折磨臣民,就是让人在下置炭火的铜柱上爬,铜柱越来越热,人就会掉在炭火里,被炙烤而死。因此,"炮"字最初的本义是把人捆绑或装在袋中,用烧红的铁器烫击,后引申为高温煎、烙,这两种字义都只在古文里使用。

从现代字义的角度出发,"炮"的意思是装有火药的爆炸物,比如说鞭炮。随着武器的改良、发展,火药应用于军事,"炮"便有了"远程射击武器"的引申义。

◎ 汉字有故事:如法炮制

释义:成语"如法炮制",原指按照已有的方法去制作中药,后用于比喻照着现成的方法做事。

古代医者在采摘、收集到中药后,只有一小部分药材可直接入药,大多数药材需要加工处理才能入药,加工过的药材也更易储存。加工的方法有烘、炒等,这个过程被称作"炮制"。一开始,对于如何炮制药材的问题,并没有统一的方法,是医者们在借鉴前人的经验后,又经过了互相的交流,才确立了大致统一的炮制方法。而后代医者只需按照已有的方法制作药材即可,叫作"如法炮制"。

后来,"如法炮制"有了"依葫芦画瓢"的意味,不止用于中药制作方面,生活中任何对他人行为的模仿都可被称为如法炮制。比如,作家琦君在《春酒》中载,"我也如法炮制,泡了八宝酒,用以供祖后,倒一杯给儿子,告诉他是'分岁酒',喝下去又长大一岁了。"便是沿袭已有的泡酒方法制作了八宝酒。

◎ 知识传送门：炮龙烹凤

成语"炮龙烹凤"出自施耐庵的《水浒传》，在第八十二回里，"堂上堂下，皆列位次，大设筵宴，轮番把盏。厅前大吹大擂。虽无炮龙烹凤，端的是肉山酒海"。寥寥几句，就描写出了众人聚集起来进行宴饮的热闹情景。其中的"炮龙烹凤"是夸张之语，指代素材珍奇的肴馔，后也用来比喻作家的艺术技巧高超，可以将好的素材加工成好的作品。

◎ "炮"字的诗意

1. 饥坐炮燔多巨栗，醉归怀袖有新橙。——宋·陆游《幽居》
2. 每愧烟火中，玉腕亲炮燔。——宋·苏轼《送鲁元翰少卿知卫州》
3. 霜前未坚好，霜俊可炮熬。——宋·梅尧臣《种胡麻》

◎ "炮"字与歇后语

1. 半夜三更放鞭炮——一鸣惊人
2. 炮筒里装针——细心

26. 衅—衅起萧墙

◎ 趣话"衅"字

《说文》里载，衅，血祭也。象祭窦也。从爨省，从酉。酉，所以祭也。从分，分亦声。说明小篆的"衅"既是会意字，又是形声字。分析小篆字形，发现它的上部与"爨"有关，而"爨"是灶的意思；中部"酉"和酒相关，因此字义与祭祀有关；下部是一个"分"，表示分布。由此，"衅"表达的是在灶房里宰杀牲畜，用牲畜的血涂在用于祭祀的器皿上，之后血液会沿着器皿的缝隙流下。简略来说，"衅"的本义是古代用牲畜的血涂器物的缝隙。从这里有了两个引申义，一是"缝隙"，特指感情上的裂痕、争端，一是以香熏身。

楷书的"衅"，字形大做变动，便不再是会意字和形声字了。

◎ 汉字有故事：衅起萧墙

释义：成语"衅起萧墙"，原指祸乱发生在自己家里，后用于比喻内部发生祸乱。

"萧墙"是古代国君设立在宫殿大门内（或者大门外）的矮墙，一般都是面对大门，起屏障作用。

成语故事：春秋时期，孔子收徒三千，其中两名学生分别叫冉有、子路，两人都是鲁国当时的执政者季氏兄弟的家臣。有一次，季氏兄弟整顿兵马，想要去攻打弱小的邻国颛臾。冉有和子路无法确定季氏的行为是否正确，便向孔子请教此事，想听一听孔子的见解。

孔子知道情况后，严厉地批评他们说："冉有、子路，这就是你们的错误了！周天子曾经任命颛臾的国君主持东蒙山的祭祀，况且颛臾还紧邻鲁国，算是鲁国的邦国，季氏为什么要去攻打颛臾呢？"冉有辩解道："现今，季氏兄弟当政，他们想要攻打颛臾，我们做家臣的，哪有阻止他们的能力呢。"

孔子说："你说错了，你们身为家臣，就应该尽力辅佐主人，主人犯错，你们当然要极力制止、纠正。否则要你们这些家臣干什么呢？就好比凶猛的老虎、犀牛从笼子里逃了出来，珍贵的龟壳、美玉在盒子里毁坏了，这应责备谁呢，自然要责备笼子和盒子没有各尽其职。"

冉有接着辩解："颛臾虽然只是一个小国，但它的城墙十分坚固，又紧邻鲁国，如果现在不将它据为己有，恐怕会在以后成为潜在的祸患。"孔子说："冉有，你不要再找借口了。季氏兄弟无法凭借仁德使远方邦国自动归顺，反而擅动武力，你们是保不全他们的。依我之见，季氏兄弟最大的隐患不在颛臾那里，却在萧墙的里面，也就是在季氏兄弟之间呀。"

不久后，季氏兄弟之间果然发生了内乱。《后汉书》在评价此事时说："此皆衅发萧墙，而祸延四海也。"后人就用"衅起萧墙"来比喻内乱。

◎ 知识传送门：三衅三浴

　　成语"三衅三浴"，指的是人多次进行沐浴，并用香料涂抹身体。在古代，"三衅三浴"是一种礼节，多在敬神、接客前进行，用于表示对神灵的虔诚、对来宾的敬重。

　　春秋时期，齐桓公想要广纳人才，成就霸业，他的臣子鲍叔牙向他推荐了管仲。管仲曾站在齐桓公的敌对阵营里，用箭射伤了齐桓公。求贤若渴的齐桓公不计前嫌，特意举行了三衅三浴的礼节，并亲自到郊外去迎接管仲，任命他做齐国的相国。管仲投桃报李，辅佐齐桓公成为了春秋五霸之首。

◎ "衅"字的诗意

　　1.官私乘衅作威棱，督促食惶去闾里。——宋·梅尧臣《花娘歌》
　　2.山桃麦浪青重叠，云衅鱼鳞白渺茫。——明·文林《永康》
　　3.藩镇兵犹乘衅起，海邦使播歃盟回。——近代·陈三立《谷日立春喜晴次和谭芝云翰林》

27. 肌—冰肌玉骨

◎ 趣话"肌"字

篆文	隶书	楷书	行书	草书	标准宋体
肌	肌	肌	肌	肌	肌

　　"肌"的第一种篆文字形，上部分形似弯曲有序的纹路，下部分是"月"，即肉，因此它的本义是人身上纹路清晰的束状纤维组织。《说文》里用了它的第二种篆文字形，说它是一个用"肉（月）"作偏旁、用"几"作声旁的形声字。古文里的"肌"还有一层意思，即附着在纤维组织表层上的皮肤。

◎ 汉字有故事：冰肌玉骨

　　释义：成语"冰肌玉骨"，原本形容美人肌肤光洁、如冰如玉，姿态优雅、举止不凡。后来常用来形容梅花、菊花凌寒争艳、幽雅不俗的姿态。也用来比喻纯洁、高尚之人。

成语故事："冰肌玉骨"出自苏东坡作的长短句《洞仙歌》,《洞仙歌》首两句写道"冰肌玉骨,自清凉无汗",是对花蕊夫人的描写。《洞仙歌》主要写苏轼四十岁时回忆自己七岁时见到过一位眉山朱姓老尼,老尼曾跟他说:她曾跟随师父进入蜀后主孟昶的宫中,在一个炎热的天气里偶然看到了蜀主与花蕊夫人在摩诃池上纳凉,并听到了蜀主作词的事。但苏轼只记得了前两句。由此可知"冰肌玉骨"是蜀后主对花蕊夫人的称赞。

据史料记载,后蜀末主孟昶是一个生活奢靡之人,日日沉湎于女色,这个花蕊夫人更是一个姿态美艳、冠压群芳的女子。蜀主与这样一位女子相伴在月光明朗的夏夜池边,花蕊夫人在夜光下更是肤若凝脂,貌如桃花,想必这"冰肌玉骨,自清凉无汗"的赞美也是有感而发的。自此"冰肌玉骨"成了对女子美貌绝佳的赞美之词。除此之外也由此衍生出了更多类似的对女子的溢美之词,如:"冰肌雪艳""冰姿玉骨""雪艳冰肌""莹骨冰肤""莹骨冰肌""玉骨冰肌"……

◎ 知识传送门：肌肤之亲

"肌肤之亲"的本意是指肌肤相互接触,但也常指代男女之间发生的抚摸、拥抱、接吻等亲密行为。在传统的中国文化中常宣扬一种"男女授受不亲"的思想,如果未婚女子与男子有了肌肤之亲,那就是对自己名节的破坏。所以中国传统的待人礼仪是握手礼而不是拥抱。

◎ "肌"字的诗意

1. 冰肌玉骨终安在,赖有清诗为写真。——宋·毛滂《蔡天逸以诗寄梅诗至梅不至》
2. 玉骨那愁瘴雾,冰肌自有仙风。——宋·苏轼《梅花》
3. 云拼欲下星斗动,天乐一声肌骨寒。——唐·刘禹锡《八月十五桃源玩月》

28. 空—空中楼阁

◎ 趣话"空"字

金文	篆文		隶书	楷书	行书	草书	标准宋体
囧	宐	金	宐	空	空	空	空	空

原始人不会建造房屋，只是凭着生存本能住在一些天然的洞穴里，后来，人类数量越来越多，智商也大有提升，便会仿照天然洞穴的样子，造出人工洞穴，用于居住。金文"空"字就是一个洞穴里有一个"工"，说明它的本义是由人工造出的洞穴。洞穴内部不需要用梁、柱做支撑，刚建成时内部没有任何东西，这种状态也被称为"空"。自古至今，"空"一直是一个形声字。

◎ 汉字有故事：空中楼阁

释义：成语"空中楼阁"，原指悬在半空中的阁楼，后用于比喻虚幻的事物或脱离实际的空想，以及不合实际的计划。

成语故事：古时候，有一个富人，因为痴呆、不明事理闹出过很多笑话。有一次，这个富人去另一个富人的家里做客，被主人家富丽堂皇、雄伟壮观的三层楼房吸引了。他围着房子看了又看，在心里想："比财力的话，我和这个人差不多，为什么我的房子那么丑陋，他却住着这么漂亮的房子呢？不行，我也要建一座这样的房子。"

富人回家之后，立刻派人找来了当地名气最大的工匠，问他会不会建造三层的楼房。工匠表示，这一带的三层楼房都是他盖的。富人欣喜地向工匠描述了之前看到的那所楼房，要求他盖一座一模一样的房子。工匠痛快地答应了，开始准备盖房子的材料。

准备工作做好之后，工匠召集手下，破土动工，富人看着他们整理地面、打地基，就疑惑不解地问工匠："你们这是在干什么？"工匠回答说："在建您想要的三层楼房。"不料富人连连摇头，急匆匆地说："你们弄错了，我只想要最上面的第三层楼房,不要下面的一、二层,你们快从第三层开始建吧。"

富人的言论震惊了众人,大家知道他又开始犯傻了。工匠不知如何应对,无奈地解释道:"我们无法满足你的要求,所有的房屋都是从第一层开始建造的。如果不造第一层和第二层,怎么可能建出来第三层呢。"富人还是想不通其中缘由,坚持只要第三层,工匠见富人不明事理,只好带着手下走了。结果当然是没有人能直接造出第三层房子。

这件事传开之后,人们纷纷讥笑那个愚蠢的富人。"空中楼阁"一词由此而来。

◎ 知识传送门:空腹便便

"便便"是形容人肥胖的词语,成语"空腹便便"原指人腹中空虚,外表肥胖,后用于形容人头脑中空空,没有真才实学。

汉桓帝时期,有一个教书先生叫边韶,他喜好在课堂上假寐,他的学生便小声嘲笑他说:"边孝先,腹便便,懒读书,只想眠。"边韶听到后,当即反驳道:"边为姓,孝为字。腹便便,《五经》笥。只想眠,思经事。寐与周公通梦,静与孔子同意。师而可嘲,出何典记。"意思是说,自己的大肚子里装的都是学问,连假寐时也在思考经学,反问学生是以哪部典籍为依据来嘲笑老师的。学生们听后,再也不敢造次。后来,边韶发挥自己的才能,做了高官。

宋代的廖行之在《青玉案》里写:"峥嵘岁月还秋暮,空腹便便无好句。"意即自己虽然有肥胖的肚子,腹中却没有学问,因此写不出好的文章。

◎ "空"字的诗意

1. 空山新雨后,天气晚来秋。——唐·王维《山居秋暝》
2. 死去元知万事空,但悲不见九州同。——宋·陆游《示儿》

◎ "空"字与歇后语

1. 孔明大摆空城计——化险为夷
2. 半空中的气球——上不着天,上不着地
3. 空手跑进中药店——没方子

29. 炙——炙肤皲足

◎ 趣话"炙"字

| 金文 | 篆文 | 隶书 | 楷书 | 行书 | 草书 | 标准宋体 |

"炙"的第一种金文字形似把肉串放在火堆上烤,第二种金文字形把肉串换成了"月",字义不变,因此它的本义是烤肉,是一个动作。而在古代,烤熟的肉也被叫作"炙"。

第一种篆文字形在第二种金文的基础上,在右边加了一个形似耙子的字符,表示用耙子或别的铁器叉着肉在火上烤。其后的字形都承续了第二种金文字形,最初的"月"则发生了变形。

◎ 汉字有故事:炙肤皲足

释义:成语"炙肤皲足",原指人皮肤被晒焦、足部被冻裂,后用于形容农民耕作的辛苦。

成语故事:民为国之本,一个国家的兴盛,固然离不开君主的英明统治,更与每一个黎民百姓息息相关。百姓们就好比一个个零件,组合在一起为国家效力,促使国家机器正常、高速运转。古代君主早就意识到"民"的重要性,唐太宗李世民就曾提出了"君舟民水"的理论,他感慨地说:"水能载舟,亦能覆舟。"而那些被人民起义推翻统治的君主,无一例外都忽略了"民本"之道,才招致了覆灭。

在封建统治占主导地位的古代社会,君主和大臣们高高在上,人民生活在社会底层,耕田种地。按"士农工商"的排序来看,农民的地位高于工匠和商人,但后两者可以依靠自己的手艺和头脑博取生计,农民只能面朝黄土背朝天地在土里刨食。

农民要靠耕作养活一家老小、缴纳赋税,因此,庄稼收成如何,决定了农民的生活水平和国家的库收。农夫农妇们自然祈祷年年风调雨顺,除此之外,还要在田地里挥洒大量汗水，赶着时节播种、锄草、捉虫、收获，唯恐由于自己的错误，降低了庄稼的产量。而古代没有机械，凡事都要亲力亲为，农民们常常在炎热的天气里用镰刀割麦，不顾烈日晒焦了自己的皮肤；也总是在寒冷的时候坚持去田地里查看情况，不顾严寒的天气冻裂了自己鞋单袜薄的双脚。

有些关注现实生活的诗人，曾为农民作诗，歌颂他们的辛勤奉献，比如说白居易在《观刈麦》里载："足蒸暑土气，背灼炎天光，力尽不知热，但惜夏日长。"明代的宋濂也在《阅江楼记》里载，"耕人有炙肤皲足之烦，农女有捋桑行馌之勤。"自此以后，"炙肤皲足"就用于形容农民的辛苦。

◎ 知识传送门：炙手可热

成语"炙手可热"，原意为手一挨近火焰就感觉热，表明火焰很盛。后用来比喻人气焰很盛，权势很大。

唐玄宗在位时，十分宠信杨贵妃，还任命杨贵妃的哥哥杨国忠做了宰相，任由他胡乱处理朝廷大事。杨家兄妹因此权势滔天，很多人都巴结他们，以谋取好处。诗人杜甫看不惯杨氏兄妹穷奢极欲的生活，作《丽人行》讽刺他们："炙手可热势绝伦，慎莫近前丞相嗔。"

◎ "炙"字的诗意

1. 八百里分麾下炙，五十弦翻塞外声，沙场秋点兵。——宋·辛弃疾《破阵子·为陈同甫赋壮词以寄之》
2. 残杯与冷炙，到处潜悲辛。——唐·杜甫《奉赠韦左丞丈二十二韵》
3. 将炙啖朱亥，持觞劝侯嬴。——唐·李白《侠客行》

◎ "炙"字与歇后语

1. 火炙糕见了滚汤——打顶上酥到脚底
2. 叫花子的篮里——残羹冷炙

30. 胆—卧薪尝胆

◎ 趣话"胆"字

| 篆文 | 隶书 | 楷书 | 行书 | 草书 | 繁体标宋 | 简体标宋 |

篆文的"胆"是由"月"和"詹"组成的，无疑是和人的身体有关，而"詹"有"前卫"的意思，因此"胆"有"身体的卫士"之称，本义是具有消毒、镇定功能的囊状消化器官。楷书将"詹"简化为"旦"，便有了如今的"胆"字。

◎ 汉字有故事：卧薪尝胆

释义：成语"卧薪尝胆"，形容一个人忍辱负重，发愤图强，最终苦尽甘来。

成语故事：公元前 496 年，吴王阖闾趁勾践的父亲允常逝世，越王勾践刚刚即位之时，举兵攻打越国，不料吴军大败，吴王还被越军射伤。阖闾在弥留之际嘱咐儿子夫差："一定不能忘记这辱国杀父的血海深仇。"于是，夫差忍辱负重，日夜操练兵力，希望有朝一日能为父报仇，一雪前耻。

两年后，勾践听说吴王日夜练兵，便决定先发制人，结果被夫差打败。勾践被包围后，无路可退准备自杀，但身边的谋士范蠡对他说：凡成大事者，必懂得节制事理，适时谦卑。于是勾践便向吴求和并贿赂吴王身边的大臣伯嚭，最终吴王答应接受越国投降。

吴国从越国撤兵后，勾践便带着自己的妻子和谋士范蠡到了吴国做吴王的奴仆，三年后，勾践被释放回国了。回国后，他发誓一定要发愤图强，洗去耻辱。他以商汤、周文王、重耳、齐国小白的事迹来激励自己。

为了不让自己因贪图安逸的生活，而忘记了自己报仇的初衷，勾践每天晚上都枕兵器而眠，和稻草而睡，他还在房子里挂一只苦胆，每天早上起来第一件事就是先尝尝苦胆，再问问自己："你忘了三年前的耻辱了吗？"他派文种管理国家政事，范蠡管理军事，自己亲自到田里与农夫一起干活，妻子纺线织布，救济贫苦的人，帮助老弱病残，礼遇贤人，朴素地生活。越国慢慢强大起来。而吴王愈加骄横，不顾百姓疾苦，一味争权夺地，还杀害了忠臣伍子胥，因此，貌似强大的吴国已经不堪一击。

公元前482年，趁夫差与晋国争夺诸侯盟主之时，越王勾践开始进攻吴国，吴国不敌，派人求和。勾践想既然短期内也灭不了吴国就答应了这次求和。十年后勾践再次进攻吴国，一举歼灭了吴国，夫差也因悔恨自杀了。

◎ 知识传送门：剑胆琴心

成语"剑胆琴心"，比喻人有刚有柔，既有文雅书生的气质，又有胆识、谋略。"剑胆琴心"出自元吴莱《岁晚恍然有怀》："小榻琴心展，长缨剑胆舒。"

"剑胆琴心"是一种境界，剑往往是锋利、英勇、高冷无情的代表，而琴却恰恰相反，琴代表着优雅、情调。剑和琴一刚一柔，能刚柔并济的人必然是文武双全之人。有剑无琴或有琴无剑都是一种缺憾。像在电视剧《霸王别姬》中就常常借鉴这样一种美。在音乐背景下，力拔山兮气盖世的项羽和深情美艳的虞姬，一位手握长剑，一位指弹素琴，这种结合本身就是一种美，再加上那悲戚的故事，就是一种艺术境界。

◎ "胆"字的诗意

1. 朝游北越暮苍梧，袖里青蛇胆气粗。——唐·吕洞宾《绝句》
2. 一从陷贼经三载，终日惊忧心胆碎。——唐·韦庄《秦妇吟》
3. 日月常悬忠烈胆，风尘障却奸邪目。——宋·宋江《满江红·喜遇重阳》

◎ "胆"字与歇后语

1. 半天云里演杂技——艺高人胆大
2. 刘备上了黄鹤楼——胆战心惊
3. 吃了雷公的胆——天不怕地不怕

◎ "胆"字与谜语

1. 谜题：回头一看心胆惊。（打一成语）
谜底：后顾之忧
2. 谜题：胆怯无能把心迁。（打一字）
谜底：去

31. 眠—抵足而眠

◎ 趣话"眠"字

金文	篆文	隶书	楷书	行书	草书	标准宋体
瞑	瞑	眠	眠	眠	眠	眠

观察"眠"的金文字形和篆文字形，会发现这两个字形与"瞑"极为相似。事实上，一开始是没有"眠"字的，人们将人闭目沉睡的状态称为"瞑"，也用它形容死者紧闭的双目。后来，为了区分"瞑"的两种字义，因"冥"指代阴间，人们便造出"眠"字取代"瞑"的第一种字义，即深睡后进入无意识的沉静状态。

◎ 汉字有故事：抵足而眠

释义：成语"抵足而眠"，原指两人同睡床的一头，脚与脚可以相互碰触。后用于形容情谊深厚。

成语故事：在赤壁之战中，诸葛亮用草船借箭的计策获取了无数箭支，又借着东风烧了曹操的船队，致使曹军大败。但在这场精彩的战争中，东吴都督周瑜的表现也同样亮眼，正是由于他的精妙安排，才为曹军的失败埋下了伏笔。

当曹操率领八十万大军想要一统江山时，刘备与孙权准备联合抗击曹操。但双方军事力量太过悬殊，周瑜曾驾着小舟去探看曹营水寨，发现曹军水寨严整，来自北方的军士在船上并无慌乱之态。周瑜暗地里打听是谁在训练水军，得知是蔡瑁、张允二人时，便想着该如何除掉二人，好让曹军无法保持现有的水战优势。

当周瑜离去时，负责放哨的曹军才发现了他的踪迹，连忙报告给曹操。曹操不知敌人所来为何，他手下的幕僚蒋干主动站出来，说愿意去劝降周瑜。原来，蒋干和周瑜自幼同窗受业，曾一起学习多年，两人之间的情谊很是深厚。曹操知道周瑜是个人才，便允许蒋干去劝降他，即便不能顺利劝降，也可借机打探东吴的军情。于是，蒋干领命而去。

周瑜热情地接待了老同学蒋干，知他是来劝降自己的，心生一计，故意说自己肯定会打胜仗，不如蒋干留下来别走了。蒋干因此生疑：周瑜敢说此大话，莫非曹军中出了奸细？周瑜暗地里命人伪造了蔡瑁、张允与自己的来往书信，放在自己的卧室里。

当天晚上，周瑜饮酒之后，对蒋干说："我们好久都没有在同一张床榻上睡觉了，今晚就让我们抵足而眠吧。"蒋干同意了。周瑜装作醉酒的样子呼呼大睡，蒋干蹑手蹑脚地起床，搜寻有用的资料，发现了蔡张二人的投降书，然后把书信放进自己怀里，第二天一早就带回去呈给了曹操。生性多疑的曹操大发雷霆，当即斩杀了精于水战的蔡瑁、张允，间接导致了最终的兵败。

周瑜和蒋干本来是多年的老同学，但他们各为其主，恐怕用"同床异梦"来形容会更合适些。

◎ 知识传送门：伯虑愁眠

据《山海经·海内南经》载："伯虑国、离耳国、雕题国、北朐国皆在郁水南。"说明这几个国家所在之地都较为偏僻。传闻中，伯虑国的人民每到睡眠之时，就格外忧愁，担心自己在睡眠中逝去。外界将此形容为"伯虑愁眠"，后用于形容人忧虑过多。

◎ "眠"字的诗意

1. 寒灯思旧事，断雁警愁眠。——唐·杜牧《旅宿》
2. 邮亭无人处，听檐声不断，困眠初熟。——北宋·周邦彦《大酺》
3. 残灯明灭枕头欹，谙尽孤眠滋味。——宋·范仲淹《御街行·秋日怀旧》

◎ "眠"字与歇后语

1. 大眠起来的春蚕——满肚子私（丝）
2. 得了失眠症——没精打采的

32. 屑—竹头木屑

◎ 趣话"屑"字

篆文	隶书	楷书	行书	草书	标准宋体
屑	屑	屑	屑	屑	屑

　　自古至今,"屑"的字形并无太大改动,一直都由"尸"和"肖"构成,表明这是一个与人体有关的字。因为"肖"有"细小"的含义,"屑"就是人体中极为细小的东西,具体指的是人头上会自然脱落的小块头皮。由此引申之后,人们也用"屑"指代一切碎状物。

◎ 汉字有故事:竹头木屑

　　释义:成语"竹头木屑",比喻可供再次利用的废置之材。

　　成语故事:东晋有个人叫陶侃,他是晋末著名文学家、诗人陶渊明的曾祖父。陶侃小时候家里十分贫困,父亲多病,全家只靠母亲纺织来维持生活。母亲为了他能够成才,费尽了心血。陶侃长到十六岁时,在当地县里谋得了一个管理鱼池的小职位。他任职不久就为母亲带回了一坛腌鱼,当时腌鱼在百姓眼中算是奢侈品了。然而陶侃的母亲并没有为此感到高兴,而是狠狠地批评了陶侃:"你把公家的东西拿回家让我感到耻辱。"陶侃因此受到了很大的影响,从此对国家尽忠尽德。从县吏做到两州刺史并兼掌其他六州军事,算是当时很有实力的人。可是他还是终年如一日地保持着良好的节俭作风,并且视国家一草一木为珍宝。

　　在做荆州刺史期间,有一次陶侃去制造战船的现场督察工作,看到周围满是剩下的竹头和木屑等边角料,觉得扔了浪费,于是就让人把这些东西收起来保存好。很多人都对此不解,不久雪后初晴,道路泥泞不堪,陶侃便让人拿出那些收集的木屑来铺上,就这样废旧的东西有了用处。还有一次,东晋大将桓温奉命征讨蜀地,需要在短时间内赶制一批船只,但是当船板锯好之后,桓温才发现竹钉紧缺,无法将船板组装成船身,桓温为此急得团团转,恰好陶侃了解到了情况,便把自己收藏的竹头拿出来削成竹钉给了桓温，桓温为此感激不尽。

陶侃不仅自己十分节俭而且讨厌那些随便浪费之人，经常教育不懂得节俭的人。由此他也经常被朋友调侃小气。"竹头木屑"这个词从此成为了对废物利用的表达。

◎ 知识传送门：不屑置辩

"不屑置辩"的意思是不值得与之争辩，表示一种轻视、满不在乎的态度。"不屑置辩"这个词出自鲁迅的《孔乙己》："孔乙己看着问他的人，显出不屑置辩的神气。"这里是写孔乙己面对别人的嘲笑而表现出的一种清高的态度，他用这种态度来掩饰自己内心的自卑，同时也用这样的态度显示自己与劳动人民不同。

◎ "屑"字的诗意

1. 苦将侬，强派作蛾眉，殊未屑。——清·秋瑾《满江红·小住京华》
2. 浑成紫檀金屑文，作得琵琶声入云。——唐·孟浩然《凉州词》
3. 大似落鹅毛，密如飘玉屑。——唐·白居易《春雪》

◎ "屑"字与歇后语

1. 香烟头埋进木屑堆——闷在肚里烧
2. 铁屑见磁石——密不可分

33. 济—悬壶济世

◎ 趣话"济"字

金文	篆文	隶书	楷书	行书	草书	繁体标宋	简体标宋
𣱱	𣲩	濟	济	济	𣳚	濟	济

从"济"的金文字形来看，左边形似一条流动的河流，右边像是一群排列有序的人站在船上一起划船，因此它的本义是众人一起划船渡河。随着古代"齐"

字的简化，"济"也随之变了字形，依然是以齐为声旁的形声字。

《说文》里载，济，水。指的是"济"是一条河流的名字，这条河位于山东省境内，因此这条河南边的城市被称为"济南"。而从"济"的本义引申开来，它可以用来形容人才数量多、质量高，还可以用来指代"帮助"和"有效的支援"。

◎ 汉字有故事：悬壶济世

释义：成语"悬壶济世"，用于比喻医者救人于痛苦危难之中。通常用来赞誉有仁心的医者，用医术救济危难病人。

成语故事："悬壶济世"的故事源于东汉时期，传说当时有个叫费长房的人，他经常在街上遇见一位卖药的老人，凡是吃过他卖的药的人，都药到病除。费长房见了十分惊奇，很想向他学习救济病痛中的人，便有了向老人拜师的想法。一天，他等人群散了之后想找老人谈谈，但是老人走得很急，费长房只好跟着老人看他住在哪里。只见老人走到一家酒坊跳进了墙上挂的一个葫芦里。费长房惊讶之余，想：老人一定不是凡人，便更坚定了学医术救人的决心。

第二天一大早，费长房便在酒坊旁边摆了一桌酒席等候老人出来，不久，老人便从葫芦里跳了出来，费长房随即跪拜磕头，说明来意，认真求教。老人见他忠厚又诚恳，便没有为难他，答应了教他救人的医术。由此费长房在老人的精心传授下成了当地的名医。老人走后费长房为了纪念他，便总是在行医的时候背个葫芦。后来很多医者也效仿，葫芦变成了医术高超的象征。"悬壶济世"也因此成为对医者救人于苦难的赞誉。

当然，随着时代的发展，医生们已经不把"悬壶"作为招牌了，但是那种救人于病痛，对病人仁爱、无私、赤诚的精神却是没有变的，"悬壶"只是一种形式，但治病救人的精神却一直都在。

◎ 知识传送门：劫富济贫

"劫富济贫"的意思是夺取富人的财产，用来接济、帮助贫苦之人。这个词出自清代曾朴的《孽海花》："老汉平生最喜欢劫富济贫，抑强扶弱，打抱不平。"劫富济贫在古代是一种英雄侠义的行为，所以"劫富济贫"一直被用作褒义词。

◎ "济"字的诗意

1. 三顾频烦天下计，两朝开济老臣心。——唐·杜甫《蜀相》

2. 欲济无舟楫，端居耻圣明。——唐·孟浩然《望洞庭湖赠张丞相》

3. 长风破浪会有时，直挂云帆济沧海。——唐·李白《行路难三首》

◎ "济"字与歇后语

1. 抱着蜡烛取暖——无济于事

2. 过年吃团圆饭——济济一堂

◎ "济"字与谚语

1. 一人高升，众人得济。

2. 水火相济，盐梅相成。

34. 聪—自作聪明

◎ 趣话"聪"字

金文	篆文	隶书	楷书	行书	草书	繁体标宋	简体标宋
聰	聰	聰	聪	聪	聪	聰	聪

金文"聪"字左边是一只人耳的形状，右边是心脏上有一扇窗子，寓意心思敞亮，整体字义为耳朵能听见周围的声音，心里能思悟其中的意思。由此引申出两层意思，一是"听力"，另一个是"善于明辨、心思灵巧"。后来，右边的字符被写作"怱"，"聪"就成了一个形声字。

◎ 汉字有故事：自作聪明

释义：成语"自作聪明"，指自以为很聪明，实则不然。也用于形容人做事时过于轻率、逞能。

成语故事：古代，有一个医者，除了忙于给人看病以外，经常见缝插针地向民众介绍各种水果的益处。有一天，他对身边的人说："用牙齿咀嚼生梨，有益于牙齿健康，却不利于人的脾脏吸收梨子的营养。而用牙齿咀嚼枣子则恰好相反，吃枣有利于人的脾脏，却对人的牙齿有害处。"周围的人纷纷称奇，声称真是长了见识。

这时，有一个自以为很聪明的人出言道："既然如此，我倒是想出了一个好办法，既可以避免生梨和枣子对人体的损害，同时又充分吸收它们的营养。"

医者不了解这个人的为人，真以为他想出了什么好办法，就连声催促他快点说出自己的办法。那个人看大家的目光都聚集在自己身上，扬扬得意地说："在我们吃生梨的时候，我们可以只用牙齿咀嚼它，然后直接把它吐出来，不咽到肚子里去，这不就两全其美了吗？吃枣子也是一个道理，我们可以不用牙齿嚼碎枣子，直接将完整的枣子吞进肚子里。"

旁边的人猛一听，觉得他说得挺有道理，却又透着怪异，还是医者点醒了众人，医者批评那个人说："你这个人可真够自作聪明的。不把生梨咽进肚子里去，肠胃根本吸收不到它的营养，又怎么能对牙齿有好处呢？把枣子一个一个囫囵地吞下去更是可笑，不但无益，还可能会堵塞食道。这样算是什么好方法？"那个人被问得哑口无言。

之后，人们据此引申出"囫囵吞枣"这个成语，并将那个人的言行概括为"自作聪明"。

◎ 知识传送门：耳聪目明

成语"耳聪目明"，意为人的耳朵和眼睛反应灵敏，功能正常，形容人头脑清楚，眼光敏锐。

当人的年龄逐渐增大时，身体的器官也会逐步老化，出现耳聋眼花、腿脚不便等症状，因此，一个人若是到了年老之时，仍能保持耳聪目明的状态，则证明他的身体状态很好，头脑清醒。

◎ "聪"字的诗意

1. 还如刻削形，免有纤悉聪。——唐·孟郊《秋怀十五首》
2. 秋期莫到槐花老，待聪新文掷地声。——宋·杨亿《张泌东游》
3. 朱游英气凛生风，濒死危言悟帝聪。——宋·宋祁《朱云传》

◎ "聪"字与歇后语

1. 闭门造车——自作聪明

2. 聪明面孔笨肚肠——中看不中用

◎ "聪"字与谚语

1. 聪明一世，糊涂一时。
2. 聪明出于勤奋，天才在于积累。

35. 息—休养生息

◎ 趣话"息"字

金文	篆文	隶书	楷书	行书	草书	标准宋体
息	息	息	息	息	息	息

《说文》里载，息，喘也。从心，从自，自亦声。即指这是一个形声字，其中的"自"代指的是鼻子，整体字形为鼻子在上、心脏在下，既符合人体的身体构造，也揭示胎儿未出生时，是依靠母体的心跳来呼吸的，这就是本义。它的引申义有很多，最初是"呼吸"，接着是"平静、停歇"，然后是"繁殖、滋生"，而后代指"音信""子女"。

◎ 汉字有故事：休养生息

释义：休养：休息调养。生息：人口繁殖。休养生息，是指在安定的环境下调养人事，使社会经济得以恢复和发展；也有养性修身、安养心境的意思。时常用来形容国家经历战争或变革以后，为了安定人心、恢复发展而减轻人民负担以调养国家元气。

成语故事："休养生息"这个词源于国家政治条例，休养生息是早期为了稳定国家发展而推行的政策。这个政策源于汉高祖，当时由于汉高祖刘邦及身边的大臣都是经历过农民战争推翻了秦暴政的人，他们深知百姓在繁重的苛捐杂税和水深火热的动荡社会中的不安，同时长期的战争使整个国家积贫积弱，于是汉高祖听取了陆贾的谏言实行了宽松的政策，也就是道家的"黄老之术""无为而治"的理念。首先允许士兵解甲归田，这让很多离家已久的士兵欣喜若狂，不仅笼络了军心而且有利于农业发展，毕竟在当时的农耕文明下，百姓有粮吃才是正事。同时汉高祖又免除了若干年徭役，还保证给逃亡归家的人恢复以前的田产，又释放了大量卖身为奴的人。这样不仅让百姓有了安全感，还为农业生产提供了更多人力，使国家经济得以恢复。

由于汉高祖的政策深得民心，又取得了良好的效果，所以在随后的几代皇帝的统治中，这种政策得到了继承和发展。惠帝、吕后、文帝、景帝都沿袭了这一政策。文帝、景帝之时还增加了诸如轻徭薄赋、减轻刑罚等利国利民的政策。由此便出现了"文景之治"的盛世。

◎ 知识传送门：鸿消鲤息

"鸿消鲤息"本意是指没有了消息，失去了联系，多指生死相隔。这个成语出自清代陈裴之的《香畹楼忆语》："余方凄感欲绝，鸿消鲤息，洵有如姬所云者乎！""鸿消鲤息"一词极为深情地表达了其对亡妾的思念，并把生离死别的决绝沉痛描写得淋漓尽致。

◎ "息"字的诗意

1. 兵革既未息，儿童尽东征。——唐·杜甫《羌村三首·其三》
2. 唇焦口燥呼不得，归来倚杖自叹息。——唐·杜甫《茅屋为秋风所破歌》
3. 乍暖还寒时候，最难将息。——宋·李清照《声声慢·寻寻觅觅》

◎ "息"字与歇后语

1. 厕所里的消息——臭（丑）闻
2. 钻在水道眼里叹息——低声下气
3. 长江的水——川流不息

◎ "息"字与谚语

1. 日出而作，日落而息。
2. 昼息不如夜静。

36. 味—食之无味，弃之可惜

◎ 趣话"味"字

篆文"味"左边是"口"，即人的嘴巴，右边是枝叶茂盛，还没有结出果子的树木的形象，两者相结合，表示人将食物吞进嘴里品尝、还没有咽下去。因此，"味"的本义是正式吃饭前先品尝食物，引申为舌头尝东西所得到的感觉，又引申为鼻子闻东西所得到的感觉，也可用来代指食物。

《说文》里载，味，滋味也。从口，未声。表明它是一个形声字，它也是一个量词，比如说"几味食材"，实际上就是"几种食材"。后来人们从除食物之外的事物上感知到什么感觉时，也会用"味"来表示，比如说某人看书看得津津有味。除此之外，它还有"研究"的意思。

◎ 汉字有故事：食之无味，弃之可惜

释义：成语"食之无味，弃之可惜"，原指食物吃起来没有什么味道，但要扔掉又觉得有点可惜。后用来比喻事情没有什么继续进行下去的必要，停止做下去又有些不甘心，也用于形容人处于进退两难、犹豫不决的境地。

成语故事：曹操曾广纳贤才，收了一批能人异士，其中有一个人名叫杨修。杨修为人聪明，常常能猜透曹操心中所想，却有些狂妄自大，不懂得收敛锋芒，最终为自己招来了杀身之祸。

有一次，曹操对着一扇新修的大门写下了一个"活"字，旁人不解其意，对此议论纷纷，杨修只看了一眼，就说："门中有活，不就是阔吗？丞相是嫌弃这扇门做得太宽阔了。"众人这才恍然大悟。类似的事情发生过几次后，曹操就注意上了杨修，认为留这样一个能够一眼看穿自己心思的人在身边，不是什么好事。杨修却对此毫无察觉。

过了一段时间，曹操与刘备在汉中一带打仗，双方军队僵持不下，都没有获胜的绝对把握。一连几天，恰逢阴雨，曹军粮草渐少，又不能马上打败对方，曹操就一边吃饭，一边思考要不要退兵。这时，一名士兵询问曹操今晚使用什么口令（为了防止奸细混入，军中口令经常更换），曹操看着碗里的鸡肋，随口说了一句："鸡肋！"

当时，杨修作为军中主簿，与曹军随行。他从士兵那里听到口令后，猜到曹操有退兵的打算，便在军中大肆宣扬此事，叫兵士们打点行装。有人问杨修为什么要退兵，杨修说："鸡肋这个东西，食之无味，弃之可惜。现在丞相用它做口令，说明他担心再不取得胜利就会被人嘲笑，而马上取胜又是不可能的，因此他明天肯定会下令退兵，我只是提醒你们早点做好准备而已。"

兵士们见杨修分析得头头是道，就乱哄哄地去收拾行李，曹操看到后，大吃一惊：自己分明没有下令退兵，怎么就有人猜出来了？他下令彻查此事，发现是杨修在背后推波助澜，心中对于杨修的不满一下子全都爆发了出来，就以蛊惑军心的名义杀了杨修。

◎ 知识传送门：五味俱全

"五味"具体指甜、酸、苦、辣、咸五种味道，泛指各种味道。中医认为，各种味道的食物里所含的营养物质是不一样的，所起的作用也不一样，因此要均衡进食五味。比如说酸味食物可以帮助消化，对肠胃有好处；辣味食物可以发汗，对肺有好处。

"五味俱全"原用于形容调味齐全适宜，后来更多地用于表示人的心情复杂，心里什么滋味都有。

◎ "味"字的诗意

1. 无花无酒过清明，兴味萧然似野僧。——宋·王禹偁《清明》
2. 四面歌残终破楚，八年风味徒思浙。——清·秋瑾《满江红·小住京华》
3. 世味年来薄似纱，谁令骑马客京华。——宋·陆游《临安春雨初霁》

◎ "味"字与歇后语

1. 扳倒五味瓶——酸甜苦辣咸都有
2. 闻着棺材味儿香——死到临头

3. 吃了五味想六味——贪得无厌

◎ "味"字与谚语

1. 哑子漫尝黄柏味，自家有苦自家知。
2. 语言无味，面目可憎。
3. 猪八戒吃人参果，全不知滋味。

37. 咽—食不下咽

◎ 趣话"咽"字

篆文"咽"字左边是人的嘴巴，右边是一个人躺在席子上，看似风马牛不相及。而事实上，"因"的本义虽是躺在席子上，这个意思却消失了，它的基本字义变成了"凭借、依靠"和"沿袭、承接"，这样一来，"咽"字表示的就是食物顺着人的喉咙进入人的食道里。做名词时，"咽"指的是人进行吞食、呼吸时使用的喉管通道；做动词时，它指的是把嘴里的东西通过喉咙吞进食道里。

◎ 汉字有故事：食不下咽

释义：成语"食不下咽"，原指吃着嘴里的食物却咽不下去，后用于形容人由于忧虑过度，不思饮食。

成语成语：崇祯是明代的末代皇帝，他虽是皇家子嗣，但由于他的生母只是一个卑微的婢妾，因此并不受他父亲明光宗的重视。在他五岁那年，明光宗因一件小事杀了他的生母，他由两位庶母抚养长大。后来，他的兄长明熹宗封他做了信王，明熹宗因病逝世后没有留下子嗣，皇位便传给了崇祯。

年仅十八岁的崇祯登上皇位后，兢兢业业地管理朝政，经常与大臣们一起商量治国良策。由于他的勤勉，积弱已久的明王朝甚至出现了中兴之象，大臣们对他的期望就更高了。有一次，崇祯醒来时觉得身体不太舒服，便取消了当天的早朝，大臣们竟然就此批评了崇祯，崇祯连忙做了自我检讨。

明熹宗在位时，曾大肆放权给阉党魏忠贤，给了他"九千岁"的称号，任由他残害异己。崇祯即位后，魏忠贤手中还握有实权，崇祯用一系列行动削除他的权力，最终将阉党铲除干净。此外，崇祯还启用了很多有真才实学的官员，显示出明君的风范。

天意弄人，明朝百姓好不容易迎来一位勤政爱民的好皇帝，但崇祯继位后，天灾频发，先是北方地区大旱不断，接着又爆发了瘟疫和蝗灾，百姓们一直未能好好休养生息。农民起义爆发，清兵又一直对明王朝虎视眈眈，内外夹击之下，崇祯实在无法以一人之力，挽大厦于将倾。

据史书记载，在起义军即将攻入京城时，崇祯忧心忡忡，到了食不下咽、夜不成寐的地步。由于操劳过度，他眼眶深陷，脸色灰暗，时不时会出现头昏目眩的症状，太医劝他进食，以保养身体，他根本就听不进去。最终，他在煤山以自缢的方式结束了自己的性命。

◎ 知识传送门：哽哽咽咽

成语"哽哽咽咽"指的是人内心悲伤，却不能大声号哭，只能克制自己，小声地啼哭。此处的"咽"读作 yè，不作"吞食"解释，指从人的喉咙深处发出的被压抑的哭声。

"哽哽咽咽"一词多用于女性，比如《红楼梦》第 82 回："黛玉此时心中干急，又说不出来，哽哽咽咽。"便描写了黛玉委屈的小女儿情态。

◎ "咽"字的诗意

1. 尊前拟把归期说，未语春容先惨咽。——宋·欧阳修《玉楼春》
2. 间关莺语花底滑，幽咽泉流冰下难。——唐·白居易《琵琶行》
3. 夜久语声绝，如闻泣幽咽。——唐·杜甫《石壕吏》

◎ "咽"字与歇后语

1. 打掉了牙齿往肚子里咽——有苦难言
2. 口含乱麻团——难嚼难咽
3. 抱着金砖咽气——舍命不舍财

38. 脏—麻雀虽小，五脏俱全

◎ 趣话"脏"字

篆文	楷书
臟	脏

"脏"的本字是"藏"，而"藏"的本义是隐匿，与"月"（肉）结合后，指藏匿在人身体里的内部器官，比如说心、肝、脾、肺、肾就被称为五脏。由此引申，藏有不良意味的话是"脏话"，有灰尘的衣服是"脏衣服"，"脏"就有了不干净、不纯洁的意思；它也可作动词，意为"弄污"。

◎ 汉字有故事：麻雀虽小，五脏俱全

释义：成语"麻雀虽小，五脏俱全"，原指小小的麻雀与人一样，拥有齐全的五脏。后用于比喻事物虽小，内容却很齐全。

古代中医将肝、心脏、脾、肺、肾称为"五脏"，它们的主要功能是化生、贮藏精气，是人体重要的身体器官。后来，"五脏"成了人体内脏器官的总称，也用于代指事物的内部。

古人很早就意识到大多数动物和人类一样，拥有内脏，而麻雀的体积又比较小，便出现了"麻雀虽小，五脏俱全"的说法。这个成语见于钱钟书的《围城》，当时他描写一间小工厂："麻雀虽小，五脏俱全。机器当然应有尽有，就是不大牢。"

◎ 知识传送门：五脏六腑指的是什么？

从中医角度来讲，"脏"指的是胸腹腔内组织充实致密，贮存、分泌或制造精气的脏器。包括心、肝、脾、肺、肾，合称五脏。五脏都是实心有机构的脏器，可以说，五脏是人体生命活动的中心。而"腑"指的是人体内有容纳功能的脏器，即小肠、胆、胃、大肠、膀胱、三焦。五脏与六腑相互表里，亲密作战，构成了一个统一的整体。

◎ "脏"字的诗意

1. 他年曾作社中人,肮脏归来白发新。——宋·韩元《闻吴端朝作真率集》吉
2. 已嗟肮脏倚门边,况复归来灶不烟。——宋·张耒《次韵邠老见贻》
3. 当年肮脏厄伊优,身寄枌榆宅尚浮。——宋·赵汝腾《再用韵答》

◎ "脏"字与谜语

1. 谜题:好吃没滋味,脏了不能洗,掉到地面上,再也拿不起。(打一自然物)
谜底:水
2. 谜题:一只箱真奇怪,肮脏的进去,干净的出来。(打一家用电器)
谜底:洗衣机

39.肝—肝脑涂地

◎ 趣话"肝"字

金文	篆文	隶书	楷书	行书	草书	标准宋体
弄	钎	肝	肝	肝	肝	肝

肝是五脏之一,是人体的内部器官,因此它用"月"作偏旁。观察"肝"的金文、篆文字形,会发现其中有形态扭曲的"干"字,这是一种武器。当人们拿起武器时,一定是带有怒气的,怒气越盛,内脏的某一部位就越疼,人们称这个部位为"肝"。

◎ 汉字有故事:肝脑涂地

释义:成语"肝脑涂地",原指人死状凄惨,肝血脑浆涂抹了一地,后用于形容人为了尽忠不惜牺牲自己的性命,也指人为了做成某事不惜付出生命的代价。

成语故事:由于秦二世治国无能,实施暴政,陈胜在大泽乡起义,跟随他的人越来越多,他便自立为楚王。那时,刘邦还只是沛县一个小小的泗水亭长,他见天下起义的人越来越多,便也在芒、阳二县交界的山泽中拉起了队伍,附近的

人就投奔他。陈胜、刘邦势力的壮大，让沛县县令心烦不已，生怕哪一支起义军来攻打沛县，他就无法再享受县令的待遇了。他的下属萧何和曹参向他献计，说刘邦出身沛县，若是主动向刘邦示好，与刘邦建立了亲密关系，就不必担心有别的起义军来攻打沛县。县令同意了，主动派人请刘邦入城商量合作的事。

刘邦很乐意在沛县建立自己的大本营，但当他带着一百多人来到城下时，沛县县令临时反悔，害怕自己无法掌控刘邦，就下令紧关城门，禁止刘邦进城。县令出尔反尔的举动惹怒了城里的百姓，他们合谋杀了县令，打开城门，拥戴刘邦当沛县县令。

刘邦推辞说："现在，天下局势大乱，各处都有起义的队伍，如果贸然选择一个人当县令，那么在与敌作战时，若是县令指挥不当，就会使手下的将士失去生命，肝脑涂地地躺在地上。因此，请你们认真斟酌让谁来当县令吧。"话虽如此，沛县人民还是拥戴刘邦当县令。

后来，当刘邦打败项羽后，他想要在洛阳建都，一个叫娄敬的人明确指出刘邦是用武力征服天下的，具体为"大战七十，小战四十，使天下之民肝脑涂地，父子暴骨中野"，因此不能和以德服人的西周一样，在洛阳建都。刘邦认为娄敬说得有理，便放弃了在洛阳建都的念头。

◎ 知识传送门：大动肝火

中医认为，当人的情绪发生较大的波动时，会影响到相应的内脏器官。例如，当人生气、发怒时，肝脏部位会格外疼痛，就是因为动了"肝火"。"大动肝火"指的是人在大怒、盛怒、暴怒时，情绪变得格外激动，因此做出一些不理智的事，比如说拍案而起、破口大骂等。但妄动肝火不是好事，除了会损害肝脏的健康外，还有可能诱发脑溢血等突发性疾病。

◎ "肝"字的诗意

1. 忧来其如何，凄怆摧心肝。——唐·李白《古朗月行》
2. 算平生肝胆，因人常热。——清·秋瑾《满江红·小住京华》

◎ "肝"字与歇后语

1. 玻璃肚皮——看透心肝
2. 吃了虎豹的心肝——好大的胆子

◎ "肝"字与谚语

  1. 好心当成驴肝肺。

  2. 麻雀虽小，肝胆俱全。

40. 察—明察秋毫

◎ 趣话"察"字

篆文"察"字上部是两边特别长的"宀"，表示庙宇，下部是"祭"，即在庙宇里举行祭祀活动。而古人在祭祀活动上会反复审视是否有神迹显示，还会细究神迹的含义，这就是"察"字的本义，这个本义消失后，引申出了"审视、观测"的意思。

◎ 汉字有故事：明察秋毫

释义：成语"明察秋毫"，原指人的视力好到能够看清秋天鸟兽身上新长的细毛，引申为人视力好到可以看清极其细小的事物，后用于形容人能洞察一切。

成语故事：春秋时期，齐国曾出过齐桓公小白和晋文公重耳两位霸主，在他们统治国家时，齐国的国力十分强盛，邻国对齐国不敢有丝毫侵犯。过了几百年后，到了战国时期，齐国国君齐宣王，想向齐桓公和晋文公学习，恢复齐国往日的强盛，为此他召来孟子，请求孟子讲述一些有关齐桓公、晋文公如何称霸的事迹。

孟子回答说："身为儒家学者，我从来不宣扬君主们争霸的事。我宣扬的是王道，即提倡用道德的力量来统一天下。"

齐宣王追问道："那要有怎样的道德才能统一天下呢？"

孟子说："我听说过一些关于您的事。有一次，您的工匠铸好了一口新钟，想要按例杀牛祭钟，您看着一头无辜的牛因祭钟失去性命，心里为此感到难过。这件事就足以说明您是有德之人，只要您坚持以此道德准则约束自己的行为，多施仁政，就一定可以统一天下。所以说，您现在已经有了统一天下的能力，问题的关键在于您能否一直保持您的好心！要是有人说'我的力气能举重三千斤，但举不起一根羽毛；眼睛能看清秋天鸟兽毫毛那样细微的东西，却看不见满车的木柴。'您会相信这些话吗？"

齐宣王说："当然不相信！"

孟子继续说道："您不相信这些话，就像我不能相信您对动物有同情心，却对百姓不加爱护一样。您明明可以多关心百姓，多施仁政，使得百姓安居乐业，齐国的国力自然就强盛了。所以说，您要想行王道的话，关键不在于您该怎样做，而是您愿不愿意做。"

后人从孟子与齐宣王的对话里提取了成语"明察秋毫"，后来，官员查案时，经常从细微的地方入手，获得侦破案件的关键线索，百姓们就称善于破案的人有明察秋毫之能。

◎ 知识传送门：察颜观色

颜，指脸。颜面五官与气色，与人体的健康有很大关系，从一定反映了我们的健康状况。很多医生通过察颜观色，就知道患者哪里出了问题。

◎ "察"字的诗意

1. 一心抱区区，惧君不识察。——汉·佚名《孟冬寒气至》
2. 圣心事能察，增广陈厥诚。——唐·贺知章《唐禅社首乐章·顺和》
3. 寄意寒星荃不察，我以我血荐轩辕。——近代·鲁迅《自题小像》

◎ "察"字与歇后语

1. 电子显微镜——明察秋毫
2. 去北极考察——任重道远
3. 包老爷办案——明察秋毫

41. 感—感恩图报

◎ 趣话"感"字

金文	篆文	隶书	楷书	行书	草书	标准宋体
感	感	感	感	感	感	感

从"感"字的金文、篆文字形可以看出，此字的下部是心脏的形状，上部是意为"全、都"的"咸"字。《说文》里载，感，动人心也。从心，咸声。意即这是一个形声字，表示的是心完全被触动的状态，这是它的本义。自隶书起，心脏形状的字符就简化为了"心"。

"感"的引申义大致分为三种：一、影响，比如"流感"；二、觉出、反应，例如"感到"；三、觉知、反应的内容，比如"手感"。

◎ 汉字有故事：感恩图报

释义：成语"感恩图报"，指人受他人恩惠后，因感激他人而想方设法回报他人。

成语故事：春秋时期，吴国的大将军伍子胥奉命去攻打郑国，而当时的郑国国力衰弱，根本无法抵挡吴国的强兵利器，因此对于吴国的进攻，当时郑国国君郑定公相当烦恼，于是，郑定公做出承诺："如果谁能让伍子胥放弃攻打郑国，保证郑国的安全，重重有赏。"

但在郑国之内，并没有人能够与实力强大的伍子胥相抗衡，大臣们绞尽脑汁也没有想出解决办法。直至第四天早上，有一个年轻的渔夫前来向郑定公献策，声称自己有办法让伍子胥带兵离开，保证郑国的安全。郑国公听了之后觉得不可思议，因为在过去的三天之中，郑国上下的能人志士都没有想出解决办法，这样一个年轻的渔夫又有什么好的办法呢？但是由于战事逼近，郑定公也只好硬着头皮一试。

于是，郑定公就问渔夫："你需要多少士兵和粮草？"渔夫摇头说道："我不需要这些东西，我只需要我这支划船的桨就可以让伍子胥和他的士兵退回吴国。"郑定公觉得渔夫越说越悬，但是如今也没有更好的办法，所以决定姑且让渔夫一试。

渔夫拿着船桨到吴军驻扎的营帐找伍子胥。他一边打着船桨一边唱着："芦中人，芦中人；渡过江，谁的恩？宝剑上，七星文；还给你，带在身。你今天，得意了，可记得，渔丈人？"伍子胥看到打着船桨的渔夫，想起了一件往事，问道："年轻人，你叫什么名字？"渔夫说道："你难道不认识这支船桨了？我父亲曾拿它救过你的命呀，你难道已经忘了吗？"伍子胥这才想起来，怪不得感觉似曾相识呢，原来是之前救过自己的渔夫的儿子，笑着说道："我想起来了，你是之前救过我的渔夫的儿子，你怎么在这里呀？"年轻的渔夫说："因为吴国要攻打我们郑国，所以我们现在无家可归，流落到了这里，我们郑国的国君说了谁能劝退伍将军，就重重有赏，所以能否请伍将军退兵？"

伍子胥说："因为你父亲当时救了我，我才有了今天，所以我一定会帮这个忙的，你就放心回去回复你的国君吧。"之后伍子胥便率兵回吴国了，而这个年轻的渔夫不仅得到了郑定公的赏赐，也使百姓免受流离之苦。

后人将伍子胥为了报答渔夫的恩，不惜以退兵作为回报的举动，称为"感恩图报"。

◎ 知识传送门：多愁善感

成语"多愁善感"出自唐代诗人陆龟蒙所作的《自遣诗三十首》："多情多感自难忘，只有风流共古长。"后人用此成语形容人感情脆弱，容易发愁和感伤，《红楼梦》中的林黛玉便是一个典型代表，经常为别人的几句话而发愁，景物也会引发她的伤感之情。

在文学角度来看，多愁善感的人心思十分细腻，善于"通感"，因此能体会到丰富的情感。但从医学角度出发，多愁善感的人心理极为敏感，在抗压方面远不如常人，若是长期处于悲伤、忧愁的心理状态，还会引发疾病，不利于身体健康。

◎ "感"字的诗意

1. 遇欣或自笑，感戚亦以吁。——唐·柳宗元《读书》

2.感时念父母，哀叹无穷已。——汉·蔡文姬《悲愤诗》

◎ "感"字与歇后语

1.陈宫捉放曹——忠义感人心
2.林黛玉的性子——多愁善感
3.盲人钓鱼——全凭感觉

第八章 汉字与民俗

语润民风,
文旋山海

1. 卑—尊卑有伦

◎ 趣话"卑"字

金文	篆文	隶书	楷书	行书	草书	标准宋体
㽙	㯰	㬰	卑	卑	卑	卑

金文"卑"字形似一个人伸手拿着一把扇子，意为给他人摇扇。在古代给人摇扇的人地位低下，即为"卑"。《说文》里载，卑，贱也。执事也。意思是说，"卑"的意思是地位低贱、被迫劳动。此字义后来引申为"没有尊严的、低微的"。

◎ 汉字有故事：尊卑有伦

释义："尊卑有伦"是指等级分明，尊卑之间有严格的顺序。

众所周知，中国古代是一个以"礼"治天下的国家，在等级森严的封建社会中不管是政治还是生活，方方面面都有着严苛的礼仪等级规定，每个人必须遵守，贵贱长幼之别在我国古代是每个人从出生就要学习的规矩。

比如，在房屋的建造上平民多是有室无堂，贵族的堂和室的分布也有讲究，南为堂，北为室，房屋坐北朝南。堂多是用来宴客、祭祀、庆典，室则多用来居住。其次室内坐席以居西向东为尊，堂内座席以南向为尊。所以这也是古代"礼"文化中有关方位的尊卑之分。在男尊女卑的封建社会，当夫妻二人在室中时，其座次也是丈夫居西向东，妻子居东向西，甚至在走路时也是男子靠左边走，女子靠右边走，因为在以北向南的房屋方位来看左边是东，右边是西。同样在君主临朝时也是君主"面南称孤"，百官"面北称臣"。

官员的官职和称呼也有尊左卑右的原则，如在《后汉书·南匈奴传》中说："其大臣贵者左贤王，次左谷蠡王，次右贤王，次右谷蠡王，谓之四角。"其中，左贤就是当时匈奴最高的官职，由此可见在古代中国无论哪个民族都有这种尊左卑右的观念，在皇宫之内的地位划分上也有尊左的观念，比如东宫西宫之分，经常东宫住的是皇帝的正妻，西宫的地位原则上是比东宫低一级的。

与等级森严的古代封建社会相比较，现代的中国人继承了传统文化中的精华部分，尽管明确的尊卑差别没有了，但是敬尊者的观念还是存在的，这同样也是现代社会文明礼貌的要求。比如，餐桌上要长者先动筷，后辈再开始吃饭，在公共场合礼让老人，在生活学习中尊敬前辈。尊老爱幼，在家庭中尊敬长辈，孝敬父母，这些都是值得大力弘扬的传统美德。

◎ 知识传送门：屈节卑体

"屈节卑体"是指降低自己的身份，低声下气去服从别人。"屈节卑体"一词出自班固的《白虎通·姓名》："所以表情见意，屈节卑体尊事人者也。"古人崇尚"士可杀不可辱"的英雄主义气节，所以对屈节卑体者是鄙视和不屑的。徐悲鸿也曾说过："人不可有傲气，但不可无傲骨。"

◎ "卑"字的诗意

1. 卑散自知霄汉隔，若为门下赐从容。——唐·王建《上张弘靖相公》
2. 细甚客卿因笔墨，卑于尔雅注鱼虫。——宋·王安石《详定试卷二首·其二》
3. 卑飞暂尔无多恨，会有高风送上天。——宋·秦观《寄少仪弟》
4. 位卑未敢忘忧国，事定犹须待阖棺。——宋·陆游《病起书怀》

◎ "卑"字与谜语

1. 谜题：画中弯月留千载。（打一字）

谜底：卑

2. 谜题：使女从来唤作婢。（打一字）

谜底：卑

3. 谜题：席地而坐聊聊天。（打一成语）

谜底：位卑言高

2. 元—元宵佳节

◎ 趣话"元"字

| 甲骨文 | 金文 | 篆文 | 隶书 | 楷书 | 行书 | 草书 | 标准宋体 |

甲骨文"元"字是两道横线下面有一个人形,说明"元"表示的是在人之上的物质,即混沌太空。混沌生万物,"元"因此也有"最基本的要素"的字义。

在古代,"元"和"原"有时是可以互相代替的,都有"起始、最初"的意思;"元"也和"圆"有相同的字义,所以"元"也指古代圆形的金属货币,在近代成为货币单位。

金文和篆文"元"字形变化不大,隶书误将下方的"人"写成了"儿",并沿用至今。

◎ 汉字有故事:元宵佳节

释义:因为正月是农历的元月,古人称夜为"宵",所以一年中第一个月圆之夜,即正月十五,称为元宵节,又称上元节、灯节。元宵节是春节过后的第一个重要节日,节日活动主要在夜晚进行。

如今,当人们在春节的热闹中流连忘返时,总是以盛大的元宵节作为狂欢的结束,闹完元宵,便回归正常的生活轨道。在元宵节的晚上,一家人围坐在一起吃甘甜可口的汤圆,而后出门燃放烟花爆竹,观赏天空中的朵朵奇葩,赏心悦目,其乐融融。但元宵节不是自古就有的,关于元宵节的起源,有两种不同的说法。

大家比较认同的说法是,元宵节始于西汉。据传,吕后在汉高祖刘邦驾崩后,想要篡权夺位。而对汉室忠心耿耿的大臣周勃、陈平等人,在正月十五这一天的晚上,迅速发动了政变,将诸吕势力铲除,而后扶持汉文帝刘恒登上了帝位。汉代是有宵禁的,而汉文帝为了纪念正月十五这个有特殊含义的日子,便下令解除这一夜的宵禁,允许百姓张灯结彩,举国同庆汉室的光复。就这样,在正月十五那天张灯庆贺慢慢成了风俗，人们称之为元宵节。

后代有学者对元宵节始于西汉的说法提出了质疑，理由是在南朝梁国人宗懔的风俗专著《荆楚岁时记》中，并没有记载汉文帝与元宵节的事迹。学者们提出的新解是，元宵节是始于隋炀帝的，因为隋炀帝曾在《元夕于通衢建灯夜升南楼》一诗中，写下"灯树千光照，花焰七枝开"，而这与史书记载的场景相吻合。据史书载，在隋朝大业三年正月十五的晚上，隋炀帝命令歌舞乐伎在皇城门外演出，明亮的灯火与夜色相映成趣，隋炀帝观看表演、欣赏灯景，度过了愉快的一夜。民间纷纷效仿隋炀帝的举动，便形成了元宵节。

到了唐玄宗时期，佛教传播甚广，提倡举办灯会，灯会的规模越来越大，唐玄宗曾在长安"作灯轮高二十丈……燃灯五万盏，簇之如花树"，还命令数千名妙龄女子在灯轮下连着表演了三天三夜的歌舞。百姓们便也开始在元宵节中加入点花灯、观花灯的欢庆项目。

宋代曾涌现出多首描绘元宵节的诗词，比如欧阳修的"去年元夜时，花市灯如昼"、周邦彦的"望千门如昼，嬉笑游冶"等，这反映了元宵节在宋代举办得更为红火。在南宋时，人们在赏灯过程中添加了猜灯谜的项目，汤圆也是在宋代发明的。清代的符曾曾作诗"桂花香馅裹胡桃，江米如珠井水淘。见说马家滴粉好，试灯风里卖元宵"夸赞汤圆，因汤圆是元宵节的应节食品，所以也被称为"元宵"。

明清时期的统治者们也很提倡过元宵节，明太祖曾下令一连十夜，夜夜放灯；康熙帝则比较喜好规模宏大的鳌山灯，鳌山灯由竹木制成，形似巨龟或仙山，搭上绸布后，可以一层层地放上万盏花灯。

◎ "元"字的诗意

1. 死去元知万事空，但悲不见九州同。——宋·陆游《示儿》

2. 元嘉草草，封狼居胥，赢得仓皇北顾。——宋·辛弃疾《永遇乐·京口北固亭怀古》

3. 疑怪昨宵春梦好，元是今朝斗草赢，笑从双脸生。——宋·晏殊《破阵子·春景》

◎ "元"字与歇后语

1. 八十岁考状元——人老心不老

2. 抱着元宝跳井——舍命不舍财
3. 元旦出门除夕回——满载而归

3. 器—美食不如美器

◎ 趣话"器"字

| 金文 | 篆文 | 隶书 | 楷书 | 行书 | 草书 | 标准宋体 |

第一种金文的"器"字形似由血脉经络连通着的众多内脏,在第二种金文里,表示血脉经络的字符被误写成了犬的形象,篆文"器"由此在字形中间用了"犬"字,并将表示内脏的字符规范书写为"口"。第一种隶书和第二种楷书承续了第二种金文字形,第二种隶书和第一种楷书将中间的"犬"写为"工",实际上是承续了第一种金文字形,用"工"表示互相连通的血脉经络。

"器"的本义是由血脉经络连通的诸多内脏。《说文》载,器,皿也。象器之口,犬所以守之。这表明在篆文阶段,"器"有了新的字义,那就是"器皿、容具",狗当时已被人类驯化,可以担当起看守容具的责任。容具对人类是有用的,"器"便有了"有用的东西"的引申义,后再度引申为动词"重用"。

◎ 汉字有故事:美食不如美器

释义:谚语"美食不如美器"是自古流传下来的,它的意思并不是说食具比食物更重要,而是说食物也需要有与之相配的食具,精美的食具可以提升美食的观赏性和档次。

对于喜好享受生活的人士来说,美食与美器是缺一不可的,两者珠联璧合、相得益彰,能够充分给人视觉上的、心理上的美感与满足。比如说,李白曾在诗中写"金樽美酒斗十千,玉盘珍馐值万钱",读之便觉昂贵、有品位,但若是美酒被装在破旧的酒杯里、珍馐被盛在有缺口的盘子里,给人的观感就会大打折扣,让人生出明珠蒙尘之感。

在古代，地位越是崇高的人，越是刻意追求美食与美器的融洽统一，以彰显身份。比如说，唐代宫廷所用的餐具是十分珍奢的，诗人杜甫曾作诗"紫驼之峰出翠釜，水精之盘行素鳞"，说的就是在宫宴上，颜色重的驼峰要装在翠绿色的玉釜里，颜色淡的清蒸鱼要装在晶莹剔透的水晶盘子里。上层阶级对于美食、美器的苛求，由此可见一斑。

达官贵人们可以用珍稀的美器去搭配美食，难道平民百姓们就没有资格去追求两者的统一吗？非也。艺术源于民间，正是无数百姓的智慧，催生了众多中国饮食用具的问世，比如说罐、鬲、杯、盆、碗、盒、瓮、壶、甑、盘等食具，它们由人的需求而产生，被人们明确了不同的用途。除金银玉器外，食具还有很多材质，比如陶制品、瓷制品、金属制品和竹木制品等，这些都是百姓们平常惯用的。而在唐宋时期大放异彩的陶瓷食具，外观丝毫不亚于贵重的金银食具，还更添一层柔美明净，从而装点了普通百姓的餐饮生活。

饮食文化是中华文化的重要组成部分，在满足最基本的温饱外，人们渴求从食物中得到更多慰藉，这一职责往往由食具来承担。比如说，《红楼梦》里曾出现过花朵形状的糕点，娇生惯养的姑娘们本是不想吃糕点的，因是花朵形状，才拿起赏玩一番，然后吃掉。而糕点之所以能做成花朵样子，是因为贾府专门备有雕镂成花朵形状的空心模具。

当食物的色、香、味，与食具的形体美、内蕴美相结合时，饮食便具备了审美意味。

◎ 知识传送门：玉不琢，不成器

《悔学》载："玉不琢，不成器；人不学，不知义。"意思是说，玉石不经过雕琢，成不了珍贵的器物；人不经过学习，不知道做事的道理。现在，"玉不琢，不成器"常用于比喻人如果不经历磨难，就难以成材。

◎ "器"字与歇后语

1. 补锅匠揽瓷器活——充内行
2. 瓷器店里的老鼠——打不得，碰不得
3. 绝户头得个败家子——明看不成器，丢又舍不得

4. 稻—稻花香里说丰年

◎ 趣话"稻"字

甲骨文	金文	篆文	隶书	楷书	行书	草书	标准宋体

"稻"是一个形声字,以"舀"为声旁、形旁,而"舀"的本义是用一个容器去另一个容器里取东西出来。结合"稻"的字形来看,甲骨文"稻"表示的是用簸箕把舂米的石槽里的米取出来,然后随风把其中的糠尘扬走,只留下米粒。因此,在第三种金文字形里,可以看出左边的字符形似"米"字,突出的就是农人扬糠留米。但在第四种金文字形里,人们把"米"写成了"禾",是因为这时的"稻"指的是水田庄稼,即水稻,人们便用"禾"突出"稻"是从禾苗上长出来的。

◎ 汉字有故事:稻花香里说丰年

释义:"稻花香里说丰年"是一句诗词,出自南宋诗人辛弃疾的《西江月·夜行黄沙道中》,展现了一幅农人们在稻花的香气里畅谈丰收年景的画面。

水稻本不是农作物,而是和其他野草一样生长在荒野里,直到远古先民发现野生稻所结的籽实可以食用,才开始种植野生稻,在掌握栽培技巧后,将之大规模地种植下去。我国人民从很早以前就开始培育水稻了,20 世纪 80 年代时,考古人员曾在江西万年仙人洞——吊桶环遗址、湖南道县玉蟾岩遗址、浙江浦江上山遗址等考古地发现了一万年前的人工栽培稻遗存,这不仅给出了我国先民驯化野稻的具体时间,还有力地印证了水稻起源于我国。

我国的水稻通常种植在长江下游地区的水田里。首先,要把水稻种子播在准备好的秧田上,当水稻秧苗生长 20~25 天时,通常刚好是五月中旬,再将秧苗移植到周围有堤、内蓄浅水的稻田内,此后水稻便会一直浸在水中生长。随着天气转热,水田里的水渐渐蒸发,土地裸露出来,水稻也抽穗开花。稻花是极小的,大小像稻子,而且是绿色的,花期只有一个多小时,因此不留心观察的话很难注意到。但稻花有其独特的香味，在稻田开花授粉时，一走近就能闻到那清新怡人的味道。

水田里有水，青蛙便会进入水田捕食害虫、繁衍后代，可谓是农民的好帮手。因此，在蛙声此起彼伏的夏夜，古人并不会觉得被打扰了清净，反而为此觉得高兴。南宋诗人辛弃疾在夜晚赶路时曾路过稻田，但觉稻香扑鼻、蛙声阵阵，有老农在旁边谈论今年应该会有个好收成，便写下了"稻花香里说丰年，听取蛙声一片"的千古名句。

◎ 知识传送门：以稻为食

水稻成熟后，收获的稻粒称为稻谷，稻谷有一层外壳，碾磨后便得到大米。稻是人类重要的粮食作物之一，世界上有一半人都是以水稻为食的。

米饭是我国的传统主食之一。据《事物纪原》载，黄帝始，烹谷为粥。黄帝始，蒸谷为饭。说明人们最早是把稻谷煮成糊状的粥、蒸成米饭食用的。在端午节出现后，人们用黏米蒸制成粽子，这是稻谷的又一种食用方法。

◎ "稻"字的诗意

1. 稻根科斗行如块，田水今年一尺宽。——宋·范成大《夏日田园杂兴》
2. 碧毯线头抽早稻，青罗裙带展新蒲。——唐·白居易《春题湖上》
3. 鹅湖山下稻粱肥，豚栅鸡栖半掩扉。——唐·王驾《社日》

◎ "稻"字与歇后语

1. 稻草点灯——十有九空
2. 稻草绳子拔河——经不住拉
3. 稻田里插秧——以退为进；后来居上

◎ "稻"字与俗语

1. 早稻要抢，晚稻要养。
2. 伏里起西风，稻管易生虫。
3. 大暑不浇苗，到老无好稻。

5. 俗——入乡随俗

◎ 趣话"俗"字

金文	篆文	隶书	楷书	行书	草书	标准宋体
俗	愲	俗	俗	俗	俗	俗

"俗"是以谷为声旁、形旁的形声字。从金文字形来看,"俗"字最初的字形与现今字形并无太大差别,都是左"人"右"谷",但要重点说明的是,这里的"谷"指的不是谷物,而是"欲"的省略写法,意为需求、欲望。因此,"俗"的本义是凡人有七情六欲,引申为"平凡的、普通的",再引申为"大众化的、最通行的",进一步扩展为"趣味不高的、惹人生厌的"。

《说文》里载,俗,习也。意为"俗"是社会上经过长期积淀而形成的风尚、礼节、习惯、传统等。地区不同,风俗习惯也就不同。

◎ 汉字有故事:入乡随俗

释义:成语"入乡随俗",指到一个地方,就要顺从当地的习俗生活。

成语故事:俗语说:"到什么山,唱什么歌。"意思就是不管去了什么地方,都要按照当地的风俗习惯去生活,否则就是对当地人的一种冒犯。在佛教典籍《六度集经·之裸国经》里,就曾记载了一个不按习俗做事,以致引起众怒的故事。

在很久以前,广阔的大地上有着诸多国家,其中有一个国家尤为独特,那个国家的人从不穿衣服,任由自己的身体裸露在外,因此得名"裸乡""裸国"。外人要想进入裸国做事,就必须要把自己的衣服脱掉,变得与那里的人民毫无二致才行。

一次,有一对学过佛法、习读过礼教的兄弟带着货物前往裸国,想要用货物换取财富。在进入裸国前,弟弟跟哥哥商量说:"裸国的人没有学过佛法,也没有学习过礼教,是个比较落后的地方。我们要是以我们的道德标准去要求他们的话,肯定会带来交流上的不便,所以我们应该入乡随俗,按照他们的规矩去做事。因此,我建议多留心观察他们的行事方式以及喜好,然后照做,就能顺利把货物卖出去了。"

哥哥皱着眉头回答说："礼教是不能随意更改的，怎么能因为裸国的习俗，把自己变成赤身裸体的人呢？"弟弟说："我们的内心是正直的，哪怕按他们的习俗做了，也不能算是破坏礼教。这只是形势所迫的权宜之计啊。"哥哥还是不愿意脱衣服，就叫脱下了衣服的弟弟先去裸国打探情况。

过了十天，探明情况的弟弟把当地所有的习俗都跟哥哥汇报了一遍，指出在裸国必须脱衣，哥哥愤怒地指责当地人野蛮落后，打算躲进马车里进入裸国，然后把礼教传播给当地人。无奈之下，弟弟只好自己进入裸国，他顺从当地的风俗做事，很讨当地人的欢心，连国王都很喜欢他，他的货物也卖了个好价钱。而他的哥哥却在坚持礼教的过程中，被当地人抢走货物，还要给他一些教训，弟弟赶紧为哥哥求情，两人才得以脱身。

裸国人民一边热情欢送弟弟，一边破口大骂哥哥，哥哥意识不到自己有何错误，反而怀疑是弟弟联合当地人打压自己，便放话要与弟弟划清界限。宽容大度的弟弟没有因为哥哥的愚蠢而生气，还是经常帮助他。

◎ **知识传送门：还俗**

"还俗"是一个佛教用语，与"出家"相反。最初，还俗只适用于因触犯戒律而被驱逐回尘世的僧尼，这时他们已恢复世俗身份。后来，还俗也含有归俗的意思，所谓归俗，指的是因个人因素自动放弃修行返回俗世的行为，也叫作反俗。除了这两种情况外，也有当政者因施行废佛、禁佛政策而强行勒令僧尼还俗的情况。有的僧尼则是被掌权者、长辈要求出家的，那么当他们被允许还俗时，即可回归俗世。

◎ **"俗"字的诗意**

1. 少无世俗韵，性本爱丘山。——魏晋·陶渊明《归园田居·其一》
2. 有梅无雪不精神，有雪无诗俗了人。——宋·卢梅坡《雪梅·其二》
3. 致君尧舜上，再使风俗淳。——唐·杜甫《奉赠韦左丞丈二十二韵》

◎ **"俗"字与谚语**

1. 千里不同风，百里不同俗。
2. 安于故俗，溺于旧闻。

6. 流—曲水流觞

◎ 趣话"流"字

| 金文 | 篆文 | 隶书 | 楷书 | 行书 | 草书 | 标准宋体 |

"流"是一个形声字,《说文》里载,流,水行也。从㲃、㐬。㐬,突忽也。流,篆文从水。其中的"㐬"的最早形态即为第一种金文字形的右半边字符,形似一个头朝下的胎儿顺着阴道移出母体,字形的左侧形似流水,指代的是妇人生产时产出的羊水,因此,"流"的本义是胎儿与大量羊水一起移出母体,但"㐬"有"突忽意外"的含义。所以,更确切地说,"流"本义为病胎与羊水一起移出母体,也就是所谓的"流产"。与此相反的是"顺产",用"毓"字表示。

尽管"流"的金文、篆文与隶书的字形有所不同,实际上都是由"㐬"和指代水的符号组成的。由它的本义出发,引申出了"液体移动"的意思,此后一方面可以解释为名词"河水",乃至于一切像水流的东西,比如说"气流";另一方面则可以解释为动词"不受约束地活动",还有"传播"之意。

◎ 汉字有故事:曲水流觞

释义:曲水流觞,是中国古代民间流传的一种游戏,具体为每年农历三月时,人们坐在河渠两旁,从上流放下酒杯,酒杯顺流而下,停在谁的面前,谁就取杯饮酒。人们认为这样可以祓除不祥。

成语故事:农历的三月三日是上巳节,早在周代,女巫便在三月三当天去河边举行祭祀,以除去凶疾。到了汉代,三月三正式被确立为上巳节,在节日当天,上至皇帝后妃,下至黎民百姓,全国人都会用河水洗濯身体,据说这样可以洗净污秽、祓除不祥。这个习俗后又发展成为在水边举行宴饮,到了魏晋时期,在水边举行宴饮以庆祝上巳节已然成为一种风气。

东晋著名书法家王羲之与友人于353年的上巳日饮酒赋诗,并用《兰亭集序》

将之记录下来："此地有崇山峻岭，茂林修竹；又有清流激湍，映带左右。引以为流觞曲水，列坐其次。"一群名士在兰亭清溪两旁席地而坐，等待觞流过来。觞是木制的酒杯，底部有托，因此盛了酒还能顺流而下。有人在河流上游放觞，水流缓慢，觞行进得也慢，直至遇到绕不过去的弯，便停在了那里。觞停在谁的面前，谁就拿起觞饮酒赋诗，可谓是一件雅事。

◎ 知识传送门：称觞举寿

成语"称觞举寿"指的是举起酒杯、饮酒以祝寿。酒被发明出来后，就常常用于各种场合的宴饮聚会，用酒祝寿的习俗尚未明确是何时出现的，但它最早被记录在汉代诗人崔寔所作的《四民月令》里："子妇孙曾，各上椒酒与其家长，称觞举寿，欣欣如也。"诗中描写全家人一起举杯为家长祝寿的欢乐情景。

◎ "觞"字的诗意

1. 昨日登高罢，今朝更举觞。——唐·李白《九月十日即事》
2. 十觞亦不醉，感子故意长。——唐·杜甫《赠卫八处士》
3. 举觞酹先酒，为我驱忧烦。——唐·柳宗元《饮酒》

7. 文—文身断发

◎ 趣话"文"字

《说文》里载，文，错画也。象交文。意即交错的笔画就是"文"，看起来像是交叉在一起的纹案。这种解释是符合实际情况的，观察"文"的甲骨文字形，会发现它的确是由一些线条交错在一起形成的，而古人就是靠在岩壁、甲骨上刻画一些有特定含义的图画性符号去传达消息的，这些符号就是最初的汉字。后代的"文"基本上都承续了甲骨文字形。

值得注意的是，只有用刀具刻画出来的图画性表义符号才可称为"文"，因此，用刀刻画出来的甲骨体符号、金体符号、篆体符号，分别被叫作甲骨文、金文、篆文。而用软笔写出来的隶体符号、楷体符号，则被叫作隶书、楷书。

由"文"的本义出发，引申出了两种字义。一种突出"刻画图画"，"文"便有了"刺画花纹""事物错综所造成的纹理或形象""有图案的古铜币的量词"的字义；另一种突出"传达消息"，"文"便可以用于表示"字词构成的篇章""书面化的，有史记载的""知书达礼的，从事教化的""抽象字符，外语字母"。除此之外，"文"也是一个姓氏。

◎ 汉字有故事：文身断发

释义：成语"文身断发"，指的是古代荆楚、南越一带的人民有身刺花纹、剪短头发的习俗，他们认为这样做便可使自己形似蛟龙，从而在下水时能够迷惑水中的蛟龙，使自己不受伤害。后用于指代较落后地区的民俗。

成语故事："文身断发"一词在《史记·吴太伯世家第一》中有载："太王欲立季历以及昌（季历的儿子），于是太伯、仲雍二人乃奔荆蛮，文身断发，示不同用，以避季历。季历果立，是为王季，而昌为文王。太伯之奔荆蛮，自号句吴。"说的是，周太王想要传位给季历，再传位给季昌，因此季历的两位兄长太伯、仲雍便去了荆楚之地，以避让弟弟和侄子，季历因此成了周文王，太伯则在荆楚之地创立了吴国。

从历史中，我们可以得知封建社会大多实行嫡长子制度，那么为何太王不扶持年纪大的太伯呢？这是因为季氏家族最初是一个游牧民族，而游牧民族的习俗就是"兄长战四方，小儿守中央"，他们认为幼子能力不足，应该受到更多的照顾，比如成吉思汗就命令大儿子去四处拼搏，把自己的属地给了小儿子。

既然吴国的祖先出身游牧民族，那么他们文身断发的习俗就很容易理解了。"文身"指的是在身上画花纹图案，"断发"指的是把头发剃掉一大块，留下一部分头发编成小辫子垂下去，游牧民族这样做，是为了便于区分身份。不同的游牧部族，纹的图案不一样，剃发的部位、样式也不一样。当不同的游牧部族在草原上相逢时，便可凭借本部族的图案区分敌我。

现代的荆楚之地物产丰富、经济繁荣，但在殷商时期，那里是不折不扣的不毛之地，遍布沼泽，鸟兽罕见。太伯初到荆楚时，还是以游牧民族的生活方式生存的，因此文身断发的习俗也就保留了。等到农耕文明渐渐兴盛时，因为吴国多水，传说水中有蛟龙，人们就继续文身断发，以规避蛟龙。

◎ "文"字的诗意

　　1.惜秦皇汉武，略输文采；唐宗宋祖，稍逊风骚。——毛泽东《沁园春·雪》
　　2.鸿雁长飞光不度，鱼龙潜跃水成文。——唐·张若虚《春江花月夜》

◎ "文"字与歇后语

　　1.八股文的格式——千篇一律
　　2.阎王写文章——鬼话连篇

◎ "文"字与谚语

　　1.姑娘讲绣花，秀才讲文章。
　　2.文官动动嘴，武官跑断腿。
　　3.文戏靠嘴，武戏靠腿。
　　4.武官会杀，文官会刮。

8. 乡—告老还乡

◎ 趣话"乡"字

甲骨文	金文	篆文	隶书	楷书	行书	草书	繁体标宋	简体标宋
𨞠	𨞠	𨞰	鄉	鄉	乡	鄉	鄉	乡

　　"乡"是"鄉"的简缩字，而"鄉"是与"卿"同源的，所以甲骨文"乡"字其实是甲骨文"卿"字，形似宾主二人围绕放有食物的餐厅相对而坐，意指一起进餐。金文承续了甲骨文字形，省略了一个"口"。

　　篆文的"卿"字原有字义消失，左右两边的人形上分别加了一个"口"，变成了含义为村镇的字符，即"邑"。隶书的"乡"左边的"邑"被误写为了"乡"，右边的被误写成了右耳旁，因此，这时的"卿"变成了"鄉"。

《说文》里载，乡，国离邑民所封郷也。啬夫别治封圻之内六乡六卿治之。意思是说，"乡"是离国都很远的村镇，是百姓们居住生活的地方，由乡官、啬夫进行管理。

"乡"的基本字义为自己生长的地方或祖籍，也指城郊的区域，泛指农村。在现代，它还表示介于县与村之间的行政单位。

◎ **汉字有故事：告老还乡**

释义：成语"告老还乡"，指的是古代官吏以年老多病为理由向皇帝请求辞去官职，回到家乡生活。这是古代官吏提前退休的一种理由和制度。

从春秋战国时期开始，就已出现官员退休制度，退休的条件大多是以官员年龄为准，不同的朝代规定的退休年龄也有所不同。《礼记·曲礼》说：大夫七十而致事。汉、唐、宋、元等朝代就以七十为退休年龄，明清时期将退休年龄放宽至六十岁。除满足年龄条件外，官员若想离任，就得"告老还乡"。

自唐朝起，便有"老病不堪厘务者，与致仕"的规定，明朝律文也明确规定：老疾不能任事者，或软弱无效能的官吏，可随时勒令退休。其实，早在唐朝之前，便有告老还乡的情况出现。比如说，越王勾践打败吴国后，功臣范蠡怕自己功高震主，主动提出告老还乡的请求，这就是以"告老还乡"为借口避难的典型例子。此外，无心官场的官员不方便直接离任时，也会以告老还乡为理由，向上司、皇帝主动请辞，皇帝一般都会同意。当然，还有人纯粹因为思念家乡而告老还乡的，晋朝的大司马张翰在外地做官，在秋天突然想念家乡的菰菜、莼羹、鲈鱼脍等美味，便因忍受不了离乡之苦而告老还乡了。

历代的官员中，不乏因年老而请辞的大臣，这些官员在回到家乡后，往往会颐养天年，或发挥余热，造福乡里，从而推动家乡的发展。

◎ **知识传送门：近乡情怯**

成语"近乡情怯"指的是离乡多年的游子在归乡时，因不知家乡有何变化，所以离乡越近，心里越是忐忑。后多用以形容游子归乡时的复杂心情。此词出自唐朝诗人宋之问的《渡汉江》："岭外音书断，经冬复历春，近乡情更怯，不敢问来人。"

◎ **"乡"字的诗意**

1. 举头望明月，低头思故乡。——唐·李白《静夜思》

2. 乡泪客中尽，孤帆天际看。——唐·孟浩然《早寒江上有怀》

◎ "乡"字与歇后语

1. 将军返乡——解甲归田
2. 武松请乡邻——不是好事

◎ "乡"字与谚语

1. 老乡见老乡，两眼泪汪汪。
2. 久旱逢甘露，他乡遇故知。

9. 恶—重五恶日

◎ 趣话"恶"字

"恶"字是一个上下结构的形声字。篆文"恶"的上半部分形似几座连接起来的、都不处于中心位置的城邑，下半部分是一颗心脏，表示的是内心不看重的、处于次要地位的事物，引申为反感、厌恨。

"恶"有两个读音，念作"wù"时，字义为"反感、厌恨、不愿接受"；念作"è"时，字义为"令人讨厌的、使人心情变糟糕的"，以及"残酷的、凶恶的"，也用来指代不好的行为、罪过。

◎ 汉字有故事：重五恶日

释义：所谓的重五恶日，指的是农历的五月初五，古人认为五月初五是一年之中最恶之月、最恶之日，因此称之为"重五恶日"。后来，这一天被定为了端午节。

如今，快到五月时，人们就开始着手准备端午节要用的物品：艾草、雄黄、香囊、粽子等。其中，吃粽子、划龙舟的风俗是为了纪念伟大的爱国诗人屈原，其他诸如挂艾草、佩香囊的习俗则是为了镇恶。

在屈原投江之前，就有了在五月初五镇恶的习俗。进入五月，天气炎热，百草丰茂，毒虫横生，这些让古人苦不堪言，只能尽力规避。因此，古人将五月五日命名为重五恶日，选取了气味浓厚的艾草和雄黄等物整治毒虫。蚊虫不喜艾草之味，人们就把艾草悬挂在门前，防止蚊虫进屋；先前是有撒雄黄以避毒蛇毒虫的做法，后来人们干脆将雄黄入酒，用于驱邪，传说蛇虫闻到人身上有雄黄的气味就会主动避开，《白蛇传》中的白素贞也是因为饮了雄黄酒才露出蛇身。小孩子皮肤娇嫩，抵抗力差，长辈干脆将艾草、香料缝进小布袋里，制成香囊佩戴在孩子身上。

◎ 知识传送门：以大恶细

成语"以大恶细"，指的是用大的罪名来责备人微小的过失，出自东汉王充所作的《论衡·问孔》。

孔子门下有一个名叫宰予的学生，有一次宰予在白天睡觉，被孔子看到了，孔子就批评他说："朽木不可雕也，粪土之墙不可圬也，于予与何诛！"有点恨铁不成钢的意味。但实际上，宰予是个品行端正的人。所以，东汉时，王充在这件事上质疑孔子，说："孔子作《春秋》，不贬小以大；其非宰予也，以大恶细，文语相违，服人如何？"意即孔子对宰予的指责有些过分了。

◎ "恶"字的诗意

1. 人道恶高危，虚心戒盈荡。——唐·李世民《帝京篇十首》
2. 只解劈牛兼劈树，不能诛恶与诛凶。——唐·李晔《咏雷句》
3. 佳人舞点金钗溜，酒恶时拈花蕊嗅，别殿遥闻箫鼓奏。——南唐·李煜《浣溪沙》

◎ "恶"字与歇后语

1. 扯掉画皮的恶鬼——凶相毕露
2. 吃生米的碰到嗑生谷的——恶人遇恶人
3. 把妖魔当成菩萨拜——善恶不分

10. 髻—广袖高髻

◎ 趣话"髻"字

篆文

《说文》里载，髻，总发也。从髟吉声。其中的"髟"指的是人的头发披垂的样子，"吉"代指喜庆的绸带，组合在一起就是用绸带或其他物品把垂落着的头发扎起来，即"总发"。把头发扎起来盘好后呈现出来的发结，就叫作"髻"。古人喜欢把发髻高高地盘在头顶，称为"高髻"。

◎ 汉字有故事：广袖高髻

释义：成语"广袖高髻"，原指古人穿着宽大衣袖的衣服，梳着高耸的发髻。后用来形容风俗奢靡。

成语故事：古代有"身体发肤，受之父母，不可损伤"的说法，因此除了游牧民族外，人们几乎穷其一生都不会修剪头发，任头发自然生长、脱落。在原始社会，人们胡乱地披散着头发，男女老少皆是如此。后来，人们认为散落在肩部、胸前的头发妨碍了人的正常行动，就像捆东西一样用绳子把头发捆绑在脑后，捆成一束，有时还会用骨簪固定头发。

从夏商时期开始，人们会把头发梳成辫子，直到春秋战国之后，女子才开始将头发挽起，梳成各种样式的发髻。从此以后，发髻便成了女性的专属特征。《礼记·曲礼篇》有载，在女子十五岁以后，许了人家的便可着笄，没有许下婚事的到了二十岁才能着笄。"笄"指的就是梳髻盘头发用的簪子，"着笄"原意是梳髻插簪，代指女子到了出嫁的年龄。

在穿衣方面，人们最初是将野兽的皮剥下来晾干后围在身上，之后才渐渐发明了葛、亚麻、棉、丝绸等布料，用于制衣。穷人们穿不起丝织品，常以麻布蔽体，衣服的样式也比较紧身、短，不注重飘逸之美，而有钱人便穿着各种由丝绸制成的衣服，样式烦琐，较为宽大。

汉时，处于上层阶级的女性喜好将头发高高挽起，梳成样式烦琐的发髻，并将眉描得浓，与发髻相配，还会穿上宽大的衣袍，这是当时的打扮风气，还出现了相应的童谣："城中好高髻，四方高一尺。城中好大眉，四方眉半额。城中好广袖，四方用匹帛。"其实这种装扮是很消耗饰物、衣料以及人工的，但富裕的上层阶级为了迎合潮流，根本不在乎花了多少钱。

后来，唐代诗人白居易在《进士策问》中载，"闻广袖高髻之谣，则知风俗之奢荡也。"自此，"广袖高髻"便成了批评奢侈之风的成语。

◎ 知识传送门：椎髻布衣

成语"椎髻布衣"，原指椎形的发髻和布制的衣服，后用于形容妇女的穿着打扮极为朴素。此词出自《后汉书·梁鸿传》："乃更为椎髻，著布衣，操作而前。"说的是书生梁鸿娶了富家女孟光做妻子，为了迎合梁鸿的喜好，孟光不再梳高高的发髻，不再穿华贵的衣服，转而以椎髻、布衣代替，以表明安贫乐道。

◎ "髻"字的诗意

1. 宝髻松松挽就，铅华淡淡妆成。——宋·司马光《西江月·宝髻松松挽就》
2. 斜髻娇娥夜卧迟，梨花风静鸟栖枝。——明·唐寅《美人对月》
3. 山花插宝髻，石竹绣罗衣。——唐·李白《宫中行乐词八首》

11. 三—三亲六故

◎ 趣话"三"字

甲骨文	金文	篆文	隶书	楷书	行书	草书	标准宋体
三	三	三	三	三	三	三	三

自古至今，"三"字一直由三道逐渐变长的横线组成，字形单一，含义却很丰富。首先，由于古代有"道立于一，一生二，二生三，三生万物"的说法，其

中的"一"被视为"混沌","二"被认为是天、地,那比"二"中间多出一道横线的"三"指的就是可以衍生万物的天、地、人。《说文》里载,三,天地人之道也。可见在古人看来,"三"的确是一个含义特殊的字。

古人还不会写复杂的汉字,他们在地上画横线用于计数,所以"三"也是一个数字,引申为"多次"。

◎ 汉字有故事:三亲六故

成语"三亲六故",泛指人的各种亲友。具体来说,"三亲"指男子的宗亲、外亲、妻亲,"六故"指父、母、岳父、岳母、自己、妻子方面的熟人与朋友。

成语故事:在远古时期,由于生产力低下,人类群居而活,各有分工,男性负责打猎,女性负责采摘,形成了一个个部落。当部落时代过去后,人们以血缘关系为纽带,以姓氏划分,形成了宗族,个人既是宗族的一部分,也是自己小家的一部分。宗族里的其他人,与自己同出一宗,便可称为"宗亲"。宗亲是可以世代流传的,直至现在,在有些村庄里,村民都是同一个宗族的。

外亲又称女亲、外姻、外族,是指与母亲有血脉关系的亲戚,比如说外祖父母、舅、姨及表兄弟姐妹。外亲的范围后来有所扩大,女儿出嫁后,与女儿相关的亲戚也被囊括进来,比如说女婿、外孙子、外孙女和女婿的父母等。

相比较而言,在古代,宗亲的地位远高于外亲。一是因为"非我族类其心必异"。二是因为宗亲一般都是父系方面的亲属,宗族里记有家谱,可追溯很久,脉络也容易厘清,范围可追至上下九代;而外亲人物关系较为疏远,范围窄,只能延续两三代,其后便不再联系,脱离了亲属范围。

妻亲指的是以自己的妻子为中介而联系的亲属,比如妻子的父母、兄弟姐妹及其配偶、子女等。妻亲与外亲有些类似,范围也比较窄,最多只延续三代。

相较于三亲而言,六故就简单多了,分别指与父亲、母亲、岳父、岳母、自己和妻子有故交的熟人和朋友。

◎ 知识传送门:接三换九

自古以来,便有"接三换九"的说法,这是一种风俗,"接三"指的是新娘出嫁的第三天,娘家会派人接她回娘家,这主要是为了慰藉新娘初为人妇的紧张和忐忑,娘家人也会在这天探问新娘在婆家的生活状况。"换九"指的是在新娘出嫁的第九天,娘家和婆家要互送礼物,上门进行探望。

◎ "三"字的诗意

　　1. 烹羊宰牛且为乐,会须一饮三百杯。——唐·李白《将进酒·君不见》
　　2. 三十功名尘与土,八千里路云和月。——宋·岳飞《满江红·写怀》
　　3. 故垒西边,人道是,三国周郎赤壁。——宋·苏轼《念奴娇·赤壁怀古》

◎ "三"字与歇后语

　　1. 半夜三更放鞭炮——一鸣惊人
　　2. 大年三十的案板——家家忙
　　3. 刘备三请诸葛亮——诚心诚意

◎ "三"字与谚语

　　1. 冰冻三尺,非一日之寒。
　　2. 士别三日,当刮目相看。
　　3. 三个臭皮匠,赛过诸葛亮。

12. 六—三姑六婆

◎ 趣话"六"字

　　观察甲骨文"六"字,会发现其形似一座有两堵墙和一个房顶的房屋,即"宀"。而"宀"是"庐"的本字,所以"六"最初的字义就是简易的房屋。从甲骨文到篆文,"六"字字形变化不大,始终脱离不了房屋的形象。后来,隶书将篆文顶部字符简化成一点一横,便形成了如今的"六"字,这时人们另外造字,其"房屋"的含义便消失了,它便成了单纯的数字。

◎ 汉字有故事：三姑六婆

释义：成语"三姑六婆"，原指尼姑、道姑、卦姑和牙婆、媒婆、师婆、虔婆、药婆、稳婆。后泛指不同职业的妇女，现今用于指代市井女性。

在进入父系社会的漫长岁月里，中国古代向来是以男性为尊。起初，是男主外、女主内，男子出门下气力种地、讨生活，女子就在家中日复一日地纺织、做饭、洗衣，因此留下了"男耕女织"的说法。

在古代，无论是在政治上、文化上，还是其他方面，男子的地位要远远高于女子，男子可以骑马狩猎、经商读书、游历天下、入朝为官，而女子呢，富家女子坐在绣楼里，以大门不出二门不迈为常态，贫家女也有许多行动上的桎梏。别的不说，古代皇帝何其多也，却只出了武则天一位女帝，这就足以反映封建时代对女性的束缚有多深重。

随着经济的发展和文明程度的提升，女性的身影渐渐活跃在社会上，比如说女子可出家做尼姑，也可以在家读书，或者做专业的媒婆，等等。但女性对于职业的渴求，是从宋代开始才达到了一定程度的满足。在城市，商业经济高度繁荣，小市民阶层崛起，对于市场经济有着迫切的渴求，这促使数量庞大的女性有了更多进入市场的机会。于是，以介绍人口买卖为业而从中牟利的牙婆，专门为男女说亲事撮合双方的媒婆，以装神弄鬼、画符念咒的巫术为生的师婆（巫婆），以开设秦楼、楚院为生或专门促进色情交易的虔婆，专门卖药的药婆，以替产妇接生为业的稳婆活跃在人们的视野里，以自己的专长做着交易买卖，被统称为"六婆"。

至于三姑，则指的是尼姑、道姑、卦姑，分别对应的是庙里的、道观里的、以给人占卜算卦为生的女性。

"三姑六婆"一词，最早出现在元末明初时期的文人陶宗仪的笔记《辍耕录·卷十》里，在清代是一个含有贬义的词，清代的李汝珍就曾在《镜花缘》里载，"吾闻贵地有三姑六婆，一经招引入门，妇女无知，往往为其所害，或哄骗银钱，或拐带衣物。"但在现代，此词已不含感情色彩，只用来泛指市井女性，不管对方有无工作、是何职业。

◎ 知识传送门：六合同风

"六合"原指上下和东西南北六个方向，泛指天下，成语"六合同风"意思是天下各处的风俗教化完全一样，这种情况只有在古代政治稳定、全国处于统一状态的时候，才有可能出现。

◎ "六"字的诗意

1. 毕竟西湖六月中，风光不与四时同。——宋·杨万里《晓出净慈寺送林子方》
2. 六翮飘飖私自怜，一离京洛十余年。——唐·高适《别董大二首》

◎ "六"字与歇后语

1. 吃了五味想六味——贪得无厌
2. 二三四五六七八九——缺衣（一）少食（十）
3. 六个指头挠痒——多一道子

13. 雅—雅俗共赏

◎ 趣话"雅"字

| 篆文 | 隶书 | 楷书 | 行书 | 草书 | 标准宋体 |

《说文》里载，雅，楚乌也。一名鸒。一名卑居。秦谓之雅。意即"雅"最初的字义为乌鸦。在古代，一直流传着"金乌""乌鸦反哺"等有关乌鸦的正面传说，所以人们用隹、鸟两个近义词造出篆文"雅"字，来赞美乌鸦。后来，人们又逐渐认为乌鸦是不祥之鸟，所以现代人很少把"雅"与"乌鸦"联系起来。

既然"雅"是一个包含褒义的字，它的引申义也同样是褒义词，比如美好的、高尚的、正规的、标准的、宽宏的，等等。另外，"雅"还指代周代朝廷的乐歌。

◎ 汉字有故事：雅俗共赏

释义：成语"雅俗共赏"，原指事物既优美又通俗，多形容文艺作品兼具优美和通俗的特征，能够被各种文化程度的人所欣赏。

古代的等级制度向来森严，平民百姓与王公贵族过着天差地别的生活，两者所欣赏的文化也相差极大，平民爱好粗野易懂的"俗"文化，贵族青睐高深晦涩的"雅"文化。

举例来说，琴曲《阳春白雪》是春秋时期的著名乐师所作，旋律清新流畅，节奏轻松明快，只有贵族才有机会欣赏聆听；而歌曲《下里巴人》则是流传于楚国平民中间的民间乐曲，二者可以算是高雅文化和通俗文化的代表了。但当二者碰撞在一起时情形就颇为微妙。

战国时期的楚人宋玉在《对楚王问》中说："客有歌于郢中者，其始曰《下里》《巴人》，国中属而和者数千人。……其为《阳春》《白雪》，国中有属而和者，不过数十人。"这一方面说明了通俗文化的流行程度，另一方面也表明了高雅文化的受众面极窄。以乐曲推及整个文化领域，雅、俗不共融可谓是文化的弊端所在。

能不能将两种文化糅合在一起，产生一种既高雅又通俗的文化呢？能。明朝的孙仁孺在《东郭记·绵驹》里写："闻得有绵驹善歌，雅俗共赏。"这说明，当时至少有雅俗共赏的歌曲出现了。而纵观文海，不乏众多雅俗共赏的文学作品，比如说唐代白居易的"野火烧不尽，春风吹又生"等诗句，就是简单易懂又蕴含哲理的作品。据传闻，白居易在写好诗词之后，会念给不识字的老太太听，老太太若能听懂其中的意思，他才会让这首诗传播于世，因此他的诗歌就有了广泛的下层受众，而他个人的文学素养极高，才会使诗歌饱含哲理，受到上层社会的喜爱。

随着时代的发展，"雅俗共赏"成了检验文艺作品的标准之一。只有符合要求的作品，才能历久弥新，永葆价值，比如说四大名著。

◎ 知识传送门：随俗雅化

成语"随俗雅化"，指的是随着当地的风俗而从容变化，出自秦人李斯的《谏逐客书》。指的是，在外地生活时，要根据当地的风俗习惯改变自己的行为举止，这样才能在当地平稳地生活下去。

◎ "雅"字的诗意

1. 雅志困轩冕，遗恨寄沧州。——宋·苏轼《水调歌头·安石在东海》
2. 别裁伪体亲风雅，转益多师是汝师。——唐·杜甫《戏为六绝句》

3. 摇落深知宋玉悲，风流儒雅亦吾师。——唐·杜甫《咏怀古迹五首·其二》

◎ "雅"字与歇后语

1. 喜马拉雅山上聊天——高谈阔论
2. 白璧微瑕——无伤大雅

14. 武—文川武乡

◎ 趣话"武"字

甲骨文"武"字上半部分是"戈"，意为兵器；下半部分是"止"，意为脚趾，因此整体含义为人扛着兵器去打仗。第一种金文承续了甲骨文字形，从第二种金文起，"武"字由上下结构变成了混合结构，字义不变。

◎ 汉字有故事：文川武乡

释义：成语"文川武乡"，原指出文臣武将的地区，后用来代指教化普及、风俗纯正的地区。

成语故事：古代素有"穷山恶水出刁民"的说法，意指在距离权力中心较远的偏远地区，朝廷的统治力度较小，人民得不到教化，行事就比较刁蛮粗野。于是，"穷山恶水"后来就成了教化程度低、风俗粗野的地区的代称。

与"穷山恶水"形成鲜明对比的是"文川武乡"。出了多名文臣武将的地区才可被称为文川武乡，而此成语意义的扩展，与宋代官员范伯年有着莫大的关系。

在宋明帝时期，范伯年本来只是梁州华阳郡的一个州将，他的上司派他入京公干，宋明帝召见了他，两人开始交谈。宋明帝开玩笑说："爱卿，我听说在广州一带，有一处泉水名叫'贪泉'，喝了贪泉的水，人就会变得贪得无厌，所以那里的官员也大多是贪官。你所在的梁州有没有贪泉呢？"

范伯年不假思索地回答说:"梁州只有文川、武乡、廉泉、让水。"廉泉和让水都是梁州的地名,范伯年这样回答,意为表明梁州是一个风俗纯正、互相谦让的地方。宋明帝又问他:"那你的宅院在哪里?"范伯年回答说:"臣的住处在廉、让之间。"这句话表明自己是个廉洁的官员,明帝听后十分满意,很欣赏他的为人,还升了他的官,让他做了梁州的刺史。

从那以后,文川武乡就不再只代表文臣武将的家乡,更多地用于赞叹某地民风淳朴,人民素质高。

◎ 知识传送门:止戈为武

"止戈为武"有两层意思,从字形方面讲,"武"字是由"止"和变形了的"戈"字构成的;从含义方面讲,指的是停止动用武器,才是真正的武功,才能证明真的有维护仁义、和平的实力。

"止戈为武"出自楚庄王之口。有一次,楚国打了胜仗,他的臣子建议大力宣传此事,以震慑其他国家,楚庄王回答说:"非尔所知也,夫文,止戈为武。"意思就是说,靠武力征服他国不算是什么光彩的事,要是不动刀兵就能征服他国,才证明楚国是真的有实力。

◎ "武"字的诗意

1. 边庭流血成海水,武皇开边意未已。——唐·杜甫《兵车行》
2. 汉家天子今神武,不肯和亲归去来。——唐·王之涣《凉州词二首》

◎ "武"字与歇后语

1. 床底下练武——施展不开
2. 孙大圣的武艺——变化多端
3. 魏武挥鞭——操之过急

◎ "武"字与谚语

1. 英雄无用武之地。
2. 文武之道,一张一弛。
3. 贫贱不能移,威武不能屈。

15. 禁—令行禁止

◎ 趣话"禁"字

篆文	隶书	楷书	行书	草书	标准宋体
禁	禁	禁	禁	禁	禁

篆文"禁"字上部的字符表示树林,下部是"示",即告示,整体字义可理解为在存在潜在危险的树林、深山前放置告示,提醒人们不要入内,以免丧命。

当"禁"念作jìn时,它的基本字义是"不许、制止、不能、避忌"等带有强烈否定意味的词语,也可以解释为"拘押"。

当"禁"念作jīn时,它的字义是"克制""受得住,耐"。

◎ 汉字有故事:令行禁止

释义:成语"令行禁止",指的是按照命令迅速做出相应的举动,下令行动就立即行动,下令停止就立即停止。后用来形容法令严正,纪律严明,命令得到了认真、高度的执行。

成语故事:商朝末年,纣王无道,周文王姬昌想要带领人民推翻纣王的统治,但他年事已高,即将辞别人世,因此就把重任交给了儿子姬发。在辞世之前,他谆谆教导儿子:"你一定要让军队做到令行禁止,只有这样,才能成就王业。"姬发将此牢记心中,将军队训练成了纪律严明、令行禁止的军队,得以成功推翻了商朝的统治,创立了周朝。

在战场上,兵士只能看清眼前的情况,要依仗将军发号施令、指挥作战。这时,令行禁止就显得格外重要,可以使大军及时调整作战方向,从而获胜。

除了战争方面,君臣之间的令行禁止也很重要。清代皇帝康熙就以此除掉了飞扬跋扈的大臣鳌拜,将权力收回自己手中。

康熙皇帝年仅八岁时,他的父皇顺治就去世了,临终前将康熙立为新皇,让四位辅政大臣辅佐康熙,鳌拜便是其中权力最大的大臣。鳌拜独断专横,常常是在家里想好政事安排后，就直接把自己的想法在朝堂上说出来，有一位辅政大臣因声讨他，被他诬陷入狱。这样一来，其他大臣对他就不敢多言了，年幼的康熙帝只好看着大权旁落。

在康熙帝年满十四岁时，他宣布要亲自接管政务，鳌拜表面上支持，实际上还是把控着权力。康熙便想了一条计策，找来一群善武的少年进宫练摔跤，命令他们按照自己的指令做事。康熙帝召鳌拜入宫，随着他的一声令下，少年们迅速擒住鳌拜，随后诛杀了鳌拜。

◎ 知识传送门：入境问禁

成语"入境问禁"，指的是进入一个国家或地区后，要问清楚那里有什么禁令、禁忌。比如说，清朝的慈禧太后听戏时，戏班的人就得把剧目、台词修改到没有一个"羊"字的地步，因为慈禧太后是属羊的。这属于个人的禁忌，各个地区有不同的禁忌。

古人十分重视禁忌，《礼记·曲礼》曾载："入境而问禁，入国而问俗，入门而问讳。"因此有了"入境问禁"的风俗。

◎ "禁"字的诗意

1. 金吾不禁夜，玉漏莫相催。——唐·苏味道《正月十五夜》
2. 三千里兮家未归，恨难禁兮仰天悲。——魏晋·张翰《思吴江歌》
3. 天若有情天亦老，摇摇幽恨难禁。——宋·孙洙《河满子·秋怨》

◎ "禁"字与歇后语

1. 禁止捞鱼虾——不可捉摸
2. 王二关禁闭——足不出户
3. 林黛玉的身子——弱不禁风

◎ "禁"字与谜语

1. 谜题：禁止叫好。（打一成语）

谜底：妙不可言

2. 谜题：八十万禁军谁掌管。（打一成语）

谜底：首当其冲

16. 死——庄子妻死，鼓盆而歌

◎ 趣话"死"字

甲骨文	金文	篆文	隶书	楷书	行书	草书	标准宋体
𣦵	𣦵	𣦵	𣦵	死	死	死	死

"歹"有"尸骨"的意思，"死"字的第一种甲骨文字形形象地描绘出一个人垂首跪地、哀悼只留下尸骨的人的画面。第二种甲骨文字形将跪着的人和尸骨的位置做了调换，字义不变，后世字体都沿袭了这种写法。

《说文》里载，死，澌也，人所离也。意即"死"就是生气耗尽，字形含义是人的灵魂与躯体相分离。不管对"死"的字形做何解释，它的本义就是指丧失了生命。

◎ 汉字有故事：庄子妻死，鼓盆而歌

释义：典故"庄子妻死，鼓盆而歌"，表达的是庄子看淡生死的人生态度。

成语故事：战国时期，惠施和庄子是一对好朋友。有一天，惠施听说庄子的妻子死了，便前往庄子家吊唁逝者，一路上都在想该怎么安慰庄子。但当惠施到庄子家后，他被眼前的场景震住了：庄子并没有啼哭，而是分开双腿，坐在地上，他一边敲打着瓦缶一边唱歌，面无悲痛之意。

惠子奇怪地说："你的妻子与你相依相伴了几十年，为你做饭洗衣、生儿育女，如今她不幸离世，你不感到伤心也就算了，怎么还敲起瓦缶唱起歌来，你这样也太过分了吧！"

面对惠施的指责，庄子回答说："你说错了。在我妻子刚刚离世时，我心里的确十分悲伤。但我往深处想了想，如果她不曾来到世上的话，就不会具有形体，也就不曾形成元气。但正因为天意，天地之间有了这一团元气，元气变化形成了形体，形体变化而有了生命，她就是这样诞生的。如今，她不过是又变成了元气，回归天地之间，这个过程就像春夏秋冬四季更替一样。那么，已经逝去的人自由

地畅游在天地之间，要是我在这里对着她的尸体啼哭不止的话，那就显得我太不通晓天命了，因此我没有哭泣，而是大声歌唱，庆祝她重归天地之间。"

庄子将要辞世时，他表现得更为通达乐观。他的弟子们说要厚葬他，庄子不高兴，觉得弟子们之所以会这样想，说明他们还没有勘破生死。于是，他训导弟子们说："在我死之后，天地是我的棺椁，日月、星辰分别是为我陪葬的美玉、珍珠，天地用万物来为我送行，这难道不是厚葬吗？"

弟子们一边伤心地哭泣，一边说："如果不将您葬入土中的话，乌鸦和老鹰会来啄食您的遗体。"庄子轻松地说："就算不让天上的乌鸦和老鹰来吃我的尸体，埋入土里后，仍会有蝼蚁来吃啊，如果夺了前者的食物给后者享用，那不就不公平了吗？"庄子说完之后，便悠然辞世了。

◎ 知识传送门：九死不悔

成语"九死不悔"出自战国时期楚国人屈原所作的《离骚》："亦余心之所善兮，虽九死其犹未悔。"屈原以此表达自己的爱国之心难以动摇。后人常用成语"九死不悔"形容自己做某事的决心十分坚定，哪怕前方充满坎坷，要付出生命的代价，也绝不退缩。

◎ "死"字的诗意

1. 悠悠生死别经年，魂魄不曾来入梦。——唐·白居易《长恨歌》
2. 人生自古谁无死，留取丹心照汗青。——宋·文天祥《过零丁洋》
3. 春蚕到死丝方尽，蜡炬成灰泪始干。——唐·李商隐《无题·相见时难别亦难》

◎ "死"字与歇后语

1. 不到黄河心不死——顽固不化
2. 打蛇不死打蚯蚓——怯大欺小
3. 逮了兔子死了鹰——得不偿失

◎ "死"字与名言警句

1. 当须徇忠义，身死报国恩。——李希仲
2. 与其忍辱生，毋宁报国死。——何香凝

17. 嫁——男大当婚，女大当嫁

◎ 趣话"嫁"字

篆文	隶书	楷书	行书	草书	标准宋体
嫁	嫁	嫁	嫁	嫁	嫁

"嫁"是一个左右结构的形声字，古人认为，女子没有成亲时，与父母同住，住的是父母的家，只有成亲后，与丈夫组建了新的家庭，才算有了自己的家。因此，"女子成家"称为"嫁"，指的是女子离开父母到新婚夫家。后引申为"转移、转接"。

◎ 汉字有故事：男大当婚，女大当嫁

在古人看来，"男有室，女有家"之后，人们才能安居乐业，社会才能和谐安定。周朝年间，官方还将到了适婚年龄的男男女女的终身大事列入议程，甚至有专门的官员来管理男婚女嫁之事。

到了晋朝年间，如果女子过了一定的年龄尚未嫁人，官府就会为其寻觅夫家，强行让他们完婚。据《晋书·武帝纪》所载，273年冬十月，司马炎特下诏令，"制女年十七父母不嫁者，使长吏配之"。说的是，如果女子年满十七岁，父母还没有让闺女婚配，地方官府就会代劳找一个男青年，逼迫女子出嫁。

古时候，更有甚者还对适龄男女的婚嫁问题制定了相当严格的法令。比如南北朝年间，如果女子到了适婚年龄仍待字闺中，就被视为触犯法律，连家人都要跟着去坐牢。这也是《宋书·周朗传》中"女子十五不嫁，家人坐之"一句话的由来。汉朝孝惠帝年间，倘若谁家闺女到了十五岁尚未婚配，这家就要被罚款六百钱。唐朝年间，女子过了十五岁、男子过了二十岁尚未嫁娶，也要受到相应的惩罚。古代之所以有种种强迫女子出嫁的习俗，究其根源可能是出于增加社会人口的考量。

从宗族角度来看，族中男子娶妻越早，生子越多，人丁越兴旺越有利于宗族的发展。所以，在宗法制盛行的古代，社会环境要求男性早日娶妻，相应地，女子就要早日出嫁。另外，族内女子出嫁能换来可观的财礼收入，这也有利于族内男性给出丰厚的聘礼。

◎ "嫁"字的诗意

1. 生女犹得嫁比邻，生男埋没随百草。——唐·杜甫《兵车行》
2. 还君明珠双泪垂，何不相逢未嫁时。——唐·张籍《节妇吟·寄东平李司空师道》

◎ "嫁"字与歇后语

1. 貂蝉嫁吕布——英雄难过美人关
2. 孙权嫁妹——赔了夫人又折兵
3. 玉帝娶亲，阎王嫁女——欢天喜地

18. 媒—父母之命，媒妁之言

◎ 趣话"媒"字

篆文	隶书	楷书	行书	草书	标准宋体
媒	媒	媒	媒	媒	媒

"媒"是一个以"某"为声旁、形旁的会意字，在这里，"某"代指"谋"，意为协商，因此"媒"的本义是撮合男女婚事的人。后引申为使双方发生关系的人或事物。

至于"媒"为何用"女"作偏旁，有两种观点，一种是在古代做媒的人大多都是女性，即所谓的媒婆；一种是古代都是男方向女方提亲，媒人的主要任务是去说服女方同意婚事。《说文》里载，媒，谋也，谋合二姓。"二姓"指的就是姓氏不同的男女双方。

◎ 汉字有故事：父母之命，媒妁之言

在恋爱自由、婚姻自由的今天，选择与何人结婚是自己的事情，哪怕亲如父母也只能给出一些参考性意见。但在封建思想浓厚的中国古代社会，婚姻从来都是由父母之命、媒妁之言决定的，当事人的意见只起到很小的作用，甚至有的当事人毫无发言权。

自商朝起，中国古代社会实行宗法制，血缘关系和政治制度互为表里，以保证世袭统治。因此，此时的宗族组织和国家组织是合二为一的。而王族要想扩大自己的实力，就必须以子女婚事为筹码，去拉拢强有力的外部力量，所以，哪怕是皇室子女也无法为自己的婚事做主，更不用说普通人家的子女了。

当子女到了适婚年纪时，父母不会轻易允许他们与适龄异性相见，对女子更加严苛，甚至不允许她们与亲人之外的男性接触。并且，为了让儿女在婚嫁方面更有优势，男子要学习骑射、读书；女子从小要练习各种技艺，比如琴棋书画、女红等，根本不顾及子女是否想学这些。没有条件学习才艺的贫民女子，则需学习针织绣活，以便出嫁后以此谋生。

"天上无云不下雨，地上无媒不成亲"，对古代的男子来说，父母会从媒人处打听条件相匹配的女子，若觉合适，便派媒人带着礼物去女子家中提亲，女方若是收下礼物，就代表这门亲事可正式提上议程了。一般来说，走到议婚流程的亲事，如果没有重大变故，都会被确立下来。对古代的女子来说，媒人提供可嫁之人的信息，父母决定自己到底嫁给谁。无论是男子还是女子，想要成婚，就要受制于父母和媒人。

如果媒人故意隐瞒了什么信息，或是父母没有认真挑选，以至于两个不合适的人走到了一起，也只能认命。古代的新婚夫妻中，有很多都是在成婚当夜，才见到了自己的伴侣。成婚之后，女子的婚姻情况仍不乐观，身为长辈的公婆都有权力要求儿子休妻，因此古代女子在婚姻中多是恭敬孝顺、温柔贤良的姿态。

北宋文学家欧阳修曾作诗："月上柳梢头，人约黄昏后。"这种男女相会的甜蜜场景是存在的，但都是在暗地里进行，因此才会约在黄昏时分，而且并不多见。

由"父母之命、媒妁之言"决定的婚姻，在很大程度上保证了宗族的兴盛，但也扼杀了子女的自由天性，剥夺了子女的选择权利，甚至造成了无数的悲剧。

◎ 知识传送门：男媒女妁

《醒世恒言》中写道："除非他女儿不要嫁人便罢休。不然，少不得男媒女妁。"其中的"媒""妁"乃旧时对男女婚姻介绍人的称呼。给男方牵线的称为"媒"，给女方牵线的称为"妁"，合称为"媒妁"。故而旧时有"媒妁之言"的说法。

◎ "媒"字的诗意

1. 蓬门未识绮罗香，拟托良媒益自伤。——唐·秦韬玉《贫女》
2. 可怜日暮嫣香落，嫁与春风不用媒。——唐·李贺《南园十三首》
3. 饮酒须教一百杯，东浮西泛自梯媒。——唐·吕洞宾《绝句》

◎ "媒"字与歇后语

1. 背时（倒霉）的媒婆——两头挨骂
2. 戏台上的媒婆——妖里妖气
3. 玉皇大帝做媒——天作之合

19. 聘—男婚女聘

◎ 趣话"聘"字

甲骨文	金文	篆文	隶书	楷书	行书	草书	标准宋体

在甲骨文、金文中，并无"聘"字，出现的是它的本字"甹"字。第一种甲骨文字形上半部分指代包装好的礼物，下半部分指代乐器，整体字义为吹打着乐器去送礼，暗指迎娶新娘。金文承续了甲骨文字形。因此，"聘"的本义是奏乐送礼、迎娶新娘。

人们在"甹"左边加上"耳"，形成了篆文的"聘"字，"耳"代指的是"取"，因此，此时的"聘"的字义为用财物求取人才，引申为"求取、招用"。

◎ **汉字有故事：男婚女聘**

释义：成语"男婚女聘"，意思是指儿女成家。

走完议婚的流程后，两家人都对彼此有了大致的了解，如无意外的话，接下来就要进行问名环节。所谓问名，主要指男方派媒人去询问女子的姓名、排行、生肖、出生年月日等信息，然后进行考量，看双方的生辰八字和生肖属相是否相合。比如说，如果一人属狗，一人属鸡，就是典型的"鸡犬不宁"，便要终止这门亲事。

问名环节通过之后，便该下聘礼了，也称送彩礼，主要是男方遣人送财礼给女方。下聘的环节分为两步完成，首先是纳吉，这时男方只需送衣服、首饰之类的礼物给女方，重头戏在接下来的纳征礼上，这是婚事中最重要的部分。

所谓纳征，指的是在吉利的日子里，由男方的男性家属、媒人带着大量贵重的聘礼前往女方家里，在他们到达的时候，女家要点燃鞭炮以示欢迎，而后宾主双方开始清点聘礼。按规矩，女方会收下聘礼中较为贵重的礼物，并回送一些价值较低的礼物让男方带走。

古人在下聘礼时，一般都是办得越热闹越好，以彰显自家的财力，有些地方，人们甚至会雇乐队与送聘礼的队伍，一路敲锣打鼓，出尽风头。此外，下的聘礼越多，双方越有面子，因此送礼队伍都很长。

尽管下的聘礼基本上都是财物，但每个朝代聘礼的侧重点都有所不同。周朝时，聘礼大都是玉帛俪皮；战国时，聘礼就是一箱箱的钱币；到了汉朝，除了送黄金外，聘礼中还会加入一些实物；到了魏晋南北朝，人们喜好用兽皮做聘礼。直至隋唐时期，聘礼的品种丰富了许多，金银珠宝、绸缎布匹、衣饰被褥，都是聘礼的上好选择。到了宋代，在应给的聘礼之外，人们还会加入一些纯金首饰，普通人家则以银饰替代。到了明清时期，送金银首饰的风气大为流行，上层阶级都喜好打造一整套首饰当作聘礼的一部分，包含手镯、耳环、耳坠和戒指，家境平常的人家也会尽力置办一两件银饰。

下完聘礼之后，亲事基本上就板上钉钉了。因此，旧时人们用"男婚女聘"代指儿女成家。

◎ **知识传送门：席珍待聘**

成语"席珍待聘"，原指铺陈珍品，待人选用，后用来指代有才能的人在市场上，等待别人来聘用自己。此词出自《礼记·儒行》："儒有席上之珍以待聘。"

◎ "聘"字的诗意

    1. 南邻有女不记姓，昨日良媒新纳聘。——唐·韦庄《秦妇吟》

    2. 一朝将聘茂陵女，文君因赠白头吟。——唐·李白《白头吟》

    3. 娇懒不知春二月，风流堪聘晋诸贤。——宋·方岳《次韵海棠》

◎ "聘"字与歇后语

    1. 发了聘书人不来——顾不过来

    2. 聘姑娘娶媳妇——走一个来一个

20. 妾—三妻四妾

◎ 趣话"妾"字

甲骨文	金文	篆文	隶书	楷书	行书	草书	标准宋体
𡚬	𡚬	𡚬	妾	妾	妾	妾	妾

    "妾"是一个上下结构的会意字，它的甲骨文字形，宛如刑具被施加在一个女子身上，表达的是女奴正在受罚。在古代，失去自由、被迫做劳役的女奴被称为"妾"。

    《说文》里载，妾，有罪女子，给事之得接于君者。《春秋》云：女为人妾。妾，不娉也。"妾"有两层含义，一是认可了有罪的女奴被称为"妾"的说法；二是指出没有经过正规婚礼流程就与男子成亲的女子也被叫作"妾"，与此对应的是古代一直有"聘则为妻，奔则为妾"的说法。所以，"妾"还指代古代男子在妻子以外娶的女子。

◎ 汉字有故事：三妻四妾

    释义：妻：正房。妾：侧室。成语"三妻四妾"是指男人妻妾众多。

在中国古代的封建社会中，男性享有社会主权，女性一直被认为是男性的附属品，虽然当时也有一夫一妻的礼俗，但大多贵族阶层还是一夫多妻。如《庄子》中有载："灵公有妻三人，同滥而浴。"当然其中的妻子还是有等级之分的，"三妻四妾"中的"妻"就包括嫡妻、偏妻、下妻等。嫡妻的地位当然是最高的，嫡妻生的儿子地位当然也是最高的，称为"嫡长子"。嫡长子是家族中首选的继承人。嫡妻以外的妻子所生的孩子称为庶子，庶子的地位次于嫡长子。

除妻子之外，多数贵族还会娶妾，娶妾礼俗的盛行大概是从西周和春秋开始的，当时称之为"媵妾制度"。媵就是和嫡妻一起陪嫁过来的女子，于是后来在宫廷中就常出现姐姐嫁入宫，妹妹也随姐姐一起嫁给皇帝的情况。但到了汉代就有了更直接的规定，诸侯、百官准许纳妾，诸侯可以纳妾二百人，列侯可以纳妾一百人，关内侯、吏、一般地主和商贾可以纳妾三十。

妾的地位是相当低下的，他们不像妻那样大多是门当户对，明媒正娶而来的。妾有的是买来的婢女，有的是男子从青楼带回，或者是抢掠的女战俘，她们不仅可以被随意赠送买卖，甚至还要在主人的指示下供客人玩乐。因此她们是家族里底层的存在，她们不被允许参加家族祭祀，也不能出现在家里隆重的宴席上，不仅不被重视，还要时常忍受正妻的虐待。

据《野朝佥载》一书中记载，正妻虐待婢妾的手段非常残忍，有的被割掉鼻子，有的被钉瞎双眼，还有被杀死投入茅厕的。总之，妻从不把妾当人看。君主有三宫六院，富贵家有三妻四妾，这种一夫多妻多妾的恶俗婚姻制度在中国延续了几千年。

◎ **知识传送门：班妾辞辇**

"班妾辞辇"是古代用来称赞妃嫔德行高尚的词语。据《汉书》记载，成帝曾在游玩时想要与班婕妤同辇出行，但被班婕妤拒绝了，通晓经史的她对成帝说："我看历代上有名的君主图画，凡是古时圣贤君主，左右随从大多是文武百官，只有三代昏庸无德的君主，才由嬖女陪伴左右。现在，皇上要和我同坐一辇，这不是和三代亡国之主有点相近吗？"成帝觉得很有道理，便收回成命，打消了这个念头。所以，后人以"班妾辞辇"来称赞妃嫔德行高尚。

◎ "妾"字的诗意

1. 人乞祭余骄妾妇,士甘焚死不公侯。——宋·黄庭坚《清明》

2. 借问江潮与海水,何似君情与妾心。——唐·白居易《浪淘沙·借问江潮与海水》

3. 不信妾断肠,归来看取明镜前。——唐·李白《长相思·其二》

◎ "妾"字与歇后语

1. 老子纳妾儿宿娼——上行下效

2. 为妻骂妾——迫不得已

◎ "妾"字与谜语

1. 谜题:妾至妻仇视。(打一成语)

谜底:如临大敌

2. 谜题:纳妾休妻。(打一成语)

谜底:因小失大

21. 继—比肩继踵

◎ 趣话"继"字

金文	篆文	隶书	楷书	行书	草书	繁体标宋	简体标宋
𢇍	繼	繼	继	繼	继	繼	继

除去金文"继"字右下方的"二",其余的字符就是金文"绝"字,形如被截成两截的丝线;"二"代指的是两截,与"绝"结合起来就是把两截丝线连接起来。篆文的"继"字,在承续甲骨文字形的基础上多加了一个字符"糸","糸"指的是完整的丝线,因此整体字义为把截断的丝线连成完整的丝线。隶书承续了金文字形,楷书将字形进行了大幅度的简化。

《说文》里载,继,续也。说明"继"的本义是接续断丝,后引申为"承接,接续"。

◎ 汉字有故事：比肩继踵

释义：成语"比肩继踵"，原指人与人之间肩紧挨着肩、脚紧跟着脚。形容人数众多，人潮拥挤。

成语故事：春秋时期，齐国有一位名叫晏婴的大夫，他身高不满六尺，貌不出众，但由于他足智多谋，很有政治远见和外交才能，人们尊称他为"晏子"。

有一次，齐王派晏子出使楚国。楚王听说善于辞令、身材矮小的晏子要来，就与大臣们商量如何戏弄晏子，好让他出丑，以贬低齐国，显示楚国的威风。于是，楚王让人在王宫大门的旁边开了一个小洞，让晏子从这里进去。晏子到达之后，看着紧闭的大门，站在大门前不动，指着那个小洞说："只有出使狗国的人，才会从狗洞进去，今天我是来出使楚国的，不应该从这个洞进去。"迎接宾客的人认为晏子说得有理，就恭敬地带晏子从大门进入。

晏子对楚王施礼之后，楚王故意用轻慢的语气说："齐国这是无人可派了吗？竟然派您来做使臣。"晏子意识到了楚王的嘲讽之意，严肃地反驳说："在齐国的都城临淄，一共有七千五百户人家，当人们一起张开袖子的时候，日光都会被遮挡住，天会阴暗下来；当人们一起挥洒汗水时，就仿佛下大雨一样；街道的行人们多到肩膀挨着肩膀、脚尖碰着脚后跟，您怎么能说齐国没有人呢？"

楚王加重了嘲讽语气，说："贵国既然有那么多人，怎么偏偏派你来呢？"晏子顺势说道："我们齐国是根据出使的国家派遣相应的使臣的，精明能干的人都被派遣出使道德高尚的国家，愚蠢无能的人则被派遣出使不成器的国家。在下不才，是齐国最愚蠢无能的人，因此我国君王派我来了这里。"

楚王听完晏子的回答后，既为晏子的机智所折服，又不甘心落入下风，因此他故意提来一名犯了盗窃罪的犯人，说这名犯人是齐国人，暗指齐国民风不正。晏子则回答了著名的"橘生淮南则为橘，牛于淮北则为枳"理论，说这个人是来楚国后才染上坏习气的，暗指楚国国风不正。楚王再也无计可施，心悦诚服地称晏子是圣人，说自己不该和圣人开玩笑，这才消除了尴尬的气氛。

◎ 知识传送门：后继无人

古人的所有家产都会传给自己的后代，并渴望后世子孙在继承家业后，可以将之进一步发展。但有些人没有子嗣来继承家产，只能任凭家产被同族的人夺去。

成语"后继无人",指的就是一个家庭没有后代来继承家业,后用于形容事业缺少接班人。

◎ "继"字的诗意

1. 继文遵后轨,循古鉴前王。——唐·李世民《元日》
2. 献凯日继踵,两蕃静无虞。——唐·杜甫《后出塞五首》
3. 继周八代争战罢,无人收拾理则那。——唐·韩愈《石鼓歌》

22. 氏—和氏之璧

◎ 趣话"氏"字

甲骨文	金文	篆文	隶书	楷书	行书	草书	标准宋体
𠂆	𠂆	氏	氏	氏	氏	氏	氏

甲骨文"氏"字形似一个低头弯腰、垂着手臂的人,金文字形与甲骨文极为相似,本义为"低头垂手抵地",后来这个意思被"低"和"抵"代替了,"氏"就有了"底,底部"的意思,这个意思又被"底"代替了。因此,"氏"的最终字义为"宗族根底、宗族世系"。

远古社会最初是母系社会,子女后代便以母亲的姓为自己的姓,当宗族里的某一分支分散到别地时,就会为自己取一个标志,即为"氏"。所以,"氏"是"姓"的分支。后来,进入了父系社会,一个家族中的男子不必再迁往他处,"姓"与"氏"才开始混用。

◎ 汉字有故事:和氏之璧

释义:和氏之璧是中国历史上著名的美玉,为天下奇宝。

成语故事:春秋时期,楚国有一个名叫卞和的琢玉能手,他曾在荆山深处得到一块璞玉,拿去献给楚厉王。楚厉王手下的玉工说这是一块普通的石头,生气的厉王就砍下了卞和的左脚作为惩罚。楚武王即位后,卞和再次献玉,却因为相同的原因被砍去了右脚。楚武王死了之后,楚文王即位,卞和想要献玉,又怕再次招来灾祸,便抱着璞玉在楚山下一连痛哭了三天三夜,为宝玉和自己多舛的命运而伤心欲绝。文王得知后,仔细询问了个中缘故,并派人剖开了璞玉,证实卞和所言非虚。因为这玉是卞和发现的,所以被命名为和氏璧,楚文王将它珍藏在宫中。

到了楚威王时,大臣昭阳伐魏取胜,楚威王就把和氏璧赏给了他。后来,昭阳将和氏璧拿出来给宾客观赏,有人故意制造混乱,偷走了它。自此,和氏璧便不知去向了。公元前283年,赵国人缪贤偶然间在集市上用五百金购得一块玉。但缪贤没有想到,这块玉便是举世罕见的宝物和氏璧。

和氏璧出现的消息被赵惠文王得知之后,他认为和氏璧既然是在赵国出现的,就应该归赵国所有,因此他将和氏璧收入了宫中。秦昭王听闻此事后,向赵惠文王许诺说,秦国愿意以十五座城池换取和氏璧。

面对秦昭王的来信,赵惠文王一时不知道该如何处理,便召集了大臣商量对策,说如若按照秦昭王所言献出和氏璧,但恐怕秦昭王不会真的以十五座城池交换,只是白白受欺负。但若是不应,秦强赵弱,恐怕会挑起战事,而赵国又不是秦国的对手。赵惠文王左右为难,最后经过商讨决定派遣使者与秦交涉,但是苦于没有合适的人选。这时,赵惠文王身边的宦官头目缪贤向赵惠文王推荐了蔺相如,声称此人可担此重任。

于是,赵王便召见蔺相如觐见,向他说明了现在的情况,蔺相如说道:"如今之计只能答应秦王的要求,臣愿意出使秦国,如果秦王愿意以十五座城池换和氏璧,那就把和氏璧留下;如果秦王不愿意交出城邑,臣一定把和氏璧完整地带回来。"

于是,蔺相如便带着和氏璧出使秦国。秦王见到和氏璧后,为其巧夺天工的技巧而感叹,但是对于城池之事绝口不提,蔺相如心生一计,对秦王说道:"此玉虽好,但是还有一点小瑕疵,我指给大王看。"待蔺相如拿到宝玉之后,斥责秦王说道:"当初大王答应秦王愿意以十五座城池交换,如今却出尔反尔,如若大王非要仗势欺负赵国,羞辱我,那我就和这块宝玉一起撞个粉碎。"秦王怕宝玉被毁掉,连连道歉,并声称一定会把十五座城池划与赵国,但是蔺相如害怕秦王只是口头承诺,于是便要求秦王斋戒五天,而后举行隆重的仪式,声称自己会在仪式上献上这块宝玉。

683

五天过后，蔺相如向秦王说明，由于秦王不讲信用，他已经派人把和氏璧送回赵国。秦王十分愤怒，想要杀掉蔺相如，但碍于"两国交战不斩来使"的规则，还是放了蔺相如。

就这样，蔺相如凭借自己的机智，不辱使命地回到了赵国，最后还出任了赵国的宰相。

◎ 知识传送门：氏族公社

在国家出现之前，原始社会以氏族公社为基本单位。氏族公社是以生产资料公有制为基础、以血缘纽带和血统世系相联结的社会组织形式。它产生于旧石器时代晚期，在新石器时代达到鼎盛，在青铜时代趋于瓦解，一共经历了母系氏族公社和父系氏族公社两个阶段。

在氏族公社里，人人地位平等，大家一起通过商议选出族长，如果族长不能履行好自己的职责，族员们会推举出自选的族长。每一个氏族都有自己的名称，同族之间，禁止通婚。族员去世之后，他的财产就会被分给同族的其他族员。

◎ "氏"字的诗意

1. 马蹀阏氏血，旗枭可汗头。——宋·岳飞《送紫岩张先生北伐》
2. 非痴非狂谁氏子，去入王屋称道士。——唐·韩愈《谁氏子》
3. 何当破月氏，然后方高枕。——唐·李白《塞下曲六首》

◎ "氏"字与歇后语

1. 神农氏尝百草——什么毒没见过
2. 鼻孔里氏瘤子——气不顺
3. 陈氏太极拳——刚柔并济

◎ "氏"字与谜语

1. 谜题：约十二时。（打一姓氏）

谜底：许

2. 谜题：姓氏名号都已报。（打一成语）

谜底：只字不提

3. 谜题：始皇不是嬴氏子。（打一西汉人名）

谜底：吕后

23. 庙—大水冲了龙王庙

◎ 趣话"庙"字

| 金文 | 篆文 | 隶书 | 楷书 | 行书 | 草书 | 繁体标宋 | 简体标宋 |

观察金文"庙"字，实际上是一个"廟"字，而"朝"有"祭拜"的意思，"广"代表的是开放性的空间，所以"廟"的字义为皇宫里用于进行朝拜和祭奉的大殿。楷书将"朝"换成了"由"，而"由"是"宙"的省略字，因此"庙"的字义为宽广的大殿，引申为供奉神佛或伟人的亭宇。

◎ 汉字有故事：大水冲了龙王庙

释义：成语"大水冲了龙王庙"，用于形容本是自己人，因不相识而发生了误会、冲突或争端。

成语故事：据传，为了方便求雨，古人曾在东海岸边修建了一座龙王庙。而在离龙王庙几里远的地方，有一座寺庙，这个寺庙旁边是一块菜地，看管菜地的老者与寺里的老和尚是一对老友，两人经常在闲暇时下棋聊天。

一天，两人又聚在一起聊天，种菜老者故作玄虚地小声说："我最近碰到了一桩怪事，你知道的，菜园子的事我向来是亲力亲为的，每天我都会按时从井里汲水，而后浇灌菜地。但就在昨天和今天，我明明没有浇菜地，菜地却显出被浇灌过的样子，不知道是谁在暗地里帮我。"老和尚没听说过这种事，当即决定夜里去探探情况。

到了晚上，老和尚悄悄潜进了菜园，留意着那口水井的动静，但始终没有什么奇特的事发生。快天亮时，老和尚听见井里传来了一声异响，而后便有一道白光从井里飞出，定睛看去，只能辨出那好像是长着翅膀的怪物的身影。那怪物扇动翅膀，井里的水便自动喷涌而出，浇好了菜地。老和尚想要凑近看看，那白光却在眨眼之间没入了水井。老和尚一连看了三夜，同样的情景也就发生了三次。

身有武艺的老和尚再也按捺不住自己的好奇之心，第四天夜里，他特意带了一把宝剑，等到白光刚一出现，他就用剑狠狠刺去。受了伤的怪物身体下坠，砸向井里，只听"轰"的一声，水井迸裂开来，大水漫出，附近的建筑都被淹了，连龙王庙也没能幸免。

专门供奉龙王的庙竟然被水淹了，东海龙王勃然大怒，亲自上阵与那个怪物打了起来，战斗持续三天之后，那个怪物落了下风，显出了原形。原来，怪物也是一条龙，就是东海的龙王三太子，它因为犯错被贬出了东海，隐去了原来的面目。为了能够早日回东海，它就一直在凡间行善。老和尚刺伤它后，它因为疼痛掀开了海眼，误淹了龙王庙。当龙王来与它算账时，碍于天条，它不能坦白身份，只能与龙王厮打下去，这才造成了一场误会。

这件奇事传开之后，人们将之总结为"大水冲了龙王庙，自家人打自家人"。

◎ 知识传送门：庙堂之量

成语"庙堂之量"原指帝王的宗庙规模极为宏大，后用来比喻人的气量很大，遇事沉得住气。淝水之战是历史上的著名战役之一，在这场战役里，实力较弱的东晋王朝以弱胜强，打败了有绝对优势的前秦军队。战争未结束前，其他大臣因恐惧战败而忧心不已，而东晋宰相谢安则气定神闲地游山玩水、饮茶下棋，别人就称赞他有"庙堂之量"。

◎ "庙"字的诗意

1. 可怜后主还祠庙，日暮聊为《梁父吟》。——唐·杜甫《登楼》
2. 天地神灵扶庙社，京华父老望和銮。——宋·陆游《病起书怀》
3. 桑条无叶土生烟，箫管迎龙水庙前。——唐·李约《观祈雨》

◎ "庙"字与歇后语

1. 背鼓进庙——找锤
2. 拆城隍庙竖土地庙——因小失大
3. 糊涂庙里糊涂神——糊涂到一块儿了

24. 淳—浇淳散朴

◎ 趣话"淳"字

| 金文 | 篆文 | 隶书 | 楷书 | 行书 | 草书 | 标准宋体 |

第一种金文"淳"字可分为三部分，上部是一只鼎锅，中间是一个形似羊的、代表动物的字符，下部是代表汤水的几点水，那么整体字义就是鼎锅里有肉汤。肉汤飘香，所以"淳"的本义是鼎锅里的肉汤飘出浓厚的香味。这种字义只见于古文。

自篆文后，"淳"成了一个左右结构的形声字。《说文》里载，淳，渌也。从水享声。意为"水质清澈"，便可称为"淳"。由此引申，"淳"的字义为原汁原味的、自然的、朴素的。

◎ 汉字有故事：浇淳散朴

释义：成语"浇淳散朴"，意为使淳朴的社会风气变得浮躁、浅薄。

成语故事：黄霸是西汉时期的著名大臣，历经汉武帝、汉昭帝和汉宣帝三朝而屹立不倒，官职还越升越高，他的事迹曾被记载在《汉书·循吏传·黄霸》里。

据史书记载，黄霸勤政爱民，执法公正，极善于治理地方，凡是他做地方官的地方，社会风气都会好转很多。当黄霸任颍川太守时，勤于政务的汉宣帝经常颁布诏书，想要使政令更加完善，这本是有利于百姓的好事，当地的一些官员却故意扣着诏书不发，欺瞒百姓。黄霸知道这件事后，亲自遴选了一些踏实能干的官吏，派他们去下发诏书。汉宣帝因此很赏识黄霸。

身为太守，在掌管权力的同时，还要承担为民做事的责任。颍川一带的事务细碎繁杂，多如牛毛，黄霸没有丝毫厌烦之意，反而耐心细致地处理事情，并及时修改不合理的规章制度。除此之外，黄霸还派人深入民间，了解真实的社会情况，以至于他对颍川的一草一木都了如指掌。在如此严密的监管之下，颍川的盗贼纷纷去往他处谋生，底下的官员们也都开始认真办事，颍川的社会风气变得越来越好。本就对黄霸有好感的汉宣帝便升他做了京兆尹。

由于黄霸在京兆尹的职位上犯了错，汉宣帝又让他做了八年的颍川太守。在这八年间，颍川被黄霸治理得井井有条，百姓的教化程度得到了显著提高，恰逢神鸟凤凰经常飞往颍川，龙心大悦的汉宣帝将这一切都归功于黄霸，特意下诏书褒奖他，升他做太子太傅，后又让其任御史大夫，官至丞相。

善于治理地方的黄霸在丞相的职位上并无突出功绩，这让他有些不知所措。于是，当一种不太常见的名叫鹖雀的鸟飞入府中时，黄霸想将此当作祥瑞禀报上去，再现旧日的辉煌。当时，有很多官员在丞相府里，他们认出了这鸟不过是凡鸟鹖雀，却碍于黄霸的权势，不敢说破，有一位叫张敞的官员指出这鸟是从自己家里飞出的，黄霸这才打消了邀功的计划。

但张敞并没有就此作罢，他把事情的来龙去脉上奏给汉宣帝，指出在黄霸想要用凡鸟代替神鸟时，官员们害怕丞相的权势，不敢指责他，这样会致使法令失效，私心暗存，使淳朴的社会风气变得浮薄。汉宣帝因此嘉奖了张敞，黄霸则为此羞愧了很久。

◎ "淳"字的诗意

1. 致君尧舜上，再使风俗淳。——唐·杜甫《奉赠韦左丞丈二十二韵》
2. 一语天然万古新，豪华落尽见真淳。——金·元好问《论诗三十首·其四》
3. 德丧淳风尽，年荒蔓草盈。——唐·朱庆馀《行路难·世事浇浮后》

25. 耕—精耕细作

◎ 趣话"耕"字

篆文	隶书	楷书	行书	草书	标准宋体
耕	耕	耕	耕	耕	耕

"耕"字主要由"耒"和"井"组成,"耒"是装有排齿的木桩,是一种农具,而"井"代表被分隔成"井"字的田地。因此,"耕"的本义是用农具翻地松土,以便播种。

◎ 汉字有故事:精耕细作

释义:成语"精耕细作"原指认真细致地耕作田地,代指传统农业的一个综合技术体系。后也比喻认真细致地创造、修改作品。

在人们刚开始耕作田地的新石器时代,人们采用刀耕火种的方法进行耕作。具体方式为,人们砍倒一片树木,等树木干枯之后,用火将树木焚烧成灰,便得到了肥力较好的土地;之后,人们就用小棍掘土挖坑,在坑里放上种子,再用手把坑埋好,等待农作物自然长出。这种低效率、低产量的耕作方式费时费力,还不见成效,先民们就开始探索如何进行耕作,由此出现了精耕细作的耕作方式。

春秋时期,我国出现了垄作法,即在高于地面的土垄上栽种农作物,这是当时世界上最先进的耕作方法。铁犁牛耕技术也在此时出现,代表了劳作所用的生产工具有了质的提升,耕种效率大大提高。

到了西汉时期,铁犁牛耕的技术被进一步完善、推广,代田法出现,将一亩土地分成三圳三垄,轮流在上面耕种,有效地保证了土地肥力,还可以抵抗干旱。这时,还出现了轮作倒茬和间作套种的方法,最大化地实现了土地的利用率。而耧车的发明,则快速提升了播种、施肥的效率。人们还将农作物从耕种到收获全过程的种植规律,记录在了农学著作《泛胜之书》里。

魏晋南北朝时期,黄河流域的农业生产技术已经显著地表现出了精耕细作的特点，江南一带的土地面积得到了扩大，粮食总产量也因此提高，现仍存于世的农书《齐民要术》便是在北魏时期编纂完成的。

到了隋唐时期，南方的水田农业也开始显现出精耕细作的特点，人们先在秧田里培育好禾苗，再将禾苗移栽到水田里，既提升了秧苗的存活率，也提升了水田的利用率。曲辕犁的发明，使得地形复杂的水田也可以得到利用。

精耕细作技术在宋元时代进入了全面成熟时期，此时，江南地区开始推行稻旱轮作种植制度，能够实现农作物一年两熟、一年三熟，而在农作物产量翻倍的情况下，经济中心开始向南转移。

明清时期，精耕细作农业得到了进一步完善。北方开始实行两年三熟制和三年四熟制，出现了耕耙耱技术，南方出现了耕耙耖技术，二者都改善了农业环境，提高了农作物的产量。这时，有很多外国农作物被引入我国，丰富了农作物种类，专业的生产区域也已成形，还出现了《农政全书》和《天工开物》等农学著作。

◎ 知识传送门：象耕鸟耘

据传，在舜还没有登上帝位时，他的继母经常刁难他，他却始终孝顺父母、疼爱异母弟弟，上天被他的孝心所打动，就派遣了鸟雀帮他耕耘土地。

还有一种传说，舜去世时，有大象帮忙翻土；禹去世时，有鸟帮忙平地，因此成语"象耕鸟耘"可用于形容某地民俗古朴，有舜禹时代的遗风。也有学者提出，象耕鸟耘指代古代的耕耘方式。

◎ "耕"字的诗意

老牛粗了耕耘债，啮草坡头卧夕阳。——宋·孔平仲《禾熟》

◎ "耕"字与谚语

1. 一分耕耘一分收获。
2. 楛耕伤稼，楛耘失岁。

26. 矫——矫枉过正

◎ 趣话"矫"字

"矫"是一个左右结构的形声字,左边的"矢"代表箭支,右边的"乔"意为"改变"。《说文》里载,矫,揉箭箝也。说明它的本义是使弯箭变直。引申之后,基本字义为"纠正、把弯的变成直的"。

◎ 汉字有故事:矫枉过正

释义:成语"矫枉过正",原指想要把弯的东西扳正,却因用力过大使东西又歪到了另一边。后用于比喻纠正错误超过了应有的限度。

成语故事:晁错是西汉时期著名的文学家、政治家,在他身上,充满了争议性:汉景帝对于晁错的宠信究竟是福还是祸?若他不建议削藩,七国之乱是否就不会发生?但不发生七国之乱的话,后面是否会有更大的危机?这些谜题有的已有定论,有的难以解答,我们只能尽量还原历史,从中探讨晁错的功与过。

汉文帝时期,晁错因才华出众,被任命为太常掌故,后来一路升迁,历任太子舍人、门大夫,又被升为博士。在任博士时,晁错从儒家的观点出发,写下了《言太子宜知术数疏》,向太子刘启提了一些治国良策,文帝见他写得不错,便提拔他当了太子家令。此后,晁错充分发挥了自己能言善辩、善于分析问题的特长,在很多问题上点拨过太子,太子因此高兴地称赞他是自己的"智囊"。

自周朝起,我国便有分封诸侯的政治制度,皇帝将某块土地分给自己的亲属或有功之臣,给他们藩王的封号,藩王在自己的封地里有着很强的自主性和较大的权力。但弊端也显而易见,有些藩王在权力的欲望下,便会起兵造反,给社会带来混乱。尽管如此,分封制还是一直沿袭了下来,汉代也不例外,在吴楚之地分封了七个藩国。晁错认为这些藩国的存在,就像是一个个的炸弹,应该早日除去，他为此上书给汉文帝，多次提出削藩的建议，文帝却始终没有采纳他的意见。

后来，汉文帝驾崩，太子刘启顺理成章地继承了皇位，被称为汉景帝。汉景帝提拔晁错做了内史，两人经常单独见面，对于晁错的建议，景帝也总是满口答应，十分宠信他，还将他升为御史大夫。

在这种形势下，晁错上疏《削藩策》，说："今削之亦反，不削亦反。削之，其反亟，祸小；不削之，其反迟，祸大。"意思是说，当时的藩王几乎都是汉景帝的叔伯，对汉景帝不服气很久了，不管削不削藩，这些藩王都会有造反的想法，那还不如及早削藩，缩小藩王们的实力，让他们没有造反的能力。

汉景帝采纳了晁错的建议，下令削夺赵王的常山郡、胶西王的六个县、楚王的东海郡和薛郡、吴王的豫章郡和会稽郡。当藩王们得知是晁错提出的削藩建议后，都对他恨之入骨。十多天后，吴楚等七国以"清君侧，诛晁错"为名，联兵反叛，史称七国之乱。在他们的威逼下，景帝选择了以牺牲晁错为代价，妄想以此来换取七国退兵，没想到七国联军更加骄横，汉景帝这才下定决心平叛七国之乱。

汉景帝本来是十分宠信晁错的，他牺牲晁错，是为了平息七国之乱，没想到满足了七国联军的要求后，七国联军更加狂妄。世人将之形容为"矫枉过正"，意指汉景帝一不应该全盘采纳晁错的削藩意见，因动作太大而导致了七国之乱；二不应该直接诛杀对他忠心耿耿的晁错，使事态向另一种更坏的情势发展。

◎ 知识传送门：雍正是◎"矫诏篡位"的吗？

按照封建社会的宗法制，皇权通常由嫡长子继承。但是，皇子之间为争夺皇位而兵戎相见的事情时有发生。如清代康熙皇帝本将嫡长子作为皇位继承人，但由于康熙子嗣众多，在位时间又长，种种复杂的情况下，太子和诸皇子之间矛盾激化，康熙皇帝不得已两次废掉太子。康熙在第二次废掉太子后，再也没有公开建储，致使雍正皇帝即位成为一大历史疑案。但人们普遍接受雍正"矫诏篡位"这一说法。

此后，自雍正皇帝起，后来的几位皇帝都是密建皇储。雍正虽然成功夺取了皇权，但深知其中危害，在即位后便废除了公开建储制，改为"亲书密封，藏于乾清宫'正大光明'匾额后，另书密旨一道，藏于内府，以务勘对"。乾隆皇帝即位后，进一步将密建皇储确立为"建储家法"，此后到咸丰帝，都是按秘密建储制继承皇位的。秘密建储可以避免公开建储的弊端，减少皇子之间的残酷争斗，对稳定政局有一定的作用。

◎ "矫"字的诗意

1. 飞云当面化龙蛇,夭矫转空碧。——宋·秦观《好事近·梦中作》
2. 效谋全郑国,矫命犒秦师。——唐·吴筠《高士咏·郑商人弦高》

◎ "矫"字与谜语

谜题:娇女外出买箭矢。(打一字)
谜底:矫

27. 情—乌鸟私情

◎ 趣话"情"字

金文	篆文	隶书	楷书	行书	草书	标准宋体

"情"是一个左右结构的形声字,左边是心脏,右边是"青",而"青"是"倩"的省略字,整体字义为"美意、痴心"。后引申为人内心的感受、心绪,又引申为生活的实况。

《说文》里载,情,人之阴气有欲者。意思是说,"情"是指对异性的欲望。

◎ 汉字有故事:乌鸟私情

释义:成语"乌鸟私情",原指小乌鸦能反哺老乌鸦,是种有孝心的动物。后用来比喻人有侍奉长辈的孝心。

成语故事:人生在世,会接触到多种多样的情感:亲情、爱情、友情、师生情等。其中,只有亲情是最为纯粹、不求回报的,父母在生养儿女时,并不知道孩子以后会是什么样的人,却还是尽心尽力地抚养儿女成长,并为之置办家业,操劳一生。因此,我国自古代起,就提倡要以孝立身,因孝顺而出名的人,甚至可破格提拔为官员。

据传，曾有人看见乌鸦觅食后，带着食物反哺老乌鸦的情形，可见乌鸦是一种有孝心的动物。从那以后，当人怀着孝心侍奉父母长辈时，人们便称赞他和乌鸦一样有孝心。

李密是西晋初年的官员，他身世孤苦，刚出生六个月的时候就没有了父亲，家中只有母亲与祖母两位亲人。在他舅舅的逼迫下，他的母亲在他四岁的时候改嫁他人，只留下祖母与他相依为命。

李密从小就体弱多病，还好他的祖母很疼爱他，悉心照料他长大。但当他长大成人以后，他的祖母又因年老多病而常年卧床，李密想起小时候祖母对自己的细心照顾，便恭恭敬敬地侍奉祖母，亲自为祖母熬药喂药。

在蜀汉还没有灭亡的时候，李密曾担任过一段时间的尚书郎。后来，晋武帝成为了新的统治者，他大力招揽旧朝的大臣，以向世人显示他博大的胸怀和爱才之心。当然，有很多人不愿意做西晋的官员，因此触怒了晋武帝，并遭到了相应的打压与报复。

李密因为孝顺吸引了朝廷的注意力，主管地方的太守和刺史都曾推举李密做官，李密均婉言谢绝了。后来，朝廷下诏，任命李密担任太子洗马的职位，李密不能再像以前那样轻易地拒绝，否则便有性命之忧，于是，他动之以情晓之以理，写下了感人肺腑的千古佳文《陈情表》。

在《陈情表》里，李密生动形象地描述了自己的悲惨遭遇和祖母对自己的重要性，表明自己是为了侍奉祖母才不能应召的，最后又明确地提出了"乌鸟私情，愿乞终养"的恳求，抒发自己想先为祖母尽孝、再为国家尽忠的意愿。晋武帝读完之后，被李密的孝心所打动，夸赞他说"不空有名也"，而且还同意了李密暂不赴诏的请求，并奖赏了奴婢和财物给他，让他安心侍奉祖母。

◎ **知识传送门：七情六欲指的是什么？**

一般来说，七情指的是喜、怒、忧、思、悲、恐、惊七种情绪或心理活动；六欲是指人的眼、耳、鼻、舌、身、意的生理需求或愿望，即"见欲、听欲、香欲、味欲、触欲、意欲"。

◎ "情"字的诗意

　　1. 故国神游，多情应笑我，早生华发。——宋·苏轼《念奴娇·赤壁怀古》
　　2. 不知乘月几人归，落月摇情满江树。——唐·张若虚《春江花月夜》
　　3. 晴空一鹤排云上，便引诗情到碧霄。——唐·刘禹锡《秋词》

◎ "情"字与歇后语

　　1. 痴情碰冷遇——伤透心肝
　　2. 薄情郎休妻——另有新欢
　　3. 坐飞机抒豪情——壮志凌云

◎ "情"字与谚语

　　1. 千里送鹅毛，礼轻情意重。
　　2. 友情诚可贵，爱情价更高。
　　3. 天若有情天亦老，人间正道是沧桑。

28. 肥—环肥燕瘦

◎ 趣话"肥"字

金文	篆文	隶书	楷书	行书	草书	标准宋体
𦞅	肥	肥	肥	肥	肥	肥

　　金文"肥"字左边是月（肉），右边是正在抓东西的手，意为人抓着工具宰杀膘硕多肉的牲畜，这个意思后来消失了，引申为"含脂肪多的，胖大的"，又引申为土地里含的营养成分多，也用来指代衣服鞋袜过于宽大不合身。

◎ 汉字有故事：环肥燕瘦

　　成语"环肥燕瘦"，原指杨玉环和赵飞燕，其分别是肥与瘦的典型代表，后用于形容女子虽形态不同，却各有好看的地方，也比喻艺术作品风格不同，各有特色。

杨玉环是我国四大美女之一，在以肥为美的唐代，她凭借自己独特的美貌与命运，书写了一曲关于美人的华美乐章。

杨玉环的祖上曾在朝中担任官职，她从小便被当作大家闺秀来培养，学习了很多技艺，长大后擅长歌舞，弹得一手好琵琶。进入适婚年纪后，容颜绝美、性格温婉、技艺超群的杨玉环吸引了众多男子的目光，甚至连见惯美女的寿王李瑁都对她一见倾心，于是，她嫁给了寿王做王妃，夫妻感情也很和睦。这个时期的杨玉环，可谓是上天的宠儿，是众多待嫁女子艳羡的对象。

在古代社会，过度的美貌对女子而言，并不是一件好事。唐玄宗在听说杨玉环的美名之后，好奇地召见了她，随后便深陷爱河，将她召入宫。玄宗还为她亲谱了《霓裳羽衣曲》，杨玉环随着乐声扭动着自己丰腴的腰肢，竟有一种妖冶诱惑的美感，所以玄宗很喜欢看她跳舞。

赵飞燕是汉成帝刘骜的第二任皇后，她原本是阳阿公主家的一个舞女，汉成帝在观看她的表演时，为她轻盈的舞姿和美丽的容颜所迷倒，直接将出身低下的她封为了婕妤，后又升为皇后。

传说，赵飞燕的体态极为纤弱轻盈，因此当她跳舞之时，宽大的衣袍随风飘扬，衬得她像要飞起来一样，后人便用"身轻如燕"来形容瘦弱的女子。有一次，赵飞燕在太液池边跳舞，一阵狂风刮过，汉成帝立刻命人抓紧她的裙摆，以免她随风飘走。但太过瘦弱终究不是一件正常的事，后人曾就此猜测，赵飞燕之所以终年纤瘦，很可能是她服了什么丹药。

赵飞燕的美貌让她成为了尊贵的皇后，可她本身并没有相应的德行、能力，她的后半生几乎都耗在了权力争斗中，朝臣对她也颇有微词。因此，在她的最后一个靠山汉哀帝去世之后，她选择了自杀以了结生命。

杨玉环和赵飞燕可以算作是两种不同类型的美的典型代表了，因此，千百年来，总有人为她们的命运叹息，也总有人记得她们美在哪里。北宋文学家苏轼曾作《孙莘老求墨妙亭诗》："杜陵评书贵瘦硬，此论未公吾不凭。短长肥瘦各有态，玉环飞燕谁敢憎。"以两位美女不同的美指代艺术作品也有不同的长处。

◎ **知识传送门：肥冬瘦年**

自古以来，我国人民都将春节视为一年之中最重要的节日，早早地就开始为春节储备物资，以过一个"好年"。但在南宋时期的吴地，却流传着"肥冬瘦年"的风俗，即隆重地庆祝冬至，在冬至时，家家互送节物，等到了过年的时候，因存储的物资已经用得差不多了，反而没那么喜庆热闹。

◎ "肥"字的诗意

1. 西塞山前白鹭飞，桃花流水鳜鱼肥。——唐·张志和《渔歌子·西塞山前白鹭飞》

2. 梅子金黄杏子肥，麦花雪白菜花稀。——宋·范成大《四时田园杂兴·其二》

◎ "肥"字与歇后语

1. 吃着肥肉唱歌——油腔滑调

2. 吹起来的肥皂泡——不攻自破

3. 肥狗咬主人——忘恩负义

29. 宗—传宗接代

◎ 趣话"宗"字

《说文》里载，宗，尊祖庙也。从宀从示。其中的"宀"就是甲骨文"宗"字外部环状的建筑，指代的是祖庙；"示"就是祭拜祝祷的意思。因此，"宗"的本义是祭拜供有祖先灵位的祖庙，后引申为祖先。

◎ 汉字有故事：传宗接代

释义：成语"传宗接代"，原指古人生育孩子（特指男孩），是为了家世能够一代一代地传下去。后引申为传延宗族，接续后代。

自古以来，中国素有"不孝有三，无后为大"的说法，一个人若是没能生育后代，不管他平时对父母有多恭敬孝顺，仍会被扣上"不孝"的帽子。因此，古人格外注重子嗣的问题。

古人之所以重视传宗接代，首先是出于人类繁衍与生存的自然法则。在母系社会时，数名男性围着一名女性转，出于传递自身基因的本能，男性会争先抢夺与女性的交配权，哪怕生下的孩子"只知其母，不知其父"，也算是保证了自己基因的延续性。等到了父系社会，男性为尊，传递基因的可能性大了许多，但男性身上的侵略本性，让他们不满足于只有一个孩子，有条件的男性便会娶妻纳妾，以便开枝散叶、绵延子嗣，让自己的基因最大化地存在于世。

在农耕时期，男子负责下田出力，天生的生理优势使他们更适合在艰苦的环境下生活。到了以农为本的封建社会，男子闲时可种地，战时可打仗，男子的多寡，直接影响了国家的实力，因此统治者们向来都是鼓励生育的。对一个宗族来说，当本族与外族争夺资源时，靠的是拳头，因此都希望本族多出一些男丁。对个人的小家庭来说，如果没有子孙传宗接代，就等于祖宗几辈人的香火在自己这里断了根，家产也会被外人侵占，这是人人都不愿看到的事。所以，对于古人来说，如果自己真的老无所出，他们就会收养男童当自己的儿子抚养。

几千年来，传宗接代的意识在中国人的脑海里根深蒂固，还一度催生了严重的重男轻女思想。在古人看来，生儿子可以继承家业、传递香火，长大后还能给自己养老送终，而女儿再好，也是要嫁到别人家的，不能真正算是自己家庭的一分子，所以人们在生子之后便格外高兴。历史发展到了今天，这种封建思想已经慢慢消失了。

◎ 知识传送门：宗祠的传统

宗祠，也称祠堂、宗庙，指的是供奉和祭祀祖先的场所，是我国儒家传统文化的象征。

宗祠制度可追溯至周朝。在上古时代，宗庙为天子专有，士大夫和其他阶层不可私建宗庙。宋代时，朱熹大力倡导儒家文化，提倡建立家族祠堂：每个家族建立一个祭奉高、曾、祖、祢四世神主的祠堂。

宗祠往往记录着家族的传统与曾经的荣耀，是家族的圣殿。宗祠文化作为中国儒教文化的象征与标志，具有无与伦比的影响力和历史价值。

◎ "宗"字的诗意

　　1. 玄宗回马杨妃死，云雨虽亡日月新。——唐·郑畋《马嵬坡》

　　2. 煌煌太宗业，树立甚宏达。——唐·杜甫《北征》

◎ "宗"字与歇后语

　　1. 上坟不带烧纸——惹祖宗生气

　　2. 祖宗堂里供菩萨——神出鬼没

　　3. 祖宗三代的家务事——一言难尽

30. 嗣—克嗣良裘

◎ 趣话"嗣"字

　　观察"嗣"的第一种甲骨文字形，整体分为三部分：左上方字符是甲骨文"子"字、右上方是一个甲骨文"大"字，下方则是甲骨文的"册"字，分别代表孩子、大人、文书。因此，"嗣"的整体字义是大人把小孩记在文书上，实际上代表的是帝王册封继承人。第二种甲骨文比第一种多了一个"口"，指代的就是开口宣读文书。在后世的字形发展中，人们误将第二种甲骨文中的"人"与"口"写成了"司"，因此从现在的字形去解释字义，是解释不通的。

　　"嗣"的本义是帝王册封继承人，只见于古文。后世的人们将它的字义偏重于"子"，因此它的基本字义是后代、继承人。

◎ 汉字有故事：克嗣良裘

　　释义：成语"克嗣良裘"，原写作"克绍箕裘"，比喻继承父、祖的事业。

　　《礼记·学记》有载："良冶之子，必学为裘；良弓之子，必学为箕。"意思是说，冶铁良匠的孩子，一定会学习做鼓气用的风裘；制弓良匠的孩子，一定会学习制作畚箕藤器。因何如此？是由古代的社会环境决定的。

小孩子都有模仿的天性，那么在家中长辈的耳濡目染之下，自然对长辈经常做的事有所了解，这就为日后学习长辈技艺打下了基础。抛去孩童的天性不讲，冶铁良匠擅长冶铁，制弓良匠擅长制弓，既然有一技之长，又有多年积攒下来的客户人脉，那么把技艺传给后代，就成了一件顺理成章、利人利己的事情。当然，在古人看来，一个人若是能继承祖辈的基业，并将之发扬光大，是件光耀门楣的事情。

人人皆有爱子女之心，在培育后代时，希望他们少走弯路，过踏实的生活，而父母又只对自己走过的路了解较深，经常会要求子女也走这条路，自己好在一旁指点。由此，继承祖业就有效规避了另辟事业的风险，提升了成功的可能。

对于那些对祖业不感兴趣的人来说，另辟新路并不是一件容易的事。自西周起，我国开始实行王位世袭制，皇位不再是贤者居之，而是在一家之中代代流传。此后，完整的世袭制度开始建立起来，先秦时出现了世卿世禄制，上至天子、封君，下至公卿、大夫、士，他们的爵位、封邑、官职都是父子相承的。这在保证了上层阶级长享富贵的同时，堵住了其他阶级向上奋斗的路。于是，当某个朝代的上下层阶级矛盾到了不可调和的地步时，下层人民就会愤然起来反抗。

◎ 知识传送门：古代有无子嗣很重要吗？

儒家文化认为"不孝有三，无后为大"，把有无子嗣提升到伦理道德的高度。而且，在《仪礼》中也有关于女子"七出"的说法，说的是若是婚后无子，夫家便可以此为由休掉她。由此可见，在男权社会中，无论主观还是客观，新婚妻子还有夫家都对怀孕生子有很急切的期待心理，对有无子嗣特别看重。在这种背景下，产生了很多求子的礼俗。

◎ "嗣"字的诗意

1. 势利使人争，嗣还自相戕。——汉·曹操《蒿里行》
2. 永言孝思，昭哉嗣服。——先秦·佚名《下武》
3. 广待淳化敷，方嗣云亭响。——唐·李世民《帝京篇十首》

31. 春——一年之计在于春

◎ 趣话"春"字

甲骨文	金文	篆文	隶书	楷书	行书	草书	标准宋体

"春"的第一种甲骨文字形可分为三部分：左右两边形似野草的字符代表的是林野，左下方带点的圆圈代表太阳，中间的字符形似一颗正在扎根、发芽的种子。因此，整体字义为阳光照射大地，地里的种子破土而出，树木开始抽枝发芽。第二种甲骨文字形变化不大，第三种甲骨文字形用了四个形似野草的字符，表示春风吹过，漫山遍野都是新生的野草。金文简化了甲骨文字形，将代表野草、太阳、生长的三个字符重新排列，意为暖阳催生了草木生长。篆文和隶书承续了金文字形，并做了一定的改动，形成了如今的"春"字。

"春"的本义是草木的种子在冬后的暖阳里生根发芽，后引申为生意盎然、生机勃勃的状态，本义只见于古文。在寒冷的冬季，太阳很少长时间挂在天上，因此，当温暖的阳光照耀大地时，草木生绿，便意味着春天的来临。所以，"春"是严冬过后的一个季节，也用于代指柔情萌动的心境。

◎ 汉字有故事：一年之计在于春

释义：成语"一年之计在于春"，原指一年的计划要在春天考虑安排。后比喻凡事要早做打算，开头就要抓紧，还用于鞭策人要珍惜时间。

对于古代的农民来说，春天是播种的季节，而种地是农人的头等人事，不种地就没有粮食，意味着一家人没有饭吃。因此，在春天到来的时候，农人会聚在一起，商讨应该如何播种，根据自家情况，决定在哪块田种哪种作物。古语有云："春若不耕，秋无所望"，农人必须依照时令耕田种地，把握住春天这个一年之间最为重要的季节，以求温饱。

后来，"一年之计在于春"不再只应用于农业，文人骚客将人的少年时代称为"青春",提出"一年之计,惟在于春。一日之计,惟在于寅"。倡导人们少年时要奋发图强,立下远大的志向,而后一步步地实现自己的理想。

一年之计在于春,假若一个人能够在春季安排好全年的计划,那他只需在接下来的日子按计划行事,不会有慌乱之感,自然事半功倍。以此类推,在刚开始做一件事的时候,就抓紧进行,那么这件事很快就能完成,不会一直拖延下去,不了了之。一年之计在于春,春光易逝,因此要珍惜时间,把握时机。

◎ 知识传送门:春华秋实

当春季来临后,春风拂面,暖阳照地,大部分果树纷纷绽开花朵,装点田野。等到花落之后,果树会在秋季长出果实,因此便有了"春华秋实"之说,"华"实为"花"。因为是花落了之后才有果,所以春华秋实可用于比喻事物之间的因果关系。又因为从花朵到果实,需要一定的时间,所以此词也用于代指时间的流逝、岁月的变迁,等同于"春去秋来"。

◎ "春"字的诗意

1. 爆竹声中一岁除,春风送暖入屠苏。——宋·王安石《元日》
2. 等闲识得东风面,万紫千红总是春。——宋·朱熹《春日》

◎ "春"字与歇后语

1. 出土笋子逢春雨——节节高
2. 正月十五贴春联——晚了半月了
3. 门上贴春联———对红

◎ "春"字与谚语

1. 立春打雷,十处猪栏九处空。
2. 春天降雾会放晴,夏天降雾雨涝成灾。
3. 立春之日雨淋淋,阴阴湿湿到清明。

32. 蛰——一雷惊蛰始

◎ 趣话"蛰"字

| 金文 | 篆文 | 楷书 | 行书 | 草书 | 繁体标宋 | 简体标宋 |

"蛰"是一个上下结构的形声字，它的金文字形的上部是"执"，指代拘押、囚禁，下部看着像一条虫子，指代动物，整体字义为动物在冬季将自己藏起来，不吃不动，进入冬眠状态。后引申为深藏不露。

◎ 汉字有故事：一雷惊蛰始

惊蛰是二十四节气中的第三个节气。一般来说，惊蛰都是每年的三月五日或六日。蛰，是藏的意思，特指动物蛰伏在土中冬眠，而惊蛰指的是天气回暖，春雷始鸣，土中的动物因此被惊醒。

晋代诗人陶渊明有诗曰："促春遘时雨，始雷发东隅，众蛰各潜骇，草木纵横舒。"描绘了昆虫被春雷惊醒后，在草木中活动的姿态，但事实上，雷声虽大，却对昆虫没什么震慑力，因为它们是听不到雷声的。昆虫之所以开始活动，是因为气温回升之后，土层的温度也升高了，不再适宜蛰伏，由此促使它们结束了冬眠，"惊而出走"。

据《月令七十二候集解》记载，我国古代将惊蛰分为三候："一候桃始华；二候仓庚（黄鹂）鸣；三候鹰化为鸠。"描述的是进入惊蛰后，桃花最先开始绽放、黄鹂接着亮嗓鸣叫、布谷鸟随之出现的景象，生机勃勃，横添春意，也代表全国大部分地区都已开始了春耕活动。

唐代诗人韦应物曾在《观田家》中写："微雨众卉新，一雷惊蛰始。"意即随着雨水的增多，草木得到了滋润，焕发生机，而当春雷响起的时候，就代表着惊蛰的来临。按照古人的经验，惊蛰时节是"春雷响，万物长"的时期，代表着春耕的开始。除了冰封万里的东北、西北地区以外，中国的其他地区平均气温都已升到0℃以上，呈现出春光明媚的景象，适宜下田耕作。当然，并不是所有地区都能在惊蛰时分听到雷声的，我国南方地区经常下雨，惊蛰时听到雷声也不意外。而在北方的大部分地区，要到清明时分，才会有雷声出现。

俗语说，"春雷惊百虫"，指的是惊蛰之后，虫类出土活动，开始繁衍，这就意味着多种病虫害即将发生。因此，农人要及时防治病虫害，还要预防家禽家畜突然染上疫情。

按照古人的养生观念，冬眠为蛰，人在冬季也会有轻度的蛰隐状况。那么当惊蛰之后，万物焕发生机，人体也该全面苏醒过来，这主要体现在养好肝气上面，肝脏功能正常之后，气血才会流畅，人的身体系统才能高速运转。

◎ 知识传送门：蛰与蜇有什么区别

蛰，本意是动物冬眠，藏起来不食不动。如蛰地（谓潜藏在地下）；蛰居（长期隐居）；惊蛰（二十四节气之一）。

蜇是多音字。①指毒虫叮刺。②指的是腔肠动物"水母"，俗称"海蜇"。

◎ "蛰"字的诗意

1. 雷惊天地龙蛇蛰，雨足郊原草木柔。——宋·黄庭坚《清明》
2. 微雨众卉新，一雷惊蛰始。——唐·韦应物《观田家》
3. 下床畏蛇食畏药，晦气湿蛰羞躁臊。——唐·韩愈《八月十五夜赠张功曹》

◎ "蛰"字与歇后语

入蛰的长虫还了阳——蠢蠢欲动

◎ "蛰"字与谚语

1. 大雪不动，惊蛰不开。
2. 惊蛰前打雷，四十五天云不开。
3. 立春阳气转，雨水沿河边；惊蛰乌鸦叫，春分地皮干。

33. 腊—更暖须留御腊衣

◎ 趣话"腊"字

金文	篆文	隶书	楷书	行书	草书	标准宋体
答	箐	夢	腊		猎	腊
	觥	臘	臘		鼠	臘

表格的第一行字是"腊"字,它的金文字形由"昔"和"月"(肉)组成,表示很久以前的肉。在古代,要想使肉长时间保存,就需要进行腌晒,所以"腊"的本义是很久以前就已经腌晒好了的肉干。

表格的第二行字是"臘"字,它的篆文字形左边是"月"(肉),右边是"鼠",代指野兽、动物,整体字义为把捕猎得到的野物熏烤成肉干。

"腊"与"臘"合并之后,字义仍为肉干,引申为在冬季最后一个月腌晒肉品,又用于指代冬季最后一个月。

◎ 汉字有故事:更暖须留御腊衣

春分是在惊蛰后面的一个节气,据《月令七十二候集解》载:二月中,分者半也,此当九十日之半,故谓之分。说的就是春分恰好是春季九十天的中分点,到了这一天,便代表着整个春天已经过了一半了。《春秋繁露·阴阳出入上下篇》进一步补充道:"春分者,阴阳相半也,故昼夜均而寒暑平。"说明这一天的昼夜几乎相等,大地阴阳达到了平衡。

自古以来,我国都十分重视春分节气。《礼记》有载:"祭日于坛。"指自周天子起,古代帝王皆有春天祭日的礼制,祭礼就是在春分这天进行的。清代文人潘荣陛在《帝京岁时纪胜》中记载:"春分祭日,秋分祭月,乃国之大典。"说明直到清代,帝王仍选择在春分当天祭拜日月,举行国典。

春分是春天最"正中"的一天,如唐末宋初徐铉的诗《春分日》云:"仲春初四日，春色正中分。"古人如此重视春分，恐怕因为它隐含"正中"之意，与我国奉行多年的中庸之道不谋而合。

有趣的是，春分时节是一个名义上十分"居中"的时节，此时的气候显得极为不稳定，要么气温回升很快，要么猝不及防地出现倒春寒天气，使得人们在穿衣方面不知如何是好。宋代文学家苏轼写过一首名为《癸丑春分后雪》的诗，曰："雪入春分省见稀，半开桃李不胜威。应惭落地梅花识，却作漫天柳絮飞。不分东君专节物，故将新巧发阴机。从今造物尤难料，更暖须留御腊衣。"苏轼通过切实的观察，描绘了春分飘雪的场景，语言诙谐幽默，表面上指责雪花不该在此时出现，实际上表达了到了春天还要备着"御腊衣"的无奈。

◎ **知识传送门：农历十二月为什么被称作"腊月"**

"腊"字的原义是指古代的一种祭祀名称。《说文解字》："腊：冬至后三戌，腊祭百神。"冬至后三戌，指的是冬至后的第三个戌日，刚好是农历的十二月初八，也就是我们俗称的腊八节。因为腊祭在十二月，所以古人就将十二月称为"腊月"，并传承沿袭下来。

◎ **"腊"字的诗意**

1. 莫笑农家腊酒浑，丰年留客足鸡豚。——宋·陆游《游山西村》
2. 腊月闻山鸟，寒崖见蛰熊。——唐·卢象《竹里馆》
3. 岸容待腊将舒柳，山意冲寒欲放梅。——唐·杜甫《小至》

◎ **"腊"字与歇后语**

1. 倒吊的腊鸭———嘴油
2. 腊月里吃黄连——寒苦

◎ **"腊"字与谚语**

1. 腊七腊八，冻死寒鸦。
2. 二十四扫房子，过了腊八就是年。
3. 冬至有霜，腊雪有望。

34. 清—清明时节雨纷纷

◎ 趣话"清"字

| 篆文 | 隶书 | 楷书 | 行书 | 草书 | 标准宋体 |

"清"是一个左右结构的形声字,左边是流水,右边是"青",而"青"是"倩"的省略字,表示美丽、漂亮,整体字义为水无杂滓,明丽澄澈。

◎ 汉字有故事:清明时节雨纷纷

清明是二十四节气之一,每年的清明基本都是在农历三月中旬,公历四月五日前后。那时,正是春光明媚的好时光,万物焕发勃勃生机,因此得名清明。但我们现在提起清明时,基本都会联想到清明节,这是我国的一个传统节日。

清明节是由古代的墓祭日和寒食节合二为一的节日。所谓墓祭,指的是带着祭品去亲人墓前进行祭扫之礼。据史书记载,"诸陵寝皆以晦、望、二十四气、三伏、社、腊及四时上饭",指的是皇帝在很多节日都会去祭扫亲人。但对于普通百姓来说,并没有足够的财力和时间去频繁祭扫,久而久之,民众们自发将清明定为固定的墓祭日。到了清明,官府还会给官员放假,让他们能像常人一样去祭扫。

寒食节源于春秋时期,是为了纪念贤人介子推而设立的节日。晋文公重耳曾在外流亡了十九年,在此期间,介子推始终追随于他,为此吃了很多苦头。当晋文公当上国君后,因为一时疏忽忘了封赏介子推,介子推也没有怨恨之言,默默地带着自己的老母亲隐居山中。等晋文公发现自己的错误时,他数次派人请介子推入朝受赏,介子推却躲入深山避而不见。晋文公便下令放火烧山,想强迫介子推出山,没想到介子推宁肯被烧死也不出山,在火海中丢了性命。追悔莫及的晋文公下令为介子推修建了坟墓,将烧山之日定为禁火之日,这一天人们不能烧火做饭,只能吃准备好的寒食,以示纪念。由于寒食节与墓祭日的时间挨得很近,人们索性将它们合并在一起，正式命名为清明节。唐代诗人白居易曾在《寒食野望吟》中写道："乌啼鹊噪昏乔木，清明寒食谁家哭？风吹旷野纸钱飞，古墓垒垒春草绿。"由此可见，清明节在唐代就已出现。由于清明节的主要活动是扫墓祭奠，人们面对阴阳两隔的亲人，难免会伤心流泪，而清明时节总是多雨，惹得人们更添愁绪。唐代诗人杜牧曾作诗《清明》："清明时节雨纷纷，路上行人欲断魂。借问酒家何处有，牧童遥指杏花村。"生动地描绘了人们陷入愁绪、失魂落魄的样子。

◎ 知识传送门：《清明上河图》

《清明上河图》是一幅风俗画，着重描绘了汴梁城水陆运输和市面繁忙的景象，为北宋著名画家张择端所画。北宋年间，汴京极为繁华，城内四河流贯，陆路四达，城内有许多热闹的街市，每逢节日，汴梁城热闹非凡。为了记录下汴梁城的繁荣昌盛，张择端对当时的景象进行了细致的描绘。全画主要分为农村和市集两部分，真实画出了当时人民的生活情景，具有很高的美学价值和民俗参考价值。

◎ "清"字的诗意

1. 起舞弄清影，何似在人间。——宋·苏轼《水调歌头·丙辰中秋》
2. 明月别枝惊鹊，清风半夜鸣蝉。——宋·辛弃疾《西江月·夜行黄沙道中》

◎ "清"字与歇后语

1. 白玻璃瓶装清水——看透了
2. 冷清殿里发火光——不知从何说起
3. 清水烧豆腐——淡而无味

35. 谷——雨生百谷

◎ 趣话"谷"字

甲骨文	金文	篆文	隶书	楷书	行书	草书	标准宋体
谷（甲骨文）	谷（金文）	谷（篆文）	谷（隶书）	谷（楷书）	谷（行书）	谷（草书）	谷
穀（甲骨文）	穀（金文）	穀（篆文）	穀（隶书）	穀（楷书）	穀（行书）	穀（草书）	穀

上面表格的第一行字是"谷"字，甲骨文"谷"的字形表示的是水从高处流下，汇集到了低洼的地方。《说文》里载，谷，泉出通川为谷。表明"谷"的本义是山岭间涧水汇集的洼地，后引申为困境。

表格的第二行字是"穀"字，字形难解，《说文》将之定义为"百穀之总名"，意即它的本义是指代所有庄稼的籽实，后特指水稻的籽实。当此字与"谷"合并后，它的所有字义也转移到了"谷"里面。

◎ 汉字有故事：雨生百谷

释义：成语"雨生百谷"，是指一种自然现象。即谷雨后，气温迅速回升，从这一天起，雨量开始增多，充沛的雨水适合农作物生长。

谷雨是二十四节气中的第六个节气，也是春季的最后一个节气。谷在古代被称为"稷"，具体指粟，即未脱壳的小米，有"百谷之长"的称号。人们把"稷"与信仰中的社神合称为"社稷"，用以指代国家。而雨水又是农业生产中不可或缺的重要因素，至今仍有"春雨贵如油"的说法。所以说，"谷"和"雨"对古人来说都是极为重要的，当古人把这两个因素相互联系在一起时，便出现了一个节气的名称——谷雨，含有"雨生百谷""谷得雨而生"的寓意，寄托了古人对年成的美好期盼。

据西汉刘安《淮南子·本经》记载："昔者仓颉作书，而天雨粟，鬼夜哭。"意指仓颉是黄帝的史官，当他耗费无数心血创造了汉字时，上天感动地降下了谷粒。据传闻，仓颉死后，人们为了纪念他，就把天降谷粒的日子定为谷雨节。这种说法充满了浪漫色彩，却缺乏有力的证据。按照真实情况来看，雨可以催生百谷，是谷得以生长的重要条件，有雨与否甚至可以直接决定谷物的产量，这就证明谷的生长需要雨，"谷雨"便因此得名。

《月令七十二候集解》有载，谷雨有三候：初候萍始生，即水中开始出现浮萍；二候鸣鸠拂其羽，说的是布谷鸟拍动羽翼四处飞翔，发出"布谷布谷"的叫声，以提醒农人不要忘了种地；三候戴胜降于桑，指的是戴胜鸟降落在桑树之上，催人们不要忘了采桑养蚕。

作为春季的最后一个节气，谷雨的到来，象征着气温的升高，由此进一步催发万物生长。民间有俗话"谷雨谷，布田收十足"，即指在谷雨时分插秧种地，肯定会得到好的收成。这个说法是符合农业生产规律的。不过南北方的农事侧重点有所不同，在南方，茶农忙于采制"谷雨茶"，养蚕的人忙于收蚕，江西一带的农民忙于插秧；在北方，农民则忙于种植棉花，种瓜点豆。

◎ **知识传送门：清明断雪，谷雨断霜**

民间素有"清明断雪，谷雨断霜"的说法。春分时节，仍有倒春寒和下雪的可能；直到清明，雪花才会绝迹；随着谷雨时节的来临，寒潮基本结束，气温回升加快，连白霜都不会再出现了，正是春季作物播种、生长的关键时节。

◎ **"谷"字的诗意**

1. 亭亭山上松，瑟瑟谷中风。——魏晋·刘桢《赠从弟》
2. 山边幽谷水边村，曾被疏花断客魂。——宋·张嵲《墨梅》

◎ **"谷"字与歇后语**

1. 陈年谷子烂芝麻——不新鲜
2. 鹅吃草，鸭吃谷——各人享各人福

◎ **"谷"字与谚语**

1. 养儿防老，积谷防饥。
2. 包谷施把肥，越长越来劲。
3. 谷种要常选，磨子要常锻。

36. 夏—春争日，夏争时

◎ 趣话"夏"字

| 甲骨文 | 金文 | 篆文 | 隶书 | 楷书 | 行书 · 草书 | 标准宋体 |

甲骨文"夏"字形似一个拿着锄头在田间劳作的人的形象，而金文"夏"字形较为复杂，仿佛是一个人手拿耕作工具和占卜用具、脚踩耒耜的形象，可能是在一边耕作，一边观测天象，突出人在田间劳作时的繁忙场景。篆文和隶书承继了金文字形，第二种隶书省去了代表双手的字符，形成了如今的"夏"字。

"夏"字的本义是观测天象、应季农忙，后引申为最早利用天文知识进行农耕的人，也用来指日照充足的农忙季节。

◎ 汉字有故事：春争日，夏争时

释义：谚语"春争日，夏争时"，说的是春天要及时按照时令播种，夏至之后，进入农忙阶段，更要争分夺秒地进行夏收、夏种、夏管活动。

立春是二十四节气中的第一个节气，但由于立春的迹象不够明显，在公元前7世纪时，古人用土圭测日影，首先确立了夏至的具体日期。每年的夏至基本都是从6月21日或22日开始，至7月7日或8日结束。夏至以后，我国白昼的时间渐渐缩短，夜晚慢慢变长。夏季是一个农忙季节，从芒种到夏至的半个月期间，农人需要抢收、抢种，因为这段时期较短，就有了"春争日，夏争时"的说法。

芒种是二十四节气中的第九个节气，每年的芒种都是从6月6日左右开始的，人们将它命名为"芒种"，正是为了体现"有芒的麦子快收、有芒的稻子快种"的紧迫感，以提醒自己千万不要误了农事。在芒种前后，我国恰好是多雨天气，黄淮平原地区即将进入雨季，而这个地区是我国主要的产粮区。如果这时出现阴雨天气、大风天气和冰雹，黄淮平原将要成熟、还未收割的小麦就会受到严重的影响，小麦被风吹倒在地后，再被雨淋上几日，便会发霉、变烂，致使农人损失惨重。

因此，农人们要密切关注天气变化，争取快点完成夏收。

在北方地区忙于收麦、播种秋季农作物的时候，南方地区也忙于收获春季农作物，还要及时将水稻的秧苗移植到水田里去。俗话说："夏种不让晌"，因为晚种一天，自己的庄稼产量就会落后于早种的人家。有经验的老农说，夏播作物最关键的技术就是一个字：早。种得越早，产量越高，比如说玉米早一天种下，就能一亩多收十斤。

在忙完夏收、夏种工作之后，农人来不及歇息，就又投入到了对庄稼的管理工作中，俗称"夏管"。夏至时节是庄稼疯长的时候，但各种杂草也随之疯长，轻则与庄稼争水争肥争阳光，重则寄生多种病菌和害虫，致使庄稼遭遇病害。因此，农谚说："夏至不锄根边草，如同养下毒蛇咬。"在夏至时节，抓紧时间锄地是极为重要的增产措施之一。

◎ 知识传送门：春风风人，夏雨雨人

"春风风人，夏雨雨人"原指和煦的春风吹拂着人们，夏天的雨水滋养着人们，后用于比喻给人教益和帮助。管仲在当上齐国的相国后，曾接待了因罪逃到齐国的梁国相国孟简子，他看到孟简子身边紧跟着三个随从，就询问孟简子为何这三人如此忠心。孟简子回答说，因为他曾帮助埋葬了一人的母亲、另一人的父亲，又从监狱里放出了第三个人的哥哥，所以这三人始终跟随着自己。

管仲当时正在齐国进行变法革新，触犯了很多人的利益，两相比较之下，他不禁叹息道："嗟兹乎，我穷必矣！吾不能以春风风人，吾不能以夏雨雨人，吾穷必矣。"意思是说，他没有给过别人什么帮助，将来落难的时候一定会很穷困。

◎ "夏"字的诗意

1. 足蒸暑土气，背灼炎天光，力尽不知热，但惜夏日长。——唐·白居易《观刈麦》
2. 绿树阴浓夏日长，楼台倒影入池塘。——唐·高骈《山亭夏日》
3. 别院深深夏篁清，石榴开遍透帘明。——宋·苏舜钦《夏意》

◎ "夏"字与歇后语

1. 穿冬衣戴夏帽——不知春秋
2. 着夏布过冬——反阴倒阳

◎ "夏"字与谚语

1. 夏走十里不黑，冬走十里不亮。

2. 一年三季东南风，独有夏季东风晴。

37.露—八月白露降

◎ 趣话"露"字

| 金文 | 篆文 | 隶书 | 楷书 | 行书 | 草书 | 标准宋体 |

第一种金文"露"字由"一"、水汽和"各"组成，"一"代指天空，"各"代指"路"，因此整体字义为天上的水汽神秘地在夜间路过地面，早上又回到天上。《说文》里载，露，润泽也。意为露水是上苍用来润泽万物的水汽。实际上，露珠形成的原因是，夜间气温下降后，户外空气中的水汽因饱和而在地面物体上形成了水珠。

◎ 汉字有故事：八月白露降

白露是二十四节气之一，是秋季的第三个节气。处暑之后，夏意减退，天气渐渐变得凉爽起来，一天比一天凉快，秋意便浓重起来。在此期间，早晚会有明显的凉意，到了中午，太阳又毒辣起来，一日之内，温差极大。

据《月令七十二候集解》载："八月节，阴气渐重，露凝而白。"说的是从白露时节起，气温会明显下降，水汽会在夜间凝结为晶莹剔透的露水，附在草木之上。古人将白露分为三候：一候鸿雁来；二候玄鸟归；三候群鸟养羞。意指此节气是鸿雁与燕子等候鸟南飞、百鸟开始贮存干果粮食以备过冬的节气，表面上说的是和鸟类有关的事情，实际上是在隐喻白露之后天气变冷的特点。除却鸟类之外，万物都要顺应自然时节，为过冬做准备。

"蒹葭苍苍，白露为霜；所谓伊人，在水一方"，白露是二十四节气中最有诗意的节气，文人骚客们很喜欢用"白露"这个略带感伤之意的意象抒发心绪。但对农人来说，白露是丰收的前兆。白露之后的天气，暑气渐消，秋高气爽，露水滋润大地，有利于农作物生长，也是众多水果成熟的季节。

据《黄帝内经》载："秋三月，此谓容平，天气以急，地气以明。早卧早起，与鸡俱兴；使志安宁，以缓秋刑；收敛神气，使秋气平；无外其志，使肺气清；此秋气之应，养收之道也。"说的是在白露时节，天气比较干燥，人们要注意补充水分，饮食应当以健脾润燥为主，宜吃性平味甘之物，才符合养生之道。另外，民间还有"春捂秋冻"之说，意思是用自身的力量对抗白露时节的凉意，以锻炼体质、提升免疫力。

◎ **知识传送门：露水夫妻**

露水于夜间而生，一经太阳照射，便会蒸发不见，出现在世间的时间极为短暂，见不得光。后人便用"露水夫妻"指不正当的男女关系，或暂时结合的非正式夫妻，也称"露水姻缘"。民间素有"露水夫妻不长久"的说法。

◎ **"露"字的诗意**

1. 小荷才露尖尖角，早有蜻蜓立上头。——宋·杨万里《小池》
2. 灭烛怜光满，披衣觉露滋。——唐·张九龄《望月怀远》

◎ **"露"字与歇后语**

1. 初晴露太阳——重见天日
2. 草上露水瓦上霜——见不得阳光
3. 龙王爷露凶相——张牙舞爪

◎ **"露"字与谚语**

1. 旱天无露水，伏天无夜雨。
2. 一夜白露一场霜。
3. 晴夜成露，冻结成霜。

38. 霜—白露为朝霜

◎ 趣话"霜"字

金文	篆文	隶书	楷书	行书	草书	标准宋体
霖	霜	霜	霜	霜	霜	霜

"霜"的金文字形与"露"的金文字形有一半都是相同的,由此可推断"霜"也是由空气中的水汽形成的;金文字形的下半部分是一个颠倒写的"毛"字,指代植物枯败的姿态。因此,"霜"的本义是秋冬时节在低温中凝结的、对植物有杀伤力的水汽结晶体。后引申为白粉状凝结物。

◎ 汉字有故事:白露为朝霜

霜降是二十四节气之一,是秋天的最后一个节气,以露水凝结成霜为降临标志。魏晋文学家左思曾注意到这一迹象,并将之记录在《杂诗·秋风何冽冽》里:"秋风何冽冽,白露为朝霜。"以此叹息随着凛冽寒冷的秋风的到来,晶莹的露水都化作了清晨的白霜。

据《月令七十二候集解》载:"九月中,气肃而凝,露结为霜矣。"这说明霜降表示的是天气逐渐变冷、露水凝结成霜的迹象。我国古代将霜降分为三候:一候豺乃祭兽;二候草木黄落;三候蛰虫咸俯。说明在霜降期间,豺狼会将捕获的猎物先陈列后再食用,大地上的树叶纷纷变黄掉落,蛰虫干脆藏在洞里不动不食,进入冬眠状态。这一切都说明随着霜降的来临,万物渐渐丧失了生机。

霜降之后,气温会大幅度下降,气候渐冷,寒气渐生,对植物的伤害很大。古代便有"霜降杀百草"的说法。因此,为了避免农作物受到霜降的伤害,农人往往会赶在霜降之前完成秋收工作,紧锣密鼓地翻耕土地,好让寒霜冻死藏在土里的病菌和害虫。由此,又有了"霜降见霜,米谷满仓"的说法。

霜降节气对人体也有一定的影响,民间自古便流传有"一年补透透,不如补霜降"的说法,证明霜降时节的养生保健是极为关键的。当寒霜落在植物表面时,会使植物因脱水而变质，人的身体与植物不同，不会因为霜降而脱水，但与霜降相生相伴的寒气却会凝结人身体里的血液，使其循环不畅，进而出现手脚冰凉、后背发冷的现象。

面对这种情况，最有效的方法就是做好"外御寒、内清热"的工作。首先，要根据气温及时调整所穿衣物的厚薄。只要做好了御寒工作，寒气便无法入侵人体，由于"寒由脚生"，因此应注意做好脚部的保暖工作。在此基础上，要注意驱赶体内郁火和邪气，吃一些滋补壮阳的食物，多饮水，尽量避免食用寒凉的食物。

◎ 知识传送门：六月飞霜

成语"六月飞霜"，原为六月飞雪，用于比喻冤情感天动地。战国时期，齐国的邹衍是一位很有才干的人，燕昭王姬平便请他来帮助自己治理国家，这引起了一部分燕国人的嫉妒和不满，他们故意在燕王面前说邹衍的坏话，燕王信以为真，便将邹衍关到监狱里。当时正值盛夏六月，天空却突然飘起雪花，由于异象的出现，燕王意识到自己冤枉了邹衍，立刻释放了他。后世的关汉卿在戏剧《窦娥冤》里引用了这一典故，"岂不闻飞霜六月因邹衍。"

◎ "霜"字的诗意

1. 半卷红旗临易水，霜重鼓寒声不起。——唐·李贺《雁门太守行》
2. 艰难苦恨繁霜鬓，潦倒新停浊酒杯。——唐·杜甫《登高》

◎ "霜"字与歇后语

1. 挨了霜的狗尾巴草——蔫了
2. 风前烛，瓦上霜——危在旦夕

◎ "霜"字与谚语

1. 霜重见晴天，雪多兆丰年。
2. 春霜不出三日雨。
3. 冬至无霜，石臼无糠。